25

Rhétorique et thérapeutique
dans le *De medicina* de Celse

**RECHERCHES SUR LES
RHÉTORIQUES RELIGIEUSES**

Collection dirigée
par
Gérard Freyburger et Laurent Pernot

BREPOLS

RECHERCHES SUR LES
RHÉTORIQUES RELIGIEUSES

Collection dirigée par Gérard FREYBURGER et Laurent PERNOT

25

Rhétorique et thérapeutique dans le *De medicina* de Celse

par
Aurélien GAUTHERIE

BREPOLS

© 2017, Brepols Publishers n.v., Turnhout, Belgium.
All rights reserved. No part of this publication may be reproduced,
stored in a retrieval system, or transmitted, in any form or by
any means, electronic, mechanical, photocopying, recording, or
otherwise without the prior permission of the publisher.

D/2017/0095/181
ISBN 978-2-503-56919-2
e-ISBN 978-2-503-56920-8
DOI 10.1484/M.RRR-EB.5.111417
Printed in the EU on acid-free paper.

À Mélanie

Préface

On sait que les bases de la médecine moderne se sont constituées dès l'Antiquité et le grand public connaît les noms d'Hippocrate et de Galien, qui ont l'un et l'autre écrit en grec. Le présent ouvrage d'Aurélien Gautherie est consacré à un spécialiste de la médecine qui a écrit en latin au Ier siècle ap. J.-C., Celse : il est moins connu, mais n'en est pas moins important, notamment parce que son *De medicina* montre que, sous le Haut-Empire, les relations entre le médecin et son malade ont évolué parallèlement aux aspirations nouvelles de la société de cette époque et présentent en définitive des aspects que nous retrouvons dans notre société du XXIe siècle.

Ainsi on découvrira dans ce livre que le *De medicina* s'adressait non seulement à des médecins spécialisés, mais encore à un public désireux de pratiquer la médecine sans médecin et l'automédication, même pour des actes chirurgicaux simples, qu'il fait une large place à la question des aléas de la médecine et au problème de la prise de risque dans des situations difficiles ; qu'il traite de la relation de confiance qui doit exister entre le médecin et son malade et du dialogue oral que le premier doit instaurer avec le second, surtout lorsque ce dernier est confronté au drame de la douleur ou qu'il se pose la question religieuse et philosophique des incertitudes du sort et de l'au-delà.

Ce livre fait donc apparaître au Ier siècle ap. J.-C. une médecine déjà toute humaniste et comportant peut-être même des leçons pour notre époque : ainsi il est recommandé par Celse que le médecin soit non seulement un spécialiste attentif, mais encore un ami pour le patient, l'aidant par cette relation forte à surmonter les angoisses de la maladie.

Le présent ouvrage se destine certes à ceux qui souhaitent approfondir leur connaissance de l'Antiquité, mais aussi à des lecteurs qui s'intéressent plus largement à l'histoire de la médecine et à l'éthique médicale.

Gérard FREYBURGER & Laurent PERNOT

Avant-propos

On permettra au directeur strasbourgeois de la thèse de doctorat d'Aurélien Gautherie d'exprimer sa vive satisfaction de voir arriver à publication dans des délais raisonnables un travail de recherche sur la rencontre de la rhétorique et de la médecine chez un des encyclopédistes romains les plus féconds. Faut-il rappeler en effet que l'une et l'autre de ces deux sciences figuraient déjà dans les *Disciplinarum libri IX* de Varron — véritable somme des arts libéraux qui embrassait et ordonnait, selon une doctrine très articulée, l'ensemble des connaissances humaines. Un autre motif de contentement tient à l'exemplarité et à l'originalité du *cursus studiorum* de M. Gautherie, titulaire de deux Masters/recherche — un « Master of Philosophy » de l'Université de Cambridge (mai 2006) et un Master mention « lettres »/spécialité « philologie classique » de l'Université de Strasbourg II (juin 2006) —, reçu au concours externe de l'agrégation de lettres classiques (session de 2007) et admis au Collège Doctoral Européen de l'Université de Strasbourg — une institution phare dont la double vocation d'excellence scientifique et d'ouverture sur l'Europe s'accorde parfaitement avec le parcours universitaire de l'intéressé. Dernière raison — et non la moindre — de *uoluptas litterata*, de « plaisir lettré », que procure le livre d'Aurélien Gautherie : la spécificité du thème d'étude retenu et qui porte sur une approche largement inédite des livres médicaux de Celse. De fait, le traité de l'encyclopédiste romain a surtout été examiné pour sa valeur « documentaire » ; en revanche, la dimension « littéraire » de cette *ars sanandi* n'a guère suscité l'intérêt des chercheurs. Or, les techniques d'expression et les méthodes de pensée mises en œuvre jouent un rôle primordial non seulement dans la description des maladies et des remèdes y afférents, mais encore dans la visée thérapeutique générale du traité.

Rien d'étonnant dès lors si le Centre d'Analyse des Rhétoriques Religieuses de l'Antiquité a souhaité accueillir dans sa collection « Recherche sur les rhétoriques religieuses » un ouvrage consacré à l'auteur des *Artes* — dont le programme « éducatif » comprenait l'économie rurale, la médecine, l'art militaire, la rhétorique, la philosophie ainsi que le droit. Or, de ce vaste recueil seuls les huit livres sur la médecine, que Celse avait placés immédiatement après ceux sur l'agriculture, sont intégralement conservés. On saura gré à M. Gautherie d'avoir rappelé dans le chapitre I de la première partie de son livre que le principe qui domine ici est l'éclectisme. Celse n'était pas lui-même médecin, même si, au cours des âges, il a été souvent considéré comme tel et si son traité a été l'une des sources qui ont contribué à faire connaître la médecine antique. Sur cette question très controversée des compétences médicales de Celse — praticien accompli ou non-spécialiste exceptionnellement doué ? — on admirera le souci d'exhaustivité qui préside à l'enquête de M. Gautherie, la prudence de ses conclusions (« Il faudrait donc considérer avant tout Celse comme un amateur de médecine particulièrement éclairé ») et surtout l'attention prêtée à la différence d'optique entre les conceptions antique et moderne de l'apprentissage des savoirs. Mais plus que la science, ce qui compte pour Celse, c'est le résultat, la guérison des malades, comme le souligne à très juste titre Aurélien Gautherie au chapitre III de la seconde partie, dans le paragraphe intitulé : « Soigner la personne ». Humain, voire sensible, il rejette avec horreur le recours à la vivisection humaine, pratiquée autrefois dans les royaumes hellénistiques. Il s'exprime volontiers en philosophe, pour qui la personne humaine est l'objet d'un respect de principe, même lorsqu'il s'agit de criminels condamnés légalement à mort. Avec raison, M. Gautherie explique cette attitude profondément compassionnelle par le « personnalisme médical » de Celse (intitulé du chapitre III de la seconde partie). Ce choix lexicographique — dûment justifié par Aurélien Gautherie p. 270, n. 672 : « Le mot 'personnalisme' renvoie donc ici à la prise en compte de la *personne* malade, et l'usage que nous en ferons n'entretient aucune relation avec les théories philosophiques d'Emmanuel Mounier (1905-1950), fondateur du courant personnaliste » — vise à souligner les implications éthiques de la doctrine médicale de Celse qui repose tout entière sur la valorisation du patient considéré comme une personne. Signe des temps sans doute. On sait en effet qu'à Rome, dès l'époque tardo-républicaine, le terme de *persona* — qui servit à dénommer dans le vocabulaire latin des spectacles (à côté de l'*histrio*, acteur, et du *subulo*, musicien) d'abord le masque, puis le rôle et jusqu'au personnage de théâtre — a fini par désigner la personne des juristes, des philosophes, des théologiens et des grammairiens.

S'agissant de la dimension proprement rhétorique du corpus médical de Celse — abordée notamment au chapitre IV (« Le dialogue médical dans le *De Medicina* ») de la seconde partie de l'ouvrage –, elle s'avère essentielle chez un auteur qui avait composé un traité en sept livres sur la *Rhétorique* et tenait l'art de parler pour indissociable de l'art de soigner. Les idées de Celse en matière de rhétorique ressortissent à une forme de probabilisme, si l'on en juge par les attaques de Quintilien. Il ne croyait pas que l'orateur pût atteindre la vérité ; seul, le vraisemblable, disait-il, lui est accessible, et il ajoutait que le prix du succès n'était pas le sentiment d'avoir accompli un acte de vertu, mais le plaisir d'avoir vaincu : *Cornelius Celsus, cuius haec uerba sunt : « Orator simile tantum ueri petit » ; deinde paulo post : « Non enim bona conscientia sed uictoria litigantis est praemium »* (*I.O.*, II, 15, 31). Réduisant ainsi le rôle de la rhétorique à celui d'une technique de la persuasion, Celse apportait en revanche le plus grand soin à la tenir à l'intérieur de ce rôle et insistait sur l'ardente obligation, pour l'orateur, à ne traiter que de ce qui était chaque fois en question, sans se permettre les développements habituels des lieux communs moraux : *quidam uero ut Celsius, de nulla re dicturum oratorem, nisi de qua quaeratur, existimant* (*ibid.*, III, 5, 3). Or l'application de cette doctrine rhétorique scepticisante au domaine thérapeutique conduit son auteur à définir la médecine comme une *ars coniecturalis*. C'est ce qu'a démontré avec brio Aurélien Gautherie dans les pages 230 à 238 où il analyse les développements de Celse sur le relativisme du savoir médical qui oscille perpétuellement entre quête de la vérité et rejet de l'erreur. Significative à cet égard apparaît aussi la méthodologie médicale préconisée par Celse dans sa Préface (§ 74) et dont M. Gautherie s'attache à expliciter avec intelligence les fondements : « La médecine doit être rationnelle, mais aussi s'appuyer sur la considération des causes évidentes » (*Rationalem quidem puto medicinam esse debere, instrui uero ab euidentibus causis*). Par médecine « rationnelle », il entend celle des Hippocratiques, qui déduisent de quelques principes généraux, posés a priori, la nature des maladies et celle des remèdes à leur donner. Quant à la recherche des causes visibles, elle est l'apanage des « empiriques ». Mais Celse entend suivre, entre ces deux tendances, une « voie médiane » sans se laisser entraîner dans les excès où tombent les uns et les autres, comme le rappelle très justement M. Aurélien Gautherie p. 217 sqq.

Force est enfin de mettre au crédit de l'auteur de ce maître livre un examen minutieux de l'encadrement philosophique de la médecine de Celse. De fait, Aurélien Gautherie étudie les présupposés celsiens de l'art de guérir conçu comme une pratique soumise aux impératifs antinomiques de la fortune et de la nature. Avec raison, M. Gautherie y décèle l'écho d'une opposition doctrinale entre dogmatiques et empiriques. Tant il est vrai que les premiers insistent sur le rôle primordial joué par la conjecture, et les seconds sur la fonction irremplaçable de l'expérience tirée de l'observation récurrente de cas identiques. Hasard et nature, raison et usage, déduction et induction contribuent ainsi à fonder toute une dialectique médicale d'inspiration platonico-stoïcienne.

Yves LEHMANN

Introduction générale

Dans un passage célèbre de *l'Institution oratoire*, Quintilien a qualifié Celse de *mediocri uir ingenio*[1], « homme d'un esprit moyen », formule que n'a cessé d'interroger la critique celsienne, et qui servira de point de départ de notre étude. L'adjectif *mediocris* a en effet posé problème. David Daube a proposé d'y voir une allusion au fait que Celse se situerait au confluent de divers arts qu'il maîtriserait, arguant que le chapitre de l'*Institution* dans lequel se trouve cette formule constitue justement un encouragement à la variété des études[2]. À cette interprétation, Gilbert Highet a opposé un argument d'ordre éditorial. Une lacune dans les manuscrits expliquerait la perte de la négation *non* immédiatement avant l'adjectif, et l'on aurait affaire alors à une litote courante sous la plume de Quintilien[3] : Celse serait donc plutôt un *non mediocri uir ingenio*, un « homme d'un esprit non ordinaire », et c'est d'abord en tant que tel qu'il doit retenir l'attention.

---

[1] Quintilien, *Institution oratoire*, 12.11.24 : *Quid plura ? cum etiam Cornelius Celsus, mediocri uir ingenio, non solum de his omnibus conscripserit artibus, sed amplius rei militaris et rusticae et medicinae praecepta reliquerit, dignus uel ipso proposito ut eum scisse omnia illa credamus.* « Que dire de plus ? puisque même Cornélius Celsus, qui était un esprit moyen, n'a pas seulement écrit sur toutes les techniques dont je parle, mais a laissé en outre des conseils sur l'art militaire et l'économie rurale et la médecine, digne, ne fût-ce que par ce seul dessein, qu'on croie qu'il possédait toutes ces connaissances. » Dans sa traduction de la C.U.F., Cousin n'a pas pu tenir compte de la correction de G. Highet (1975), qui modifie radicalement le sens du texte de Quintilien.
[2] D. Daube, « The Mediocrity of Celsus », *CJ* (vol. 70.1), 1974, p. 41 : « *medius* ; and the latter now and then denotes "in the midst" in the sense of "partaking in, or affected by, all that is around". Our modern interdisciplinary endeavours might be termed *medius* — or *mediocris*. [...] The section which contains Quintilian's remark is wholly devoted to the encouragement of varied studies in contrast to specialisation. »
[3] G. Highet, « The mediocrity of Celsus », *CJ* (vol. 70.4), 1975, p. 57 : « Before *mediocri* we must insert *non*. [...] *Non mediocris* is one of the communest phrases involving litotes. »

Au-delà des questionnements sur la personne de l'écrivain[4], c'est également son écriture qui est au cœur des débats. La prose celsienne a depuis longtemps suscité l'admiration des lecteurs, et Harry Jocelyn, dans un article intitulé « The new chapters of the ninth book of Celsus' Artes », a rappelé que les lecteurs de la Renaissance italienne[5] avaient surnommé Celse « *Medicus Cicero* » ou « *Cicero medicorum* », « le Cicéron médecin » ou « le Cicéron des médecins ». Même si l'on ignore l'origine exacte de cette appellation[6], une telle référence a longtemps influencé les classicistes. Ainsi, plus de trente années après Johannes Ilberg[7], Arturo Castiglioni écrit encore : « Among the Latin encyclopedists Celsus is [...] the most accomplished writer. His descriptions are invariably accurate, his style is impeccable, and the elegance of his periods unrivaled. The similarity of his writings with the style of the prince of Latin orators is evident[8]. » Pourtant, comme l'ont souligné Harry Jocelyn ou, plus récemment encore, Philippe Mudry[9], cette prétendue évidence est loin d'être une réalité, et il existe de nombreuses différences entre l'écriture de Celse et celle de Cicéron[10]. Quels que soient cependant les éclaircissements apportés par la philologie moderne sur cette comparaison, nous retiendrons pour le moment que la prose celsienne présente en elle-même, au-delà

---

[4] Cf. *infra*, Première partie, p. 36.
[5] Au-delà de cette période, cf. J. Rojouan, « Morgagni lecteur de Celse », in A. et J. Pigeaud (éds.), *Les textes médicaux latins comme littérature, Actes du VIe colloque international sur les textes médicaux latins du 1er au 3 septembre 1998*, Nantes, 2000, sur la lecture de Celse par Morgagni, médecin italien du XVIIIe siècle, que d'aucuns considèrent comme le précurseur de l'anatomo-pathologie moderne.
[6] H. D. Jocelyn, « The new chapters of the ninth book of Celsus' Artes », *Papers of the Liverpool Latin Seminar* (vol. 5, 1985), 1986, n. 90 p. 327 : « I cannot trace the former dictum further back than J. A. Fabricius' Bibliotheca latina. The latter is cited constantly in nineteenth- and twentieth-century writing on Celsus. »
[7] J. Ilberg, « A. Cornelius Celsus und die Medizin in Rom », *Neue Jahrbücher* 19, 1907 (1re éd.) (= *Antike Medizin*, Darmstadt, 1971), p. 323-324.
[8] A. Castiglioni, « Aulus Cornelius Celsus as a historian of medicine », *Bulletin of the History of Medicine*, vol. VIII, 1940, p. 859.
[9] P. Mudry, « Saisons et maladies. Essai sur la constitution d'une langue médicale à Rome (Étude comparée de passages parallèles de Celse (2,1,6-9) et d'Hippocrate (*Aphorismes* 3,20-23) », in G. Sabbah (éd.), *Le latin médical. La constitution d'un langage scientifique. Réalités et langage de la médecine dans le monde romain, Mémoires X*, Saint-Étienne, 1991, p. 257-269 (= P. Mudry, *Medicina, soror philosophiae*..., p. 363-373).
[10] H. D. Jocelyn, « The new chapters... », p. 309 sqq.

d'éventuelles influences cicéroniennes, un grand intérêt d'un point de vue littéraire, ce que corrobore l'expression fameuse de Columelle, *nec elegantius quam Celso*[11], contrairement à ce qu'a pu affirmer, encore récemment, John Bramble[12]. Nous reviendrons d'ailleurs plus loin[13] sur les études linguistiques menées au sujet du *De medicina*.

Outre les qualités littéraires de Celse, deux autres débats ont agité pendant fort longtemps la critique celsienne. Le premier portait sur la qualité de médecin de Celse : était-il ou non un professionnel de l'art médical ? Le second questionnement touchait à l'originalité du *De medicina* : Celse est-il bien l'auteur du texte que nous lisons sous ce titre ? N'aurait-on pas affaire à une simple traduction ? Si nous reviendrons de manière approfondie sur toutes ces questions en temps voulu, nous pouvons tout de même déjà indiquer que la critique s'accorde actuellement pour dire que Celse n'était pas médecin, mais a néanmoins fait œuvre originale dans le *De medicina*.

Comment cette œuvre est-elle parvenue jusqu'à nous ? L'histoire des manuscrits du *De medicina* de Celse dans l'Antiquité tardive, au Moyen Âge et à la Renaissance, est relativement bien résumée, en anglais, par Harry Jocelyn[14], auquel on sait gré d'annoter richement son article d'informations d'un grand intérêt quoique d'un accès pas toujours aisé. Dans les *Prolegomena* à son édition, Friedrich Marx fournit quant à lui, en latin, une description des manuscrits extrêmement détaillée[15], à laquelle s'ajoute la brève présentation de Guy Serbat dans la Collection des Universités de France[16].

---

[11] Columelle, *De l'agriculture*, 9.2.1 : *nec elegantius quam Celso* « … ni de façon plus élégante que Celse ». Sur cette formule, cf. E. Montero Cartelle et T. Santamaria Hernandez, « *Nec elegantius quam Celso* (Colum. IX 2, 1). Sobre la *Elegantia* del 'De medicina' de A. Cornelio Celso », *Helmantica* (XLIV), Salamanque, 1993, p. 477-488. On ajoutera que dans ce passage traitant de la conduite des ruches, Columelle attribue ni plus ni moins à Celse à la fois la minutie inventoriale d'Hygin (*industrie collegit* : « il a minutieusement rassemblé ») et l'éclat de Virgile (*poeticis floribus inluminauit* : « leur a conféré l'éclat des fleurs poétiques »).

[12] J. C. Bramble, « Minor figures », in E. J. Kenney (éd.), *The Cambridge history of Classical Literature II*, Cambridge, 1982, p. 494 : « Celsus is [...] now of greater interest to historians of medicine than students of literature. »

[13] Cf. *infra*, p. 21 sqq.

[14] H. D. Jocelyn, « The new chapters… », p. 300-302.

[15] F. Marx, *A. Cornelii Celsi quae supersunt*, Corpus Medicorum Latinorum I, Teubner, Leipzig-Berlin, 1915, p. XXX-LXII.

[16] G. Serbat, *Celse. De la Médecine* (C.U.F.), Paris, 1995, p. LXIII.

De la cinquantaine de manuscrits qui nous ont été transmis, on en a longtemps retenu quatre, appartenant à deux familles. D'un côté, trois *codices* anciens (IXe-Xe siècles) : *V* (codex Romanus Vaticanus 5951), *P* (codex Parisinus 7028, copie de *V* à une époque où ce dernier était en meilleur état qu'aujourd'hui) et *F* (codex Florentinus Laurent. 73, 1). De l'autre, un *codex* plus récent (XVe siècle) : *J* (codex Florent. Laurent. 73, 7), qui descend du même manuscrit que les précédents, mais a semble-t-il été corrigé à l'aide d'une autre version plus complète.

On a longtemps cru que la transmission du *De medicina* se limiterait à ces quatre manuscrits principaux. Mais, au début des années 1970, la découverte quasi simultanée d'un nouveau manuscrit (*T*, Toletanus 97-12, XVe siècle) par Dionisio Ollero Granados et Umberto Capitani[17] a enrichi notre connaissance de l'ouvrage de Celse d'un certain nombre de leçons nouvelles. Cette découverte a également permis de combler miraculeusement une lacune du livre 4[18] que l'on pensait jusque là irrémédiable[19]. Enfin, il est ainsi possible de donner un poids plus important à la famille manuscrite de *J*, auquel *T* vient s'adjoindre, face à l'autre famille formée par *FV*[20].

---

[17] D. Ollero Granados, « Dos nueuos capitulos de A. Cornelio Celso », *Emerita* 41, 1973, p. 99-108 et U. Capitani, « Il recupero di un passo di Celso in un codice del *De medicina* conservato a Toledo », *Maia* 26, 1974, p. 161-212.

[18] 4.27.1D.

[19] Sur l'authenticité des chapitres concernés, voir D. Ollero Granados, « Dos nueuos capitulos... », p. 99-108 ; U. Capitani, « Il recupero... », p. 161-212 ; B. Maire, « Autopsie d'une lacune (Celse, *De medicina* IV, 27, 1D) : entre amputation (*audax emendator*) et greffe (*audax falsarius*) », in C. Deroux (éd.), *Maladie et maladies dans les textes latins antiques et médiévaux*, Actes du Ve Colloque International « Textes Médicaux latins », Bruxelles, 4-6 septembre 1995 (Collection Latomus 242), Bruxelles, 1998, p. 151-167. Aujourd'hui, on totalise donc cinq manuscrits principaux du *De medicina*, auxquels il convient d'ajouter le manuscrit S (Senensis), dont la trace est aujourd'hui perdue (cf. B. Maire, « Proposition d'un nouveau *stemma codicum* de la tradition manuscrite du *De medicina* d'Aulus Cornelius Celsus », in M. E. Vazquez Bujan (éd.), *Tradicion e innovacion de la medicina latina de la antigüedad y de la alta edad media*, Actas del IV Coloquio Internacional sobre los "textos médicos latinos antiguos", Santiago de Compostela, 1994a, p. 88.

[20] Cf. B. Maire, « Quelques apports d'une nouvelle lecture des manuscrits à la constitution du texte du *De medicina* de Celse : l'exemple du livre II », in G. Sabbah – P. Mudry (éds.), *La médecine de Celse. Aspects historiques, scientifiques et littéraires*, Mémoires XIII, Saint-Étienne, 1994b, p. 61.

Les apports de ce nouveau *codex* ont notamment été étudiés, après ses deux co-découvreurs, par Harry Jocelyn[21] ou Brigitte Maire[22]. Cette dernière, s'appuyant sur des outils modernes d'analyse textuelle, propose un nouveau *stemma codicum*[23], qui offre une alternative tout à fait intéressante aux *stemmata* antérieurs[24].

De tous ces travaux de recherche portant sur la tradition manuscrite du *De medicina*, nous nous sommes borné à présenter ici une synthèse, afin de faciliter à notre lecteur la compréhension de nos développements ultérieurs. Qui souhaiterait en apprendre davantage sur la question des manuscrits celsiens tirera grand profit à s'abreuver à l'érudition de nos prédécesseurs à la source.

Quant aux éditions majeures du *De medicina* de Celse, depuis celle de Della Fonte en 1478 jusqu'à celle de Marx en 1915, elles sont recensées dans la *Bibliographie des textes médicaux latins*[25] ainsi que dans le *Brill's New Pauly Dictionary of Greek and Latin Authors and Texts*[26]. Nous proposons ici à notre lecteur une liste des plus importantes :

- Bartolomeo Della Fonte, 1478 (*editio princeps*)
- Jan Antonides van der Linden, 1657
- Léonard Targa, 1769
- Charles Daremberg, 1859
- Friedrich Marx, 1915
- Philippe Mudry, 1981 (*Préface* uniquement)[27]

---

[21] H. D. Jocelyn, « The new chapters of the ninth book of Celsus' Artes », *Papers of the Liverpool Latin Seminar* (vol. 5, 1985), 1986.

[22] B. Maire, « Proposition d'un nouveau *stemma codicum*... », p. 87-99 ; B. Maire, « Quelques apports... », p. 29-62 ; B. Maire, « Autopsie d'une lacune (Celse, *De medicina* IV, 27, 1D) : entre amputation (*audax emendator*) et greffe (*audax falsarius*) », in C. Deroux (éd.), *Maladie et maladies dans les textes latins antiques et médiévaux, Actes du Ve Colloque International « Textes Médicaux latins », Bruxelles, 4-6 septembre 1995* (Collection Latomus, 242), Bruxelles, 1998, p. 151-167.

[23] B. Maire, « Proposition d'un nouveau *stemma codicum*... », p. 96.

[24] B. Maire, *ibid.*, p. 98.

[25] G. Sabbah, P.-P. Corsetti et K.-D. Fischer (éds.), *Bibliographie des textes médicaux latins, Antiquité et haut moyen âge*, Mémoires VI, Saint-Étienne, 1987, p. 53-55.

[26] M. Landfester et B. Egger (éds.), *Brill's New Pauly Dictionary of Greek and Latin Authors and Texts*, Leiden-Boston, 2009, p. 156-158.

[27] Le travail de Mudry sur la Préface est précieux, puisqu'il utilise un texte amélioré, par rapport à Marx, grâce au manuscrit T.

- Guy Serbat, 1995 (*Préface*, livres 1 et 2)
- Innocenzo Mazzini, 1999 (livres 7 et 8)

Les dernières traductions complètes du *De medicina* en langue française, celles d'Albert Des Étangs en 1846 et d'Alix Védrènes en 1876, suivent respectivement l'édition de Targa et celle de Daremberg. Si l'on ne peut leur enlever un certain nombre de qualités, le travail postérieur de Marx ainsi que la découverte du manuscrit *T* les empêchent de servir de référence. Actuellement, les volumes de Spencer[28], qui suivent l'édition de Marx mais ont été revus en partie ces dernières années, font encore autorité en ce qu'ils constituent, toutes langues confondues, l'ensemble texte latin-traduction le plus récent.

NB. Pour tous les auteurs cités au cours de notre développement, nous utilisons le texte de la Collection des Universités de France (C.U.F.), à l'exception :
- de Celse lui-même — cité, pour la Préface, dans l'édition de Mudry (1981), pour les livres 1-2, dans celle de Serbat (1995), pour les livres 3-8, dans celle de Spencer (1935-1938) ;
- d'Hippocrate — cité, sauf indication contraire, dans l'édition de Littré (1839-1861) ;
- de Galien — cité, sauf mention contraire, dans l'édition de Kühn (1821-1833).

Toutes les traductions de Celse sont les nôtres. Nous avons pris systématiquement le parti de proposer une traduction qui respecte au mieux la structure des phrases latines. Nous ne sommes pas sans avoir conscience qu'une telle méthode est parfois appliquée aux dépens de la beauté du français. Elle a cependant, selon nous, un mérite important, notamment pour un lecteur non latiniste : rendre mieux compte des tours et détours de la prose celsienne, et permettre ainsi d'appuyer notre analyse sur une lecture précise et rigoureuse du texte original.

Les traductions des autres auteurs sont celles de la C.U.F., à l'exception d'Hippocrate, pour lequel les traductions sont parfois celles de Littré.

---

[28] W. G. Spencer, *Celsus. On Medicine*. Edition by J. Henderson (vol. 1 et 3), by G. P. Goold (vol. 2), Translation by William G. Spencer (Loeb Classical Library), 3 vol., Cambridge, Mass.-Londres, 1935-1938 (5ᵉ éd. du vol. 2, 1989 ; 6ᵉ éd. du vol. 3, 2002).

Comme l'a écrit Luc Duret, le *De medicina* « stimule toujours davantage la curiosité des médecins, historiens des idées, philosophes et philologues par la diversité de ses aspects[29] ». En 1993, Philippe Mudry a publié un « Rapport bibliographique » tout entier dédié à Celse, auquel nous renvoyons notre lecteur[30]. Nous n'en reprendrons ci-dessous que les éléments essentiels, auxquels nous ajoutons les textes publiés depuis. Nous développerons notre présentation bibliographique en traitant d'abord des études analytiques sur le *De medicina*, puis des études linguistiques.

Pour ce qui est de l'histoire des idées et plus particulièrement de l'apport celsien à l'histoire de la médecine, il est possible d'identifier cinq axes de recherche principaux[31].

Le premier concerne la relation de Celse avec les auteurs médicaux antérieurs. Parmi ceux dont Celse a pu s'inspirer, celui qui a le plus intéressé la critique est évidemment Hippocrate[32]. La recherche dans ce sens comporte de nombreux articles récents. Ainsi Philippe Mudry, en 1977, analysait la manière dont Celse a grandement participé à fonder le mythe d'Hippocrate comme fondateur d'une médecine indépendante[33], avant, trois ans plus tard, de s'interroger sur l'origine de la formule celsienne *omne uitium in spiritu*[34], et d'orienter sa réponse vers la doctrine hippocratique, transmise par les écrits de Ménon[35]. En 1985, Mudry toujours s'interroge sur la part d'innovation du premier livre du *De medicina*, et signale les nombreux emprunts aux *Aphorismes* hippocratiques, tout en constatant la nouveauté romaine

---

[29] L. Duret, « Dans l'ombre des plus grands II », *ANRW* II.32.5, p. 3310.
[30] P. Mudry, « Le *De medicina* de Celse. Rapport bibliographique », *ANRW*, II.37.1, 1993a, p. 787-799 (= P. Mudry, *Medicina, soror philosophiae...*, p. 307-316).
[31] Sur les questions d'histoire de la médecine, P. Mudry regroupe toutes nos catégories sous la rubrique « La pratique médicale » (P. Mudry, « Le *De medicina* de Celse. Rapport... », p. 795-797 (= P. Mudry, *Medicina, soror philosophiae...*, p. 314-315).
[32] Sur ce thème, cf. *infra*, p. 52 sqq.
[33] P. Mudry, « La place d'Hippocrate dans la préface du *De medicina* de Celse », in R. Joly (éd.), *Corpus Hippocraticum (Actes du Colloque hippocratique de Mons, 22-26 septembre 1975)*, Mons, 1977, p. 345-352 (= P. Mudry, *Medicina, soror philosophiae...*, p. 491-497).
[34] Pr.15 : « Tout vice se trouve dans le souffle. »
[35] P. Mudry, « Sur l'étiologie des maladies attribuée à Hippocrate par Celse, *De medicina*, préf. 15 », in M. D. Grmek (éd.), *Hippocratica. Actes du Colloque hippocratique de Paris (4-9 septembre 1978)*, Paris, 1980b, p. 409-415 (= P. Mudry, *Medicina, soror philosophiae...*, p. 483-489).

que constitue la prise en compte de l'urbanisation du monde antique[36]. En 1992, Innocenzo Mazzini, qui s'est lui aussi penché sur la place d'« Ipocrate in Celso[37] », conclut au statut d'icône du maître de Cos dans l'ouvrage celsien, même si l'encyclopédiste romain adapte la matière grecque au contexte où il écrit. Mudry, quatorze ans après son premier article sur le sujet, s'est intéressé à la présence de la classification binaire hippocratique entre maladies graves et maladies mortelles[38]. Plus récemment, Muriel Pardon est revenue sur la question avec une étude au titre quelque peu provocateur : « Celsus and the *Hippocratic Corpus* : the originality of a 'plagiarist'[39] », dans laquelle elle traite spécifiquement de l'héritage hippocratique de Celse en matière d'ophtalmologie, et où elle conclut à l'habileté celsienne qui s'approprie la matière grecque et la restitue selon sa perspective propre. Tous ces travaux ont donc en commun de souligner à la fois l'immense dette de Celse envers Hippocrate, mais aussi la façon remarquable dont il adapte la matière grecque à son environnement romain[40].

---

[36] P. Mudry, « Le premier livre de la *Médecine* de Celse. Tradition et nouveauté. », in I. Mazzini – F. Fusco (éds.), *I testi di medicina latini antichi. Problemi filologici e storici, Atti del 1° Convegno Internazionale, Macerata - S. Severino M., 26-28 aprile 1984, Università di Macerata, Pubblicazioni della Facoltà di lettere e filosofia 28*, Rome, 1985b, p. 141-150 (= P. Mudry, *Medicina, soror philosophiae…*, p. 461-472).

[37] I. Mazzini, « Ipocrate in Celso », in J. A. Lopez Ferez, *Tratados Hipocraticos (estudios acerca de su contenido, forma e influencia), Actas del VIIe Colloque international hippocratique (Madrid, 24-29 de septiembre de 1990)*, 1992b, p. 571-583.

[38] P. Mudry, « Maladies graves et maladies mortelles. Présence et évolution d'une notion hippocratique chez les auteurs médicaux latins et en particulier Celse », in M. E. Vazquez Bujan (éd.), *Tradicion e innovacion de la medicina latina de la antigüedad y de la alta edad media, Actas del IV Coloquio Internacional sobre los "textos médicos latinos antiguos"*, Santiago de Compostela, 1994a, 133-143 (= P. Mudry, *Medicina, soror philosophiae…*, p. 295-305).

[39] M. Pardon, « Celsus and the *Hippocratic Corpus*: the originality of a 'plagiarist' », in P. van der Eijk (éd.), *Hippocrates in context. Papers read at the XIth International Hippocrates Colloquium, University of Newcastle, 27-31 August 2002*, Leiden-Boston, 2005, p. 403-411.

[40] Outre les études que nous venons de mentionner, citons également, centrées précisément sur les questions de chirurgie : I. Mazzini, « La chirurgia celsiana nella storia della chirurgia greco-romana », in G. Sabbah – P. Mudry (éds.), *La médecine de Celse. Aspects historiques, scientifiques et littéraires, Mémoires XIII*, Saint-Étienne, 1994b, p. 135-166 ; D. Manetti et A. Roseli, « Il ruolo della tradizione nei libri chirurgici di Celso », in G. Sabbah – P. Mudry (éds.), *La médecine de Celse. Aspects historiques, scientifiques et littéraires, Mémoires XIII*, Saint-Étienne, 1994, p. 103-121.

Un deuxième point d'intérêt pour la critique a été la relation entretenue par Celse avec la médecine de son temps. On a en particulier tenté de distinguer son opinion personnelle dans le foisonnement des différentes écoles médicales[41], voire de le rapprocher de l'une d'entre elles. Ainsi, longtemps après le large panorama offert par Ilberg[42], Fabio Stok, en 1986, a rapproché Celse de la doctrine empirique, prenant pour argument le traitement exclusif par l'encyclopédiste de la thérapeutique au détriment d'autres parties de la médecine[43]. Philippe Mudry[44] a quant à lui une approche plus nuancée, soulignant combien la médecine présentée par Celse se situait dans une voie moyenne, empruntant et rejetant des éléments aussi bien aux empiriques qu'aux dogmatiques ou aux méthodiques, dans la lignée de la secte philosophique des Sextii, fondée sur l'éclectisme[45]. Cette approche celsienne est d'ailleurs confirmée par Fabio Stok[46]. Dans le

---

[41] Cf. G. Serbat, *Celse. De la Médecine*. (C.U.F.), Paris, 1995, p. XLVII-LIII.

[42] J. Ilberg, « A. Cornelius Celsus und die Medizin in Rom », *Neue Jahrbücher* 19, 1907 (1re éd.) (= *Antike Medizin*, Darmstadt, 1971).

[43] Cf. F. Stok, « Le scuole mediche nella tradizione enciclopedica latina », in P. Mudry – J. Pigeaud (éds.), *Les Écoles médicales à Rome, Actes du 2e Colloque international sur les textes médicaux latins antiques*, Lausanne, 1986, p. 84-93 : « Celso distingue, come abbiamo visto, tre distinte partes della medicina, la dietetica, la farmaceutica e la chirurgia : nei modelli citati di classifizione della medicina tali partes corrispondono generalmente alla terapeutica, di cui costituiscono le specifiche componenti. Per questo aspetto Celso, conseguentemente, circoscrive l'ambito della medicina alla sola terapeutica, escludendo le discipline mediche più prettamente teoretiche ed accostandosi, quindi, al punto di vista della scuola empirica. » (p. 91).

[44] P. Mudry, « L'orientation doctrinale du *De medicina* de Celse », *ANRW*, II.37.1, 1993b, p. 800-818 (= P. Mudry, *Medicina, soror philosophiae, Regards sur la littérature et les textes médicaux antiques (1975-2005)*, Lausanne, 2006, p. 317-332).

[45] Sur l'école philosophique des Sextii, cf. P. Mudry, « L'orientation doctrinale… » : « Son orientation générale était éclectique, empruntant aussi bien au stoïcisme qu'au néoplatonisme ou aux Pythagoriciens » (p. 328). Sur ce point, cf. Grimal, *Sénèque ou la conscience de l'Empire*, Paris, 1978, p. 259 : « Le plus illustre disciple des Sextii, père et fils (car Sextius le fils poursuivit un temps l'école de son père) est sans doute Celse… » La secte des Sextii eut une très forte influence sur les savants et les penseurs de son temps, et les cercles fondés autour de Papirius Fabianus et Sextius Niger, tous deux teintés de stoïcisme, donnèrent lieu à une production scientifique de premier ordre.

[46] F. Stok, « Celso e gli Empirici », G. Sabbah – P. Mudry (éds.), *La médecine de Celse. Aspects historiques, scientifiques et littéraires, Mémoires XIII*, Saint-Étienne, 1994, p. 63-75.

domaine de la toxicologie, Alain Touwaide a montré toute la complexité des sources de Celse, en évoquant, au-delà de l'influence de Sextius Niger et d'Héraclide de Tarente, un certain syncrétisme pratique des diverses écoles médicales[47].

Des réflexions ont également été menées sur le statut de la médecine en tant qu'art conjectural. Mudry a abordé la question dès 1994[48], prolongeant sa propre réflexion en 2001[49] puis en 2010[50]. Ce critique a clairement montré la tension qui existe entre, d'une part, une conscience très nette des aléas de la médecine[51] et, d'autre part, une volonté affirmée d'en atténuer autant que possible les effets[52], notamment par l'association, du point de vue thérapeutique, de

---

[47] Cf. A. Touwaide, « La toxicologie dans le 'De medicina' : un système asclépiado-méthodique ? », in G. Sabbah – P. Mudry (éds.), *La médecine de Celse. Aspects historiques, scientifiques et littéraires, Mémoires XIII*, Saint-Étienne, 1994, p. 211-256 : « Avec cette conséquence que, en matière de thérapeutique à tout le moins, les différences entre écoles étaient, dans une certaine mesure, plus verbales que réellement factuelles, plusieurs empruntant à un même matériau qu'elles habillaient d'une justification en concordance avec leur pathogénèse. » (p. 241).

[48] P. Mudry, « La flèche et la cible ou le savoir incertain. Réflexions sur le hasard et le temps dans la pratique des médecins anciens », *Revue médicale de la Suisse romande* 114, 1994b, p. 7-12 (= P. Mudry, *Medicina, soror philosophiae…*, p. 277-286).

[49] P. Mudry, « Le jeu de la nature et du hasard : la construction du savoir médical dans le traité de Celse », in M. Courrent – J. Thomas (éds.), *Imaginaire et modes de construction du savoir antique dans les textes scientifiques et techniques, Actes du colloque de Perpignan des 12 et 13 mai 2000*, Perpignan, 2001, p. 57-69 (= P. Mudry, *Medicina, soror philosophiae…*, p. 101-108).

[50] P. Mudry, « *Ratio* et *coniectura* dans les textes médicaux latins », in D. Langslow – B. Maire (éds.), *Body, Disease and Treatment in a Changing World, Latin texts and contexts in ancient and medieval medicine (Proceedings of the ninth International Conference « Ancient Latin Medical Texts », Hulme Hall, University of Manchester, 5th-8th September 2007)*, Lausanne, 2010, p. 337-348.

[51] Cf. P. Mudry, « La flèche et la cible… », 7-12 (= P. Mudry, *Medicina, soror philosophiae…*, p. 278) : « Pour Celse, le médecin ne peut jamais être totalement sûr de l'efficacité de son traitement ni de l'issue de l'affection. » ; P. Mudry, « Le jeu de la nature… », 57-69 (= P. Mudry, *Medicina, soror philosophiae…*, p. 101-108) : « L'originalité de la réflexion de Celse sur ce problème de l'incertitude médicale consiste dans le fait qu'il s'est interrogé sur les raisons profondes du phénomène qui affecte si profondément l'exercice de l'art médical. » (p. 102).

[52] Cf. P. Mudry, « La flèche et la cible… », 7-12 (= P. Mudry, *Medicina, soror philosophiae…*, p. 277-286) : « L'ambition reste la même : diminuer le temps du médecin, réduire sa médiation et les risques d'incertitude et d'erreur qu'elle implique, éliminer les aléas de la conjecture. Faire en sorte que l'affection s'impose au médecin par une image évidente et infaillible. » (p. 285).

remèdes issus non seulement de l'art médical grec mais aussi de la tradition romaine populaire[53]. Hormis Mudry, il convient de citer ici également l'étude qu'Heinrich von Staden a consacrée au couple conceptuel « règle-exception », montrant que l'éclectisme de Celse s'applique dans ce domaine aussi, lui permettant de s'accommoder au mieux des vicissitudes de la fortune[54].

Parallèlement à ces réflexions plus théoriques, certains chercheurs ont étudié la pratique de la médecine exposée par Celse. En 1972, Jackie Pigeaud déjà avait qualifié l'encyclopédiste de « médecin humaniste[55] ». Ce bref exposé, malgré certaines inexactitudes, a ouvert la voie à des analyses consacrées à la dimension morale, voire éthique du *De medicina*. Dans un article fameux, Philippe Mudry a défini le concept celsien de *medicus amicus*[56], trait proprement romain que l'encyclopédiste chercherait à instaurer dans la médecine « grecque » de son temps[57]. De manière analogue, ce critique a décrit, quelques années plus tard, l'évolution entre le *Serment hippocratique*, fondé avant tout sur des critères d'efficacité, et l'éthique médicale de la miséricorde à l'œuvre dans le *De medicina*[58].

---

[53] P. Mudry, « Le jeu de la nature... », 2001, 57-69 (= P. Mudry, *Medicina, soror philosophiae...*, p. 101-108) : « ... une tentative [...] de concilier sans les confondre deux types de savoir apparemment irréductibles l'un à l'autre et de marier deux traditions en une construction épistémologique que nous qualifierions volontiers de romaine et originale. » (p. 106).

[54] Cf. H. von Staden, « The Rule and the Exception : Celsus on a Scientific Conundrum », in C. Deroux (éd.), *Maladie et maladies dans les textes latins antiques et médiévaux, Actes du Ve Colloque International « Textes Médicaux latins », Bruxelles, 4-6 septembre 1995* (Collection Latomus 242), Bruxelles, 1998b, p. 105-128 : « His conjecturalism allows Celsus to accomodate contingency, fortuna, the unknown future, the weakness of human cognition, individual variety, and the variables, internal and external, that sometimes, but not always, ambush his concretised rules. » (p. 128).

[55] J. Pigeaud, « Un médecin humaniste : Celse. Notes sur le *Prooemium* du *De medicina* », *Les Études Classiques* (tome XL), 1972, p. 302-310.

[56] Celse, *De medicina*, Pr.73.

[57] Cf. P. Mudry, « *Medicus amicus*. Un trait romain de la médecine antique », *Gesnerus* 37, Lausanne, 1980a, p. 17-20 (= P. Mudry, *Medicina, soror philosophiae...*, p. 479-481) : « Celse propose [...] un modèle de praticien qui est grec dans ses connaissances professionnelles et romain dans sa relation au malade. » (p. 481).

[58] P. Mudry, « La déontologie médicale dans l'antiquité grecque et romaine : mythe et réalité », *Revue médicale de la Suisse romande*, 106, Genève, 1986b, p. 3-8 (= P. Mudry, *Medicina, soror philosophiae...*, p. 441-449) : « Le Serment ne s'inscrit pas dans la ligne déontologique que l'on peut saisir dans les traités de la

Pour achever ce panorama des études celsiennes thématiques, il nous faut enfin mentionner celles qui portent sur l'une ou l'autre spécificité de la thérapeutique du *De medicina*. Un article d'Helga Maeder, de 1966, passe en revue les divers traitements proposés contre les affections ophtalmiques[59]. L'année 1994 est particulièrement riche, puisque l'on y recense trois articles : le premier en espagnol, de Gallego Perez et Lopez Ferez, sur le recours à l'eau dans les traitements[60] ; le deuxième de Jackie Pigeaud, sur la place de l'*insania*[61] ; le troisième enfin de Ralph Jackson, qui traite des instruments de chirurgie évoqués par Celse comme *realia*.

Depuis cette année faste, il faut encore mentionner l'article de Garcia Novo sur le traitement des fièvres[62] ; le travail de Marie-Hélène Marganne sur la médecine d'origine égyptienne dans le *De medicina*[63], que Celse utiliserait avec une parcimonie née de réticences anti-égyptiennes ; enfin, les pages consacrées par Mudry à la pédiatrie

---

Collection hippocratique. [...] Le médecin hippocratique veut être un professionnel consciencieux, non pas le secours du faible et de l'opprimé. » (p. 442), et : « Ce n'est pas l'effet d'un sentiment de commisération à l'égard des souffrances du malade – ces termes n'appartiennent pas au vocabulaire du médecin hippocratique –, mais un souci d'efficacité professionnelle. » (p. 444).

[59] H. Maeder, « Die römische Augenheilkunde um die Zeitenwende nach den Darstellungen des Celsus », *Das Altertum* (Band 12), Berlin, 1966, p. 103-107.

[60] T. Gallego Perez – J. A. Lopez Ferez, « El agua en Celso », in M. E. Vazquez Bujan (éd.), *Tradicion e innovacion de la medicina latina de la antigüedad y de la alta edad media, Actas del IV Coloquio Internacional sobre los "textos médicos latinos antiguos"*, Santiago de Compostela, 1994, p. 145-161.

[61] Cf. J. Pigeaud, « La réflexion de Celse sur la folie », in G. Sabbah – P. Mudry (éds.), *La médecine de Celse. Aspects historiques, scientifiques et littéraires, Mémoires XIII*, Saint-Étienne, 1994, p. 256-279, qui indique que « Celse regroupe sous le nom d'insania les trois formes principales de la folie antique (phrénitis + mélancolie + manie) » (p. 257).

[62] E. Garcia Novo, « Las fiebres en Celso : mentalidad latina frente a mentalidad griega », in C. Deroux (éd.), *Maladie et maladies dans les textes latins antiques et médiévaux, Actes du Ve Colloque International « Textes Médicaux latins », Bruxelles, 4-6 septembre 1995* (Collection Latomus 242), Bruxelles, 1998, p. 129-136.

[63] M.-H. Marganne, « Thérapies et médecins d'origine 'égyptienne' dans le *De medicina* de Celse », C. Deroux (éd.), *Maladie et maladies dans les textes latins antiques et médiévaux, Actes du Ve Colloque International « Textes Médicaux latins », Bruxelles, 4-6 septembre 1995* (Collection Latomus 242), Bruxelles, 1998, p. 137-150.

celsienne[64], où il démontre qu'à défaut d'être une discipline constituée, elle n'existe pas moins dans les faits par une attention spécifique à l'enfant généralisée.

En complément des recherches analytiques sur le *De medicina*, les études linguistiques, lexicales et stylistiques ne sont pas en reste.

Les langues médicales antique, latine et celsienne ont toujours intéressé les chercheurs. Cependant, même s'il existe quelques études pour certaines déjà anciennes[65], on observe que la recherche sur ce sujet n'a jamais été aussi foisonnante que depuis le début des années 1990. Pour des travaux concernant l'ensemble de la médecine antique, mais qui traitent ponctuellement du *De medicina*, on se reportera avec intérêt aux actes des trois séminaires portant sur les *Lingue tecniche del greco e del latino*[66], ainsi qu'à la somme récente que constitue l'article de Sconocchia intitulé *La lingua della medicina greca e latina*[67]. Centrés plus spécifiquement sur la langue latine, il faut signaler *Le*

---

[64] P. Mudry, « *Non pueri sicut uiri*. Petit aperçu de pédiatrie romaine », in V. Dasen (éd.), *Naissance et petite enfance dans l'Antiquité (Actes du colloque international à l'Université de Fribourg, 28 nov.-1 déc. 2001)*, Fribourg-Göttingen, 2004, p. 451-462 (= P. Mudry, *Medicina, soror philosophiae, Regards sur la littérature et les textes médicaux antiques (1975-2005)*, Lausanne, 2006), p. 43-50.

[65] Cf., par ex., les travaux de chercheurs suédois tels C. A. Brolén, « De elocutione A. Corneli Celsi », Dissertation, Uppsala, 1872 ; H. Lyngby, « Textkritiska studier till Celsus' Medicina », Dissertation, Göteborg, 1931 ; J. Englund, « Kasussyntaxen hos A. Cornelius Celsus », Dissertation, Göteborg, 1935. Ou encore C. Sandulescu, « Cercetari Lexicologice asupra lui Celsus », *Studii Clasice II*, 1960, p. 279-290 ; U. Capitani, « A.C. Celso e la terminologia tecnica greca », *ASNP*, 3.5, 1975, p. 449-518 ; C. De Meo, *Lingue technice del latino*, Bologne, 1983 ; S. Camoletto, « Note al l. VII del *De medicina* di A. Cornelio Celso », *REL* (tome XLV), 1986, p. 132-142.

[66] S. Sconocchia – L. Toneatto (éds.), *Lingue tecniche del greco e del latino, Atti del I° Seminario internazionale sulla letteratura scientifica e tecnica greca e latina*, Trieste, 1993 ; *Lingue tecniche del greco e del latino II, Atti del II Seminario internazionale sulla letteratura scientifica e tecnica greca e latina (Trieste, 4-5 ottobre 1993)*, Bologne, 1997 ; *Lingue tecniche del greco e del latino III, Atti del III Seminario internazionale sulla letteratura scientifica e tecnica greca e latina*, Bologne, 2000.

[67] S. Sconocchia, « La lingua della medicina greca e latina », in S. Sconocchia et F. Cavalli, *Testi medici latini antichi. Le parole della medicina : Lessico e Storia, Atti del VII Convegno Internazionale (Trieste, 11-13 ottobre 2001)*, Bologne, 2004, p. 493-544.

Latin médical[68], *Les textes médicaux latins comme littérature*[69], ainsi que le volume de David Langslow sur le *Medical Latin in the Roman Empire*[70].

La bibliographie proprement celsienne est particulièrement riche elle aussi. Il convient de mettre en avant ici l'ampleur du travail accompli au fil des années par Umberto Capitani, auteur de pas moins de sept articles entre 1966 et 2004, dans lesquels il s'est efforcé, notamment à la suite de la découverte du manuscrit *T*, d'accompagner le texte celsien d'une multitude de remarques éditoriales[71], ou d'analyser de manière comparative les langues latine et grecque[72].

Parallèlement au travail du chercheur italien, on peut identifier trois périodes :
- *1991-1994*. En 1991, Mudry compare deux passages hippocratique et celsien, et, démontrant le travail de réécriture de Celse, en conclut à sa volonté de « donner à la médecine à Rome

---

[68] G. Sabbah (éd.), *Le latin médical. La constitution d'un langage scientifique. Réalités et langage de la médecine dans le monde romain*, Mémoires X, Saint-Étienne, 1991.

[69] A. et J. Pigeaud (éds.), *Les textes médicaux latins comme littérature*, Actes du VIe colloque international sur les textes médicaux latins du 1er au 3 septembre 1998, Nantes, 2000.

[70] D. Langslow (2000), *Medical Latin in the Roman Empire*, London, 2000. Cf. aussi D. Langslow, « Some historical developments in the terminology and style of Latin medical writings », in M. E. Vazquez Bujan (éd.), *Tradicion e innovacion de la medicina latina de la antigüedad y de la alta edad media*, Actas del IV Coloquio Internacional sobre los « textos médicos latinos antiguos », Santiago de Compostela, 1994, p. 225-240.

[71] U. Capitani, « Note critiche al testo del *De medicina* di Celso », *SIFC* 39, 1967, p. 112-164 ; « Note critiche al testo del *De medicina* di Celso », *SIFC* 42, 1970, p. 5-93 ; « Il recupero di un passo di Celso in un codice del *De medicina* conservato a Toledo », *Maia* 26, p. 161-212, 1974.

[72] U. Capitani, « La produzione letteraria di Aulo Cornelio Celso alla luce di un discusso passo dell'*Institutio oratoria* », *Maia* 18, 1966, p. 138-155 ; « A.C. Celso e la terminologia tecnica greca », *ASNP*, 3.5, 1975, p. 449-518 ; « Per una nuova lettura e interpretazione di un controverso passo celsiano (*De medicina* 3,4,18), in S. Sconocchia et L. Toneatto (éds.), *Atti del I° Seminario internazionale sulla letteratura scientifica e tecnica greca e latina*, Trieste, 1993, p. 150-162 ; « Considerazioni sull'egesi di *militare* in Celse VI, 6, 31 A », in S. Sconocchia et F. Cavalli, *Testi medici latini antichi. Le parole della medicina : Lessico e Storia*, Atti del VII Convegno Internazionale (Trieste, 11-13 ottobre 2001), Bologne, 2004, p. 73-82.

[...] un statut littéraire qui l'élève au rang des arts majeurs[73] ». La même année, Heinrich von Staden étudie l'écriture du corps féminin dans le *De medicina*. En 1992, deux articles sont à mentionner, celui d'Harm Pinkster portant sur la syntaxe celsienne, qu'il explique à la fois par le sujet médical de l'œuvre et par le genre didactique auquel elle appartient[74], et celui d'Innocenzo Mazzini sur les « Caratteri della lingua del *De medicina* di A. Cornelio Celso[75] ».
- *1994.* L'année 1994, importante dans les études celsiennes grâce à la parution du volume collectif consacré à la *Médecine de Celse*, édité par Guy Sabbah et Philippe Mudry[76], ne l'est pas moins sur les questions de la langue de l'encyclopédiste. Sergio Sconocchia apporte une contribution à l'analyse du lexique et de la syntaxe de Celse[77], tandis que Salvatore Contino s'attache à des « Aspetti della lingua di Celso[78] ». David Langslow quant à lui étudie en détails la création par Celse d'une terminologie médicale latine[79].

---

[73] P. Mudry, « Saisons et maladies. Essai sur la constitution d'une langue médicale à Rome (Étude comparée de passages parallèles de Celse (2,1,6-9) et d'Hippocrate (*Aphorismes* 3,20-23) », in G. Sabbah (éd.), *Le latin médical. La constitution d'un langage scientifique. Réalités et langage de la médecine dans le monde romain*, Mémoires X, Saint-Étienne, 1991, p. 257-269 (= P. Mudry, *Medicina, soror philosophiae, Regards sur la littérature et les textes médicaux antiques (1975-2005)*, Lausanne, 2006, p. 363-373), p. 373.

[74] Cf. H. Pinkster, « Notes on the syntax of Celsus », *Mnemosyne* (vol. XLV), p. 513-524 : « Most elements that are relatively frequent in Celsus can be explained taking into account both the type of text ("instruction") and the subject matter (medicine). » (p. 514).

[75] I. Mazzini, « Caratteri della lingua del *De medicina* di A. Cornelio Celso », *Rivista di Cultura Classica e Medioevale* (Anno XXXIV. Numero 1), Rome, 1992a, p. 17-46.

[76] G. Sabbah – P. Mudry (éds.), *La médecine de Celse. Aspects historiques, scientifiques et littéraires*, Mémoires XIII, Saint-Étienne, 1994.

[77] S. Sconocchia, « Osservazioni sull'lessico e sulla sintassi del *De medicina* di Celso », in G. Sabbah – P. Mudry (éds.), *La médecine de Celse. Aspects historiques, scientifiques et littéraires*, Mémoires XIII, Saint-Étienne, 1994, p. 319-341.

[78] S. Contino, « Aspetti della lingua di Celso », in G. Sabbah – P. Mudry (éds.), *La médecine de Celse. Aspects historiques, scientifiques et littéraires*, Mémoires XIII, Saint-Étienne, 1994, p. 281-296.

[79] D. Langslow, « Celsus and the makings of a Latin medical terminology », in G. Sabbah – P. Mudry (éds.), *La médecine de Celse. Aspects historiques, scientifiques et littéraires*, Mémoires XIII, Saint-Étienne, 1994b, p. 297-318.

- *1994-*. Enfin, depuis cette année féconde, il nous faut citer encore trois articles importants. Le premier de Philippe Mudry, où ce dernier étudie la tension, dans la prose celsienne, créée par une double et contradictoire tendance à la fois à la clarté et à la concision[80]. En 1997, Sergio Sconocchia s'intéresse aux calques de la langue grecque dans le *De medicina*[81]. Enfin en 2005, Mudry analyse aussi bien les techniques que l'expressionnisme (non dénué parfois d'émotions) des descriptions celsiennes[82].

Dans tous les travaux que nous avons cités, tant analytiques que linguistiques, un nom revient bien plus fréquemment que les autres, celui de Philippe Mudry. Son apport aux études celsiennes est immense, comme en témoigne l'anthologie parue en 2006[83], qui réunit pas moins de cinquante articles, sans même prendre en compte les écrits qu'il a encore publiés depuis. Il est évident que ma dette envers lui, comme l'est celle de toute personne s'intéressant au *De medicina* et à la médecine romaine, est précieuse.

Pour mieux faire comprendre à notre lecteur notre approche du *De medicina*, il nous faut revenir un instant sur les études d'ordre linguistique que nous avons évoquées. Ces dernières constituent évidemment pour nous un vivier riche et stimulant, auquel nous ne pouvons que rendre hommage. Cependant, certains de ces travaux, remarquables au demeurant, portent le titre, que d'aucuns jugeront un peu vague, de « considérations, observations, aspects, notes, caractères de… », procédé visant à faciliter l'intégration et la coexistence d'éléments parfois plus ou moins homogènes.

---

[80] P. Mudry, « Éléments pour une reconsidération de la langue et du style de Celse », in L. Callebat (éd.), *Latin vulgaire latin tardif IV, Actes du 4ᵉ colloque international sur la latin vulgaire et tardif. Caen, 2-5 septembre 1994*, Hildesheim-Zürich-New York, 1995, p. 685-697 (= P. Mudry, *Medicina, soror philosophiae…*, p. 247-256).

[81] S. Sconocchia, « Sui grecismi di Celso : i calchi », in S. Sconocchia et L. Toneatto (éds.), *Lingue tecniche del greco e del latino II, Atti del II Seminario internazionale sulla letteratura scientifica e tecnica greca e latina (Trieste, 4-5 ottobre 1993)*, Bologne, 1997, p. 217-226.

[82] P. Mudry, « Pour une rhétorique de la description des maladies. L'exemple de *La médecine* de Celse », in *Demonstrare : Voir et faire voir : forme de la démonstration à Rome. Actes du Colloque international de Toulouse, 18-20 novembre 2004*, réunis par Mireille Armisen-Marchetti (*Pallas, Revue d'études antiques*, 69), Montpellier, 2006, p. 323-332 (= P. Mudry, *Medicina, soror philosophiae…*, p. 9-18).

[83] P. Mudry, *Medicina, soror philosophiae…*

Pour appréhender mieux encore le *De medicina*, il nous paraîtrait plus efficace, comme certains l'ont déjà fait avant nous, d'associer les analyses linguistiques, aussi régulièrement que possible, à la fois à l'étude de la réalisation de l'ouvrage, et à la dimension pratique de la médecine qui y est exposée par Celse. Cela afin de montrer à quel point le travail de ce dernier est influencé, peut-être même dès la phase préparatoire à la rédaction, par les modalités de l'éventuelle application concrète de son texte[84].

D'ailleurs, les liens entre rhétorique et médecine[85] ont été perçus comme essentiels, et ce dès l'Antiquité. Jacques Jouanna a parfaitement démontré combien les deux disciplines, dès le Ve siècle av. J.-C., se sont influencées réciproquement[86]. Mais au-delà même des liens entre l'art médical et la rhétorique, c'est le rôle de cette dernière dans l'écriture du *De medicina* qui doit être souligné. Comme l'a écrit Philippe Mudry : « Il *De medicina* di Celse è un testo profondamente modellato

---

[84] Cf. P. Mudry, « Saisons et maladies. Essai sur la constitution d'une langue médicale à Rome (Étude comparée de passages parallèles de Celse (2,1,6-9) et d'Hippocrate (*Aphorismes* 3,20-23) », in G. Sabbah (éd.), *Le latin médical. La constitution d'un langage scientifique. Réalités et langage de la médecine dans le monde romain*, *Mémoires X*, Saint-Étienne, 1991, p. 257-269 (= P. Mudry, *Medicina, soror philosophiae, Regards sur la littérature et les textes médicaux antiques (1975-2005)*, Lausanne, 2006, p. 363-373), qui parle de « la perspective utilitaire » du *De medicina* (p. 364).

[85] De tels liens existent d'ailleu-rs pour d'autres *artes*, telle l'architecture. Cf. L. Callebat, « Rhétorique et architecture dans le "De architectura" de Vitruve », in P. Gros, *Le projet de Vitruve. Objet, destinataires et réception du* De architectura, *Actes du colloque international organisé par l'École française de Rome, l'Institut de recherche sur l'architecture antique du CNRS et la Scuola normale superiore de Pise (Rome, 26-17 mars 1993)*, Collection de l'École française de Rome (192), Rome, 1994b, p. 31-46.

[86] J. Jouanna, « Rhétorique et médecine dans la collection hippocratique. Contribution à l'histoire de la rhétorique au Ve siècle », *REG* (tome XCVII), 1984, p. 26-44 : « Dès le Ve siècle, Gorgias dans son *Éloge d'Hélène* compare la puissance du discours sur l'âme à la puissance des φάρμακα sur le corps. Et l'on sait que Platon, dans le Gorgias (renvoi à 464a sqq.) et dans le Phèdre (renvoi à 270b sqq.), prend la médecine en général et Hippocrate en particulier comme modèle pour définir les buts et la méthode d'une rhétorique véritable. Mais la relation inverse, l'influence de la rhétorique sur la médecine, malgré son évidence et son importance, est actuellement méconnue. C'est sur cet aspect rhétorique de la littérature médicale que je voudrais insister ; plus exactement, ce que je voudrais montrer, c'est que la connaissance de certaines œuvres de la Collection hippocratique est indispensable pour l'histoire de la rhétorique lors de son épanouissement au Ve siècle. » (p. 26-27).

dalla retorica. [...] Questo si verifica non solo nelle loro "Prefazioni" che obbediscono naturalmente alle leggi ordinarie delle prefazioni come genere letterario, ma allo stesso modo, cosa surpredente, anche nel corpo stesso dell'opera, come abbiamo tentato di mostrare a proposito di Celse in alcuni nostri lavori[87]. » On voit que c'est l'ensemble de l'ouvrage celsien qui est profondément marqué par la rhétorique, et que, donc, cet aspect du texte doit absolument être traité conjointement avec ce qui concerne l'art médical à proprement parler, et non de façon dissociée.

Après tous les travaux de nos prédécesseurs, l'objectif de notre travail sera d'offrir une vision globale de l'ouvrage celsien, en émettant l'hypothèse que le *De medicina*, au-delà de la dimension intellectuelle et spéculative qu'on peut lui attribuer, a été rédigé pour être mis en pratique[88]. Nous aimerions même aller plus loin dans notre démonstration, et montrer que, malgré certains cas délicats (qui s'expliquent d'ailleurs peut-être, outre des difficultés techniques, par des écarts d'ordre culturel), le *De medicina* est une œuvre destinée à être mise en œuvre y compris peut-être par des non-spécialistes de la médecine. C'est dans cette perspective qu'a été choisi le titre de notre travail, « Rhétorique et thérapeutique dans le *De medicina* de Celse », dans l'idée que l'écriture de l'ouvrage est fondamentalement liée non pas seulement à la médecine en tant que discipline mais à la thérapeutique en tant que mise en pratique de cette discipline.

Avant d'entrer dans le vif du sujet, nous aimerions attirer l'attention du lecteur sur l'une des difficultés de l'étude du *De medicina*. Le matériau celsien est particulièrement délicat à appréhender, puisque, à l'exception de la *Préface*, il ne comporte pas — ou peu — de discussions ou digressions théoriques telles qu'on les rencontre si fréquemment dans le *Corpus hippocratique* ou sous la plume d'un Galien. Ainsi, formuler certaines hypothèses nécessite, sans doute plus

---

[87] P. Mudry, « La retorica della salute e della malattia : osservazioni sul lessico latino della medicina », in P. Radici Colace (éd.), *Atti del II Seminario Internazionale di Studi sui lessici Tecnici Greci et Latini (Messina, 14-16 dicembre 1995)*, Messine-Naples, 1997a, p. 41-51 (= P. Mudry, *Medicina, soror philosophiae...*, p. 193-205), p. 194.
[88] Ne souhaitant pas dépasser le seuil de nos compétences, nous avons volontairement laissé de côté la dimension proprement scientifique du *De medicina*, comme par ex. l'étude de la composition des remèdes pharmaceutiques ou de la viabilité de tel ou tel procédé thérapeutique.

que chez d'autres auteurs, de rassembler des éléments originellement épars. Nous avons pleinement conscience qu'une telle démarche, qu'une telle reconstruction, impliquent une part d'arbitraire, à laquelle seules les analyses formulées ensuite pourront, nous l'espérons du moins, contribuer à donner quelque crédit.

Le présent ouvrage est constitué de deux parties. La première consiste en une étude du *De medicina* du double point de vue de la genèse (écriture) et de la réception (lectures), la seconde traite de la mise en pratique des données thérapeutiques dispensées par Celse.

Écrire et lire le *De medicina* : le projet de Celse et sa réalisation (première partie). Afin d'étudier les liens étroits qui unissent, dans le *De medicina*, la rhétorique et la thérapeutique, nous concentrerons ici notre attention sur le projet de Celse et sa réalisation, autrement dit sur la lecture et l'écriture du *De medicina*. Ainsi, dans le premier chapitre, on s'intéressera à la place de l'ouvrage dans la littérature gréco-romaine, avant d'étudier, dans le chapitre suivant, l'inscription de ce texte encyclopédique dans l'histoire de la médecine. Le chapitre III nous permettra de nous interroger sur la mise en forme de la matière médicale. Enfin, le chapitre IV sera consacré aux lectures et au lectorat de l'ouvrage encyclopédique celsien. Dans chaque volet de cette première partie, nous nous efforcerons de faire la part entre les enjeux d'écriture du texte et ceux de sa lecture, tout en essayant de montrer combien Celse, quand il conçoit et rédige son ouvrage, semble avoir le souci de ses futurs lecteurs et des possibles usages qu'ils feront du *De medicina*.

La mise en pratique du *De medicina* : technique et éthique de la pratique médicale (seconde partie). Dans la seconde partie, nous aurons à étudier la mise en pratique du *De medicina*, d'un point de vue tant éthique que technique. Ainsi, dans le premier chapitre, on verra que l'ouvrage celsien laisse la place à des praticiens variés, tant professionnels qu'« amateurs » de médecine. On étudiera ensuite, dans le chapitre II, les difficultés inhérentes à la pratique médicale ainsi que les possibilités suggérées par Celse pour les affronter. Nous verrons ensuite comment la médecine présentée par l'encyclopédiste s'oriente vers ce que nous appellerons un « personnalisme médical », dépassant la simple classification des malades en individus pour les considérer comme des personnes. Enfin, le chapitre IV sera consacré aux différentes formes que revêt le dialogue médical dans le *De medicina*, pour s'achever sur l'étude du cas spécifique de la douleur.

Ce livre est une version remaniée d'une thèse de doctorat soutenue le 2 octobre 2012 à l'Université de Strasbourg. Je tiens à remercier tout particulièrement mes directeurs, MM. Yves Lehmann et Philip van der Eijk, pour leurs suggestions, leurs relectures attentives et leur soutien sans faille. Le premier m'a suivi et soutenu, tant d'un point de vue scientifique qu'humain, depuis plus de dix ans, et je n'oublierai jamais que je lui dois tant ; le second, rencontré lors d'un colloque sur l'île de Chypre, a bien voulu ajouter à mon projet toutes les lumières de sa science et de sa renommée.

Mes remerciements s'adressent aussi, pour les observations précieuses qu'ils m'ont faites, aux membres du jury de la thèse : Jean-Marie André, Robert Bedon, Christian Bonah, Philippe Mudry, Laurent Pernot et Luigi Spina.

Ma gratitude va en outre à Véronique Boudon-Millot, Aude Doody, Ralph Jackson, Jacques Jouanna, Roberto Lo Presti, Brigitte Maire et Heinrich von Staden, qui ont tous, à l'une ou l'autre étape de mon travail, nourri ma réflexion de leurs précieuses remarques.

Je remercie le Collège Doctoral Européen de Strasbourg, ainsi que la Fondation Hardt à Genève dont j'ai été boursier à plusieurs reprises, et où j'ai toujours pu faire progresser mon travail dans des conditions optimales.

Enfin, je ne saurais conclure sans remercier celui qui a toujours été mon géant, et dont je resterai toujours le nain, mon père, qui m'a élevé, bien plus haut que je ne pourrais le dire.

Première partie

Écrire et lire le *De medicina* : le projet de Celse et sa réalisation

Introduction

Le *De medicina* de Celse puise abondamment aux sources, connues ou perdues, que constituent les savoirs médicaux grecs, alexandrins et romains. Les étapes préalables à sa rédaction sont donc significatives pour la connaissance de l'œuvre. Ainsi l'élaboration et la rédaction du *De medicina* participent-elles pleinement de sa nature et trouvent logiquement leur place dans une réflexion sur sa définition.

Il convient, dans un premier temps, de replacer le *De medicina* dans le contexte de la littérature antique — grecque, alexandrine, et romaine. On s'intéressera notamment aux relations qu'entretiennent l'ἐγκύκλιος παιδεία et l'encyclopédisme avec la médecine. On reviendra ensuite brièvement sur les débats déjà anciens concernant Celse (qui est-il ? était-il ou non médecin ?), avant de rappeler pour finir le contexte historique et culturel dans lequel se situe la rédaction du *De medicina*.

Une fois défini ce cadre culturel, on s'attachera à l'inscription du *De medicina* dans l'histoire de la médecine. Nous essaierons, après avoir analysé les sources de Celse, d'esquisser, autant que possible, les contours de la méthode de travail de l'auteur. Enfin, nous nous interrogerons sur le caractère transitoire du savoir présenté dans le *De medicina*, œuvre fondée, semble-t-il, sur une certaine idée du progrès.

Nous consacrerons ensuite un abondant développement à la mise en forme de la matière médicale dans le *De medicina*. Après avoir défini la forme concrète de l'ouvrage, nous nous pencherons longuement sur la question de l'existence de paratextes (table des matières, index), réclamés, selon nous, par le texte lui-même, afin de garantir une manipulation optimale de l'ouvrage ainsi qu'une bonne intelligence de son contenu. Ce chapitre se terminera par des considérations portant sur l'existence de passages référentiels ainsi que par une analyse de la fonction des préfaces au sein de l'économie de l'œuvre.

Viendra enfin une réflexion sur les lectures et les lecteurs du *De medicina*. Il s'agira ici de s'interroger dans un premier temps sur les remarques de Celse concernant la lecture, ainsi que sur les différentes manières possibles de lire l'œuvre celsienne. Dans un second temps, nous reviendrons principalement sur les motivations des lecteurs à aborder le *De medicina*, avant d'essayer de déterminer, autant que possible, l'identité de ces lecteurs.

Chapitre I

Le *De medicina* dans la littérature gréco-romaine

Notre premier chapitre sera consacré à la place du *De medicina* dans la littérature gréco-romaine. Nous l'aborderons en suivant trois problématiques principales :

Il s'agira dans un premier temps d'analyser, d'un point de vue littéraire, la situation originale d'une œuvre se situant à la croisée de deux chemins : tradition encyclopédique d'une part, et héritage médical de l'autre. Le *De medicina* demeure en effet le seul texte médical d'envergure extrait d'une encyclopédie antique qui soit parvenu jusqu'à nous. Il constitue ainsi un champ d'exploration unique pour des études approfondies sur l'encyclopédisme médical.

Une deuxième étape consistera en une tentative pour apporter un éclairage nouveau sur des questions maintes fois rebattues concernant Celse lui-même. Pour cela, nous appuierons notre réflexion sur des éléments d'ordre strictement littéraires, plutôt que sur des conjectures biographiques, certes parfois séduisantes, mais qui demeurent toujours incertaines.

Enfin, une fois défini le contexte littéraire et historico-culturel de la rédaction du *De medicina*, nous traiterons plus spécifiquement de la question du progrès dans l'ouvrage celsien. L'auteur semble en effet avoir pleinement conscience du statut particulier d'un ouvrage d'encyclopédisme médical, destiné, semble-t-il, à n'être qu'une image figée du savoir, devant immanquablement être modifiée et/ou corrigée.

Ἐγκύκλιος παιδεία, encyclopédie et médecine

Ἐγκύκλιος παιδεία et encyclopédie

Avant d'aborder la question de l'encyclopédisme de Celse, il nous paraît indispensable de revenir sur la notion d'ἐγκύκλιος παιδεία. Celle-ci, qui est étymologiquement à l'origine du mot « encyclopédie[1] » et constitue la première étape de l'histoire de l'encyclopédisme dans le monde occidental, avait en effet, dans l'Antiquité gréco-romaine, une signification particulière. Une juste compréhension de la réalité que recouvre ce concept permettra de mieux saisir le cadre dans lequel s'inscrit l'œuvre celsienne. On évitera ainsi de fâcheuses confusions entre l'encyclopédisme antique (ἐγκύκλιος παιδεία) et l'encyclopédisme tel que nous l'entendons couramment, hérité principalement du Siècle des Lumières[2].

Il convient pour commencer de préciser que les disciplines contenues dans l'ἐγκύκλιος παιδεία antique varient selon les époques et les auteurs, ces derniers choisissant les arts qu'ils recommandent en fonction de l'individu qu'ils souhaitent former. Il n'est donc pas inutile de dresser un rapide historique des textes en lien avec la question, depuis Caton jusqu'à l'époque augustéenne[3].

L'encyclopédie catonienne, intitulée *Libri ad Marcum filium* rassemblait avant tout « les connaissances considérées comme fondamentales pour atteindre et réaliser l'idéal romain de l'*honnête homme, uir bonus*[4] ». Dans une perspective éminemment didactique, *ad hominem*, Caton l'Ancien y énonce des préceptes oratoires, des notions d'agriculture, de médecine, de droit civil et de discipline militaire. Chez Varron, il est question de neuf *Disciplinae*, dont on peut penser qu'elles regroupaient — dans une approche que leur titre fait penser plus théorique — grammaire, dialectique, rhétorique, géométrie, arithmétique, astrologie, musique, médecine et architecture[5].

De son côté, Cicéron établit, dans une perspective que l'on peut qualifier d'encyclopédique, la liste des disciplines que doit connaître, selon lui, l'orateur idéal — le *cumulatus orator*[6]. Au livre premier du

---

[1] Le mot « encyclopédie » vient du latin de la Renaissance encyclopaedia, formé sur une lecture erronée du grec ἐγκύκλιος παιδεία.
[2] Sur ce sujet, voir la synthèse de M. Pinault, *L'Encyclopédie*, Paris, 1993.
[3] Pour un panorama plus détaillé de la question, on se reportera avec profit à P. Grimal, « Encyclopédies antiques », *Cahiers d'Histoire mondiale* (9), 1966, p. 459-82, et à I. Hadot, *Arts libéraux et philosophie dans la pensée antique*, Études Augustiniennes, Paris, 1984 (2ᵉ éd. revue et considérablement augmentée).
[4] P. Grimal, « Encyclopédies... », p. 464.
[5] Cf. I. Hadot, *Arts libéraux et philosophie dans la pensée antique*, Études Augustiniennes, Paris, 1984 (2ᵉ éd. revue et considérablement augmentée).
[6] Cicéron, *De oratore* (1.20).

De oratore, Cicéron indique à plusieurs reprises[7] les domaines qui constituent une connaissance préalable nécessaire (*cognoscenda*) afin d'être capable de parler convenablement de n'importe quel sujet. Les disciplines concernées sont notamment la nature humaine, les mœurs, l'histoire, l'administration, le droit civil. À cette liste nous pouvons peut-être ajouter la poésie (*De oratore*, 1.158) ainsi que la musique, la géométrie, l'astronomie, la grammaire et la rhétorique[8], qui relèvent sans doute de ce qu'il nomme les *bones artes* (*ibid.*). On perçoit bien ici la variété des domaines concernés, et l'extrême exigence de Cicéron dans la formation de l'*orator*, dont le portrait ici dressé est avant tout celui d'un orateur idéal !

À la même époque, Vitruve parle dans la Préface de son *De Architectura* d'*encyclios disciplina*, et dresse la liste des disciplines utiles à la formation de l'architecte :

> *Et ut litteratus sit, peritus graphidos, eruditus geometria, historias complures nouerit, philosophos diligenter audierit, musicam scierit, medicinae non sit ignarus, responsa iurisconsultorum nouerit, astrologiam caelique rationes cognitas habeat.* (*De arch.* 1.Pr.3)

---

[7] Cicéron, *De oratore* (1.48) : *Neque enim sine multa pertractatione omnium rerum publicarum neque sine legum, morum, iuris scientia neque natura hominum incognita ac moribus...* (« Car cela ne peut avoir lieu sans un maniement important des affaires publiques, ni sans une connaissance des lois, des coutumes et du droit, ni si la nature et les manières des hommes lui sont inconnus... »)
Cicéron, *De oratore* (1.158-159) : *Legendi etiam poetae, cognoscendae historiae, omnium bonarum artium doctores atque scriptores eligendi et peruolutandi. [...] atque perdiscendum ius ciuile, cognoscendae leges, percipienda omnis antiquitas, senatoria consuetudo, disciplina rei publicae, iura sociorum, foedera, pactiones, causa imperi cognoscenda est.* (« Il faut aussi lire les poètes, connaître l'histoire, choisir et feuilleter assidûment les maîtres et écrivains de tous les bons traités. [...] et il faut apprendre à fond le droit civil, connaître les lois, s'emparer de toute l'antiquité, connaître la tradition sénatoriale, la discipline de l'État, le droit des alliés, les traités, les pactes, les affaires du pouvoir. »)
Cicéron, *De oratore* (1.165) : *Quae tu oratori cognoscenda esse dixisti : de naturis hominum, de moribus, de rationibus eis quibus hominum mentes et incitarentur et reprimentur, de historia, de antiquitate, de administratione rei publicae, denique de nostro ipso iure ciuili...* (« Tout ce que tu as dit que l'orateur doit connaître : la nature des hommes, les mœurs, les façons d'exciter ou de calmer les esprits des hommes, l'histoire, l'antiquité, l'administration de l'État, enfin même notre propre droit civil... »)
[8] Cicéron, *De oratore* (1.187-188).

« Il faut qu'il [l'architecte] soit lettré, expert en dessin, savant en géométrie, qu'il connaisse un assez grand nombre d'œuvres historiques, qu'il ait écouté avec attention les philosophes, qu'il sache la musique, qu'il ne soit pas ignorant en médecine, qu'il connaisse la jurisprudence, qu'il ait des connaissances en astronomie et sur le système céleste. »

Dans ce passage, l'accumulation des subjonctifs présents (*sit, habeat*) et parfaits (*nouerit, audierit, scierit*), exprimant une condition absolue après *ut*, définit clairement la maîtrise de ses disciplines comme une propédeutique indispensable à la pratique de l'architecture.

Au premier siècle de l'Empire, ce sont notamment Quintilien, Sénèque et Pline l'Ancien qui aborderont, avec des perspectives différentes, le thème de l'ἐγκύκλιος παιδεία. Pour le premier d'entre eux, il s'agit de poser les fondements d'une formation complète, permettant aux jeunes garçons d'entamer une carrière de rhéteur. Entrent dans ce cadre les quatre sciences mathématiques héritées de Platon (musique, géométrie, arithmétique et astronomie), ainsi que la grammaire, la déclamation, la gymnastique, la philosophie, et enfin le droit. L'ensemble de ces disciplines sont appelées par l'auteur *artes* ou *disciplinae*. Sénèque pour sa part donne son avis à Lucilius sur les arts libéraux (*de liberalibus studiis*), parmi lesquels il mentionne grammaire, musique, géométrie et astronomie[9]. Pline enfin semble associer l'ἐγκύκλιος παιδεία aux disciplines qu'il traite lui-même dans son *Histoire Naturelle* : astronomie, météorologie, géographie, ethnologie, zoologie, botanique, géologie, et pharmacologie.

Un tel catalogue permet de mieux saisir la permanence et la variation des disciplines contenues dans l'ἐγκύκλιος παιδεία antique, en fonction de l'objectif visé par l'auteur qui les traite, ou bien encore du genre littéraire à laquelle son œuvre appartient.

Il importe de bien comprendre le cadre dans lequel l'ἐγκύκλιος παιδεία se développe. Dans leur approche de cette notion, les chercheurs, s'appuyant sur une interprétation erronée de l'adjectif ἐγκύκλιος, se sont très longtemps fourvoyés, faisant de l'ἐγκύκλιος παιδεία un enseignement pluridisciplinaire largement répandu[10]. Les

---

[9] Sénèque, *Lettre à Lucilius*, XI.88.
[10] Cf., par ex., H.-I. Marrou, *Les arts libéraux dans l'Antiquité classique*, Actes du IVe *Congrès International de Philosophie Médiévale, Montréal, sept. 1967*, Montréal-Paris, 1969, qui parle d'une « éducation habituelle », d'un « enseignement propédeutique courant » (p. 17). Sur la question de l'ἐγκύκλιος παιδεία, cf. aussi Morgan (1998), p. 33-39.

travaux d'Ilsetraut Hadot sont de ce point de vue essentiels. Elle démontre de manière convaincante que l'ἐγκύκλιος παιδεία, loin d'être une éducation de masse, « n'était réservée qu'à une minorité[11] ». Elle prouve aussi que l'adjectif ἐγκύκλιος renvoie avant tout aux liens qui unissent les différentes disciplines entre elles, et souligne clairement la nécessité pour les anciens de maîtriser chacune d'elles avant d'en pratiquer une seule de façon indépendante. L'ἐγκύκλιος παιδεία servait donc principalement de propédeutique à des études plus approfondies[12], même si l'apprentissage de chaque discipline a pu être également considéré comme une fin en soi[13].

Qui parle d'œuvres de l'Antiquité gréco-romaine doit donc faire preuve de la plus grande prudence lorsqu'il emploie le terme d'« encyclopédie ». Un rapprochement sémantique entre l'ἐγκύκλιος παιδεία et l'encyclopédisme hérité des Lumières est certes possible. Mais il doit se fonder sur les valeurs partagées par ces deux concepts (ampleur de l'ouvrage, variété des sujets traités, dimension didactique), sans jamais oublier la réalité recouverte par la notion antique. Dorénavant, c'est donc en ayant à l'esprit cette double dimension que nous utiliserons le terme « encyclopédie ». En somme, il faut toujours garder à l'esprit que les œuvres antiques rédigées dans l'esprit de l'ἐγκύκλιος παιδεία n'étaient pas des encyclopédies : elles le sont devenues[14].

---

[11] I. Hadot, *Arts libéraux et philosophie dans la pensée antique*, Études Augustiniennes, Paris, 1984 (2ᵉ éd. revue et considérablement augmentée), p. 267.
[12] I. Hadot, *ibid.*, p. 268-269.
[13] V. Naas, *Le projet encyclopédique de Pline l'Ancien*, Collection de l'École française de Rome (303), Rome, 2002, p. 26.
[14] À ce sujet, cf. les récents travaux consacrés à Pline d'A. Doody, « *Pliny's Natural History : Enkuklios Paideia and the Ancient Encyclopedia* », *Journal of the History of Ideas*, vol. 70.1, 2009b, p. 1-21. La chercheuse y écrit notamment : « On one level, Pliny's Natural History is an encyclopedia because it displays certain features characteristic of that genre […] The *Natural History* is an encyclopedia because we can recognise its encyclopedic features in retrospect. To put it more strongly, the *Natural History*, is an encyclopedia precisely because people have read and used it as one. » (p. 18).

L'encyclopédisme de Celse

Les Artes

Avant de nous concentrer sur le *De medicina*, il nous faut revenir sur l'œuvre plus vaste à laquelle il appartenait. Celse fut en effet l'auteur d'une encyclopédie portant le titre d'*Artes*. Le choix de ce terme a de multiples fonctions. Il permet d'abord d'inscrire clairement l'œuvre celsienne dans une communauté d'idée avec les ouvrages de Varron, Quintilien, Vitruve ou encore Pline. Il rappelle aussi l'équivalence entre l'ἐγκύκλιος παιδεία et les *artes liberales* romaines, attestée par une lettre fameuse de Sénèque à Lucilius[15]. Enfin, il fournit une indication sur la nature des disciplines traitées dans l'encyclopédie, qui sont donc des τέχναι (l'équivalent grec d'*artes*), savoirs pratiques ayant pour vocation une utilisation concrète[16].

Des *Artes* celsiennes, seul le *De medicina* nous est parvenu dans son intégralité, les autres parties n'étant conservées que sous la forme de fragments[17]. Ce phénomène peut s'expliquer notamment : par l'abondance de traités sur d'autres sujets, contrairement à la médecine ; par le souci qu'avaient les moines copistes du moyen-âge

---

[15] Sénèque, *Lettre à Lucilius*, XI.88.23 : *Pueriles sunt et aliquid habentes liberalibus simile hae artes, quae* ἐγκύκλιος *Graeci, nostri autem liberales uocant*. (« Les arts de l'éducation, qui ont une ressemblance avec les arts libéraux, sont ceux que les Grecs appellent arts encycliques et nous arts libéraux. ») Les discussions récentes concernant l'ἐγκύκλιος παιδεία et les arts libéraux portent surtout sur le lien entre l'éducation antique et les arts libéraux médiévaux. Cf., par ex. D. L. Wagner, *The Seven Liberal Arts in the Middle Ages*, Indiana, 1983 ; ou B. Englisch, *Die Artes Liberales im frühen Mittelalter (5.-9. Jhdt)*, Stuttgart, 1994.

[16] Sur le statut ambigu de la médecine, cf., parmi tant d'autres, F. Stok, « La medicina nell'enciclopedia latina e nei sistemi di classificazione delle *artes* dell'età romana », *ANRW* II.37.1, 1993a, p. 408 sqq. Cf. aussi P. Grimal, « Encyclopédies antiques », *Cahiers d'Histoire mondiale* (9), 1966, p. 459-82 : « La matière de l'encyclopédie est moins une science qu'un art — ce que les Grecs appelaient "technè", et qu'ils plaçaient à un niveau sensiblement plus bas que la connaissance théorique, la seule à qui appartînt la vraie culture. Et en même temps on comprend comment cette opposition entre les deux aspects de la connaissance dégénérait en incompréhension, le théoricien tendant à mépriser le praticien, ou tout au moins au moins à vouloir lui donner des leçons, le praticien se moquant de l'autre et refusant d'attacher la moindre valeur à la réflexion sur son art. » (p. 467).

[17] Cf. F. Marx, *A. Cornelii Celsi quae supersunt, Corpus Medicorum Latinorum I*, Teubner, Leipzig-Berlin, 1915.

pour leur santé, et qui voyaient sans doute dans l'ouvrage celsien une source de remèdes intéressante et utilisable.

La critique, s'appuyant notamment sur les témoignages de Columelle et Quintilien, a longtemps débattu pour savoir quelles disciplines étaient abordées dans les *Artes*, et dans quel ordre[18]. Après Friedrich Marx[19], Karl Barwick et Werner Krenkel en particulier ont mis ces questions au centre de leurs recherches celsiennes, et ont mené un échange aussi vif que fructueux[20].

De nos jours, on s'accorde sur les disciplines traitées, mais la question de l'ordre demeure parfois indécise. Nous retiendrons quant à nous l'enchaînement suivant[21] : agriculture, médecine, philosophie[22], rhétorique, art militaire. Toutes ces disciplines appartiennent à celles pratiquées par les auteurs antérieurs à ou contemporains de Celse. L'originalité de chaque auteur se place donc du côté de l'*inuentio*, c'est-à-dire dans les *artes* qu'il choisit de faire figurer dans son encyclopédie[23].

Le statut d'encyclopédiste de Celse est en tout cas confirmé par une remarque de Columelle :

Non minorem tamen laudem meruerunt nostrorum temporum uiri Cornelius Celsus et Iulius Atticus, quippe Cornelius totum corpus disciplinae quinque libris complexus est. (De re rustica, 1.1.14)

---

[18] Pour un état des lieux de la question, se reporter à G. Serbat, *Celse. De la Médecine.* (C.U.F.), Paris, 1995, p. XI-XIV.

[19] F. Marx, *A Cornelii Celsi...*, p. XVIII sqq.

[20] Cf. K. Barwick, « Zu den Schriften des Cornelius Celsus und des alten Cato », *WJA* 3, Würzburg, 1948, p. 117-132 ; W. Krenkel, « Celsus », *Das Altertum* (Band 3, Heft 4), Berlin, 1957, et « Zu den *Artes* des Celsus », *Philologus* (103), 1959, p. 114-129 ; K. Barwick, « Die Enzyklopädie des Cornelius Celsus », *Philologus* (104), 1960, p. 236-249 ; W. Krenkel, « A. Cornelius Celsus », in *Argentea Aeta. In memoriam Entii V. Marmorale*, Genève, 1973, p. 19-27.

[21] Pour la place de la philosophie au sein des Artes, nous suivons l'argumentation convaincante de W. Krenkel, « Zu den *Artes...* », p. 128-129, qui s'appuie notamment sur les phrases de transition (« Übergangssätze ») entre les différentes parties de l'encyclopédie celsienne.

[22] Sur la place de la philosophie dans l'encyclopédie celsienne, cf. aussi I. Hadot, *Arts libéraux et philosophie dans la pensée antique*, Études Augustiniennes, Paris, 1984 (2ᵉ éd. revue et considérablement augmentée), p. 462.

[23] Sur l'instabilité des disciplines admises au rang des arts libéraux, cf. C. Moatti, *La Raison de Rome*, Paris, 1997, p. 302-307.

« Cependant, ne méritent pas moins des louanges ces hommes de notre temps, Cornelius Celsus et Julius Atticus, le premier ayant embrassé en cinq livres l'ensemble de la discipline [i.e. l'agriculture]. »

Au terme de l'énumération de ses sources, Columelle fait la liste de ses devanciers romains, qu'il achève notamment par la mention de Celse. L'expression *totum corpus disciplinae quinque libris complexus est* nous semble particulièrement éloquente. Le verbe composé *complectari* utilisé ici, et qui véhicule l'idée d'une saisie complète, ne peut que faire penser à l'encerclement (ἐγ-κύκλιος) encyclopédique[24].

L'encyclopédisme du De medicina

Traitant de Celse et des *Artes*, de nombreux chercheurs ont utilisé les mots « encyclopédiste » ou « encyclopédie » ; c'est le cas, entre autres, de Jahn[25], Ilberg[26], Barwick[27], Krenkel[28], ou encore Grimal ou Duret[29]. À chaque fois, il est question des *Artes* dans leur ensemble, et les développements consacrés au *De medicina* s'inscrivent dans ce schéma encyclopédique global. Cependant, il ne faut pas perdre de vue que le texte médical celsien est désormais séparé des autres parties des *Artes*. Dès lors, peut-on toujours parler de l'encyclopédisme du *De medicina*

---

[24] Sur l'encyclopédisme de Celse chez Columelle, cf. aussi cet autre passage (*De re rustica*, 1.2.15) : *Cornelium Celsum, non solum agricolationis sed uniuersae naturae prudentem uirum.* (« Cornelius Celsus, un homme avisé non seulement concernant l'agriculture mais la nature tout entière. »)
[25] O. Jahn, « Über römische Encyclopädieen », in *Berichte der Königlich Sächsischen Gesellschaft der Wissenschaften zu Leipzig*, 1850, p. 273 sqq. : « man darf nicht vergessen […] daß Celsus Enzyklopädist gewesen ist. » (p. 274).
[26] J. Ilberg, « A. Cornelius Celsus und die Medizin in Rom », *Neue Jahrbücher* 19, 1907 (1re éd.) (= *Antike Medizin*, Darmstadt, 1971, p. 310 « Ein Blick auf diese Enzyklopädie ist unerläßlich »).
[27] K. Barwick, « Zu den Schriften des Cornelius Celsus und des alten Cato », *WJA* 3, Würzburg, 1948, p. 117-132 : parlant de Caton l'Ancien et de Celse : « Insbesondere ist noch keine Einigung erzielt über den Inhalt ihrer Enzyklopädien » (p. 117). Cf. le titre de K. Barwick, « Die Enzyklopädie des Cornelius Celsus », *Philologus* (104), 1960.
[28] W. Krenkel, « Celsus », *Das Altertum* (Band 3, Heft 4), Berlin, 1957, p. 111-122 : « Nach des alten Cato Censorius Büchern ad filium, nach Varros Disciplinarum nouem stellen die Artes des Celsus den dritten Versuch auf Römischen Boden dar, das Wissen der Zeit in einer Art Enzyklopädie zu vereinigen. » (p. 112).
[29] P. Grimal, « Encyclopédies antiques », *Cahiers d'Histoire mondiale* (9), 1966, p. 475 sqq. ; L. Duret, « Dans l'ombre des plus grands II », *ANRW* II.32.5, 1986, p. 3308 sqq.

du fait de sa seule appartenance initiale aux *Artes* ? Autrement dit, la nature encyclopédique des *Artes* influe-t-elle sur la nature de chacune de ses parties, et donc sur celle du *De medicina* ? Ou encore, si le *De medicina* était bien une œuvre à caractère encyclopédique lors de la rédaction des *Artes*, est-ce encore le cas ?

Le sujet même du *De medicina* semble orienter la réponse vers l'affirmative. Excepté chez Cicéron et Quintilien, pour qui l'apprentissage des *artes liberales* entre avant tout dans le cadre de la formation d'un orateur idéal, la médecine est en effet présente dans tous les autres écrits encyclopédiques romains (Caton, Varron, Vitruve, Pline)[30]. Mais les écrits de Caton et de Varron étant perdus, et l'*Histoire Naturelle* de Pline se consacrant principalement, dans les livres dédiés à la médecine, à la pharmacologie, le *De medicina* est l'unique représentant de l'encyclopédisme médical romain qui nous soit parvenu. Même séparé de sa matrice encyclopédique, le *De medicina* constitue ainsi un témoignage irremplaçable sur un pan important de la culture de l'ἐγκύκλιος παιδεία et, de ce point de vue, peut donc toujours être qualifié d'encyclopédie.

Une remarque de Celse lui-même, dans la Préface des livres de chirurgie, invite peut-être à confirmer encore la dimension encyclopédique de son œuvre médicale. Dressant le portrait du chirurgien idéal, l'auteur anticipe la question d'un lecteur qui se demanderait quelle partie de la thérapeutique il convient de maîtriser pour soigner les blessures (ces dernières pouvant en effet aussi être traitées par des médicaments). Voici sa réponse :

> *Ego eundem quidem hominem posse omnia ista praestare concipio ; atque ubi se diuiserunt, eum laudo qui quam plurimum percepit.* (7.Pr.5)

> « Pour ma part, je considère assurément qu'un même homme peut maîtriser toutes ces choses ; et lorsqu'elles ont été divisées, je loue celui qui en a fait siennes le plus possible. »

Celse fait ici l'éloge d'un chirurgien passant outre les divisions théoriques, afin de rassembler en sa personne une foule de savoirs. Son idéal est donc celui d'un homme instruit dans toutes les branches de la thérapeutique.

---

[30] Sur la place de la médecine chez les encyclopédistes romains, cf. F. Stok, « La medicina nell'enciclopedia latina e nei sistemi di classificazione delle *artes* dell'età romana », *ANRW*, II.37.1, 1993a, p. 421-427.

Ce texte n'est pas sans rappeler l'idéal cicéronien de la connaissance universelle incarnée en la personne de l'orateur idéal. Dans le *De oratore*, l'Arpinate rapporte ainsi les paroles de C. Lucilius :

> ... *sentio neminem esse in oratorum numero habendum, qui non sit omnibus eis artibus quae sunt libero dignae perpolitus...* (*De oratore*, 1.72)
>
> « ... je suis d'avis que personne ne peut être compté au nombre des orateurs, s'il n'a été rompu à tous ces arts qui sont dignes de l'homme libéral... »

L'image cicéronienne de l'incarnation en un seul être de l'ensemble des arts libéraux correspond parfaitement aux revendications celsiennes, qui ne font que reprendre, à l'échelle de la seule médecine, les aspirations encyclopédiques générales de son prédécesseur. Il n'y a entre les deux qu'une différence de degré, et non de nature.

Ainsi, le *De medicina* est encyclopédique parce qu'il se fait explicitement l'écho de l'incarnation idéale d'un savoir universel telle qu'on pouvait la retrouver au sein de l'ἐγκύκλιος παιδεία antérieure. L'alliance réclamée par Celse des diverses parties de la thérapeutique, affirmée par ailleurs à maintes reprises sur le plan de la pratique médicale, et d'ailleurs typiquement romaine[31], fait que le *De medicina* contient pour ainsi dire, à son échelle, une image miniature de l'esprit encyclopédique qui devait sans nul doute habiter l'ensemble des *Artes*.

Une question reste cependant en suspens, celle de l'individu que souhaitait instruire Celse. Nous reviendrons certes plus loin sur la question du lectorat, mais l'on peut d'ores et déjà poser la question suivante : si le *De medicina*, isolé des *Artes*, semble viser à former un médecin, quel était l'idéal que recherchaient les *Artes* dans leur ensemble ? Il semble absurde de penser que, à la manière de l'idéal cicéronien, il s'agissait de former un orateur, et que ce but premier aurait été manqué compte tenu du public réel rencontré par l'ouvrage — ce qui pourrait expliquer la survie de la partie médicale de l'encyclopédie au détriment des autres. Ne peut-on pas plutôt

---

[31] P. Mudry, « Médecins et spécialistes. Le problème de l'unité de la médecine à Rome au Ier siècle apr. J.-C. », *Gesnerus* 42, Lausanne, 1985a, p. 329-336 (= P. Mudry, *Medicina, soror philosophiae, Regards sur la littérature et les textes médicaux antiques (1975-2005)*, Lausanne, 2006, p. 467-472), p. 468.

considérer qu'il existerait un autre type d'encyclopédisme, détaché de l'horizon oratoire ? Ne serait-il pas alors judicieux de se concentrer sur les éventuelles visées philanthropiques des *Artes* ? Ces questions, insolubles en l'état actuel de nos connaissances de l'ouvrage encyclopédique celsien, méritent toutefois d'être posées, car elles permettent du moins de conserver à l'esprit que notre regard sur le *De medicina* doit, autant que possible, tenir compte d'une interrogation sur la finalité initiale des *Artes*, quand bien même devrait-elle rester sans réponse.

Quoi qu'il en soit, il ne nous semble donc pas hasardeux de parler de l'encyclopédisme (médical) du *De medicina*. En tout état de cause, il conviendra simplement de toujours garder à l'esprit la particularité du *De medicina*, qui est de se situer au confluent entre la tradition encyclopédique gréco-romaine d'une part, et, d'autre part, la tradition médicale grecque, alexandrine et romaine. La richesse et la valeur du texte celsien tiennent pour beaucoup à l'appropriation unique par l'auteur de ce double héritage.

Celse et son temps

L'auteur du *De medicina*

Concernant l'auteur du *De medicina*, le questionnement s'oriente selon deux axes principaux : d'un côté son identité, de l'autre ses compétences dans le domaine médical.

La question de l'identité de Celse ne réclame guère de développements : l'auteur du *De medicina* demeure un mystère. Nous ne connaissons ses *tria nomina*, Aulus Cornelius Celsus, que grâce au manuscrit *V*, et nous ne possédons sur sa vie aucune information. Quant à son origine géographique (hispanique, gauloise ?), impossible de la déterminer avec certitude. En réalité, aucune avancée significative n'a été faite depuis les *Prolegomena* de Marx à son édition[32], et la formule lapidaire de Krenkel, qui date de 1957, reste malheureusement d'actualité : « Über sein Leben wissen wir nichts[33]. »

---

[32] F. Marx, *A. Cornelii Celsi quae supersunt*, Corpus Medicorum Latinorum I, Teubner, Leipzig-Berlin, 1915, p. V-VII.
[33] W. Krenkel, « Celsus », *Das Altertum* (Band 3, Heft 4), Berlin, 1957, p. 111. Sur ce sujet, voir aussi W. Krenkel, « A. Cornelius Celsus », in *Argentea Aeta. In*

C'est surtout l'expertise de Celse dans le domaine médical qui a fait naître le plus grand nombre d'hypothèses et de controverses. La question est clairement résumée par le titre de l'ouvrage de Schulze, *Aulus Cornelius Celsus : Arzt oder Laie*[34] ; Celse : médecin (professionnel) ou amateur ?

Un tel débat est né de l'œuvre elle-même, qui a conduit certains chercheurs à faire de l'auteur un praticien accompli. C'est le cas notamment de Castiglioni[35] et, avant lui, de Spencer, ce dernier faisant suivre son introduction d'une double page au titre sans équivoque : « Summary of the arguments for regarding Celsus as a medical practitioner[36]. » Il regroupe les arguments en faveur d'un Celse médecin sous trois rubriques : la multitude de ses interventions à la première personne du singulier ; sa connaissance personnelle de certains malades ; sa connaissance profonde des autorités médicales contemporaines et antérieures. Cette brève présentation n'est d'ailleurs qu'un résumé d'un article que Spencer publia quelques années auparavant, et dans lequel il tire, plus explicitement encore, des conclusions fermes et assurées[37].

La grande majorité des chercheurs se situe cependant à rebours de l'opinion de l'éditeur anglais, et considère Celse non comme un médecin, mais comme un amateur. Krenkel définit avec tact le responsable de l'erreur de Spencer. Il s'agit de Celse lui-même : « Wenn nicht die hohe Qualität seiner Bücher über Landwirtschaft,

---

memoriam Entii V. Marmorale, Genève, 1973, p. 19-20. Pour un aperçu de la question en langue française, cf. G. Serbat, *Celse. De la Médecine*. (C.U.F.), Paris, 1995, p. VII-XI.

[34] C. Schulze, *Aulus Cornelius Celsus – Arzt oder Laie? Autor Konzept und Adressaten der De medicina libri octo*, Trèves, 1999.

[35] A. Castiglioni, « Aulus Cornelius Celsus as a historian of medicine », *Bulletin of the History of Medicine*, vol. VIII, 1940, p. 870 : « I am convinced that Celsus cannot be classified as a layman. »

[36] W. G. Spencer, *Celsus. On Medicine. Edition by J. Henderson (vol. 1 et 3), by G. P. Goold (vol. 2), Translation by William G. Spencer* (Loeb Classical Library), 3 vol., Cambridge, Mass.-Londres, 1935-1938 (5ᵉ éd. du vol. 2, 1989 ; 6ᵉ éd. du vol. 3, 2002), vol. 1, p. XI-XII.

[37] W. G. Spencer, « Celsus' *De medicina*—A Learned and Experienced Practitioner upon what the Art of Medicine could then Accomplish », *Proceedings of the Royal Society of Medicine*, vol. 19, 1926, p. 129-139. Cf. notamment, sur la pratique de la chirurgie par Celse : « ... throughout there is evidence of experience in the actual practice of surgery. » (p. 136).

Rhetorik und Philosophie bezeugt wäre, fiele es leichter, ihn für einen Arzt zu halten[38]. » L'immense qualité du *De medicina* est certes trompeuse, mais, en tout état de cause, la variété des disciplines traitées avec brio par Celse dans ses *Artes* conduirait à faire de lui un non-spécialiste de la médecine. Dans ce même article, Krenkel établit un riche catalogue des tenants de ce courant de pensée[39], jusqu'à l'article de Maeder[40], textes d'ailleurs tous deux consacrés à l'ophtalmologie celsienne. Après 1973, les grands noms de la critique celsienne comme les autres chercheurs, s'accordent tous sur la non-spécialisation de Celse[41].

Il faudrait donc considérer avant tout Celse comme un amateur de médecine particulièrement éclairé[42], sans savoir, étant donné que seuls demeurent (en l'état actuel de nos connaissances) des fragments des autres parties des *Artes*, s'il y témoignait aussi d'une telle maestria[43].

---

[38] W. Krenkel, « A. Cornelius Celsus », in *Argentea Aeta. In memoriam Entii V. Marmorale*, Genève, 1973, p. 19.

[39] Pour la liste complète, cf. W. Krenkel, « A. Cornelius Celsus », in *Argentea Aeta. In memoriam Entii V. Marmorale*, Genève, 1973, p. 26-27.

[40] H. Maeder, « Die römische Augenheilkunde um die Zeitenwende nach den Darstellungen des Celsus », *Das Altertum* (Band 12), Berlin, 1966, p. 103-107.

[41] Cf., par ex., H. D. Jocelyn, « The new chapters of the ninth book of Celsus' Artes », Papers of the Liverpool Latin Seminar (vol. 5, 1985), 1986, p. 303-304 (« He was not [...] any kind of professional medical practitioner. ») ; D. Langslow, *Medical Latin in the Roman Empire*, London, 2000 (« Celsus had no formal medical training at a Greek school and was not himself a *medicus*. », p. 46) ; I. Hadot, *Arts libéraux et philosophie dans la pensée antique*, Études Augustiniennes, Paris, 1984 (2ᵉ éd. revue et considérablement augmentée), p. 457 (« Celse n'était pas médecin lui-même. », p. 457).

[42] Cf. l'avis, tout en nuances, de P. Mudry, « L'orientation doctrinale du *De medicina* de Celse », *ANRW*, II.37.1, 1993b, p. 800-818 (= P. Mudry, *Medicina, soror philosophiae, Regards sur la littérature et les textes médicaux antiques (1975-2005)*, Lausanne, 2006, p. 317-332) : « ...un vieux débat visant à savoir si Celse était médecin ou non [...] En l'état de notre information, la question est à peu près insoluble. Elle n'importe guère d'ailleurs à notre propos, pour lequel seul compte le fait que, médecin ou non, l'auteur du *De medicina* manifeste une compétence évidente en matière de médecine. En outre, en l'absence de toute reconnaissance officielle du métier de médecin et de tout diplôme, la question ne se posait certainement pas dans les mêmes termes qu'aujourd'hui. » (p. 813-814).

[43] Ses connaissances vastes et précises, qui proviennent à la fois de ses lectures comme de sa fréquentation de médecins, laissent malgré tout la place aux erreurs, comme le fait remarquer I. Hadot, *Arts libéraux et philosophie dans la pensée antique*, Études Augustiniennes, Paris, 2005 (2ᵉ éd. revue et considérablement

L'opposition entre spécialisation et encyclopédisme mérite cependant d'être revue. Pour qui souhaite étayer la thèse d'un Celse non-spécialiste de médecine, il nous semble que cette distinction n'est pas un argument aussi solide qu'il n'y paraît. Mettre en avant la qualité des autres parties des *Artes* (dont on ne possède que quelques fragments) sur le seul fondement de quelques témoignages antiques, nous semble périlleux[44] ; *a fortiori* s'il s'agit d'en tirer argument pour refuser à Celse le statut de médecin, et voir plutôt en lui un écrivain érudit et touche-à-tout. Nous ne voyons pas selon quelle norme il ne serait pas possible d'être à la fois un spécialiste dans un domaine et un encyclopédiste éclairé.

Un tel raisonnement naît uniquement d'un regard moderne porté sur l'œuvre de Celse, et ne recouvre aucune réalité antique, contribuant finalement à mettre en place une tension pourtant inexistante dans l'esprit de l'homme romain. C'est notamment aller contre l'esprit même de l'ἐγκύκλιος παιδεία, évoqué précédemment, au sein de laquelle un individu était incité à s'instruire dans plusieurs disciplines pour mieux se spécialiser dans l'une d'entre elles. A priori, rien n'empêche donc un médecin d'écrire de manière fine et documentée sur d'autres domaines du savoir. Loin de nous l'idée d'affirmer, à la suite de Spencer, que Celse fut médecin. Nous souhaitons simplement attirer l'attention sur une certaine fragilité dans les arguments traditionnellement avancés pour réfuter cette thèse.

Le contexte historico-culturel de la rédaction du *De medicina*

Définir l'époque de la rédaction du *De medicina* ne pose guère de problèmes, et les incertitudes demeurent minimes. Si Capitani la situe à la fin du règne d'Auguste et au début de celui de Tibère[45], Krenkel la place dans la première moitié du règne de ce dernier[46], avant de la

---

augmentée), p. 457. Toutefois, celles-ci sont sans doute tout autant liées à son statut de non-spécialiste qu'aux connaissances médicales somme toute limitées dont il hérite, à l'époque de la rédaction.

[44] L'opinion de W. Krenkel, « A. Cornelius Celsus », in *Argentea Aeta. In memoriam Entii V. Marmorale*, Genève, 1973, p. 19), citée précédemment, si elle est particulièrement commode, nous semble devoir être utilisée avec prudence.

[45] U. Capitani, « La produzione letteraria di Aulo Cornelio Celso alla luce di un discusso passo dell'*Institutio oratoria* », *Maia* 18, 1966, p. 138-155.

[46] W. Krenkel, « Celsus », *Das Altertum* (Band 3, Heft 4), Berlin, 1957, p. 112.

repousser, suivi en cela par Contino[47], entre 26 et 39 ap. J.-C.[48]. Il semble que le *terminus ante quem* soit l'œuvre de Columelle, dont Celse fut une source[49], et le *terminus post quem* le décès du médecin Cassius, que Celse connut personnellement[50]. La conclusion la plus prudente est donc que Celse rédigea sans doute ses *Artes* sous le règne de Tibère, c'est-à-dire entre 14 et 37 ap. J.-C.[51] — le *De medicina*, deuxième partie de l'encyclopédie, pourrait avoir été écrit au début de cette période.

L'époque où Celse a écrit et publié le *De medicina* permet de mieux en comprendre certains aspects. La démarche intellectuelle d'un auteur est en effet fortement dépendante du contexte historico-culturel dans lequel elle s'inscrit.

Auguste occupe une place éminente dans l'histoire romaine et eut une influence considérable sur les empereurs postérieurs, bien au-delà des Julio-Claudiens[52]. Pour son premier successeur, Tibère, la tâche n'était donc pas simple. Notre propos n'est pas de revenir en détails sur le règne de ce dernier[53]. Nous nous concentrerons plutôt sur son

---

[47] S. Contino, *Aulo Cornelio Celso, Vita e opera*, Palerme, 1980.
[48] W. Krenkel, « A. Cornelius Celsus », in *Argentea Aeta. In memoriam Entii V. Marmorale*, Genève, 1973, p. 20-21.
[49] Cf., par ex., Columelle, *De re rustica*, 1.1.14 (*nostrorum temporum*) ou 3.17.4 (*aetatis nostrae*).
[50] *De medicina* (Pr.69) : *Ergo etiam ingeniosissimus saeculi nostri medicus, quem nuper uidimus, Cassius...* (« C'est ainsi que le médecin le plus doué de notre époque, que nous avons vu récemment, Cassius... »)
[51] Pour plus de détails, cf. F. Marx, *A. Cornelii Celsi quae supersunt, Corpus Medicorum Latinorum I*, Teubner, Leipzig-Berlin, 1915, p. XIV-XVIII, et G. Serbat, *Celse. De la Médecine*. (C.U.F.), Paris, 1995, p. VIII-XI.
[52] Nous n'avons pas besoin de revenir en détails sur ce sujet. Se reporter, par ex. : pour l'histoire politique, à P. Le Roux, *Le Haut-Empire romain en Occident d'Auguste aux Sévères*, Paris, 1998 ; ou P. Grimal, *L'Empire romain*, Paris, 1993, p. 77-99 ; pour l'histoire sociale, G. Alföld, *Histoire sociale de Rome*, Paris, 1991 (1re éd. Wiesbaden, 1984) ; pour l'histoire culturelle, K. Galinsky, *Augustan culture*, Princeton, 1996. Pour l'influence du règne d'Auguste sur les empereurs postérieurs, cf., par ex., J.-P. Martin, « Le pouvoir impérial romain : sa spécificité idéologique », in J.-C. Goyon (éd.), *L'idéologie du pouvoir monarchique dans l'Antiquité, Actes du Colloque de la Société des Professeurs d'Histoire Ancienne de l'Université (Lyon-Vienne, 26-28 juin 1989)*, Paris, 1991, p. 77-89.
[53] On se reportera utilement à P. Petit, *Histoire générale de l'Empire romain. I. Le Haut-Empire (27 avant J.-C.-161 après J.-C.)*, Paris, 1974, p. 75-86. E. Kornemann, *Tiberius*, Stuttgart, 1960, et B. Levick, *Tiberius the politician*, Londres, 1976, ont

rapport avec les sciences et la médecine, et sur la place qu'occupait alors la littérature. Nous tenterons de voir ensuite comment la démarche encyclopédique de Celse s'inscrit dans le contexte plus large de l'inventaire et de la consolidation du savoir, initiés sous le règne d'Auguste et poursuivis par ses successeurs.

Tibère n'était en rien hermétique aux savoirs, quels qu'ils fussent. Élève brillant et précoce, il apprit la philosophie auprès de l'Académicien Nestor, l'éloquence latine auprès de Corvinus Messala[54], ainsi, à en juger par son expertise en la matière, que le droit et l'histoire[55]. En 20 av. J.-C, de retour de la mission confiée par Auguste en Arménie, il séjourna sur l'île de Rhodes, où il fréquenta le rhéteur Théodore de Gadara[56]. Tibère était donc un empereur cultivé, particulièrement versé en rhétorique et en philosophie. Enfin, on sait qu'il témoigna, suite à son exil rhodien volontaire (12 av. J.-C.- 2 ap. J.-C.), un intérêt bien connu pour l'astrologie, introduit à ces pratiques notamment par le fameux Thrasylle[57].

Concernant la médecine en particulier, il faut rappeler que le règne de Tibère débute dans un contexte plutôt favorable. Auguste avait entretenu des relations très étroites avec son médecin particulier, Antonius Musa. Dans sa démarche de professionnalisation de l'armée, il avait adjoint des médecins aux formations militaires. Lors de la disette de 6 av. J.-C., contraint de chasser de Rome les étrangers et une partie des esclaves, il fit exception pour les médecins, quel que fût leur statut social[58]. Aux médecins urbains libres, il accorda l'exemption totale de charge (*immunitas*)[59].

Tibère maintint un climat aussi favorable que son prédécesseur à l'exercice de la médecine. D'une constitution robuste[60], il préféra, dès l'âge de trente ans, se soigner seul[61] — même si, à la fin de sa vie,

---

chacun consacré une monographie à l'empereur. Cf. aussi D. M. Pippidi, *Autour de Tibère*, Rome, 1965.

[54] Suétone, *Tib.*, 70.
[55] Cf. Tacite, 3.64 et 4.38.
[56] Suétone, *Tib.*, 57.1. À ce sujet, cf. E. Kornemann, *Tiberius*, Stuttgart, 1960, p. 35 ; B. Levick, *Tiberius the politician*, Londres, 1976, p. 122.
[57] Suétone, *Tib.*, 14.
[58] Suétone, *Aug.*, 42.2.
[59] Dion Cassius, 53.30.
[60] Ses soucis médicaux se situent davantage sur un plan psychologique (cf. J.-M. André, *La médecine à Rome*, Paris, 2006, p. 442).
[61] Suétone, *Tib.*, 68.5.

Tacite nous le dépeint suivant les conseils du praticien Chariclès[62]. Rejetant l'aide de professionnels pendant près d'un demi-siècle, il mit cependant ses médecins au service de ceux qui l'entouraient. Velleius Paterculus nous apprend que, lors de sa campagne en Germanie, il prit un soin quasi paternel de ses soldats[63], et Suétone nous dit qu'il manifesta, à Rhodes, un intérêt particulier pour des malades qui se trouvaient là[64].

Nos connaissances sur les liens de Tibère avec la littérature sont plus minces. Outre ses goûts personnels mentionnés précédemment, nous savons qu'il « favoris[a] une littérature « académique » [... et qu'il] avait autour de lui, dès sa jeunesse, une *studiosa cohors*[65] ». Sous son règne, les écrivains ne semblent pas avoir été trop touchés par une quelconque censure, et la sévérité de l'empereur dans l'application de la *lex de maiestate* frappa essentiellement des écrits s'attaquant à sa personne et/ou à sa politique. D'une manière générale, rien ne semble s'opposer au fait que, selon toute vraisemblance, Tibère poursuivit (du moins avant son retrait à Capri) la politique culturelle entamée par Auguste.

En tout cas, il convient de noter ici le statut tout particulier du *De medicina*, qui est la seule œuvre d'importance rédigée sous le règne de Tibère qui nous soit parvenue. Elle constitue ainsi un témoin d'autant plus précieux d'une certaine continuité dans la démarche inventoriale de consolidation du savoir, entamée sous le règne d'Auguste et poursuivie ensuite, notamment par Pline et son *Histoire Naturelle*, sous celui de Vespasien[66].

En réalité, ce mouvement commença dès le Ier siècle av. J.-C. Au siècle précédent, Rome traversa une crise profonde. L'une des réponses consista à mettre en place une véritable politique de la mémoire : apparition des premières bibliothèques publiques, promotion des

---

[62] Tacite, *Annales*, 6.50.7 : *Erat medicus arte insignis, nomine Charicles, non quidem regere ualetudines principis solitus, consilii tamen copiam praebere*. (« Il y avait un médecin, habile dans l'art, du nom de Chariclès, qui n'était certes pas habitué à régenter la santé du prince, mais qui cependant lui donnait une foule de conseils. »)
[63] Velleius Paterculus, 2.114.
[64] Suétone, *Tib.*, 11.4.
[65] J.-M. André, *La médecine à Rome*, Paris, 2006, p. 624.
[66] Sur ce point, cf. V. Naas, *Le projet encyclopédique de Pline l'Ancien*, Collection de l'École française de Rome (303), Rome, 2002, p. 74-77.

archives, rédaction d'œuvres retraçant l'histoire de Rome, tels l'*Énéide* de Virgile ou l'*Histoire romaine* de Tite-Live. À cela, il convient d'ajouter sans doute, du point de vue de la littérature, l'œuvre de Caton l'Ancien et les *Disciplinarum libri* de Varron, qui constituent la première pierre (républicaine) à l'édifice de l'encyclopédisme romain. Il fallait, par tous les moyens, répondre à la crise de tradition qui frappait Rome.

La mise en place et l'expansion du régime impérial ne feront qu'accentuer ce besoin d'inventaire, de classement, d'archivage. Il ne fait guère de doute que le florissement d'œuvres à caractère encyclopédique (Celse, Vitruve, Pline, Quintilien ou encore Germanicus et Manilius) est intimement lié au développement (spatial) de l'Empire[67] et, peut-être, à un certain danger lié à la pratique de l'historiographie sous Tibère qui peut expliquer le transfert vers les encyclopédies des qualités stylistiques qui ne pouvaient plus s'y déployer. Dans une démarche toute romaine, les écrivains cités ont donc emprunté et adapté l'idéal « grec » de l'ἐγκύκλιος παιδεία, pour embrasser les cultures grecque et latine, et répondre ainsi par la plume aux attentes de leur époque, conférant d'ailleurs un rôle essentiel à la rhétorique dans l'acte de naissance intellectuel du « genre scientifique ».

Le contexte historique et culturel de la moralisation de la société romaine initiée par Auguste, l'essor de l'encyclopédisme, l'intérêt pour la médecine et la considération pour les médecins : autant d'éléments qui ont donc, sans aucun doute, favorisé en tous points l'écriture par Celse, sous le règne de Tibère, du *De medicina*.

---

[67] Cf. C. Nicolet, *L'Inventaire du Monde. Géographie et politique aux origines de l'Empire romain*, Paris, 1988.

Chapitre II

Le *De medicina*, œuvre encyclopédique inscrite dans l'histoire de la médecine

Si le *De medicina* a bénéficié, pour sa rédaction, d'un contexte historico-culturel globalement favorable, l'œuvre dépasse évidemment ce cadre chronologique restreint et prend en compte tout l'héritage médical grec, alexandrin ou romain. La dimension encyclopédique des *Artes* celsiens, qui donne nécessairement à l'œuvre les caractéristiques d'un état des lieux, joue un rôle de premier plan dans ce processus de transmission des savoirs passés, tout comme, pour le *De medicina* en particulier, le fait que la médecine soit considérée, encore à l'époque de Celse, comme un art avant tout « grec ».

Il faut donc à présent nous intéresser à la place du *De medicina* dans l'histoire de la médecine. Nous analyserons dans un premier temps la genèse de l'œuvre : pour ce faire, nous déterminerons les sources de Celse, avant de définir les traits principaux de sa méthode de travail. Dans un second temps, nous nous interrogerons sur le caractère transitoire des savoirs présentés dans le *De medicina* : Celse semble en effet avoir pleinement conscience des possibles progrès médicaux futurs et envisager ainsi son texte comme une œuvre ouverte sur l'avenir.

Les sources du *De medicina*

L'étude des sources du *De medicina* a suscité un grand intérêt. Mais, comme c'est le cas pour de nombreuses œuvres de l'Antiquité, cette *Quellenforschung* s'est toujours avérée extrêmement difficile. Beaucoup d'ouvrages rédigés par des prédécesseurs de Celse ont en effet aujourd'hui disparu ou ne subsistent qu'à l'état de fragments. Parmi eux, les écrits médicaux alexandrins, portant notamment sur la thérapeutique, mais perdus pour l'essentiel, tiennent une place très importante[1]. On comprend aisément la difficulté de la tâche face au texte encyclopédique celsien, difficulté que von Staden résume en évoquant « the perhaps intractable problem of Celsus' source(s)[2] ».

Nous allons toutefois tenter de revenir sur ces questions, mais en les intégrant à une vision plus large des sources celsiennes. Toute encyclopédie se veut d'abord un bilan des savoirs antérieurs, qu'il s'agit de transmettre au lecteur. L'ouvrage se présente toujours comme un relais de connaissances : c'est ce que l'on nomme la fonction « médiologique ». Les connaissances de Celse ne proviennent pas seulement des écrits de ses devanciers, mais aussi, nous allons le voir, de trois autres sources : la connaissance par Celse de la médecine contemporaine, la tradition rurale romaine, et enfin son expérience personnelle de la médecine[3].

Les sources écrites de Celse

L'étude des sources écrites du *De medicina* est primordiale, car celles-ci constituent, même de façon lacunaire, un témoignage important sur la genèse de l'œuvre celsienne. Une littérature existe sur ce sujet, qui suit principalement deux lignes directrices. D'une part, on a manifesté de l'intérêt pour Celse en tant qu'historien de la médecine : c'est le cas notamment d'Arturo Castiglioni, auteur d'un portrait d'« Aulus Cornelius Celsus as a historian of medicine[4] », auquel fait écho l'interrogation plus récente de von Staden : « Celsus as a historian[5] ? »

---

[1] Sur ce sujet, cf. l'immense apport que constitue l'*Herophilus* de H. von Staden, *Herophilus. The Art of Medicine in Early Alexandria. Edition, translation and essays by Heinrich von Staden*, Cambridge, 2007.

[2] H. von Staden, « Celsus as historian ? », in P. van der Eijk (éd.), *Ancient histories of medicine. Essays in Medical Doxography and Historiography in Classical Antiquity*, Leiden-Boston-Cologne, 1999, p. 252.

[3] Seul I. Mazzini, « Le *auctoritates* nei testi medici dell'antichità, in particolare in Celse », in M. E. Vazquez Bujan (éd.), *Tradicion e innovacion de la medicina latina de la antigüedad y de la alta edad media, Actas del IV Coloquio Internacional sobre los "textos médicos latinos antiguos"*, Santiago de Compostela, 1994a, p. 119-132, a abordé la question des autorités médicales en analysant conjointement ces différents types de sources. Même s'il ne fait pas mention dans ce cadre de ce que nous appelons ici « la tradition rurale romaine », notre dette envers lui est d'importance.

[4] A. Castiglioni, « Aulus Cornelius Celsus as a historian of medicine », *Bulletin of the History of Medicine*, vol. VIII, 1940.

[5] H. Von Staden, « Celsus as historian ? »…, p. 251-294.

D'autre part, les chercheurs se sont penchés en particulier sur le cas d'Hippocrate et sur l'influence considérable du *Corpus* sur le *De medicina* celsien[6]. En nous appuyant sur les travaux de nos prédécesseurs mais surtout sur les témoignages de Celse lui-même, nous souhaiterions reprendre ici une analyse des lectures préparatoires celsiennes, et revenir sur les autorités médicales sur lesquelles Celse s'appuie.

Dans le *De medicina*, Celse ne cite nommément que deux titres d'ouvrages, dont l'auteur est à chaque fois Asclépiade de Bithynie :

Reiectum esse ab Asclepiade uomitum in eo uolumine, quod de tuenda sanitate composuit, uideo. (1.3.17)

« Je constate que le vomissement a été rejeté par Asclépiade dans le volume qu'il a composé : *De la préservation de la santé.* »

De frictione uero adeo multa Asclepiades tamquam inuentor eius posuit in eo uolumine quod communium auxiliorum inscripsit... (2.14.1)

« Sur la friction, Asclépiade, comme s'il en était l'inventeur, a écrit dans un volume qu'il a intitulé *Des remèdes communs...* »

Cette double mention précise de titres d'ouvrages (qui confère, entre autres critères, un statut particulier à Asclépiade dans le *De medicina*[7])

---

[6] Cf., entre autres, P. Mudry, « La place d'Hippocrate dans la préface du *De medicina* de Celse », in R. Joly (éd.), *Corpus Hippocraticum (Actes du Colloque hippocratique de Mons, 22-26 septembre 1975)*, Mons, 1977, p. 345-352 (= P. Mudry, *Medicina, soror philosophiae, Regards sur la littérature et les textes médicaux antiques (1975-2005)*, Lausanne, 2006, p. 491-497) ; « Sur l'étiologie des maladies attribuée à Hippocrate par Celse, *De medicina*, préf. 15 », in D. M. Grmek (éd.), *Hippocratica. Actes du Colloque hippocratique de Paris (4-9 septembre 1978)*, Paris, 1980, p. 409-415 (= P. Mudry, *Medicina, soror philosophiae...*, p. 483-489), et « Le premier livre de la *Médecine* de Celse. Tradition et nouveauté. », in I. Mazzini – F. Fusco (éds.), *I testi di medicina latini antichi. Problemi filologici e storici, Atti del 1° Convegno Internazionale, Macerata - S. Severino M., 26-28 aprile 1984, Università di Macerata, Pubblicazioni della Facoltà di lettere e filosofia 28*, Rome, 1985b, p. 141-150 (= P. Mudry, *Medicina, soror philosophiae...*, p. 461-472) ; ainsi que I. Mazzini, « Ipocrate in Celso », in J. A. Lopez Ferez, *Tratados Hipocraticos (estudios acerca de su contenido, forma e influencia), Actas del VIIe Colloque international hippocratique (Madrid, 24-29 de septiembre de 1990)*, 1992b, p. 571-583.

[7] Sur la place d'Asclépiade dans le *De medicina*, cf. P. Mudry, « L'orientation doctrinale du *De medicina* de Celse », *ANRW*, II.37.1, 1993b, p. 800-818 (= P. Mudry, *Medicina, soror philosophiae, Regards sur la littérature et les textes médicaux*

a le mérite de nous faire connaître des textes médicaux avec lesquels Celse, lors des phases préparatoires à l'écriture du *De medicina*, a peut-être été en contact[8]. La perte des ouvrages asclépiadéens invite néanmoins à rester prudent. Nous ne pouvons en effet comparer le *De medicina* avec ces sources, ni donc établir avec certitude si Celse les a véritablement lues de première main. Comme l'écrit Stahl : « To suppose, because a Latin compiler cites Y as his source, that Y was his actual source, [...] is naive[9]. »

Un problème identique se pose lorsque Celse attribue à des auteurs précis des ouvrages dont il ne mentionne pas le titre. C'est le cas de Philoxène et de Meges qui, dans la préface aux livres de chirurgie, sont présentés comme ayant traité de cette branche de la médecine[10]. Malheureusement, les textes évoqués ici sont aujourd'hui perdus.

La situation est encore moins précise dans deux autres cas, où Celse mentionne sans leurs auteurs des *uolumina* qu'il a (peut-être) eus entre les mains, mais sans que nous puissions savoir exactement à quelles œuvres il fait référence. Cela se produit dès la Préface, où il ne manque pas de signaler le caractère rebattu des débats portant sur les divers courants d'opinion en médecine :

> *Cum haec per multa uolumina perque magnae contentionis disputationes a medicis saepe tractata sint atque tractentur, subiciendum est quae proxima uero uideri possint.* (Pr.45)
>
> « Comme ces questions ont été et sont traitées souvent par les médecins dans de nombreux livres et discussions d'une grande âpreté, il faut ajouter ce qui peut sembler approcher le plus de la vérité. »

---

antiques (1975-2005), Lausanne, 2006, p. 317-332). Voir aussi G. Serbat, *Celse. De la Médecine*. (C.U.F.), Paris, 1995, p. LIX-LXVII.

[8] Cf. H. M. Heine, « Subjectivity and Objectivity in Latin Scientific and Technical Literature », in L. Taub – A. Doody (éds.), *Authorial Voices in Greco-Roman Technical writing*, Trèves, 2009, p. 16-17.

[9] W. H. Stahl, « The Systematic Handbook in Antiquity and the Early Middle Ages » (Collection Latomus 23.2), Bruxelles, 1964, p. 321.

[10] 7.Pr.3 : *Deinde posteaquam diducta ab aliis habere professores suos coepit, in Aegypto quoque Philoxeno maxime increuit auctore, qui pluribus uoluminibus hanc partem diligentissime conprehendit. [...] et, ut scriptis eius intellegi potest, horum eruditissimus Meges...* (« Ensuite, une fois séparée des autres branches, elle commença à avoir ses propres professeurs, en Égypte aussi elle grandit tout particulièrement sous l'autorité de Philoxène, qui traita avec grand soin de cette partie de la médecine en de très nombreux volumes. [...] et, comme on peut le comprendre par ses écrits, le plus érudit d'entre eux, Meges... »)

On peut légitimement considérer ici que de tels volumes, passés et contemporains (*tractata sint atque tractentur*), ont pu servir à la documentation de Celse.

Plus loin, dans un chapitre fameux consacré aux maladies honteuses (6.18), il justifie son utilisation d'une terminologie grecque, plutôt que latine, par son emploi fréquent et accepté dans — l'expression demeure vague — la majorité des livres et discours médicaux, *in omni fere medicorum uolumine atque sermone*[11].

À côté de toutes ces situations délicates, la survivance du *Corpus hippocratique* jusqu'à nos jours permet de mieux étudier le rapport entretenu par Celse avec Hippocrate. Au terme du paragraphe 8.15.5, Celse mentionne sa lecture d'Hippocrate :

> *Multas alias esse rationes scire facile est uno Hippocrate lecto, sed non alia magis usu comprobata est.* (8.15.5)

> « Qu'il existe beaucoup d'autres méthodes, il est facile de le savoir en ayant lu le seul Hippocrate, mais aucune n'a reçu par l'usage davantage d'approbation. »

L'auteur du *De medicina* semble inviter son lecteur à se reporter à cette lecture de référence, même si l'on ne sait pas trop comment un lecteur antique pouvait se reporter à coup sûr au texte auquel Celse fait allusion ici, à savoir, selon toute vraisemblance, l'ouverture des *Articulations*[12].

Plus largement, au début du livre 2 du *De medicina*, Celse ne dissimule pas son immense dette à l'égard d'Hippocrate :

> *Instantis autem aduersae ualetudinis signa complura sunt. In quibus explicandis non dubitabo auctoritate antiquorum uirorum uti maximeque Hippocratis...* (2.Pr.1)

> « D'une maladie qui menace, les signes sont nombreux. Pour les expliquer, je n'hésiterai pas à recourir à l'autorité des anciens, en particulier d'Hippocrate... »

---

[11] 6.18.1 : *Proxima sunt ea, quae ad partes obscenas pertinent, quarum apud Graecos uocabula et tolerabilius se habent et accepta iam usu sunt, cum in omni fere medicorum uolumine atque sermone iactentur...* (« Viennent ensuite ceux qui touchent aux parties honteuses, pour lesquelles le vocabulaire employé chez les Grecs est à la fois plus tolérable et est désormais accepté par l'usage, puisqu'il est proféré dans presque chaque livre et chaque discours de médecins. »)

[12] *Articulations* 1 sqq., Littré IV, 104 sqq.

L'ensemble de ce deuxième livre de diététique est placé sous l'égide du maître grec (sans parler des autres *antiqui uiri*, impossibles à identifier). Je ne reviendrai pas ici sur les motifs et les modalités de cette allégeance[13]. Nous savons avec précision que la matière du livre 2 s'inspire abondamment du *Pronostic*, des *Aphorismes* et du *Prorrhétique II*[14].

Parmi les sources écrites de Celse, le *Corpus hippocratique*, parce qu'il nous est conservé, occupe donc une place à part. Dans tous les autres cas, lorsque Celse mentionne ses lectures, il nous est impossible, en l'état actuel de nos connaissances, de définir la nature du rapport entre le *De medicina* et ces ouvrages aujourd'hui disparus, et donc de discerner clairement le travail effectué par Celse en amont de sa rédaction.

L'étude des sources écrites du *De medicina* doit également se méfier d'un second écueil, d'une autre « naïveté », qui consisterait à croire que, parce qu'il ne cite pas telle source, Celse ne l'a pas utilisée[15]. Revenons à Hippocrate. Tout ne se passe pas toujours aussi clairement que pour le livre 2. Le médecin grec, qui apparaît au total à vingt-quatre reprises dans le *De medicina*, n'est mentionné qu'une seule fois dans les livres de pharmaceutique[16]. Est-ce à dire que le *Corpus hippocratique* ne constitue pas, dans cette partie de la thérapeutique aussi, une source du *De medicina* ? Certes, l'influence des traités alexandrins, même si nous ne pouvons le vérifier, fut sans

---

[13] Cf. notamment I. Mazzini, « Ipocrate in Celso », in J. A. Lopez Ferez, *Tratados Hipcraticos (estudios acerca de su contenido, forma e influencia)*, Actas del VIIe Colloque international hippocratique (Madrid, 24-29 de septiembre de 1990), 1992b, p. 571-583.

[14] On se reportera avec profit à J. Ilberg, « A. Cornelius Celsus und die Medizin in Rom », *Neue Jahrbücher* 19, 1907 (1re éd.) (= *Antike Medizin*, Darmstadt, 1971, p. 331 sqq., à G. Serbat, *Celse. De la Médecine.* (C.U.F.), Paris, 1995, p. LIII-LVII, ainsi, malgré son caractère incomplet, qu'au tableau de correspondances établi par W. G. Spencer, *Celsus. On Medicine. Edition by J. Henderson (vol. 1 et 3), by G. P. Goold (vol. 2), Translation by William G. Spencer* (Loeb Classical Library), 3 vol., Cambridge, Mass.-Londres, 1935-1938 (5e éd. du vol. 2, 1989 ; 6e éd. du vol. 3, 2002), vol. 3, p. 624-627.

[15] Cf. W. H. Stahl, « The Systematic Handbook in Antiquity and the Early Middle Ages » (Collection Latomus 23.2), Bruxelles, 1964 : « To suppose, because a Latin compiler [...] fails to include Y in his list of sources, [...] that Y was not an actual source, is naive. » (p. 314).

[16] 6.6.1E, sur le traitement des yeux.

doute grande. Mais Hippocrate n'est pas non plus absent. Un exemple suffira à s'en convaincre[17]. Énumérant les éléments à prendre en compte pour l'évaluation d'une lésion, Celse s'inspire à l'évidence du livre VI des *Aphorismes*[18] :

Κύστιν διακοπέντι, ἢ ἐγκέφαλον, ἢ καρδίην, ἢ φρένας, ἢ τῶν ἐντέρων τι τῶν λεπτῶν, ἢ κοιλίην, ἢ ἧπαρ, θανατῶδες.

« Les plaies de la vessie, ou de l'encéphale, ou du cœur, ou des viscères, ou de l'un des petits intestins, ou de l'estomac, ou du foie, sont mortelles. »

Seruari non potest, cui basis cerebri, cui cor, cui stomachus, cui iocineris portae, cui in spina medulla percussa est, cuique aut pulmo medius aut ieiunum aut tenuis intestinum aut uentriculus aut renes uulnerati sunt. (5.26.2)

« Il ne peut être sauvé celui dont la base du cerveau, dont le cœur, dont l'œsophage, dont les portes du foie[19], dont la moelle épinière ont été frappés, ou dont soit le milieu du poumon soit le foie soit le petit intestin soit l'estomac soit les reins ont été blessés. »

Les parallèles entrent les deux œuvres sont évidents, qui définissent communément comme funestes les coups portés aux organes suivants : le cerveau, le cœur, l'estomac, le petit intestin[20] (l'adjectif *tenuis* traduisant rigoureusement le grec τι τῶν λεπτῶν) et le foie. Ainsi, Celse a bel et bien puisé à une source hippocratique, mais sans pour autant mentionner son prédécesseur.

Pourquoi un tel procédé ? Nous reviendrons plus loin sur la question de l'originalité du *De medicina*[21]. En attendant, un premier élément de réponse se trouve peut-être dans le souci qu'a Celse de proposer avant tout une thérapeutique efficace. Comme l'écrit Stahl, « [the author of a technical manual was] not so much concerned with

---

[17] Pour d'autres cas semblables, se reporter au tableau de correspondances de W. G. Spencer, *Celsus. On Medicine. Edition by J. Henderson (vol. 1 et 3), by G. P. Goold (vol. 2), Translation by William G. Spencer* (Loeb Classical Library), 3 vol., Cambridge, Mass.-Londres, 1935-1938 (5ᵉ éd. du vol. 2, 1989 ; 6ᵉ éd. du vol. 3, 2002), vol. 3, p. 624-627.

[18] *Aph.* 6.18, Littré IV, p. 566-569.

[19] Sur l'expression *iocineris portae*, cf. D. Langslow, *Medical Latin in the Roman Empire*, London, 2000, n.211 p. 183.

[20] C'est-à-dire l'intestin grêle.

[21] Cf. *infra*, Première partie, p. 76 sqq.

citing authorities on [his] subject as with achieving success in the performance of an operation[22] ».

Pour achever notre panorama des sources écrites de Celse, il faut nous arrêter désormais sur les cas où ce dernier se contente de citer le nom de médecins antérieurs, sans évoquer des écrits qui leur seraient liés. On obtient ainsi un total de quatre-vingt-trois noms[23]. Les problèmes sont alors nombreux.

Le cas le plus simple est celui de personnes facilement identifiables, dont nous savons qu'ils furent les auteurs d'ouvrages disparus. C'est le cas notamment, outre Hérophile, d'Érasistrate[24], de Cléophante, de Philotimus, d'Heras de Cappadoce ou encore d'Héraclide de Tarente ; d'Andréas de Caryste[25], auteur d'un ouvrage intitulé *Narthex* ; d'Apollonius Mys, auteur de *Sur l'école d'Hérophile*, de *Sur les Parfums et les Onguents*, et d'un *Euporista* ; de Glaucias de Tarente, auteur de commentaires et de glossaires à l'œuvre d'Hippocrate, et d'un ouvrage intitulé Τρίπους.

À côté de ces cas, relativement isolés, la majorité des noms propres cités par Celse tombent dans deux catégories. Soit ils sont identifiables, sans que nous leur connaissions la paternité d'un ouvrage médical : citons, par exemple, Dionysius, Numenius, Petron d'Égine, Tryphon le Père ou encore Zopyre. Soit, et c'est le cas le plus fréquent, ils sont tout bonnement impossibles à identifier. Cette impossibilité se constate en grande partie avec des noms propres cités comme inventeurs d'un remède pharmacologique[26]. Comme paraît le souligner Mazzini, le foisonnement de noms propres rencontrés dans

---

[22] W. H. Stahl, « The Systematic Handbook in Antiquity and the Early Middle Ages » (Collection Latomus 23.2), Bruxelles, 1964, p. 315.

[23] Pour une liste de ces noms propres, cf. I. Mazzini, « Le *auctoritates* nei testi medici dell'antichità, in particolare in Celse », in M. E. Vazquez Bujan (éd.), *Tradicion e innovacion de la medicina latina de la antigüedad y de la alta edad media, Actas del IV Coloquio Internacional sobre los "textos médicos latinos antiguos"*, Santiago de Compostela, 1994a, p. 129.

[24] Cf. H. von Staden, *Herophilus. The Art of Medicine in Early Alexandria. Edition, translation and essays by Heinrich von Staden*, Cambridge, 2007.

[25] Sur ce dernier, cf. H. von Staden, « Andréas de Caryste et Philon de Byzance : médecine et mécanique à Alexandrie », in G. Argoud et J.-Y. Guillaumin (éds.), *Sciences exactes et sciences appliquées à Alexandrie, Mémoires XVI, Centre Jean Palerme*, Saint-Étienne, 1998a, p. 147-170.

[26] Par ex. Cléon (6.6.5A, 6.6.8G), Hierax (6.6.28), Moschus (5.18.10).

les livres 5 et 6 du *De medicina*[27] est lié à la dimension encyclopédique de l'ouvrage : « E' soprattutto la preoccupazione culturale, storico-medica presente in tutto il *De medicina* [...] che favorisce l'introduzione di tali notizie[28]. » Dans tous les cas, le problème se pose toujours de connaître les sources utilisées par Celse pour attribuer la paternité d'un remède à tel ou tel individu. Si les hommes cités par notre auteur n'ont pour la plupart pas marqué l'histoire de la médecine, et n'ont peut-être pas rédigé d'ouvrage médical, leur nom a cependant été conservé par la postérité, sans doute dans des compilations médicales dont l'auteur du *De medicina* a pu se servir pour composer son ouvrage.

Avant de poursuivre, nous aimerions opérer une distinction parmi les spécialistes de médecine non identifiables, peut-être trop souvent réunis sous une même bannière. Certains jouissent d'un statut particulier. C'est le cas d'Attalus, Boethus, Cléon, Dionysius, Hécate, Hermon, Irénée, Iudaeus, Medius, Myron, Nileus, Philon, Polyarchus, Protarche et Théodotus : ils sont qualifiés chacun d'*auctor*, statut qui contribue semble-t-il à les élever quelque peu au-dessus de ceux cités par leur seul nom, tels Sosagoras, Théoxène ou encore Nicon. Pourquoi, alors, cette différence, et quelle origine trouver au qualificatif d'*auctor* réservé par Celse à certains ? Cette dénomination est-elle porteuse de sens ?

Le substantif *auctor* semble en effet renvoyer dans le *De medicina* à l'écriture d'un ouvrage de médecine. Hippocrate notamment nous est présenté à plusieurs reprises comme le *uetustissimus auctor*[29], ce qui non seulement confirme qu'il occupe la première place dans la hiérarchie des médecins, mais fait de lui un véritable écrivain médical[30]. D'autres, également qualifiés d'*auctor*, nous sont aussi connus comme auteurs d'ouvrage médicaux (Dioclès, Héraclide de

---

[27] La moyenne d'occurrences des noms propres dans les livres de pharmaceutique du *De medicina* est deux fois et demie supérieure à celle dans les autres parties de l'œuvre.

[28] I. Mazzini, « Le *auctoritates...* », p. 127.

[29] Pr.66, 2.14.2, 6.6.1E.

[30] Cf. P. Mudry, « La place d'Hippocrate dans la préface du *De medicina* de Celse », in R. Joly (éd.), *Corpus Hippocraticum (Actes du Colloque hippocratique de Mons, 22-26 septembre 1975)*, Mons, 1977, p. 345-352 (= P. Mudry, *Medicina, soror philosophiae, Regards sur la littérature et les textes médicaux antiques (1975-2005)*, Lausanne, 2006, p. 491-497).

Tarente, Érasistrate[31], Philoxène[32]...). Dans cette perspective, il faudrait sans doute considérer aussi les *auctores* (« autorités ») inconnus cités dans le *De medicina* comme les auteurs d'œuvres médicales.

Une autre solution est envisageable, qui consisterait à donner un sens plus large au substantif *auctor*. Ce dernier pourrait désigner avant tout un processus créatif, que ce dernier s'arrête au strict niveau de la pratique médicale (invention d'un remède) ou trouve une dimension supérieure dans une théorisation de la médecine (rédaction de traités). Le substantif *auctor* renverrait alors, pour revenir à l'étymologie du terme, à un accroissement (*augeo*)[33] du savoir médical, quelle que soit la forme que celui-ci a prise[34]. Quoi qu'il en soit, Celse a de toute façon dû connaître ces *auctores* pharmaceutiques par le biais d'un ouvrage de médecine ; peut-être la distinction entre *auctores* et non-*auctores* vient-elle alors du ou des compilation(s) qu'il a pu utiliser.

On mesure, après ces quelques lignes, combien la question des sources écrites du *De medicina*, à l'aune de nos connaissances, demeure délicate. En attendant peut-être la découverte de nouveaux manuscrits qui viendraient enrichir ce débat, force est de constater que le témoignage de Celse, en particulier sur la médecine alexandrine, est déjà exceptionnel.

Celse et la médecine contemporaine

Même si elles constituent une part importante dans la genèse du *De medicina*, les sources livresques ne sont pas les seules auxquelles Celse a puisé. Il témoigne en effet également d'une connaissance certaine du milieu médical de son temps[35].

---

[31] 6.7.2B.
[32] 7.Pr.3.
[33] Cf. A. Ernout – A. Meillet, *Dictionnaire étymologique de la langue latine : histoire des mots*, Paris, 2001 (4ᵉ éd., 1ʳᵉ éd. 1932), p. 56-57.
[34] On notera que Celse est lui-même cité comme un auctor. Par Columelle : *Iulius Atticus et Cornelius Celsus, aetatis nostrae celeberrimi auctores*, (« Julius Atticus et Cornelius Celsus, de très célèbres auteurs de notre époque ») (*De re rustica*, 3.17.4). Par Marcellus, parmi les *medicinae artis auctores*, « les auteurs de l'art médical » (*Liber de medicamentis*, Pr.2).
[35] I. Mazzini, « Le *auctoritates* nei testi medici dell'antichità, in particolare in Celse », in M. E. Vazquez Bujan (éd.), *Tradicion e innovacion de la medicina latina*

Il n'hésite pas, dès sa Préface, à illustrer ses réflexions théoriques par l'exemple d'un cas récent, celui d'une femme morte subitement d'un prolapsus de l'utérus[36]. Plus loin, dans un paragraphe consacré à la doctrine d'Érasistrate[37], il associe à ses propos des praticiens du Ier siècle ap. J.-C. Au livre 2, il évoque l'usage de ses contemporains quant au recours au lavement[38]. Enfin, dans ses livres de chirurgie, il vante les mérites d'Évelpide, dont nous savons aujourd'hui peu de choses, mais dont Celse nous dit qu'il fut, à son époque, le plus grand ophtalmologue[39].

Plus encore, Celse semble avoir fréquenté en personne un certain nombre de médecins. Lorsqu'il évoque les remèdes aux piqûres, il dit :

> *Cognoui tamen medicos, qui a scorpione ictis nihil aliud quam ex bracchio sanguinem miserunt.* (5.27.5B)
>
> « J'ai connu cependant des médecins qui, pour ceux qui avaient été piqués par un scorpion, se contentaient d'une saignée. »

L'utilisation du verbe *cognosco* indique clairement que Celse, même s'il ne les nomme pas, a réellement côtoyé ces médecins. Peut-être y avait-il parmi eux Tryphon le Père et Évelpiste, médecins contemporains[40] ?

Enfin, il faut mentionner le cas de Cassius, seul praticien que Celse dit explicitement avoir rencontré. Pour illustrer sa justification de la recherche des causes des maladies, Celse écrit :

---

de la antigüedad y de la alta edad media, Actas del IV Coloquio Internacional sobre los "textos médicos latinos antiguos", Santiago de Compostela, 1994a, p. 129-130.

[36] Pr. 49 : *cum aetate nostra quaedam ex naturalis partibus carne prolapsa et haerente intra paucas horas exspiraverit...* (« puisque, de nos jours, une femme est morte en quelques heures d'un prolapsus utérin avec attachement des chairs... »)

[37] Pr. 54 : *et quidam medici saeculi nostri sub auctore, ut ipsi uideri uolunt, Themisone...* (« et certains médecins de notre temps, sous l'autorité, comme ils ont voulu eux-mêmes en donner l'apparence, de Thémison... »)

[38] 2.12.2A : *Plerumque uero aluus potius ducenda est ; quod ab Asclepiade quoque sic temperatum ut tamen seruatum sit, uideo plerumque saeculo nostro praeteriri.* (« Mais le plus souvent il faut de préférence employer le lavement ; cette pratique, limitée par Asclépiade mais néanmoins maintenue par lui, je constate qu'à notre époque on la néglige presque toujours. »)

[39] 6.6.8 : *aetate nostra maximus fuit ocularius medicus* « Il fut à notre époque le plus grand ophtalmologue ».

[40] Cf. 7.Pr.3.

Ergo etiam ingeniosissimus saeculi nostri medicus, quem nuper uidimus, Cassius, febricitanti cuidam et magna siti adfecto, cum post ebrietatem eum premi coepisse cognosset, aquam frigidam ingessit. (Pr.69)

« C'est ainsi que le médecin le plus doué de notre époque, que nous avons vu récemment, Cassius, devant un malade fiévreux et ayant grand-soif, ayant appris que ce dernier avait commencé à être oppressé après avoir trop bu, lui fit boire de l'eau glacée. »

La mise en valeur, par l'ordre des mots, du nom de Cassius, montre l'importance que lui attribue Celse, qui le citera d'ailleurs en d'autres lieux du *De medicina*[41]. S'il est délicat d'identifier ce Cassius[42], les propos de Celse ne laissent aucun doute quant à ses relations avec lui.

La tradition comme vecteur de la science médicale romaine

La tradition romaine est un autre *medium* susceptible de transmettre un savoir médical. Ce savoir est avant tout d'origine rurale, et s'inscrit dans la lignée d'une médecine populaire qui se situe aux frontières de la magie. De telles connaissances, transmises à l'origine oralement, ont sans doute été mises ensuite par écrit dans des recueils de recettes. La survivance de pratiques magiques, par le biais d'incantations ou d'amulettes notamment, bien après l'avènement d'une médecine dite » rationnelle », n'est, en tout état de cause, plus à démontrer[43].

---

[41] 4.21.2 et 5.25.12.

[42] Les propositions faites par Spencer (W. G. Spencer, *Celsus. On Medicine. Edition by J. Henderson (vol. 1 et 3), by G. P. Goold (vol. 2), Translation by William G. Spencer* (Loeb Classical Library), 3 vol., Cambridge, Mass.-Londres, 1935-1938 (5ᵉ éd. du vol. 2, 1989 ; 6ᵉ éd. du vol. 3, 2002), vol. 3, p. 629) souffrent toutes d'une grande imprécision chronologique : Cassius Iatrosophiste est traditionnellement situé entre le IVᵉ et le VIIᵉ siècle ap. J.-C., quant à Cassius Felix, il vécut au milieu du Vᵉ siècle ap. J.-C. Celse ne peut donc avoir fréquenté ni l'un ni l'autre. Il s'agit alors peut-être, comme le pense Serbat, du médecin personnel de Tibère (G. Serbat, *Celse. De la Médecine.* (C.U.F.), Paris, 1995, n. 2, p. 21).

[43] Cf., par ex., P. Gaillard-Seux, « Les amulettes gynécologiques dans les textes latins médicaux de l'Empire », in C. Deroux (éd.), *Maladie et maladies dans les textes latins antiques et médiévaux, Actes du Vᵉ Colloque International « Textes Médicaux latins », Bruxelles, 4-6 septembre 1995* (Collection Latomus 242), Bruxelles, 1998, p. 70-84, et « La place des incantations dans les recettes médicales de Pline l'Ancien », in S. Sconocchia et F. Cavalli (éds.), *Testi medici latini antichi. Le parole della medicina : Lessico e Storia, Atti del VII Convegno Internazionale (Trieste, 11-13 ottobre 2001)*, Bologne, 2004, p. 83-98.

Chez Celse, cette tradition rurale romaine, populaire et magique, n'est pas absente. Pour soigner les douleurs aux flancs, parallèlement aux remèdes prescrits par les *medici*, l'auteur du *De medicina* renvoie à un jus de germandrée utilisé par ceux qu'il appelle les *rustici nostri*[44]. Plus loin, il indique que certains paysans guérissent un *struma* par l'ingestion de serpent[45]. Enfin, le chapitre consacré aux douleurs dentaires (6.9) s'achève par l'énoncé, en un paragraphe, de soins tels que les pratiquent les *agrestes*[46].

L'opposition entre *medici* et *rustici* / *agrestes*, présente dans les trois passages mentionnés précédemment, ne doit pas faire perdre de vue ce qui nous semble être le véritable objectif de Celse. Loin de vouloir créer un conflit, il cherche au contraire à réunir ces deux sources de savoir médical sous un même étendard, celui de la guérison qu'il faut rechercher à tout prix, quelle que soit la méthode employée. On constate d'ailleurs que les remèdes « traditionnels » sont toujours présentés en fin de paragraphe ou de chapitre, ce qui confirme bien le fait que Celse ne les considère que comme un ultime recours, fondé sur l'expérience (*experimento cognitum*), lorsque tout autre procédé aurait échoué.

Pour être complet, nous ne pouvons passer sous silence l'utilisation par Celse de l'adverbe *uulgo*, qui apparaît notamment dans le chapitre dédié à l'angine[47] :

> *Vulgo audio, si quis pullum hirundininum ederit, angina toto anno non periclitari.* (4.7.5)

---

[44] 4.13.3 : *Quae ita a medicis praecipiuntur, ut tamen sine his rusticos nostros epota ex aqua herba trixago satis adiuuet.* (« Ces remèdes sont prescrits par les médecins, mais, n'en disposant pas, nos paysans trouvent suffisamment d'aide dans une boisson à base de germandrée. »)

[45] 5.28.7B : *Quae cum medici doceant, quorundam rusticorum experimento cognitum, quem struma male habet, si anguem edit, liberari.* (« Voilà ce qu'enseignent les médecins, mais certains paysans ont transmis leur expérience, à savoir qu'une personne gravement atteinte d'un struma, si elle mange du serpent, en sera libérée. »)

[46] 6.9.6-7 : *Haec medicis accepta sunt. Sed agrestium experimento cognitum est, cum dens dolet...* (« Ces remèdes sont acceptés par les médecins. Mais les gens des champs ont transmis leur expérience, à savoir que lorsqu'une dent est douloureuse... »)

[47] Cf. aussi 6.5.1 et 7.Pr.1.

« J'entends dire couramment que, si quelqu'un a mangé un petit d'hirondelle, il ne sera pas menacé par l'angine pendant une année entière. »

L'expression *uulgo audio* trahit, selon Mazzini, « *un rapporto diretto [di Celso] con la fonte della sua informazione*[48] », et il range cette source de savoir parmi les « *auctoritates contemporanee* », à côté de Cassius et d'Évelpide. Pourtant, il est douteux que l'ingestion d'une hirondelle soit une découverte contemporaine de Celse. On la retrouve aussi chez Pline[49], qui ne cite pas Celse parmi les *auctores* de sa table des matières, et a donc peut-être utilisé une source antérieure à l'auteur du *De medicina* (Varron, Nigidius, Sextius Niger ?). En tout état de cause, l'adverbe *uulgo* pourrait fort bien avoir conservé ici son sens originel et renvoyer à des connaissances liées au « peuple ». La dimension magique du remède confirmerait son appartenance à une tradition relativement ancienne, qui nous semble relever davantage d'un savoir populaire largement diffusé plutôt que d'une personnalité ou d'une œuvre précise.

L'expérience médicale personnelle de Celse

L'ultime source du savoir médical de Celse semble être sa propre expérience dans le domaine médical. Nous ne reviendrons pas ici sur le débat, évoqué plus haut[50], concernant la spécialisation de Celse en médecine. Nous continuons ici à considérer ce dernier comme un amateur éclairé, position qui explique et justifie ses fréquentes interventions et prises de position, à la première personne du singulier, dans le *De medicina*[51].

---

[48] I. Mazzini, « Le *auctoritates* nei testi medici dell'antichità, in particolare in Celse », in M. E. Vazquez Bujan (éd.), *Tradicion e innovacion de la medicina latina de la antigüedad y de la alta edad media, Actas del IV Coloquio Internacional sobre los "textos médicos latinos antiguos"*, Santiago de Compostela, 1994a, p. 130.

[49] *Histoire Naturelle*, XXX.33 : *Multi cuiuscumque hirundinis pullum edendum censent, ut toto anno non metuatur id malum.* (« Beaucoup pensent qu'il suffit de manger un petit d'hirondelle de n'importe quelle espèce pour n'avoir pas redouté l'angine de toute l'année. »)

[50] Cf. *supra*, Première partie, p. 37.

[51] Cf. H. von Staden, « Author and Authority. Celsus and the Construction of a Scientific Self », in M. E. Vazquez Bujan M. E. (éd.), *Tradicion e innovacion de la medicina latina de la antigüedad y de la alta edad media, Actas del IV Coloquio*

Nous nous contenterons donc de mentionner un unique passage, tiré de l'un des nombreux chapitres du livre 3 consacrés aux fièvres, où Celse semble témoigner d'une situation qu'il a peut-être lui-même vécue. Voici ce qu'il écrit :

> *Igitur alii uespere tali aegro cibum dant : sed cum eo tempore fere pessimi sint qui aegrotant, uerendum est, ne, si quid tunc mouerimus, fiat aliquid asperius. Ob haec ad mediam noctem decurro, id est, finito iam grauissimo tempore eodemque longissime distante...* (3.5.6)

> « C'est pourquoi certains donnent à manger à un tel malade le soir : mais comme en général, à ce moment, ceux qui sont malades sont au plus mal, il faut craindre que si nous faisons alors quelque mouvement, nous ne rendions la chose plus âpre. Pour cela, j'attends le milieu de la nuit, c'est-à-dire, lorsqu'est enfin terminée la crise et que la prochaine est très éloignée... »

La sensibilité celsienne au malade (*aegro, aegrotant*) — traduite, d'un point de vue stylistique, par la multiplication des formes comparatives et superlatives (*pessimi, asperius, grauissimo, longissime*) — modèle pour ainsi dire l'écriture du processus thérapeutique. Il n'est pas impossible que le report de l'acte diététique, revendiqué par Celse (*decurro*), soit ainsi motivé par la propre expérience de l'auteur, qui a pu être personnellement en contact avec un malade souffrant d'une telle fièvre.

Sans avoir l'ambition de reconstituer les sources de Celse, nous avons pu constater que celles-ci sont d'une grande variété. S'il ne nous est malheureusement pas possible d'en identifier la totalité (notamment pour les sources écrites), nous ne pouvons que constater la curiosité toute « encyclopédique » de notre auteur. On imagine aussi facilement, à partir de sources si nombreuses et si diverses, l'immense tâche qu'a dû constituer la rédaction du *De medicina*.

Si les diverses sources de Celse ne sont pas présentes dans le *De medicina* en proportion équivalente, aucune catégorie ne semble néanmoins obtenir les faveurs de l'encyclopédiste, et toutes semblent avoir une valeur identique. Une telle conception n'est pas sans rappeler un passage des *Res rusticae* de Varron. Après sa prière aux

---

Internacional sobre los "textos médicos latinos antiguos", Santiago de Compostela, 1994a, p. 103-117.

Dei consentes et l'abondante énumération des auteurs dont il s'est inspiré, celui-ci explique les sources qu'il a utilisées :

> *Ea erunt ex radicibus trinis, et quae ipse in meis fundis colendo animaduertit, et quae legi, et quae a peritis audii.* (*Res rusticae*, 1.1.11)
>
> « Ces informations proviendront de trois sources : ce que j'ai moi-même observé dans mes terres en pratiquant l'agriculture, ce que j'ai lu, et ce que j'ai appris d'hommes compétents. »

Comme on l'a déjà fait remarquer avant nous, l'anaphore des trois relatives (*et quae*) place les sources du Réatin sur un pied d'égalité parfait. Si l'on laisse de côté l'héritage de la médecine traditionnelle romaine, les sources sont les mêmes que pour Celse (expérience personnelle, lectures, renseignements oraux auprès de spécialistes). Il n'est donc pas impossible que ce dernier, au-delà du contenu de ses *Artes*, ait été influencé par la pratique varronienne jusque dans sa relation avec ses sources.

La méthode de travail de Celse

Après avoir étudié les sources du *De medicina*, c'est à la méthode de travail de Celse qu'il nous faut logiquement nous intéresser à présent, en nous focalisant sur ses inspirations d'origine livresque. Nous nous concentrerons sur trois axes principaux : la collecte de l'information, la traduction d'œuvres grecques, et enfin la création de fiches préparatoires à l'écriture.

La collecte de l'information

Toute œuvre encyclopédique est immanquablement, en partie du moins, une œuvre de compilation, et le *De medicina* n'échappe pas à la règle. *Idque apud Erasistratum quoque inuenio*[52] : ce que Celse dit ici à propos d'Érasistrate trahit son travail de documentation, qui le place dans la position de l'orateur à la recherche des meilleurs arguments. Dans son travail d'« *inuentio* encyclopédique », il garde constamment à l'esprit l'une de ses règles d'écriture : ne pas donner à

---

[52] 3.4.9 : « Et cela je le trouve aussi chez Érasistrate. »

son ouvrage une ampleur démesurée, qui le rendrait pesant[53]. Il lui faut donc faire des choix parmi toute la matière à sa disposition.

Il exprime clairement cette façon de procéder en ouverture à sa liste de collyres oculaires :

> *Multa autem multorumque auctorum collyria ad id apta sunt, nouisque etiam nunc mixturis temperari possunt, cum lenia medicamenta et modice reprimentia facile et uarie misceantur. Ego nobilissima exequar.* (6.6.2)

> « Il existe de nombreux collyres, provenant de nombreuses autorités, qui conviennent à cela, et qui, en outre, peuvent être mêlés pour former de nouvelles mixtures, puisque les médicaments doux et légèrement réprimants peuvent être mélangés facilement et en des combinaisons multiples. Je vais mentionner les plus connus. »

Le polyptote initial permet de mettre en lumière l'abondance de matière brassée par l'auteur. À cet état de fait, Celse répond par une formule lapidaire, et indique sa méthode en même temps qu'il se présente comme un auteur capable de faire des choix. Le critère retenu est la *nobilitas*[54], terme laudatif[55] qui renvoie à la renommée — méritée — des collyres retenus. Parmi les *collyria nobilissima*, Celse n'en laisse aucun de côté : son exposé se présente comme exhaustif, comme l'indique le préverbe utilisé, *exequar*, qui souligne une idée d'achèvement[56]. Cet exemple est révélateur de la tension inhérente à la rédaction de toute œuvre encyclopédique, qui oppose obligation de faire des choix et volonté d'exhaustivité. Ce sont alors les critères retenus qui permettent à l'auteur de résoudre une telle tension, en donnant, si l'on peut dire, un cadre restreint à l'exhaustivité.

Mais la renommée des remèdes n'est finalement qu'un critère de choix secondaire. Ce qui prévaut dans les sélections de Celse, c'est l'efficacité des procédés thérapeutiques. Le portrait d'Hippocrate qu'il dresse au livre 8 est à cet égard édifiant :

> *A suturis se deceptum esse Hippocrates memoriae prodidit, more scilicet magnorum uirorum et fiduciam magnarum rerum habentium. Nam leuia ingenia, quia nihil habent, nihil sibi detrahunt: magno ingenio,*

---

[53] Cf. *infra*, Première partie, p. 151 sqq.
[54] Cf. aussi 5.17.1B.
[55] Cf. A. Ernout – A. Meillet, *Dictionnaire étymologique de la langue latine : histoire des mots*, Paris, 2001 (4ᵉ éd., 1ʳᵉ éd. 1932), p. 445 (*s.u. nosco*).
[56] Cf. A. Ernout – A. Meillet, *Dictionnaire...*, p. 203 (*s.u. ex*) et p. 616 (*s.u. sequor*).

multaque nihilo minus habituro, conuenit etiam simplex ueri confessio praecipueque in eo ministerio, quod utilitatis causa posteris traditur, ne qui decipiantur eadem ratione, qua quis ante deceptus est. (8.4.3-4)

« Hippocrate transmit à la postérité qu'il avait été déçu par les sutures, à la façon, naturellement, des grands hommes, qui ont confiance en de grandes choses. Car les esprits légers, parce qu'ils ne possèdent rien, ne s'enlèvent rien : à un grand esprit, destiné de toute façon à avoir beaucoup, convient même le simple aveu de la vérité, surtout dans la fonction de la transmettre à ses successeurs pour qu'elle leur soit utile, pour qu'ils ne soient pas trompés par la même logique par laquelle quelqu'un a été trompé auparavant. »

Derrière le masque des louanges qu'il tresse ici au médecin grec, Celse cherche vraisemblablement à faire son propre portrait. Nous aurions ainsi un témoignage intéressant sur la pensée de Celse, qui, dans ses travaux préparatoires à la rédaction du *De medicina*, placerait au cœur de sa réflexion la notion d'*utilitas*. Ce n'est en effet pas la moindre des vertus que Celse envisage pour son *De medicina* et, sans doute, pour l'ensemble de ses *Artes*. Au-delà du domaine médical, le concept d'*utilitas* semble accompagner, comme on peut le déduire de l'œuvre de Pline[57], toutes les parties d'une encyclopédie antique. Le *De medicina* aurait donc tout naturellement pour objectif d'être utile à ses lecteurs, dans n'importe quel domaine.

La place occupée par l'*utilitas* implique donc de la part de Celse un rigoureux travail de sélection, visant à faire de l'ouvrage celsien, *quam maxime*, une « synthèse utile ». Une telle tâche ressort clairement du passage suivant :

Ideoque in umeris femoribusque metus mortis est : ac, si reposita eis ossa sunt, spes nulla est ; si non reposita, tamen nonnullum periculum est ; eoque maior in utroque timor est, quo propius uulnus articulo est. Hippocrates nihil tuto reponi posse praeter digitos et plantas et manuus dixit, atque in his quoque diligenter esse agendum, ne praecipitarent. Quidam brachia quoque et crura reposuerunt ; et ne cancri distentionesque neruorum orirentur, sub quibus in eiusmodi casu fere mors matura est, sanguinem ex brachio miserunt. (8.25.2-3)

« Ainsi dans le cas de l'épaule ou du fémur la mort est à craindre : et, si les os ont changé de place, il n'y a aucun espoir ; sinon, il y a quelque

---

[57] Cf. V. Naas, *Le projet encyclopédique de Pline l'Ancien*, Collection de l'École française de Rome (303), Rome, 2002, p. 84 sqq.

danger ; dans chacun des cas la crainte est d'autant plus grande que la blessure est proche de l'articulation. Hippocrate dit que rien ne peut être remis sans danger excepté les doigts, les pieds et les mains, et que dans ces cas également il faut veiller avec soin à ne pas se hâter. Certains ont aussi remis bras et jambes ; et, pour éviter l'apparition de la gangrène et des distensions des nerfs, à la suite desquels la mort arrive souvent vite, ils ont saigné le bras. »

La troisième phrase ne s'oppose pas ici frontalement à la deuxième : aucun terme ne vient faire écho au *nihil... praeter* hippocratique. L'avis du maître de Cos est simplement enrichi par l'expérience d'autres médecins postérieurs (*quidam*), dans une logique d'accumulation, visant à offrir une image complète de la situation. Il apparaît clairement ici que l'œuvre de Celse constitue une synthèse[58] entre différentes couches de savoirs, entre différentes époques de la pratique médicale (ce que Naas appelle, à propos de Pline, une « mise à jour[59] » du savoir), dont il ne retient que les éléments encore valables[60] ou signale uniquement les erreurs les plus préjudiciables aux malades. À en croire l'auteur de l'*Histoire Naturelle*, une telle démarche est tout particulièrement difficile dans le domaine de la médecine[61], ce qui permet de mesurer encore toute la grandeur de l'entreprise celsienne dans son *De medicina*.

Ainsi, la collecte par Celse de la matière médicale à sa disposition n'aboutit pas à une reprise aveugle de cette matière. L'*inuentio* du *De*

---

[58] Cf. aussi, par ex., 8.25.2-3.
[59] V. Naas, *Le projet encyclopédique de Pline l'Ancien*, Collection de l'École française de Rome (303), Rome, 2002, p. 81 sqq.
[60] Cf. I. Mazzini, « Ipocrate in Celso », in J. A. Lopez Ferez, *Tratados Hipocraticos (estudios acerca de su contenido, forma e influencia), Actas del VIIe Colloque international hipocratique (Madrid, 24-29 de septiembre de 1990)*, 1992b, p. 571-583 : « Sono scelti, tra le opere ed i temi attribuiti del Maestro di Cos, quelli che, ai tempi di Celso, sono considerati ancora validi. » (p. 582).
[61] Pline, *Histoire Naturelle*, XXIX.1 : *Naturae remediorum [...] plura de ipsa medendi arte cogunt dicere, quamquam non ignaros nulli ante haec Latino sermone condita, ancepsque, lubricum esse rerum omnium nouarum initium et talium, utique tam sterilis gratiae tantaeque difficultatis in promendo.* (« Les natures des remèdes [...] nous obligent à traiter plus longuement de l'art médical lui-même, sans ignorer pourtant que personne n'a encore abordé en latin ce sujet, et qu'il est toujours incertain, périlleux de s'engager dans des voies nouvelles, surtout lorsqu'il s'agit d'une matière de cette nature, si dépourvue d'agrément et tellement difficile à exposer. ») On s'étonne de la remarque de Pline qui semble indiquer qu'il n'existe, à sa connaissance, aucune œuvre médicale en langue latine...

medicina s'accompagne de choix, qui poussent Celse à occulter ou à synthétiser certains éléments, et se fondent sur un critère primordial, l'*utilitas* (« utilité »). Nous ne sommes pas loin ici de ce que dit Cicéron dans sa préface au livre II du *De Inuentione* :

> *Omnibus unum in locum coactis auctoribus, quod quisque commodissime praecipere uidebatur, excerpimus et ex uaris ingeniis excellentissima quaeque libauimus. Ex iis enim, qui nomine et memoria digni sunt, nec nihil optime nec omnia praeclarissime quisquam dicere nobis uideatur.* (*De inuentione*, II.4)

> « Après avoir rassemblé tous les auteurs, nous en avons tiré ce que chacun semblait offrir de plus utile comme précepte, cueillant la fleur de ces talents divers. En effet, parmi ceux qui méritent d'êtres célèbres et de n'être pas oubliés, il nous apparaissait que chacun donnait quelque excellent conseil mais que personne n'en donnait de remarquables sur tous les points. »

Au-dessus du critère de la *nobilitas*, lié sans doute au simple travail de compilation, s'élève le critère de l'*utilitas*, qui crée une hiérarchie entre les savoirs antérieurs et permet d'asseoir ainsi la dimension critique du *De medicina*.

La traduction d'œuvres grecques[62]

La traduction d'œuvres grecques par Celse lui-même occupe une place de premier ordre dans l'étude de la genèse du *De medicina*, au point que Marx et Wellmann notamment ont pu considérer que cette partie de l'encyclopédie celsienne était la traduction intégrale d'un ouvrage grec, rédigé par Titus Aufidius, élève d'Asclépiade, auteur par ailleurs d'un *De anima*[63]. Mais une telle opinion est déjà ancienne, et il n'est plus personne aujourd'hui pour dénier à Celse la paternité du *De medicina*.

En tout état de cause, force est de constater que certains passages du *De medicina* sont bel et bien une traduction de textes médicaux grecs antérieurs (ces derniers ayant eu une influence jusque sur des éléments très précis de la syntaxe du texte latin, comme l'emploi de

---

[62] Nous ne traiterons ici que de la traduction de textes grecs, et non de la traduction ponctuelle de termes médicaux grecs.
[63] Cf. F. Marx, *A. Cornelii Celsi quae supersunt*, Corpus Medicorum Latinorum I, Teubner, Leipzig-Berlin, 1915, p. LXXI sqq.

l'interrogatif *si*, calque du grec εἰ[64]). Au premier rang de ces œuvres grecques se tient le *Corpus hippocratique*, dont la relation avec le *De medicina* a déjà été brillamment analysée, notamment par Mazzini[65]. Nous ne reviendrons donc que sur deux points précis, qui intéressent tout particulièrement notre propos : d'une part, les occurrences du verbe *dico* associées à des mentions d'Hippocrate, d'autre part le travail de compilation effectué par Celse.

Trois passages du *De medicina* comportent une mention d'Hippocrate associée au verbe *dicere*, qui nous semble indiquer que Celse se place alors sur le mode de la citation-traduction, et donc revendique un contact direct, de première main, avec l'œuvre du médecin grec. Cela se produit dès la Préface, lorsqu'il est question de l'attention que le praticien doit porter non seulement aux *communia*, mais aussi aux *propria*[66], position constante dans le *Corpus hippocratique*.

Au livre 8 du *De medicina*, les remèdes celsiens aux luxations des vertèbres cervicales sont très largement inspirés des *Articulations* hippocratiques :

> ... κἄπειτα πρηνέα κατακλῖναι [...] Ἀτὰρ καὶ ἐπιβῆναι τῷ ποδί, καὶ ὀχηθῆναι ἐπὶ τὸ κύφωμα, ἡσύχως τε ἐπενσεῖσαι οὐδὲν κωλύει.[67]

« ... puis on le couchera sur le ventre de tout son long [...] Rien, non plus, n'empêche d'appuyer avec le pied sur la gibbosité, et de donner une impulsion modérée. »

Nam quod Hippocrates dixit, uertebra in exteriorem partem prolapsa pronum hominem collocandum esse et extendendum, tum calce aliquem

---

[64] Cf. P. Mudry, « Éléments pour une reconsidération de la langue et du style de Celse », in L. Callebat (éd.), *Latin vulgaire latin tardif IV, Actes du 4ᵉ colloque international sur la latin vulgaire et tardif. Caen, 2-5 septembre 1994*, Hildesheim-Zürich-New York, 1995, p. 685-697 (= P. Mudry, *Medicina, soror philosophiae...*, p. 247-256), p. 691 sqq.

[65] I. Mazzini, « Ipocrate in Celso », in J. A. Lopez Ferez, *Tratados Hipocraticos (estudios acerca de su contenido, forma e influencia), Actas del VIIᵉ Colloque international hippocratique (Madrid, 24-29 de septiembre de 1990)*, 1992b, p. 576 sqq.

[66] Pr.66 : *Ergo etiam uetustissimus auctor Hippocrates dixit mederi oportere et communia et propria intuentem.* (« C'est ainsi que même la plus ancienne autorité, Hippocrate, a dit qu'il faut soigner en considérant à la fois les traits communs et les traits particuliers. »)

[67] *Articulations 47 sqq.*, Littré IV, 204 sqq.

super ipsum os debere consistere, et id intus inpellere, in iis accipiendum, quae paulum excesserunt, non is, quae tot loco mota sunt. (8.14.3)

« Car ce que dit Hippocrate, que pour une vertèbre déboîtée vers l'extérieur il faut placer l'homme à plat ventre et l'étirer, et qu'alors il faut que quelqu'un se place avec le talon au dessus de l'os même, et le repousse à l'intérieur, cela doit être utilisé pour les os qui sortent peu, non pour ceux qui sont complètement déplacés. »

Cédant la parole au maître de Cos, l'encyclopédiste romain condense en quelques lignes la pensée de ce dernier. Celse passe sous silence l'énumération des divers liens destinés à maintenir le malade immobile, ainsi que les deux premières techniques de remise en place de la luxation, d'abord avec les mains, puis en s'asseyant sur le dos du patient. Il en vient directement au troisième procédé hippocratique, celui consistant à appuyer sur le dos du patient avec le talon. Certains termes latins semblent avoir pour fonction de traduire les termes grecs antérieurs : πρηνέα κατακλῖναι = *pronum collocandum* ; ἐπιβῆναι τῷ ποδὶ = *calce super consistere* ; ἐπενσεῖσαι = *inpellere*. Il est donc fort probable que Celse ait eu entre les mains le texte grec et qu'il donne à l'expression *Hippocrates dixit* un sens fort, c'est-à-dire que cette dernière renverrait sans équivoque au procédé de la citation.

Le travail de citation-traduction apparaît plus clairement encore, lorsque, traitant de la friction, Celse reprend le chapitre XVII du *De l'officine du médecin*[68] :

Ἀνάτριψις [...] ἡ σκληρὴ δῆσαι · ἡ μαλακὴ λῦσαι · ἡ πολλὴ μινυθῆσαι · ἡ μετρίη παχῦναι.

« Une friction [...] appuyée resserre, molle, relâche ; répétée, elle amaigrit, modérée, elle épaissit. »

Hippocrate[s] [...] qui dixit frictione, si uehemens sit, durari corpus, si lenis, molliri : si multa, minui, si modica, impleri. (2.14.2)

« Hippocrate [...] qui dit que par une friction, si elle est énergique, le corps est endurci, si elle est douce, ramolli : si elle est fréquente, il est amaigri, si elle est modérée, il est rempli. »

Le verbe *dixit* crée un nouveau point d'ancrage discursif, qui permet à Celse de citer le texte du *Corpus*. Cet exemple est particulièrement

---

[68] *De l'officine du médecin XVII*, Littré III, p. 322-323.

frappant, puisque l'on voit clairement que le texte celsien est un calque rigoureux de sa source hippocratique. Une fois mis de côté les mots latins *sit* et *corpus*, en facteur commun à chaque proposition de la phrase, on obtient ainsi le schéma suivant : ἡ σκληρὴ δῆσαι = *si uehemens, durari* ; ἡ μαλακὴ λῦσαι = *si lenis, molliri* ; ἡ πολλὴ μινυθῆσαι = *si multa, minui* ; ἡ μετρίη παχῦναι = *si modica, inpleri*. Un tel exemple permet en outre de nuancer quelque peu l'assertion de Mazzini, qui dit que « la traduzione non è mai pedissequamente letterale, e anche là dove il rapporto diretto con modello ippocratico non può essere messo in dubbio si notano interventi che, sono in linea con il clima, le condizioni sanitarie, la cultura e la lingua, rispettivamente dell'ambiente geografico, del pubblico e del resto dell'opera di Celso[69] ».

Après avoir analysé les cas explicites de citation de textes issus du *Corpus hippocraticum*, nous aimerions revenir sur une seconde catégorie du travail celsien : la compilation de ses sources. On constate en effet que si Celse traduit des passages hippocratiques, il lui arrive d'en synthétiser plusieurs pour obtenir un seul et unique texte latin.

C'est le cas, par exemple, au paragraphe 1.3.33, consacré aux âges de la vie. Voyons ce qu'écrit Celse :

> *Quibus iuuenibus fluxit aluus, plerumque in senectute contrahitur, quibus in adulescentia fuit adstricta, saepe in senectute soluitur. Melior est autem in iuuene fusior, in sene adstrictior.* (1.3.33)

> « Les gens qui ont eu le ventre relâché dans leur jeunesse, sont généralement constipés dans leur vieillesse, ceux qui ont été constipés dans leur jeunesse ont souvent le ventre relâché dans leur vieillesse. Mais il vaut mieux que le ventre soit plutôt relâché chez un jeune, plutôt resserré chez une personne âgée. »

---

[69] I. Mazzini, « Ipocrate in Celso », in J. A. Lopez Ferez, *Tratados Hipocraticos (estudios acerca de su contenido, forma e influencia), Actas del VII° Colloque international hippocratique (Madrid, 24-29 de septiembre de 1990)*, 1992b, p. 582-583. Sur ce même thème, cf. aussi I. Mazzini, « Le *auctoritates* nei testi medici dell'antichità, in particolare in Celse », in M. E. Vazquez Bujan (éd.), *Tradicion e innovacion de la medicina latina de la antigüedad y de la alta edad media, Actas del IV Coloquio Internacional sobre los "textos médicos latinos antiguos"*, Santiago de Compostela, 1994a, p. 129.

Les éléments présentés ici par l'auteur du *De medicina* sont présents au livre 2 des *Aphorismes* du maître de Cos[70]. Tout d'abord, au chapitre 20[71] :

Ὁκόσοισι νέοισιν ἐοῦσιν αἱ κοιλίαι ὑγραί εἰσι, τουτέοισιν ἀπογηράσκουσιν ξηραίνονται · ὁκόσοισι δὲ νέοισιν ἐοῦσιν αἱ κοιλίαι ξηραί εἰσι, τουτέοισι πρεσβυτέροισι γινομένοισι ὑγραίνονται.

« Chez ceux qui sont relâchés pendant leur jeunesse, le ventre se resserre à mesure qu'ils avancent en âge, et au contraire quand il était resserré, il se relâche à mesure qu'ils vieillissent. »

Dans ce texte hippocratique sont présentes toutes les données de *De medicina* 1.3.33, à l'exception de la dernière phrase latine (*Melior est...*). Pour retrouver l'équivalent grec de cette dernière, il faut se rendre en un autre lieu des *Aphorismes*[72] :

Ὁκόσοι τὰς κοιλίας ὑγρὰς ἔχουσιν, νέοι μὲν ἐόντες, βέλτιον ἀπαλλάσουσι τῶν ξηρὰς ἐχόντων, ἐς δὲ τὸ γῆρας χεῖρον ἀπαλλάσουσιν.

« Ceux qui ont le ventre relâché, dans leur jeunesse, se tirent mieux d'affaire que ceux qui l'ont resserré, alors que, dans la vieillesse, ils se tirent moins bien d'affaire. »

La correspondance entre ce second passage des *Aphorismes* et le texte du *De medicina* est claire, marquée notamment par la reprise du comparatif (βέλτιον = *melior*). À supposer que Celse ait lu les *Aphorismes* dans le même ordre que celui dans lequel nous le lisons aujourd'hui, il ne paraît pas inconcevable d'envisager que, lors de la préparation du *De medicina*, il a bel et bien regroupé deux passages grecs distincts mais formant une unité de sens. Une telle méthode permet ainsi à Celse de raccourcir la longueur de son ouvrage, dont la dimension encyclopédique ne lui permet pas (trop) de répétitions.

---

[70] Sur l'omniprésence des *Aphorismes* dans le livre 1 du *De medicina*, cf. P. Mudry, « Le premier livre de la *Médecine* de Celse. Tradition et nouveauté. », in I. Mazzini – F. Fusco (éds.), *I testi di medicina latini antichi. Problemi filologici e storici, Atti del 1° Convegno Internazionale, Macerata - S. Severino M., 26-28 aprile 1984*, Università di Macerata, Pubblicazioni della Facoltà di lettere e filosofia 28, Rome, 1985b, p. 141-150 (= P. Mudry, *Medicina, soror philosophiae, Regards sur la littérature et les textes médicaux antiques (1975-2005)*, Lausanne, 2006, p. 461-472), p. 461.

[71] *Aphorismes 2.20*, Littré IV, p. 476-477.

[72] *Aphorismes 2.53*, Littré IV, p. 484-487.

La création de fiches préparatoires

Il est une dernière méthode de travail que nous souhaiterions envisager de la part de l'auteur du *De medicina* : la création de fiches préparatoires, intermédiaires entre ses lectures et la rédaction de l'œuvre proprement dite[73]. L'existence de telles fiches dans l'Antiquité suscite de nombreux débats parmi les spécialistes, notamment pour l'*Histoire Naturelle* de Pline, où deux tendances, *pro* et *contra*, s'opposent[74]. Nous ne possédons pas pour Celse de renseignements aussi précis que pour l'Ancien, et il est impossible d'entrer, le concernant, dans des considérations aussi fouillées que pour Pline[75].

Il ne nous semble toutefois pas incongru d'envisager ici l'hypothèse de telles fiches. Comme le souligne Serbat[76], le texte même du *De medicina* nous y invite. Les exemples sont nombreux, notamment dans les parties de l'œuvre structurées par le schéma *a capite ad calcem*[77]. Ce dernier jouant un rôle de premier ordre dans l'organisation du savoir médical, on est en droit de penser que Celse pouvait regrouper les informations collectées au fil de ses recherches sur des fiches thématiques, correspondant chacune à une partie du

---

[73] Nous reviendrons d'ailleurs plus loin sur cette question, lors de l'étude de l'intratextualité dans le *De medicina* (cf. *infra*, p. 93 sqq.).

[74] En faveur de l'existence d'un fichier intermédiaire entre les lectures de Pline et la rédaction de l'œuvre, cf. V. Naas, *Le projet encyclopédique de Pline l'Ancien*, Collection de l'École française de Rome (303), Rome, 2002, p. 117 sqq. Contre l'existence d'un tel fichier, cf. T. Dorandi, *Le stylet et la Tablette. Dans le secret des auteurs antiques*, Paris, 2000, p. 5-50.

[75] Nous conservons à l'esprit l'avertissement de Dorandi, qui met en garde contre toute généralisation de la méthode plinienne. Cf. T. Dorandi, *Le stylet...*, p. 50 : « Il faut tenir compte du fait que Pline – l'auteur qui domine dans ce chapitre – est un cas tout particulier et que sa méthode de travail a probablement été déterminée par le sujet et le contenu de son encyclopédie, ce qui ne s'est pas révélé être le cas pour d'autres écrivains. Cela doit inviter à la plus grande prudence, et surtout à ne pas voir dans mes conclusions une panacée qui pourrait s'appliquer à tous les auteurs, et serait susceptible d'expliquer toutes les situations difficiles et de "guérir" tous les maux. » (p. 50).

[76] Cf. G. Serbat, *Celse. De la Médecine.* (C.U.F.), Paris, 1995, p. XVII : « Personne ne nous a parlé de la méthode de Celse ; mais son œuvre parle d'elle-même. Il a procédé fondamentalement comme Pline. En fonction d'une idée générale, d'un caractère distinctif, voire d'un "mot clé", il a rassemblé les fiches que lui fournissait la lecture soigneuse des médecins antérieurs. »

[77] Cf., par ex., les livres 4 et 6, et les chapitres 7.6-33.

corps. Un seul exemple suffira à étayer une telle hypothèse. Il est tiré du chapitre consacré aux maladies ombilicales, qui débute ainsi :

> *Sunt etiam circa umbilicum plura uitia, de quibus propter raritatem inter auctores parum constet. Verisimile est autem id a quoque praetermissum, quod ipse non cognouerat ; a nullo id, quod non uiderat, fictum. Commune omnibus est umbilicum indecore prominere : causae requiruntur. Meges tres has posuit : modo intestinum eo inrumpere ; modo omentum ; modo umorem. Sostratus nihil de omento dixit : duobus iisdem adiecit carnem ibi interdum increscere, eamque modo integram esse, modo carcinomati similem. Gorgias ipse quoque omenti mentionem omisit : sed eadem tria causatus, spiritus quoque interdum eo dixit inrumpere. Heron omnibus his quattuor positis, et omenti mentionem habuit et eius, quod. . . simul et omentum et intestinum habuerit.* (7.14.1-2)

« Il y a aussi autour du nombril plusieurs types de lésions, au sujet desquelles, à cause de leur rareté, les autorités s'accordent peu. Mais il est vraisemblable que chacun a passé sous silence ce qu'il n'avait pas connu lui-même ; aucun n'a décrit ce qu'il n'avait pas vu. Commun à tous ces cas est une laide proéminence du nombril : on en cherche les causes. Meges en a établi trois : rupture vers le nombril tantôt de l'intestin, tantôt de l'omentum, tantôt d'humeur. Sostrate ne dit rien de l'omentum : aux deux autres, il a ajouté le fait que parfois la chair y croisse, parfois sans causer de dommage, parfois avec une apparence cancéreuse. Gorgias lui-même ne fait pas mention de l'omentum : mais ayant cité les trois mêmes causes, il dit que parfois le vent aussi y fait irruption. Héron, ayant établi ces quatre causes, fait aussi mention de l'omentum, et de ce cas où . . . il a rencontré à la fois l'omentum et l'intestin. »

L'apport de chaque autorité sur le sujet peut être résumé par le tableau suivant :

	intestinum	*omentum*	*umor*	*carnis*	*spiritus*	*intestinum + omentum*
Meges	x	x	x			
Sostrate	x		x	x		
Gorgias	x		x	x	x	
Héron	x	x	x	x	x	x

On voit ainsi clairement que Celse dresse un véritable panorama historique de la question des causes des maladies ombilicales, et reprend par les suites tous les cas de figures présentés ci-dessous, pour offrir la vision la plus complète possible de l'origine du mal, et de ses remèdes. Cette présentation trahit sans nul doute sa méthode de travail. On imagine sans mal qu'il devait avoir établi une fiche intitulée « maladies ombilicales » (*circa umbilicum uitia* ou *umbilici uitia*). Cette fiche thématique aurait ensuite été complétée au fil de ses lectures, chaque auteur constituant pour ainsi dire une rubrique au sein de cette fiche.

L'entreprise celsienne : une œuvre collective ?

En envisageant trois axes principaux pour le travail de Celse, nous avons jusqu'à présent, par facilité (abus ?) de langage et faute de preuves, mentionné le seul Celse comme étant l'unique artisan de son ouvrage encyclopédique. Pourtant, pour qui considère non seulement le *De medicina* mais aussi l'ensemble des *Artes*, il ne paraît pas saugrenu de voir en lui plutôt le maître-d'œuvre d'une entreprise collective. En effet, un travail mené par une équipe constituée d'un guide entouré d'esclaves spécialisés n'est pas sans parallèle dans la littérature latine ; qu'il suffise de citer Pline pour son *Histoire Naturelle*, Suétone dans les *Prata* ou encore Atticus. Voilà qui pourrait permettre d'expliquer l'extrême richesse de l'ouvrage celsien, notamment dans le rapport à des sources variées, sans pour autant exclure la possibilité de quelque expérience personnelle vécue par Celse lui-même. Surtout, il s'agit d'une méthode de travail qui paraît plus que raisonnable pour une entreprise que l'on imagine mal entamer avant d'avoir atteint une trentaine d'années, et dont l'ampleur semble démesurée pour un homme seul.

Il ne paraît donc pas impensable d'imaginer, autour des *Artes*, une entreprise éditoriale d'envergure, qui aurait permis de contrôler les éditions de A à Z (et en particulier la coïncidence entre *libri* et *uolumina*) en empêchant les libraires éditeurs du vicus Tuscus ou du quartier de l'Argilète de prendre des libertés avec les choix celsiens.

La question de l'originalité du *De medicina*

Avant de poursuivre, il nous paraît à présent indispensable de nous arrêter sur la question de l'autorité celsienne, autrement dit de l'originalité du *De medicina*. Compte tenu de la multiplicité des sources de Celse — reconnues ou non par l'auteur, conservées ou non jusqu'à nos jours —, et compte tenu de sa pratique de la traduction, il est en effet très délicat de distinguer, dans les méandres du *De medicina*, ce qui relève de la tradition (quelle que soit sa nature) grecque et hellénistique de ce qui est proprement romain, voire celsien.

Nous avons évoqué plus haut[78] les opinions de Marx et Wellmann, pour qui Celse n'est pas l'auteur du *De medicina*. Il n'est pas inutile de revenir sur les arguments qui s'opposent à une telle hypothèse. Le premier d'entre eux est lié à l'appartenance du *De medicina* à l'ensemble plus vaste des *Artes* : en effet, il faudrait également nier à Celse la paternité des autres parties de son encyclopédie, et chercher alors quels autres auteurs il se serait contenté de traduire[79]. Ensuite, l'intérêt porté au *De medicina* par des auteurs antiques contemporains ou postérieurs semble aller aussi dans le sens de l'originalité de l'œuvre celsienne. Pourquoi, sinon, citer notre encyclopédiste plutôt que ses sources[80] ? Enfin, l'argument le plus important est d'ordre culturel. Le contexte de l'écriture du *De medicina* est celui d'un Empire où l'élite de la société (à laquelle était vraisemblablement destinée l'encyclopédie celsienne[81]) est bilingue, et maîtrise aussi bien

---

[78] Cf. *supra*, p. 69.

[79] C'est le constat établi par W. Krenkel, « Celsus », *Das Altertum* (Band 3, Heft 4), Berlin, 1957, p. 111-122 : « Für die Medizin kamen F. Marx und M. Wellmann unabhängig voneinander zu dem Ergebnis : Celsus ist nicht Verfasser, sondern nur Übersetzer. Gilt das auch für die anderen Teile der "Artes" ? Dann wäre Celsus ein Schemen, hinter dem vier verschiedene Persönlichkeiten stüden ; was wir von Celsus aussagten, wären Aussagen über einen der vier Unbekannten ; nur die Form wäre sein Eigentum. » (p. 115).

[80] Sur cet argument, cf., par ex., L. Duret, « Dans l'ombre des plus grands II », *ANRW*, II.32.5, 1986, p. 3309 : « L'ouvrage retint l'attention de Columelle, Pline, Quintilien ; il fut une source pour plusieurs écrivains tardifs ; ces témoignages d'estime devraient suffire à dissiper les doutes parfois émis sur sa valeur : Celse ne s'y était pas borné à traduire en latin les recherches d'autrui. »

[81] Sur la question des destinataires du *De medicina*, cf. *infra*, Première partie, p. 165 sqq.

le latin que le grec[82]. Pour Celse, la lecture du corpus médical grec antérieur était donc tout à fait normale, mais la traduction intégrale d'une œuvre grecque aurait été inutile, *a fortiori* pour un ouvrage dont le public ne se limitait sans doute pas aux seuls spécialistes de médecine[83].

La remise en question de l'originalité du *De medicina* a sans doute tenu en grande partie à une conception erronée de la littérature antique, et en particulier du genre encyclopédique. Mettre en doute l'originalité du *De medicina* sur la base de ses nombreux emprunts et références à des sources antérieures est en réalité un faux procès. Le principe de la réécriture est au cœur même de la littérature antique, qui ne connaît pas ce que l'on appellera, à la suite de Lock, Kant et Hegel, les « droits d'auteur ». Aucun « contrat », moral ou financier, n'oblige un écrivain de l'Antiquité à citer ses devanciers (les références, dans le cadre d'un jeu littéraire assumé, se font alors surtout par allusions).

Pourtant, il est vrai, les auteurs d'ouvrages encyclopédiques revendiquent souvent le fait de citer leurs sources. C'est le cas de Varron pour ses *Res rusticae* ou de Pline pour son *Histoire naturelle*. Quant à Celse, un passage du *De medicina* est de ce point de vue particulièrement intéressant :

> *Oportet autem neque recentiores uiros in iis fraudare, quae uel reppererunt uel recte secuti sunt, et tamen ea, quae apud antiquiores aliquos posita sunt, auctoribus suis reddere. Neque dubitari potest, quin latius quidem et dilucidius, ubi et quomodo frictione utendum esset, Asclepiades praeceperit, nihil tamen reppererit, quod non a uetustissimo auctore Hippocrate paucis uerbis comprehensum sit...* (2.14.1-2)

> « Sans doute ne faut-il pas priver les modernes de ce qu'ils ont trouvé ou suivi avec raison, mais les choses qui ont été établies chez les anciens, il faut les rendre à leurs auteurs. On ne peut douter que, de manière assurément plus ample et plus claire, sur le lieu et la manière d'utiliser la friction, Asclépiade ait fait des prescriptions ; cependant il n'a rien trouvé qui n'ait été rassemblé en peu de mots par Hippocrate, le plus ancien auteur. »

---

[82] Sur cette question, cf., par ex., H.-I. Marrou, *Histoire de l'éducation dans l'Antiquité*, tomes 1 et 2, Paris, 1981 (1re éd. 1948), t. 2 p. 47 sqq., et F. Dupont – E. Valette-Cagnac, *Façons de parler grec à Rome*, Paris, 2005.
[83] Cf. A. Castiglioni, « Aulus Cornelius Celsus as a historian of medicine », *Bulletin of the History of Medicine*, vol. VIII, 1940, p. 870-871.

Dans une pique adressée à Asclépiade, Celse explique que ce dernier aurait revendiqué certains préceptes touchant à la friction, « comme s'il en était l'inventeur » (*tamquam inuentor*, 2.14.1). Mais ces préceptes se trouvent déjà chez Hippocrate, et d'ailleurs — ce qui est pour Celse une qualité — de façon plus concise (*paucis uerbis*), ce qui s'oppose à la faconde d'Asclépiade (*latius quidem et dilucidius*). En d'autres termes, malgré ses qualités, la clarté d'Asclépiade est trompeuse, et celui-ci aurait cherché à dissimuler son emprunt derrière un flot d'éloquence.

Indirectement, une telle accusation semble sous-entendre que Celse aurait toujours cité ses sources. Nous avons vu que c'est loin d'être toujours le cas (même si lui ne se dépeint jamais *tamquam inuentor* de quoi que ce soit). Peut-être fait-il alors partie des auteurs visés par l'attaque de Pline, qui traite du même sujet dans sa Préface :

> *Argumentum huius stomachi mei habebis quod in his uoluminibus auctorum nomina praetexui. Est enim benignor, ut arbitror, et plenum ingenui pudoris fateri per quos profeceris, non ut plerique ex iis, quos attigi, fecerunt. Scito enim conferentem auctores me deprehendisse a iuratissimis ex proximis ueteres transcriptos ad uerbum neque nominatos...* (HN, Pr. 21-22)

> « On aura un témoignage de mon sentiment en voyant que j'ai placé en tête de ces volumes les noms des auteurs que j'ai utilisés. Car c'est une chose libérale, à mon avis, et remplie d'une noble retenue que de reconnaître ceux grâce auxquels j'ai obtenu le succès, contrairement à ce qu'ont fait la plupart de ceux que j'ai maniés. Sache en effet qu'en les rassemblant j'ai surpris les autorités parmi les plus sacrées de ces derniers temps à avoir transcrit les Anciens mot pour mot sans les avoir nommés... »

Si Celse figure en effet parmi les *auctores* utilisés par l'Ancien, nous ne savons pas si, dans son esprit, l'auteur du *De medicina* appartient à la catégorie des auteurs ayant dissimulé leurs sources. Mais d'ailleurs, à se mettre ainsi en avant, Pline en devient suspect, et l'on constate qu'il n'est lui-même peut-être pas exempt de tout reproche[84].

En réalité, il faut garder à l'esprit que de telles revendications d'honnêteté relèvent avant tout de l'artifice littéraire. La notion de plagiat n'existant pas à l'époque, Celse, en ne citant pas toujours ses

---

[84] Cf. V. Naas, *Le projet encyclopédique de Pline l'Ancien*, Collection de l'École française de Rome (303), Rome, 2002, p. 143 sqq.

sources, n'est coupable d'aucun crime, dans la mesure où il n'avait, dans son esprit et dans celui de ses contemporains, rien dérobé, et donc rien à cacher.

Autour de cet art de la dissimulation est construit — et assumé — un véritable jeu littéraire, pratique non seulement admise et répandue, mais aussi et surtout, semble-t-il, consubstantielle au genre encyclopédique[85]. Prétendre citer toutes ses sources est un topos du genre encyclopédique. Cela constitue, d'un côté, un aveu de modestie et un hommage adressé à ses devanciers ; de l'autre, une mise en avant de sa propre culture, et une garantie pour le lecteur que les informations distillées reposent sur une autorité identifiable et reconnue.

S'il fallait à tout prix rechercher l'originalité de Celse, c'est finalement (comme Philippe Mudry n'a eu de cesse de le démontrer au fil de ses travaux) du côté de la mise en forme de la matière dont il dispose et de son adaptation à l'esprit romain qu'il faudrait se tourner. En réalité, le *De medicina* est encyclopédique aussi (et surtout) parce qu'il assume pleinement sa position de relais et de témoin, au confluent des héritages grec, alexandrin et romain.

---

[85] Cf. A. Rey, *Miroirs du monde. Une histoire de l'encyclopédisme*, Paris, 2007, p. 12-13 : « L'encyclopédisme se caractérise par une réunion d'informations préalables ; la "compilation" s'y inscrit dans une temporalité culturelle qui correspond à une tradition – et celle-ci diffère plus selon les civilisations que selon les langues. Il correspond à une exposition écrite […], qui reprend des fragments de textes antérieurs, dans la même langue ou traduits. C'est dire que la citation, la "seconde main" […], y sont essentielles. Les sources textuelles, dans l'encyclopédisme, lorsqu'elles ne sont pas reproduites – avec ou sans mention de l'origine, car la notion de "plagiat" leur est étrangère avant l'époque contemporaine –, sont parfois fragmentées, abrégées, condensées ou au contraire exhaustives, et en outre commentées, glosées. »

La notion de progrès[86] dans le *De medicina*

Sa dimension encyclopédique, le *De medicina* la doit également à son ouverture vers l'avenir. Comme l'écrit Valérie Naas au sujet de Pline, « l'encyclopédie est prise entre l'aspiration à constituer un bilan définitif et son inscription dans le temps comme inventaire ponctuel[87] ». De même, si l'œuvre celsienne a pour nous une valeur documentaire inestimable (puisqu'elle est l'image des savoirs médicaux à une époque et en un lieu donnés), Celse nous semble manifester une relative conscience que la médecine de son ouvrage est immanquablement vouée à changer, c'est-à-dire à progresser[88]. La

---

[86] Sur le thème du progrès à Rome, cf. A. Novara, *Les idées romaines sur le progrès, Tome I*, Paris 1982, et *Tome II*, Paris, 1983. Malheureusement, cette admirable synthèse se limite aux écrivains de la République. Les ouvrages de L. Edelstein, *The Idea of Progress in Classical Antiquity*, Baltimore, 1967a, et de E. R. Dodds, *The Ancient Concept of Progress and other Essays on Greek Literature and Belief*, Oxford, 1973, pourtant remarquables, ou encore l'article de P. Prioreschi, « The idea of scientific progress in Antiquity and in the Middle Ages », *Vesalius* VIII.1, 2002, p. 34-45, ne font nulle mention de Celse. Avant l'encyclopédiste romain, l'idée d'un progrès en médecine n'est pas absente de la *Collection hippocratique*, comme en témoignent les remarques de l'auteur de l'*Ancienne médecine 2.1* (cf. J. Jouanna, *Hippocrate. Tome II, 1re partie. L'ancienne médecine.* (C.U.F.), Paris, 1990 (2e tirage 2003), p. 119, et son commentaire : « L'art médical, selon l'auteur, n'est pas né d'une accumulation de faits, mais d'un raisonnement grâce auquel s'est effectué le passage de l'ignorance à un savoir progressif. », p. 53) ou de celui *De l'Art 1.2* (J. Jouanna, *Hippocrate. Tome V, 1re partie. Des vents, De l'art.* (C.U.F.), Paris, 1988, p. 224). Chez les écrivains (quasi)-contemporains de Celse, une réflexion sur le progrès apparaît chez Pline l'Ancien (*Histoire naturelle*, 2.12.62 : ... *modo ne quis desperet saecula proficere semper*, (« ... que l'on n'aille pas, du moins, désespérer du progrès continu des siècles ! ») ou encore Sénèque (*Questions Naturelles*, 7.30 : *Multa uenientis aeui populus ignota nobis sciet ; multa saeculis tunc futuris cum memoria nostri exoleuerit reseruantur. Pusilla res mundus est, nisi in illo quod quaerat omnis mundus habeat.* : (« La génération qui vient saura beaucoup de choses qui nous sont inconnues. Bien des découvertes sont réservées aux siècles futurs, à des âges où tout souvenir de nous se sera effacé. Le monde serait une pauvre petite chose, si tous les temps à venir n'y trouvaient matière à leurs recherches. ») On ne trouve aucun passage aussi explicite dans le *De medicina*, et il faudra extraire de l'ouvrage les idées sur le progrès qui nous semblent en guider l'écriture.

[87] V. Naas, *Le projet encyclopédique de Pline l'Ancien*, Collection de l'École française de Rome (303), Rome, 2002, p. 57.

[88] Nous sommes donc en désaccord avec P. Mudry, « Science et conscience. Réflexions sur le discours scientifique à Rome », *Études de lettres, Revue de la faculté des lettres*, Université de Lausanne, 1986a, p. 75-86 (= P. Mudry, *Medicina,*

notion même de progrès suppose un caractère linéaire du temps que la *Préface* de l'ouvrage médical celsien souligne assez. La prise en compte de la possibilité de progrès à venir contribue à faire du *De medicina* une œuvre ouverte sur l'avenir de sa discipline, une esquisse destinée à être complétée par les découvertes des générations futures.

Pour mieux saisir la part du progrès dans l'œuvre celsienne, nous allons aborder successivement : les incertitudes de l'encyclopédisme médical, autrement dit la tension entre finitude du livre et ouverture du savoir ; la définition du progrès comme une marche toujours recommencée vers la vérité ; l'élimination graduelle de l'erreur.

Les incertitudes de l'encyclopédisme médical

La place du progrès dans le *De medicina* est avant tout garantie par ce que l'on pourrait appeler les incertitudes de l'encyclopédisme médical. En effet, la métaphore géométrique contenue dans la notion d'*encyclo-*pédisme ne va pas sans poser problème : l'idée d'un savoir clos par une écriture *cerclée*, *bouclée*, repose sur l'hypothèse d'une globalisation possible par le discours. Reconnaître la finitude des choses connues et des discours tenus sur ces choses, voilà une ambiguïté épistémologique essentielle, et qui touche toute matière faisant l'objet d'une encyclopédie. Le *De medicina* n'échappe pas à cette règle. Mais Celse dénonce très souvent cette ambiguïté et n'a de cesse de signaler toute incertitude quant à la pérennité du savoir, comme c'est le cas, par exemple, dans le chapitre consacré à la saignée :

> *Sanguinem incisa uena mitti nouum non est ; sed nullum paene esse morbum in quo non mittatur, nouum est. Item mitti iunioribus feminis uterum non gerentibus uetus est, in pueris uero ideo experiri et in senioribus et in grauidis quoque mulieribus uetus non est ; siquidem antiqui primam ultimamque aetatem sustinere non posse hoc auxilii genus iudicabant, persuaserantque sibi mulierem grauidam quae ita curata esset, abortum esse facturam. Postea uero usus ostendit nihil in*

---

soror philosophiae, Regards sur la littérature et les textes médicaux antiques (1975-2005), Lausanne, 2006, p. 451-459) : « Non pas que l'idée de progrès soit étrangère à Rome. [...] Mais cette notion, qui est essentielle dans les développements techniques que Rome tirera de la science grecque, restera absente de son discours scientifique. » (p. 459).

his esse perpetuum, aliasque potius obseruationes adhibendas esse ad quas derigi curantis consilium debeat. (2.10.1)

« Saigner par incision d'une veine n'est pas chose nouvelle ; mais qu'il n'y ait presque aucune maladie où il ne faille saigner, voilà qui est nouveau. De même si la saignée est une vieille pratique pour les jeunes femmes non enceintes, elle ne l'est pas quand on l'applique chez les enfants, les personnes relativement âgées et même les femmes enceintes ; les anciens estimaient, en effet, que le premier et le dernier âge de la vie ne pouvaient supporter ce genre de traitement, et ils étaient convaincus qu'une femme enceinte soignée de la sorte devait avorter. Mais par la suite l'expérience a montré qu'il n'y a ici aucune règle constante et qu'il vaut mieux faire appel à d'autres considérations, pour orienter la décision du praticien. »

L'évolution entre pratiques anciennes et pratiques nouvelles est marquée de façon très nette par un travail stylistique sur les oppositions (*nouum non est… nouum est… uetus est… uetus non est*). Ce qui remet ici en cause les jugements des anciens (*antiqui iudicabant*), c'est l'épreuve de l'*usus*, qui seul donne au savoir un certain crédit et lui apporte (*ostendit*) une plus grande nuance et une plus grande précision.

La formule *usus ostendit* présente dans ce passage se retrouve dans d'autres lieux du *De medicina*, notamment en 7.4.3 où elle apporte une correction à la pensée de Sostrate, fondée sur une simple croyance (*crediderit*). D'une manière générale, l'*usus* est un garant du savoir qu'il permet en quelque sorte sinon de valider, du moins d'asseoir sur des bases un peu plus solides. C'est le sens de l'expression utilisée par Celse en 6.7.3 au sujet d'un remède d'Asclépiade aux maladies des oreilles : *usu comprobatum*.

Par l'affirmation sans cesse renouvelée du caractère incertain du savoir médical (auquel seul l'*usus* semble éventuellement en mesure d'apporter un certain crédit), le *De medicina* de Celse inclut donc en son sein la possibilité d'une remise en cause des objets qu'il contient.

Il s'agit en effet pour Celse de transmettre non seulement une somme de savoirs, mais également la conscience des limites de ces savoirs, autrement dit des limites de l'art médical. Ce que l'on rencontre dans le paragraphe consacré aux ulcères des narines, lorsque Celse écrit :

Sin autem ea ulcera circa os sunt pluresque crustas et odorem foedum habent, quod genus Graeci ozenam appellant, sciri quidem debet uix ei malo posse succurri. (6.8B)

« Mais si ces ulcères se trouvent autour de l'os et qu'ils ont des croûtes en assez grand nombre et dégagent une odeur fétide — ce que les Grecs appellent ozène —, il faut savoir qu'il est presque impossible de remédier à ce mal. »

Plus loin dans le *De medicina*, au chapitre consacré aux affections des yeux, Celse nous livre un paragraphe où se mêlent divers degrés de limites de la médecine :

> *Ex his eos, qui quasi carcinoma habent, curare periculosum est : nam mortem quoque ea res maturat ; eos uero quibus ad nares tendit, superuacuum : neque enim sanescunt. At quibus id in angulo est, potest adhiberi curatio, cum eo ne ignotum sit esse difficilem.* (7.7B)

> « Parmi ces fistules, il est dangereux de soigner celles qui ont un aspect carcinomateux : en effet, cela rend la mort plus prompte ; quant à celles qui apparaissent près des narines, c'est chose superflue, car elles sont incurables. Et quant à celles qui se trouvent à l'angle du nez, on peut y appliquer un remède, tout en n'ignorant pas que sa réussite sera difficile. »

Si l'on analyse conjointement ces deux passages, on observe que l'efficacité d'éventuels soins est hiérarchisée par le recours à un adverbe (*uix*) ou à des adjectifs (*periculosum, superuacuum, difficilem*) qui insistent tous sur la lucidité requise de la part du médecin qui viendrait à rencontrer de tels cas. Et cette lucidité est clairement désignée par Celse comme un savoir à part entière, ainsi qu'en témoignent les expressions *sciri* et *ne ignotum sit*.

Ainsi la matière médicale exacerbe les limites épistémologiques inhérentes à toute écriture encyclopédique. Les diverses incertitudes liées à l'écriture d'une encyclopédie *médicale* occupent une place primordiale dans l'œuvre de Celse.

Le progrès comme marche vers la vérité

Face à une telle situation, le progrès médical est envisagé par l'auteur du *De medicina* comme un processus visant à se rapprocher toujours de la vérité, sans jamais toutefois être certain de l'avoir atteinte.

Les aléas du savoir médical soumis, dans la pratique, à la toute-puissance de la *natura/fortuna*[89], entraînent ainsi une relation à la

---

[89] Cf. Seconde partie, II.1.3.

vérité presque toujours empreinte de doute et qui ne progresse qu'à pas mesurés vers... de nouvelles incertitudes ! Excepté un bref passage concernant les caries où l'expérience semble en mesure de mettre un terme à une situation que Celse qualifie de *dubium*[90], l'ensemble du *De medicina* est marqué par de telles indécisions.

À deux reprises dans l'œuvre de Celse (Pr.48, 2.6.16), la médecine est désignée explicitement comme étant un *ars coniecturalis*[91], dans lequel même d'innombrables occurrences de telle ou telle situation ne sauraient fonder une quelconque certitude. Le progrès vers la vérité médicale ne se fait donc que par paliers, phénomène qui se manifeste notamment, dans le style même de Celse, par la multiplication de formes comparatives. À plusieurs reprises, après avoir constaté puis expliqué les défauts de l'un ou l'autre remède, il fait ainsi précéder son opinion de l'adverbe *melius*. C'est le cas par exemple au chapitre 4.4 traitant de la toux consécutive à l'ulcère de la gorge[92] :

Quidam haec genera arearum scalpello exasperant : quidam inlinunt adurentia ex oleo, maximeque chartam conbustam : quidam resinam terebenthinam cum thapsia inducunt. Sed nihil melius est quam nouacula cottidie radere, quia... (6.4.3)

« Certains scarifient ces types de calvities avec un scalpel : certains appliquent des remèdes légèrement irritants faits d'huile, et surtout du papyrus brûlé : certains déposent de la résine de térébinthe mêlée de férule. Mais il n'y a rien de meilleur que de raser quotidiennement avec un rasoir, parce que... »

Après avoir donné la liste de trois types de remèdes pratiqués par des individus qu'il n'estime pas devoir nommer (*quidam*, à trois reprises), Celse donne ici son avis de manière tranchée (*sed nihil melius est quam*), justifiant (*quia...*) auprès de son lecteur ce qui lui semble

---

[90] 8.2.3-4 : *Si quando autem an altius descenderit utrumlibet, dubium est, in carie quidem expedita cognitio est.* (« Or si parfois dans l'un et l'autre cas on peut douter de la profondeur atteinte, pour la carie cependant cette connaissance est facilement expliquée. »)

[91] À ce sujet, cf. le récent article de P. Mudry, « *Ratio* et *coniectura* dans les textes médicaux latins », in D. Langslow – B. Maire (éds.), *Body, Disease and Treatment in a Changing World, Latin texts and contexts in ancient and medieval medicine (Proceedings of the ninth International Conference « Ancient Latin Medical Texts », Hulme Hall, University of Manchester, 5th-8th September 2007)*, Lausanne, 2010, p. 337-348.

[92] Outre l'extrait cité ci-dessous, cf., par ex., 3.6.17, 4.9.2, 4.10, 6.6.27.

préférable. Ce faisant, il nous semble que l'encyclopédiste témoigne d'une certaine conscience d'un possible progrès positif de l'art médical, progrès fondé sur des choix qui tendraient à éliminer progressivement des remèdes jugés moins efficaces.

L'idée d'une marche en avant de la médecine vers la vérité est davantage encore mise en valeur dans ce passage consacré au traitement de la fièvre quarte :

> *Quidam ex antiquioribus medicis Cleophantus [...] Quod, quamuis pleraque eius uiri praecepta secutus est Asclepiades, recte tamen praeteriit : est enim anceps. Ipse... [...] Id saepe fieri posse, uerisimile est. Tutius tamen est, ut...* (3.14.1-2)

> « Parmi les anciens médecins, un certain Cléophante [...] Tout en se conformant à la plupart des préceptes de cet homme, Asclépiade rejeta cependant celui-là avec raison : il est en effet incertain. Lui-même [...] Cela se passe souvent ainsi : voilà qui est *vrai-semblable*. Il est plus sûr cependant de... »

Suivant sa manière habituelle, Celse expose l'avis de Cléophante, puis celui d'Asclépiade, et enfin le sien. Il tient à marquer très clairement chaque étape : si l'adjectif *anceps* justifie la décision d'Asclépiade, la proposition de Celse paraît étayée plus solidement encore. Sans être définitive, elle est *tutius*. Surtout, elle dépasse les seuls critères de la fréquence (*saepe*) qui selon lui débouche seulement sur une apparence de vrai (*uerisimile est*). L'emploi de ce terme n'est d'ailleurs peut-être pas anodin. Mudry a suggéré certaines influences du néo-scepticisme sur les écrits de Celse[93]. Ce passage apporte une pierre à l'édifice de son hypothèse, à moins de considérer comme une pure coïncidence le fait que Celse utilise l'adjectif *uerisimilis* dont Cicéron use pour rendre le grec *pithanos*, qui désigne chez Carnéade « le matériau qui va permettre au sujet [...] de se rapprocher le plus possible de la vérité[94] ». Ainsi la multiplication des sources (signe certain de la démarche encyclopédique celsienne), si elle s'inscrit assurément dans une démarche de recherche de la vérité, aboutit néanmoins à de

---

[93] P. Mudry, « *Ratio* et *coniectura* dans les textes médicaux latins », in D. Langslow – B. Maire (éds.), *Body, Disease and Treatment in a Changing World, Latin texts and contexts in ancient and medieval medicine (Proceedings of the ninth International Conference « Ancient Latin Medical Texts », Hulme Hall, University of Manchester, 5th-8th September 2007)*, Lausanne, 2010, p. 337-348.
[94] C. Lévy, *Les philosophies hellénistiques*, Paris, 1997, p. 199.

fréquentes incertitudes, véritables apories dans la mise en place du savoir médical.

Alors que la chirurgie est, de l'aveu même de Celse, la plus apte à obtenir des résultats assurés (7.Pr.1-2), les livres du *De medicina* consacrés à cette partie de la thérapeutique contiennent des exemples frappants d'un doute permanent à l'égard d'une vérité que l'on considérerait trop vite comme acquise. Ainsi dans le chapitre consacré aux luxations du genou :

> *Genu uero et in exteriorem et interiorem et in posteriorem partem excidere notissimum est. In priorem non prolabi plerique scripserunt ; potestque id uero proximum esse, cum inde opposita patella ipsa quoque caput tibiae contineat. Meges tamen eum, cui in priorem partem excidisset, a se curatum esse memoriae prodidit.* (8.21)

> « Que le genou se luxe en dehors, en dedans et en arrière, voilà qui est très connu. La plupart des auteurs ont écrit qu'il ne se dérobe pas vers l'avant ; il est possible que cette opinion soit très proche de la vérité, puisque la rotule elle-même, en avant de l'articulation, retient la tête du tibia. Cependant, Mégès rapporte avoir soigné un homme dont le genou s'était luxé vers l'avant. »

À l'évidence, dans ce passage Celse entend ne pas se contenter de l'argument du consentement universel (*plerique*), dont la valeur n'est fondée que sur le renom (*notissimum*). Même infime, il faut absolument laisser une place au doute, ce qui équivaut ici à laisser une place au savoir transmis par Mégès, que Celse qualifie d'ailleurs dans la Préface aux livres de chirurgie d'*eruditissimus* (7.Pr.3). Le doute est déjà introduit dans le texte par la tournure *potestque*, qui précède immédiatement ce que représente aux yeux de Celse le savoir qu'il vient juste d'énoncer : un *uero proximum*[95], certes, mais en aucun cas un *uerum*.

La constante remise en question du savoir médical atteint son apogée dans un autre passage du livre 8 :

> *Magnum est femori periculum est, ne uel difficulter reponatur, uel repositum rursus excidat. Quidam iterum semper excidere contendunt : sed Hippocrates et Diocles et Phylotimus et Nileus et Heraclides Tarentinus, clari admodum auctores, ex toto se restituisse memoriae*

---

[95] On retrouve la même expression, par ex., en Pr.45 : *quae proxima uero uideri possint* (« ce qui peut sembler approcher le plus de la vérité »).

> *prodiderunt : neque tot genera machinamentorum quoque ad extendendum in hoc casu femur Hippocrates, Andreas, Nileus, Nymphodorus, Protarchus, Heraclides, quidam quoque faber repperissent, si id frustra esset. Sed ut haec falsa opinio est, sic illud uerum est...* (8.20.4)

> « Le grand danger du fémur, c'est soit d'être difficilement réduit, soit, une fois réduit, de se luxer à nouveau. Certains prétendent que la récidive est constante : mais Hippocrate, Dioclès, Phylotimus, Nilée et Héraclide de Tarente, auteurs tout à fait connus, rapportent que la réduction peut être complète : d'ailleurs, Hippocrate, Andréas, Nilée, Nymphodore, Protarche et Héraclides, ainsi qu'un certain artisan, auraient-ils inventé en outre tant de machines pour l'extension du fémur dans un tel cas, si cela avait été vain. Mais, toute fausse que soit cette opinion, autant il est vrai que... »

Celse rapporte ici des avis divergents concernant la possibilité d'une réduction définitive des fractures du fémur. Mais, alors qu'il semble aller contre l'avis des *quidam* en accumulant les autorités, il poursuit par une tournure remarquable : *Sed ut falsa opinio est, sic illud uerum est*. La formulation celsienne pourrait faire naître un certain soupçon, et accuser un esprit incapable de se décider. En réalité, il semble qu'une telle phrase soit simplement révélatrice du doute constant de Celse au sujet du savoir médical, un doute qui mène jusqu'à un bouleversement des valeurs, où finalement le faux est à même de contenir une parcelle de vérité.

Chasser l'erreur

L'exemple analysé à l'instant reste cependant un cas limite et, d'une manière générale dans le *De medicina*, le *falsum* est une valeur négative qu'il convient de chasser. Ainsi, dans la marche vers la vérité inhérente au *De medicina*, l'élimination de l'erreur joue un rôle important. Regardons de plus près ce que dit Celse, par exemple, au sujet de la saignée du cou :

> *Asclepiades utique mittendum sanguinem credidit ; quod quidam utique uitandum esse dixerunt, eo quod maxime tum corpus calore egeret, isque esset in sanguine. Verum hoc quidem falsum est. Neque enim...* (4.3)

> « Asclépiade a cru bon de toujours pratiquer la saignée ; ce que certains ont dit qu'il faut toujours éviter, en particulier parce que le corps a besoin de chaleur et que celle-ci réside dans le sang. Or cela est faux, assurément. Il n'est pas en effet... »

Celse n'énonce pas ici de vérité définitive qui viendrait mettre un terme au débat opposant Asclépiade à des *quidam*. D'une manière générale, ses avis ne sont jamais motivés par un souci de suprématie auctoriale. Il se contente toujours de pointer du doigt l'erreur (*falsum*) de certains de ses prédécesseurs, et s'efforce par la suite de se justifier (*enim*). Un tel procédé se retrouve à bien d'autres endroits du *De medicina*, mais le plus souvent sous la forme d'un *non uerum* : une litote, figure de style récurrente s'il en est sous la plume de Celse.

La volonté correctrice de Celse se manifeste tout particulièrement dans les livres de diététique, où il s'agit pour lui d'éradiquer des croyances dont on ne sait trop si elles sont le fait des médecins ou — étant donné que cette partie de la thérapeutique offre souvent libre cours à l'automédication — des malades eux-mêmes :

> *Plurimique falluntur, dum se primo die protinus sublaturos languorem, aut exercitatione, aut balneo, aut coacta deiectione, aut uomitu, aut sudationibus, aut uino sperant. Non quod interdum id incidat, sed quod saepius fallat.* (3.2)
>
> « L'erreur du plus grand nombre est d'espérer se soustraire à leur langueur dès le premier jour, soit par l'exercice, soit par le bain, soit par un purgatif, soit par un vomitif, soit en provoquant des sueurs, soit par le vin. Non que cela ne fonctionne pas de temps en temps, mais cela trompe le plus souvent. »

Dans ce passage énumérant les moyens diététiques destinés à combattre les premiers symptômes d'une maladie, Celse cherche de façon évidente à faire sortir son lecteur de la masse (*plurimi*) des hommes dans l'erreur. Il n'hésite pas à jouer sur les formes du même verbe pour appuyer son propos : non seulement ces *plurimi* se trompent, mais ils sont eux-mêmes trompés (*falluntur... fallat*). Deux chapitres plus loin (3.4), Celse réitère une semblable mise en garde, cette fois concernant des procédés d'Asclépiade qui ne font en réalité, selon lui, que torturer (*tortoris*) le malade.

Ainsi l'encyclopédie médicale qu'est le *De medicina* ne se présente pas comme une somme de savoirs unanimement approuvés par l'auteur de l'ouvrage. Elle contient aussi nombre de références à des pratiques qu'il juge fausses et/ou trompeuses, selon le double critère de l'*usus* et de l'*utilitas*. L'objectif de Celse semble avant tout d'empêcher les médecins ultérieurs de reproduire les erreurs du passé. À défaut de fournir des avancées médicales significatives, ces futurs praticiens joueront donc un rôle *passif* dans la marche du progrès, en ne l'entravant pas par la perpétuation d'un acte objectivement faux[96].

Le *De medicina* est une œuvre ouverte à double titre. Ouverte sur l'avenir, d'une part, tant il est vrai que Celse, qui se présente comme un « passeur » de savoirs, semble avoir conscience que le moment de l'histoire où il se trouve n'est pas un terminus. Ouverte d'esprit, d'autre part, puisque les progrès à venir impliquent une modification des savoirs que l'œuvre contient, savoirs susceptibles d'être complétés voire contredits, dans une démarche n'ayant pour seul objectif que d'atteindre à un degré toujours plus élevé de vérité.

Conclusion du chapitre II

L'étude de la place du *De medicina* dans l'histoire de la médecine a permis de dégager de nouvelles caractéristiques de l'encyclopédisme celsien et antique. Il nous paraît indiscutable que l'œuvre de Celse est le fruit d'un travail original, méthodique et rigoureux, fondé sur une connaissance approfondie et variée de la matière médicale. Surtout, comparativement aux encyclopédistes latins antérieurs, l'ouverture vers l'avenir du *De medicina* (appliquée ensuite par Pline l'Ancien à son l'ensemble de son *Histoire Naturelle*[97]), est tout à fait originale et constitue, du point de vue de l'histoire des sciences et de celle de l'encyclopédisme, une étape cruciale jusqu'ici par trop passée sous silence. En outre, elle pourrait participer à justifier l'utilisation du *De medicina* comme œuvre visant à former, instruire ou entretenir le savoir de potentiels soignants.

---

[96] On retrouve cette idée dans 8.4.3-4. À ce sujet, cf. Quintilien, *Institution oratoire* 3.6.64 : *Hippocrates, clarus arte medicinae, uidetur honestissime fecisse, quod quosdam errores suos, ne posteri errarent, confessus est.* (« Hippocrate, célèbre dans l'art de la médecine, semble avoir agi de manière tout à fait honnête, parce qu'il a reconnu certaines de ses erreurs, afin d'éviter que ses successeurs ne se trompassent. »)
[97] V. Naas, *Le projet encyclopédique de Pline l'Ancien*, Collection de l'École française de Rome (303), Rome, 2002, p. 57.

Chapitre III

La mise en forme de la matière médicale

Après avoir notamment étudié la genèse du *De medicina* ainsi que les travaux préparatoires à la rédaction, intéressons-nous à présent à l'organisation interne de l'œuvre, autrement dit à la mise en forme par Celse de la matière médicale qu'il a retenue pour composer son ouvrage.

Notre examen de la *compositio* du *De medicina* nous conduira à analyser en premier lieu la forme concrète de l'ouvrage à l'époque de Celse, avant de nous interroger sur les questions de la table des matières et de l'index de l'œuvre. Nous nous pencherons ensuite sur les « passages de référence » présents au sein de l'ouvrage, avant de terminer par l'étude des différentes préfaces.

Ce chapitre sera l'occasion d'attirer l'attention sur un paradoxe : l'extrême organisation interne du *De medicina* par son auteur ne suffit pas toujours à faciliter sa manipulation concrète et intellectuelle. Si le souci des lecteurs et les efforts de Celse pour organiser son ouvrage et en faciliter la lecture sont réels, l'omniprésence protéiforme de l'« ego of *dispositio*[1] » celsien ne parvient pas totalement, semble-t-il, à assurer une lecture efficace de l'œuvre.

La forme concrète du *De medicina* à l'époque de Celse

L'époque à laquelle Celse rédige le *De medicina* est une période de transition dans l'histoire du livre : la fabrication des rouleaux, *uolumina*, connaît ses dernières heures. La fin du Ier s. ap. J.-C. voit en

---

[1] Cette expression est empruntée à H. von Staden, « Author and Authority. Celsus and the Construction of a Scientific Self », in M. E. Vazquez Bujan (éd.), *Tradicion e innovacion de la medicina latina de la antigüedad y de la alta edad media*, Actas del IV Coloquio International sobre los "textos médicos latinos antiguos", Santiago de Compostela, 1994a, p. 110.

effet l'apparition des premiers *codices* à contenu littéraire, qui se développeront définitivement à partir du IIe siècle ap. J.-C.[2]

Le vocabulaire du livre lié aux ouvrages que Celse mentionne parmi ses lectures préparatoires a déjà été traité plus haut[3] ; restent donc les termes décrivant le *De medicina* sous sa forme concrète. Nous en avons retenu quatre : *caput, liber, pars* et *uolumen*[4]. Tous les passages dont sont extraits ces termes participent de ce que Von Staden a nommé « l'ego of *dispositio* », en ce qu'ils soulignent le travail de composition de Celse[5]. Ils appartiennent d'ailleurs pour la plupart aux extraits que nous avons recensés dans l'Annexe, comme participant de l'intratextualité du *De medicina*[6]. Quels enseignements pouvons-nous alors tirer de ces textes, dans lesquels Celse nomme son propre ouvrage, concernant la forme concrète de ce dernier ?

Rouleaux et livres

Intéressons-nous tout d'abord au mot *uolumen*. Son utilisation permet de confirmer que le *De medicina* fut bien rédigé sous la forme de rouleaux, à une époque où les *codices* font leur apparition, avant de s'imposer sous les Flaviens. Quatre passages de l'œuvre celsienne nous renseignent quant au nombre de rouleaux utilisés par l'auteur :

1) *Nam ubi sine intermissionibus accessiones et dolores graues urgent, acutus est morbus : ubi lenti dolores lentaeue febres sunt et spatia inter accessiones porrigunt, acceduntque ea signa, quae priore uolumine exposita sunt, longum hunc futurum esse manifestum est.* (3.2.1).

« Car lorsque, sans interruption, des accès et des douleurs graves pressent, la maladie est aiguë : lorsque les douleurs viennent lentement ou les fièvres lentement, et qu'il s'écoule des délais entre les accès, et que s'ajoutent les signes, qui ont été exposés dans le précédent rouleau, il est clair que cette maladie-là est chronique. »

---

[2] Cf. G. Cavallo – R. Chartier (dir.), *Histoire de la lecture dans le monde occidental*, Paris, 2001 (1re éd. Rome-Bari, 1999), p. 107 sqq.
[3] Cf. *supra*, Première partie, p. 51 sqq.
[4] Le mot codex n'apparaît pas dans l'œuvre celsienne.
[5] H. von Staden, « Author and Authority… », p. 110-111.
[6] Cf. *infra*, Première partie, p. 99.

2) *In hoc autem uolumine eas explicabo, quae uel desiderari in prioribus potuerunt, uel ad eas curationes pertinent, quas protinus hic comprehendam, sic ut tamen quae magis communia sunt, simul iungam : si qua singulis uel etiam paruis adcommodata sunt, in ipsorum locum differam.* (5.17.1B).

« Aussi dans ce rouleau développerai-je les compositions qui soit ont pu être souhaitées dans les traitements précédents, soit concernent ces remèdes dont je vais me saisir ici immédiatement, de façon toutefois que celles qui sont communes au plus grand nombre, je puisse les traiter ensemble : si certaines sont adaptées à une maladie particulière ou même à un petit nombre, je les traiterai dans les passages qui leur sont propres. »

3) *Quae deinceps exequi adgrediar, dilatisque in aliud uolumen ossibus, in hoc cetera explicabo...* (7.Pr.5).

« Ces cas, je m'en vais les exposer tour à tour, et, ayant reporté ce qui concerne les os à un autre rouleau, c'est dans ce dernier que j'expliquerai le reste...

4) *In cubito autem tria coire ossa umeri et radii et cubiti ipsius, ex iis, quae prima parte huius uoluminis posita sunt, intellegi potuit.* (8.16.1).

« Et qu'au niveau du coude se rejoignent les trois os de l'humérus, du radius et du coude lui-même[7], on a pu le comprendre d'après ce qui a été établi dans la première partie de ce rouleau. »

Le premier de ces textes, qui renvoie à 2.5.1-3 (*ea signa, quae priore uolumine exposita sunt*), nous apprend donc que les livres 2 et 3 se trouvent dans deux rouleaux distincts. Le deuxième passage annonce le contenu de 5.18-25[8], dans une tournure où l'emploi du futur immédiat *explicabo* et l'utilisation de l'adjectif de proximité *hoc* confirment que l'ensemble du livre 5 figurait dans un même rouleau. Le troisième extrait prépare le lecteur au contenu du livre 8 consacré aux os (cf. 8.1.1), auquel un rouleau est dédié (*aliud uolumen*) ; l'existence de ce dernier rouleau est confirmée par notre quatrième texte, où l'on retrouve l'usage de l'adjectif de proximité *hoc* (*prima parte huius uoluminis*). On notera d'ailleurs que, comme pour le

---

[7] Celse utilise un terme unique, *cubitus*, pour désigner à la fois le « coude » et l'os appelé aujourd'hui « cubitus ».
[8] Les chapitres 5.26-28, différents de 5.1-25, ne sont, eux, pas annoncés dans ce passage de 5.17.

deuxième extrait, le recours à cet adjectif permet de viser très clairement l'objet « rouleau » que le lecteur a entre les mains.

Un point de vocabulaire doit encore retenir notre attention. Dans les deuxième et troisième textes, Celse associe *uolumen* au verbe *explicare*. L'auteur du *De medicina* joue ici sur les mots de manière remarquable[9]. La signification de ce verbe est en effet triple. Il est d'abord employé au sens propre, puisqu'il renvoie à l'action même de dérouler le rouleau[10]. Il peut également avoir le sens figuré de « débrouiller, mettre en ordre[11] ». Enfin, le verbe *explicare* a un sens propre au domaine de la rhétorique, où il signifie « faire un développement sur un sujet[12] ». L'auteur rapproche ainsi habilement le travail du lecteur (*lectio*), son travail d'organisateur de la matière de son œuvre (*dispositio*) et la dimension rhétorique de son discours (*elocutio*).

On peut en outre associer à l'étude du mot *uolumen* celle de *liber*, que l'on retrouve dans les deux passages suivants :

1) *Alioqui uolnus interius ea uictus ratio eaque medicamenta sanabunt, quae cuique uisceri conuenire superiore libro posui.* (5.26.24C).

« Autrement, une blessure interne, ce sont ce régime et ces médicaments qui la soigneront, dont j'ai établi au livre précédent qu'ils conviennent à chaque viscère. »

2) *Eodem modo commune auxilium auribus laborantibus est Poly<id>i sphragis ex dulci uino liquata, quae conpositio priore libro continetur.* (6.7.3B).

« De la même manière, en règle générale, on trouve un remède aux oreilles en souffrance dans le sphragis de Polyidus, liquéfié avec un vin doux, et dont la composition se trouve au livre précédent. »

Les deux expressions utilisées ici, *superiore libro* et *priore libro*, renvoient le lecteur respectivement à 4.14-17 et à 5.20.2, soit, à chaque fois, au livre précédent. D'un point de vue concret, le *De medicina* comme objet se décomposerait ainsi en huit rouleaux,

---

[9] Une telle association de termes n'apparaît pas, à notre connaissance, dans l'*Histoire Naturelle* de Pline. On la retrouve cependant chez Vitruve, *De architectura* (par ex. : 1.1.18.7 ou 1.7.2.8).
[10] Cf. par ex., Cicéron, *Amer.* 101 : *Veniat modo, explicet suum uolumen illud...* (« Qu'il vienne seulement, qu'il déploie tout son rouleau... »)
[11] Gaffiot, *s. u.* « *explico* », p. 631.
[12] Gaffiot, *s. u.* « *explico* », p. 631-632.

chacun d'entre eux contenant la matière d'un livre[13] ; en d'autres termes, dans l'esprit de Celse, il y aurait équivalence initiale entre le *liber*, qui est de l'ordre de l'ordonnance de l'ouvrage, et le *uolumen*, qui en est la présentation matérielle, même si la dimension de ces derniers pouvaient varier, notamment selon les copies.

Les livres ne sont pourtant pas de longueurs égales. À titre d'exemple, la répartition du nombre de pages de texte latin dans l'édition de Spencer est la suivante : Préface et livre 1, 38 pages ; livre 2, 75 p. ; livre 3, 67 p. ; livre 4, 55 p. ; livre 5, 87 p. ; livre 6, 66 p. ; livre 7, 88 p. ; livre 8, 57 p. Le déséquilibre est relatif, mais évident. Le nombre important de variables entrant en compte dans l'étude des rouleaux (longueur de ceux-ci, nombre de colonnes et de lignes) ne permet pas de tirer de conclusions définitives. Tout juste peut-on s'avancer à dire que si chaque livre du *De medicina* correspond à un *uolumen*, la disparité de longueur entre les divers rouleaux s'expliquerait alors sans doute par la volonté de Celse de structurer concrètement son ouvrage, et de donner une unité à chaque rouleau, superposant ainsi unité de sens et unité formelle[14]. D'ailleurs, la méfiance désabusée des auteurs antiques vis-à-vis des copies extérieures est connue, et explique peut-être une volonté de fournir une édition entièrement maîtrisée par Celse comme maître-d'œuvre des *Artes*, pourquoi pas effectuée dans un atelier personnel comme pour Atticus et Varron.

Le découpage interne de l'œuvre : chapitres et parties

À l'intérieur de chaque livre, Celse fait parfois références à des chapitres (*caput*), eux-mêmes divisés en parties (*pars*). C'est le cas par exemple lorsqu'il traite des ulcères de la langue[15] :

---

[13] Le premier rouleau, compte tenu de la brièveté du livre 1, devait également contenir la Préface. T. Birt, *Das antike Buchwesen in seinem Berhältniss zur Litteratur*, Berlin, 1959, n'apporte aucune explication à son opinion selon laquelle les livres 3 et 4 n'auraient formé un rouleau unique : « Haben allerdings in des Celsus Medicina die meisten Bücher selbständige Aufgaben, so sind dagegen Buch III und IV inhaltlich eins. » (p. 139).

[14] Pour avoir une idée de l'unité de chacun des livres, se reporter à la Table des matières du *De medicina* que nous proposons. Cf. *infra*, p. 116 sqq.

[15] Cf. aussi 8.9.2, où Celse renvoie à 8.9.1D sqq. (*Haec noscendae rei [causa] sunt : medicamentis uero isdem opus est, quae prima parte huius capitis exposita sunt.* :

Linguae quoque ulcera non aliis medicamentis egent, quam quae prima parte superioris capitis exposita sunt. (6.12.1).

« Les ulcères de la langue également ne réclament pas d'autres médicaments que ceux qui sont exposés dans la première partie du chapitre précédent. »

L'expression *prima parte superioris capitis* renvoie le lecteur à 6.11.1-2, passage où Celse vient de parler des maladies buccales.

Remarquons que l'emploi du mot *pars* pour désigner des parties du *De medicina* est instable. En 7.Pr.5, le mot renvoie à la partie du *De medicina* consacrée à la chirurgie, soit aux livres 7 et 8[16]. En 7.17.2, il est l'équivalent du mot *caput* et désigne un chapitre[17] ; de même en 8.13.1, où Celse rappelle le préambule du livre 8 consacré à l'anatomie osseuse du corps humain[18].

Conclusions

Ainsi le *De medicina* est-il divisé en huit rouleaux, contenant chacun un livre. Chaque livre est lui-même divisé en chapitres, eux-mêmes divisés en parties. Comment ces chapitres et ces parties étaient indiqués sur les rouleaux (si même ils l'étaient), voilà qui semble très difficile à définir. C'est désormais à la façon de se repérer au sein de l'œuvre celsienne, en particulier à l'époque même de sa rédaction, que

---

(« Voilà ce qui permet de reconnaître cela : mais on a besoin des mêmes médicaments que ceux qui ont été exposés dans la première partie de ce chapitre. »)

[16] 7.Pr.5 : *Ipse autem huic parti ea reliqui, in quibus uulnus facit medicus, non accipit, et in quibus uulneribus ulceribusque plus profici manu quam medicamento credo ; tum quicquid ad ossa pertinet.* (« J'ai moi-même conservé pour cette partie les cas où le médecin provoque les blessures, ne les reçoit pas, et les blessures et ulcères pour lesquels je crois que la main est plus utile que le médicament ; ainsi que tout ce qui concerne les os. »)

[17] 7.17.2 : *Praeter haec euenit, ut in quorundam uentribus uarices sint ; quarum quia nulla alia curatio est, quam quae in cruribus esse consueuit, tum eam partem explanaturus, hanc quoque eo differo.* (« Il arrive en outre qu'il y ait des varices sur les ventres de certains ; et comme il n'y a pas pour elles d'autre traitement que celui qui est habituel pour les jambes, comme je l'expliquerai dans cette partie, j'y reporte cela aussi. »)

[18] 8.13.1 : *Caput duobus processibus in duos sinus summae uertebrae demissis super ceruicem contineri in prima parte proposui.* (« Que la tête est maintenue au-dessus du cou par deux avancées insérées dans deux creux, je l'ai exposé dans la première partie. »)

nous allons nous intéresser, en abordant la question de la table des matières du *De medicina*.

L'hypothèse d'une table des matières du *De medicina* à l'époque de Celse

Les tables des matières des œuvres antiques, que les anciens nommaient *indices*, soulèvent de nombreuses questions, concernant en premier lieu leur authenticité, ou encore leur disposition au sein des ouvrages.

Il arrive que des indications explicites sur l'existence et l'agencement de tables soient fournies par les auteurs eux-mêmes. C'est le cas notamment de *l'Histoire Naturelle* de Pline, sur laquelle la critique s'est abondamment penchée, depuis Detlefsen jusqu'au travail récent de Naas[19]. Mais de telles indications font la plupart du temps défaut, et il est alors délicat de tirer des conclusions définitives, tant la transmission manuscrite des tables, notamment, a pu être soumise aux aléas de l'histoire. Pour avoir un aperçu assez complet de la question, on trouvera grand intérêt à se reporter au bref article de Sconocchia, qui propose, au-delà de Pline, une synthèse intéressante touchant à un grand nombre d'auteurs[20]. Il parle de Scribonius Largus, Caton, Columelle, Gellius ou encore Vitruve, et évoque même le cas de Celse.

Concernant ce dernier, il s'oppose à Marx[21] et indique, que la « paternité celsienne »[22] de la table des matières du *De medicina* n'est

---

[19] Detlefsen (1969) ; V. Naas, *Le projet encyclopédique de Pline l'Ancien*, Collection de l'École française de Rome (303), Rome, 2002.

[20] S. Sconocchia, « La structure de la *NH* dans la tradition scientifique et encyclopédique romaine », in J. Oroz José et J. Pigeaud (éds.), *Pline l'Ancien témoin de son temps*, 1987, p. 623-632.

[21] F. Marx, *A. Cornelii Celsi quae supersunt, Corpus Medicorum Latinorum I*, Teubner, Leipzig-Berlin, 1915, p. XXII-XXIII.

[22] S. Sconocchia, « La structure... » : « Pour en revenir à la littérature latine, il est surprenant que Pline ne cite pas Celsus, auteur qu'il connaît pourtant bien et qu'il utilise. La non authenticité des indices placés avant le livre du *De medicina* et des lemmes correspondants dans la branche J et maintenant dans le Toletanus 97.12 n'est pas du tout définitivement prouvé. Des experts comme Capitani, Jocelyn et Stok se sont trouvés d'accord avec moi pour admettre qu'on ne peut exclure la paternité celsienne des indices et des lemmes. Ph. Mudry se démontre au contraire très sceptique. » (p. 312).

pas impossible ; mais il ne développe guère ses propos plus avant. Nous voudrions donc à présent étayer encore davantage l'hypothèse de l'existence d'une table des matières du De medicina dès l'époque de Celse, ce que nous tenterons de faire à l'aide d'arguments provenant de la tradition manuscrite mais surtout du texte latin lui-même.

La table des matières et les manuscrits *TJ*

Les manuscrits *J* et *T*, du XVe siècle, possèdent tous deux une table des matières. Comme le signale Marx dans ses *Prolegomena*[23], l'aide au lecteur contenue dans le manuscrit *J* est double : d'une part une table des matières en tête de chacun des livres du *De medicina*, d'autre part des notes en marge du texte lui-même, reprenant dans l'ensemble, malgré des différences, les mots de la table initiale. Le manuscrit *T* possède des caractéristiques semblables[24].

Nous ne saurions nous prononcer avec certitude concernant l'origine des intitulés de chapitres situés dans le corps du texte (tels qu'on les retrouve dans *T*), ainsi que sur les notes marginales reprenant le contenu des tables (dans *J*). Il nous paraît probable que ces éléments soient, pour les premiers, l'œuvre de copistes, et, pour les seconds, celle de lecteurs. Il n'est d'ailleurs pas impossible que les indications *in margine* soient les témoins du changement de pratique lectoriale opéré au début du IIe siècle ap. J.-C. avec l'apparition du *codex*, sur lequel la multiplication des espaces blancs permettait de prendre des notes au fil de la lecture[25]. Phénomène d'ailleurs confirmé, peut-être, par les nombreuses omissions et variantes se situant dans les notes marginales par rapport à la table initiale[26].

---

[23] F. Marx, *A. Cornelii Celsi quae supersunt*, Corpus Medicorum Latinorum I, Teubner, Leipzig-Berlin, 1915, p. XXII-XXIII.

[24] Cf. B. Maire, « Proposition d'un nouveau *stemma codicum* de la tradition manuscrite du *De medicina* d'Aulus Cornelius Celsus », in M. E. Vazquez Bujan (éd.), *Tradicion e innovacion de la medicina latina de la antigüedad y de la alta edad media, Actas del IV Coloquio Internacional sobre los "textos médicos latinos antiguos"*, Santiago de Compostela, 1994a, p. 99.

[25] Cf. G. Cavallo – R. Chartier (dir.), *Histoire de la lecture dans le monde occidental*, Paris, 2001 (1re éd. Rome-Bari, 1999), p. 113.

[26] Sur ce point, voir la table des matières du manuscrit J reproduite par Spencer (W. G. Spencer, *Celsus. On Medicine. Edition by J. Henderson (vol. 1 et 3), by G. P. Goold (vol. 2), Translation by William G. Spencer* (Loeb Classical Library), 3

Nous voudrions simplement ici faire remarquer que les manuscrits *TJ*, s'ils sont plus récents que les autres *codices* principaux (XVe siècle), appartiennent à une famille considérée en général par la critique comme étant textuellement la plus proche de l'archétype a[27] — et donc, si l'on peut dire, comme étant la plus « authentique ». La présence de tables des matières dans ces deux manuscrits, et non dans les autres, plus anciens, invite à penser que leur hyparchétype commun ζ (selon le *stemma* de Brigitte Maire) possédait peut-être lui aussi une table. Nous nous garderons bien d'affirmer que la table présente dans *J* proviendrait directement du texte celsien original. Nous suggérerons simplement que celle-ci pourrait être l'ultime témoin d'une table bien antérieure, présente pourquoi pas dès l'archétype. Quoi qu'il en soit de cette filiation, en l'état actuel de nos connaissances des manuscrits celsiens, il ne nous paraît pas totalement illégitime de l'envisager comme une première pierre à l'édifice de notre hypothèse.

L'intratextualité du *De medicina* : les références internes

C'est surtout l'intratextualité du *De medicina* qui nous pousse à considérer que l'œuvre de Celse était peut-être dès l'origine agrémentée d'une table des matières, car la multitude des références internes qu'on y retrouve implique de pouvoir se déplacer rapidement et avec précision au fil de la lecture[28]. Au-delà du terme anglais de « cross-references », habituellement retenu par convenance, nous avons choisi de préciser le terme général de « références », en utilisant le terme de « renvoi » pour les passages situés en amont du texte référent, et celui d'« annonce » pour les passages situés en aval[29].

---

vol., Cambridge, Mass.-Londres, 1935-1938 (5e éd. du vol. 2, 1989 ; 6e éd. du vol. 3, 2002), livres 1-4 p. 466-481 dans le vol. 1 et livres 5-8 p. 603-623 dans le vol. 3.

[27] B. Maire, « Proposition d'un nouveau *stemma codicum*... », p. 96.

[28] A. Rey, *Miroirs du monde. Une histoire de l'encyclopédisme*, Paris, 2007, paraphrasant Voltaire dans sa Lettre à Duclos du 11 août 1760, écrit que « si un dictionnaire sans citation, sans exemple est un squelette, un dictionnaire ou une encyclopédie sans renvois internes est un ossuaire, fait de *membra disiecta* » (p. 27). Nous allons voir que l'œuvre de Celse n'est en rien un ossuaire !

[29] Sur cette question, voir R. J. Starr, « Cross-references in Roman Prose », *AJP* 102, 1981, p. 431-437.

L'ensemble des passages concernés est proposé en Annexe, sous la forme d'un tableau où le texte référent est situé dans la colonne centrale, le ou les texte(s) référé(s) se trouvant soit à sa gauche (renvoi) soit à sa droite (annonce). Pour créer ce tableau, nous avons dû procéder à une lecture attentive de l'œuvre, en nous appuyant sur les références données souvent par Spencer dans son édition. Cependant, toutes les références contenues dans le *De medicina* ne sont pas signalées par ce traducteur et celles qui le sont se révèlent parfois imprécises voire erronées. Nous espérons avoir apporté un certain degré d'amélioration au travail déjà conséquent de notre prédécesseur, et avons retenu un total de 187 cas[30].

Avant de pouvoir en faire une analyse synthétique, il nous reste à préciser nos critères de sélection ainsi qu'à donner une grille de lecture de notre tableau :
• Le nombre de textes retenus est important, et pourtant, nous en avons déjà éliminé un grand nombre[31].

Les renvois et annonces revêtant un caractère trop général (ou, parfois, trop vague) n'ont, dans la plupart des cas, pas été conservés. Nous nous limiterons à dire que ces passages contribuent à accroître encore le haut degré d'intratextualité de l'ouvrage celsien.

Les références au sein d'un même paragraphe n'ont pas été relevées, sauf si elles impliquent une intervention de l'auteur. C'est pourquoi on ne retrouvera notamment pas dans notre tableau les occurrences de tournures impliquant des comparaisons à l'aide du seul pronom-adjectif *idem* qui, à d'innombrables reprises, requièrent de la part du lecteur une attention des plus aiguës.
• Dans la colonne du texte référent, les mots indiquant explicitement un renvoi et/ou une annonce, s'ils existent, sont soulignés. Les termes repris à l'identique dans le texte référent et le texte référé sont en gras. Enfin, les éventuelles variations lexicales sont indiquées en apparat sous le texte concerné.

À l'aide du tableau que nous avons ainsi dressé, nous allons tenter d'apporter un éclairage intéressant sur l'écriture et la lecture du *De*

---

[30] Dans ce chapitre, les numéros des textes (précédés d'un #) auxquels nous nous référons sont ceux utilisés dans le tableau de l'Annexe.
[31] Nous avons tout de même conservé le texte 7, parce qu'il contient une intervention de Celse, même si nous n'avons pas été en mesure de trouver à quel passage celui-ci fait référence.

medicina, allant dans le sens de la nécessité d'une table des matières. Nous analyserons d'abord les procédés littéraires de l'intratextualité, avant d'observer les conséquences de ces multiples références sur la lecture de l'œuvre.

Les procédés littéraires de l'intratextualité[32]

Pour mettre en place ses références internes au sein du *De medicina*, Celse utilise ce que nous pourrions appeler des « marqueurs de l'intratextualité », c'est-à-dire des tournures verbales qui indiquent explicitement les liaisons entre le texte référent et le(s) texte(s) référé(s). Comme marqueurs, on retrouve ainsi, par ordre décroissant : *pono* (53), *dico* (33), *propono* (30), *comprehendo* (19), *praecipio* (13), *scribo* (11), *expono* (5), *explico* (5), *uenio* (4), *demonstro* (3), *doceo*, *mentionem facio* et *ostendo* (2), *coepio*, *contineo*, *indico*, *necessarius est*, *nomino*, *praescribo*, *reddo*, *redeo*, *refero*, *transeo* (1). Celse fait appel à un vocabulaire d'une grande simplicité, et relativement répétitif : il a recours à 23 verbes ou tournures verbales, parmi lesquels dix ne sont employés qu'à une seule reprise. À côté des verbes *dico* et *scribo* notamment (44 occurrences cumulées), on remarque surtout l'écrasante majorité de *pono* et de ses composés (95 occurrences sur un total de 197). La figure de Celse comme *locuteur-scripteur* du discours médical semble ainsi s'effacer quelque peu derrière celle d'un Celse *architecte* de son œuvre, ce qui s'accorderait avec l'idée de maître-d'œuvre dirigeant une équipe.

Nous voudrions à présent revenir un court instant sur ce que von Staden nomme l'« ego of *dispositio* » de Celse, lorsqu'il analyse les différents visages de l'auteur du *De medicina* dans son œuvre[33]. Sans remettre en question les brillantes analyses de ce critique ni les

---

[32] Les calculs et les résultats présentés ici sont issus de l'analyse des textes de l'Annexe.

[33] H. von Staden, « Author and Authority. Celsus and the Construction of a Scientific Self », in M. E. Vazquez Bujan M. E. (éd.), *Tradicion e innovacion de la medicina latina de la antigüedad y de la alta edad media, Actas del IV Coloquio Internacional sobre los "textos médicos latinos antiguos"*, Santiago de Compostela, 1994a, p. 110-111.

conclusions qu'il en tire[34], nous souhaiterions tout de même apporter quelques précisions à ses propos.

D'une manière générale, von Staden se concentre sur les interventions de Celse à la première personne du singulier. Si l'importance de ces dernières est réelle, il ne faudrait pas croire qu'elles sont les seules à contribuer à l'établissement d'une intratextualité fournie dans l'œuvre celsienne.

Parmi les 187 cas que nous avons retenus, on compte il est vrai 102 interventions de l'auteur à la première personne, auxquelles on peut ajouter 10 occurrences de première personne du pluriel — simple variation stylistique, à notre avis, de l'*ego* vers le *nos*. Mais on dénombre également un total de 93 interventions appartenant à d'autres catégories, divisées comme suit : troisième personne du singulier, personnelle (13)[35] ou impersonnelle (38)[36] ; troisième personne du pluriel (40)[37] ; ablatif absolu (2)[38]. Les troisièmes personnes personnelles, du singulier comme du pluriel, ont pour sujet les termes médicaux qui sont repris d'un texte à l'autre[39]. Ces occurrences, comme l'emploi d'une troisième personne impersonnelle et de l'ablatif absolu, permettent de nuancer l'omniprésence de la première personne constatée par von Staden. L'organisation interne du *De medicina* se fait par des biais divers.

Concernant le lexique utilisé par Celse dans le texte référent et le(s) texte(s) référé(s), nous nous contenterons ici de considérations générales, sur lesquelles nous reviendrons en détails sous peu. Parmi les 187 cas d'intratextualité retenus, 52 sont dépourvus de tout travail lexical semblable à ceux que nous allons mentionner. Pour les 135 cas restants, on observe la répartition suivante : 108 fois, le texte référent reprend à l'identique tout ou partie du vocabulaire du texte auquel il renvoie ou qu'il annonce. À côté de telles reprises, 5 cas enregistrent

---

[34] H. von Staden, « Author and Authority... », p. 103-117. Notamment la conclusion suivante : « The sense of architectonic mastery conveyed by the "ego of dispositio" thus contributes significantly to the author's quiet, gradual construction not only of the structural coherence of his work but, significantly, of his own authority. » (p. 111).

[35] Cf., par ex., les cas #9, #132.

[36] Cf., par ex., les cas #36, #91.

[37] Cf., par ex., les cas #13, #90, #130.

[38] Cas #37 et #65.

[39] Cf., par ex., les cas #1, #28, #82.

une variation du vocabulaire ; ces modulations lexicales peuvent aller d'un simple changement de catégorie grammaticale (par ex., #17) à l'emploi d'une expression de sens identique mais de forme nouvelle (par ex., #28). Enfin 22 cas comportent à la fois une reprise et une variation lexicale ; citons par exemple le cas #8 :

> ... *et, ut supra comprensum est, uitare fatigationem, cruditatem, frigus, calorem, libidinem, multoque magis se continere, si qua grauitas in corpore est.* (1.10.1)

> « ... et, comme on l'a abordé plus haut, éviter la fatigue, l'indigestion, le froid, la chaleur, le plaisir, et se contenir d'autant plus, si l'on ressent quelque lourdeur dans le corps. »

> *Sub diuo quies optima est. Venus semper inimica est. [...] cruditas enim id maxime laedit [...] Vt concoctio autem omnibus uitiis occurrit, sic rursus aliis frigus, aliis calor.* (1.9.1-3)

> « En plein air le repos est le meilleur. L'activité sexuelle est toujours une ennemie. [...] l'indigestion en effet est en cela extrêmement pénible [...] De même que la digestion de son côté se présente dans tout ce qui ne va pas, de même le froid se présente dans certains cas, dans d'autres la chaleur. »

De la mise en parallèle de ces deux textes ressort clairement la reprise des termes *cruditas*, *frigus* et *calor*, tandis que le *quies* original est remplacé en aval par l'expression *uitare fatigationem* et que *Venus* trouve un écho dans le nom *libidinem*.

On retiendra pour le moment qu'une part non négligeable des références[40] témoigne d'une constance dans le vocabulaire, dont nous chercherons plus loin à expliquer les enjeux.

Intratextualité et lecture du De medicina

Il s'agit ici de s'interroger sur les conséquences de l'« ego of *dispositio* » non plus tant du côté de l'écriture, mais aussi et surtout du côté de la lecture. En effet, les nombreux cas retenus d'intratextualité, qui organisent et structurent le *De medicina*, influencent de façon considérable la manière de lire le texte celsien. Nous nous intéresserons principalement à deux aspects de la lecture

---

[40] On obtient ainsi un pourcentage de près de 60 % en ne tenant compte que des cas de reprise lexicale ; nombre qui dépasse les 70 % si l'on inclut les cas de reprises accompagnées de variation(s).

intratextuelle : la manipulation concrète de l'ouvrage ; l'opposition entre références facultatives et références obligatoires.

A. La manipulation concrète de l'ouvrage

Dans son article consacré aux « Cross-references in Roman Prose », Starr a mis d'emblée en évidence les liens entre intratextualité et manipulation concrète du livre sous la forme de rouleaux : « A reader could not be expected to follow up many cross-references, since he might well need to locate a different scroll and unroll it. Finding a specific passage in a prose work would be challenging, since the differing size of scrolls, columns, and copyists' handwriting prevented both standard pagination and precise cross-references[41]. » C'est sur ces difficultés concrètes de lecture de l'œuvre, évoquées, par exemple, par Claudia Moatti[42], que nous voudrions nous pencher à présent.

Elles offrent un intérêt tout particulier. N'oublions pas que, comme l'écrit Louis Holtz, « même lorsqu'on ne fabriquait plus de rouleaux, les livres du passé étaient là, et [que] la forme du *uolumen* est restée encore familière pendant un certain temps[43] ». Les considérations à venir ne portent donc pas seulement sur la lecture du *De medicina*, sous la forme de rouleaux, à l'époque de Celse, mais aussi sur la pratique lectoriale au-delà de l'avènement du *codex*, sans doute pendant plusieurs décennies, voire davantage[44].

Parmi l'ensemble des cas d'intratextualité retenus dans le *De medicina* de Celse, on observe 178 renvois et 7 annonces[45]. On notera aussi un cas (#5) où le texte référent comporte à la fois un renvoi et

---

[41] R. J. Starr, « Cross-references in Roman Prose », *AJP* 102, 1981, p. 431. Sur ce même sujet, cf. aussi G. Cavallo – R. Chartier (dir.), *Histoire de la lecture dans le monde occidental*, Paris, 2001 (1re éd. Rome-Bari, 1999), p. 195.

[42] C. Moatti, *La Raison de Rome*, Paris, 1997, p. 222-3. Cette dernière renvoie également aux textes antérieurs de Schanz-Hosius (1935), p. 771-2, et S. Sconocchia, « La structure de la *NH* dans la tradition scientifique et encyclopédique romaine », in J. Oroz José et J. Pigeaud (éds.), *Pline l'Ancien témoin de son temps*, 1987, p. 624.

[43] L. Holtz, « Les mots latins désignant le livre au temps d'Augustin », in A. Blanchard (éd.), *Les débuts du codex, Actes de la journée d'étude organisée à Paris les 3 et 4 juillet 1985 par l'Institut de Papyrologie de la Sorbonne et l'Institut de Recherche et d'Histoire des Textes*, Bibliologia (vol. 9), Turnhout, 1989, p. 106.

[44] Cf. H. Blanck, *Das Buch in der Antike*, Berlin, 1992, p. 97-101 : « Buchrolle und Kodex im Wettstreit ».

[45] Soit un total de 185 cas sur les 187 qu'en comporte notre tableau. Nous ne prenons pas en compte le cas #7, dont il paraît impossible de retrouver le référé.

une annonce. Ainsi, les retours en arrière sont infiniment plus nombreux que les anticipations (95 % contre 4 %). Ces deux procédés n'impliquent ni la même manipulation concrète de l'ouvrage, ni le même travail intellectuel de remémoration d'un passage antérieur (renvoi) ou d'appropriation d'un texte en attendant le passage référé à venir (annonce). On mesure déjà ici quelque peu, mais nous allons y revenir bien plus longuement, l'immense difficulté de la tâche attendue de la part du lecteur du *De medicina*.

La manipulation du *De medicina*, qui sera facilitée un peu plus tard par le passage aux *codices*, devait être en effet relativement compliquée quand l'œuvre se présentait encore sous la forme de *uolumina*[46].

La distance qui sépare, au cœur du texte, le texte référent du ou des texte(s) référé(s), est en effet extrêmement variable. Les textes concernés peuvent ainsi être situés dans le même paragraphe ou bien être distants de plus de 6 livres[47]. Le lecteur doit-il obligatoirement se déplacer jusqu'au texte référé au fil de sa lecture ? Nous nous pencherons plus loin sur le caractère facultatif ou obligatoire de toutes ces références[48]. Pour le moment, nous allons nous limiter à quelques nouvelles considérations linguistiques, qui nous semblent aller dans le sens de la nécessaire existence d'une table des matières au *De medicina* dès l'époque de Celse.

On constate que les marqueurs d'intratextualité listés plus haut sont souvent accompagnés d'adverbes ou de locutions adverbiales. *Supra*, avec plus de 80 occurrences, arrive très largement en tête. Ce terme est nettement privilégié par Celse lorsqu'il effectue un renvoi, ce qui s'accorde parfaitement avec les conclusions de Starr[49]. Loin derrière arrivent, à égalité avec 12 occurrences, *alias* et *iam*. À de moindres fréquences enfin, se situent *proxime* (4), *alio loco* (2), puis une foule d'autres termes à l'emploi unique : *ante, in aliis locis, in hoc uolumine, in prima parte, in priore uolumine, in prioribus, mox, nunc, paulo ante, prima parte huius uoluminis, prima parte superioris capitis, primo loco, priori libro, prius, suo loco, superiore libro, tum.*

---

[46] Cf. G. Cavallo – R. Chartier (dir.), *Histoire de la lecture...*, p. 93-94.
[47] Il existe aussi un cas bien connu, sur lequel nous reviendrons (cf. p. 95), où Celse fait référence à une autre partie des *Artes*.
[48] Cf. *infra*, Première partie, p. 109 sqq.
[49] R. J. Starr, « Cross-references in Roman Prose », *AJP* 102, 1981, p. 432.

Un premier constat saute aux yeux : les références précises, c'est-à-dire qui permettent au lecteur de revenir plus aisément et à coup sûr au lieu référé, sont en très grande minorité[50]. Elles n'apparaissent que huit fois, uniquement pour des renvois, et utilisent toujours le vocabulaire du livre (*caput, liber, pars, uolumen*). L'immense majorité (116) des références comportant un marqueur permettant de se situer dans l'architecture de l'œuvre, demeure marquée par un flou certain. Même si l'adverbe *proxime* (#45) ne nécessite pas de la part du lecteur un effort de mémoire insurmontable (les deux passages concernés ne sont distants que de deux paragraphes), d'autres expressions telles *alias, in aliis locis...* ne devaient pas manquer de le décontenancer quelque peu.

Pour mieux saisir encore toute l'imprécision d'un grand nombre de références internes dans le *De medicina*, arrêtons-nous un instant sur l'utilisation du mot *supra*, le plus fréquent, donc, des adverbes employés par l'auteur dans la mise en place de l'intratextualité. On aurait pu croire que le recours à cet adverbe avait une signification relativement claire pour le lecteur, et que Celse l'employait quand une certaine distance, à peu près fixe, séparait textes référent et référé(s). La simple comparaison de deux cas suffit à nous détromper. Observons ainsi les cas #19 et #87 :

1) ... *uerbenarum contusa cum teneris colibus folia ; cuius generis sunt olea, cupressus, myrtus, lentiscus, tamarix, ligustrum, rosa, rubus, laurus, hedera, Punicum malum. (4) Sine frigore autem reprimunt cocta mala Cotonea, malicorium, aqua calda, in qua uerbenae coctae sunt, quas supra posui, puluis uel ex faece uini uel ex murti foliis, amarae nuces.* (2.33.3-4)

« ... de verveines, des feuilles broyées avec leurs tiges encore tendres ; à cette catégorie appartiennent l'olivier, le myrte, le lentisque, le tamaris, le troène, la rose, le lierre, le grenadier. (4) Sans provoquer de froid, pour leur part, sont répressifs le cognassier, l'écorce de grenadier, l'eau chaude, dans laquelle sont cuites les verveines que j'ai établies ci-dessus, la poudre de lie de vin ou de feuilles de myrte, les amandes amères. »

2) *Ex pusulis ulcera interdum fiunt ; ea recentia aeque lenibus medicamentis nutrienda sunt, et iisdem fere, quae supra in pusulis posui.* (6.6.13)

---

[50] Sur ce point, cf. R. J. Starr, *ibid.*, p. 432-433.

« Consécutifs aux pustules se produisent parfois des ulcères ; ces derniers, quand ils sont récents, sont, de la même manière, nourris par des médicaments adoucissants, et en général par les mêmes que ceux que j'ai établis dans le cas des pustules. »

In omnium uero pusularum [...] ad medicamenta lenia transeundum est. (5.28.15D)

« Or dans tous les cas de pustules [...] il faut recourir aux médicaments adoucissants. »

Dans le premier cas, référent et référé ne sont séparés que d'un unique paragraphe : aucun problème pour le lecteur, qui n'a qu'à déplacer à peine son regard pour trouver l'information manquante. Dans le second cas en revanche, le texte auquel Celse renvoie se situe dans le livre précédent et, cela a son importance, dans un autre *uolumen*, ce qui nécessite donc une manipulation pratique de l'ouvrage assez contraignante, *a fortiori* si l'on ne sait pas avec précision à quel endroit se reporter.

Si, d'une manière générale, environ 60 % des emplois de *supra* permettent de faire référence à un passage situé au sein du même chapitre, il arrive de nombreuses fois que les textes concernés soient bien plus éloignés. Cette inconstance dans la distance entre deux textes, alors même qu'un terme identique est utilisé pour marquer la référence, demeure problématique.

Plus que les adverbes et les locutions adverbiales qui accompagnent les marqueurs d'intratextualité, on peut se demander si ce n'est pas finalement la constance du vocabulaire qui conforte et assure les liaisons entre textes référents et référés[51]. Face au flou adverbial, la très fréquente reprise à l'identique du vocabulaire apparaîtrait comme une garantie de pouvoir se repérer dans le *De medicina* à l'aide de jalons fiables. La reprise de termes à l'identique, fonctionnant comme autant de mots-clés, permettrait au lecteur de tisser lui-même le lien textuel.

Cette idée nous semble avoir pour principale faiblesse qu'elle n'est valable que pour les références n'étant pas trop éloignées l'une de l'autre — ce qui, en extrapolant à partir de l'exemple de *supra* analysé plus haut, ne concerne qu'environ 60 % des cas. Et d'ailleurs, la mémoire ne garantit pas de retrouver à tout coup le texte référé.

---

[51] Cf. R. J. Starr, « Cross-references in Roman Prose », *AJP* 102, 1981, p. 434.

Comme l'a bien exprimé Brigitte Maire[52], seul Celse, en tant que rédacteur et architecte du *De medicina*, pouvait connaître suffisamment les méandres de son œuvre pour s'y repérer sans erreur.

Surtout, nous souhaiterions émettre l'hypothèse que la permanence lexicale constatée n'est pas tant liée à la lecture du *De medicina* qu'elle n'est peut-être aussi le témoin de la méthode de travail de Celse pour la rédaction de son ouvrage. Comme l'*Histoire naturelle* de Pline l'Ancien, nous avons vu que l'on peut raisonnablement envisager que le *De medicina* connut une étape intermédiaire entre les lectures de l'auteur et le texte définitif, à savoir la rédaction de notes sous la forme de fiches thématiques. Cette hypothèse expliquerait la reprise parfois d'un seul terme, parfois de plusieurs, de manière rigoureusement identique, non seulement de manière rapprochée (Celse se souvenant au fil de la rédaction de ce qu'il vient d'écrire, cf. #179), mais aussi à une certaine distance au sein de l'œuvre (par ex. #134).

Pour achever nos propos sur l'intratextualité et la manipulation concrète du *De medicina*, nous voudrions examiner le cas #79 :

> *Ac si nihil aliud est, amurca ad tertiam partem decocta uel sulphur pici liquidae mixtum, sicut in pecoribus proposui, hominibus quoque scabie laborantibus opitulantur.* (5.28.16C)

> « Et si l'on n'a rien d'autre à disposition, un marc d'huile réduit d'un tiers par décoction ou du soufre mélangé à de la poix liquide, comme je l'ai proposé dans le cas du bétail, apportent une aide aux hommes aussi qui souffrent de la gale. »

Dans cet extrait, Celse renvoie clairement son lecteur à un passage perdu de la partie des *Artes* consacrée à l'Agriculture (*De Agricultura*). Cette partie de l'encyclopédie n'étant malheureusement pas parvenue jusqu'à nous[53], il est impossible de mesurer quelle

---

[52] B. Maire, « Autopsie d'une lacune (Celse, *De medicina* IV, 27, 1D) : entre amputation (*audax emendator*) et greffe (*audax falsarius*) », in C. Deroux (éd.), *Maladie et maladies dans les textes latins antiques et médiévaux*, Actes du Ve Colloque International « Textes Médicaux latins », Bruxelles, 4-6 septembre 1995 (Collection Latomus 242), Bruxelles, 1998, p. 167.

[53] Le cas délicat d'un auteur mentionnant ou citant l'un de ses propres ouvrages aujourd'hui perdu se retrouve également pour Pline l'Ancien, qui renvoie son lecteur à d'autres textes écrits par lui, ouvrage historique d'une part (*Histoire*

distance sépare notre référent de sa référence perdue. Nous pouvons simplement dire qu'elle est d'au moins 6 livres — le chapitre 5.28 étant le dernier du livre 5. Il nous paraît difficile de ne pas considérer cette référence comme une possible preuve de l'existence non seulement d'une table des matières au *De medicina*, mais peut-être même aux *Artes* dans leur ensemble. Le parallèle avec la table des matières générale contenue dans le livre I de l'*Histoire naturelle* de Pline l'Ancien, contemporain de Celse, témoigne qu'une telle table n'était pas chose inhabituelle pour des œuvres de ce type et de cette ampleur.

S'il existât une table générale pour les *Artes* de Celse, il se pourrait fort que l'histoire des manuscrits explique sa disparition. À supposer qu'elle se trouvât en tête de l'encyclopédie celsienne et qu'elle fût, comme chez Pline, reprise en tête de chaque grande partie, on comprendrait aisément que les copistes l'aient abandonnée, d'une part parce qu'elle portait sur d'autres éléments que ceux du *De medicina*, d'autre part parce que sa section portant sur la médecine était reprise en tête de la partie médicale des *Artes*. La transmission par les manuscrits de la table du *De medicina* s'expliquerait alors simplement par sa présence en tête de cette partie de l'encyclopédie.

B. *Le caractère facultatif ou obligatoire des références internes*

Nous avons jusqu'à présent abordé et discuté un grand nombre de caractéristiques littéraires de l'intratextualité dans le *De medicina*. Nous voudrions revenir sur ce thème, en nous intéressant cette fois au caractère facultatif[54] ou obligatoire des références mises en place par Celse. Nous ne parlerons ici que des cas de renvois, réservant les annonces pour plus tard[55].

Pour juger du caractère obligatoire ou facultatif des renvois, il nous a fallu estimer l'autonomie du texte référent, en répondant aux questions suivantes : sans se reporter au(x) texte(s) référé(s), comprend-on le texte référent et/ou est-on capable de mettre en pratique l'art médical décrit par Celse ? Sur ces critères, nous avons

---

Naturelle, Pr.20) et, d'autre part, traité intitulé « Sur le lancer du javelot à cheval » (8.162).
[54] Cf. R. J. Starr, « Cross-references in Roman Prose », *AJP* 102, 1981, p. 433.
[55] Cf. *infra*, Première partie, p. 151 sqq.

distingué trois types de renvois[56], les premiers étant obligatoires, les deux autres facultatifs :
- le texte référent ne reprend pas toutes les indications contenues dans le texte référé, et ce dernier se situe loin du référent (i.e. au-delà du même chapitre) : le lecteur est obligé d'y revenir pour comprendre le texte référent = 82 cas[57].
- le texte référent ne reprend pas toutes les indications nécessaires contenues dans le texte référé, mais ce dernier est suffisamment proche (i.e. approximativement à un chapitre d'écart) pour que l'on puisse envisager que le lecteur s'en souvienne = 73 cas[58].
- le texte référent reprend toutes les indications nécessaires contenues dans le texte référé, et le lecteur n'a pas besoin de revenir à ce dernier = 33 cas[59].

Même s'ils ne représentent qu'environ 44 % des cas, les renvois obligatoires sont particulièrement intéressants ; parmi eux, seuls 6 cas en effet ont recours au vocabulaire du livre et permettent ainsi de se situer facilement dans le *De medicina*[60]. C'est une situation que présente le cas #96 :

---

[56] Pour les deux premiers types de renvois, nous avons choisi comme valeur, pour la distance séparant textes référent et référé, celle du chapitre. Certes, un lecteur pourrait fort bien se souvenir d'un passage plus lointain. Mais une telle hypothèse ne prend en compte qu'une lecture cursive du *De medicina*. Or il est tout à fait possible d'envisager une lecture consultative de l'œuvre. Dans ce cas, l'unité de sens minimale en laquelle le texte peut être découpé est le chapitre. On notera d'ailleurs, dans le cas de la lecture d'un chapitre à titre consultatif, que si ce dernier contient un renvoi, le flottement constaté plus haut sur la distance séparant textes référent et référé pour un même adverbe (cf. *supra*, p. 100-101) ne permet pas au lecteur de savoir de façon certaine s'il doit se reporter au chapitre qui précède immédiatement ou bien à un autre plus éloigné. Peut-être une raison supplémentaire d'envisager l'existence d'une table des matières.

[57] Ce sont les cas #15, 17, 18, 20, 21, 25, 26, 27, 30, 31, 38, 41, 42, 48, 49, 51, 52, 53, 54, 55, 56, 57, 58, 58, 59, 60, 61, 63, 64, 66, 67, 69, 70, 71, 72, 74, 75, 76, 77, 78, 89, 96, 100, 101, 102, 103, 112, 114, 115, 117, 118, 119, 122, 126, 128, 129, 130, 131, 135, 138, 139, 140, 141, 144, 145, 146, 147, 148, 149, 155, 156, 160, 165, 169, 171, 173, 181, 182, 183, 184, 186, 187.

[58] Ce sont les cas #1, 2 , 3, 4, 5, 12, 13, 19, 28, 29, 32, 34, 35, 36, 40, 45, 50, 62, 65, 68, 73, 79, 81, 82, 83, 84, 85, 86, 87, 88, 90, 91, 92, 93, 94, 95, 97, 98, 99, 104, 105, 106, 107, 108, 109, 110, 123, 125, 127, 132, 136, 137, 143, 150, 152, 153, 154, 157, 158, 159, 161, 162, 163, 166, 168, 172, 175, 176, 177, 178, 179, 180, 185.

[59] Ce sont les cas #6, 8, 9, 10, 11, 14, 15, 16, 22, 23, 24, 33, 37, 39, 43, 44, 46, 47, 80, 111, 113, 116, 120, 121, 124, 133, 134, 142, 151, 164, 167, 170, 174.

[60] Outre le cas #96 présenté ci-dessous, il s'agit des cas #20, 59, 101, 182 et 183.

Eodem modo commune auxilium auribus laborantibus est Polyidi sphragis ex dulci uino liquata, quae compositio priori libro continetur. (6.7.3B)

« De la même manière, un remède commun pour les oreilles en souffrance est le cachet de Polyidus, dissoute dans du vin doux, et dont la composition est contenue dans le livre précédent. »

Les composants du remède dont parle Celse sont détaillés au paragraphe 5.20.2 : *Sed longe Polyidi celeberrimus est, sphragis autem nominatur ; qui habet...*[61] Il est indispensable de se reporter à ce passage, qu'on lise le *De medicina* par simple curiosité intellectuelle ou, surtout, qu'on souhaite mettre en pratique les propos de l'auteur.

Quelques autres renvois obligatoires semblent orienter plus largement le lecteur vers une partie de l'œuvre, cette fois par le biais d'un thème de la thérapeutique. Ainsi, par exemple, les cas #38 (*quae uero auxilia sint... eo loco explicitum est, quo febrium curatio exposita est*) ou #76 (*cetera... in uulneribus exposita sunt*) : l'exposé de la *febrium curatio* a été fait aux chapitres 3.3-17, et les blessures sont quant à elles traitées en 5.26-27. On notera tout de même ici un certain flou dans la localisation du référé, notamment dans le cas des fièvres, où le lecteur doit rechercher les soins évoqués au sein d'un total de 15 chapitres. Par ailleurs, l'utilisation de telles catégories thématiques fournit sans doute des indications à la fois sur l'écriture du *De medicina* (rédaction de fiches préparatoires par l'auteur ?) et peut-être aussi sur sa lecture, telle que pouvait l'envisager Celse (découpage de l'œuvre, par la volonté de l'auteur, en unités thématiques, permettant au lecteur de mieux s'y déplacer).

La majorité enfin des renvois obligatoires ne comporte aucune indication permettant de retourner au texte référé de façon précise. Observons à titre d'exemple le cas #17 :

In quibus adfectibus ea quoque genera exercitationum necessaria sunt, quae conprehendimus eo loco, quo, quemadmodum sani neque firmi homines se gererent, praecepimus. (2.15.5)

---

[61] « Mais le remède de Polyidus est de loin le plus célèbre, qu'on appelle "cachet" ; ce dernier contient... »

« Dans ce genre d'affections est aussi nécessaire cette catégorie d'exercices, dont je m'étais saisi dans le passage où nous avions prescrit comment doivent se conduire les hommes sains mais non résistants. »

Commode uero exercent clara lectio, arma, pila, cursus, ambulatio... (1.2.6)

« Et des exercices utiles sont : lire à haute voix, se battre, jouer à la balle, courir, se promener... »

Si la tournure *sani neque firmi homines* renvoie clairement aux *imbecilles* dont il est question au chapitre 2 du premier livre, il nous paraît délicat que le lecteur se souvienne parfaitement des exercices concernés, surtout au sein de livres de diététique où se succèdent sans discontinuer toutes sortes de remèdes ciblés sur telle ou telle pathologie. En cas de lecture cursive comme de lecture consultative du *De medicina*, il nous semble donc que seule une table des matières permet au lecteur de se reporter efficacement au chapitre référé.

La grande permanence du vocabulaire observée plus haut justifie en partie le caractère facultatif de la majorité des renvois (env. 60 %). En général, la reprise lexicale, suffisante à donner un sens plein au texte référent, ne nécessite pas en effet de la part du lecteur la consultation du passage référé. Observons à titre d'exemple le cas #44 :

At si ulcera stomachum infestant, eadem fere facienda sunt, quae in faucibus exulceratis praecepta sunt. Exercitatio, frictio inferiorum partium adhibenda ; adhibendi lenes et glutinosi cibi, sed citra satietatem ; omnia acra atque acida remouenda... (4.12.5)

« Mais si les ulcères attaquent l'estomac, il faut faire à peu près ce qui a été prescrit dans le cas d'une gorge ulcérée. Il faut faire de l'exercice, frictionner les membres inférieurs ; il faut manger des nourritures douces et visqueuses, mais sans aller jusqu'à être rassasié ; supprimer toutes les choses âcres et acides... »

Ce passage renvoie le lecteur au chapitre 4.9 (*eadem... quae... praecepta sunt*), qui traite des ulcères de la gorge :

In interiore uero faucium parte interdum exulceratio esse consueuit. [...] Exercitatio quoque ambulandi currendique necessaria est, frictio a pectore uehemens toti inferiori parti adhibenda. Cibi uero esse debent neque nimium acres neque asperi... (4.9.1-3)

« Or dans la partie intérieure de la gorge, il arrive parfois que survienne une ulcération. [...] L'exercice aussi est nécessaire, par la marche et la course, il faut frictionner de façon véhémente, depuis la poitrine, toute la partie inférieure du corps. Quant aux nourritures, elles ne doivent être ni trop âcres ni trop âpres. »

On observe entre les deux passages une reprise lexicale très importante : *in faucibus exulceratis* = *faucium exulceratio* ; *Exercitatio, frictio inferiorum partium adhibenda* = *Exercitatio... frictio [...] toti inferiori parti adhibenda* ; *cibi [...] omnia acra atque acida remouenda...* = *Cibi uero esse debent neque nimium acres neque asperi*. Le retour à 4.9 n'est cependant en rien nécessaire pour saisir le sens de 4.12.

Mais si la manipulation de l'ouvrage n'est pas nécessaire ni à la bonne intelligence du texte, ni à la mise en pratique de la médecine décrite par Celse, on est en droit de s'interroger sur la légitimité et la fonction de tels renvois au sein du *De medicina*. Une telle question touche directement à la manière de lire l'œuvre celsienne. Les renvois facultatifs ne permettent pas seulement de tisser peu à peu l'image de Celse comme architecte de son œuvre[62]. Au-delà, ils proposent au lecteur des déplacements à l'intérieur de l'œuvre. Déplacements *a priori* inutiles sauf, peut-être, pour un lecteur qui souhaiterait avoir sur certains sujets une vision synthétique. Et en effet, d'un point de vue thérapeutique, ce renvoi facultatif offre la possibilité d'une association entre les ulcères à l'estomac (4.12) et ceux de la gorge (4.9). Là encore, dans le cas d'une lecture à titre consultatif, une table des matières facilite grandement la tâche du lecteur pour retrouver le thème référé, même s'il est simplement situé trois chapitres en amont. Quoi qu'il en soit, il ne nous paraît pas excessif de dire que les renvois facultatifs participent de façon non négligeable de l'aspect didactique du *De medicina*, en ce qu'ils offrent la possibilité d'une lecture véritablement *active* de l'ouvrage.

Le *De medicina* de Celse est donc une œuvre très structurée. Néanmoins, il nous paraît difficile d'en saisir l'architecture et d'en

---

[62] Cf. H. von Staden, « Author and Authority. Celsus and the Construction of a Scientific Self », in M. E. Vazquez Bujan (éd.), *Tradicion e innovacion de la medicina latina de la antigüedad y de la alta edad media*, Actas del IV Coloquio Internacional sobre los *"textos médicos latinos antiguos"*, Santiago de Compostela, 1994a, p. 111.

dégager tout le fonctionnement simplement par sa lecture, sans posséder sous les yeux une table des matières efficace.

Projet d'établissement d'une table des matières du *De medicina*

La nécessité d'une nouvelle table des matières du *De medicina* en langue française

Comme nous venons de le voir, le *De medicina* de Celse n'est assurément pas une œuvre d'une lecture facile[63]. La matière de cette partie des *Artes* n'est pas des plus simples, et sa bonne intelligence nécessite peut-être même des connaissances préalables. C'est sans doute l'une des raisons qui explique, selon Chaales Des Étangs, « l'incurie[64] » des copistes à l'égard des manuscrits celsiens : faute de maîtriser le savoir qu'ils recopiaient, les *scriptores* auraient accompli leur tâche d'un œil et d'une main moins attentifs. Pour un lecteur moderne, les mêmes difficultés demeurent : la multiplication des divisions et subdivisions du texte, la composition même de l'ouvrage qui, par ses reprises de la structure traditionnelle *a capite ad calcem*, traite d'un même organe en différents chapitres, etc., sont autant d'obstacles qui nécessitent un certain esprit de synthèse pour saisir à plein la substance même du texte celsien.

Pour remédier à cela, la solution parfois adoptée fut celle d'une table des matières, permettant au lecteur soit de se diriger directement vers l'un ou l'autre chapitre de l'œuvre, soit de se repérer plus facilement au fil de sa lecture.

Dans leurs éditions, Marx comme Spencer ont choisi de reproduire les tables du manuscrit *J*, Marx en tête de chaque livre, Spencer en Appendice. Ce dernier a sans doute voulu offrir une vision globale de la table des matières, et son choix aurait trouvé quelque légitimité si cette table n'était scindée en plusieurs parties (livres 1-4 p. 466-481 dans le vol. 1 ; livres 5-8 p. 603-623 dans le vol. 3). La solution

---

[63] On s'étonne d'ailleurs de la remarque de A. Védrènes, *Traité de médecine de A.C. Celse*, Paris, 1876, qui définit le *De medicina* comme un « manuel […] où tout est disposé avec ordre et méthode, exposé avec élégance et précision. » (p. 1), mais juge pourtant utile de conserver la table des matières de ses prédécesseurs, estimant plus loin qu'elle permet de « faciliter les recherches du lecteur », (p. 40).
[64] A. Chaales des Étangs, *Celse. Traité de la médecine en huit livres. Traduction nouvelle par M. Chaales des Étangs*, Paris, 1846, p. VI.

choisie par Marx nous paraît ainsi plus pertinente, qui reprend l'emplacement qu'occupaient ces tables dans le manuscrit *J*, et respecte ainsi leur objectif premier, à savoir faciliter la lecture de l'ouvrage[65].

Les dernières traductions complètes du *De medicina* en langue française, de Des Étangs (1846) et Védrènes (1876), sont toutes deux agrémentées d'une table des matières[66] (particulièrement détaillée chez le second). Malheureusement, celles-ci reposent sur la double édition de Targa (1769 et 1810), antérieure à celle de Marx (1915) ; c'est le cas notamment pour le livre 4. Surtout, un certain nombre des termes employés sont datés ou font preuve d'une certaine imprécision.

Il nous semble donc non seulement utile mais nécessaire de proposer ici une table des matières du *De medicina* en langue française, suivant le texte de Marx dans l'édition de Spencer[67], afin non seulement de combler une lacune, mais aussi de faciliter la lecture tant de l'œuvre celsienne que du présent ouvrage.

Pour réaliser notre table des matières, nous avons eu recours, outre le texte du *De medicina*, à diverses tables existantes, même si certains termes médicaux ont dû être modernisés. D'une façon générale, nous avons avant tout tenté de suivre au plus près les indications concernant le plan de l'œuvre fournies par Celse lui-même. Les termes latins dépourvus de traduction française, ou qui recouvrent une autre réalité que le mot français équivalent, ont été conservés en latin en italique. Les termes latins ayant traversé l'épreuve du temps et qui se sont maintenus tels quels en français sont en caractères droits.

---

[65] F. Marx, *A. Cornelii Celsi quae supersunt, Corpus Medicorum Latinorum I*, Teubner, Leipzig-Berlin, 1915, p. 16, 43-44, 99-100, 145-146, 186-189, 254-255, 299-300, 362.

[66] En fin de volume chez A. Chaales des Étangs, *Celse. Traité...* (p. 305-308) comme chez A. Védrènes, *Traité...*, p. 782-792.

[67] Cette table des matières suit les numéros de livre, chapitre et paragraphe ainsi que la lettre de sous-paragraphe tels qu'ils apparaissent dans l'édition de Spencer. À ce sujet, voir W. G. Spencer, *Celsus. On Medicine. Edition by J. Henderson (vol. 1 et 3), by G. P. Goold (vol. 2), Translation by William G. Spencer* (Loeb Classical Library), 3 vol., Cambridge, Mass.-Londres, 1935-1938 (5e éd. du vol. 2, 1989 ; 6e éd. du vol. 3, 2002), vol. 1, p. XIV.

Table des matières du *De medicina* en langue française

Préface[68]

Pr. 1-11. Historique de la médecine depuis ses origines jusqu'à l'époque de Celse

Pr. 12-75. Préface de la diététique
    Pr. 12. Introduction
    Pr. 13-26. Le dogmatisme
        Pr. 13. Introduction
        Pr. 14-17. Causes obscures
        Pr. 18. Causes évidentes
        Pr. 19-22. Fonctions physiologiques
        Pr. 23-26. L'anatomie
    Pr. 27-44. L'empirisme
        Pr. 27-31[69]. Arguments antidogmatiques
        Pr. 31-39. La doctrine empirique
        Pr. 40-44. Réfutation de l'anatomie
    Pr. 45-75. L'opinion de Celse
        Pr. 45. Introduction méthodologique
        Pr. 46-48. Conception générale de la médecine
        Pr. 49-53. Le cas des maladies nouvelles
        Pr. 54[70]. Doctrine d'Érasistrate
        Pr. 54-57. Doctrine des méthodiques
        Pr. 58-61. Réfutation de la doctrine d'Érasistrate
        Pr. 62-73. Réfutation de la doctrine des méthodiques
        Pr. 74-75. Jugement de Celse sur le dogmatisme et l'empirique ; annonce du plan des livres 1-2

Livre 1
    1.1. Considérations générales sur l'homme sain
    1.2. Considérations générales sur l'homme faible
    1.3. Situations particulières à prendre en compte
        1.3.1-12 Changements divers
        1.3.13-31 La nature du corps de chacun
        1.3.14 Annonce du plan de 1.3.15-31
        1.3.15 Manières de prendre du poids
        1.3.16-26 Manières de perdre du poids

---

[68] Nous reprenons ici les grandes lignes du découpage de la Préface telle qu'on la retrouve dans P. Mudry, *La Préface du De medicina de Celse. Texte, traduction et commentaire*, Bibliotheca Helvetica Romana (XIX), Lausanne, 1981. On se reportera à l'ouvrage concerné pour plus de détails, notamment aux p. 139, 155, 167, 174.
[69] Jusqu'à *quae in dubio est*.
[70] Jusqu'à *non febricitarent*.

        1.3.17-24 Le vomissement
        1.3.25-26 La défécation
   1.3.27   Manières de réchauffer le corps
   1.3.28   Manières d'humidifier le corps
   1.3.29   Manières d'assécher le corps
   1.3.30   Procédés astringents
   1.3.31   Procédés dilatants
   1.3.32-33 Les âges de la vie
   1.3.34-39 Les saisons
1.4. Remèdes à la faiblesse de la tête
1.5. Remèdes des faiblesses des yeux, du nez et des amygdales
1.6. Remèdes contre des troubles au niveau du ventre
1.7. Remèdes contre les douleurs du colon
1.8. Remèdes contre les maux d'estomac
1.9. Remèdes contre les douleurs des nerui du pied et de la main
1.10. Précautions en cas d'épidémie

Livre 2 : Traitement des maladies en général
Annonce du plan du livre 2
   2.1.   Considérations mêlées sur les saisons, le climat, les périodes de la vie
   2.2-9. Signes concernant toutes les maladies
        2.2.   Signes précurseurs de l'état morbide
        2.3.   Signes rassurants.
        2.4.   Signes d'une maladie grave
        2.5.   Signes d'une maladie chronique
        2.6.   Signes d'une mort imminente
        2.7-8. Signes concernant des maladies particulières
        2.9.   Annonce du plan de la fin du livre 2
   2.10.-17. Moyens d'ôter de la substance au corps
        2.10.   La saignée
        2.11.   Les ventouses
        2.12.   La défécation
        2.13.   Le vomissement
        2.14.   La friction
        2.15.   La gestatio
        2.16.   Les diètes
        2.17.   La transpiration
   2.18.-33. Moyens d'ajouter de la substance au corps
        2.18.   Les trois classes de nourriture (forte, moyenne, faible)
        2.19.   Qualités des nourritures
        2.20-21. Bons et mauvais sucs

2.22. Aliments doux / âcres
2.23. Aliments épaississant la pituite
2.24-25. Aliments convenables et nuisibles à l'estomac
2.26. Aliments produisant des ballonnements
2.27. Aliments qui réchauffent / rafraîchissent
2.28. Aliments se corrompant facilement
2.29-30. Aliments qui relâchent / resserrent le ventre
2.31. Aliments diurétiques
2.32. Aliments somnifères
2.33. Médicaments d'usage courant permettant d'évacuer la maladie

Livre 3 : Traitement de maladies particulières qui touchent l'ensemble du corps
3.1-2. Classement des maladies selon leur temporalité
3.3-17 Les fièvres
    3.3. Les différents types de fièvres
    3.4. Traitement général des fièvres
    3.5. Traitement de chaque type de fièvre
    3.5-6. Considérations sur la temporalité et la diététique des fièvres
    3.7. Traitement des fièvres pestilentielles
    3.8. Traitement de la fièvre hémitritée
    3.9. Traitement des fièvres lentes
    3.10. Traitement des symptômes pouvant accompagner la fièvre
    3.11. Traitement contre le frisson qui précède la fièvre
    3.12. Traitement contre le tremblement qui précède la fièvre
    3.13. Traitement contre la fièvre quotidienne
    3.14. Traitement contre la fièvre tierce
    3.15. Traitement contre la fièvre quarte
    3.16. Traitement contre la fièvre double-quarte
    3.17. Traitement de la fièvre quarte devenue quotidienne
3.18. De la phrénésie
3.19. Du morbum cardiacum
3.20. De la léthargie
3.21. Des hydropisies (tympanite, leucophlegmasie/hyposarque, ascite)
3.22. Des affaiblissements (atrophie, cachexie, phtisie)
3.23. De l'épilepsie
3.24. De la jaunisse
3.25. De l'elephantiasis
3.26. De l'apoplexie
3.27. De la paralysie

Livre 4 : Traitement de maladies particulières qui touchent une partie du corps
    4.1.   Anatomie des parties internes du corps
    4.2-5   Maladies de la tête
           4.2.   Les céphalées
           4.3.   Le kunikos spasmos
           4.4.   La paralysie de la langue
           4.5.   Affections du nez
    4.6.   Maladies du cou (opisthotonos, emprosthotonos, tétanos)
    4.7-11. Maladies de la gorge
           4.7.   L'angine
           4.8.   Les difficultés respiratoires (dyspnée, asthme, orthopnée)
           4.9.   L'ulcère de la gorge
           4.10.   La toux consécutive à l'ulcère de la gorge
           4.11.   Crachat de sang
    4.12.   Maladies de l'estomac
    4.13.   Maladies des flancs
    4.14-17. Maladies des viscères
           4.14.   Maladies des poumons (pneumonie)
           4.15.   Maladies du foie
           4.16.   Maladies de la rate
           4.17.   Maladies des reins
    4.18-21. Maladies des intestins
           4.18.   Le cholera
           4.19.   Le coeliacus
           4.20.   Maladies de l'intestin grêle
           4.21.   Maladies du gros intestin
    4.22.   De la dysenterie
    4.23.   De la lienterie consécutive à la lienterie
    4.24.   Des vers intestinaux
    4.25.   Du tenesmos
    4.26.   De la diarrhée
    4.27.   De l'hystérie
    4.28.   Des pertes séminales
    4.29-31. Des maladies des extrémités du corps
           4.29.   Des douleurs aux hanches
           4.30.   Des douleurs aux genoux
           4.31.   Des maladies des articulations des mains et des pieds
    4.32.   De la convalescence et de son régime

Livre 5
   Pr.5. Préface aux livres de pharmacologie
   5.1-16. Propriétés des médicaments à l'état simple
       5.1. Médicaments qui stoppent les hémorragies
       5.2. Médicaments cicatrisants
       5.3. Médicaments maturatifs
       5.4. Médicaments apéritifs
       5.5. Médicaments détersifs
       5.6. Médicaments corrosifs
       5.7. Médicaments consomptifs
       5.8. Médicaments caustiques
       5.9. Médicaments escarotiques
       5.10. Médicaments aptes à la décrustation
       5.11. Médicaments résolutifs
       5.12. Médicaments attractifs et digestifs
       5.13. Médicaments qui enlèvent les chairs irritées
       5.14. Médicaments qui favorisent le renouvellement des chairs
       5.15. Médicaments émollients
       5.16. Médicaments mondifiants
    5.17. Considérations sur les types de mélanges et sur les unités de mesure
    5.18-25. Propriétés des médicaments composés
       5.18. Des onguents
       5.19. Des emplâtres
       5.20. Des pastilles
       5.21. Des pessaires
       5.22. Des médicaments utilisés soit secs soit humides
       5.23. De l'utilisation des antidotes
       5.24. Des acopes
       5.25. Des pilules
    5.26-28. Les différents types de lésions qui touchent l'ensemble du corps
       5.26-27. Lésions corporelles d'origine externe
           5.26. Lésions causées par des traits
               5.26.1A-B. Introduction
               5.26.1C-6. Éléments pour l'évaluation de la lésion
               5.26.7-19. Symptômes des lésions en fonction de leur siège
               5.26.20. Considérations générales sur les lésions
               5.26.21-34. Traitement des lésions graves
                   5.26.21-30. Traitement des lésions sans complication
                   5.26.31. Traitement des lésions avec complication
                   5.26.32. Traitement d'une ancienne blessure

5.26.33-34. Traitement de l'érysipèle et de la gangrène
5.26.35-36. Traitement des lésions de moindre gravité
5.27. Les morsures
    5.27.1-3. Traitements pour tout type de morsure
    5.27.4-9. Traitement des morsures d'animaux étrangers
        5.27.4. Traitement d'une morsure d'aspic
        5.27.5-6. Sur le scorpion
        5.27.7. Traitement d'une morsure de céraste, de dipsa, d'hémorrhée
        5.27.8. Traitement d'une morsure de chelydrus
        5.27.9. Traitement d'une morsure de tarentule
    5.27.10. Traitement des morsures d'animaux d'Italie
    5.27.11-12. Traitement d'empoisonnements par ingestion
    5.27.13. Traitement des brûlures
5.28. Lésions corporelles d'origine interne[71]
    5.28.1-6. Carbunculus et « lésions ulcéreuses »
    5.28.7-12. « Formations suppurantes »
    5.28.13-19. Affections cutanées

Livre 6 : Les différents types de lésions qui touchent une partie du corps
6.1-5. Maladies de la tête
    6.1. Chute de cheveux
    6.2. Porrigo
    6.3. Sycosis
    6.4. Aréa
    6.5. Boutons et taches de rousseur
    6.6. Maladies oculaires
        6.6.1-38. Maladies d'origine interne
        6.6.39. Maladies d'origine externe
    6.7. Maladies otiques
    6.8. Maladies nasales
    6.9. Maladies dentaires
    6.10. Maladies des amygdales
    6.11. Maladies buccales

---

[71] Sur ce chapitre, voir Bertier (1991), p. 99. On fera toutefois remarquer que sa divison de 5.28, que nous reprenons, en trois parties (1-6, 7-12, 13-19) renvoie non pas à des « chapitres » (ibid.) mais à des paragraphes.

6.12. Ulcères de la langue
6.13. Parulies et ulcères des gencives
6.14. Inflammation de la luette
6.15. Ulcères buccaux gangréneux
6.16. Parotidite
6.17. Hernies ombilicales
6.18. Maladies génitales et anales
6.19. Ulcères digitaux

Livre 7
Pr.7. Préface aux livres de chirurgie
7.1-5. Chirurgie qui touche l'ensemble du corps
    7.1. De l'entorse
    7.2. Des lésions internes spontanées
    7.3. Signes aidant au pronostic
    7.4. Des fistules
    7.5. L'extraction des traits
7.6-33. Chirurgie qui touche une partie du corps
    7.6. Tumeurs de la tête
    7.7. Maladies oculaires
    7.8. Maladies otiques
    7.9. Remèdes aux mutilations otiques, nasales et labiales
    7.10-11. Maladies nasales (polype, ozène)
    7.12. Maladies buccales
    7.13. Maladies du cou
    7.14. Maladies ombilicales
    7.15. L'évacuation de l'eau en cas d'hydropisie
    7.16. Blessures abdominales
    7.17. Rupture du péritoine
    7.18. Description des testicules et maladies testiculaires
    7.19. Traitement général des maladies testiculaires
   7.20-21A. Traitements de maladies ventrales particulières : les hernies
   7.21B-30. Traitements de maladies génitales particulières
    7.21B. Hydrocèle
    7.22. Circocèle
    7.23. Sarcocèle
    7.24. Dilatation des veines inguinales
    7.25. Le pénis
    7.26. Rétention d'urine et calculs vésicaux
    7.27. Gangrène post-opératoire
    7.28. Remède à la coalescence labiale des femmes

7.29. Extraction du fœtus mort in utero
7.30. Maladies anales
7.31. Varices
7.32. Adhérence des doigts/Redressement de doigts courbes
7.33. De la gangrène

Livre 8 : Les os
8.1. Description des os
8.2. Divers types de blessures osseuses
8.3. Excisions osseuses
8.4-10. Traitements généraux des fractures
    8.4. Fractures du crâne
    8.5. Fractures du nez
    8.6. Fractures du cartilage de l'oreille
    8.7. Généralités sur les fractures des os
    8.8. Fractures de la clavicule
    8.9. Fractures des côtes
    8.10. Fractures des os des membres inférieurs et supérieurs
8.11-25. Traitements généraux des luxations
    8.11. Considérations sur les luxations
    8.12. Luxations de la mâchoire
    8.13. Luxations de la tête
    8.14. Luxations des vertèbres
    8.15. Luxations du bras
    8.16. Luxations du cubitus
    8.17. Luxations du poignet
    8.18. Luxations des os de la paume
    8.19. Luxations des doigts
    8.20. Luxations du fémur
    8.21. Luxations du genou
    8.22. Luxations du cou-de-pied
    8.23. Luxations de la plante du pied
    8.24. Luxations des orteils
    8.25. Luxations assorties de blessures

Remarques sur la table des matières du *De medicina*

Cette table des matières séparée du texte latin implique, nous en avons conscience, un va-et-vient avec les volumes anglais de Spencer. Il ne reste qu'à souhaiter qu'une nouvelle édition complète en français du

De medicina voie rapidement le jour[72]. En attendant, certaines remarques s'imposent :

• La table des matières du *De medicina* permet de distinguer visuellement des groupements de chapitres ayant une unité thématique. Nous citerons trois exemples. Au livre 2, se font écho les chapitres 2.10-17 et 2.18-33, qui traitent respectivement des moyens d'ôter ou d'ajouter de la substance au corps. Au livre 3, les chapitres 3.3-17 offrent un aperçu global concernant les fièvres. Enfin dans le livre 5, les chapitres 5.26-27 s'opposent au chapitre 5.28, les deux premiers prenant pour objet les lésions d'origine externe, le dernier les lésions d'origine interne.

• Les groupements de chapitres distingués ci-dessus sont pour la majeure partie d'entre eux signalés par Celse dans le corps du texte[73]. On peut ainsi observer un grand nombre d'annonces de plan, comme par exemple en 2.9.2 :

> *Demitur materia sanguinis detractione, cucurbitula, deiectione, uomitu, frictione, gestatione omnique exercitatione corporis, abstinentia, sudore ; de quibus protinus dicam.* (2.9.2)

> « On ôte de la substance par la saignée, la ventouse, la défécation, le vomissement, la friction, la gestation et tout type d'exercice du corps, l'abstinence, la sudation ; sujets dont je vais parler immédiatement. »

Ce passage est particulièrement édifiant, puisque Celse reprendra en tête de chacun des chapitres concernés les termes utilisés ici pour leur annonce[74]. On retrouve ce même procédé en divers lieux du *De medicina*[75].

---

[72] B. Maire poursuit actuellement ce projet pour compléter avec les livres 3-8 le travail déjà réalisé par G. Serbat sur les livres 1-2.
[73] Pour le détail de ces interventions celsiennes, voir l'Annexe. Cf. aussi H. von Staden, « Author and Authority. Celsus and the Construction of a Scientific Self », in M. E. Vazquez Bujan (éd.), *Tradicion e innovacion de la medicina latina de la antigüedad y de la alta edad media, Actas del IV Coloquio Internacional sobre los "textos médicos latinos antiguos"*, Santiago de Compostela, 1994a, p. 103-117.
[74] *Sanguinem incisa uena mitti...* (2.10.1) ; *Cucurbitularum duo uero genera sunt...* (2.11.1) ; *Deiectionem autem...* (2.12.1) ; *At uomitus...* (2.13.1) ; *De frictione uero...* (2.14.1) ; *Gestatio quoque [...] ea quoque genera exercitationum...* (2.15.1) ; *Abstinentiae uero duo genera sunt...* (2.16.1) ; *Sudor etiam duobus modis elicitur...* (2.17.1). On notera une unique variation, sur le chapitre 2.10, où *sanguinis detractione* (2.9.2) est remplacé par *sanguinem incisa uena mitti*.
[75] Cf. par ex. 1.3.14, 3.5.2.

Ailleurs, les interventions de Celse prennent la forme de passages de transition, dont la fréquence est extrêmement élevée en tête de livre, de chapitre ou de paragraphe[76]. Dans ce cadre, Celse ne nomme parfois qu'*a posteriori* les thèmes dont il vient de traiter, nécessitant de la part du lecteur un regard rétrospectif, sinon en manipulant l'ouvrage, du moins mentalement, sur le texte qu'il vient de lire.

• Il existe cinq moments du *De medicina* où Celse suit un plan *a capite ad calcem* : remèdes généraux (1.4-9) ; traitement diététique de maladies touchant une partie du corps (4.2-32) ; exposé des lésions touchant une partie du corps (6.1-19) ; exposé des actes chirurgicaux touchant une partie du corps (7.6-33) ; traitement généraux des luxations (8.12-24). À titre d'exemple, qui souhaiterait avoir une vision d'ensemble des remèdes concernant la tête devra parcourir les chapitres 1.4, 4.2-5, 6.1-5, 7.6 et 8.12-13.

• On observe des écarts entre les plans annoncés par Celse et le contenu réel des parties de son œuvre. Si la plupart d'entre eux sont minimes, on signalera tout de même le chapitre 5.27. D'une part Celse ne respecte pas ce qu'il annonce, puisque ledit chapitre ne contient aucun développement sur les morsures de l'homme ou du singe. D'autre part, il faut noter que ce n'est pas la première fois dans son ouvrage que Celse traite des morsures : il en était en effet déjà question dans le chapitre 5.23 consacré aux antidotes. Enfin, les paragraphes 5.27.11-12 et 5.27.13, consacrés respectivement aux empoisonnements par ingestion et aux brûlures, n'entrent pas dans la thématique d'ensemble du chapitre, consacré aux morsures, et semblent davantage avoir trouvé leur place par rapprochement d'idées.

• Tous les passages du *De medicina* n'ont pas la même fonction dans l'économie de l'œuvre. On distingue ainsi ce que l'on pourrait nommer des passages référentiels, auquel le lecteur semble invité à revenir au fil de sa lecture. Nous nous limiterons pour le moment à citer les passages concernés (2.19-33, 5.1-25, et 8.1) et y consacrerons plus loin un développement spécifique.

---

[76] Par ex. en 1.3.1, 2.18.1, 3.1.1, 4.18.1, 5.Pr.1, 6.6.16A. Cf. Annexe.

Conclusions sur la question de la table des matières

D'une manière générale, il apparaît extrêmement utile, pour ne pas dire indispensable, de pouvoir retrouver facilement et rapidement, au fil de la lecture, dans quel chapitre Celse présente tel ou tel point de l'art médical. Une première façon de faciliter les recherches au sein de l'œuvre pourrait être l'existence d'une table des matières.

Le *De medicina* est constellé de références internes, dont la multiplicité fait naître des contraintes de lecture pour qui voudrait comprendre et saisir tous les méandres de l'œuvre. Nous espérons avoir montré par l'analyse de certaines de ces références, renvois et annonces, qu'il ne faut sans doute pas négliger l'hypothèse de l'existence d'une table des matières au *De medicina* dès l'époque de Celse. Les parallèles avec Pline ou Scribonius Largus renforcent encore la plausibilité de nos propos. Védrènes se trompe peut-être quand il écrit que « les titres des chapitres et des paragraphes ne sont pas de Celse : c'est à Haller qu'on les doit, et chaque éditeur les a un peu modifiés[77] ». Lui-même, ainsi que la majorité des éditeurs modernes du *De medicina*, ont jugé une table des matières indispensable pour améliorer la lecture de cet ouvrage, sous la forme de livres / *codices*. Il est facile de s'imaginer à quel point la manipulation du *De medicina* sous la forme de *uolumina* devait être plus contraignante encore, et donc combien l'existence d'une table des matières au Ier siècle ap. J.-C. devait être également essentielle.

On pourrait certes nous opposer d'abord le fait que Celse ne fait jamais état d'une telle table des matières, contrairement à Pline dans la Préface de son *Histoire naturelle*. En l'absence de preuve irréfutable niant l'existence d'une table celsienne, et compte tenu des arguments fournis par le texte du *De medicina*, rien n'empêche d'en émettre au moins l'hypothèse.

On pourrait aussi mentionner l'aspect concret des *uolumina*, qui permettaient d'avoir une vision plus large du texte, au sens propre, que ce que permet un *codex* ; c'est ce qu'on a appelé l'« aspect panoramique de la lecture[78] ». De là, on pourrait conclure que le

---

[77] A. Védrènes, *Traité de médecine de A.C. Celse*, Paris, 1876, p. 40. Il fait référence ici à l'édition lausannoise d'Albrecht von Haller, *Artis medicae principes, Hippocrates, Aretaeus, Alexander, Aurelianus, Celsus*, Rhasis, Lausanne, 1769-1774.
[78] Cf. G. Cavallo – R. Chartier (dir.), *Histoire de la lecture dans le monde occidental*, Paris, 2001 (1re éd. Rome-Bari, 1999), p. 113.

lecteur était donc fort bien capable d'avoir en même temps sous les yeux textes référent et référé, quand ils ne sont pas trop éloignés l'un de l'autre. Mais nous n'avons aucune preuve formelle de l'agencement des chapitres, sous la forme de rouleaux, à l'époque de Celse. Et le flottement des marqueurs d'intratextualité constaté plus haut, qui empêche de savoir de façon certaine l'emplacement du texte référé, ne permet pas de faire de cet aspect pratique un argument définitif.

On pourrait enfin rappeler la grande mémoire des lecteurs anciens, entraînée bien davantage que la nôtre par les exercices scolaires[79]. Il ne faudrait toutefois pas surestimer les capacités de ces lecteurs, ni le fait que, de ce point de vue, l'ampleur non seulement du *De medicina* mais aussi des *Artes* (dans le cas d'une table des matières portant sur le contenu global de l'encyclopédie) invite à la plus grande prudence.

Nous conservons nous-mêmes une telle prudence concernant notre hypothèse. Attirons simplement l'attention sur le fait qu'elle possède quelques arguments en sa faveur, et qu'elle a le mérite de soulever, sur la lecture des œuvres antiques, des questions de premier ordre pourtant trop peu abordées.

Le besoin d'*indices* pour une lecture détaillée du *De medicina*

Malgré tout l'intérêt que revêt pour la lecture du *De medicina* l'existence d'une table des matières (qu'elle soit l'œuvre de Celse ou d'éditeurs postérieurs), ce paratexte présente certaines limites, notamment concernant sa précision. Il ne touche en effet qu'à la macrostructure de l'ouvrage, sans prendre en compte les détails de son contenu. Ainsi le cas #38 guide le lecteur vers le groupe de chapitres consacrés aux fièvres (3.3-17), sans toutefois l'orienter précisément vers un chapitre, ni *a fortiori* vers un paragraphe en particulier. Il serait sans doute utile, dans une telle situation, d'associer à la table des matières un index[80] des notions, permettant de se repérer dans l'œuvre à l'échelle des mots.

---

[79] Cf. par ex. L. Pernot, *La Rhétorique dans l'Antiquité*, Paris, 2000, p. 92-94.
[80] Afin d'éviter toute confusion avec l'usage antique du mot index pour désigner nos « tables des matières » modernes, nous tenons à préciser que nous employons le mot

La quasi-totalité des éditeurs modernes ont ainsi proposé un ou plusieurs index au *De medicina*. C'est le cas notamment de Targa[81], qui propose un lexique complet établi d'après l'édition de van der Linden ; de Védrènes, dont le lexique particulièrement riche ne comporte malheureusement pas de renvois au texte celsien[82] ; ou encore de Spencer, dont le travail est utile mais demeure souvent incomplet et inexact[83].

Il n'est pas lieu de proposer ici de nouveaux index au *De medicina*[84] et, contrairement à la table des matières, nous ne suggérerons pas qu'un index pût être l'œuvre de Celse lui-même. Nous aimerions simplement mettre en avant l'absolue nécessité d'un tel paratexte, qui semble d'une certaine manière être réclamé par le texte celsien lui-même.

Deux catégories de mots méritent notamment, par leur fréquence dans le *De medicina*, de faire l'objet d'un index : les noms de pathologies et les noms de médicaments. Sans procéder à un relevé exhaustif, les exemples qui suivent se veulent suffisamment édifiants pour que nos conclusions puissent être étendues aux autres cas relevant de ces catégories.

Les noms de pathologies

Par simple curiosité d'esprit ou par rigueur scientifique, on conçoit aisément qu'un lecteur puisse avoir besoin de repérer la totalité des passages du *De medicina* consacrés à une même pathologie. Il n'existe

---

« index » au sens plus récent de « table alphabétique accompagnée de références » (*Petit Robert*, 2010, *s.u. index*).

[81] A. Targa, *De arte medica libri octo* (éd.), Padoue, 1769, p. 564-585.

[82] A. Védrènes, *Traité de médecine de A.C. Celse*, Paris, 1876, p. 724-725 (« Table alphabétique des noms d'hommes cités dans Celse »), 729-734 (« Table alphabétique des noms grecs mentionnés dans Celse ») et 735-744 (« Table alphabétique des noms d'animaux, de plantes, et de produits des trois règnes, dont il est question dans Celse »).

[83] W. G. Spencer, *Celsus. On Medicine. Edition by J. Henderson (vol. 1 et 3), by G. P. Goold (vol. 2), Translation by William G. Spencer* (Loeb Classical Library), 3 vol., Cambridge, Mass.-Londres, 1935-1938 (5ᵉ éd. du vol. 2, 1989 ; 6ᵉ éd. du vol. 3, 2002), vol. 3, p. 628-632 (« Index of proper names ») et p. 633-649 (« General Index »).

[84] Ce travail, nécessaire, ne pourra être fait qu'une fois achevée une nouvelle édition-traduction du De medicina en langue française.

pourtant aucune référence entre, par exemple, les paragraphes 5.24.4[85] et 5.28.4A-E[86], qui consacrent tous deux des lignes au *sacer ignis*. Supposons par ailleurs un lecteur face au passage suivant :

Iamque alia rectam plagam desiderant : in pano, quia fere uehementer cutem extenuat, tota ea super pus excidenda est. (7.2.5)

« Les autres réclament une incision linéaire : dans le cas du « fuseau », parce qu'en général il amincit fortement la peau, il faut en couper la totalité recouvrant le pus. »

Cet extrait consiste en la justification (*quia... extenuat*) d'une excision totale de la peau (*tota... excidenda*) en cas de *panus*. A priori, ce texte se suffit à lui-même. Demeure cependant le problème de la pathologie concernée par l'acte chirurgical décrit. La définition du *panus* n'est en effet donnée qu'en amont, qui plus est dans une autre partie du *De medicina* :

Phygetron autem [...] Panum a similitudine figurae nostri uocant. (5.28.10)

« Le phygetron pour sa part [...] Les gens de chez nous l'appellent « fuseau » à cause de la ressemblance de sa forme. »

Que faut-il conclure alors de l'utilisation du terme *panus* en 7.2.5, sans aucun renvoi à sa définition en 5.28.10 ? En cas de lecture cursive de l'ouvrage, on devra supposer une très bonne mémoire de la part du lecteur antique, ou envisager que ce dernier demande à l'un de ses esclaves de rechercher pour lui le passage exact dont il n'aurait qu'un vague souvenir. En cas de lecture consultative, Celse considère peut-être que son lecteur connaît ce type de lésion. Cela orienterait vers la possibilité (d'ailleurs non exclusive d'un lectorat amateur) d'une utilisation du *De medicina* comme aide-mémoire par des médecins ou des étudiants en médecine, sachant déjà ce qu'est un *panus* et n'ayant pas besoin de revenir à sa définition. Le débat reste ouvert, mais l'existence d'un *index* ne serait, en tout état de cause, pas superflue.

---

[85] 5.24.4 : *Et ad sacrum ignem...* (« Et pour le sacer ignis... »)
[86] 5.28.4A-E : *Sacer quoque ignis...* (« Le sacer ignis aussi... »)

Les noms de médicaments

Dans les livres de pharmacie et de chirurgie, Celse se contente très fréquemment de nommer un médicament déjà détaillé en amont, sans en redonner la composition ni renvoyer au lieu de cette dernière dans l'œuvre. Cela se justifie évidemment par un souci d'économie du discours manifeste chez l'auteur. Mais, pour le lecteur, revient le problème récurrent de la manipulation et de la compréhension de l'ouvrage.

Dans la majorité des cas d'intratextualité évoqués jusqu'à présent, imaginer le recours à une mémoire incroyablement performante, permettant au lecteur de naviguer au sein du *De medicina*, semblait déjà délicat. Dans le cas des noms de médicaments, cette hypothèse apparaît comme plus fragile encore. Nous ne voyons pas en effet comment un lecteur pourrait mémoriser les compositions parfois complexes des médicaments décrits par Celse, d'autant plus que certains passages comportent la mention de plusieurs d'entre eux. Voici ce qu'écrit l'auteur lorsqu'il traite des lésions simples :

> *Sed si quis huic parum confidit, imponere medicamentum debet, quod sine sebo compositum sit ex iis, quae cruentis uulneribus apta esse proposui : maximeque, si caro est, barbarum ; si nerui uel cartilago uel aliquid ex eminentibus, quales aures uel labra sunt, Polyidi sphragidem : Alexandrinum quoque uiride neruis idoneum est ; eminentibusque partibus ea, quam Graeci rhaptusam uocant.* (5.26.23F)

> « Mais si l'on a trop peu confiance en ce traitement, on doit appliquer un médicament qui est composé sans suif, parmi ceux que j'ai établis comme étant adaptés aux blessures qui saignent : et surtout, si la blessure touche la chair, le barbarum ; les « nerfs » ou le cartilage ou une partie saillante, telles que le sont les oreilles ou les lèvres, le sphragis de Polyidus : le vert d'Alexandrie est aussi approprié pour les « nerfs » ; et pour les parties saillantes, ce que les Grecs appellent rhaptousa. »

Sont cités ici quatre noms de médicaments : *barbarum*, *Polyidi sphragidem*, *Alexandrinum uiride* et *rhaptusam*. La composition de ces remèdes est détaillée respectivement en 5.19.1B, 5.20.2, 5.19.17 et 5.19.6. Nous ne citons que la composition du *rhaptusa*, cet unique exemple nous paraissant suffisamment explicite :

> *Praeterea est quam ῥάπτουσαν a glutinando uocant. Constat ex his : bituminis, aluminis scissilis P. * IIII ; spumae argenti P. * XL ; olei ueteris hemina.* (5.19.6)

« Il existe en outre le remède appelé rhaptousa à cause de son caractère agglutinant. Il consiste en : de bitume, d'alun scaïole, 16 grammes ; de litharge, 160 grammes ; une hémine de vieille huile. »

Entrent dans la composition de ce remède un total de quatre ingrédients, chacun ayant son propre dosage. Ajoutons les contenus des trois autres médicaments, on parvient alors à un total de 27 ingrédients tous remèdes confondus (7 pour le *barbarum*, 7 pour le *sphragis* de Polyidus, 9 pour le vert d'Alexandrie, et 4 pour le *rhaptousa*), sans même parler de leurs dosages. Tout cela rend une lecture efficace de 5.26.23F presque impossible, à moins de pouvoir se reporter facilement et rapidement aux textes contenant les compositions. On remarque d'ailleurs que vient s'ajouter aux noms de médicaments le renvoi à une catégorie de pathologies (*cruentibus uulneribus*, cf. 5.19.1A), qui accroît la dimension intratextuelle de ce passage et en complexifie encore la lecture.

On a également noté que Celse mentionne le *Polyidi sphragis* également en 6.7.3B, mais cette fois, sans doute à cause de la plus grande distance séparant ce texte du passage contenant la composition, avec le marqueur d'intratextualité *superiore libro* (Annexe, #96). Toutefois, une telle pratique n'est pas immuable et un tel changement de livre n'est pas toujours signalé : la mention du *tetrapharmacum* en 6.3.2 n'est assortie d'aucune aide de lecture permettant de faciliter le retour à sa composition, donnée en 5.19.9. Ainsi, les différences entre ces renvois, pour lesquels la distance entre les deux passages concernés est sensiblement la même, ne permettent pas de tirer la moindre conclusion sur l'écriture de Celse concernant la mention des noms des médicaments et d'éventuelles références, plus ou moins précises, à leur composition.

Pour mieux saisir encore l'importance d'*indices* pour faciliter la lecture du *De medicina*, nous aimerions nous pencher sur un dernier cas. Il s'agit d'un passage du livre 5, où Celse aborde le traitement des blessures anciennes :

... si scalpello aliquis uti non uult, potest sanare id emplastrum, quod ex ladano fit... (5.26.32)

« ... si l'on ne veut pas se servir du scalpel, cet emplâtre peut soigner, qui est fait de ladanum... »

Celse renvoie ici son lecteur à un médicament fait de ladanum[87], dont on trouve la description en 5.19.18 :

> *Quaedam autem sunt emplastra exedentia, quae septa Graci uocant ; quale est id, quod habet resinae terebenthinae, fuliginis turis, singulorum P. = ; squamae aeris P. * I ; ladani P. * II ; aluminis tantundem ; spumae argenti [singulorum] P. * IIII.* (5.19.18)

> « Certains emplâtres, que les Grecs nomment *septa*, consument la chair ; tel celui qui est composé de résine de térébenthine, d'encens noir, 56 grammes chacun ; de copeaux de bronze, 4 grammes ; de ladanum, 8 grammes ; d'autant d'alun ; de litharge, 16 grammes. »

Deux éléments sont frappants ici. D'une part, en 5.26.32 Celse semble faire du ladanum le noyau pharmaceutique de l'emplâtre en question, alors que nous voyons clairement en 5.19.18 que ce dernier n'est qu'un élément parmi d'autres, aussi bien du point de vue du nombre de composants qui entrent en jeu (6 au total) que de celui du poids (8 grammes sur 148 grammes, soit 5 %).

D'autre part, contrairement aux cas analysés précédemment, nous ne sommes plus ici en présence d'un renvoi à une catégorie générale de médicaments, mais d'une référence à un médicament précis, « l'emplâtre fait de ladanum », ce dernier appartenant à la catégorie des *septa*, développée sur deux paragraphes — 5.19.18, donc, mais aussi 5.19.19 (*Exest etiam uehementer...*, « Consume aussi de façon violente... »). Il nous paraît légitime de nous interroger sur la façon dont le lecteur pouvait revenir à ce passage, référé qui plus est de manière implicite.

Ce problème est résolu dans le manuscrit *T*, où l'on peut lire le texte suivant :

> *... si scalpello aliquis uti non uult, potest sanare id emplastrum, si uis requirere, prima[88] septacii confectio ipsa est, quod ex ladano fit...* (5.26.32)

---

[87] Le ladanum est une gomme résine aromatique fournie par quelques plantes, et principalement par le ciste de Crète.

[88] Nous voudrions faire remarquer l'extrême précision de l'interpolation, qui, par l'adjectif prima, renvoie avec exactitude à 5.19.18 au sein du couple de paragraphes portant sur les septa (5.19.18-19). Une telle interpolation ne prend tout son sens que s'il existe, parallèlement, une table des matières mentionnant ces mêmes septa. Autre indice de l'existence d'une table dès l'origine ?

« ... si l'on ne veut pas se servir du scalpel, peut soigner cet emplâtre (si l'on veut le rechercher, c'est la première réalisation des *septa* elle-même) qui est fait de ladanum... »

Cet ajout, que nous avons choisi de laisser entre parenthèses dans notre traduction, est reconnu comme étant une interpolation manifeste, notamment à cause du terme *confectio*, qui n'est présent dans le *De medicina* que dans des passages identifiés eux aussi comme tels[89]. Le recours à une interpolation permet de pallier une lacune évidente. Ce faisant, le copiste évite au lecteur d'avoir à parcourir l'œuvre de manière incertaine, et lui en facilite ainsi la compréhension. Cependant, le problème que pose le texte du *De medicina* authentique, dépourvu de cette aide de lecture interpolée, reste entier. Comment faire pour savoir alors à coup sûr ce dont parle Celse ?

Conclusions sur la question de l'index

Même si certaines mentions de pathologies ou de médicaments sont accompagnées de marqueur(s) textuel(s) visant à mettre en place l'intratextualité, nous avons vu que ces derniers ne garantissent pas toujours de retrouver facilement le texte référé. De toute façon, la très grande majorité des références à tel(le) ou tel(le) pathologie ou médicament se fait sans aucun marqueur permettant au lecteur de se reporter au contenu référé.

L'hypothèse de la mémoire du lecteur semblant bien trop délicate à soutenir pour des références souvent complexes, il semble indispensable d'envisager l'existence d'un ou de plusieurs index au *De medicina* de Celse[90], dont la lecture serait autrement extrêmement ardue.

Pourtant, il paraît difficile de former l'hypothèse qu'un ou plusieurs index ai(en)t pu exister dès l'époque celsienne. Il n'existe en effet, à notre connaissance, aucun témoignage d'une telle pratique dans l'Antiquité, et Celse ferait alors exception. Si l'on ne peut donc réellement blâmer l'auteur du *De medicina* pour la non-existence de

---

[89] Cf. par ex. 4.21.2.
[90] Pour faciliter encore la lecture du *De medicina*, la mise en place de plusieurs indices (contrairement à l'index unique de Spencer) paraît souhaitable. Par ex., les noms propres pourraient être divisés entre les personnes citées comme autorités médicales et celles possédant la paternité d'un remède.

tels paratextes, leur absence induit nécessairement des difficultés de lecture, liées à une manipulation de l'ouvrage assez hasardeuse. L'avantage du lecteur antique sur le lecteur moderne se situait peut-être alors dans l'existence d'esclaves destinés à rechercher pour leur maître des passages précis de l'œuvre.

Toujours est-il que nous nous rangeons à l'avis des éditeurs et traducteurs du *De medicina* et considérons comme indispensable d'adjoindre au texte celsien un certain nombre d'*indices*, qui, d'ailleurs, ne s'opposent en rien au souci constant pour son lecteur dont témoigne Celse sous bien d'autres formes.

Les passages référentiels

Certains passages ont dans le *De medicina* un rôle et une importance particuliers. Nous avons choisi de nommer ces derniers « passages référentiels », puisqu'ils constituent des lieux du texte celsien auxquels le lecteur est amené à se référer tout au long de sa lecture de l'œuvre.

Chacune des grandes parties du *De medicina* (diététique, pharmaceutique, chirurgie) comporte de tels passages. On peut en distinguer trois principaux[91] :

- 2.19-33, où il est question d'abord des qualités des nourritures (2.19-32), avant un chapitre consacré aux médicaments d'usage courant permettant d'évacuer la maladie (2.33).
- 5.1-25, où Celse aborde les médicaments à l'état simple (5.1-16), puis s'intéresse aux types de mélanges et aux unités de mesure (5.17), avant de poursuivre sur les médicaments composés (5.18-25).
- 8.1, où l'auteur procède à une description des os du corps humain.

On constatera d'abord l'importance dans cette liste des chapitres consacrés aux médicaments ; le premier d'entre eux ne se situe pas pour autant dans les livres de pharmacologie, mais dans ceux de diététique (2.33). La présence de médicaments à cet endroit du *De medicina* ne doit pas surprendre, étant donné d'une part l'étroite imbrication des diverses parties de la médecine, d'autre part parce que Celse se contente ici de nommer les médicaments faciles d'accès, dans

---

[91] Cf. aussi, par ex., 3.21.7 (= liste d'éléments d'origine végétale aux propriétés diurétiques).

une perspective éventuelle d'automédication parfaitement assumée, à notre avis, dans son œuvre[92]. On notera par ailleurs la particularité du livre 5, qui ne semble démarrer véritablement qu'à partir de 5.26, c'est-à-dire au moment où Celse va aborder les lésions touchant à l'ensemble du corps[93]. Auparavant, la logique de l'auteur est remarquable qui, avant de parler des médicaments composés, s'interrompt pour des explications concrètes sur les mélanges et les mesures (5.18).

Tous ces chapitres fonctionnent tels des points de repère auxquels le lecteur peut et doit revenir au fil du texte, afin de compléter la lecture d'autres passages de l'œuvre. Il arrive ainsi très fréquemment que Celse n'indique pas de remèdes précis pour une maladie, mais se contente de renvoyer son lecteur, de façon plus vague, à une *catégorie* de médicaments, évoquée en 2.33, 5.1-16 et/ou 5.18-25. Cette situation se produit très souvent dans le *De medicina*[94] ; nous n'en avons retenu que deux exemples, suffisamment représentatifs toutefois pour offrir des enseignements applicables à tout autre passage de même nature.

1) Lorsque Celse aborde la question du traitement des symptômes pouvant accompagner la fièvre, il livre à son lecteur une série de remèdes entre lesquels choisir :

> *Si ista parum iuuant, teri potest uel iris arida uel nuces amarae uel quaelibet herba ex refrigerantibus ; quorum quidlibet ex aceto inpositum dolorem minuit, sed magis aliud in alio.* (3.10.2)
>
> « Si ces derniers sont d'une aide minime, on peut broyer ou bien de l'iris desséché ou des noix amères ou n'importe quelle herbe parmi celles qui rafraîchissent ; n'importe lequel de ces éléments, appliqué après passage dans du vinaigre, diminue la douleur, mais chacun plus ou moins en fonction des cas. »

---

[92] Cf. *infra*, Seconde partie, p. 207 sqq.

[93] Cette coupure au sein du livre 5 est clairement marquée par l'auteur au début de 5.26 par la formule de transition : *Cum facultates medicamentorum proposuerim, genera, in quibus noxa corpori est, proponam. Ea quinque sunt...* (« Maintenant que j'ai établi les propriétés des médicaments, je vais établir les catégories de blessures que peut subir le corps. Elles sont au nombre de cinq... »)

[94] Parmi de nombreux cas, citons, par ex. : 3.11.2 (lien avec 2.33.5), 5.26.23F (liens avec 5.19.1B, 5.20, 5.19.17, 5.19.6), ou encore 5.26.29 (lien avec 5.19.10).

Après avoir évoqué le recours possible au seul vinaigre (3.10.1), Celse propose une solution un peu plus douce en y mélangeant des éléments végétaux. Parmi eux, des *herbae refrigerantes* qu'il ne nomme pas. C'est au lecteur de les retrouver, précisément dans un passage référentiel :

> *At simul et reprimunt et refrigerant herba muralis (παρθένιον uel περδείκιον appellant), serpullum, puleium, ocimum, herba sanguinalis, quam Graeci πολυγόνον uocant, portulaca, papaueris folium, capriolique uitium, coriandrum, folia hyocimum, muscus, siser, apium, solanum (quam strychnon Graeci uocant), brassicae folia, intubus, platango, feniculi semen ; [...] uerbenarum contusa cum teneris colibus folia ; cuius generis sunt olea, cupressus, myrtus, lentiscus, tamarix, ligustrum, rosa, rubus, laurus, hedera, Punicum malum.* (2.33.2-4)

« De leur côté, ont un effet à la fois répressif et réfrigérant 'l'herbe murale[95]' (on l'appelle parthenion ou perdeikion), le serpolet, le pouliot, le basilic, « l'herbe sanguinaire », que les Grecs nomment polygonon, le pourpier, la feuille de pavot, les vrilles de la vigne, la coriandre, les feuilles de jusquiame, la mousse, le panais, l'ache, la morelle (que les Grecs nomment strykhnon), les feuilles de chou, l'endive, le plantain, la graine de fenouil ; [...] les feuilles de verveines pilées avec des tiges tendres ; parmi lesquelles se trouvent l'olivier, le cyprès, le myrte, le lentisque, le tamaris, le troène, le rosier, la ronce, le laurier, le lierre, la grenade. »

Il est difficile de déterminer si tous les éléments végétaux énumérés ici entrent véritablement dans la catégorie « herbe ». Si l'on souhaite tous les prendre en compte, la liste est longue et qui voudrait réaliser le mélange de 3.10.2 aurait le choix ! Si l'on veut faire preuve de plus de prudence, et considérer uniquement les « herbes » à proprement parler, on n'en retiendra plus que deux : l'*herba muralis* (qui correspond sans doute à notre « pariétaire officinale », dont l'usage s'est perdu avec le temps[96]), et l'*herba sanguinalis* (identique à l'*herba sanguinaria*, identifiée à la « renouée » actuelle, toujours utilisée contre les maux de tête en médecine homéopathique). Quel que soit le choix d'herbe que l'on fait, il apparaît comme

---

[95] Nous restons fidèle à l'expression latine, plutôt que de traduire par le mot « pariétaire » qui a pour équivalent un *parietaria* latin.

[96] Un parallèle est envisageable entre l'*herba muralis* de Celse (citée aussi par Pline, *Histoire Naturelle*, 21.176) et l'*herba parietaria* que l'on trouve chez le Pseudo-Apulée (*De herbis*, 81-82).

indispensable d'associer 2.33.2 sqq. à 3.10.2, afin de pouvoir saisir la plénitude du discours de Celse.
2) Autre exemple, concernant les maladies des poumons. Celse donne les indications thérapeutiques suivantes :

> *Prosuntque aduersus dolores imposita calida fomenta uel ea, quae simul et reprimunt et emolliunt. [...] Utile etiam aliquod malagma est ex iis, quae materiam trahunt.* (4.14.3-4)

> « Sont utiles aussi contre les douleurs l'application de topiques chauds ou de ces éléments qui à la fois répriment et amollissent. [...] Utile également est n'importe lequel des onguents parmi ceux qui retirent de la matière. »

Au-delà des *calida fomenta* (pour lesquels on ne sait trop s'il s'agit de n'importe quel type de topique, pourvu qu'il soit chaud), l'auteur renvoie ici à deux autres remèdes, désignés avant tout par les vertus thérapeutiques qu'ils doivent posséder : *ea, quae simul et reprimunt et emolliunt* ; *malagma [...] quae materiam trahunt*.
Le premier d'entre eux semble être un second type de topiques, l'anaphorique *ea* reprenant à première vue le mot *fomenta*. Mais le *De medicina* ne comporte aucune mention explicite de *fomenta simul et reprimentia et emollientia*. Les deux seuls autres passages de l'œuvre où l'on retrouve l'association des verbes *reprimere* et *emollire* sont les suivants : 4.12.1, où il est question de *cataplasmata, quae simul et reprimunt et emolliunt*, et 4.12.4, qui renvoie bien lui aussi à des *quae simul et reprimunt et emolliunt*, mais sans préciser la nature du remède.
Dans tous les cas, Celse renvoie aux vertus que les remèdes doivent posséder, mais sans citer les éléments qui les composent et possèdent ces vertus. Si l'on souhaite connaître de tels éléments, il paraît indispensable de se reporter au deuxième paragraphe de 2.33, qui est seul en mesure de fournir des indications intéressantes :

> *Leniter uero simul et reprimunt et molliunt lana sucida quo cum aceto uel uino oleum adiectum est, contritae palmulae, furfures in salsa aqua uel aceto decoctae.* (2.33.2)

> « De façon douce en revanche, ont un effet à la fois répressif et émollient la laine grasse à laquelle a été ajoutée de l'huile assortie de vinaigre ou de vin, les dattes écrasées, du son bouilli dans de l'eau salée ou dans du vinaigre. »

La variation sur le dernier terme (*molliunt* n'est pas préverbé dans notre passage référentiel) est négligeable, et il n'y a donc qu'ici que le lecteur trouvera les informations nécessaires à sa bonne compréhension de 4.14.3, autrement dit les éléments susceptibles d'entrer dans la composition de son *fomentum*. On remarquera pour finir que le parallèle que nous avons établi fournit d'ailleurs des indications précieuses sur la traduction de 4.14.3, où l'anaphorique *ea* renverrait non pas seulement à *fomenta*, mais aussi et surtout aux vertus thérapeutiques des éléments listés en 2.33.2, quelle que soit la forme sous laquelle ils sont appliqués, cataplasmes (4.12.1) ou, donc, topiques (4.13.3).

La seconde catégorie de remèdes citée en 4.14.4 (*malagma [...] quae materiam trahunt*) sera développée quant à elle en aval de ce passage. Il faudra en effet attendre le livre 5 pour en découvrir le contenu[97] :

Si materia extrahenda est, ut in hydropico, in lateris dolore, in incipiente abscessu, in suppuratione quoque mediocri, aptum est id, quod habet resinae aridae, nitri, Hammoniaci, galbani, singulorum pondo ; cerae pondo. Aut in quo haec sunt : aeruginis rasae, turis, singolorum P. * II ; Hammoniaci salis P. * VI ; squamae aeris, cerae, singulorum P. * VIII ; resinae aridae P. * XII ; aceti cyathus. Idem praestat cumini farina cum struthio et melle. (5.18.2)

« S'il faut retirer de la matière, comme chez un hydropique, dans le cas de douleur aux côtés, d'un abcès au stade initial, ou aussi de quelque suppuration de petite taille, est approprié le remède contenant de la résine séchée, du nitre, de l'ammoniaque, du galbanum, une livre de chaque ; et de la cire, une livre. Ou bien le remède contenant : des raclures de vert-de-gris, de l'encens, 8 grammes de chaque ; du sel d'ammoniaque, 24 grammes ; des paillettes de cuivre, de la cire, 32 grammes de chaque ; de la résine séchée, 48 grammes ; un cyathe de vinaigre. Fait aussi l'affaire la farine de cumin mélangée à du saponaire et du miel. »

Dans ce chapitre référentiel consacré aux onguents, Celse propose ainsi trois remèdes susceptibles d'être utilisés si l'on a besoin de

---

[97] On observe ici une variation entre les termes inversée par rapport à celle rencontrée entre 2.33.2 (*molliunt*) et 4.14.3 (*emolliunt*). Cette fois, le préverbe *ex* est présent dans le passage de référence (*extrahunt... extrahenda*), alors qu'on ne le trouvait pas en 4.14.4 (*trahunt*).

retirer de la matière à un corps malade. Il cite comme exemples quatre situations particulières, parmi lesquelles la douleur au côté (*in lateris dolore*) est ce qui se rapproche le plus des douleurs mentionnées dans le cadre des maladies des poumons (4.14.3-4). Il convient de rester prudent, d'autant plus que l'auteur ne fait que citer des exemples de cas nécessitant le retrait de matière. Toujours est-il que le lecteur ne trouvera qu'en 5.18.2 les compositions des onguents efficaces dans le traitement des maladies des poumons.

Dans les textes que nous venons d'étudier, nous sommes en présence de ce que l'on pourrait appeler des « références implicites ». C'est en effet une quasi-obligation pour le lecteur que de se reporter aux passages référentiels, afin de pouvoir mettre en œuvre les indications thérapeutiques données dans d'autres lieux de l'œuvre. Pourtant, Celse n'intervient jamais pour mentionner explicitement ces références, comme il peut le faire si souvent par ailleurs.

Une telle écriture suppose donc un travail de la part du lecteur, qui ne peut se contenter de lire passivement le *De medicina*, mais qui, plus encore que pour les références explicitées, est contraint de se mouvoir au sein de l'œuvre, d'y opérer des rapprochements entre divers lieux, pour en parachever sa lecture.

Les préfaces du *De medicina*

Au-delà des passages référentiels, dont nous venons de voir les principales caractéristiques, il convient de s'intéresser aux préfaces du *De medicina*. Le terme est volontairement mis au pluriel, puisqu'il existe en effet quatre préfaces au sein de l'œuvre : une préface générale, portant sur l'ensemble de la partie médicale des *Artes* celsiennes (Pr.1-11) ; trois préfaces particulières, concernant la diététique (Pr.12-75), la pharmaceutique (5.Pr.1-3), et enfin la chirurgie (7.Pr.1-5). Elles constituent des instants privilégiés où Celse, plus qu'ailleurs, prend la parole avec des intentions diverses qu'il s'agit de saisir.

Concernant les deux premières préfaces citées, nous ne pouvons que renvoyer au travail fondateur de Philippe Mudry[98]. On trouvera aussi un grand intérêt à se reporter aux pages consacrées par Zurli aux

---

[98] P. Mudry, *La Préface du De medicina de Celse. Texte, traduction et commentaire*, Bibliotheca Helvetica Romana (XIX), Lausanne, 1981.

préfaces du *De medicina* dans leur totalité[99]. Mais si les propos de ce dernier sont éclairants, ils demeurent avant tout descriptifs. Il ne nous paraît pas inutile de revenir sur l'ensemble des préfaces de l'œuvre de Celse (en particulier celles non traitées par Mudry), en nous intéressant à leurs fonctions dans l'économie du *De medicina*.

Les préfaces comme historiques médicaux

L'une des fonctions des quatre préfaces est de dresser de brefs historiques, soit de la médecine dans son ensemble, soit de chacune des branches de la thérapeutique présentées dans le *De medicina*[100]. Si cette fonction apparaît clairement pour la préface générale (Pr.1-11) et celles dévolues à la pharmaceutique (5.Pr.1-2) et à la chirurgie (7.Pr.3), il n'en est pas de même pour la préface aux livres de diététique. Aucun passage clairement défini n'y constitue à proprement parler un historique comparable à ceux que l'on retrouve ailleurs dans l'œuvre. Son ampleur participe à lui donner un statut particulier[101], et la critique celsienne met unanimement en avant l'importance du témoignage que cette préface constitue pour notre connaissance de la médecine antique. Mais Celse y propose-t-il, ne serait-ce qu'en filigrane, une histoire de la diététique ? Serbat répond par la négative, qui dit explicitement que « l'histoire n'[y] est pas l'affaire de Celse[102] ». Nous souhaiterions nuancer ses propos, en attirant par exemple l'attention sur les indications chronologiques (par ex. Pr.54) ou le nombre important de noms propres (par ex. §20, 45), qui permettent, pour peu qu'on les rapproche, d'esquisser une histoire de la diététique.

Ce sont en réalité toutes les préfaces qui sont riches de noms propres désignant de grands noms de l'histoire médicale, et que le

---

[99] L. Zurli, « Le *praefationes* nei Libri VIII De medicina di A. Cornelio Celso », in C. Santini et N. Scivoletto (éds.), *Prefazioni, prologhi, proemi di opere tecnico-scientifiche latine*, vol. 1, Rome, 1990, p. 295-337.

[100] La dimension historique des préfaces du *De medicina* a été analysée avec brio par H. Von Staden, « Celsus as historian ? », in P. van der Eijk (éd.), *Ancient histories of medicine. Essays in Medical Doxography and Historiography in Classical Antiquity*, Leiden-Boston-Cologne, 1999, p. 251-294.

[101] À titre de comparaison, cf. T. Janson, *Latin Prose Prefaces Studies in Literary Conventions. Acta Universitatis Stocholmiensis* XIII, Stockholm, 1964, p. 154, sur la préférence des auteurs antiques pour la *breuitas* dans leurs préfaces.

[102] G. Serbat, *Celse. De la Médecine.* (C.U.F.), Paris, 1995, p. XL.

lecteur retrouve dans le reste de l'œuvre. C'est le cas par exemple d'Asclépiade, qui apparaît dans la préface générale (Pr.11) ainsi que dans les préfaces aux livres de diététique (Pr. 16, 20...) et de pharmaceutique (5.Pr.2), et dont la présence dans le reste de l'œuvre est la plus forte après Hippocrate[103]. Il est ainsi possible *a priori* pour le lecteur de se reporter aux préfaces pour vérifier si un individu cité dans le corps du texte s'y trouve, et observer s'il a ou non — aux yeux de Celse en tout cas — marqué l'histoire de tel ou tel aspect de la thérapeutique.

Les choses ne sont cependant pas toujours si simples. Pour ce qui est des livres de pharmaceutique, figurent dans la préface : Érasistrate, Hérophile, Zénon, Andreas et Apollonius Mys[104], soit seulement cinq noms (auxquels il convient d'ajouter l'ensemble des Empiriques), contre un total de cinquante-huit pour la suite des livres 5 et 6. Les places sont chères. Malgré tout, Hérophile, Zénon et Apollonius Mys n'apparaîtront plus, alors que Nileus ou Protarche, absents de la préface, sont ensuite présents chacun à quatre reprises. Un phénomène similaire se retrouve dans les livres de chirurgie avec la disparition de Philoxène et des deux Apollonius dans le corps du texte, tandis que Dioclès de Caryste ou Héraclide de Tarente, pourtant présents chacun deux fois par la suite, n'ont pas les honneurs de la préface. Il est ainsi difficile de cerner avec précision les critères selon lesquels Celse choisit de faire figurer un nom dans ses préfaces.

Il semblerait que certains personnages puissent apparaître assez souvent au sein des livres, en tant qu'inventeurs spécifiques d'un remède ou d'un acte chirurgical, sans pour autant être considérés par l'auteur comme des figures marquantes d'une branche de la thérapeutique en particulier. Cela serait le cas de Nileus et de Protarche, mais aussi, entre autres, toujours dans le domaine de la pharmaceutique, d'Andron ou de Cléon[105].

On peut par ailleurs envisager aussi que la présence d'un personnage important dans la préface générale permette de ne pas reprendre nécessairement son nom dans l'une des trois préfaces

---

[103] Cf. G. Serbat, *Celse. De la Médecine...*, p. LIX.
[104] Asclépiade n'est cité que pour sa réticence légendaire envers l'utilisation des médicaments.
[105] Cf. H. Von Staden, « Celsus as historian ? », in P. van der Eijk (éd.), *Ancient histories of medicine. Essays in Medical Doxography and Historiography in Classical Antiquity*, Leiden-Boston-Cologne, 1999, p. 288.

suivantes, tandis que les noms présents dans ces préfaces particulières seraient ceux d'individus s'étant distingués dans telle partie de la médecine plutôt que, d'après Celse, dans la médecine dans sa globalité[106]. Cela expliquerait, par exemple, l'absence de Dioclès dans la préface aux livres de chirurgie, puisque ce dernier est présent, en revanche, dans la préface générale (Pr.8).

Cette dernière aurait donc une certaine prééminence sur les trois autres. Le lecteur ne peut donc pas se contenter de se reporter aux préfaces particulières, mais doit aussi revenir à la préface générale, pour ne pas risquer de manquer l'importance d'un membre éminent de la communauté médicale. On notera enfin que seuls Asclépiade de Bithynie, Érasistrate, Hérophile et Hippocrate sont présents à la fois dans la préface générale et dans l'une des autres préfaces particulières, et semblent donc jouir, du point de vue de l'écriture préfacielle en tout cas, d'un statut à part au sein du *De medicina*.

Les préfaces comme mises au point théoriques

Une autre fonction des préfaces du *De medicina* est de laisser la place à des mises au point et à des considérations théoriques. Cette dimension, absente de la préface générale, est évidente pour celle aux livres de diététique[107]. Le passage de cette dernière où Celse exprime son opinion personnelle concernant la vivisection (Pr.40 sqq.) ou les propos fameux de l'auteur sur le concept de *medicus amicus* (Pr.73)[108] éclairent ainsi la lecture de l'ensemble de l'œuvre.

---

[106] Cf. I. Mazzini, « Le *auctoritates* nei testi medici dell'antichità, in particolare in Celse », in M. E. Vazquez Bujan (éd.), *Tradicion e innovacion de la medicina latina de la antigüedad y de la alta edad media, Actas del IV Coloquio Internacional sobre los "textos médicos latinos antiguos"*, Santiago de Compostela, 1994a, p. 119-132 : « un posto preminente tra le auctoritates celsiane occupano i nomi più grandi della medicina anteriore, quali Ippocrate, Diocle, Erasistrato, Eraclide di Tarento, Asclepiade, ecc. e non per medicamenti loro attribuiti, ma per concezioni, terapie particolari, diagnosi, rapporti di scuola, ecc. » (p. 126).
[107] Cf. P. Mudry, *La Préface du De medicina de Celse. Texte, traduction et commentaire*, Bibliotheca Helvetica Romana (XIX), Lausanne, 1981, ou G. Serbat, *Celse. De la Médecine.* (C.U.F.), Paris, 1995, p. LIXsqq.
[108] À ce sujet, cf. P. Mudry, « *Medicus amicus*. Un trait romain de la médecine antique », *Gesnerus* 37, Lausanne, 1980a, p. 17-20 (= P. Mudry, *Medicina, soror philosophiae, Regards sur la littérature et les textes médicaux antiques (1975-2005)*, Lausanne, 2006, p. 479-481).

Surtout, les préfaces permettent de réaffirmer l'unité essentielle des composantes de la thérapeutique, unité qui dépasse la tripartition alexandrine traditionnelle exposée dans l'historique de la préface générale :

> *Isdem temporibus in tres partes medicina diducta est ut una esset quae uictu, altera quae medicamentis, tertia quae manu mederetur.* (Pr.9)
>
> « À cette même époque, la médecine fut divisée en trois parties, telles que la première soignait par le genre de vie, la deuxième par les médicaments, la troisième par la main. »

En écho à ce passage, dont elles reprennent fidèlement les termes, les préfaces aux livres de pharmaceutique et de chirurgie insistent sur la nécessité pour le lecteur de ne pas séparer abusément les parties de la thérapeutique exposée dans le *De medicina* :

> *Illud ante omnia scire conuenit, quod omnes medicinae partes ita innexae sunt, ut ex toto separari non possint sed ab eo nomen trahunt, a quo plurimum petunt. Ergo et illa, quae uictu curat, aliquando medicamentum adhibet, et illa, quae praecipue medicamentis pugnat, adhibere etiam rationem uictus debet, quae multum admodum in omnibus corporis malis proficit.* (5.Pr.2-3)
>
> « Avant tout il convient de savoir ceci : toutes les parties de la médecine sont liées entre elles, si bien qu'elles ne peuvent être complètement séparées et qu'elles tirent leur nom de l'élément vers lequel elles s'orientent davantage. Par conséquent, même celle qui soigne par le genre de vie, utilise parfois le médicament, même celle qui combat principalement à l'aide des médicaments, doit utiliser aussi la régulation du genre de vie, qui est vraiment très utile dans tous les maux du corps. »

> *Tertiam esse medicinae partem, quae manu curet, et uulgo notum et a me propositum est. Ea non quidem medicamenta atque uictus rationem omittit, sed manu tamen plurimum praestat...* (7.Pr.1)
>
> « Que la troisième partie de la médecine est celle qui soigne par la main, voilà qui est connu de tous et qui a été exposé par moi. Cette dernière partie ne laisse certes pas de côté les médicaments et la régulation du genre de vie, mais s'exécute cependant surtout par la main. »

Celse met en avant le lien étroit qui unit diététique, pharmaceutique et chirurgie (*omnes medicinae partes ita innexae sunt, ut ex toto separari non possint*), et souligne leur complémentarité par une écriture toute en nuance, fondée sur une utilisation subtile des adverbes (*plurimum*

(2x), *aliquando, praecipue*) et particule (*non quidem*). Dans ces moments importants du *De medicina* que constituent les préfaces, il est ainsi constamment rappelé au lecteur que la partie de l'œuvre qu'il s'apprête à lire doit être envisagée en liaison avec celles qui l'entourent. Ces propos ont donc à la fois valeur de rappels théoriques et de clés de lecture pour appréhender, dans sa globalité, la matière médicale de l'ouvrage.

Les préfaces comme guides de lecture

Les préfaces du *De medicina* ont aussi pour rôle d'orienter et de guider le lecteur dans sa découverte de l'œuvre. Elles permettent d'abord d'annoncer le plan et le contenu de chacune des grandes parties de l'ouvrage. Pour les livres de diététique, l'ultime phrase de la préface annonce uniquement les sujets traités dans les livres 1 et 2 :

> *His propositis, primum dicam, quemadmodum sanos agere conueniat, tum ad ea transibo, quae ad morbos curationesque eorum pertinebunt.* (Pr.75)
>
> « Après avoir exposé ces éléments, je dirai d'abord comment il convient que les hommes sains se comportent, puis je passerai aux éléments qui concernent les maladies et leurs traitements. »

La préface terminée, Celse annonce ainsi le livre 1 (*quemadmodum sanos agere conueniat*), puis les deux parties du livre 2 (*quae ad morbos ; curationesque eorum*). Le sujet des livres 3 et 4 sera éclairci par la phrase d'ouverture du livre 3 : *Prouisis omnibus, quae pertinent ad uniuersa genera morborum, ad singulorum curationes ueniam*[109]. La préface aux livres de pharmaceutique n'annonce quant à elle que la première partie du livre 5 :

> *Sed cum medicamenta proprias facultates habeant, ac simplicia saepe opitulentur, saepe mixta, non alienum uidetur ante proponere et nomina et uires et mixturas eorum...* (5.Pr.3)
>
> « Mais comme les médicaments ont chacun leur propre faculté, et qu'ils viennent en aide souvent à l'état simple, souvent à l'état composé, il ne semble pas incongru d'énoncer au préalable à la fois leurs noms, leurs forces et leurs mélanges. »

---

[109] « Maintenant qu'a été vu tout ce qui concerne l'ensemble des catégories de maladies, j'en viens au traitement de chacune d'elles tour à tour. »

Seuls les chapitres 5.1-5.25 sont ici concernés. Deux autres annonces de plan, en 5.26.1A et 6.1, complètent les informations de cette préface. Quant aux livres de chirurgie, leur contenu est détaillé dans sa totalité dans leur préface (7.Pr.5), mais sera néanmoins repris en tête du livre 8 (8.1.1).

Les préfaces aux livres de pharmaceutique et de chirurgie, quant à elles, servent aussi de transition entre les grandes parties de l'œuvre. À ce titre, l'entame de la première d'entre elles est particulièrement frappante, qui marque clairement, par le recours au verbe *transire*, le passage à la deuxième partie du *De medicina* :

> *Dixi de iis malis corporis, quibus uictus ratio maxime subuenit : nunc transeundum est ad eam medicinae partem, quae magis medicamentis pugnat.* (5.Pr.1).
>
> « J'ai parlé de ces maux du corps, auxquels remédie surtout la régulation du genre de vie : maintenant il faut passer à cette partie de la médecine, qui lutte surtout à l'aide des médicament. »

Conclusions sur les préfaces du *De medicina*

Les préfaces particulières dans le *De medicina* semblent donc avoir trois fonctions principales : dresser des historiques de chaque partie de la thérapeutique, affirmer les liens qui unissent chacune de ces parties, enfin annoncer le plan et le contenu de chaque grande division de l'œuvre. La répartition de ces fonctions est résumée par le tableau suivant :

	Historique médical	Unité des parties de la thérapeutique	Transition / Annonce du plan
Préface aux livres de diététique	Pr.12-74		∅ / Pr.75
Préface aux livres de pharmaceutique	5.Pr.1-2	5.Pr.2-3	5.Pr.1 / 5.Pr.3
Préface aux livres de chirurgie	7.Pr.2-3	7.Pr.1	7.Pr.1 / 7.Pr.5

On ne s'étendra plus ici sur le statut particulier de l'historique médical de la préface aux livres de diététique[110] ; nous ne commenterons pas non plus sur le statut particulier de 7.Pr.4, passage où Celse décrit le chirurgien idéal, déjà abondamment analysé par nos prédécesseurs. Observons simplement le fait que l'ordre de présentation des éléments constitutifs des préfaces n'est pas figé, et que Celse module leur ampleur, sans doute autant pour témoigner d'une certaine maîtrise de son propre discours que pour offrir une écriture variée à son lecteur. Peut-être les préfaces du *De medicina* exploitent-elles d'ailleurs ainsi la triple finalité cicéronienne du *docere, mouere, delectare*.

Nous aimerions enfin formuler ici deux interrogations concernant l'écriture préfacielle dans le *De medicina*. D'une part, ce que l'on a coutume d'appeler la préface générale (Pr.1-11) en est-elle vraiment une ? Force est de constater qu'elle ne contient qu'une seule des trois caractéristiques principales des préfaces de l'œuvre celsienne, et qu'elle possède, non seulement du point de vue de sa portée, mais aussi par ses spécificités formelles, un statut à part. On est en droit de se demander si elle n'est pas plutôt un simple historique de la médecine[111], tel que pouvaient peut-être en comprendre, pour leurs sujets respectifs, les autres parties des *Artes* de Celse. D'autre part, pour les mêmes raisons que celles formulées à l'instant pour la préface générale, nous aimerions remettre en cause le statut de « préface » conféré par certains éditeurs (Spencer, Serbat) à l'ouverture du livre 2. Ce passage (*Instantis autem... maxime caueat*) nous semble davantage être une simple annonce de plan, telle qu'on en retrouve plus loin pour les livres 3 (3.1.1-3), 4 (4.1.1), 6 (6.1) et 8 (8.1.1)[112].

Enfin, l'affirmation de l'unité des branches de la thérapeutique ainsi que l'annonce des plans (ces derniers étant parfois assortis de remarques visant à justifier un choix d'écriture), sont des éléments que le lecteur doit garder à l'esprit tout au long de sa lecture du *De medicina*. Ils contribuent donc à donner aux préfaces la dimension

---

[110] Cf. H. Von Staden, « Celsus as historian ? », in P. van der Eijk (éd.), *Ancient histories of medicine. Essays in Medical Doxography and Historiography in Classical Antiquity*, Leiden-Boston-Cologne, 1999, p. 251-294 : « No other branch of medicine is introduced by as elaborate a preface as regimen. » (p. 284).

[111] En cela, nous sommes en accord avec la présentation faite par H. von Staden, « Celsus as historian ? »..., p. 252-278.

[112] Comme nous suivons l'édition de Serbat pour le livre 2, nous ferons malgré tout référence aux extraits de ce passage sous la forme 2.Pr.

d'un « pacte de lecture », caractéristique courante de l'écriture préfacielle, puisqu'ils accompagnent le lecteur au-delà des limites de la préface, et guident sa lecture de bout en bout. Mais, nous le verrons, les préfaces sont loin d'être le seul lieu de l'écriture celsienne proposant de tels pactes, plus ou moins explicites.

Conclusion du chapitre III

Les efforts consentis par Celse pour structurer la matière médicale du *De medicina* sont considérables : à l'intérieur de l'œuvre, les préfaces constituent de véritables phares, et l'omniprésence des références internes témoigne d'une volonté forte de mettre en place une lecture vivante et active.

Toutefois, l'extrême organisation du *De medicina* joue souvent en la défaveur du texte, le rendant difficile à saisir dans toute sa complexité et toute sa richesse. Nous ne saurions donc trop pencher en faveur de l'existence de paratextes, permettant d'atténuer en grande partie ces difficultés. Que ces paratextes prennent la forme d'une table des matières, selon nous celsienne, ou d'index, ils nous semblent être un complément indispensable à la manipulation concrète et à l'appropriation intellectuelle du *De medicina*.

Le *De medicina* apparaît ainsi comme un texte potentiellement vivant, où le lecteur a un rôle d'une extrême importance. La « mise en forme du savoir médical » — pour reprendre le titre de notre chapitre — n'est pas uniquement l'affaire de Celse. Dans un second temps, c'est au lecteur qu'il appartient de donner vie au texte, en s'appuyant notamment sur les innombrables aides paratextuelles — qu'elles soient ou non, finalement, fournies par l'auteur.

Chapitre IV

Lectures[1] et lecteurs de l'encyclopédie médicale celsienne

La dernière étape de cette première partie consacrée au projet de Celse et à sa réalisation, va porter sur la question de la lecture et du lectorat du texte celsien. Nous étudierons pour commencer les remarques faites par l'auteur concernant la lecture du *De medicina*, préalable nécessaire avant de répondre à trois questions à l'énoncé simple mais aux enjeux complexes : comment lire le *De medicina* ? Pourquoi lire le *De medicina* ? Et enfin, quels lecteurs pour le *De medicina* ?

Les remarques de Celse concernant la lecture du *De medicina*

En amont des aides paratextuelles pouvant améliorer la lecture du *De medicina,* le texte celsien contient déjà un certain nombre de passages concernant la façon dont Celse envisage la lecture de son ouvrage. S'il ne mentionne ni table des matières ni index, on a vu quels rôles peuvent jouer certains moments-clés de l'œuvre, notamment les préfaces et les passages référentiels. Mais l'auteur ne s'arrête pas là : il intervient de temps à autre pour justifier ses choix d'écriture et semble réclamer une lecture active de son ouvrage, allant même

---

[1] Concernant le prolifique débat visant à cerner la part de la lecture à haute voix et celle de la lecture silencieuse dans l'Antiquité, nous nous rangeons à l'avis nuancé de B. Knox, « Silent Reading in Antiquity », in *Greek, Roman and Byzantine Studies*, Durham, 1968, p. 421-435 : « Ancient books were normally read aloud, but there is nothing to suggest that silent reading of books was anything extraordinary. » (p. 435). Nous considérerons donc, suivant ses conclusions, que les deux types de lectures devaient être également valables, et nos considérations peuvent s'appliquer aussi bien à l'une qu'à l'autre. Pour un résumé sur ce débat, cf. T. Dorandi *Le stylet et la Tablette. Dans le secret des auteurs antiques*, Paris, 2000, p. 73-75.

Ecrire et lire le De medicina : *le projet de Celse et sa réalisation* 149

jusqu'à établir un certain nombre de « pactes de lecture » avec son lecteur.

Le souci d'économie du discours

Certaines annonces contenues dans le *De medicina*, obligatoires, sont situées dans les livres de chirurgie. Elles consistent en un retardement de l'énoncé d'une technique chirurgicale, sans doute par souci d'économie du discours, puisque Celse peut ainsi éviter les redites et attendre un chapitre qui lui paraît plus approprié pour décrire l'acte concerné. C'est le cas par exemple de la suture des intestins[2] :

> *Nam uenter saepe etiam telo perforatur, prolapsaque intestina conduntur, et oras uulneris suturae conprehendunt ; quod quemadmodum fiat, mox indicabo.* (7.4.3A)

> « Car souvent le ventre est même perforé par un trait, et les intestins affaissés sont remis en place, et des sutures rapprochent les lèvres de la blessure ; et comment cela peut être fait, je l'indiquerai bientôt. »

La clausule finale annonce clairement l'exposé à venir de la technique recommandée pour ce type de suture :

> *... si quid integrum est, leuiter super intestina deduci. Sutura autem neque summae cutis neque interioris membranae per se satis proficit, sed utriusque. Et quidem duobus linis inicienda est, spissior quam alibi, quia et rumpi facilius motu uentris potest, et non aeque magnis inflammationibus pars ea exposita est. Igitur in duas acus fila coicienda, eaeque duabus manibus tenendae ; et prius interior membranae sutura inicienda est sic, ut sinistra manus in dexteriore ora, in sinisteriore dextra a principio uulneris ora ab interiore parte in exteriorem acum mittat. Quo fit, ut ab intestinis ea quidem pars semper acuum sit, quae retusa est. Semel utraque parte traiecta, permutandae acus inter manus sunt, ut ea sit in dextra, quae fuit in sinistra ; ea ueniat in sinistram, quam dextra continuit ; iterumque eodem modo per oras inmittendae sunt ; atque ita tertio et quarto deincepsque permutatis inter manus acubus, plaga includenda.* (7.16.3-5)

> « ... s'il y a quelque chose d'intact, elle doit être remise délicatement par-dessus les intestins. Mais il ne suffit pas que la suture concerne uniquement la surface de la peau ou la membrane interne, mais l'une et l'autre. Et d'ailleurs, elle doit être faite avec deux fils, plus serrée

---
[2] Cf. aussi, dans l'Annexe, les cas #131, #151 et #169.

qu'ailleurs, parce qu'elle peut facilement être rompue par un mouvement du ventre et parce que cette partie du corps, à la différence des autres, est sujette à de sévères inflammations. Par conséquent les fils doivent être passés dans deux aiguilles, et tenus des deux mains ; et la suture doit d'abord être faite en dedans de la membrane, de telle sorte que la main gauche dans la lèvre droite et dans la lèvre gauche la main droite poussent la pointe, en commençant au début de la blessure, de l'intérieur vers l'extérieur. Cela doit se faire de telle sorte que soit toujours éloignée des intestins la partie de la pointe qui est émoussée. Une fois chaque partie traversée, il faut changer les aiguilles de main, de telle sorte que celle qui se trouvait dans la main gauche se trouve dans la main droite ; et que vienne dans la gauche celle que tenait la droite ; et une nouvelle fois, de la même façon, il faut les pousser à travers les lèvres ; et lorsqu'ainsi les pointes ont changé de main une troisième et une quatrième fois, la plaie doit être refermée. »

Alors que le passage initial, 7.4.3A, appartient au chapitre consacré aux « Fistules », le texte référé appartient au chapitre dévolu aux « Blessures abdominales », ce qui correspond parfaitement au sujet traité[3]. Si nous avons choisi de reproduire l'intégralité de la description de la suture des intestins, c'est pour mieux donner à voir toute la minutie avec laquelle Celse rend compte de l'acte chirurgical qu'il décrit. On mesure à quel point le second passage est indissociable du premier, qu'il vient en quelque sorte développer et compléter. En aval de l'écriture de l'œuvre, le rapprochement entre ces deux passages ne peut être effectué que par le lecteur, qui contribue ainsi à donner vie au texte celsien. C'est grâce à lui seul que naît la possibilité pour la suture, dans le cas des fistules (7.4.3A), d'être concrètement réalisée. Celse semble parfaitement conscient de l'utilité de donner un rôle actif au lecteur, en lui déléguant une part de son autorité. Il fait ainsi coup double, puisqu'il implique davantage ce dernier dans la lecture du *De medicina*, tout en évitant de répéter à l'identique l'énoncé d'une technique aux usages multiples.

Ce souci d'économie du discours se retrouve dans d'autres passages, de manière plus explicite encore. Voici ce que Celse écrit au sujet de l'extraction des traits empoisonnés :

---

[3] On mesure, ici encore, toute l'utilité d'une table des matières, qui permettrait de retrouver très facilement la description souhaitée.

At si uenenato quoque telo quis ictus est, iisdem omnibus, si fieri potest, etiam festinantius actis, adicienda curatio est, quae uel epoto ueneno, uel a serpente ictis adhibetur. Vulneris autem ipsis extracto telo medicina non alia est, quam quae esset, si corpore icto nihil inhaesisset ; de qua satis alio loco dictum est. (7.5.5)

« Mais si quelqu'un a été frappé par un trait qui est en outre empoisonné, après avoir fait les mêmes gestes, si possible, et même plus rapidement, on doit y adjoindre le remède appliqué à l'absorption d'un venin liquide ou aux morsures de serpent. Quant à la médecine de la blessure elle-même, une fois le trait enlevé, elle ne diffère en rien de ce qu'elle serait si rien ne s'était fiché dans le corps frappé ; à son sujet, on a suffisamment parlé dans un autre passage. »

Le lecteur est fortement invité à rechercher cet autre lieu du texte celsien (*alio loco*), car Celse ne se répètera pas : *satis... dictum est* ! Pourtant le texte référé se situe loin du nôtre, en 5.26.21, deux livres en amont et dans un autre rouleau. Or il est une nouvelle fois indispensable au lecteur de s'y reporter, pour connaître et maîtriser toutes les informations nécessaires à un soin complet suite à l'extraction d'un trait empoisonné. Ce cas va donc lui aussi dans le sens de notre hypothèse de l'existence d'une table des matières du *De medicina* dès l'époque de Celse. Faute de quoi, l'auteur aurait laissé son lecteur dans une situation quelque peu embarrassante, obligé de débrouiller par lui-même les méandres de l'œuvre ! C'est une situation qui nous semble difficilement concevable dans l'esprit de Celse, qui a envers son lecteur des exigences somme toute plus légères.

Les « pactes de lecture »

Les indications fournies par Celse concernant son souci d'économie du discours vont toujours de pair avec l'espérance, plus ou moins avouée, d'une lecture attentive voire active de la part du lecteur. À plusieurs reprises dans le *De medicina*, Celse met ainsi en place de véritables « pactes de lecture », c'est-à-dire qu'il fournit des indications qui serviront de clés pour la compréhension de passages ultérieurs. Au premier chapitre du livre 8 (la description *a capite ad calcem* du squelette humain), Celse s'interrompt un instant dans sa progression :

Ac ne saepius dicendum sit, illud ignorari non oportet, plurima ossa in cartilaginem desinere, nullum articulum non sic finiri : neque enim aut moueri posset, nisi leui inniteretur, aut cum carne neruisque coniungi, nisi ea media quaedam materia committeret. (8.1.21)

« Et pour ne pas avoir à le dire plus souvent, il ne faut pas ignorer que la majorité des os se terminent par du cartilage, qu'il n'est aucune articulation qui ne se finisse ainsi : car elle ne pourrait être mue si elle ne s'appuyait sur quelque chose de lisse, et ne pourrait être liée à la chair et aux « nerfs » si quelque matière de ce type ne les unissait. »

Cette indication celsienne concernant les cartilages osseux sera donc valable pour l'ensemble du livre 8 consacré aux os. Elle constitue un savoir indispensable (marqué par la litote *ignorari non oportet*) pour le lecteur, et fait partie des éléments que ce dernier doit retenir au fil de sa lecture afin de profiter pleinement du contenu du *De medicina*. Il y a peu de chance, même en cas de lecture consultative de l'ouvrage, que le lecteur ne lise pas ce texte, puisqu'il s'apparente à ce que nous avons appelé plus haut les passages référentiels, et constitue un passage obligé à une lecture informée de toute partie du livre 8.

D'autres situations de « pactes de lecture » ne sont pourtant pas aussi aisées. Ils contiennent en effet de façon récurrente l'adverbe de répétition *quotiens*, dont il n'est pas toujours facile de saisir les enjeux[4]. Pour bien comprendre les difficultés de lecture soulevées par de tels passages, intéressons-nous à un aparté fait par Celse au beau milieu de ses développements sur les emplâtres :

Quotiens autem bacam, aut nucem, aut simile aliquid posuero, scire oportebit, antequam expendatur, ei summam pelliculam esse demendam. (5.19.12)

---

[4] Outre le passage analysé ci-dessous, cf. aussi : 3.18.17 : ... *quam quotiens posuero, scire licebit etiam ex infirmissima dari posse...* (« ... à chaque fois que j'en parlerai, il faudra savoir que même certaines parmi les plus légères peuvent être données... ») ; 3.21.7 : ... *quae quotiens posuero, non quae hic nascuntur, sed quae inter aromata adferuntur, significabo.* (« ... à chaque fois que j'en parlerai, je renverrai non pas à celles qui naissent ici, mais à celles qui sont importées parmi les épices. ») ; 4.26.8 : *Quod genus significo, quotiens potionem dandam esse dico, quae astringat.* (« Je renvoie à ce genre, à chaque fois que je dis qu'une boisson doit être donnée, à savoir qui est astringente. »), et 6.6.16C : *Quotienscumque non adicio, quod genus umoris adiciendum sit, aquam intellegi uolo.* (« Et à chaque fois que je ne précise pas quel type de liquide doit être ajouté, je veux que l'on comprenne qu'il s'agit d'eau. »)

« Et à chaque fois que je parlerai d'une baie, ou d'une noix, ou de quelque chose de semblable, il faudra savoir qu'avant d'effectuer la pesée il faut en enlever la couche extérieure. »

Ce passage est pour Celse l'occasion de mettre en place un savoir (*scire*) nécessaire (*oportebit*) non seulement à la lecture de la suite du *De medicina*, mais aussi à la mise en pratique de certains de ses propos ultérieurs. Sans même prendre en considération l'expression *simile aliquid*, et en ne retenant que la mention de la baie (*bacam*) et de la noix (*nucem*), nous avons retrouvé six passages concernés par notre annonce :

- 5.19.13 (*bacarum lauri*) : chapitre sur les emplâtres.
- 5.22.21 (*amarae nuces*) : chapitre sur les médicaments utilisés soit secs soit humides.
- 5.24.1 (*lauri bacarum*) : chapitre sur les acopes.
- 6.7.2A (*nuces amarae*) : chapitre sur les maladies otiques.
- 6.9.6 (*lauri bacarum*) : chapitre sur les maladies dentaires.
- 6.11.5 (*amarae nuces*) : chapitre sur les maladies buccales.

Celse mentionne uniquement les baies de laurier et des noix amères, d'abord dans le groupement de chapitres du livre 5 consacrés aux propriétés des médicaments composés (5.18-25), puis au livre 6, dans des chapitres traitant de lésions touchant une partie du corps. Si le texte référent annonce ces six passages, les textes référés ne renvoient pas au texte référent. Nous pouvons donc en conclure que Celse suppose comme acquis de la part de son lecteur la clé de lecture dispensée en 5.19.12. À envisager une lecture cursive du *De medicina*, nulle autre solution, semble-t-il, que de faire confiance à la mémoire du lecteur : la méthode concernant la pesée des baies et des noix n'est pas, il est vrai, le point de l'œuvre le plus difficile à mémoriser, même inconsciemment.

Mais en cas de lecture consultative de l'ouvrage celsien, un problème de taille se pose alors : comment le lecteur peut-il connaître la règle énoncée plus haut si elle ne lui est pas rappelée ? Ainsi, à supposer qu'un lecteur souhaite s'informer ponctuellement sur, par exemple, les acopes, sa réalisation du remède évoqué en 5.24 pourrait être entravée par une pesée erronée de son contenu « baie de laurier ».

On serait en droit de penser que le lecteur, aidé d'une table des matières, puisse espérer trouver une telle information au sein du chapitre 5.17, passage référentiel contenant des considérations sur les types de mélange et sur les unités de mesure. Mais la clé de lecture sur la pesée des baies et des noix n'y figure curieusement pas ; on ne la retrouve que deux chapitres plus loin, dans les lignes consacrées aux emplâtres. Quelle solution s'offre alors en cas de lecture consultative ? Doit-on supposer que le fait d'ôter l'enveloppe (*summam pelliculam... demendam*) était une pratique connue ? Celse n'aurait alors sans doute pas eu besoin d'apporter cette précision, à moins qu'un souci du détail l'ait conduit à le faire, du moins pour la première occurrence.

Quoi qu'il en soit, on voit bien que les phrases de ce type posent problème, car elles ne sont évidemment pas aussi repérables dans le corps du texte que les ensembles formés par ce que nous avons appelé les passages référentiels. À considérer le *De medicina* lu par un contemporain de Celse ne disposant pas, comme nous, d'outils informatiques permettant de dominer rapidement l'intégralité du texte, nous sommes ici, semble-t-il, face à une véritable aporie. La lecture des livres celsiens consacrés à la médecine, comme celle de toute œuvre (encyclopédique) antique de grande ampleur, n'est pas toujours des plus simples.

Comment lire le *De medicina* ? Lecture cursive et lecture consultative

Il convient avant toute chose de distinguer la lecture du *De medicina* telle qu'elle était envisagée par Celse de celle qui eut lieu par la suite. D'un point de vue pratique en effet, comme nous l'avons vu plus haut, l'auteur envisage son œuvre sous la forme de *uolumina*.

La manipulation d'une œuvre sous forme de rouleaux était peu pratique, et la lecture consistait alors à « prendre un rouleau dans la main droite et à le dérouler progressivement de la main gauche [...] Sur le rouleau le texte est écrit en colonnes et on a sous les yeux une colonne de texte ou plusieurs. Le texte a donc un aspect relativement panoramique. [...] la lecture du rouleau est physiquement contraignante. Elle mobilise entièrement le corps[5] ». Au sein d'une telle lecture, nous allons à présent discerner deux catégories.

---

[5] G. Cavallo – R. Chartier (dir.), *Histoire de la lecture dans le monde occidental*, Paris, 2001 (1re éd. Rome-Bari, 1999), p. 113.

La lecture sous la forme de rouleaux pouvait prendre deux formes : soit une lecture cursive, soit une lecture consultative. Nous entendons par « lecture cursive » le fait de lire l'œuvre *in extenso*, de A à Z, pour une prise de connaissance globale des savoirs qui y sont offerts ; l'expression « lecture consultative », désigne quant à elle le fait de lire uniquement telle ou telle partie de l'œuvre, en fonction des informations que l'on y recherche, de l'intérêt du lecteur pour des questions ponctuelles, ou lors d'une relecture.

Précédemment, nous avons à plusieurs reprises opéré des distinctions entre ces deux types de lectures. Nous voudrions ici en offrir une vision synthétique et revenir ainsi sur les enjeux soulevés par la lecture d'une encyclopédie.

Dans sa préface au *De medicina*, Celse ne fournit aucune indication générale sur la lecture de son ouvrage : n'y sont mentionnées ni la lecture cursive ni la lecture consultative[6]. C'est dans le corps même du texte qu'il convient de rechercher des informations : la multiplicité des références internes comme la présence de « pactes de lecture » invitent à penser que l'auteur semble avant tout envisager une lecture cursive de son ouvrage.

Pour autant, il nous paraît nécessaire de distinguer ce type de lecture, privilégiée par l'auteur, de la lecture réelle que pouvaient être aussi amenés à en faire ses lecteurs. En effet, la lecture consultative du *De medicina*, bien qu'elle ne soit pas explicitement évoquée par Celse, devait tout de même être une réalité (ce qui, d'ailleurs, va de pair avec le fait que les livres du *De medicina* aient pu, en fonction des centres d'intérêt des lecteurs, être publiés de façon séparée[7]).

D'ailleurs, la pratique de la lecture consultative d'une encyclopédie existait dans l'Antiquité, comme en témoigne l'ultime

---

[6] Peut-être était-ce le cas dans une éventuelle Préface générale aux *Artes* ? L'existence d'un tel texte ne nous semble en tout cas pas aussi impossible qu'à L. Zurli, « Le *praefationes* nei Libri VIII De medicina di A. Cornelio Celso », in C. Santini et N. Scivoletto (éds.), *Prefazioni, prologhi, proemi di opere technico-scientifiche latine*, vol. 1, Rome, 1990, p. 295-337. La transmission des manuscrits, autant que la circulation, peut-être séparée, des différentes parties des *Artes* à l'époque de Celse (d'ailleurs évoquée par Zurli, *ibid.*), suffirait, nous semble-t-il, à expliquer sa disparition.

[7] A. Doody, « *Pliny's Natural History* : Enkuklios Paideia and the Ancient Encyclopedia », *Journal of the History of Ideas*, vol. 70.1, 2009b, p. 10.

paragraphe de la Préface de Pline l'Ancien à son *Histoire Naturelle* (Pr.33) :

> ... *quid singulis contineretur libris, huic epistulae subiunxi summaque cura, ne legendos eos haberes, operam dedi. Tu per hoc et aliis praestabis ne perlegant, sed, ut quisque desiderabit aliquid, id tantum quaerat et sciat quo loco inueniat. Hoc ante me fecit in literis nostris Valerius Soranus in libris quos Ἐποπτίδων inscripsit.*

> « ... ce qui est contenu dans chaque livre, je l'ai joint à cette lettre, et j'ai apporté le plus grand soin à ce que tu ne sois pas obligé de les lire. Ainsi tu éviteras aussi aux autres de les lire de bout en bout : chacun cherchera seulement ce qu'il désire et saura où le trouver. Cela a déjà été fait avant moi dans notre littérature par Valerius Soranus dans les livres qu'il a intitulés Ἐποπτίδες. »

S'adressant à Vespasien, Pline justifie l'existence de sa table des matières par un gain de temps appréciable pour ceux qui ne souhaiteraient pas lire son encyclopédie de façon cursive (*ne perlegant*), mais, au contraire, y rechercher uniquement ce qui correspond à leur intérêt (*desiderabit*). On notera au passage que l'existence d'une préface en tête d'une œuvre particulièrement longue, et donc la possibilité d'une lecture consultative, ne concernent pas uniquement l'*Histoire Naturelle*, mais aussi, à en croire Pline, un ouvrage aujourd'hui perdu de Valerius Soranus, auteur du Ier siècle av. J.-C.

On s'étonnera peut-être que Pline, dans l'éventualité où une table des matières au *De medicina* existât dès l'origine, ne fasse pas mention d'un tel précédent celsien. À cela, il est possible d'opposer le fait que Celse n'est de toute façon jamais nommé dans la préface plinienne (comme d'ailleurs nombre d'autres auteurs pourtant fort utilisés par la suite), et que Pline ne cite pas non plus Scribonius Largus, pour l'œuvre duquel une table exista dès l'origine de façon certaine[8].

---

[8] Scribonius Largus, *Compositiones*, Ep. 15 : *primum ergo ad quae uitia compositiones exquisitae et aptae sint, subiecimus et numeris notauimus, quo facilius quod quaereretur inueniatur ; deinde medicamentorum, quibus compositiones constant, nomina et pondera uitiis subiunximus.* (« Par conséquent, en premier lieu, nous avons fait suivre et noté par des chiffres les maux pour lesquels les compositions sont recherchées et conviennent, afin que l'on trouve plus facilement ce que l'on cherche ; puis, nous avons joint aux maux les noms et les poids des

Quoi qu'il en soit de l'existence d'une table des matières celsienne *ab initio*, on voit donc qu'on ne peut se permettre d'exclure, parallèlement à la lecture cursive envisagée par Celse, une lecture consultative du *De medicina*, cette dernière ne présentant aucun désaccord avec les pratiques lectoriales contemporaines. Nous nous contenterons de faire remarquer que la pratique d'un tel type de lecture pour des œuvres de grande ampleur à l'époque de Celse va dans le sens de l'existence d'une table des matières au *De medicina*. Nous voyons mal, encore une fois, comment le lecteur aurait pu consulter autrement le texte celsien, compte tenu des difficultés dans la manipulation concrète de l'ouvrage. Comme l'a écrit M.-H. Marganne : « Écrire sur un rouleau n'est pas si facile. Le lire non plus. Le consulter encore moins[9]. »

Après avoir parlé des deux manières de lire le *De medicina*, nous allons nous interroger sur la motivation des lecteurs, puis sur leur identité. Le raisonnement suivi par une majorité des chercheurs peut être fort bien résumé par cette phrase de Jocelyn : « If Celsus was not a practitioner addressing those in training to be practitioners of medicine [...], neither was he writing a handbook of practical advice in these fields for non professionals[10]. » En somme, Celse ne s'adresse pas à des médecins : le *De medicina* est destiné à des non-spécialistes. Et comme certains aspects de l'ouvrage sont particulièrement délicats à mettre en œuvre par des amateurs, l'ouvrage n'aurait donc aucune visée pratique.

Un tel raisonnement nous semble devoir être fortement nuancé. Pour ce faire, nous voudrions renverser les données du problème, et tenter d'abord de répondre à la question « pourquoi lire le *De medicina* ? » avant, dans un second temps seulement, de nous interroger sur les lecteurs de l'ouvrage celsien.

---

médicaments, dont les compositions sont formées. ») Cf. S. Sconocchia, *Scribonii Largi Compositiones*, Teubner, Leipzig, 1983, p. 6-16.

[9] M. H. Marganne, *Le livre médical dans le monde gréco-romain*, Cahiers du CeDoPaL n° 3, Liège, 2002, p. 25.

[10] H. D. Jocelyn, « The new chapters of the ninth book of Celsus' Artes », Papers of the Liverpool Latin Seminar (vol. 5, 1985), 1986, p. 303.

Pourquoi lire le *De medicina* ? Lecture théorique et application pratique

L'étude du lectorat du *De medicina* requiert une réflexion préalable sur l'objectif recherché lors de la lecture. Celle-ci avait-elle uniquement un caractère théorique et abstrait ? Ne pouvait-on pas aussi y rechercher une solution à un problème posé par une situation médicale concrète ?

La critique est particulièrement divisée sur ces questions. Il suffit pour s'en convaincre de comparer, parmi tant d'autres, les opinions émises par Marrou, pour qui le *De medicina* ressortit à l'« encyclopédisme pratique à l'usage du *paterfamilias*[11] », et, par exemple, certaines conclusions de Jocelyn : « Celsus' books catered for a purely intellectual interest in the art of medicine[12]. » On mesure bien ainsi à quel point les spécialistes ont pu assigner à la lecture du *De medicina* des objectifs diamétralement opposés. Il nous semble que l'aspect éminemment concret et réaliste de certaines descriptions, ainsi que le caractère bicéphale de l'*ars medicina* (discipline à la fois théorique et pratique), sont autant d'éléments qui ne permettent pas de trancher la question de manière définitive, même si nous croyons que le lien entre les écrits encyclopédiques antiques et leur mise en pratique est primordial.

Lecture théorique : l'exemple de lecteurs antiques

Pour analyser la lecture théorique du *De medicina*, nous nous appuierons sur les exemples de lecteurs antiques[13] des *Artes*[14] :

---

[11] H.-I. Marrou, *Histoire de l'éducation dans l'Antiquité*, tomes 1 et 2, Paris, 1981 (1re éd. 1948), t. 2, p. 45.

[12] H. D. Jocelyn, « The new chapters of the ninth book of Celsus' *Artes* »..., p. 304. Pour ce point de vue, voir aussi, par ex., W. M. Bloomer, *Latinity and Literary Society at Rome*, Philadelphia, 1997, p. 111 : « works of encyclopedic culture and schoolboy learning : Asconius, Celsus... »

[13] Nous ne prenons pas en compte ici les lecteurs non-antiques du *De medicina*. Pour plus de détails sur ce sujet, on se reportera notamment au riche article de H. D. Jocelyn « The new chapters of the ninth book of Celsus' *Artes* »..., p. 299-336. Cf. aussi, sur le cas précis de Morgagni, J. Rojouan, « Morgagni lecteur de Celse », in A. et J. Pigeaud (éds.), *Les textes médicaux latins comme littérature, Actes du VIe colloque international sur les textes médicaux latins du 1er au 3 septembre 1998*, Nantes, 2000, p. 251-256.

Columelle, Quintilien et Pline l'Ancien[15]. S'ils sont la parfaite illustration d'une lecture fondée uniquement sur un intérêt intellectuel, ils permettent surtout d'appréhender le contact entre une œuvre littéraire et des lecteurs eux-mêmes écrivains, c'est-à-dire une catégorie de lectorat que Celse n'avait sans doute même pas envisagée.

Columelle et Quintilien se distinguent de Pline en ce qu'ils sont des contemporains de Celse. Le premier, dans son *De re rustica*, fait référence à Celse selon trois axes majeurs : il souligne la dimension encyclopédique de ses écrits, fait l'éloge de son style[16], et met en avant la prudence et la véracité de ses propos[17]. Ce dernier point témoigne de l'usage théorique que Columelle fait de Celse, qu'il considère comme une source à laquelle puiser, comme dans le livre IX consacré à l'élevage des abeilles, où Columelle fait montre d'une grande communauté d'opinion avec notre auteur[18].

Ce qui n'est pas le cas de Quintilien. Si ce dernier utilise fréquemment Celse dans son *Institution oratoire*, il est très souvent en désaccord avec lui[19]. Quoi qu'il en soit, Quintilien, qui a été en contact direct avec le *De Rhetorica* celsien[20], nous transmet un texte

---

[14] Seul Pline l'Ancien a eu recours de façon certaine au *De medicina*, Columelle et Quintilien se référant plus certainement aux autres parties des Artes (*De Agricultura, De Rhetorica*). Cependant, leur lecture de ces autres divisions de l'encyclopédie celsienne nous semble suffisamment proche de celle faite par Pline du *De medicina*, pour que l'on puisse se permettre de regrouper ici, sous une même rubrique, les remarques afférentes à ces trois auteurs.

[15] La présence de Celse chez ces auteurs a déjà été étudiée, entre autres par E. Montero Cartelle et T. Santamaria Hernandez, « *Nec elegantius quam Celso* (Colum. IX 2, 1). Sobre la *Elegantia* del 'De medicina' de A. Cornelio Celso », *Helmantica* (XLIV), Salamanque, 1993, qui reprennent dans le titre de leur article la fameuse citation de Columelle, *Nec elegantius quam Celso* (*De re rustica*, 9.2.1).

[16] 9.2.1.

[17] 4.8.1, 7.1.2, 7.3.11, 8.3.12, 9.6.2, 9.14.6.

[18] Columelle, *De re rustica* 9.6.2 : *Quorum alterum iure damnauit Celsus...* (« Celse a condamné l'un et l'autre de ces deux procédés à juste titre... ») ; 9.14.6 : *... quam rationem diligentius prosequi superuacuum puto, consentiens Celso...* (« ... méthode qu'il me semble superflu d'exposer avec plus de soins, étant d'accord avec Celse... »)

[19] Cf. 3.16.13, 4.1.12, 4.2.9, 7.2.19, 8.3.47, 9.2.101, 9.4.137.

[20] Quintilien, *Inst. oratoire*, 2.15.32 : *Consensisse autem illis superioribus uideri potest etiam Cornelius Celsus, cuius haec uerba sunt : "Orator simile tantum ueri petit", deinde paulo post : "Non enim bona conscientia, sed uictoria litigantis est praemium."* (« Celse a semble-t-il été d'accord avec ces précurseurs, lui dont les

particulièrement précieux, puisqu'il renferme les seuls fragments du *De Rhetorica* parvenus jusqu'à nous.

Le cas de Pline l'Ancien et de son *Histoire Naturelle* est plus complexe. Dans la table des matières du livre 1, Celse est mentionné comme *auctor* pour 20 livres[21], mais n'est cité ensuite qu'à cinq reprises. D'abord aux livres 10 et 14, pour lesquels Pline a sans doute puisé au *De Agricultura* celsien aujourd'hui perdu, même s'il n'est pas certain qu'il ait pu consulter cet ouvrage de première main[22]. Ensuite, au sein des livres traitant des plantes médicinales, où il est possible de comparer le texte plinien à l'œuvre de Celse. En 20.29, Pline renvoie, dans le cas d'une goutte sans enflure, à la racine de guimauve cuite dans du vin (*et podagris quae sine tumore sint radicem eius* [= *hibisci*] *in uino coctam*), recette que l'on trouve chez Celse en 4.31.4 (*si tumor nullus est [...] maximeque ibisci radicem ex uino coctam*). Au livre 21, l'auteur de l'*Histoire Naturelle* renvoie à une précision linguistique celsienne concernant le parthenium. Enfin, le bref paragraphe 27.132 (*Solanum Graeci στρύχνον uocant, ut tradit Cornelius Celsus. Huic uis reprimendi refrigerandique.*) est une reprise exacte d'un passage référentiel celsien, 2.33 (*At simul et reprimunt et refrigerant [...] solanum (quam strychnon Graeci uocant)*. Dans ces trois cas, l'extrême similitude entre l'original celsien et la reprise plinienne nous semble confirmer que Pline a bien eu recours au *De medicina*.

Columelle, Quintilien ou Pline, à la recherche d'informations précises pour la rédaction de leur propre ouvrage, ont indubitablement puisé à la source des *Artes* celsiennes afin de satisfaire leur curiosité. Que ce soit pour des écrivains ou, plus modestement, pour des lecteurs avides de connaissances, l'encyclopédie celsienne a donc pu être — et a été — un lieu de pur épanouissement intellectuel.

---

mots sont : "L'orateur recherche seulement le vraisemblable", puis, un peu plus loin : "Ce n'est pas la bonne conscience, mais la victoire qui est la récompense du plaideur." »).

[21] *Histoire Naturelle* 7-11, 14-15, 17-29, 31.

[22] J. André, *Pline l'Ancien. Histoire Naturelle, Livre XIV* (C.U.F.), Paris, 1958, fait remarquer à juste titre que la mention erronée de Celse en 14.33 « est due à une lecture trop rapide du texte de Columelle » (p. 86), ce qui laisse penser que Pline ne possédait peut-être pas d'exemplaire du *De Agricultura* celsien.

Arguments en faveur d'une application pratique du *De medicina*

Néanmoins, nous ne saurions considérer le *De medicina* comme une œuvre à vocation *exclusivement* théorique. Une telle conception de l'ouvrage celsien nous semble en effet être à mille lieues de l'esprit romain. S'il n'est certes pas impossible de lire le *De medicina* dans une perspective purement intellectuelle, la dimension concrète de l'œuvre nous paraît néanmoins primordiale[23]. Plusieurs arguments, tirés de l'œuvre elle-même, permettent d'étayer cette hypothèse d'une dimension pratique prédominante du *De medicina*.

Le premier de ces arguments est d'ordre « éditorial ». Rappelons ici cette évidence que le *De medicina* appartient à l'origine à l'ensemble plus vaste des *Artes*. Or le concept d'ἐγκύκλιος παιδεία sous-entend, comme l'a montré I. Hadot, « qu'il faut être exercé dans toutes les 'disciplines' pour pouvoir en pratiquer une, [... et qu']elles forment donc un tout qu'il faut avoir parcouru en entier[24] ». Pour faire au mieux, il faudrait donc avoir lu l'ensemble des *Artes* afin de pouvoir, éventuellement, exercer la médecine exposée dans le *De medicina*. Pourtant, le texte médical celsien a été édité et diffusé à part des autres parties de l'encyclopédie, parfois même associé à d'autres écrits médicaux[25]. Il nous paraît délicat de mesurer, du point de vue de l'attente des lecteurs, le degré de dépendance entre le *De medicina* et les autres parties des *Artes*. On peut se demander si l'on n'est pas ici en présence d'un des paradoxes les plus tenaces du genre encyclopédique : à vouloir appréhender un nombre de sujets important, l'encyclopédie porte en effet en son sein le germe d'une éventuelle fragmentation par ses lecteurs. Quoi qu'il en soit, cela prouve que, loin de l'idéal quelque peu illusoire d'une ἐγκύκλιος

---

[23] Concernant par ex. les livres de chirurgie du *De medicina*, cf. D. Manetti – A. Roselli, « Il ruolo della tradizione nei libri chirurgici di Celso », in G. Sabbah – P. Mudry (éds.), *La médecine de Celse. Aspects historiques, scientifiques et littéraires, Mémoires XIII*, Saint-Étienne, 1994, qui parlent d'un « manuale di chirurgia » (p. 103).

[24] I. Hadot, *Arts libéraux et philosophie dans la pensée antique*, Études Augustiniennes, Paris, 1984 (2ᵉ éd. revue et considérablement augmentée), p. 268.

[25] Cf. H. D. Jocelyn, « The new chapters of the ninth book of Celsus' Artes », *Papers of the Liverpool Latin Seminar* (vol. 5, 1985), 1986, p. 305 : « The medical books of Celsus' encyclopedia [...] were separated from their agricultural, rhetorical and other companions, renumbered, and transmitted either alone or bound up with other medical works. »

παιδεία complète et achevée, l'œuvre celsienne a été reprise à leur compte par des individus avant tout soucieux d'une médecine dont ils pouvaient faire une utilisation pratique. C'est sans doute ce qui a fait considérer par Krenkel, à la suite de Daremberg, le *De medicina* comme un potentiel livre de poche à l'usage du soignant[26].

Un deuxième argument permettant de considérer le *De medicina* comme un ouvrage à visée pratique est la multiplication des remèdes pour une même pathologie, selon le principe des succédanées. Cette accumulation de données ne nous semble pas ressortir uniquement à un souci d'inventaire, à une volonté encyclopédique d'embrasser le plus de savoirs possible (on a vu combien Celse opérait de nombreux choix de ce point de vue), mais plutôt à un souci constant d'offrir au soignant une liberté de choix. Cette démarche se retrouve d'abord dans la mise en concurrence des diverses parties de la thérapeutique. Ainsi, clôturant le livre 5 par les lésions de moindre gravité, Celse écrit :

> *Alioqui res utrique succurri patitur, siquidem utraque cicatrix exulcerari scalpello potest. Si medicamentum aliquis mauult, idem efficiunt compositiones eae, quae corpus exedunt.* (5.26.36C)
>
> « D'ailleurs les deux situations peuvent être guéries, puisque l'un et l'autre type de cicatrices peut être transformé en blessure à l'aide d'un scalpel. Si l'on préfère un médicament, les compositions qui consument le corps ont la même efficacité. »

L'auteur renvoie ici son lecteur à l'un des passages référentiels que nous avons identifiés plus haut (5.7), au cas où le soignant (*aliquis*) préférerait un remède pharmaceutique plutôt que chirurgical.

---

[26] W. Krenkel, « Celsus », *Das Altertum* (Band 3, Heft 4), Berlin, 1957, p. 111-122 : « Noch 1891 schrieb C. Daremberg im Vorwort zu seiner Ausgabe des Celsus : "Betrachtet man die Naturwissenschaft und die Medizin, so könnte das Werk des Celsus gewiß durch sehr viele Zusätze ergänzt werden, dennoch findet man kaum etwas, das gestrichen werden müßte. Ja, es fehlt nicht viel, daß es heute als Taschenbuch der Medizin Verwendung finden könnte." Etwas mehr als sechzig Jahre sind seitdem erst vergangen ! » (p. 117).

Au sein d'une même branche de la thérapeutique, l'abondance de remèdes est également très fréquente, notamment dans les livres de pharmacie[27] :

> *Si materia extrahenda est [...] aptum est id, quod habet resinae aridae, nitri, Hammoniaci, galbani, singulorum pondo ; cerae pondo. Aut in quo haec sunt : aeruginis rasae, turis, singulorum P. * II ; Hammoniaci salis P. * VI ; squamae aeris, cerae, singulorum P. * VIII ; resinae aridae P. * XII ; aceti cyathus. Idem praestat cumini farina cum struthio et melle.* (5.18.2)

« Si de la matière doit être extraite [...] convient ce qui contient de la résine séchée, du nitre, de la gomme d'ammoniaque, du galbanum, chacun 336 grammes, et 336 grammes de cire. Ou bien celui où se trouvent des restes de vert-de-gris, de l'encens, chacun 8 grammes ; du sel de gomme d'ammoniaque, 24 grammes ; des copeaux de bronze, de la cire, chacun 32 grammes ; de la résine séchée, 48 grammes ; une cyathe de vinaigre. À le même usage, la farine de cumin avec de la saponaire et du miel. »

Les choix possibles sont clairement soulignés ici par la construction du paragraphe, bâti autour de structures alternative (*aut*) et comparative (*idem*), comme en de nombreux autres passages du *De medicina*.

Il nous paraît évident qu'une telle présentation des remèdes a pour objectif de permettre de soigner le malade quelles que soient les circonstances, notamment, sans doute, en fonction de la disponibilité de tel ou tel élément entrant dans la composition médicamenteuse. On remarque d'ailleurs que les deux premiers médicaments de notre extrait possèdent trois ingrédients en commun (résine séchée, cire, ammoniaque), les autres n'étant peut-être que des variations possibles. Une telle pratique se retrouvera, quatre siècles plus tard, chez Cassius Felix. Dans son *De medicina*, œuvre à la dimension pratique reconnue[28], il n'hésite pas lui non plus, à plusieurs reprises, à proposer deux ingrédients similaires[29].

---

[27] Nous ne citons qu'un seul exemple, mais la fréquentation, notamment, des chapitres 5.1-25, passages de référence, suffira à se convaincre de la répétition de la pratique celsienne.
[28] Cf. A. Fraisse, *Cassius Felix. De la médecine.* (C.U.F.), Paris, 2002, p. XII-XVI.
[29] Cassius Felix, *De medicina* 32.6 : *Si uero taedam non inueneris, picis siccae modicum mittes et uteris.* (« Mais si tu ne trouves pas de pin, tu mettras un peu de poix sèche et tu l'utiliseras. »)

Au-delà des arguments qui précèdent, il n'est pas impossible que les équivalences latin-grec, dans le domaine de la pharmacologie, aient pu avoir elles aussi une utilité pratique. Après avoir exposé les propriétés des médicaments à l'état simple (5.1-16), Celse annonce qu'il va désormais traiter des médicaments composés. Le chapitre 5.17 constitue une transition méthodologique, dans laquelle l'auteur évoque notamment la question des poids et mesures :

> *Sed et ante sciri uolo, in uncia pondus denarium septem esse, unius deinde denarii pondus diuidi a me in sex partes, id est sextantes, ut idem in sextante denarii habeam, quod Graeci habent in eo, quem obolon appellant. Id ad nostra pondera relatum paulo plus dimidio scripulo facit.* (5.17.1C)

> « Mais auparavant je veux que l'on sache que dans une once se trouve le poids de sept deniers, ensuite, que le poids d'un denier, je le divise en six parties, c'est-à-dire en sextants, de façon à avoir dans le sextant d'un denier la même chose qu'ont les Grecs dans ce qu'ils appellent l'obole. Ce dernier ramené à nos poids fait un peu plus de la moitié d'un scrupule. »

Ce passage consiste en un tableau comparatif d'unités de poids grecques et romaines, qui permet à Celse d'établir qu'1 once équivaut à 7 deniers, 1 denier à 6 sextants, chaque sextant correspondant à l'obole grec, lui-même « romanisé » en ½ scrupule.

La division de l'once en sept deniers est tout à fait courante[30]. Celle du denier en 6 sextants est elle aussi juste d'un point de vue pondéral, puisque Celse affirme l'équivalence — compte tenu de la précision de mesure des instruments de l'époque — entre le sextant ($1/42^e$ d'once), qui pèse 0,666 gr., et l'obole ($1/6^e$ de la drachme), 0,728 gr. D'un point de vue lexical en revanche, on note que notre auteur choisit de préférence à l'obole le « sextant », et qu'il souligne clairement que ce découpage lui est propre (*diuidi a me*). Il nous semble qu'une telle information ne saurait avoir d'autre but que de permettre au lecteur de pouvoir réaliser les compositions médicamenteuses qui seront exposées ensuite dans les livres 5 et 6^{31}.

---

[30] Sur les poids romains, cf. F. Hultsch, *Griechische und Römische Metrologie*, Graz, 1971, p. 144-155 et p. 706.
[31] La question des poids et mesures est cruciale pour la pratique médicale. Chaque auteur est ainsi obligé de préciser dans son œuvre les normes qu'il suit, notamment parce que ces dernières ne sont pas réparties de façon homogène. C'est le cas de

Ainsi, au-delà d'une lecture purement théorique, dont l'objectif principal est de satisfaire une curiosité d'ordre intellectuel, il ne nous paraît pas inconcevable de considérer le *De medicina* comme une œuvre potentiellement utilisable dans la pratique. Les éléments que nous venons d'analyser démontrent, à notre avis, que Celse place bel et bien une telle éventualité au cœur de sa démarche rédactionnelle, en insistant notamment à de multiples reprises sur la notion d'*utilitas*, fondamentale pour comprendre son œuvre[32].

Les lecteurs du *De medicina*

Traité spécialisé ou œuvre de vulgarisation ?

Mise en pratique éventuelle de la médecine présentée dans le *De medicina*, mais par qui ? Au grand regret des philologues, Celse, contrairement à certains de ses contemporains, n'indique jamais explicitement à qui il destine son œuvre. Nous aimerions revenir sur cette question, notamment en associant étroitement la problématique des lecteurs du *De medicina* aux enjeux soulevés par la dimension pratique de l'œuvre.

D'une manière générale, les chercheurs envisagent principalement, comme lecteurs des œuvres antiques, des personnes jouissant d'un certain statut social et, donc, d'une certaine puissance financière, leur permettant d'avoir un accès plus facile aux livres[33]. Il semble normal

---

Pline (*Hist. Nat.* 21.185) on encore de Pline Junior, qui dans le prologue (§ 9) de son *De medicina* écrit : *Oportet et pondera medicinalia mensurasque nosse. Drachma tres scripulos habet. Drachma pondus est denarii argentei, obolus drachmae pars sexta. Cyathus drachmae decem, acetabulum drachmae quindecim, cochleare drachma dimidia.* (« Il convient de connaître en médecine à la fois les poids et les mesures. Une drachme contient trois scrupules. Une drachme a le poids d'un denier d'argent, l'obole est un sixième de drachme. Un cyathe vaut dix drachmes, une cymbale quinze drachmes, une cuillère vaut une demi drachme. »)

[32] Sur la notion d'utilitas chez Vitruve, cf. A. Novara, « Faire œuvre utile : la mesure de l'ambition chez Vitruve », in P. Gros, *Le projet de Vitruve. Objet, destinataires et réception du* De architectura, *Actes du colloque international organisé par l'École française de Rome, l'Institut de recherche sur l'architecture antique du CNRS et la Scuola normale superiore de Pise (Rome, 26-17 mars 1993)*, Collection de l'École française de Rome (192), Rome, 1994b, p. 47-61.

[33] Sur la question de l'accès aux livres à Rome, cf. le récent ouvrage de R. Winsbury, *The Roman book*, Londres, 2009, p. 67-75. Sur la question de l'accès

de penser que le *De medicina* ne déroge pas à la règle, et qu'il serait donc, pour des raisons d'ordre matériel, réservé à un public relativement aisé, issu des hautes couches de la société romaine, tels que des propriétaires terriens[34] ou des (apprentis)-médecins.

Il nous faut en outre nous pencher sur une autre catégorie possible de lecteurs, moins souvent envisagée par la critique celsienne : les esclaves. On s'accorde depuis longtemps sur le rôle de ces derniers dans le système éducatif à Rome, et sur le haut degré d'éducation que les plus doués d'entre eux pouvaient atteindre, dans tous les domaines[35]. La médecine n'échappe pas à ce principe, même si la relation entre les esclaves et l'art médical a pu être soumise à quelques controverses[36]. Il convient avant tout de distinguer d'une part les médecins-esclaves (médecins étrangers devenus captifs de guerre) et, d'autre part, les esclaves-médecins, « acquis sans connaissances médicales ou nés à la maison, que leurs propriétaires faisaient instruire[37] » ; notons que pour certains chercheurs, comme par exemple Kudlien, ces *servi medici* sont une spécificité romaine[38]. Quoi qu'il en soit, les deux catégories d'individus en condition

---

aux livres médicaux à Rome, cf. J. André, *Être médecin à Rome*, Paris, 1987, p. 53-4. Sur l'élite constituée par les lecteurs du *De medicina* de Celse, cf. H. Von Staden, « The dangers of literature and the need for literacy : A. Cornelius Celsus on reading and writing », in A. et J. Pigeaud (éds.), *Les textes médicaux latins comme littérature, Actes du VIe colloque international sur les textes médicaux latins du 1er au 3 septembre 1998*, Nantes, 2000, p. 362-363.

[34] Cf., par ex., I. Hadot, *Arts libéraux et philosophie dans la pensée antique*, Études Augustiniennes, Paris, 1984 (2e éd. revue et considérablement augmentée), p. 457.

[35] Sur ce thème, la bibliographie est immense. Se reporter, par ex., à H.-I. Marrou, *Histoire de l'éducation dans l'Antiquité*, tomes 1 et 2, Paris, 1981 (1re éd. 1948), t. 2, p. 64-65, ou à Bonner (1977), p. 37-38 et p. 58-59.

[36] Cf. par ex. les différences d'opinions entre F. Kudlien, *Die Stellung des Arztes in der römischen Gesellschaft. Freigeborene Römer, Eingebürgerte, Peregrine, Sklaven, Freigelassene als Ärzte*, Stuttgart, 1986, p. 92-118, et R. Joly, « Esclaves et médecins dans la Grèce antique », *Sudhoffs Archiv*, n° 53, 1969, p. 1-14. On lira aussi avec intérêt I. Hadot, *Arts libéraux et philosophie dans la pensée antique, op. cit.*, p. 464-467.

[37] J. André, *Être médecin…*, p. 33 ; J.-M. André, *La médecine à Rome*, Paris, 2006, p. 503-504.

[38] F. Kudlien, *Die Stellung…* : « Es gibt keinen zuverlässigen Anhaltspunkt dafür, daß in vorrömischer Zeit in Griechenland oder im hellenisierten Osten oder in den altergriechischen Kolonien im Westen und Süden Sklaven existierten, welche reguläre Ärzte waren, als solche bezeichnet wurden und unabhängig praktizierten. » (p. 92).

d'esclavage et pratiquant la médecine[39] sont susceptibles de lire le *De medicina*. Demeure, pour un tel public, la question du prix d'achat des livres (médicaux), bien trop élevé. Il est raisonnable de penser que les maîtres fortunés procuraient les ouvrages médicaux aux esclaves qu'ils souhaitaient voir acquérir des connaissances médicales.

Quelle que fût leur origine, les lecteurs du *De medicina* étaient-ils des spécialistes de médecine, ou bien des amateurs, des φιλίατροι[40] ? Une telle opposition entre dans le cadre plus général de la distinction proposée par Fuhrmann[41], puis reprise et critiquée par Stahl[42], entre *Lehrbuch* (ou *Fachbuch*), traité technique destiné à des spécialistes, et *Sachbuch*, ouvrage de vulgarisation s'adressant plutôt à un public cultivé. Concernant Celse, en l'absence d'arguments irréfutables et applicables à l'ensemble de l'œuvre, il nous paraît délicat de ranger à toute force le *De medicina* dans l'une ou l'autre de ces deux catégories. Les lectorats liés à ces deux types d'ouvrage ne sont d'ailleurs pas, comme nous allons le voir, exclusifs l'un de l'autre.

Si Celse ne dispense aucune information sur ce sujet, il n'est pas inutile de s'intéresser à d'autres textes antiques, appartenant à une période proche de celle du *De medicina*. On tire ainsi grand profit à observer le *De Architectura* de Vitruve, auteur quasi-contemporain de Celse. Vitruve y nomme ses lecteurs *aedificantes* et *sapientes* (1.18). Comme l'a indiqué Saliou[43], il n'est d'ailleurs pas dit que ces deux catégories ne puissent renvoyer aux mêmes individus, en fonction de l'utilisation qu'ils avaient à faire du texte vitruvien, que celle-ci dépendît d'une simple curiosité intellectuelle ou répondît au contraire

---

[39] Nous laissons volontairement de côté les affranchis, afin de ne pas alourdir inutilement le débat avec ce qui nous semble n'être qu'une évolution sociale (et chronologique) possible pour les individus concernés. La prise en compte de ces derniers n'aurait de toute manière aucune incidence (ou une incidence négligeable) sur nos développements. Pour plus de détails, se reporter à R. Jackson, *Doctors and diseases in the Roman Empire*, Londres, 1988, p. 56, et J. André, *Être médecin...*, p. 35-36.

[40] Cf. K. Luchner, *Philiatroi. Studien zum Thema der Krankheit in der griechischen Literatur der Kaiserzeit*, Hypomnemata 156, Göttingen, 2004.

[41] M. Fuhrmann, *Das systematische Lehrbuch ; ein Betrag zur Geschichte der Wissenschaften in der Antike*, Göttingen, 1960.

[42] W. H. Stahl, « The Systematic Handbook in Antiquity and the Early Middle Ages » (Collection Latomus 23.2), Bruxelles, 1964.

[43] Sur ce point, cf. C. Saliou, *De l'Architecture, livre 5.* (C.U.F.), Paris, 2009, n. 2 p. 91.

à un impératif d'ordre pratique. On pourrait alors, paraphrasant Vitruve, envisager pour l'œuvre de Celse d'une part des lecteurs *sapientes*, et, d'autre part, des lecteurs *curantes*, en admettant que ces deux catégories peuvent éventuellement recouvrir une même réalité, pour peu que les personnes avides de savoir désirent elles-mêmes (se) soigner. Vivian Nutton montre d'ailleurs très bien le caractère particulier de certains *sapientes* qui avaient acquis une maîtrise si élevée de la médecine, qu'ils purent (se) soigner, voire passer pour de véritables médecins[44].

Il nous paraît ainsi impossible de faire du *De medicina* une œuvre exclusivement destinée à un lectorat de médecins ou d'apprentis-médecins. Les livres pouvaient certes prendre une part non négligeable dans l'apprentissage de la médecine dans l'Antiquité (le témoignage de Galien, par exemple, dans son *De libris propriis*, est de ce point de vue édifiant[45]). Cependant, l'apprentissage se voulait avant tout pratique et, pour l'anatomie et la dissection notamment, rien ne pouvait remplacer le fait de s'attacher à un maître[46]. Le recours aux livres ne pouvait venir que dans un second temps, en complément éventuel d'actes médicaux que les élèves avaient observés.

Nous voudrions donc avancer une hypothèse médiane, arguant que le *De medicina* est une œuvre rédigée à l'intention non pas de *medici*, mais, plus généralement, de *curantes*[47]. Ces « soignants » peuvent avoir des origines diverses, qu'il s'agisse de *sapientes* amenés à appliquer concrètement la matière de leur lecture, d'apprentis-médecins complétant leur formation pratique ou encore d'esclaves destinés à tenir le rôle de médecins au sein de la *familia*. Cette variété du lectorat nous semble être une autre caractéristique du genre

---

[44] Sur ce point, cf. V. Nutton, *Ancient Medicine*, Londres, 2005, p. 252-253, et, plus généralement, le chapitre « All sorts and conditions of (mainly) men », *ibid.*, p. 248-271.

[45] Galien, *De libris propriis*, I.1. Cf. aussi V. Boudon-Millot, « Un étudiant sans école, un maître sans disciples : l'exemple paradoxal de Galien de Pergame », in H. Huggonard-Roche (éd.), *L'enseignement supérieur dans les mondes antiques et médiévaux. Aspects institutionnels, juridiques et pédagogiques. Colloque international de l'Institut des Traditions Textuelles*, 2008, p. 279.

[46] Sur ce point, voir par ex. V. Boudon-Millot, « Un étudiant sans école... », p. 273.

[47] Nous sommes ici en net désaccord avec l'opinion de H. Pinkster, « Notes on the syntax of Celsus », *Mnemosyne* (vol. XLV), p. 513-524 : « The perspective through which this universe is presented to us is as a rule for the doctor, for whom this is meant. » (p. 517).

encyclopédique, et n'est sans doute pas sans influence sur le choix par Celse de rédiger son œuvre en latin[48].

Arguments en faveur d'un lectorat élargi

Nous aimerions à présent explorer le *De medicina* à la recherche d'indices textuels nous permettant d'appuyer l'hypothèse d'une ouverture du lectorat, au-delà des spécialistes, à de simples *curantes*. Si l'ouvrage celsien était destiné aussi à un public de non-médecins, Celse se devait, dès l'écriture de son texte, de donner à ses propos la plus grande clarté et la plus grande ouverture possible, dans une démarche éminemment didactique. Cette volonté se traduit selon nous à la fois par la présence de définitions explicatives et par la coexistence, au sein de l'ouvrage, de termes grecs et de leurs équivalents latins.

Les définitions

Comme l'a bien montré Philippe Mudry, l'exposé médical de Celse obéit à une présentation très structurée, « en deux temps : le premier présent[ant] la maladie, le second expos[ant] les différentes thérapies élaborées par les médecins[49] ». Au sein de la première de ces deux étapes, le critique s'est intéressé à la description de la maladie, en s'appuyant sur les cas de l'épilepsie et de l'*elephantiasis*, tous deux tirés du livre 3. Pour lui, la démarche de Celse vise à sélectionner des

---

[48] Cf. A. Castiglioni, « Aulus Cornelius Celsus as a historian of medicine », *Bulletin of the History of Medicine*, vol. VIII, 1940, p. 870-871 : « It would seem to me that at the opening of the humanistic era, when all scientific and philosophical texts were written in Greek, there was no point in translating any of them into Latin, because neither philosophers nor physicians would have paid much attention to a book written in Latin ; and as a matter of fact, having written in Latin, nobody of any consequence seems to have taken any notice of Celsus and Galen does not quote him. [...] With an encyclopedia it was different, however. Encyclopedias were directed to a wider reading public, and therefore had to be written in Latin. »

[49] P. Mudry, « Pour une rhétorique de la description des maladies. L'exemple de *La médecine* de Celse », in *Demonstrare : Voir et faire voir : forme de la démonstration à Rome. Actes du Colloque international de Toulouse, 18-20 novembre 2004, réunis par Mireille Armisen-Marchetti* (*Pallas, Revue d'études antiques*, 69), Montpellier, 2006, p. 323-332 (= P. Mudry, *Medicina, soror philosophiae, Regards sur la littérature et les textes médicaux antiques (1975-2005)*, Lausanne, 2006, p. 9-18), p. 10.

éléments caractéristiques d'une affection, facilitant son identification par un lecteur non-spécialiste[50].

Le problème que nous nous posons est simple : la démonstration convaincante de Mudry, qui s'appuie presque exclusivement sur les livres de diététique du *De medicina*[51], est-elle également applicable à des exemples tirés des deux autres parties de l'ouvrage celsien ? Autrement dit, existe-t-il dans les livres de pharmaceutique et de chirurgie un semblable travail de définition, ayant pour objectif de permettre à des non-spécialistes d'identifier une pathologie, puis de mettre en pratique la thérapeutique y afférent ?

Pour répondre à ces questions, nous avons choisi un exemple appartenant à chacune de ces deux branches de la thérapeutique du *De medicina*. Dans les livres de pharmaceutique, Celse consacre les deux premiers chapitres du livre 6 à la chute de cheveux et au porrigo. De ce dernier, il commence par donner la définition suivante :

> *Porrigo autem est, ubi inter pilos quaedam quasi squamulae surgunt haeque a cute resoluuntur.* (6.2.1)
>
> « Mais il s'agit d'un porrigo, lorsque, parmi les cheveux, surgissent comme de petites écailles et que celles-ci se détachent de la peau. »

La présentation celsienne est ici sans équivoque. D'une part, il s'agit de marquer nettement, pour son lecteur, la distinction entre calvitie et porrigo : l'adverbe *autem* assure cette fonction. D'autre part, la tournure *porrigo... est, ubi...* annonce la définition bipartite de l'affection, soulignant les deux conditions nécessaires à l'identification et à la nomination de la maladie (*surgunt, resoluuntur*).

Le domaine chirurgical ne manque pas non plus de présentations de ce genre. Parmi les maladies oculaires, Celse mentionne le cas de l'*unguis* :

> *Unguis uero, quod ptegyrion Graeci uocant, est membranula neruosa oriens ab angulo, quae nonnumquam ad pupillam quoque peruenit, eique officit.* (7.7.4A)

---

[50] P. Mudry, « Pour une rhétorique de la description des maladies... », p. 323-332 (= P. Mudry, *Medicina, soror philosophiae*..., p. 9-18), p. 13.

[51] En dehors de ces livres, P. Mudry, « Pour une rhétorique de la description des maladies... », p. 323-332 (= P. Mudry, *Medicina, soror philosophiae*..., p. 9-18), ne cite que 5.27.2C (p. 16).

« Un unguis, que les Grecs appellent ptegyrion, est une petite membrane fibreuse naissant à l'angle de l'œil, qui parfois atteint aussi la pupille, et l'obstrue. »

La définition de l'affection prend ici la forme d'un diminutif attribut (*membranula*), triplement développé par un adjectif (*neruosa*), une proposition participiale (*oriens ab angulo*), et enfin une proposition relative (*quae nonnumquam*...).

Dans les deux cas que nous venons de citer, on conçoit aisément que le souci de clarté que manifeste Celse serait inutile si le *De medicina* était réservé à un lectorat de spécialistes sans doute déjà bien informé sur les sujets abordés. Il ne nous paraît dès lors pas totalement incongru d'envisager cette présentation comme une preuve supplémentaire de l'ouverture lectorale du texte médical celsien, et, dans tous les domaines de la thérapeutique, de faire l'hypothèse, à la suite de Philippe Mudry, d'« un public-cible bien plus vaste qu'un cercle restreint de professionnels de la médecine[52] ».

Bilinguisme, synonymie et équivalences

Un autre phénomène pouvant soutenir, selon nous, l'hypothèse de destinataires non-spécialistes est la mise en place, tout au long du *De medicina*, de couples formés de termes grecs et de leurs équivalents latins.

De tels couples consistent avant tout en la transposition par Celse de termes techniques grecs en latin, qui peut prendre la forme soit d'une translittération, soit d'une traduction — cette dernière nécessitant éventuellement de forger de nouveaux mots latins[53]. Débutons par un exemple tiré de l'ouverture du livre 2 :

---

[52] P. Mudry, « Pour une rhétorique de la description des maladies... », p. 323-332 (= P. Mudry, *Medicina, soror philosophiae, Regards sur la littérature et les textes médicaux antiques (1975-2005)*, Lausanne, 2006, p. 9-18) p. 12.

[53] Sur ce second point, cf. D. Langslow, « Celsus and the makings of a Latin medical terminology », in G. Sabbah – P. Mudry (éds.), *La médecine de Celse. Aspects historiques, scientifiques et littéraires, Mémoires XIII*, Saint-Étienne, 1994b, p. 297-318 : « There are many items of Latin medical vocabulary that appear in Latin first with Celsus, whether in form or meaning or usage. This does not mean that he is responsible for all or for any of the linguistic innovations that they represent – although study of his medical terminology inclines me to the view that, if he forbade neologisms to the orator, he laid no such scripture on the scriptor artium. » (p. 308).

> ... *tabes quam Graeci* φθίσιν *nominant, urinae difficultas quam* στραγγουρίαν *appellant, tenuioris intestini morbus quem ileon nominant, leuitas intestinorum qui lienteria uocatur...* (2.1.8)
>
> « ... la consomption que les Grecs nomment phtisie, les difficultés urinaires qu'ils appellent strangourie, la maladie de l'intestin grêle qu'ils nomment ileon, le flux des intestins qui est appelée lienterie... »

Dans ce passage, on observe à la fois des traductions (*tabes* = φθίσιν, *urinae difficultas* = στραγγουρίαν) et des translittérations (*ileon* < εἰλεός et *lienteria* < λειεντερία), toutes deux s'inscrivant dans un processus de présentation bilingue et synonymique de l'affection. D'abord le latin donc, puis le grec[54], sans qu'il faille, à notre avis, voir dans cet ordre ou dans la mention des *Graeci* un quelconque sentiment hostile envers les Hellènes. La coexistence du grec et du latin dans le *De medicina* a certes souvent été présentée comme une confrontation culturelle, fondée sur un sentiment anti-hellénique[55], mais cette dimension « patriotique[56] » du travail linguistique de Celse doit, à notre avis, être nuancée.

L'identité des lecteurs peut en effet aussi expliquer une telle présentation, mêlant bilinguisme et synonymie, si fréquente dans l'ensemble de l'ouvrage celsien. D'une part, au-delà des multiples références aux autorités (*auctoritates*), l'omniprésence du vocable grec[57], traduit ou translittéré, crée une atmosphère empreinte du prestige de la médecine grecque antérieure. Vis-à-vis de lecteurs non-spécialistes, Celse peut ainsi asseoir son autorité[58], en montrant qu'il

---

[54] Même constat, à partir d'autres exemples, de la part de D. Langslow, « Celsus and the makings of a Latin medical terminology », in G. Sabbah – P. Mudry (éds.), *La médecine de Celse. Aspects historiques, scientifiques et littéraires, Mémoires XIII*, Saint-Étienne, 1994b, p. 302.

[55] Cf., par ex., F. Marx, *A. Cornelii Celsi quae supersunt, Corpus Medicorum Latinorum I*, Teubner, Leipzig-Berlin, 1915, p. XCV-XCVI ; ou, plus récemment, W. Krenkel, « Celsus », *Das Altertum* (Band 3, Heft 4), Berlin, 1957, p. 114-115 et C. Sandulescu « Cercetari Lexicologice asupra lui Celsus », *Studii Clasice II*, 1960, p. 279-290.

[56] Cf. J. N. Adams, *Bilingualism and the Latin Language*, Cambridge, 2003, qui, analysant une épitaphe gréco-latine, conclut : « It is a professionnal rather than an ethnic identity that is expressed in this case. » (p. 91).

[57] D. Langslow, « Celsus and the makings... », p. 297-318, recense 242 termes grecs dans le *De medicina* (p. 299).

[58] Cf. J. N. Adams, *Bilingualism...*, p. 340 : « ... the ignorant who did not know Greek would accord no prestige to a practitioner who did not use that language ». Le

maîtrise les fondements du sujet dont il parle. D'ailleurs, la lecture du *De medicina* pouvait peut-être faire naître chez de tels lecteurs une curiosité pour d'autres textes médicaux, rédigés en grec ?

D'autre part, les doublons linguistiques pouvaient fort bien avoir également pour rôle de satisfaire l'horizon d'attente des lecteurs qui, face à un ouvrage de nature encyclopédique, étaient en droit d'espérer des informations les plus complètes possible et donc, entre autres, la présence de noms grecs « savants » à côté des termes latins[59]. L'influence sur la pratique celsienne d'un auteur comme Varron, dont la réflexion sur la langue latine fut d'importance, n'est sans doute pas non plus totalement à exclure. Celse ferait donc preuve, ici comme ailleurs dans ses *Artes*[60], d'un certain souci philologique et linguistique, en parfaite adéquation avec les goûts et les souhaits de son lectorat.

Enfin, nous aimerions revenir sur un passage déjà analysé, 5.17.1C[61], en l'abordant cette fois du point de vue du lectorat. Ce

---

critique cite la célèbre diatribe de Pline, *Histoire naturelle*, 29.8.17 : *Solam hanc artium Graecarum nondum exercet Romana grauitas ; in tanto fructu paucissimi Quiritium attigere, et ipsi statim ad Graecos transfugae, imo uero auctoritas aliter quam Graece eam tractantibus etiam apud imperitos expertesque linguae non est.* (« La médecine est le seul art des Grecs que, jusqu'à présent, ne cultive pas la gravité romaine ; malgré les profits qu'il rapporte, un très petit nombre seulement de Romains s'y sont adonnés, et encore ils ont aussitôt passé dans le camp des Grecs, tant il n'y a d'autorité dans cette profession que pour ceux qui emploient le grec, même auprès des ignorants et de ceux qui ne connaissent pas cette langue. »)

[59] Un auteur comme Sénèque (*Lettres à Lucilius*, VI.54.1), étranger de ce point de vue à toute démarche encyclopédique, indique clairement l'inutilité du vocabulaire grec quand le terme latin suffit : ... *Vni tamen morbo quasi adsignatus sum, quem quare Graeco nominem appellem nescio ; satis enim apte dici suspirium potest.* (« Cependant je suis comme attaché à une seule maladie, dont je ne sais pourquoi je l'appellerais d'un nom grec ; tant il est vrai que le nom de suspirium lui convient assez. »)

[60] Cf. A. Gautherie, « L'influence d'Aristote sur la rhétorique de Celse dans le *De medicina* », in Y. Lehmann (éd.), *Aristoteles Romanus. La réception de la science aristotélicienne dans l'Empire gréco-romain.* », Actes du colloque organisé à Strasbourg par le Centre d'Analyse des Rhétoriques Religieuses de l'Antiquité (CARRA), 19-21 octobre 2009, p. 525-534. Nous espérons avons démontré dans cette communication que Celse, dans son *De Rhetorica*, a pu se comporter en véritable philologue.

[61] *Sed et ante sciri uolo, in uncia pondus denarium septem esse, unius deinde denarii pondus diuidi a me in sex partes, id est sextantes, ut idem in sextante denarii habeam, quod Graeci habent in eo, quem obolon appellant. Id ad nostra pondera*

texte, dont on a vu l'indéniable dimension pratique[62], participe également, selon nous, de l'ouverture du *De medicina* à des non-spécialistes. Il semble intéressant de le rapprocher d'un passage de l'*Histoire Naturelle* de Pline :

> *Et quoniam in mensuris quoque ac ponderibus crebro Graecis nominibus utendum est, interpretationem eorum semel hoc in loco ponemus : drachma Attica (fere enim Attica obseruatione medici utuntur) denarii argentei habet pondus eademque VI obolos pondere efficit...* (*Histoire Naturelle*, 21.185)

> « Et puisque pour les mesures ainsi que pour les poids on utilise souvent les noms grecs, nous poserons ici une fois pour toutes leur interprétation : la drachme attique (car en général les médecins utilisent la norme attique) a le poids d'un denier d'argent et elle vaut également six oboles... »

Chez Celse, le sextant est présenté comme le 1/6 du denier, et comme l'équivalent de l'obole grecque (*in sextante denarii habeam, quod Graeci habent in eo, quem obolon appellant*). Aucun parallèle n'est fait cependant entre le denier et la drachme attique, au contraire de Pline, qui indique qu'à son époque les médecins utilisent encore cette unité de mesure grecque (*fere enim Attica obseruatione medici utuntur*)[63]. On peut alors légitimement se demander pourquoi Celse ne mentionne pas la drachme, ni ici ni ailleurs dans le *De medicina*. En outre, lorsqu'il est question de l'obole, Celse parle de *Graeci*, sans faire explicitement référence à l'art médical, contrairement à ce qui semble être un *topos* de ce type de passage consacré aux poids et mesures[64]. Espère-t-il de son lectorat qu'il établisse spontanément un

---

relatum paulo plus dimidio scripulo facit. (« Mais auparavant je veux que l'on sache que dans une once se trouve le poids de sept deniers, ensuite, que le poids d'un denier, je le divise en six parties, c'est-à-dire en sextants, de façon à avoir dans le sextant d'un denier la même chose qu'ont les Grecs dans ce qu'ils appellent l'obole. Ce dernier ramené à nos poids fait un peu plus de la moitié d'un scrupule. »)

[62] Cf. *supra*, p. 158.

[63] Sur l'utilisation par les médecins de la drachme attique et sur l'équivalence entre celle-ci et le denier, cf. F. Hultsch, *Griechische und Römische Metrologie*, Graz, 1971, p. 149 et p. 250-253. Cf. aussi Scribonius Largus, *Compositiones*, Ep. 15.

[64] Cf. Pline (*medici*), ainsi que l'auteur de la *Medicina Plinii* (Prol. 9 : *Oportet et pondera medicinalia mensurasque nosse.*), ou encore Scribonius Largus (*Compositiones*, Ep. 9 : *raro enim aliquis, priusquam se suosque tradat medico, diligenter de eo iudicat, cum interim nemo ne imaginem quidem suam committat*

rapport avec la médecine, étant donné que « tout l'Occident latin reconnaissait le lien entre l'emploi du grec et la profession[65] » ? Voilà qui semble délicat à affirmer. Peut-être faut-il voir là également, de la part de Celse, une discrète tentative de ne pas aliéner son œuvre aux seuls *medici*. En n'enfermant pas les poids et mesures de son *De medicina* dans le carcan des usages professionnels, l'auteur permet aussi, à notre avis, l'utilisation pratique de son ouvrage par de simples *curantes*.

Les lecteurs du *De medicina* face au livre

Pour achever notre analyse, nous aimerions revenir sur les notions de lectures cursive et consultative, et les mettre en relation avec les motivations de lecture et les catégories de lecteurs que nous avons identifiés.

Parmi les *sapientes*, il nous faut distinguer les lecteurs appartenant à l'élite de la société romaine, soucieux de se cultiver, des lecteurs-écrivains, à la recherche d'informations précises. Pour les premiers, une lecture cursive du texte celsien satisferait aisément leur curiosité intellectuelle, tandis qu'une lecture consultative pouvait leur permettre, en outre, si un membre de leur *familia* venait à tomber malade, de lui apporter des soins sans recourir nécessairement à un médecin professionnel, devenant ainsi l'espace d'un instant des *curantes*. Concernant les lecteurs-écrivains, une lecture cursive, déléguée ou non à des esclaves, est évidemment envisageable. Mais il nous semble plus probable qu'ils aient privilégié une lecture de consultation, leur permettant de glaner les informations en fonction d'impératifs d'écriture clairement identifiés... à moins de penser aux esclaves de Pline l'Ancien qui ont pu lui constituer des fiches facilitant l'accès à des informations précises !

Les *curantes* pouvaient quant à eux trouver autant avantage à lire cursivement l'œuvre celsienne qu'à la consulter. Les concernant, on pourrait peut-être rapprocher la lecture cursive des étudiants en médecine, ayant besoin d'approfondir leurs connaissances, tandis que

---

pingendam, nisi probato prius artifici per quaedam experimenta atque ita lecto, habeantque omnes pondera atque mensuras exactas, ne quid errorum in rebus non necessariis accidat.).

[65] J. André, *Être médecin à Rome*, Paris, 1987, p. 29.

les praticiens utiliseraient plutôt le *De medicina* ponctuellement, selon les cas qui se présentaient à eux, l'œuvre de Celse jouant alors le rôle de pense-bête[66]. La lecture cursive se fait ici lecture théorique, orientée davantage vers un apprentissage scolaire et livresque, tandis que la lecture consultative répondrait plutôt à des impératifs pratiques, et permettrait d'offrir une solution adaptée à un problème médical concret.

Si la pratique de la lecture consultative invite effectivement à envisager l'existence d'une table des matières au texte celsien, la présence de cette dernière participerait donc à élargir le lectorat du *De medicina* au-delà de personnes pratiquant de préférence une lecture cursive, puisque l'on ne serait pas obligé d'avoir lu l'œuvre dans son ensemble pour en tirer un quelconque avantage, théorique ou pratique.

Conclusion du chapitre IV

La lecture du *De medicina*, guidée par les remarques de Celse, peut prendre des formes variées, en fonction de plusieurs critères (cursive ou consultative, faite dans un but théorique ou pratique, par des spécialistes de la médecine ou des amateurs).

Par ailleurs, ce n'est pas parce que le *De medicina* n'est pas (exclusivement) destiné à des médecins qu'il faut le priver de sa dimension pratique. Tant il est vrai que l'œuvre, discours sur la médecine, semble porter aussi en elle-même les germes d'une réalisation de l'acte médical.

Reste qu'il y a contradiction, en apparence, entre la finalité pratique de l'ouvrage celsien et la vulgarisation du savoir médical. La médecine du *De medicina* serait-elle réalisable par le plus grand nombre ? Nous aurons l'occasion, dans la seconde partie de notre travail, de revenir en profondeur sur cette question. Pour le moment, nous pouvons simplement dire que l'automédication, notamment dans les livres de diététique, joue un rôle primordial dans ce débat, et que la

---

[66] Étant donné les difficultés matérielles pour le transport des rouleaux, ces conclusions s'appliquent moins aux médecins itinérants qu'aux médecins sédentaires (esclaves-médecins dans un domaine, médecins privés de grandes familles nobles), ou bien à ceux possédant une échoppe médicale. Cf. I. Hadot, *Arts libéraux et philosophie dans la pensée antique*, Études Augustiniennes, Paris, 1984 (2e éd. revue et considérablement augmentée), p. 467.

progression au fil des parties de l'œuvre (passage de la diététique à la pharmacologie, puis à la chirurgie — pour laquelle, *a priori*, un spécialiste est requis) n'a pas toujours nécessairement pour conséquence un resserrement vers un lectorat spécialisé[67].

---

[67] Sur la problématique des livres de chirurgie, cf. F. Luth, « Le *De medicina*, une littérature chirurgicale ? », in A. et J. Pigeaud (éds.), *Les textes médicaux latins comme littérature, Actes du VIe colloque international sur les textes médicaux latins du 1er au 3 septembre 1998*, Nantes, 2000, p. 127-139.

Seconde partie

Technique et éthique de la pratique médicale dans le *De medicina*

Introduction

Laissant volontairement de côté l'utilisation purement spéculative qui pourrait être faite du *De medicina*, cette seconde partie sera tout entière consacrée à la dimension concrète de l'œuvre celsienne, autrement dit à la mise en pratique de l'art médical qui y est exposé.

Dans un premier temps, nous nous intéresserons aux praticiens dans le *De medicina*, pour faire la part entre médecins professionnels (*medici*) et amateurs (*curantes*), avant d'envisager la présence de l'automédication dans l'ouvrage, puis de revenir sur certains problèmes de traduction engendrés par la prise en compte de soignants non-professionnels.

Nous verrons ensuite combien *medici* et *curantes* sont confrontés également aux aléas de la pratique médicale, à travers l'étude des concepts de *fortuna* et de *natura*. S'il sera ici question de la médecine comme art conjectural, débat que d'aucuns jugeront davantage théorique que pratique, sa place à ce stade de notre développement se justifie selon nous par l'influence considérable que ces aléas ont sur le cœur même de la médecine, à savoir les actes médicaux. Nous terminerons ce chapitre par l'analyse des diverses possibilités envisagées par Celse pour tenter de maîtriser ces aléas, comme la mise en place de règles et d'exceptions ou la prise de risque.

Le troisième chapitre est consacré à la distinction qui s'opère dans le *De medicina* entre d'une part le classement des individus (par sexe, par âge) et d'autre part la prise en considération de la personne malade. Cette dernière justifie la mise en place d'une médecine *amicale* fondée sur la confiance, qui permet d'appréhender au mieux les enjeux soulevés par les questions de la mort, du salut et de l'espoir.

Enfin, le dernier chapitre de cette seconde partie traite du dialogue médical dans le *De medicina* de Celse. Ce dialogue peut prendre des formes variées et intervenir à tout moment d'un processus thérapeutique, mais il s'exprime tout particulièrement dans le cas des douleurs ressenties et exposées par les malades.

Chapitre I

Les praticiens dans le *De medicina*

Le premier chapitre de cette seconde partie est consacré aux praticiens[1] du *De medicina*. S'interroger sur la dimension concrète de l'ouvrage passe en effet par un travail préalable sur l'identité des praticiens que l'on y retrouve[2]. Après avoir traité de la figure du *medicus* dans l'œuvre celsienne, nous nous intéresserons aux soignants non-professionnels, ou *curantes*. Contrairement à certains de nos devanciers[3], nous ne pensons pas que l'ouverture du texte celsien à des amateurs[4] soit en contradiction avec la mise en pratique de la médecine qu'il contient. Nous nous arrêterons notamment sur le cas particulier des livres de chirurgie, pour lesquels nous tenterons de répondre à la question suivante : cette discipline, plus périlleuse et délicate que les autres branches de la thérapeutique, est-elle réalisable par n'importe quel praticien, ou bien réclame-t-elle tout de même un spécialiste ?

Nous étudierons ensuite la place de l'automédication au sein de l'œuvre celsienne, en analysant les liens qu'elle entretient avec la connaissance de soi que peut avoir le malade, et la liberté de choix

---

[1] Nous choisirons dorénavant ce terme pour renvoyer à toute personne susceptible de pratiquer la médecine, tandis que nous réservons le mot de « médecin » à ceux l'exerçant en tant que professionnels.

[2] Le début de ce chapitre constitue en quelque sorte le complément « pratique » des réflexions théoriques, menées dans notre première partie (cf. p. 152 sqq.), sur l'identité des lecteurs.

[3] Cf., par ex., F. Luth, « Le *De medicina*, une littérature chirurgicale ? », in A. et J. Pigeaud (éds.), *Les textes médicaux latins comme littérature, Actes du VIe colloque international sur les textes médicaux latins du 1er au 3 septembre 1998*, Nantes, 2000, p. 127-139. Nous reviendrons plus loin sur les points abordés par ce chercheur.

[4] Par « amateurs », nous entendons des individus qui ne sont pas des professionnels de la médecine, mais en sont toutefois particulièrement férus et témoignent sur le sujet d'une grande érudition.

que ce dernier peut avoir au moment de choisir lui-même sa propre thérapeutique.

Enfin, nous terminerons ce chapitre par l'étude de divers passages du *De medicina*, dont nous aimerions reprendre la traduction dans la perspective d'une multiplicité des praticiens de l'ouvrage celsien. En effet, les traducteurs modernes ont trop souvent rendu par les mots « médecin » ou « patient » des termes latins en réalité tout à fait neutres et de sens moins restreint.

Les *medici* et les *curantes*

La figure du *medicus* dans le *De medicina*

La première catégorie de praticiens présents dans le *De medicina* est celle des médecins, *medici*, qui sont cités nommément à 101 reprises. Comme l'a montré Mudry[5], entrent également dans cette catégorie le chirurgien (*chirurgus*), mentionné quatre fois (6.7.2B, 7.Pr.4, 7.Pr.5 et 7.11.1), ainsi que l'ophtalmologue, *ocularius* (6.6.8A). Pour mieux saisir sa place et son rôle au sein de l'œuvre celsienne, observons le portrait du médecin dressé par Celse, et tentons de comprendre la fonction du *medicus*[6] au sein de la pratique médicale décrite par l'auteur.

L'image du *medicus* dans le *De medicina* est avant tout celle d'un médecin idéal. Dans le paragraphe consacré au traitement général des fièvres, notre auteur insère des propos dont la portée semble dépasser le cadre de cette seule affection :

Unum illud est, quod semper, quod ubique seruandum est, ut aegri uires subinde adsidens medicus inspiciat ; et quamdiu supererunt, abstinentia pugnet ; si inbecillitatem ueneri coeperit, cibo subueniat. Id enim eius officium est, ut aegrum neque superuacua materia oneret, neque

---

[5] P. Mudry, « Médecins et spécialistes. Le problème de l'unité de la médecine à Rome au Ier siècle apr. J.-C. », *Gesnerus* 42, Lausanne, 1985a, p. 329-336 (= P. Mudry, *Medicina, soror philosophiae, Regards sur la littérature et les textes médicaux antiques (1975-2005)*, Lausanne, 2006, p. 467-472).

[6] Sauf cas particulier, nous utiliserons dorénavant ce terme générique. Nous suivons en cela la démonstration de P. Mudry, « Médecins et spécialistes… » : « En dehors de la préface, *chirurgicus* disparaît au profit de *medicus*, signe, nous semble-t-il, de la volonté de Celse de marquer, au-delà de sa spécificité, l'appartenance du chirurgien à la profession médicale. » (p. 469-470).

inbecillitatem fame prodat. [...] Ex his autem intellegi potest ab uno medico multos non posse curari, eumque, si artifex sit, idoneum esse, qui non multum ab aegro recedit. Sed qui quaestui seruiunt, quoniam is maior ex populo est, libenter amplectuntur ea praecepta, quae sedulitatem non exigunt, ut in hac ipsa re. Facile est enim dies uel accessiones numerare is quoque, qui aegrum raro uident : ille adsideat necesse est... (3.4.8-10)

« Il est une chose à laquelle il faut toujours et partout se tenir, à savoir que le médecin, assis souvent à ses côtés, observe les forces du malade ; et aussi longtemps qu'elles sont en surabondance, qu'il les combatte par l'abstinence ; s'il a commencé à craindre une faiblesse, qu'il y subvienne à l'aide de nourriture. Car c'est son devoir, d'éviter qu'une matière superflue ne surcharge le malade et qu'il ne soit livré à une faiblesse à cause de la faim. [...] D'où l'on peut comprendre que plusieurs hommes ne peuvent être soignés par un seul médecin[7], et que, s'il maîtrise son art, celui-ci est apte, qui ne s'éloigne pas beaucoup du malade. En revanche, ceux qui sont esclaves de l'argent, parce que celui-ci est en plus grande quantité quand on le retire d'une foule, embrassent volontiers ces préceptes qui n'exigent pas l'assiduité, comme dans ce cas précis. Car il est facile de compter les jours ou les accès pour ceux-là aussi, qui voient rarement le malade : le médecin doit être assis aux côtés du malade... »

Dans ce passage, Celse peint une image très sombre des médecins mus entièrement par l'argent, contre lesquels il lance une pointe pleine d'ironie (*Facile enim... raro uident*). Une telle attaque concernant le *quaestus* n'est pas sans rappeler les recommandations du chapitre 6 des *Préceptes* hippocratiques[8], ni surtout les vifs reproches lancés par Caton et repris en chœur par de nombreux auteurs latins[9]. Chez Celse,

---

[7] En cela, la relation médecin-malade diffère de celle entretenue par l'orateur avec son auditoire, qui est, par définition, ab uno ad multos.

[8] *Préceptes* 6, Littré IX, p. 258-259 : Παρακελεύομαι δὲ μὴ λίην ἀπανθρωπίην εἰσάγειν, ἀλλ' ἀποβλέπειν ἔς γε περιουσίην καὶ οὐσίην · ὅτε δὲ προῖκα, ἀναφέρων μνήμην εὐχαριστίης προτέρην ἢ παρεοῦσαν εὐδοκίην. Ἢν δὲ καιρὸς εἴη χορηγίης ξένῳ τε ἐόντι καὶ ἀπορέοντι, μάλιστα ἐπαρκέειν τοῖσι τοιουτέοισιν · ἢν γὰρ παρῇ φιλανθρωπίη, πάρεστι καὶ φιλοτεχνίη. (« Je recommande de ne pas pousser trop loin l'âpreté, et d'avoir égard à la fortune et aux ressources ; parfois même vous donnerez des soins gratuits, rappelant ou le souvenir passé d'une obligation ou le motif actuel de la réputation. S'il y a lieu de secourir un homme étranger et pauvre, c'est surtout le cas d'intervenir ; car là où est l'amour des hommes est aussi l'amour de l'art. »)

[9] Cf. J.-M. André, *La médecine à Rome*, Paris, 2006, qui analyse, p. 28-49, entre autres griefs à l'encontre des médecins, ceux d'avarice et de cupidité.

l'appât du gain a pour principale conséquence une multiplication de la clientèle, et donc, nécessairement, un abandon relatif de chaque malade en particulier. En miroir de ces critiques, l'encyclopédiste établit un certain nombre de règles de conduite (*officium*[10]) auxquelles se conforme un *medicus* digne de ce nom (*si artifex sit*), qui se doit d'avoir une relation de proximité avec le malade — dans la lignée du concept de *medicus amicus* établi à la fin de la Préface générale du *De medicina*.

Dans les livres de pharmaceutique, après les vingt-cinq premiers chapitres consacrés aux médicaments simples et composés, Celse n'entame pas immédiatement sa description des lésions, mais prend le temps de distiller de nouvelles recommandations, qui viennent compléter son portrait du médecin idéal :

In his autem ante omnia scire medicus debet, quae insanabilia sint, quae difficilem curationem habeant, quae promptiorem. Est enim prudentis hominis primum eum, qui seruari non potest, non adtingere, nec subire speciem... eius, ut occisi, quem sors ipsius interemit ; deinde ubi grauis metus sine certa tamen desperatione est, indicare necessariis periclitantis in difficili spem esse, ne, si uicta ars malo fuerit, uel ignorasse uel fefellisse uideatur. Sed ut haec prudenti uiro conueniunt, sic rursus histrionis est paruam rem adtollere, quo plus praestitisse uideatur. Obligarique aecum est confessione promptae rei, quo curiosius etiam circumspiciat, ne, quod per se exiguum est, maius curantis neglentia fiat. (5.26.1C-D)

« Dans ces cas-là, le médecin doit savoir avant toute chose quelles maladies sont incurables, lesquelles ont un traitement difficile, lesquelles un plus rapide. C'est en effet le propre d'un homme prévoyant, d'abord de ne pas toucher celui qui ne peut être sauvé, ni donner l'impression... d'avoir tué celui que son propre sort a fait périr ; ensuite, lorsque la crainte est lourde, mais sans, toutefois, un désespoir certain, d'indiquer aux proches que l'espoir de celui qui va faire une tentative est entouré par la difficulté, afin qu'il ne paraisse pas, si l'art est vaincu par le mal,

---

[10] La notion de règle à respecter par le médecin se trouve déjà un peu plus haut dans le même chapitre (3.4.1), quand Celse reprend et nuance un officium asclépiadéen : *Asclepiades officium esse medici dicit, ut tuto, ut celeriter, ut iucunde curet. Id uotum est, sed fere periculosa esse nimia et festinatio et uoluptas solet.* (« Asclépiade dit que le devoir du médecin est de soigner sans dommage, rapidement et plaisamment. C'est souhaitable, mais il arrive en général que soient dangereux une hâte et un plaisir trop importants. »)

avoir été dans l'ignorance ou dans l'erreur. Mais de même que cela convient à un homme prévoyant, de même, à l'inverse, c'est le propre d'un histrion que d'exagérer une petite situation, afin de paraître avoir réalisé quelque chose de plus grand. Il est juste de s'obliger à confesser que la situation est à traiter rapidement, afin de l'examiner d'ailleurs avec plus de soin, par crainte que ce qui était en soi minuscule ne devienne, par négligence du soignant, plus grand. »

Les conseils de Celse concernent le pronostic de la maladie, comme le prouve l'adjectif *prudens*, utilisé à deux reprises, et auquel il convient de donner son sens étymologique de « celui qui voit en avant » (*pro-uidens*[11]). La pré-vision de la situation morbide impose en effet au médecin une franchise absolue vis-à-vis du malade et/ou de ses proches. Cette franchise, qui est en même temps un aveu sous-jacent des limites de la médecine (topos de la littérature hippocratique[12]), a pour objectifs à la fois de ne pas faire souffrir inutilement le patient, mais aussi de préserver, en cas d'échec de la thérapeutique, la réputation du médecin[13] et celle de l'art médical.

Plus tôt dans le *De medicina*, on retrouvait déjà cette même thématique de l'aveu, centrée autour de la relation médecin-patient :

Fieri tamen potest ut morbus quidem id desideret, corpus autem uix pati posse uideatur : sed si nullum tamen appareat aliud auxilium, periturusque sit qui laborat, nisi temeraria quoque uia fuerit adiutus, in hoc statu boni medici est ostendere quam nulla spes sit sine sanguinis detractatione, faterique, quantus in hac ipsa metus sit... (2.10.7)

« Il peut cependant arriver, alors même que la maladie réclame ce remède, que le corps en revanche semble à peine pouvoir le supporter : mais si aucun autre secours n'apparaît et que celui qui souffre est sur le

---

[11] Cf. A. Ernout – A. Meillet, *Dictionnaire étymologique de la langue latine : histoire des mots*, Paris, 2001 (4ᵉ éd., 1ʳᵉ éd. 1932), p. 541.
[12] Voir, par ex., *Fractures* 36, Littré III, p. 540-541 : Μάλιστα δὲ χρὴ τὰ τοιαῦτα διαφυγεῖν, ἅμα ἤν τις χαλὴν ἔχῃ τὴν ἀποφυγήν · αἵ τε γὰρ ἐλπίδες ὀλίγαι καὶ οἱ κίνδυνοι πολλοί · καὶ μὴ ἐμβάλλων ἄτεχνος ἂν δοκέοι εἶναι, καὶ ἐμβάλλων ἐγγυτέρω ἂν τοῦ θανάτου ἀγάγοιμ, ἢ τῆς σωτηρίης. (« Ce sont là des cas dont il faut surtout éviter de se charger, pourvu qu'on le puisse honorablement ; ils offrent peu de chances favorables et beaucoup de chances dangereuses : ne pas réduire, c'est s'exposer à passer pour malhabile ; réduire, c'est mettre le blessé plus près de la mort que du salut. »)
[13] On remarquera d'ailleurs l'hésitation, dans ce passage, entre les substantifs *medicus* et *curans*, dont on peut se demander s'ils sont ou non de simples synonymes.

point de mourir, à moins d'être aidé par une voie, même périlleuse, dans ce cas il relève du bon médecin de montrer à quel point il n'y a nul espoir sans saignée, et d'avouer le degré de crainte que l'on peut avoir dans cet acte même. »

Dans ce chapitre consacré à la saignée, le vocabulaire utilisé par Celse est très proche du texte analysé précédemment (*spes, metus, fateri* — ce dernier pouvant être rapproché de *confessio*), et renvoie de même à la nécessaire proximité entre le *medicus* et le malade, dans une situation particulièrement délicate.

L'adjectif *bonus* employé ici, si large soit son sens, n'est pas anodin. Il s'inscrit parfaitement dans la vision quelque peu manichéenne que propose Celse des médecins, qui sont soit bons soit mauvais. De ce point de vue, les qualificatifs du terme *medicus* dans le *De medicina* sont révélateurs. Si le « bon » médecin[14] peut être *cautus*[15], *magnus*[16], *ingeniosus*[17], *utilis*[18], *qui scit*[19], *peritus*[20], ou encore *non ignobilis*[21], le « mauvais » médecin sera quant à lui *inperitus*[22] ou *parum proficiens*[23].

---

[14] Aux cas cités ci après, il convient d'ajouter l'adjectif prudens observé précédemment (5.26.1C-D), ainsi que toutes les qualités attribuées au chirurgien idéal dans la préface aux livres de chirurgie (7.Pr.4).

[15] 3.9.2 : *Neque Hercules ista curatio noua est, qua nunc quidam traditos sibi aegros, qui sub cautioribus medicis trahebantur, interdum contrariis remediis sanant.* (« Et, par Hercule, ce traitement n'est pas nouveau, par lequel aujourd'hui assurément certains traitent les malades qu'on leur a transmis – et qui s'éternisaient sous la conduite de médecins plus précautionneux – parfois grâce à des remèdes contraires. »)

[16] L'adjectif est employé au sujet des chirurgiens en général (7.11.1) et, au superlatif, au sujet de Dioclès (7.5.3A) et Évelpide (6.6.8A) en particulier.

[17] À propos de Cassius, Celse dit dans sa préface (Pr.69) : *ingeniosissimus saeculi nostri medicus* « le médecin le plus doué de notre époque ».

[18] L'adjectif est utilisé dans la fameuse formule du *medicus amicus* (Pr.73) : *ideoque, cum par scientia sit, utiliorem tamen medicum esse amicum quam extraneum.* (« c'est pourquoi, à science égale, le médecin est plus utile s'il est un ami que s'il est un étranger »).

[19] 2.10.17 : *Sed id euenire non potest sub eo medico, qui scit, ex quali corpore sanguis mittendus sit.* (« Mais cela ne peut se produire sous la conduite d'un médecin qui sait sur quel type de corps on doit effectuer la saignée. »)

[20] 3.6.6. : *Ob quam causam periti medici est...* (« Pour cette raison, c'est le propre d'un médecin expérimenté... »)

[21] 3.21.3 : *Ideoque . . . non ignobilis medicus, Chrysippi discipulus...* (« C'est pourquoi... un médecin qui n'est pas inconnu, disciple de Chrysippe... »)

[22] 2.10.3 : *Maxime tamen in his medicus inperitus falli potest...* (« Il est vrai qu'un médecin sans expérience peut surtout se tromper dans de tels cas. »)

La répartition entre aspects positifs et négatifs est inégale : à rebours de ce que l'on constate en général dans la littérature latine[24], Celse met l'accent sur les qualités de certains médecins.

Un tel portrait est-il destiné à flatter les *medici* qui liraient le *De medicina* ? On serait tenté de répondre par la négative : nous avons vu en effet que ces derniers ne constituaient sans doute pas le lectorat privilégié par Celse[25]. D'ailleurs, s'il est vrai que les trois catégories de médecins reprises par l'auteur correspondent bien à une réalité, l'image du *medicus* dans l'ouvrage relève avant tout de *topoi* (hippocratiques ou issus de la littérature latine non-médicale), auxquels l'auteur puise ouvertement.

Quelle est donc alors, outre leur rôle concret dans les actes médicaux décrits par Celse, la fonction des médecins dans l'économie du *De medicina* ? Autrement dit, pourquoi Celse a-t-il dressé un tel portrait du *medicus* dans son œuvre ? Nous aimerions avancer l'hypothèse suivante : dans la perspective de lecteurs qui ne seraient pas eux-mêmes médecins, une telle image du *medicus* constituerait une référence permettant aux non-spécialistes d'estimer correctement la pratique médicale d'un professionnel qui interviendrait auprès d'eux ou de leurs proches.

Trois faisceaux d'arguments nous semblent aller dans ce sens. Tout d'abord, la présence du vocabulaire grec dans le *De medicina*, étudiée précédemment[26]. Nous avions conclu que la présence de couples gréco-latins dans le *De medicina* n'était pas nécessairement liée chez Celse à un sentiment anti-hellénique, mais pouvait également s'expliquer par l'existence d'un lectorat de non-spécialistes. Nous souhaiterions désormais étendre notre raisonnement au domaine de la pratique médicale. Intéressons-nous pour commencer au cas particulier de la fièvre hémitritée, dont Celse parle à deux reprises :

Tertianarum uero duo genera sunt. [...] Alterum longe perniciosius, quod tertio quidem die reuertitur, ex quadraginta autem et octo horis

---

[23] 3.1.4 : *Magis tamen ignoscendum medico est parum proficienti in acutis morbis quam in longis.* (« Cependant, au médecin qui obtient peu de succès, il faut pardonner davantage dans les maladies aiguës que dans les maladies chroniques. »)
[24] Cf. J. André, *Être médecin à Rome*, Paris, 1987, p. 159.
[25] Cf. *supra*, Première partie, p. 165 sqq.
[26] Cf. *supra*, Première partie, p. 171 sqq.

> *fere triginta et sex per accessionem occupat (interdum etiam uel minus uel plus), neque ex toto in remissione desistit, sed tantum leuius est. Id genus plerique medici* ἡμιτριταῖον *appellant.* (3.3.1)
>
> « Les fièvres tierces quant à elles sont de deux sortes. [...] La seconde est de loin plus pernicieuse : elle revient le troisième jour et, sur quarante-huit heures, son paroxysme en occupe trente-six (parfois même moins ou davantage), et elle ne s'arrête pas complètement lors de la rémission, mais est simplement plus légère. Cette classe, la majorité des médecins l'appellent hémitritée. »

Après avoir détaillé les caractéristiques chronologiques de la seconde catégorie de fièvre tierce, Celse indique à son lecteur le qualificatif que lui donnent la majorité des médecins (*plerique medici*) : c'est un nom grec, ἡμιτριταῖον, que l'on trouvait déjà dans le *Corpus hippocratique*[27], et qui appartient en propre au monde médical. On retrouve ce même adjectif un peu plus loin dans le *De medicina* :

> *At ubi id genus tertianae est, quod emitritaeon medici appellant, magna cura opus est, ne id fallat...* (3.8.1)
>
> « Mais lorsqu'arrive ce genre de tierce, que les médecins appellent hémitritée, il faut prendre grand soin à ne pas commettre d'erreur... »

Par l'utilisation de la tournure *id... quod...*, Celse place son lecteur dans le cadre d'un renvoi implicite au paragraphe 3.3.1, ce qui explique sans doute le fait que l'adjectif grec soit cette fois simplement translittéré. Dans les deux cas, on voit que la référence au grec n'intervient qu'à la fin de l'exposé, ou en incise, comme un complément d'information au lecteur qui pourrait ainsi associer, dans la pratique, la description de Celse à un terme employé par un spécialiste.

Au cas remarquable de la fièvre hémitritée (3.3.1 et 3.8.1) — seul exemple, dans le *De medicina*, d'une association explicite entre *medici* et langue grecque, il convient sans doute d'ajouter les 151 occurrences où Celse a recours à des mots grecs et les associe à des *Graeci*. Cette dernière étant la langue des médecins[28], il ne nous

---

[27] Cf., par ex., *Épidémies 5.89*, Littré V, p. 254-255, et *Épidémies 7.94-96*, Littré V, p. 450-451.

[28] Cf. J. N. Adams, *Bilingualism and the Latin Language*, Cambridge, 2003 : « Even in the western parts of the Roman world Greek was the professionnal language of doctors. » (p. 216), et p. 356.

semble pas impossible de poser comme valide, dans l'œuvre celsienne, l'équation suivante : *Graeci* = *medici*. Nous aurions ainsi un total de 153 situations dans lesquelles le lecteur celsien se voit proposer un parallèle linguistique entre vocable grec et vocable latin. Cette coexistence des langues latine et grecque dans le *De medicina* pourrait fort bien avoir une fonction pratique : permettre aux non-spécialistes faisant appel à un *medicus* de mieux dialoguer avec lui. Surtout, en familiarisant ses lecteurs avec ce vocabulaire technique, Celse leur offrirait la possibilité de mieux comprendre le langage des spécialistes, aide d'autant plus précieuse que le jargon médical pouvait être utilisé à des fins de tromperie. Ainsi, du point de vue de la pratique médicale, le bilinguisme gréco-latin dans le *De medicina* aurait aussi pour rôle de prévenir les tentatives de charlatanisme de certains professionnels peu scrupuleux.

Un deuxième argument est peut-être à trouver dans les critiques adressées par Celse à certains médecins qui peuvent, elles aussi, être considérées comme une aide à l'intention des amateurs dans leur relation avec les professionnels. Ces attaques se trouvent notamment dans le livre 7, où l'encyclopédiste pointe du doigt les pratiques chirurgicales incertaines, inutiles voire dangereuses de *quidam*[29]. Décrivant une opération délicate des cils, Celse s'exprime ainsi :

> *Quidam aiunt acu transui iuxta pilos in exteriorem partem palpebrae oportere eamque transmitti duplicem capillum muliebrem ducentem [...] Id primum fieri non potest, nisi in pilo longiore, cum fere breues eo loco nascantur ; deinde si plures pili sunt, necesse est longum tormentum totiens acus traiecta magnam inflammationem moueat. Nouissime cum umor aliquis ibi subsit, oculo et ante per pilos et tum per palpebrae foramina adfecto uix fieri potest, ut gluten, quo uinctus est pilus, non resoluatur ; eoque fit, ut is eo, unde ui abductus est, redeat. Ea uero curatio, quae [palpebrae laxioris] ab omnibus frequentatur, nihil habet dubii...* (7.7.8.C-E)

« Certains disent qu'il convient de faire passer une aiguille près des cils vers la partie extérieure de la paupière, et que celle-ci soit traversée en menant avec elle un double cheveu de femme [...] D'abord cela ne peut être fait si le poil n'est pas assez long, alors qu'à cet endroit ils naissent plutôt courts ; ensuite, s'il y a plusieurs poils, il est nécessaire qu'une

---

[29] Outre les deux exs. que nous allons analyser en détails, cf. aussi 7.7.7C, 7.15, 7.17.1B, 7.21.1B, 7.25.3.

aiguille passée si souvent à travers la peau provoque un long tourment et une inflammation importante. Enfin, s'il subsiste là quelque épanchement, et que l'œil a été affecté à la fois auparavant par les cils et à ce moment-là par les perforations de la paupière, il est à peine possible que la glu, par laquelle le cil est attaché, ne se défasse pas ; si bien que le cil retourne à l'endroit d'où on l'a enlevé avec force. Le traitement suivant en revanche, employé fréquemment par tous, n'a rien de douteux... »

Après avoir décrit la procédure chirurgicale suivie par les *quidam*, Celse en énumère scrupuleusement les désavantages : cette méthode est d'abord (*primum*) difficilement réalisable, ensuite (*deinde*) extrêmement douloureuse, et enfin (*nouissime*) peut même être inutile et aboutir à un *statu quo*. Pourquoi, alors que l'espace au sein de son œuvre lui est précieux, l'auteur prend-il tant de soins à décrier cette technique ? Pour mieux l'opposer (*uero*) au traitement courant, bien plus assuré. Un tel diptyque a sans doute une valeur pratique : ainsi informé, un malade peut parfaitement mesurer les risques liés à la première technique, voire refuser d'être traité de la sorte et opter alors pour la seconde.

Dans sa présentation des traitements des hernies, Celse dénonce d'autres *quidam* de manière analogue :

Eo uero tempore superhabendum cataplasma ex lini semine, quod ante aliquis ex mulso decoxerit. Post haec et farina hordiacia cum resina inicienda, et is demittendus in solium aquae calidae, cui oleum quoque adiectum sit ; dandumque aliquid cibi lenis calidi. Quidam etiam aluum ducunt ; id deducere aliquid in scrotum potest, educere ex eo non potest. (7.20.3)

« À ce moment-là, il faut appliquer un cataplasme fait de graines de lin, que l'on aura auparavant bouillies dans du miel. Ensuite, celui fait de farine d'orge et de résine doit être appliqué, et le malade doit être plongé dans une baignoire d'eau chaude, à laquelle on a ajouté aussi de l'huile ; et il faut donner quelque nourriture légère et chaude. Certains libèrent aussi le ventre ; cela peut faire descendre quelque matière dans le scrotum, ne peut pas en faire sortir. »

L'avis de Celse, dans la dernière proposition du paragraphe, est exprimé de façon concise et péremptoire. Il s'inscrit directement dans le prolongement de la pratique des *quidam*, l'usage du clystère[30] (*aluum ducere*), à laquelle il s'oppose par une asyndète[31] qui donne encore plus de relief à l'opinion de notre auteur. Le jeu sur les préverbes (*deducere... educere*) ainsi que la négation finale (*potest... non potest*) ne laissent aucune place à un procédé qui n'atteint pas le but recherché pour une telle affection, à savoir évacuer du corps toute matière nuisible[32]. Le lecteur du *De medicina* est ainsi parfaitement informé de l'inutilité, dans cette situation, de cette méthode.

Les prises de position celsiennes vis-à-vis de *quidam* sont révélatrices de la maîtrise par l'auteur de son sujet. Du point de vue de la pratique médicale, elles pouvaient sans doute constituer une source d'information pour le lecteur amateur, sur des sujets qui ne lui étaient pas forcément familiers. Une fois encore, la relation entre le *medicus* et le malade (ou son entourage) dans le processus thérapeutique serait donc grandement améliorée, du point de vue du non-spécialiste, par le travail critique de Celse.

Le troisième argument en faveur d'un portrait des médecins favorisant la compréhension de l'acte médical par des non-spécialistes naît des situations où Celse précise les conditions dans lesquelles le *medicus* doit ou non être tenu pour responsable de l'échec d'une thérapeutique. On voit donc que l'auteur du *De medicina* sait aussi, dans certains cas, se montrer indulgent et compréhensif envers les médecins. Dans le chapitre inaugural du livre 3, lorsqu'il classe les maladies selon leur temporalité, Celse écrit :

> *Magis tamen ignoscendum medico est parum proficienti in acutis morbis quam in longis : hic enim breue spatium est, intra quod, si auxilium non profuit, aeger extinguitur : ibi et deliberationi et mutationi remediorum tempus patet, adeo ut raro, si inter initia medicus accessit, obsequens aeger sine illius uitio pereat.* (3.1.4)

---

[30] Sur l'usage du clystère à Rome, cf. J.-M. André, *La médecine à Rome*, Paris, 2006, p. 357-359.

[31] Spencer traduit par « Some also employ a clyster ; but that can only bring down something into the scrotum, and cannot evacuate anything from it. » (W. G. Spencer, *Celsus. On Medicine. Edition by J. Henderson (vol. 1 et 3), by G. P. Goold (vol. 2), Translation by William G. Spencer* (Loeb Classical Library), 3 vol., Cambridge, Mass.-Londres, 1935-1938 (5ᵉ éd. du vol. 2, 1989 ; 6ᵉ éd. du vol. 3, 2002), vol. 3 p. 408-411).

[32] Cf. l'usage de la saignée, dans le passage qui précède immédiatement notre texte (7.20.2), à laquelle le recours au clystère semble bien être une alternative.

« Cependant, au médecin qui obtient peu de succès, il faut pardonner davantage dans les maladies aiguës que dans les maladies chroniques : car dans le premier cas la durée est courte, durant laquelle, si l'aide n'a pas été utile, le malade s'éteint : dans le second, le temps laisse la place à la réflexion et à un changement de remèdes, de telle sorte qu'il est rare, si le médecin est présent dans les premiers moments, qu'un malade obéissant périsse, à moins d'une faute de celui-ci. »

Celse reprend ici la distinction fameuse entre maladies aiguës (*acutis*) et maladies chroniques (*longis*). Tandis que les secondes devraient permettre au médecin, par leur durée étendue (*tempus patet*), de venir à bout de la maladie, les premières n'offrent pas une telle possibilité. Le contraste entre ces deux situations est d'ailleurs souligné par l'opposition entre les verbes *extinguitur*, qui renvoie à une mort soudaine de façon imagée, et *pereat*, mort peut-être plus lente. En tout état de cause, cette phrase constitue donc une règle à suivre obligatoirement (*ignoscendum... est*) par le malade ou ses proches, et la tournure *parum proficienti*, que nous avions pourtant identifiée comme négative[33], s'inscrit en réalité dans une attitude de bienveillance envers le médecin professionnel.

Une attitude similaire se retrouve dans le dernier livre du *De medicina*, dans le chapitre consacré aux luxations de la tête[34] :

Caput duobus processibus in duos sinus summae uertebrae demissis super ceruicem contineri in prima parte proposui. Hi processus interdum in posteriorem partem excidunt ; quo fit, ut, qui nerui sunt sub occipitio, extendantur, mentum pectori adglutinetur, neque bibere is, neque loqui possit, interdum sine uoluntate semen emittat ; quibus celerrime mors superuenit. Ponendum autem hoc esse credidi, non quo curatio eius rei ulla sit, sed ut res indiciis cognosceretur et non putarent sibi medicum defuisse, si qui sic aliquem perdidissent. (8.13.1)

« Que la tête est retenue au-dessus du cou par deux avancées insérées dans deux cavités au niveau de la vertèbre supérieure, je l'ai établi dans ma première partie. Ces avancées tombent parfois vers l'arrière ; avec pour résultat que les tendons situés sous l'occiput sont étendus, que le menton est collé à la poitrine, que l'individu ne peut ni boire ni parler, et

---

[33] Cf. juste au-dessus dans le classement bipartite des adj. rapportés à medicus.
[34] Sur ce chapitre, cf. F. Luth, « Le *De medicina*, une littérature chirurgicale ? », in A. et J. Pigeaud (éds.), *Les textes médicaux latins comme littérature, Actes du VIe colloque international sur les textes médicaux latins du 1er au 3 septembre 1998*, Nantes, 2000, p. 139.

que parfois il rejette de la semence sans le vouloir ; dans ces conditions la mort survient rapidement. Or j'ai cru que cela devait être établi non pas parce qu'il existe le moindre traitement de cette situation, mais pour qu'elle soit connue par ces indices et que certains ne pensent pas que le médecin leur a fait défaut, s'ils ont perdu ainsi quelqu'un. »

Celse commence par renvoyer son lecteur au passage référentiel situé en ouverture du livre 8, en l'occurrence aux paragraphes 8.1.11-13, où sont décrits les os de la tête. À cette description d'un état normal, l'auteur oppose ici un état pathologique répondant à quatre critères fixes (extension tendineuse, relâchement du menton vers l'avant, impossibilités de boire et de parler), auxquels s'ajoute un dernier symptôme, variable (rejet involontaire de semence). L'auteur du *De medicina* intervient ensuite personnellement pour justifier un tel exposé d'une situation incurable (*non quo curatio eius rei ulla sit*). Il s'agit pour lui d'ôter toute animosité envers un médecin incapable de guérir cet état morbide. Le flou entretenu par Celse quant aux destinataires de cette recommandation n'est que linguistique (cf. l'usage de la tournure indéfinie *si qui*) : il s'agit clairement des proches de la personne atteinte de cette maladie[35]. L'auteur souhaite avant tout leur transmettre un savoir (*cognosceretur*), qu'il oppose à une simple opinion (*non putarent*). Il offre ainsi à des non-spécialistes la possibilité de reconnaître, par des signes visibles (*indiciis*), la pathologie en question, afin qu'ils soient à même de juger la pratique médicale d'un professionnel.

La figure topique du *medicus* dans le *De medicina* semble donc avoir une fonction bien précise dans la mise en pratique de l'art médical présenté par Celse. La dénomination bilingue de nombreuses affections, les critiques celsiennes envers certaines thérapeutiques ainsi que sa mise en garde concernant la non-responsabilité éventuelle des médecins sont autant d'éléments qui permettent au lecteur amateur de faire une estimation mieux informée et donc plus juste du professionnel.

Les *curantes* et la possibilité d'une médecine sans médecin

Qu'une médecine sans médecin ait pu exister dans les temps reculés de l'Antiquité, c'est chose couramment admise dans la littérature

---

[35] Sur ce passage, cf. F. Luth, « Le *De medicina*, une littérature chirurgicale ? », *op. cit.*, p. 139.

romaine[36]. Qu'une telle médecine existait toujours du temps de Celse, le *De medicina* suffit à en témoigner. Dans le chapitre traitant des maladies des flancs, l'encyclopédiste s'exprime ainsi :

Quae ita a medicis praecipiuntur, ut tamen sine his rusticos nostros epota ex aqua herba trixago satis adiuuet. (4.13.3)

« Ces remèdes sont prescrits par les médecins, mais, n'en disposant pas, nos paysans trouvent suffisamment d'aide dans une boisson à base de germandrée. »

On voit clairement que les remèdes proposés par les médecins professionnels (*medici*) peuvent, lorsqu'ils font défaut, être remplacés avantageusement et efficacement (*satis adiuuet*) par les traitements médicaux en usage chez les campagnards (*rustici*). On retrouve un même raisonnement dans d'autres passages, que nous avons déjà mentionnés[37].

Au-delà de cette médecine non-professionnelle d'origine rurale, mentionnée à l'occasion par Celse, nous aimerions nous pencher sur les praticiens du *De medicina* qui ne sont que de simples « amateurs » (c'est-à-dire à la fois des non-professionnels et des férus, des curieux de médecine), que nous avions choisi d'appeler *curantes*[38]. Celse emploie lui-même parfois ce terme, outre celui de *medicus*. La question qui se pose est simple : existe-t-il, dans l'esprit de Celse, une distinction entre *medici* et *curantes* ? Autrement dit, ces termes sont-ils interchangeables ou bien leur usage relève-t-il d'un choix lexical permettant à Celse de renvoyer à deux référents distincts ?

Dans le portrait du médecin idéal analysé précédemment[39] (5.26.1C-D), l'encyclopédiste semble faire de *medicus* et de *curans* de parfaits synonymes. On retrouve une telle équivalence dans le chapitre consacré aux diètes[40] ou encore dans l'énoncé de *l'officium*

---

[36] Cf. J.-M. André, *La médecine à Rome*, Paris, 2006, p. 17-52 : « Un paradoxe culturel : la résistance de Rome à la médecine grecque. »

[37] Cf. *supra*, Première partie, p. 61 sqq.

[38] Cf. *supra*, Première partie, p. 61.

[39] Cf. *supra*, p. 179.

[40] 2.16.2 : *Intemperantes homines apud nos ipsi sibi quid quantumque sumendum sit constituunt nec cibi tempora curantibus dantur ; rursus alii tempora medicis pro dono remittunt, sibi ipsis modum uindicant.* (« Chez nous, des personnes sans mesure décident elles-mêmes la nature et la quantité de leur nourriture, et ne laissent

asclépiadéen[41]. Dans de tels cas, notre auteur semble considérer que le médecin est celui qui soigne, *medicus est qui curat* ! Toutefois, si ces passages mettent en relation les termes *medicus* et *curans*, on est en droit de se demander s'il ne s'agit pas là d'une simple variation lexicale opérée par Celse.

En d'autres lieux de son ouvrage, l'encyclopédiste utilise en effet le participe présent substantivé *curans* sans que cela soit motivé par la proximité du terme *medicus*. C'est le cas, par exemple, en clôture du chapitre consacré à la fièvre quarte :

> *Nam quartana neminem iugulat : sed si ex ea cotidiana facta est, in malis aeger est ; quod tamen nisi culpa uel aegri uel curantis numquam fit.* (3.15.6)
>
> « Car la fièvre quarte ne terrasse personne : mais si elle est devenue quotidienne, le malade est dans une mauvaise situation ; cependant, sans une faute du malade ou du soignant, cela ne se produit jamais. »

Le chapitre 3.15 ne comporte aucune mention du *medicus*. Celse lui a donc préféré le participe substantivé *curans* de manière délibérée. Ce choix nous semble significatif, en ce qu'il garantit une certaine ouverture du texte, c'est-à-dire qu'il prend en compte la possibilité que le *curans* ne soit pas un *medicus* mais, peut-être, un proche du malade. Cette hypothèse est d'ailleurs étayée par la fièvre quarte elle-même. Il s'agit d'une affection cyclique, symptôme de maladies telle la malaria, et il est loin d'être certain qu'un médecin professionnel se trouvait au chevet du malade lors de chaque accès. Dans une telle situation, c'est bien plutôt un proche qui veillait la personne atteinte et en prenait soin, assumant alors le rôle de *curans*, d'auxiliaire du médecin en titre, de relais entre ce dernier et le malade.

L'ouverture du chapitre 4.2 nous semble elle aussi contenir en germes la possibilité d'un soignant qui ne serait pas un *medicus* :

> *His uelut in conspectum quendam, quatenus scire curanti necessarium est, adductis, remedia singularum laborantium partium exsequar...* (4.2.1)

---

pas aux soignants le choix des moments où prendre celle-ci ; à l'inverse, d'autres concèdent, tel un don, ce choix aux médecins, mais réclament de choisir eux-mêmes le dosage. »)

[41] 3.4.1 : *Asclepiades officium esse medici dicit, ut tuto, ut celeriter, ut iucunde curet.* (« Asclépiade dit que le devoir du médecin est de soigner de façon sécurisée, rapide et agréable. »)

« Après avoir rassemblé ces éléments en une sorte d'aperçu, autant qu'il est nécessaire au soignant de le savoir, je suivrai les remèdes de chaque partie du corps en souffrance... »

L'utilisation que fait ici Celse de *curans* est peut-être révélatrice. En effet, l'aperçu (*conspectum*) qu'il vient de proposer est une anatomie des parties internes du corps (4.1), que des *medici*, spécialistes en médecine, connaissent nécessairement. L'utilité pratique d'un tel exposé ne peut alors trouver de légitimité que dans la transmission à des non-spécialistes de données anatomiques fondamentales, leur permettant ensuite de réaliser concrètement les actes thérapeutiques décrits dans la suite du livre 4. D'ailleurs, les maladies particulières touchant une partie du corps que Celse décrit dans ce livre sont bel et bien des affections communes, fréquentes et, dans l'ensemble, peu difficiles à soigner.

On voit ainsi que l'usage du participe substantivé *curans* dans le *De medicina* n'est pas figé, et qu'il peut bel et bien renvoyer parfois à la possibilité d'une médecine pratiquée par des « aides-soignants ». En somme, si tout *medicus* est un *curans*, tout *curans* n'est pas forcément un *medicus*. Par conséquent, une lecture de l'ouvrage celsien ne saurait être faite sans une grande attention à cette donnée essentielle[42].

Tous les exemples cités ou analysés jusqu'à présent étaient tirés des livres de diététique du *De medicina*. Or la possibilité d'une médecine sans médecin n'est pas limitée, dans l'ouvrage celsien, à cette branche de la thérapeutique. Dépassant l'étude du seul terme *curans*, nous souhaiterions montrer que Celse semble également l'envisager pour la partie pharmaceutique de son œuvre.

Dans l'ensemble de chapitres dévolus aux maladies oculaires d'origine interne, l'encyclopédiste écrit :

Quo grauior uero quaeque inflammatio est, eo magis leniri medicamentum debet adiecto uel albo oui uel muliebri lacte. At si neque medicus neque medicamentum praesto est, saepius utrumlibet horum in oculos penicillo ad id ipsum facto infusum id malum lenit. Ubi uero aliquis releuatus est, iamque cursus pituitae constitit, reliquias fortasse leniores futuras discutiunt balneum et uinum... (6.6.8B)

---

[42] Nous aborderons plus loin cette question du point de vue de la traduction du *De medicina*. Cf. *infra*, Seconde partie, p. 221 sqq.

« Mais plus chaque inflammation est grave, plus le médicament doit être adouci par l'ajout de blanc d'œuf ou de lait de femme. Mais si l'on a sous la main ni médecin ni médicament, très souvent l'un ou l'autre de ces deux éléments, répandu sur les yeux à l'aide d'un pansement réalisé à cet effet, adoucit ce mal. Mais lorsque quelqu'un a été remis, et que déjà le flux de pituite s'est arrêté, les restes plus légers qui pourraient subsister sont dissipés par le bain et le vin... »

Après avoir énuméré sept collyres fameux (6.6.2-8A), Celse précise que ces derniers doivent être tempérés, en particulier en cas d'inflammation sérieuse, par le recours à un lénifiant, qui peut être soit du blanc d'œuf, soit du lait de femme (*uel albo oui uel muliebri lacte*). À notre connaissance, aucune de ces pratiques n'a d'équivalent dans le *Corpus hippocratique*[43]. On retrouve cependant la première chez Marcellus[44], et les deux dans *l'Histoire Naturelle* de Pline[45]. Peut-être faut-il y voir le signe d'une origine rurale et typiquement romaine ? Quoi qu'il en soit, ces deux ajouts aux collyres appartiennent au quotidien de toute famille romaine d'un certain rang. Les œufs sont un mets courant, parfois même quotidien[46]. Quant au lait maternel, la présence de jeunes esclaves, mères récentes, ou d'une

---

[43] Dans le *Corpus hippocratique*, les qualités des œufs d'oiseaux sont présentées en *Régime 50*, Littré VI, p. 552-555. Seuls les laits d'ânesse, de vache ou de chèvre sont mentionnés, notamment en cas de dysenterie (*Épidémies 7, 3-4*, Littré V, p. 368-373).
[44] *De medicamentis liber*, 20.5-6.
[45] Pour le blanc d'œuf, cf. Pline, *Histoire Naturelle*, 29.39 : *Oua per se infuso candido oculis epiphoras cohibent urentisque refrigerant [...] et pro aqua miscentur collyris.* (« Instillé sur l'œil, le blanc d'œuf tel quel arrête l'ophtalmie et rafraîchit ses douleurs brûlantes [...] et remplace l'eau dans la composition des collyres. ») Les chapitres 39-41 du livre 29 sont tous les trois consacrés aux usages médicaux du blanc d'œuf. Pour l'utilisation du lait de femme en ophtalmologie, cf. Pline, *ibid.*, 20.67 : *Hoc lacte et oculorum claritati cum muliebri lacte utilissimum esse praecipitur, dum tempestiue cum capite inunguantur oculi, et ad uitia quae frigore in his facta sint.* (« Ce lait [il s'agit de lait de laitue amère], avec du lait de femme, est donné comme très utile aussi pour éclaircir la vue, pourvu qu'on en fasse des onctions sur les yeux et sur la tête en temps voulu ; de même pour les affections des yeux causées par le froid. »)
[46] Cf. D. et P. Brothwell, *Food in Antiquity*, Londres, 1969 : « It is well known that by Roman times eggs were preserved, using a number of methods, and it was customary for Roman meals to begin with an egg cours » (p. 54-55).

voire de plusieurs nourrice(s) au sein de la *familia*, permettait sans doute de s'en procurer sans grande difficulté[47].

Mais le blanc d'œuf et le lait de femme ne jouent pas seulement le rôle de substituts éventuels des collyres existants, ils peuvent aussi être utilisés pour eux-mêmes. Pour les appliquer, on a recours au *penicillum* (l'équivalent des compresses modernes), qui pouvait être fabriqué à partir de laine ou de lin. Qui pratique alors l'acte médical ? La formule est très claire : il ne s'agit en aucun cas d'un médecin (*neque medicus*). Mais la phrase celsienne nous semble aller plus loin encore : si seul le professionnel était jugé capable de réaliser des compositions pharmaceutiques, la simple absence du *medicus* aurait automatiquement signifié celle du médicament. Or Celse a besoin de redoubler sa négation (*neque medicamentum*), et semble suggérer par là qu'un amateur éclairé et dûment formé peut lui aussi être capable de réaliser des compositions pharmaceutiques. Ainsi cette indication de l'encyclopédiste pourrait-elle également s'appliquer à un grand nombre des recettes de pharmacie dispensées dans les livres 5 et 6 du *De medicina*, ce que corroborait d'ailleurs l'analyse que nous avions faite du passage de l'œuvre consacré aux poids et mesures[48].

Les livres de pharmaceutique sont d'ailleurs ceux où le substantif *medicus* est statistiquement le moins fréquent[49] : il y est notamment utilisé pour renvoyer à des auteurs d'ouvrages médicaux[50], pour opposer les remèdes des médecins à ceux des paysans[51], et enfin pour indiquer la paternité d'un médicament[52]. Dans l'immense majorité des cas[53], rien n'indique qu'un *medicus* doive réaliser et/ou appliquer une composition. On note à cet égard la conclusion de Marie-Hélène Marganne, qui, s'intéressant aux remèdes d'origine égyptienne, corrobore nos propos : « Pour autant que l'on puisse en juger, [Celse] néglige les procédés compliqués mis au point par les Alexandrins au

---

[47] Sur ce sujet, cf. K. Bradley, « Nursing at Rome : a Study in Social Relations », in B. Rawson (éd.), *The Family in Ancient Rome*, Londres, 1986b, p. 201-229, et R. Jackson, *Doctors and diseases in the Roman Empire*, Londres, 1988, p. 102-103.
[48] Cf. *supra*, p. 158 sqq.
[49] Le mot *medicus* n'apparaît dans les livres 5 et 6 qu'à neuf reprises.
[50] 6.6.39C, 6.18.1.
[51] 5.28.7B, 6.9.7.
[52] 6.6.8A. À ce troisième usage, il convient évidemment d'ajouter les nombreuses mentions de noms propres.
[53] Fait exception 5.26.1C, analysé plus haut (cf. p. 168).

profit des méthodes simples, qui peuvent être facilement appliquées, presque avec les moyens du bord, dans la vie quotidienne[54]. »

À cet égard, on peut établir un parallèle intéressant entre le *De medicina* et l'ouvrage de Gontier de Chabanne, *Le médecin, le chirurgien et le pharmacien à la maison*, datant de 1861. Aussi surprenante qu'elle puisse paraître, cette comparaison, malgré les mille huit cents ans qui séparent ces deux ouvrages, éclaire d'un jour intéressant le texte celsien. De Chabanne expose en effet les éléments fondamentaux d'une médecine domestique, réalisable par tout un chacun, comme l'indique clairement l'intitulé de la deuxième partie de son ouvrage : « Un choix de remèdes simples et faciles à mettre en usage, à la portée de tout le monde. »

La présentation des remèdes par ce botaniste français n'est pas sans rappeler celle que l'on trouve à maintes reprises dans le *De medicina*. Ainsi pour le traitement des brûlures, où de Chabanne décrit la réalisation du « cérat de Goulard » : « Prenez l'huile d'olive, cent vingt-cinq grammes ; cire jaune, trente grammes ; faites fondre la cire coupée en petits morceaux sur les cendres chaudes, retirez le vaisseau du feu ; ajoutez deux jaunes d'œufs, battez bien le tout ensemble avec une spatule ou une cuiller ; remettez sur les cendres chaudes, faites un peu cuire en remuant, et conservez pour l'usage. On étend cette espèce de cérat... ». L'indication précise des éléments entrant dans la composition du remède et de leurs quantités respectives, ainsi que le détail du déroulement, sont tout à fait dans la manière de Celse. Remarquons au passage que l'un des éléments de ce cérat, le jaune d'œuf, est également conseillé, certes isolément, par l'encyclopédiste romain[55]. Certains composants présents dans les deux ouvrages sont d'ailleurs parfois étonnamment proches : chez les deux auteurs, par exemple, l'huile est utilisée comme vomitif[56], l'aristoloche sert à

---

[54] M.-H. Marganne, « Thérapies et médecins d'origine 'égyptienne' dans le *De medicina* de Celse », Deroux Carl (éd.), *Maladie et maladies dans les textes latins antiques et médiévaux, Actes du Ve Colloque International « Textes Médicaux latins », Bruxelles, 4-6 septembre 1995* (Collection Latomus, 242), Bruxelles, 1998, p. 148.

[55] 5.27.13.B : ... *idonea maxime est, quae uel plumbi recrementum uel uitellos habet.* (« ... celle [l'application] qui convient le mieux contient soit de la crasse de plomb soit des jaunes d'œuf. »)

[56] Chez Celse : 5.27.11 : ... *protinus oleo multo epoto uomere* (« aussitôt boire beaucoup d'huile et vomir »). Chez de Chabanne : « Prenez [...] trois à quatre

combattre la goutte[57], ou bien encore le traitement des verrues fait appel à des cendres « vinicoles[58] ». Certes, on ne trouve pas chez de Chabanne de remède qui reprenne dans sa totalité ce que l'on trouve chez Celse ; tant il est vrai que des découvertes fondamentales, en médecine et en botanique notamment, séparent les deux hommes. On constate simplement qu'avec une présentation semblable et des composants de même nature — principalement d'origine végétale — et parfois identiques, le botaniste français transmet à ses lecteurs des remèdes qu'il les juge capables de reproduire. En appliquant ce raisonnement au *De medicina*, on voit bien, une fois encore, que la majorité des remèdes présentés par Celse pouvaient tout à fait être réalisables par des amateurs.

Au-delà de la diététique, un praticien non-spécialiste peut donc également être envisagé dans le domaine de la pharmacie. En revanche, appliquée à la chirurgie, cette question s'avère plus délicate et mérite un traitement particulier.

La chirurgie et ses praticiens

Les actes chirurgicaux décrits dans le *De medicina* étaient-ils réalisables par des praticiens amateurs ? Autrement dit, les descriptions d'actes chirurgicaux sont-elles destinées, entre autres, à indiquer au lecteur non-spécialiste comment le *medicus* doit agir, ou bien ont-elles aussi pour but de permettre à un amateur de se faire lui-même chirurgien[59] ?

---

cuillerées d'huile d'olive... » (H. Gontier de Chabanne, *Le médecin, le chirurgien et le pharmacien à la maison, ou Le meuble indispensable des familles*, Saintes, 1861, p. 132).

[57] Chez Celse : 5.18.35 : *At Numenius podagram [...] molliebat : [...] aristolochiae [...] P. * XII...* (« Numenius quant à lui ramollissait la goutte... : d'aristoloche, 48 grammes... ») Chez de Chabanne : « Prenez cent vingt-cinq grammes de racine d'aristoloche... » (H. Gontier..., 1861, p. 410).

[58] Chez Celse : 5.28.14E : *... id, quod ex faece uini* (« le remède fait de cendre de vin »). Chez de Chabanne : « la cendre du jeune bois de vigne » (H. Gontier..., 1861, p. 203).

[59] F. Luth, « Le *De medicina*, une littérature chirurgicale ? », in A. et J. Pigeaud (éds.), *Les textes médicaux latins comme littérature, Actes du VIe colloque international sur les textes médicaux latins du 1er au 3 septembre 1998*, Nantes, 2000, p. 127-139, écrit dans l'introduction de son article : « Si l'on peut, en effet, imaginer que la médecine de Celse puisse être utile, voire utilisable, par le citoyen

À première vue, la chirurgie semble affaire de spécialiste. Dans sa description fameuse du chirurgien idéal, Celse utilise le terme *chirurgus*, renvoyant bel et bien à un professionnel[60]. Il affirme par ailleurs que, dans cette branche de la thérapeutique, une immense responsabilité incombe au praticien[61]. Celle-ci est notamment liée au risque pris lors de chaque acte, et l'on peut légitimement douter qu'un amateur ait pu opérer un cas de circocèle[62] ou bien encore extraire un fœtus mort *in utero*, geste que notre auteur définit comme « extrêmement difficile » (*difficillima*)[63].

Un autre obstacle à une chirurgie réalisée par un amateur est la nécessaire présence, dans certaines situations, d'assistants, dont le rôle est particulièrement important, voire crucial. On le mesure aisément, par exemple, pour l'opération de la cataracte :

> *Post haec in aduorso collocandus est, loco lucido, lumine aduerso, sic ut contra medicus paulo altius ; a posteriore parte caput eius, qui curabitur, minister contineat, ut inmobile id praestet : nam leui motu eripi acies in perpetuum potest.* (7.7.14C)

> « Ensuite, il doit être placé en face, dans un lieu lumineux, face à la lumière, de telle sorte que, vis-à-vis de lui, le médecin soit un peu plus haut ; depuis l'arrière, que l'assistant tienne la tête de celui qui sera soigné, afin d'assurer qu'elle reste immobile : en effet, d'un léger mouvement la vue peut être arrachée définitivement. »

La manière dont l'assistant accomplira sa tâche aura pour conséquence éventuelle la perte irrémédiable de la vue par le malade.

---

romain, il nous semble plus difficile de l'admettre de prime abord (nous soulignons) pour la chirurgie. » (p. 128).

[60] 7.Pr.4 : *Esse autem chirurgus debet...* (« Or le chirurgien doit être... »)

[61] 7.Pr.2 : *At in ea parte, quae manu curat, euidens omnem profectum, ut aliquid ab aliis adiuuetur, hinc tamen plurimum trahere.* (« Mais dans cette partie, qui soigne par la main, il est évident que toute amélioration, même si elle peut être aidée en quelque chose par d'autres éléments, vient cependant surtout de là. »)

[62] 7.22B.

[63] 7.29.1 : *Ubi concepit autem aliqua, si iam prope maturus partus intus emoruts est neque excidere per se potest, adhibenda curatio est, quae numerari inter difficillima potest : nam et summa prudentiam moderationemque desiderat, et maximum periculum adfert.* (« Or lorsqu'une femme a conçu, si, alors qu'il était presque à terme, le fœtus est mort à l'intérieur et qu'il ne peut sortir par lui-même, un soin doit être appliqué, que l'on peut compter parmi les plus difficiles : en effet, d'une part il réclame une prudence et une modération élevées, d'autre part il fait courir un très grand danger. »)

Il ne devait pas être aisé de trouver un amateur souhaitant endosser cette responsabilité ou même simplement capable de supporter la vue rapprochée d'une telle opération. Difficulté nécessairement redoublée lorsqu'un acte chirurgical réclamait le soutien non pas d'un, mais de deux assistants[64] ! L'aide apportée au chirurgien devait donc l'être sans doute par des professionnels aguerris et expérimentés, afin d'optimiser les chances de réussite de l'opération. Par l'utilisation du terme *minister*[65], Celse distingue d'ailleurs ces aides professionnels de façon remarquable, alors que le *Corpus hippocratique* a tendance à regrouper les assistants du médecin[66] et les proches du malade dans une catégorie unique, celle des παρεόντες[67].

Un dernier argument en faveur d'une chirurgie réservée à des spécialistes réside dans la trop grande simplicité de certaines descriptions d'actes chirurgicaux. Faute de détails suffisants, la quasi-totalité des opérations décrites par Celse ne seraient pas reproductibles. C'est la conclusion à laquelle arrive Luth, qui reconnaît cependant qu'il existe des exceptions à cette situation[68].

Si, effectivement, le manque de détails peut empêcher de réaliser certains actes du *De medicina*, il nous paraît imprudent d'en conclure que l'ensemble de la chirurgie présentée dans l'œuvre de Celse s'adresse « à des gens qui ne [la] pratiquent pas[69] ». D'une part, des

---

[64] 8.15.2 : ... *et ex duobus ministris alteri imperare, ut...* (« Et parmi les deux assistants, il faut ordonner à l'un de... »)
[65] Les *ministri* sont également présents, dans le *De medicina*, en 7.7.4B, 7.16.2, 7.19.2, 7.19.7, 7.20.5, 7.29.9, 8.10, 8.12...
[66] Sur la place des assistants dans la chirurgie hippocratique, cf., par ex., R. Jackson, *Doctors and diseases in the Roman Empire*, Londres, 1988, p. 67.
[67] Cf. J. Jouanna et C. Magdelaine, *Hippocrate. L'art de la médecine*, Paris, 1999, n.3 p. 319 : « Par "assistants" (*pareontas*), il faut entendre l'entourage du malade, ou des aides du médecin. »
[68] Cf. F. Luth, « Le *De medicina*, une littérature chirurgicale ? », in A. et J. Pigeaud (éds.), *Les textes médicaux latins comme littérature, Actes du VIe colloque international sur les textes médicaux latins du 1er au 3 septembre 1998*, Nantes, 2000, p. 127-139 : « La description de l'acte opératoire amène également quelques remarques : certaines opérations sont décrites du début à la fin, pas à pas, de telle manière qu'elles nous semblent réalisables, reproductibles après la lecture de Celse. Mais il s'agit d'exceptions. » (p. 137). D'une manière générale, on regrette que l'article de Luth, malgré d'indéniables qualités, se présente trop souvent sous la forme de listes fastidieuses, énumérant longuement les caractéristiques diverses des actes chirurgicaux décrits par Celse.
[69] F. Luth, « Le *De medicina*... », p. 138.

medici pouvaient fort bien lire l'ouvrage celsien, et être capables de compléter, par leurs savoirs antérieurs, les descriptions lacunaires. D'autre part, même si elles sont minoritaires et consistent en des gestes relativement simples, les opérations reproductibles ne sauraient être négligées, notamment parce qu'elles semblent parfois pouvoir être réalisées par des amateurs. Prenons ainsi l'exemple du chapitre 2.11, consacré aux ventouses :

> *Cucurbitularum duo uero genera sunt, aeneum et corneum. Aenea... [...] Cornea... [...] Vtraque non ex his tantum materiae generibus, sed etiam ex quolibet alio recte fit ; ac si cetera defecerunt, caliculus quoque aut pultarius oris compressioris ei rei commode aptatur.* (2.11.2)
>
> « Il existe deux sortes de ventouses, en bronze et en corne[70]. Celles en bronze... [...] Celles en corne... [...] Les deux peuvent être faites correctement non seulement de matériaux de ce genre, mais aussi de ce qu'on voudra d'autre ; et à défaut de toute autre chose, on peut aussi adapter convenablement à la situation une petite coupe ou un vase au col relativement étroit. »

Ce passage suit la présentation traditionnelle des succédanés : si une ventouse (*cucurbitula*) fait défaut, il est possible d'adapter à cet usage deux éléments de la vie quotidienne, à savoir un *caliculus*, petite coupe ou petit encrier, ou un *pultarius*, petit pot utilisé pour conserver la bouillie. L'étroitesse du col de ces récipients est médicalement justifiée, puisqu'elle permet une création plus facile du vide, et donc garantit une meilleure congestion cutanée. L'absence de matériel professionnel et le recours à des objets domestiques nous semblent indiquer que Celse envisage que cet acte puisse être pratiqué non seulement par un *medicus* n'ayant pas son matériel avec lui, mais aussi, peut-être, par un amateur ne possédant pas chez lui de *cucurbitula*. En quoi cette situation relève-t-elle de la chirurgie, demandera-t-on ? La suite du texte de Celse répond à cette question :

> *Vbi inhaesit, si concisa ante scalpello cutis est, sanguinem extrahit, si integra est, spiritum. Ergo ubi materia quae intus est laedit, illo modo, ubi inflatio, hoc imponi solet.* (2.11.3)
>
> « Lorsqu'elle a adhéré, si la peau a été incisée auparavant avec un scalpel, elle attire du sang, si elle est intègre, du souffle. Par conséquent,

---

[70] Sur les ventouses, cf. R. Jackson, *Doctors and diseases in the Roman Empire*, Londres, 1988, p. 72-73.

lorsque c'est la matière interne qui fait souffrir, on a coutume d'appliquer la ventouse selon la première méthode, lorsqu'il s'agit d'un gonflement, selon la seconde. »

Immédiatement après avoir indiqué la possibilité d'utiliser comme ventouses un *caliculus* ou un *pultarius*, Celse s'intéresse à leur usage, qui est double. L'auteur distingue ici clairement la ventouse dite « sèche », posée sur une peau intacte, de la ventouse dite « humide », appliquée après une saignée[71]. Cette seconde pratique relève d'une forme de chirurgie, certes légère, mais qui requiert tout de même une incision cutanée à l'aide d'un *scalpellum*. À noter que l'utilisation de ce terme n'implique pas nécessairement que le geste soit accompli par un médecin professionnel ! Le *scalpellum* désigne en effet tout objet ayant une fine lame tranchante, que l'on peut utiliser, par exemple, selon Columelle, pour la greffe d'un pied de vigne[72] ou encore la castration d'un animal[73]. Il est tout à fait envisageable, en accord avec le recours au *caliculus* ou au *pultarius*, que le *scalpellum* soit lui aussi un simple objet de la vie quotidienne[74]. Ce passage nous semble donc bel et bien esquisser la possibilité d'un acte chirurgical, si léger soit-il, effectué par un non-professionnel[75].

Au-delà de ce passage, il faut noter que si la saignée (*sanguinem (e)mittere*) est envisagée à plus de trente reprises dans le *De medicina*, elle ne l'est que trois fois dans les livres de chirurgie. L'œuvre de Celse présente ainsi une saignée que l'on pourrait qualifier de « diététique »

---

[71] L'expression *sanguinem mittere* est présente en 2.11.4.

[72] Columelle, *De arboribus* 8.2 : ... *infra tertiam gemmam ex utraque parte duorum digitorum spatium in modum cunei tenuissimo scalpello acuito ita ne medullam laedas.* (« ... sous le troisième œil, des deux côtés, sur deux doigts de longueur, avec la forme d'un coin, le tailler avec une lame très fine pour ne pas léser la moelle. ») Pour d'autres exemples de greffe à l'aide d'un *scalpellum*, cf. Columelle, *De re rustica* 5.11.6 et 5.11.9.

[73] Columelle, *De re rustica* 7.11.2 : *Cum uirilem partem unam ferro reseratam detraxeris, per impressum uulnus scalpellum inserito...* (« Après avoir ouvert avec un couteau et tiré au dehors un organe mâle, insère une fine lame par la blessure qui a été faite... »)

[74] Cette hypothèse nous a été confirmée lors d'un échange épistolaire avec Ralph Jackson, conservateur des Romano-British Collections au British Museum de Londres.

[75] Je me permets de citer ici une phrase de Ralph Jackson, provenant de l'échange épistolaire mentionné dans la note précédente : « Celsus' use of the word *scalpellus* does not denote the hands of a professional doctor (*medicus*). »

ou « pharmaceutique », tant il est vrai, encore une fois, que les trois branches de la thérapeutique sont étroitement mêlées et parfaitement complémentaires[76].

Nous voudrions enfin mentionner un exemple de situation où *medicus* et amateur de médecine semblent œuvrer de concert dans un processus chirurgical. En cas de coup violent sur le crâne, l'opération doit être suivie de soins décrits avec précision[77] :

> *Tum idem medicamentum eodem modo, qui supra positus est, mollitum ipsi membranae inponendum est ; ceteraque eodem modo facienda sunt, quae ad linteolum inlitum et lanam sucidam pertinent ; conlocandusque is loco tepido ; curandum cotidie uulnus, bis etiam aestate.* (8.4.18)

> « Il faut alors appliquer, sur la membrane elle-même, le même médicament, amolli de la même manière que celle qui a été établie plus haut ; tout le reste doit être fait de la même manière que ce qui concerne une étoffe ointe et de la laine humide ; il faut le placer dans un lieu chaud ; la blessure doit être soignée chaque jour, et même deux fois par jour en été. »

Les soins postopératoires (*curandus*) présentés ici impliquent une présence répétée (*cotidie*) sur la durée, surtout pour une opération du crâne[78]. Sauf dans le cas d'un médecin résidant continuellement dans la demeure d'un riche romain, il n'était sans doute pas possible au chirurgien de rester auprès du convalescent pour une longue période. On peut facilement envisager que le *curans*, dont nous avons vu qu'il peut être un simple amateur, puisse devenir alors le relais quotidien du *chirurgus*. Dans le domaine de la chirurgie, les praticiens, professionnel et amateur, œuvreraient ainsi ensemble afin d'atteindre un objectif commun : la guérison du malade.

---

[76] De ce point de vue, on pourra reprocher à F. Luth, « Le *De medicina*, une littérature chirurgicale ? », in A. et J. Pigeaud (éds.), *Les textes médicaux latins comme littérature, Actes du VIe colloque international sur les textes médicaux latins du 1er au 3 septembre 1998*, Nantes, 2000, p. 127-139, d'avoir tiré des conclusions sur la chirurgie dans le *De medicina* à partir des seuls livres 7 et 8.

[77] Nous rejoignons ici F. Luth, « Le *De medicina*… », p. 135 et p. 138, qui souligne l'importance, dans le *De medicina*, des soins postopératoires.

[78] On retrouve la même situation un peu plus haut dans le même chapitre. Cf. 8.4.10 : … *tum uulnus deligare et cotidie resoluere, similiterque curare usque ad diem quintum*… («… alors bander la blessure et chaque jour la détacher, et soigner de la même manière jusqu'au cinquième jour… »)

La prudence est de mise, et les actes chirurgicaux décrits par Celse doivent, dans leur très grande majorité, être effectués par des *medici*, autrement dit par des professionnels. Mais il n'est pas impossible d'envisager, notamment dans les domaines de la diététique ou de la pharmaceutique, qu'un amateur ait pu lui aussi, exceptionnellement, se faire chirurgien. Quoi qu'il en soit, un non-professionnel pouvait sans doute jouer un rôle notable dans le suivi de l'opéré, prolongeant le travail du *medicus* par les soins postopératoires. En somme, si la chirurgie pratiquée par des amateurs y a une place limitée, elle n'est cependant peut-être pas totalement absente du *De medicina*.

L'automédication dans le *De medicina*

Après avoir analysé les différents types de praticiens présents, selon nous, dans le *De medicina*, nous aimerions nous pencher sur le cas particulier où praticien et malade sont confondus en une seule et même personne, autrement dit l'automédication. Dans certains cas, Celse semble en effet envisager dans son œuvre cette dimension de la médecine. C'est ce que nous nous proposons d'étudier à présent, non sans avoir au préalable dressé un bref panorama de la question.

L'automédication à Rome

La médecine occupait une place particulière dans la culture antique, au point que Ludwig Edelstein a pu écrire que la médecine « was the only art or science about which everybody knew something [...] In short, medical knowledge was perhaps diffused more widely in Greek and Roman times than in any other period of history[79] ». Cette culture médicale, largement répandue à toutes les couches de la société, aurait favorisé la mise en place d'une automédication aux origines et aux motivations diverses. À Rome, elle est d'abord issue d'une longue tradition[80], consistant pour l'essentiel en une hygiène de vie équilibrée

---

[79] L. Edelstein, « The relation of ancient philosophy to medicine », in O.- L. Temkin (éds.), *Ancient Medicine. Selected papers of L. Edelstein*, The Johns Hopkins Press, Baltimore, 1967, p. 349-366 (1re éd. *Bulletin of the History of Medicine*, 1952, vol. 26, p. 299-316).

[80] A. Doody, « Authority and Authorship in the *Medicina Plinii* », in L. Taub – A. Doody (éds.), *Authorial Voices in Greco-Roman Technical writing*, Trèves,

et quelques recettes magiques — sans oublier le rôle essentiel joué, selon Caton, par le chou[81]. À cet héritage viendront s'assimiler, non sans difficultés, les éléments apportés par la médecine d'origine grecque, dès la fin du IIIe siècle av. J.-C. Dans les faits, l'automédication semble d'ailleurs avoir été souvent pratiquée, notamment à partir de l'arrivée de médecins professionnels, afin d'échapper à leur cupidité[82], si souvent raillée, certainement avec quelque raison, par les satiristes. En tout état de cause, l'automédication joue un rôle non négligeable dans l'idéal autarcique prôné par les propriétaires terriens romains, puisqu'elle contribue au fonctionnement sûr et pérenne des exploitations.

Il existe des exemples de personnages célèbres ayant pratiqué l'automédication. Caton l'Ancien notamment, dans une perspective bien connue condamnant la profession médicale (et non l'art de guérir !), ou encore, à l'époque de Celse, l'empereur Tibère lui-même, au physique vigoureux et qui passa les deux tiers de son existence à refuser les soins des médecins professionnels. La pratique de l'automédication était extrêmement courante, touchant jusqu'aux classes les plus élevées de la société. Dans quelle mesure l'œuvre celsienne est-elle le reflet de cette réalité et l'inclut-elle dans son écriture et dans son fonctionnement ?

L'automédication dans le *De medicina*

La question de l'automédication dans le *De medicina* a été jusqu'ici assez peu abordée, sans doute considérée, compte tenu du contexte médical et social de la rédaction de l'ouvrage, comme allant de soi. À notre connaissance, seule Ilsetraut Hadot emploie explicitement le terme, écrivant de façon laconique, et sans développer plus avant ses propos, qu'« en indiquant à ses lecteurs les précautions à prendre selon la saison, l'âge, la constitution individuelle, ainsi que les vertus des différents médicaments et leur préparation, [Celse] veut leur

---

2009a, p. 93-105, parle, à propos du *Medicina Plinii*, d'une « Roman tradition of self medication » (p. 96).

[81] Cf. Caton, *De l'agriculture*, dont le célèbre chapitre CLVX est intitulé *De Brassica, quot medicamenta habeat et aliis ad medicinam pertinentibus* (« Du chou, combien il a de vertus, et d'autres propriétés relatives à la médecine »).

[82] A. Doody, « Authority… », *ibid.*

donner des moyens de pratiquer l'automédication[83] ». Si l'intuition de la critique nous semble juste, il convient néanmoins de l'appuyer par une démonstration plus étendue, en étudiant en détails la forme prise par l'automédication dans le *De medicina*, notamment dans les livres de diététique et de pharmaceutique[84]. Il s'agit en effet de mesurer le rôle qu'y joue d'une part l'autorité celsienne, d'autre part la connaissance de soi (et, dans le cas de soins au sein de la *familia*, d'autrui).

Automédication et diététique

Au premier chapitre du livre 1, Celse ne saurait être plus clair lorsqu'il parle de l'homme en bonne santé :

> *Sanus homo, qui et bene ualet et suae spontis est, nullis obligare se legibus debet, ac neque medico neque iatroalipta egere.* (1.1.1)

> « L'homme en bonne santé, qui est à la fois bien portant et maître de lui-même, ne doit s'astreindre à aucune règle, et n'a besoin ni d'un médecin ni d'un masseur-médecin. »

La bonne santé s'accompagne nécessairement, comme en témoigne le balancement *et... et...*, d'une autonomie dans l'action (*suae spontis*[85]), c'est-à-dire d'une indépendance vis-à-vis de règles (*legibus*) extérieures à l'individu, incarnées par le médecin et le masseur dont il

---

[83] I. Hadot, *Arts libéraux et philosophie dans la pensée antique*, Études Augustiniennes, Paris, 1984 (2ᵉ éd. revue et considérablement augmentée), p. 457.
[84] Nous laissons ici volontairement de côté les livres de chirurgie, sauf à envisager qu'un malade puisse s'opérer lui-meme.
[85] On retrouve cette liberté thérapeutique en 3.19.5 : *Quod si stomachus resolutus parum continet, et ante cibum et post eum sponte uomere oportet.* (« Et si l'estomac, une fois relâché, a une faible contenance, il convient de vomir comme on le veut à la fois avant le repas et après celui-ci. ») La traduction que nous proposons de l'expression *suae spontis* est discutable et discutée. Certains chercheurs lui confèrent un sens sociologique et la traduisent volontiers par « libre de son temps », s'appuyant sur la suite du paragraphe qui énumère les diverses activités auxquelles peut s'adonner le *sanus homo*. Certes, les activités mentionnées par Celse ne peuvent être le fait que d'hommes libres. Mais il nous semble plus pertinent d'expliquer la formule *suae spontis* à la lumière de ce qui lui fait suite immédiatement, à savoir la liberté vis-à-vis de lois dont on comprend qu'elles sont celles de l'art médical. En ce sens, on citera la traduction de ce passage offerte par Jaucourt dans l'*Encyclopédie* de Diderot et d'Alembert : « Un homme né, dit-il, d'une bonne constitution, qui se porte bien & qui ne dépend de personne, doit ne s'assujettir à aucun régime & ne consulter aucun médecin. »

est tout à fait possible de se passer (*neque... neque... egere*). Celse exposera ensuite très succinctement (1.1.2-4) la médecine que le *sanus homo* doit s'appliquer à lui-même, et qui a pour principes absolus la variété et la mesure, afin d'observer une hygiène de vie qui ne perturbe pas l'équilibre de sa santé.

La suite du livre 1 du *De medicina* est consacrée aux *imbecilles*, autrement dit aux hommes de constitution faible. Cette faiblesse peut toucher l'ensemble de l'individu (1.2-3), ou bien concerner plus particulièrement une partie du corps (1.4-10). Dans les deux cas, il s'agit avant tout pour chacun d'observer ses propres particularités, afin de suivre les règles qui luttent au mieux contre les inclinations morbides de sa constitution[86]. Ainsi les individus touchés par une faiblesse des *nerui* sont invités à moduler leur thérapeutique selon leur caractère :

> *Vt concoctio autem omnibus uitiis occurrit, sic rursus aliis frigus, aliis calor ; quae sequi quisque pro habitu corporis sui debet.* (1.9.3)
>
> « Or, de même que la digestion touche à tous les maux, de même à son tour le froid touche à certains, la chaleur à d'autres ; chacun doit respecter ces éléments en fonction du caractère de son propre corps. »

Face à la multitude des situations morbides (*omnibus uitiis [...] aliis [...] aliis*), le seul critère permettant d'effectuer un choix est la constitution de chacun. C'est à l'aune de son moi physique (*corporis sui*) que l'individu en bonne santé pourra cerner les contours de sa propre médecine préventive.

Les livres 2 à 4 commencent eux aussi par des considérations sur les spécificités des individus, inspirées de la *Collection Hippocratique*, dans une perspective fondée sur la prévention :

> *Sed antequam dico quibus praecedentibus morborum timor subsit, non alienum uidetur exponere quae tempora anni, quae tempestatum genera, quae partes aetatis, qualia corpora maxime tuta uel periculis oportuna sint, quod genus aduersae ualetudinis in quo timeri maxime possit [...] quo minus frequenter tamen quaedam eueniant ideoque utile sit scire unumquemque quid et quando maxime caueat.* (2Pr.2).
>
> « Mais avant de dire quels symptômes doivent provoquer la crainte des maladies, il n'est pas déplacé, à mon avis, d'exposer quelles saisons,

---

[86] Cf. L. Edelstein, « Antike Diätetik », *Die Antike VII. Zeitschrift für Kunst und Kultur des klassischen Altertums*, Berlin / Leipzig, 1931, p. 256 et 261 sqq.

quelles conditions du temps, quels âges de la vie, quelles constitutions sont les plus sûres ou exposées au danger, quel genre de maladie peut être craint et chez qui [...] afin que certaines affections cependant se produisent moins souvent et parce qu'il est utile que chacun sache ce qu'il doit craindre par dessus tout et à quel moment. »

Une prévention optimale (*maxime caueat*) ne peut exister que si chacun connaît (*scire unumquemque*) ce qui le concerne en propre. Cette connaissance constitue d'ailleurs un objectif initial en parfait accord avec le critère d'utilité lié à l'art médical (*utile sit*). Avant même l'intervention d'un *curans* (professionnel ou non), il convient d'instaurer une relation harmonieuse de soi à soi, permettant à chacun de prévenir sa propre crainte (*timor*, *timeri*).

L'automédication est présente, dans les livres de diététique du *De medicina*, sous la forme d'une médecine préventive. La connaissance de soi est une responsabilité propre à chacun, qui permet d'adapter les ressources de la diététique à sa personne, afin de ne pas tomber dans une situation morbide. Ces ressources se trouvent notamment au livre 2, dans ce que nous avions identifié comme un passage référentiel. Lorsque Celse, à partir du chapitre 2.10, va exposer successivement les moyens d'ôter (2.10-17) puis d'ajouter (2.18-33) de la substance au corps[87], il prend soin de préciser que les indications à venir concernent aussi bien les malades que les biens portants :

Ante de communibus dicam, ex quibus tamen quaedam non aegros solum sed sanos quoque sustinent, quaedam in aduersa tantum ualetudine adhibentur. (2.9.1)

« Je vais d'abord parler des traitements communs, parmi lesquels certains cependant viennent en aide à la fois aux malades et aux hommes sains, d'autres ne sont utilisés qu'en cas de maladie. »

La diététique est clairement définie ici à la fois comme thérapeutique, puisqu'elle concerne les malades (*aegros*, *in aduersa ualetudine*), mais aussi comme préventive, puisqu'elle touche les bien portants (*sanos quoque*). Avant d'entamer la seconde partie de son diptyque, Celse fera d'ailleurs une nouvelle fois mention des *sani* comme étant une partie du public concerné par ses propos :

---

[87] Sur ces questions, cf. J.-M. André, *La médecine à Rome*, Paris, 2006, p. 333-348, qui reprend l'exposé celsien.

> *... id est cibum et potionem. Haec autem non omnium tantum morborum sed etiam secundae ualetudinis communia praesidia sunt ; pertinetque ad rem omnium proprietates nosse, primum ut sani sciant quomodo his utantur... [...] Scire igitur oportet...* (2.18.1-2)
>
> « ... à savoir la nourriture et la boisson. Ces derniers constituent le soutien commun non seulement de toutes les maladies mais aussi de la bonne santé ; et il convient à notre sujet de connaître leurs propriétés, d'abord afin que les hommes sains sachent comment les utiliser... [...] Il importe donc de savoir... »

La diététique, envisagée derechef comme préventive (*praesidia*), implique, outre une connaissance de soi, de savoir (*sciant, scire*) quels éléments interviennent dans sa mise en place. Et puisque les hommes en bonne santé (*sani*) sont concernés, cela signifie donc que, n'ayant nul besoin de recourir à un *curans*, ils s'appliquent à eux-mêmes ces soins. Quant aux individus malades, concernés au premier chef par les livres 2-4, Celse leur donne les informations nécessaires pour leur permettre d'engager le processus thérapeutique sur eux-mêmes, sans nécessairement faire appel à une intervention extérieure.

Ainsi, l'automédication dans le *De medicina* relève d'abord d'une médecine préventive, visant à maintenir, chez l'individu en bonne santé, l'équilibre réclamé par sa constitution, ou à contenir, chez l'individu faible, l'inclination morbide de son corps. Chez l'individu malade, elle se fait cette fois curative[88], avec pour objectif principal un retour à l'harmonie que le mal a troublée. Les soins automédicatifs recensés par Celse prennent par exemple la forme d'onctions et de frictions, comme en témoignent ces deux passages du livre 3 :

> *Praeter haec conuenit ambulare locis quam minime frigidis, sole uitato ; per manus quoque exerceri : si infirmior est, gestari, ungui, perfricari, si potest, maxime per se ipsum, saepius eodem die.* (3.22.5)
>
> « En outre, il convient de se promener dans des lieux aussi peu froids que possibles, en évitant le soleil ; de pratiquer aussi des exercices manuels : si l'on est trop faible, d'être porté, oint, frictionné, si possible, surtout par soi-même, assez souvent le même jour. »

---

[88] Notre analyse se distingue ici de celle de R. Jackson, « Roman Medicine: the Practitioners and their Practices », *ANRW*, II.37.1, 1993, p. 79-101 : « Celsus' advice was aimed at the wealthy pater familias who was expected to know how to maintain his own health and that of his family without resorting to medical assistance except at times of illness. » (p. 87).

Bibenda aqua est ; acri ambulatione utendum, itemque unctionibus frictionibusque, maxime per se ipsum. (3.27.3A)

« Il faut boire de l'eau ; avoir recours à une promenade énergique, et de même aux onctions et aux frictions, surtout par soi-même. »

Le premier extrait traite des différents types d'affaiblissements (atrophie, cachexie, phtisie), et le second d'une trop grande agitation (*tremor*). Dans la tournure *maxime per se ipsum*, utilisée dans les deux cas, l'adverbe *maxime* renvoie ainsi parfaitement aux possibilités physiques limitées ou particulières du malade. Il s'agit tout de même pour ce dernier d'œuvrer par lui-même pour ses propres soins, comme le souligne le renforcement par *ipsum* du pronom personnel *se*. La diététique celsienne peut donc bien prendre la forme d'une thérapie appliquée par un individu malade à lui-même.

Qu'elle soit préventive ou curative, l'automédication diététique ne peut avoir pour autre fondement qu'une connaissance de soi permettant de choisir la diététique optimale. Cette connaissance de soi semble consister principalement en une attention de tous les instants, afin de repérer tout éventuel changement par rapport à son état physiologique normal :

In primis tamen illud considerandum est num cui saepius horum aliquid eueniat neque ideo corporis ulla difficultas subsequatur. Sunt enim quaedam proprietates hominum sine quarum notitia non facile quicquam in futurum praesagiri potest. Facile itaque securus est in his aliquis quae saepe sine periculo euasit ; ille sollicitari debet cui haec noua sunt, aut qui ista numquam sine custodia sui tuta habuit. (2.2.4)

« Cependant, il faut avant tout considérer s'il lui arrive l'une de ces choses assez souvent, sans que s'ensuive un embarras corporel. Car il est chez les hommes des dispositions sans la connaissance desquelles on ne peut facilement présager du futur. Ainsi, dans de telles situations, celui-ci est en sécurité, qui souvent en a réchappé sans danger ; cet autre doit s'inquiéter si elles sont nouvelles pour lui, comme celui qui ne s'en est jamais préservé sans se surveiller lui-même. »

La fin de ce chapitre consacré aux signes précurseurs de l'état morbide commence par une tournure injonctive, *considerandum est*, dont le sujet n'est pas exprimé. Difficile de trancher pour savoir s'il s'agit d'un médecin, d'un *curans*, ou bien du malade lui-même. D'ailleurs, cette imprécision est peut-être voulue par Celse, qui laisse de fait la voie libre aux trois interprétations. Le terme *notitia*, qui peut renvoyer à toute sorte de connaissance, nous semble simplement indiquer un élément, parmi d'autres, à prendre en compte lors de l'établissement du diagnostic. Que ce soit par un soignant ou par le malade lui-même, les spécificités (*proprietates*) du malade ne sauraient être négligées. Elles permettent en effet de mesurer, à l'aune de l'expérience du malade (*saepe... euasit*), les risques encourus par ce dernier. Celse oppose le savoir rassurant né de l'habitude au flou inquiétant de la nouveauté : seule la connaissance de soi permet de percevoir une rupture de l'habitude — c'est-à-dire une situation morbide inédite et partant potentiellement dangereuse. L'encyclopédiste met en avant la nécessité d'une veille de soi-même (*sui*), et établit ainsi un lien net entre connaissance de soi et *securitas corporis*[89]. L'image militaire de la sentinelle (*custodia*[90]) achève de présenter le corps comme une place forte devant se préserver de toute intrusion morbide. La position centrale occupée, dans le processus thérapeutique, par la personne malade et le rôle que celle-ci peut jouer dans le recouvrement de sa propre santé correspond parfaitement à ce qu'Aude Doody, au sujet du *Medicina Plinii*, a défini comme une « particular, Roman tradition of medical writing that emphasises self-help and self-reliance[91] ». Celse s'inscrirait parfaitement dans cette lignée d'écrits médicaux qui, à Rome, mettent en avant le principe d'une automédication fondée sur une certaine autonomie du moi.

Toutefois, la part importante de la connaissance de soi dans la diététique du *De medicina* mérite d'être discutée. Si elle constitue une étape indispensable à la mise en place de l'automédication, elle n'implique pas pour autant un exercice absolu par le malade de sa propre volonté. Autrement dit, la nécessaire connaissance de soi préalable à tout acte automédicatif ne saurait constituer une garantie permettant de choisir sa thérapeutique selon son bon vouloir, et ne signifie pas une indépendance absolue vis-à-vis des règles extérieures. Si l'homme sain peut s'abstenir des lois de la médecine, il n'en est pas de même de l'homme malade :

---

[89] L'adjectif *securus* est d'ailleurs utilisé par Celse en 2.6.17 dans l'expression *medicus securus*, qui désigne un médecin qui ne se fait aucune inquiétude quant à l'état de santé de son patient.
[90] Cf. 3.21.3 *custodiretur*.
[91] A. Doody, « Authority and Authorship in the *Medicina Plinii* », in L. Taub – A. Doody (éds.), *Authorial Voices in Greco-Roman Technical writing*, Trèves, 2009a, p. 96.

> *Cum ex toto uero conualuerit, periculose uitae genus subito mutabit et inordinate aget. Paulatim ergo debebit omissis his legibus eo transire, ut arbitrio suo uiuat.* (4.32.2)

« Et lorsqu'il se sera complètement rétabli, ce n'est pas sans danger qu'il changera subitement de genre de vie et qu'il agira de façon désordonnée. Par conséquent, c'est peu à peu qu'il devra, après avoir abandonné ces lois, en arriver à vivre selon son propre jugement. »

Dans ce chapitre dévolu à la convalescence et à son régime, l'ultime phrase des livres de diététique celsiens prône un retour progressif au mode de vie antérieur à l'état morbide. Celse reprend le thème des lois (*legibus*) de la médecine[92], déjà utilisé en 1.1.1[93], et englobe ainsi l'ensemble des remèdes diététiques dans un espace formé par les livres 1 à 4, au sein duquel dominent des règles auxquelles le malade doit se soumettre. L'état morbide constitue donc, d'une certaine manière, un abandon de sa faculté de jugement (*arbitrium*) aux préceptes d'autrui. C'est ce qui explique sans doute l'emportement dont fait preuve Celse envers les individus qui ne se soumettent pas aux prescriptions médicales :

> *Intemperantes homines apud nos ipsi < sibi quid quantumque sumendum sit constituunt nec > cibi tempora curantibus dantur.* (2.16.2)

« Chez nous, des hommes intempérants décident eux-mêmes ce qu'ils doivent manger et en quelle quantité, et n'accordent pas aux soignants de fixer l'horaire du repas. »

L'attaque de Celse se justifie en ce que les individus incriminés dépassent la mesure (*intemperantes*) fixée par les lois médicales. Il ne s'agit pas, pour le malade, d'entraver le processus thérapeutique dont un *medicus* ou un *curans* sont les garants.

Durant l'état morbide, la perte temporaire de son *arbitrium* prive-t-il pour autant le malade de toute faculté de jugement ? Si le champ d'action du malade dans sa volonté automédicative est restreint aux lois médicales exposées dans le *De medicina*, il conserve néanmoins,

---

[92] La mention de lois (*leges*) de la médecine n'est pas sans rappeler les parallèles établis par Platon au livre III de la *République* entre médecine et justice. De même que la justice conserve l'ordre de la cité, de même l'un des rôles de la diététique serait de conserver le corps sain. Dans les deux cas, le respect des lois est la garantie et la condition de la réussite de l'entreprise. Appliquées scrupuleusement, les lois de la diététique ont ainsi pour fonction de maintenir l'équilibre et l'harmonie du corps.
[93] 1.1.1 : *nullis obligare se legibus debet* (« il ne doit s'astreindre à aucune règle »).

dans ce cadre, un certain degré de liberté[94]. Autrement dit, quiconque utilise l'œuvre celsienne afin de se soigner est libre de choisir... parmi les thérapeutiques choisies par Celse. Voilà ce qu'indique clairement un passage du livre 4, consacré au traitement des diarrhées, où l'encyclopédiste invite explicitement son lecteur à user de sa propre capacité de jugement :

> *Frigidam autem adsidue potionem esse debere contra priores auctores Asclepiades affirmauit, et quidem quam frigidissimam. Ego experimentis quemque in se credere debere existimo, calida potius an frigida utatur.* (4.26.4)

> « Asclépiade pour sa part a affirmé, contre l'avis des anciennes autorités, que la boisson doit être constamment froide, et même aussi froide que possible. Moi, j'estime que chacun doit se fier aux expériences qu'il a faites en lui-même, pour savoir si on doit l'utiliser chaude ou plutôt froide. »

Dans ce passage, s'enchaînent de manière extrêmement condensée non seulement les *priores auctores*, puis Asclépiade et Celse luimême, mais aussi, en bout de ligne, un *quemque* qui peut représenter aussi bien chaque malade que chaque lecteur potentiel du *De medicina*. C'est à cette entité que revient en définitive le choix de l'orientation thérapeutique, qui ne s'appuie sur aucun autre critère que son intime conviction, sa propre croyance, celle-ci pouvant être considérée comme un pis-aller de l'*arbitrium* perdu, ce que souligne sans doute la structure même de la phrase, où l'indéfini *quemque* est bien au centre de l'expression *experimentis... in se*.

Même en conservant la plus grande prudence, on voit combien la diététique exposée par Celse consent à laisser, dans sa mise en pratique, une place importante aux malades, qui semblent jouir, dans les limites définies par le *De medicina*, d'un degré de liberté certain.

Automédication et pharmaceutique

Jusqu'ici, il n'a été question de l'automédication que dans le cadre de la diététique présentée dans le *De medicina*. Nous voudrions à présent

---

[94] Dans l'immense majorité des cas — et contrairement, par ex., à ce que l'on rencontre chez Pline l'Ancien (cf. V. Naas, *Le projet encyclopédique de Pline l'Ancien*, Collection de l'École française de Rome (303), Rome, 2002, p. 148-149 et p. 157) — cette liberté n'est d'ailleurs pas feinte, et Celse n'oriente que très rarement le choix de son lecteur.

nous intéresser brièvement aux livres de pharmaceutique de cet ouvrage, afin d'apprécier dans quelle mesure cette branche de la thérapeutique laisse elle aussi la place à l'automédication.

Les marchés permettaient à tout un chacun de se procurer facilement de nombreuses compositions médicamenteuses. Les *pharmacopolae*, « apothicaires » à la réputation douteuse, ou les *unguentarii*, « fabricants de pommade », fournissaient ainsi en drogues et onguents divers non seulement les professionnels mais aussi le grand public[95]. Dans son *Histoire Naturelle*, Pline mentionne les marchés où l'on trouve des emplâtres et des collyres tout faits[96]. Au début du 2e siècle ap. J.-C., un certain Isidoros adresse une lettre à ses deux fils, Isidoros et Paniscos, leur demandant de lui faire parvenir, pour son propre compte, outre un coussin pour soutenir le coude (ὑπαγκώνιον), des tubes de collyres oculaires (κολλυρίδια β)[97]. Le recours personnel à une thérapeutique pharmacologique est donc chose courante pour un lecteur de Celse.

L'auteur du *De medicina* ne fait guère de commentaire explicite sur ce sujet, mais il semble pourtant bel et bien inscrire son œuvre dans cette logique, qui, somme toute, devait sembler évidente pour ses contemporains. Nous avons déjà étudié les arguments en faveur d'une application pratique du *De medicina* : nous ne reviendrons pas sur la possibilité pour le lecteur de l'ouvrage celsien de réaliser lui-même, et donc éventuellement *pour lui-même*, les remèdes pharmaceutiques présentés par l'encyclopédiste — à condition, bien évidemment, d'avoir un minimum de connaissances en herboristerie et les moyens financiers permettant de se procurer les composants nécessaires.

Si l'automédication pharmaceutique allait de soi pour les contemporains de Celse, une remarque de ce dernier à l'intention de ses lecteurs nous semble renvoyer à cette question et mériter un développement particulier :

> *Facile autem recognitis omnibus, quae medici prodiderunt, apparere cuilibet potest, uix ullum ex iis, quae supra conprehensa sunt, oculi*

---

[95] Cf. J. André, *Être médecin à Rome*, Paris, 1987, p. 71-73 et p. 82-83.
[96] Pline, *Histoire Naturelle* 34.108 (*facta emplastra et collyria*).
[97] Cf. L. Rubinstein, « Seven Lettres (172-178) », in J. Bingen et al. (éds.), *Mons Claudianus, Ostraca Graeca et Latina I*, Institut Français d'Archéologie Orientale, Le Caire, 1992, p. 159-168. Je remercie Ralph Jackson d'avoir attiré mon attention sur ce cas.

> *uitium esse, quod non simplicibus quoque et promptis remediis summoueri possit.* (6.6.39C).

« Or après avoir reconnu tout ce que les médecins ont transmis, il apparaît facilement à chacun que parmi les maux oculaires, qui sont rassemblés ci-dessus, c'est à peine s'il en est un qui ne pourrait être guéri aussi par des remèdes simples et faciles d'accès. »

Cette phrase achève le long chapitre 6.6, consacré aux maladies oculaires d'origine interne, à l'exception notable de son ultime paragraphe (dont est extrait notre passage), consacré à celles d'origine externe. L'utilisation du pluriel *ex iis, quae...* laisse penser que la conclusion de Celse porte non pas seulement sur 6.6.39, qui ne traite que d'une seule catégorie de mal, mais sur l'ensemble du chapitre.

Ralph Jackson estime que cette conclusion ne s'accorde pas bien avec ce qui la précède[98], sans préciser toutefois si sa remarque concerne le seul paragraphe 6.6.39 ou le chapitre 6.6 dans son ensemble. Le critique considère en tout cas avec raison que Celse adresse un curieux reproche aux médecins qui auraient uniquement transmis des *remedia* qui ne seraient ni simples ni faciles d'accès. Reproche effectivement bien curieux, puisque Celse lui-même, tout au long du chapitre, s'est largement inspiré de praticiens (Attalus, Cléon, Evelpide, Philon...) dont il a transcrit certaines recettes parfois assez compliquées. Jackson considère alors plutôt la conclusion celsienne comme une référence piquante — que l'on retrouvera d'ailleurs chez Pline — aux remèdes complexes et onéreux vendus sur les marchés par de cupides pharmacopoles[99]. Si cette interprétation n'est peut-être pas infondée, notons que Celse emploie bien le terme de *medici*, et non celui de *pharmacopolae*, pourtant attesté dès Caton. Certes, les médecins s'approvisionnaient souvent chez les apothicaires, et l'on pourrait penser à une assimilation, dans l'esprit de Celse, entre ces deux types de personnes. Le choix du verbe *prodiderunt*, qui désigne expressément la transmission orale ou écrite d'un savoir, nous paraît cependant exclure un tel rapprochement : c'est bien à des médecins que l'encyclopédiste adresse volontairement ses reproches.

---

[98] R. Jackson, « Eye Medicine in the Roman Empire », *ANRW*, II.37.3, 1996, p. 2228-2251 : « It fits rather uneasily with what has gone before » (p. 2238).
[99] R. Jackson, « Eye Medicine... » : « The reason for making it may have had more to do with a desire to stem a rising tide of complex and costly concoctions » (*ibid.*)

Pour mieux en saisir l'origine, il faut peut-être observer que Celse définit clairement sa démarche intellectuelle comme une revue, un examen (*recognitis*) des remèdes proposés par les spécialistes, sans pour autant, semble-t-il, y adhérer totalement d'un point de vue pratique. Il y aurait ainsi une discordance très nette, mais tout à fait explicable, entre la volonté encyclopédique d'offrir une large étendue de remèdes (dont Celse ne dit d'ailleurs pas qu'ils sont inefficaces) et la conscience, d'un point de vue pratique, qu'existent des médicaments moins complexes mais tout aussi valables (*quoque... summoueri*).

En outre, le paragraphe 6.6.39, qui contient cette conclusion, non seulement ne comporte aucun nom d'autorité pharmaceutique, mais surtout est en grande partie (6.6.39A-B) fondé sur un remède magique : le sang de pigeon, de colombe ou d'hirondelle. C'est dans ce contexte d'une médecine non professionnelle, qui met en avant des médicaments non issus de médecins, que Celse vante les mérites de remèdes *simplicia et prompta*.

Ces adjectifs ne sont pas anodins sous la plume celsienne. L'encyclopédiste les a déjà utilisé auparavant pour qualifier les médicaments. Ainsi en 2.33, où Celse, après l'annonce des livres de pharmacologie, circonscrit le sujet de son chapitre :

> ... *ponam uero ea quae prompta et iis morbis, de quibus protinus dicturus sum, apta corpus erodunt, et sic eo quod mali est extrahunt.* (2.33.1)
>
> ... j'exposerai cependant les remèdes qui, faciles d'accès et convenant aux maladies dont je suis sur le point de parler, rongent le corps, et ainsi en extraient ce qui s'y trouve de mal. »

Ce passage référentiel fournit la liste des remèdes jouant un rôle dans la diététique des livres 3 et 4 (*de quibus... dicturus sum*). Ces remèdes sont divisés en quatre catégories : *quae leniter simul et reprimunt et mollunt*, puis *quae simul et reprimunt et refrigerant* (2.33.2-4), *quae sine frigore reprimunt* (2.33.4), et enfin *quae calfaciunt* (2.33.5). Tous sont présentés comme étant d'usage courant, *prompta*. C'est d'ailleurs, avec 6.6.39C, la seule autre occurrence, dans le *De medicina*, de cet adjectif appliqué aux médicaments, et l'on peut se demander si Celse, au livre 6, ne fait pas référence à ce chapitre du livre 2. D'ailleurs, l'auteur oppose en 2.33.1 ces remèdes aux remèdes étrangers, *peregrina*, ce qui d'une certaine manière va dans le sens du commentaire de Ralph Jackson sur les pharmacopoles, chez qui les produits importés étaient légion et « donnaient lieu à des falsifications[100] ». Celse va d'ailleurs achever son chapitre sur une critique à l'encontre des médecins :

> *His autem omnibus, et simplicibus et permixtis, uarie medici utuntur, ut magis quid quisque persuaserit sibi appareat, quam quid euidenter compererit.* (2.33.6)
>
> « Mais pour tous ces remèdes, à la fois simples et composés, les médecins les utilisent de façon variée, si bien que chacun semble suivre ce dont il s'est lui-même persuadé plutôt que ce qu'il a clairement découvert. »

Dans le *De medicina*, l'utilisation des remèdes pharmaceutiques par les médecins professionnels est donc sujette à controverse. Elle est présentée comme aléatoire (*uarie*) et fondée sur une conviction personnelle plutôt que sur une réelle utilité. En mettant en parallèle 6.6.39C et 2.33, il semble que Celse reproche aux *medici* leur usage désordonné des médicaments et une complexification outrancière de ces derniers.

Dans les remèdes pharmaceutiques du *De medicina*, on pourrait tenter d'établir sinon une hiérarchie, du moins une distinction, entre les remèdes transmis, recommandés, prescrits et administrés par les médecins, et ceux pouvant être choisis et composés par les lecteurs eux-mêmes. Ces deux catégories s'avèrent également efficaces, mais, parallèlement à la médecine des *medici*, l'œuvre de Celse présenterait donc, en accord avec les usages de ses contemporains, une médecine personnelle voire automédicative. Aux lecteurs éclairés du *De medicina*, le chapitre 2.33 fournit les remèdes *prompta*, utilisés notamment dans les livres 3 et 4. Les chapitres 5.1-16 détaillent les remèdes *simplicia* et les chapitres 5.18-25 les *mixta*, cette dernière catégorie pouvant être réalisée en ayant recours aux composants trouvés sur les marchés, grâce aux indications de Celse sur les poids et mesures (5.17). En pharmacie comme en diététique, l'automédication est sans aucun doute présente dans l'œuvre celsienne.

---

[100] J. André, *Être médecin à Rome*, Paris, 1987, p. 83.

La relation soignant-soigné : problèmes de traduction

Dans ce chapitre, nous avons jusqu'à présent envisagé les diverses catégories d'individus susceptibles de mettre en pratique la médecine exposée par Celse dans son *De medicina* — qu'il s'agisse de médecins professionnels (*medici*) ou d'amateurs (*curantes*), ces derniers pouvant éventuellement recourir à l'automédication.

Cette ouverture des praticiens de l'œuvre celsienne, telle que nous l'avons constatée, n'est pas sans influencer la manière de traduire le *De medicina*. Toutefois, et pour ne prendre en compte que les traductions les plus consultées, des érudits comme Spencer et Serbat ont fréquemment recours aux termes « practitioner / médecin » ou « patient », selon nous de façon abusive. L'emploi de ces mots dessine en effet les contours d'une médecine nécessairement professionnelle. Cette pratique nous semble aller à l'encontre non seulement, comme nous l'avons vu, de l'esprit du *De medicina*, mais aussi de sa lettre, comme nous voudrions le montrer à présent. Savoir s'il faut traduire autrement que par des termes surdéterminés n'est pas seulement une question technique de traduction : elle acquiert sa pleine signification lorsque l'on se demande « à qui parle » Celse.

Nous avons procédé à un recensement exhaustif des cas qui nous paraissent discutables, extraits principalement de la traduction de Spencer, parfois de celle de Serbat. Cette dernière, même si elle ne porte que sur les deux premiers livres du *De medicina*, retient tout de même l'attention, parce qu'elle s'appuie souvent sur le travail de son prédécesseur anglais, en en transposant certaines erreurs. S'il arrive que ces deux traducteurs utilisent abusivement le mot *médecin*, c'est principalement le terme *patient* dont ils font un usage anarchique, l'utilisant tantôt pour remplacer des substantifs latins à la signification différente, tantôt pour surtraduire de simples indéfinis ou démonstratifs, tantôt le rajoutant tout bonnement dans leur traduction.

Il paraît donc nécessaire de reprendre, parmi les passages concernés, ceux qui sont les plus édifiants et les plus révélateurs de ce que des imprécisions de traduction peuvent avoir comme influence sur la perception du *De medicina*. La traduction que nous proposons n'a pas vocation à être définitive et ne se veut pas non plus traduction littéraire du texte celsien. Elle prétend toutefois restituer au mieux les subtilités du texte celsien quant à la question des soignants et des soignés, quitte à être volontairement proche du texte latin, afin de mieux en faire pénétrer les détails. Le principe que nous avons suivi est simple : essayer, dans la mesure du possible, de rendre toujours un mot latin par le même mot français et, surtout, de ne pas surtraduire des termes qui sont à l'origine neutres et à l'interprétation ouverte.

Problèmes de traduction concernant le soignant

Les problèmes de traduction concernent tout d'abord le soignant, dont nous avons vu qu'il n'était pas nécessairement un *medicus*.

Il est certes envisageable, lorsque le contexte y invite, d'orienter la traduction vers le sens d'un praticien professionnel. C'est le cas au paragraphe 5.26.1D, où Spencer traduit *uir* par « practitioner », s'appuyant sans doute sur la présence du terme *medicus* peu auparavant, en 5.26.1C[101]. De même, au paragraphe 8.17.2[102], l'ajout dans la traduction anglaise du terme « surgeon » peut se justifier par le contexte d'une opération délicate, à savoir la réduction des luxations du poignet. Malgré tout, par égard pour le texte celsien, il nous semblerait plus approprié, dans le premier cas, de rendre *uir* par « homme », dans le second, de préserver la structure syntaxique de la phrase latine.

Un autre exemple mérite toute notre attention, compte tenu des précisions que nous avons pu apporter précédemment sur l'emploi du verbe *curo* et de son participe *curans*. Au chapitre 4.2, Spencer choisit de rendre le texte latin de la façon suivante :

> *His uelut in conspectum quendam, quatenus scire curanti necessarium est, adductis, remedia singularum laborantium partium exsequar, orsus a capite.* (4.2.1)

> *Having made a sort of survey as it were of these organs, so far as it is necessary for a practitioner to know, I shall follow out the remedies for the several parts when diseased, starting with the head.*

---

[101] 5.26.1C-D : *In his autem ante omnia scire medicus debet [...] Sed ut haec prudenti uiro conueniunt...* (« In this connexion, however, a practitioner should know above all [...] But while such steps become a prudent practitioner... »)
[102] 8.17.2 : *Ubi satis nerui diducti sunt, os, quod in alterutrum latus procidit, manibus in contrarium repellendum est.* (« When the sinews are sufficiently stretched, the surgeon's hands push back the bone, in the opposite direction to the side to which it has slipped. »)

Le choix du traducteur anglais de traduire *curanti* par « a practitioner » colore ce passage du *De medicina* d'une touche professionnelle dont il est dépourvu à l'origine. Une traduction plus neutre nous paraît requise, afin de ne pas trahir l'ouverture du texte celsien. Nous proposons donc : « Après avoir rassemblé ces éléments en une sorte d'aperçu, autant qu'il est nécessaire au soignant de le savoir, je suivrai les remèdes de chaque partie du corps en souffrance, en commençant par la tête. » De la même manière, aux paragraphes 2.10.2[103] et 3.8.2[104], notre préférence va à une traduction analogue (« soignant ») du participe (*curantis*).

Enfin, une phrase du paragraphe 2.10.15 constitue un cas sensible. Comparons le texte de Celse à sa traduction par Serbat :

Mittere autem sanguinem cum sit expeditissimum usum habenti, tum ignaro difficillum est. (2.10.15)

« Pour le praticien expérimenté, il est sans doute très aisé de saigner, mais c'est très difficile pour l'ignorant. »

L'expression *usum habenti* et l'adjectif *ignaro*, au datif de la personne intéressée par l'action, sont employés absolument, c'est-à-dire qu'ils ne se rapportent à aucun nom. La traduction de Serbat supplée ce « manque » en ajoutant « le praticien », inscrivant ainsi la phrase dans le cadre d'une médecine de spécialiste. Il nous semble pourtant

---

[103] 2.10.2 : *Postea uero usus ostendit nihil in his esse perpetuum, aliasque potius obseruationes adhibendas esse ad quas derigi curantis consilium debeat. Interest enim non quae aetas sit, neque quid in corpore intus geratur, sed quae uires sint.* Trad. de Spencer : « Practice subsequently showed indeed that in these matters there is no unvarying rule, and that other observations are rather to be made, to which the consideration of the practitioner ought to be directed. For it matters not what is the age, nor whether there is pregnancy, but what may be the patient's strength. » Trad. de Serbat : « Mais par la suite l'expérience a montré qu'il n'y a ici aucune règle constante et qu'il vaut mieux faire appel à d'autres considérations, pour orienter la décision du praticien. Car l'important, ce n'est pas l'âge du patient, ni ce qu'il porte en lui, mais l'état de ses forces. » Trad. proposée : « Et ensuite l'usage a montré que dans ces situations rien n'est universel, et qu'il faut plutôt faire d'autres observations, vers lesquelles diriger la décision du soignant. Ce qui importe en effet, ce n'est pas l'âge, ni si quelque chose est porté à l'intérieur du corps, mais quel est l'état de forces. »

[104] 3.8.2 : *Plurimique sub alterutro curantis errore subito moriuntur.* Trad. de Spencer : « Many die suddenly from error one way or the other on the part of the practitioner. » Trad. proposée : « Et nombreux sont ceux qui meurent subitement à cause de l'une ou l'autre erreur du soignant. »

possible de respecter davantage la lettre du texte celsien, et de traduire ainsi : « Or faire une saignée, autant cela est très facile pour celui qui en a l'expérience, autant cela est très difficile pour celui qui est ignorant. » Une telle traduction s'accorde avec les pratiques contemporaines de Celse — la saignée n'était pas réservée aux seuls médecins professionnels, et correspond en outre à l'analyse faite précédemment du paragraphe 2.11.3[105].

D'ailleurs, les jugements portés en général par Celse sur l'expérience des praticiens confirment la possibilité de voir à l'œuvre des non-professionnels. L'adjectif *(in)peritus*, par exemple, s'il est certes parfois accolé au nom *medicus* (2.10.3[106], 3.6.6.[107]), qualifie tout aussi bien, dans les livres de chirurgie, un amateur, *homo*, prenant une part active à l'acte thérapeutique (7.26.2C[108], 7.29.8[109]). Le vocabulaire de l'auteur du *De medicina* n'est pas sans rappeler celui de son presque contemporain Scribonius Largus, qui mentionne dans sa Préface, ces hommes « dont l'expérience est assez grande (*usu uero peritiores*), bien que, chose honteuse à avouer, éloignés de beaucoup de la discipline de la médecine et n'ayant même aucun lien avec cette profession[110] ».

On voit que la traduction de certains extraits du *De medicina* renvoyant aux praticiens doit être réalisée avec la plus grande prudence, afin de ne pas entrer en contradiction non seulement avec le texte celsien, mais aussi parfois même avec la réalité médicale contemporaine.

Problèmes de traduction concernant le soigné

La majorité des problèmes de traduction que nous avons constatés concernent le soigné. Nous utilisons volontairement ce terme, au sens

---

[105] Cf. *supra*, p. 199.
[106] 2.10.3 : *Maxime tamen in his medicus inperitus falli potest...* (« Cependant, c'est surtout dans ces âges qu'un médecin inexpérimenté peut être induit en erreur... »)
[107] 3.6.6 : *Ob quam causam periti medici est...* (« C'est pourquoi le propre du médecin expérimenté est de... »)
[108] 7.26.2C : *... homo praeualens et peritus...* (« ... un homme de constitution très solide et expérimenté... »)
[109] 7.29.8 : *... ualens homo non inperitus...* (« ... un homme de constitution solide non inexpérimenté... »)
[110] Scribonius Largus, *Compositiones*, Ep. 1 : *usu uero peritiores, uel (quod fateri pudet) longe summotos a disciplina medicinae ac ne adfines quidem eius professioni.*

plus large que le substantif « patient », abondamment employé par Spencer et Serbat dans leurs traductions. Les deux philologues ont recours à cet unique mot dans des situations diverses, qu'il s'agisse soit d'une traduction — de noms communs[111] ; d'adjectifs ou de pronoms substantivés[112] ; de propositions relatives sujets[113] ; de pronoms personnels[114], indéfinis[115], relatifs ou démonstratifs[116] — soit d'un ajout par rapport au texte latin original[117].

---

[111] *Aeger* : 2.4.1, 2.6.5., 2.8.2., 2.8.23, 2.10.8, 2.12.1B, 2.12.2D, 2.12.2E, 2.14.11, 2.16.1, 3.1.4 (x2), 3.1.5, 3.1.6, 3.2.3, 3.4.2 (x2), 3.4.3, 3.4.4, 3.4.5, 3.4.6, 3.4.8, 3.4.10 (x2), 3.4.12, 3.4.17, 3.4.18, 3.5.4 (x3), 3.5.5 (x2), 3.5.11, 3.6.1 (x2), 3.6.2, 3.6.4, 3.6.5, 3.6.6, 3.6.8, 3.6.9, 3.6.11-12 (x3), 3.6.16, 3.9.2, 3.9.3, 3.9.4, 3.11.1, 3.12.2, 3.14.1, 3.15.6, 3.18.2, 3.18.3, 3.18.5 (x2), 3.18.6, 3.18.16, 3.18.17-18 (x3), 3.19.4 (x2), 3.20.2, 3.20.3, 3.21.3, 3.22.14, 3.24.1, 3.24.2, 4.5.6, 4.6.4, 4.7.1, 4.8.1 (x2), 4.13.6, 4.14.2, 4.14.4, 4.23.1, 5.27.2C (x2), 7.2.6. *Aluus* : 6.6.10. *Corpus* : 2.5.2, 2.7.11, 2.8.33, 3.4.7, 3.5.9, 3.15.2, 3.21.2.4, 5.28.7B, 5.28.11E, 6.6.1E, 6.6.8D, 7.14.4, 7.26.2B, 7.27.2, 7.29.3, 8.10.7C, 8.11.6, 8.15.2. *Cubans* : 3.4.3, 4.11.8, 7.2.3. *Homo* : Pr.32, Pr.71, 2.1.7, 2.6.16, 2.7.30, 2.8.38, 2.10.11, 2.10.15, 2.15.3, 2.17.5, 2.18.13, 3.1.2., 3.6.11, 3.9.2, 3.19.2, 3.20.4, 3.25.2, 4.11.5, 4.18.4, 4.20.3, 4.22.1, 4.29.1, 4.31.8, 5.26.3A, 5.26.25A, 5.26.26.A, 5.27.2B, 5.27.4, 5.27.8, 6.7.9B, 6.8.2B, 6.9.7 (x2), 6.17, 6.18.2B, 6.18.7A, 6.18.8A, 6.18.10, 7.7.4A, 7.7.15A, 7.16.2, 7.16.3, 7.18.4, 8.8.1D, 8.9.1F, 8.9.1H, 8.10.2A, 8.12.2, 8.15.5, 8.20.6. *Vires* : 2.10.2, 2.10.4, 2.12.1B, 3.5.11, 3.18.9, 4.13.4.

[112] *Deserti* (2.6.13), *febricitans* (3.6.10), *hydropicus* (4.2.9), *inbecillis* (7.26.5A), *infirmus* (2.18.11), *iuuenior* (2.7.26), *lethargicus* (3.23.2), *lippiens* (6.6.1G), *nostri* (1.8.2), *omnes* (3.18.10, 8.12.4), *periclitans* (5.26.1C), *pluri* (3.9.4), *reliqui* (2.8.25), *supinus* (7.26.5G).

[113] *Qui curabitur* (7.7.14C), *qui curatur* (8.10.2B), *qui laborat* (2.10.7), *qui laboretur* (3.22.4).

[114] *Se* (3.6.6).

[115] Pr.58, 2.2.4, 2.6.6, 2.7.24, 2.7.34, 2.8.13, 2.8.24, 2.8.27, 2.12.2F, 2.13.3, 2.14.9, 2.15.3, 2.17.3, 3.2.4, 3.5.6, 3.6.15, 3.7.2D, 3.12.3, 3.18.20, 3.22.1, 3.22.4, 3.22.14, 4.5.6, 4.17.2, 4.32.1, 5.26.31E, 5.28.2D, 6.6.8B, 6.6.8D, 6.6.37B, 7.7.15D, 7.14.3, 7.18.4.

[116] Pr.58, 2.6.7, 2.8.5, 2.8.6 (x2), 2.8.9, 2.8.12, 2.8.20, 2.8.26, 2.12.1C (x2), 2.17.5, 3.4.12, 3.5.10, 3.6.5, 3.6.6 (x2), 3.9.1, 3.21.1, 3.21.3, 3.21.8, 3.21.11-14, 3.22.1, 3.23.2, 3.23.4, 4.12.6, 4.12.7, 5.26.2, 5.27.12B, 5.28.3C, 7.7.15C, 7.12.1D, 7.26.2D-E (x4), 7.26.5A-B (x2), 7.26.5D, 7.26.5F, 7.27.2, 7.30.1B, 7.30.3A, 7.30.3D (x2), 8.4.18, 8.4.20, 8.10.2B (x3), 8.10.5, 8.15.2.

[117] 2.3.1, 2.4.3, 2.6.12, 2.8.4, 2.8.33, 2.8.42, 2.10.9, 2.12.1A, 3.2.3, 3.4.1, 3.4.7, 3.4.10 (x2), 3.4.16, 3.6.6, 3.6.14 (x2), 3.7.1A, 3.7.2A, 3.7.2C (x2), 3.12.4, 3.14.2, 3.14.3, 3.15.4-5 (x3), 3.16.1, 3.17, 3.18.11, 3.18.12, 3.18.14, 3.18.16, 3.18.20 (x2), 3.19.3, 3.19.5-6 (x5), 3.20.2 (x3), 3.20.6, 3.21.11-14 (x2), 3.22.8-9 (x2), 3.23.3, 3.23.4-5 (x2), 3.24.1, 3.24.2, 3.24.5, 3.27.1C, 3.27.3A, 4.3.3, 4.5.3-4 (x2), 4.5.6, 4.6.2, 4.6.7, 4.7.4, 4.8.2, 4.8.3, 4.8.4, 4.10.1, 4.11.7-8 (x2), 4.13.3, 4.13.5, 4.15.1,

Comme c'était le cas concernant le soignant, certaines surtraductions par « patient » peuvent s'expliquer par le contexte. Ainsi dans le chapitre 3.4 sur le traitement général des fièvres, où figurent les noms d'Asclépiade, Thémison ou encore Érasistrate, qui donnent au propos celsien une coloration professionnelle ; de même en 7.Pr.4, où apparaît le nom latin *chirurgus*[118].

D'une manière générale, il nous semblerait cependant plus rigoureux de s'en tenir à la lettre du texte de Celse. En effet, si l'on prend l'exemple des livres de chirurgie, on s'aperçoit que de nombreux cas où apparaît le mot « patient » dans les traductions de Spencer ressortissent en réalité aux soins diététiques post-opératoires, dont nous avons vu qu'ils peuvent être accomplis, une fois le chirurgien et ses assistants partis, par des non-professionnels. L'étude de quelques cas particuliers appuiera davantage notre propos.

Le traitement de l'adjectif substantivé *aeger* est révélateur. Il est utilisé cent-onze fois par Celse, et Spencer le traduit par « patient » à quatre-vingt-une reprises, c'est-à-dire dans 73 % des cas. Persuadé que l'encyclopédiste romain était lui-même praticien[119], le philologue anglais a semble-t-il considéré que l'ensemble des actes médicaux décrits dans le *De medicina* s'inscrivait dans un cadre professionnel ; il n'en est rien. Nous aimerions proposer une autre alternative, qui nous paraît plus en accord avec l'œuvre celsienne. Afin d'harmoniser la traduction du *De medicina*, nous suggérons de toujours rendre, sans

---

4.15.4, 4.16.2, 4.17.1, 4.17.2 (x2), 4.18.4, 4.20.4, 4.22.2, 4.23.1-2 (x3), 4.25.2, 4.26.2, 4.26.4, 4.31.3, 5.26.19, 5.26.28D, 5.26.34C, 5.27.3D, 5.27.11, 5.28.1B (x3), 5.28.12H, 6.6.1F, 6.6.1G, 6.6.8B, 6.6.8E, 6.6.9B, 6.6.14, 6.7.1A, 6.7.4A, 6.7.7B, 6.7.8C, 6.8.1B, 6.9.1, 6.9.2, 6.10.1, 6.10.3 (x2), 6.14.1, 6.18.3C, 6.18.9B, 7.Pr.3, 7.4.4A, 7.4.4B (x2), 7.7.4E, 7.7.6C, 7.7.14B, 7.7.14.F, 7.7.15B, 7.12.1E, 7.14.4 (x2), 7.14.8, 7.20.2, 7.23, 7.25.2, 7.26.2N, 7.26.5C, 7.27.7, 8.4.22, 8.7.6, 8.9.1C, 8.20.6, 8.22.2.

[118] 7.Pr.4 : *Misericors sic, ut sanari uelit eum, quem accepit, non ut clamore eius motus uel magis quam res desiderat properet, uel minus quam necesse est secet...* Trad. de Spencer : « Filled with pity, so that he wishes to cure his patient, yet is not moved by his cries, to go too fast, or cut less than is necessary... » Trad. proposée : « [Le chirurgien doit être] miséricordieux, de façon à vouloir soigner celui qu'il reçoit, mais sans, ému par les cris de ce dernier, soit se hâter plus que le cas ne le réclame, soit couper moins qu'il n'est nécessaire... ».

[119] Cf. W. G. Spencer, *Celsus. On Medicine. Edition by J. Henderson (vol. 1 et 3), by G. P. Goold (vol. 2), Translation by William G. Spencer* (Loeb Classical Library), 3 vol., Cambridge, Mass.-Londres, 1935-1938 (5ᵉ éd. du vol. 2, 1989 ; 6ᵉ éd. du vol. 3, 2002), vol. 1, p. XI-XII.

exception aucune, le mot *aeger* par « malade ». Dans certains cas seulement, c'est le contexte (par exemple, la proximité du substantif *medicus* ou de grands noms de l'histoire de la médecine) qui pourra infléchir le sens du texte vers une relation médicale professionnelle. Observons deux cas à même d'éclairer notre propos.

1) Au chapitre 2.8, Celse expose les signes particuliers (*propriae notae*) à chaque affection, selon qu'ils sont porteurs d'espoir ou de danger[120]. Concernant les maladies du poumon, voici ce qu'il écrit :

> *In pulmonis morbo si sputo ipso leuatur dolor, quamuis id purulentum est tamen aeger facile spirat, facile excreat, morbum ipsum non difficulter fert, potest ei secunda ualetudo contigere.* (2.8.2)

Spencer choisit de rendre ainsi le texte latin : « In pulmonary disease a patient may possibly regain health, if expectoration, although purulent, relieves pain, so long as he breathes and expectorates freely, and bears the disease without difficulty. » La mention d'un « patient » nous paraît infondée. Le chapitre 2.8, qui comporte pas moins de 43 paragraphes, est en effet une longue succession d'éléments permettant un pronostic aisé sur le dénouement des maladies particulières. La démarche celsienne à l'œuvre ici n'est d'ailleurs pas sans rappeler celle utilisée pour certains diagnostics, telle que Philippe Mudry l'a nettement identifiée[121]. Dans les deux cas, l'analyse médicale semble ouverte aux amateurs. C'est pourquoi nous proposons la traduction suivante de notre passage, afin de respecter l'ouverture du texte celsien à des praticiens amateurs : « Dans la maladie du poumon, si la douleur est diminuée par le crachat lui-même et que, même si ce dernier est purulent, le malade néanmoins respire facilement, crache

---

[120] 2.8.1. *Sequitur, ut in quoque morbi genere proprias notas explicem, quae uel spem uel periculum ostendant.* (« Il est nécessaire que j'explique, dans chaque genre de maladie, les signes particuliers qui y mettent en avant soit l'espoir, soit le danger. »)

[121] On est assez proche de ce que P. Mudry, du point de vue du diagnostic, a appelé la « rhétorique de la description des maladies » (P. Mudry, « Pour une rhétorique de la description des maladies. L'exemple de *La médecine* de Celse », in *Demonstrare : Voir et faire voir : forme de la démonstration à Rome. Actes du Colloque international de Toulouse, 18-20 novembre 2004*, réunis par Mireille Armisen-Marchetti (*Pallas, Revue d'études antiques*, 69), Montpellier, 2006, p. 323-332 (= P. Mudry, *Medicina, soror philosophiae, Regards sur la littérature et les textes médicaux antiques (1975-2005)*, Lausanne, 2006, p. 9-18).

facilement, et ne supporte pas difficilement la maladie même, il peut recouvrer une bonne santé. »

2) Dans d'autres cas, *aeger* devra être interprété en fonction du contexte plus professionnel dans lequel il se situe. Reprenons à cet égard un passage consacré aux devoirs du médecin, analysé précédemment :

> *Unum illud est, quod semper, quod ubique seruandum est, ut aegri uires subinde adsidens medicus inspiciat.* (3.4.8)
>
> « Il est une chose à laquelle il faut toujours et partout se tenir, à savoir que le médecin, assis souvent à ses côtés, observe les forces du malade. »

Traduisant cet extrait, Spencer rend une nouvelle fois *aeger* par « patient[122] », influencé sans nul doute par la proximité du terme *medicus*. Il nous paraîtrait cependant préférable de conserver une traduction par « malade », la présence même de *medicus* dans la phrase suffisant à donner au passage une connotation professionnelle.

Au traitement d'*aeger* il convient d'associer le participe substantivé *cubans*, qui souffre lui aussi parfois d'approximations dans sa traduction. S'il arrive que Spencer le rende de manière juste, en se référant à la position allongée du malade (3.6.8[123], 8.25.4[124]), il lui arrive de le traduire, comme *aeger*, par « patient ». Si une telle pratique s'explique parfois par le contexte médical (7.2.3[125]), elle peut également contribuer à dénaturer quelque peu le texte celsien. Ainsi à la fin du chapitre 4.11 consacré au crachat de sang :

> *Praeter haec necessaria sunt quies, securitas, silentium. Caput huius quoque cubantis sublime esse debet, recteque tondetur ; facies saepe aqua frigida fouenda est. At inimica sunt uinum, balneum, uenus, in cibo oleum...* (4.11.8)

---

[122] « There is one thing that should be observed, always, and everywhere, that the patient's strength should be continually under the eye of the attending practitioner. »
[123] 3.6.8 : ... *ut omnes notas ex uoltu quoque cubantis pecipiat.* Trad. de Spencer : « ... so that he may note all the signs from his face as he lies in bed. »
[124] 8.25.4 : ... *sic iacere conuenit, ut maxime cubantem iuuat.* Trad. de Spencer : « [the limb] should lie in the position easiest to the patient. » Trad. proposée : « [le membre] doit reposer de façon à être le plus agréable à celui qui est alité. »
[125] 7.2.3 : ... *nisi festinare cubantis inbecillitas cogit.* Trad. de Spencer : « ... unless the patient's weakness forces us to hurry. » Trad. proposée : « ... à moins que la faiblesse de celui est alité ne force à se hâter. »

« Sont en outre nécessaires le repos, l'exemption de soucis, le silence. La tête de celui qui est alité doit être également surélevée ; le visage doit être souvent humidifié avec de l'eau froide. En revanche, sont dangereux le vin, le bain, les plaisirs de l'amour, l'huile dans la nourriture... »

Ce dernier paragraphe consiste en des recommandations d'ordre diététique, qui concernent le convalescent alité. En traduisant le participe *cubantis*, de la même façon qu'*aeger*, par « patient », Spencer dessine les contours de soins nécessairement professionnels. Ce faisant, il efface selon nous les nuances du texte celsien, lors même que la possible association de *cubans* et d'*aeger* (2.6.5[126], 7.2.6[127]) montre clairement que les deux termes ne sont pas synonymes sous la plume de l'encyclopédiste.

Il arrive en outre que Spencer et Serbat utilisent le terme « patient » dans leur traduction, sans pour autant que ce dernier transcrive un mot latin. Au paragraphe 5.28.1, Celse entame son chapitre consacré aux lésions d'origine interne par le *carbunculus*. Spencer traduit ainsi la description de certains symptômes de l'affection :

Somnus urguet, nonnumquam horror aut febris oritur, aut utrunque. (5.28.1B)

The patient is somnolent ; sometimes there is shivering or fever or both.

Le recours dans la traduction au mot « patient » n'est selon nous pas optimal. Il ne respecte pas la lettre de l'écrit celsien et, surtout, est en désaccord avec sa logique même. Pour le moment, Celse se contente de décrire les signes du *carbunculus* (5.28.1A-B), afin d'en favoriser la reconnaissance. Ce n'est que dans un second temps qu'il en exposera les traitements médicamenteux (5.28.1B-D). Même là, il n'est fait nulle mention d'une relation entre un médecin et son patient. Nous avons d'ailleurs vu que les remèdes pharmaceutiques présentés dans le *De medicina* ne doivent pas nécessairement être appliqués par

---

[126] 2.6.5. : *Eadem mors denuntiatur, ubi aegri supini cubantis genua contracta sunt...* Trad. de Spencer : « Death is likewise denoted : when the patient lies on his back with his knees bent... » Trad. proposée : « Cette même mort est annoncée, lorsque les genoux du malade allongé sur le dos sont contractés... ».

[127] 7.2.6 : *... cubantemque aegrum fluens aluus exhaurit...* Trad. de Spencer : « and if the patient, confined to bed, has been exhausted by diarrhoea... » Trad. proposée : « ... et un ventre sujet à la diarrhée a fatigué un malade alité... ».

un *medicus*[128]. Le choix de traduction de Spencer paraît donc pour le moins en décalage avec l'ouverture d'esprit du texte celsien.

L'ajout du mot « patient » semble une pratique récurrente lorsque les traducteurs se trouvent confrontés à des adjectifs verbaux dépourvus de complément au datif d'intérêt[129]. Observons la manière dont Spencer traduit l'extrait suivant des paragraphes 4.5.3-4 :

> *Ubi aliquid eiusmodi sensimus, protinus abstinere a sole, balneo, uino, uenere debemus. [...] Raroque fit ut, si biduo uel certe triduo nobis temperauimus, id uitium non leuetur. [...] Ambulatione tantum acri sed tecta utendum est. [...] adsumendum est uinum Aminaeum austerum.* (4.5.3-4)

> *Whenever we feel anything of the sort, we should forthwith keep out of the sun, and abstain from the bath, wine and coition. [...] This complaint is generally relieved, provided that we take care of ourselves for a couple of days, or for three at the most. [...] The patient should walk, but only briskly and under cover. [...] the patient should take dry Aminaean wine.*

La première personne du pluriel employée au début du paragraphe 3 (*sensimus, debemus*) n'est pas équivalente à un *ego*. Celse décrit plutôt le ressenti d'une personne en proie à une affection précise — en l'occurrence, la paralysie de la langue — et paraît s'inclure, ainsi que ses lecteurs, dans ce ressenti. Suivent les prescriptions diététiques, parmi lesquelles on retrouve une nouvelle première personne du pluriel (*temperauimus*) dans le cadre d'une thérapeutique automédicative (*nobis*). La majorité des éléments de cette thérapeutique sont exprimés sous la forme d'adjectifs verbaux impersonnels (outre l'extrait sélectionné, on trouve aussi *perfricandum, bibendum, reuertendum*), auxquels il nous paraît superflu, compte tenu du cadre sinon automédicatif du moins amateur, d'ajouter un complément comme « patient ». Pour les deux dernières propositions de notre extrait, nous proposons donc la traduction suivante, plus proche du texte latin : « Il faut recourir à la promenade. [...] il faut prendre du vin âpre d'Aminéa. »

---

[128] Cf. *supra*, Seconde Partie, p. 189 sqq.
[129] Outre le cas analysé ci-après, cf. aussi, par ex., 3.18.9-11, 4.5.6, 4.7.4, 4.17.2, 5.26.34C, 6.6.14, 6.7.4A.

Afin d'achever notre aperçu des cas problématiques de traductions concernant le soigné, nous aimerions nous arrêter sur deux exemples particulièrement édifiants.

1) Si Serbat traduit, à un juste titre, un grand nombre d'indéfinis par « on », Spencer quant à lui a tendance à les remplacer par « patient », parfois de manière tout à fait surprenante. Ainsi au paragraphe 6.6.8B :

> *Ubi uero aliquis releuatus est, iamque cursus pituitae constitit [...] Igitur lauari debet leuiter ante oleo perfricatus, diutiusque in cruribus et feminibus, multaque calida aqua fouere oculos...* (6.6.8B-C)

> *But when the patient has been relieved and the discharge of rheum is already checked [...] Therefore when at the bath the patient should be first rubbed over gently with oil, especially over the legs and thighs, and he should bathe his eyes freely with hot water...*

La traduction de Spencer, qui rend *aliquis* par « patient », nous paraît fautive. Les remèdes diététiques exposés jusqu'en 6.6.8G s'inscrivent en effet dans le cadre d'une médecine non professionnelle explicitement annoncée par Celse en 6.6.8B : *si neque medicus est neque medicamentum praesto est* (« si l'on a sous la main ni médecin ni médicament »)[130]. Il n'y a donc aucune raison de recourir au mot « patient », et l'usage d'un indéfini, suivant la langue latine, permet de respecter les différentes situations thérapeutiques potentielles envisagées selon nous par le texte celsien. Voici la traduction que nous proposons : Mais lorsque quelqu'un a été remis, et que déjà le flux de pituite s'est arrêté [...] Donc il faut se baigner doucement après avoir été frictionné avec de l'huile, et plus longtemps sur les jambes et les cuisses, et humidifier ses yeux avec beaucoup d'eau chaude...

2) Le second cas remarquable que nous aimerions présenter concerne une situation d'automédication. Traitant des difficultés respiratoires, Celse achève comme suit ses prescriptions thérapeutiques :

> *Prosunt etiam quaecumque urinam augent, sed nihil magis quam ambulatio lenta paene usque ad lassitudinem ; frictio multa praecipue inferiorum partium, uel in sole uel ad ignem, et per se ipsum et per alios usque ad sudorem.* (4.8.4)

---

[130] Cf. *supra*, Seconde partie, p. 225 sqq.

> *Some kind of diuretic is also beneficial, but there is nothing better than a walk until almost fatigued, also frequent rubbings, especially of the lower extremities, either un the sun, or before a fire, done by the patient himself or others, until he sweats.*

La tournure latine *per se ipsum*[131] indique clairement qu'il s'agit d'un cas où le malade participe lui-même à ses propres soins. Cette démarche s'inscrit dans l'ensemble du chapitre 4.8, qui ne présente aucun remède qui doive obligatoirement être appliqué par un professionnel. Pourtant, Spencer traduit la clausule de notre extrait par « done by the patient himself or others, until he sweats ». Une fois encore, la traduction du philologue anglais nous semble trop éloignée du texte celsien. En tout état de cause, elle donne à ce dernier une signification qu'il ne nous paraît pas nécessairement avoir à l'origine, et qu'il semble préférable de restituer de la façon suivante : « Sont aussi utiles tous les remèdes qui augmentent la production d'urine, mais rien plus qu'une promenade lente presque jusqu'à épuisement ; une friction abondante, surtout des membres inférieurs, soit au soleil soit près d'un feu, à la fois par ses propres moyens et grâce à d'autres, jusqu'à transpirer. »

Conclusion

Dans de nombreux cas, les traductions de Spencer et Serbat, malgré d'indéniables qualités par ailleurs, nous semblent faire preuve d'une trop grande imprécision, allant parfois même jusqu'à orienter le texte celsien vers une signification qu'il n'avait peut-être pas dans l'esprit de l'auteur. À défaut de toujours posséder des indications précises émanant de Celse lui-même, il nous paraît donc préférable de respecter, autant que possible, la lettre du texte celsien. En lui préservant ainsi son authenticité et son ouverture, on tend à éviter au maximum l'écueil consistant à faire trop pencher la traduction du côté de l'interprétation.

---

[131] Sur l'emploi par Celse de cette tournure dans le cas d'un acte thérapeutique automédicatif, cf. aussi *supra* p. 207.

Conclusion du chapitre I

L'étude des praticiens du *De medicina* a montré, nous l'espérons, combien l'ouvrage de Celse est complexe, et n'autorise pas une lecture figée dans une perspective unique. Au-delà de la médecine professionnelle, qui a toute sa place au sein du *De medicina*, on ne saurait négliger la place d'une médecine amateur, pratiquée par des individus qui, sans être médecins, étaient particulièrement éclairés et au fait des choses de l'*ars*. Cette pratique non-professionnelle, considérée trop souvent comme une évidence peu digne d'intérêt, se présente au contraire comme un point de départ essentiel de la médecine de Celse. Elle nous renseigne sur la place de l'homme au sein de l'art médical qu'il présente, et sur le rapport entretenu par l'individu avec son/le corps malade.

Chapitre II

Les difficultés de la pratique médicale

Si, comme nous l'avons vu dans le chapitre précédent, la figure du praticien dans le *De medicina* est polymorphe, tous les acteurs de la médecine ont en commun les difficultés qu'ils peuvent rencontrer dans leur mise en œuvre de la thérapeutique dispensée par l'auteur.

Dans un premier temps, nous nous intéresserons en particulier aux aléas de la pratique médicale, tels qu'ils sont évoqués par Celse dans son ouvrage, afin d'appréhender au mieux les modalités de mise en œuvre d'une *ars* médicale décrite comme étant par essence conjecturale. Dans ce cadre, il nous faudra préciser les définitions des termes essentiels que sont *fortuna* et *natura*, ainsi que leurs statuts respectifs.

Nous aborderons ensuite les tentatives de l'art médical présenté par Celse pour lutter contre les aléas de la pratique médicale. Dans un premier temps, il faudra alors analyser l'origine et l'intérêt de la mise en place de règles à portée générale, ainsi que d'exceptions parfois nombreuses, mais qu'un bon soignant devra savoir connaître et reconnaître. Dans un second temps, nous étudierons la notion de « prise de risque », tentative plus ou moins mesurée de maîtriser l'issue de la maladie.

Les aléas de la pratique médicale

Introduction

La question de la place de la médecine au sein des τέχναι ainsi que celle de son statut en tant qu'art conjectural à l'issue incertaine — par opposition aux ἐπιστῆμαι exactes et précises — sont maintes fois présentes dans la réflexion épistémologique menée par des auteurs gréco-romains, depuis Hippocrate[1], Platon[2] et Aristote[3] jusqu'à

---

[1] *Ancienne médecine* 9-12.

Galien[4]. Dans ce débat, Celse joue un rôle non négligeable, quoique parfois négligé, comme l'a rappelé Philippe Mudry[5].

Ce dernier, qui a pourtant consacré une partie de ses prolifiques recherches celsiennes à la place de la conjecture dans le *De medicina*, a néanmoins suggéré, encore récemment, qu'une étude détaillée restait à mener sur le sujet[6]. Incité de la sorte, nous aimerions donc reprendre l'étude des aléas dans la pratique médicale tels qu'ils sont évoqués par Celse dans son ouvrage, en approfondissant notamment l'analyse des concepts de *fortuna* et de *natura*, auxquels nous ajouterons ponctuellement d'autres termes de la même famille lexicale (*fors, fortuitus, fortasse* ; *naturalis, naturaliter*).

Après un aperçu de la réflexion celsienne sur le caractère conjectural de l'art médical, nous tenterons de définir les sens de *fortuna* et de *natura*, et nous nous demanderons quelle place Celse leur alloue par rapport à la *medicina*. Autrement dit, quels sont les rôles et fonctions exacts de la fortune et de la nature dans l'exercice de la médecine décrite par l'encyclopédiste ? La concurrence traditionnellement établie entre *medicina* d'une part, et *natura* –

---

[2] *Lois* 12,961e8-962a3.
[3] *Rhétorique* 1355b10-14e *ibid.* 26-29, *Topiques* 1,3,101b 5-10.
[4] La bibliographie sur ce thème est abondante. Pour une vue d'ensemble récente, cf. V. Boudon, « Art, science and conjecture, from Hippocrates to Platon and Aristotle », in P. van der Eijk (éd.), *Hippocrates in context. Papers read at the XIth International Hippocrates Colloquium, University of Newcastle, 27-31 August 2002*, Leiden et Boston, 2005, p. 87-99.
[5] Cf. P. Mudry, « Le jeu de la nature et du hasard : la construction du savoir médical dans le traité de Celse », in M. Courrent – J. Thomas (éds.), *Imaginaire et modes de construction du savoir antique dans les textes scientifiques et techniques, Actes du colloque de Perpignan des 12 et 13 mai 2000*, Perpignan, 2001, p. 57-69 (= P. Mudry, *Medicina, soror philosophiae, Regards sur la littérature et les textes médicaux antiques (1975-2005)*, Lausanne, 2006, p. 101-108) ; P. Mudry, « *Ratio* et *coniectura* dans les textes médicaux latins », in D. Langslow – B. Maire (éds.), *Body, Disease and Treatment in a Changing World, Latin texts and contexts in ancient and medieval medicine (Proceedings of the ninth International Conference « Ancient Latin Medical Texts », Hulme Hall, University of Manchester, 5th-8th September 2007)*, Lausanne, 2010, p. 337-348) : « La lecture du *De medicina* révèle une réflexion singulièrement élaborée sur le problème du statut épistémologique de la médecine et la fonction de la conjecture dans la constitution du savoir médical. Il nous paraît difficile de faire l'économie de cet apport celsien dans un débat qui, pour ne pas être tronqué, doit prendre en compte l'ensemble de la tradition antique, la tradition latine comme la tradition grecque. » (p. 340).
[6] P. Mudry, « *Ratio* et *coniectura*… », p. 345.

fortuna de l'autre, est-elle réellement — et toujours — à l'œuvre dans le texte celsien ?

La réflexion celsienne sur la médecine comme *ars coniecturalis*

Nous ne séparerons pas ici, comme a pu récemment le faire Mudry[7], la dimension théorique de la réflexion celsienne de ses aspects pratiques. Tant il est vrai, comme l'avait d'ailleurs suggéré le critique lui-même quelques années auparavant[8], que Celse se révèle incapable de séparer ces deux dimensions de la médecine comme *ars coniecturalis* de manière définitive.

La réflexion de Celse commence dès sa Préface, dans le cadre de l'opposition doctrinale entre les écoles dogmatique et empirique. Les dogmatiques insistent sur le rôle primordial joué par la conjecture — sans toutefois refuser, selon Celse[9], toute fonction à l'expérience (Pr.16) qui aurait pour rôle de valider les hypothèses formulées de façon abstraite. Les empiriques quant à eux affirment la toute-puissance de l'expérience, qui acquiert sa force et sa valeur par l'observation (*experientia*) répétée de cas identiques, observation qui semble même constituer, dans la perspective empirique présentée ici par Celse, un élément de définition des *artes*[10]. Comme à son habitude, l'encyclopédiste va proposer une voie médiane, qu'il énonce en Pr.47-48 :

> *Verumque est ad ipsam curandi rationem nihil plus conferre quam experientiam. [...] Ratione uero opus est ipsi medicinae [...] Est enim haec ars coniecturalis neque respondet ei plerumque non solum coniectura sed etiam experientia.* (Pr.47-48)

---

[7] P. Mudry, « *Ratio* et *coniectura*… », p. 340.
[8] P. Mudry, *La Préface du De medicina de Celse. Texte, traduction et commentaire*, Bibliotheca Helvetica Romana (XIX), Lausanne, 1981, p. 145-146.
[9] Sur l'interprétation empirique que semble faire Celse des doctrines dogmatiques, cf. P. Mudry, *La Préface…*, p. 85 et p. 97.
[10] Cf. Pr.31 : *Cum igitur illa incerta, inconprehensibilis sit, a certis potius et exploratis petendum esse praesidium, id est is, quae experientia in ipsis curationibus docuerit, sicut in ceteris omnibus artibus.* (« Par conséquent, puisque celle-ci est incertaine, incompréhensible, il faut plutôt chercher du secours auprès d'éléments certains et explorés, à savoir auprès de ce que l'expérience a enseigné dans les traitements mêmes, comme dans tous les autres arts. »)

« Et il est vrai que rien n'importe plus dans la méthode même de traitement que l'expérience. [...] Or la médecine elle-même a besoin du raisonnement. [...] Car cet art est conjectural et n'y répondent pas la plupart du temps non seulement la conjecture mais aussi l'expérience. »

Résumant de manière condensée, presque abrupte, les avis empirique et dogmatique qui placent tantôt l'expérience (*experientia*) tantôt le raisonnement (*ratio*) au cœur (*ipsam, ipsi*) de l'art médical, Celse renvoie finalement ces derniers dos-à-dos.

Rejetant toute vaine discussion théorique, l'encyclopédiste semble étayer sa réponse avant tout sur la dimension pratique de la médecine, s'inspirant sans doute de l'expérience des médecins, à défaut de la sienne propre. Pour pouvoir s'affirmer en tant qu'art, la pratique de la médecine ne saurait, selon Celse, se dispenser de l'une ou l'autre de ces deux sources de savoir. Cette complémentarité du binôme *ratio-experientia* sera fort bien exprimée au sein du livre 7 :

Quid intus habeant, ut coniectura praesagiri potest, sic ex toto cognosci, nisi cum eiecta sunt, non potest. Maxime tamen in iis, quae renituntur, aut lapillis quaedam similia aut concreti confersique pili reperiuntur : in iis uero, quae cedunt, aut melli simile aliquid aut tenui pulticulae aut quasi rassae cartilagini aut carni hebeti et cruentae, quibus ali alique colores esse consuerunt. (7.6.2)[11]

« Ce qu'elles ont à l'intérieur, de même que la conjecture peut en présager, de même le connaître totalement, à moins que ces éléments n'aient été sortis, elle ne le peut pas. Cependant, en général, dans celles qui résistent, on trouve soit des éléments semblables à des petites pierres, soit des cheveux agrégés et amalgamés : dans celles en revanche qui cèdent, quelque chose de semblable à du miel ou à une tendre bouillie ou à du cartilage raboté ou à de la chair engourdie et sanglante, dont les couleurs ont l'habitude de varier. »

Dans ce paragraphe, il est question de la possibilité d'établir un diagnostic en fonction de l'aspect extérieur que présente la tunique de lésions situées sur la tête. Celse délimite clairement les conclusions auxquelles peut ou ne peut pas aboutir la conjecture, en établissant une nette différence entre d'un côté le présage (*praesagiri*) et, de

---

[11] La première phrase de ce passage est citée et analysée par I. Mastrorosa, « L'uso di *coniectura/coniecturalis nel* De medicina *di Celso : un prestito retorico?* », in C. Santini et N. Scivoletto (éds.), *Prefazioni, prologhi, proemi di opere tecnico-scientifiche latine*, vol. 1, Rome, 1998, p. 108.

l'autre, la connaissance assurée (*ex toto cognosci*). Pour faire référence à l'issue du raisonnement du soignant, le recours au verbe *praesagio* — couramment utilisé en latin dans un contexte historico-religieux pour évoquer l'issue d'une bataille suite à un présage[12], et employé seulement à trois autres reprises dans le *De medicina*[13] (et jamais, pour ne citer que lui, chez Scribonius Largus) — montre que la conjecture se situe avant tout du côté de l'hypothèse, et la présente comme le fondement d'un savoir résolument partiel.

À l'ouverture de la deuxième phrase, l'adverbe *tamen* annonce néanmoins une possibilité de nuancer cette faiblesse de la conjecture. La structure même du paragraphe montre en effet que cette dernière ne peut se passer des données recueillies et accumulées par l'expérience, comme en témoigne le verbe final, *consuerunt*, employé au parfait de vérité générale. Conjecture et expérience sont donc complémentaires : voilà la leçon que Celse transmet, loin de toute considération théorique et doctrinale, en se fondant uniquement sur une situation médicale concrète.

Si l'association entre conjecture et expérience peut suffire à combler une partie des lacunes que présente chacune d'elles séparément, la dimension aléatoire de la médecine est cependant rappelée, dans le *De medicina*, à plusieurs reprises. Autrement dit, les données issues de l'expérience ne permettent pas toujours de garantir l'absolue fiabilité d'une conjecture.

L'une des principales causes en est peut-être que le caractère conjectural de l'art médical est très souvent lié à la nécessaire prise en considération des spécificités de chaque cas particulier, essentielle en médecine antique depuis Hippocrate. Philippe Mudry a rappelé la présence de cette donnée chez Celse, en insistant sur le fait que l'encyclopédiste « met en évidence l'impossibilité qu'il y a pour le médecin à satisfaire complètement cette exigence de prise en compte de toutes les individualités[14] ». Le critique se réfère par ailleurs[15] au

---

[12] Cf., par ex., Pline, *Histoire naturelle* 10.49 ou Cicéron, *Fam.* 8.10.1.
[13] En 2.Pr1, 2.2.4 et 7.26.5H.
[14] P. Mudry, « *Ratio* et *coniectura* dans les textes médicaux latins », in D. Langslow – B. Maire (éds.), *Body, Disease and Treatment in a Changing World, Latin texts and contexts in ancient and medieval medicine (Proceedings of the ninth International Conference « Ancient Latin Medical Texts », Hulme Hall, University of Manchester, 5th-8th September 2007)*, Lausanne, 2010, p. 343.
[15] P. Mudry, « *Ratio* et *coniectura*... », *ibid.*

fameux passage de Celse sur la saignée, où l'on retrouve une formule récurrente sous la plume de Celse, *nihil in his esse perpetuum*[16], soulignant ainsi la variété des situations que peut rencontrer le soignant.

Mais plutôt que d'insister sur cette variété comme obstacle ou comme caractéristique négative de l'art médical, il nous semble que Celse, parfois, voit précisément dans la nécessaire adaptabilité des thérapeutiques l'une des forces de l'*ars*, en tant que véritable *work in progress*. La richesse des cas rencontrés constituerait ainsi plutôt un défi à relever pour le soignant. Dans cette perspective, il n'est sans doute pas inutile de citer le chapitre 2.10, où Celse donne, après celle contenue dans sa Préface, une nouvelle définition de l'art médical :

Non quicquid autem intentionem animi et prudentiam exigit, protinus faciendum est, cum praecipua in hoc ars sit, quae non annos numeret, neque conceptionem solam uideat, sed uires aestimet, et eo colligat, possit necne superesse, quod uel puerum uel senem uel in una muliere duo corpora simul sustineat. (2.10.4)

« Or il n'est pas nécessaire d'agir sur le champ lorsqu'une situation exige l'application de l'âme et de la prudence, puisque l'art réside avant tout en cela, qu'il ne dénombre pas les années et ne regarde pas seulement grossesse, mais estime les forces [du malade], et conclut de tout cela s'il peut rester ou non de quoi soutenir soit un enfant soit un vieillard soit, dans une seule femme, deux corps. »

Ce passage consacré à la saignée, négligé par la critique celsienne, est pourtant remarquable à plusieurs points de vue, bien au-delà du lien que l'on peut y voir avec le rejet répété par Celse de toute hâte dans le domaine médical[17]. Revenons pour commencer sur la structure même de la phrase. Le balancement *non... neque solam... sed...*, qui est pourtant une forme attestée[18] de la tournure plus conventionnelle *non (solum)... sed (etiam)*, n'a été vu ni par Spencer[19] ni par Serbat[20]. Les

---

[16] 2.10.2 : « Sur ce sujet il n'y a rien pas de règle absolue. »
[17] Cf. 3.4.1 : ... *sed fere periculosa esse nimia et festinatio et uoluptas solet.* (« ... mais il y a presque toujours du danger dans une trop grande hâte et un trop grand plaisir. »)
[18] *OLD*, p. 1787, *s.u. solum*.
[19] Spencer traduit par « Not that we should be in a hurry to do anything that demands anxious attention and care ; for in that very point lies the art of medicine, which does not count years, or regard only pregnancy, but calculates the strength of the patient (sic), and infers from that whether possibly or no there is a superfluity,

deux traducteurs, sans doute influencés par la fin de la phrase et la répétition *uel... uel... uel...*, perçoivent dans la proposition *neque... uideat* une alternative, alors qu'il s'agirait plutôt d'un ajout. De la même manière, la tournure *sed uires aestimet* ne marque pas selon nous une opposition mais un surenchérissement. Cette accumulation de démarches cognitives (*numeret, uideat, aestimet*) expliquerait d'ailleurs le choix de la forme *eo*, pronom adverbialisé permettant d'englober les trois étapes, préféré à un *eis*, au pluriel, qui reprendrait les seules *uires*, comme le laissent entendre les traductions de Spencer et Serbat, qui maintiennent un certain flou sur ce point.

Avant d'entreprendre la saignée, trois éléments sont donc à prendre en compte. Il s'agit d'abord de *numerare* et de *uidere*, opération comptable et constat d'un phénomène visible, auxquels s'associe l'estimation des forces, *uires aestimare*. Ce dernier verbe mérite toute notre attention. Utilisé à seulement six reprises par Celse, il renvoie dans les deux tiers des cas à la prise en considération des spécificités du malade[21]. Il semble que l'encyclopédiste ait choisi ce terme avec grand soin. Nous nous trouvons, rappelons-le, dans le cadre d'une définition de l'*ars*. Or le recours au verbe *aestimare* ne peut manquer de faire référence au substantif *aestimatio*, ce qui placerait la médecine dans la catégorie des τέχναι θεωρητικαί[22], parmi les arts « which have the weakest degree of concreteness[23] ». L'association de la dimension théorique de l'estimation (*aestimare*) avec d'une part l'opération mentale du dénombrement (*numerare*), et d'autre part le constat visuel (*uidere*), nous semble confirmer à nouveau, dans l'esprit de Celse, l'irréductible pluralité de l'*ars*, déjà

---

enough to sustain either a child or an old man or simulaneously two beings within one woman. » (W. G. Spencer, *Celsus. On Medicine. Edition by J. Henderson (vol. 1 et 3), by G. P. Goold (vol. 2), Translation by William G. Spencer* (Loeb Classical Library), 3 vol., Cambridge, Mass.-Londres, 1935-1938 (5ᵉ éd. du vol. 2, 1989 ; 6ᵉ éd. du vol. 3, 2002), vol. 1, p. 157.

[20] Serbat traduit par « Tout ce qui exige réflexion et circonspection doit s'accomplir sans hâte, car l'art, ici, consiste pour l'essentiel, non pas à compter des années, ou à constater simplement la grossesse, mais bien à apprécier les forces, et à en déduire s'il peut ou non en rester assez pour soutenir l'enfant, ou le vieillard ou, dans une femme, les deux êtres qui s'y trouvent ensemble. »

[21] Pour l'utilisation par Celse du verbe *aestimo* dans ce contexte, cf. 2.10.5, 2.12.2F et 5.26.25B.

[22] Cf. H. Lausberg, *Handbook of literary rhetoric*, Leiden, 1998, p. 7-8.

[23] *Ibid.*, p. 7.

constatée en 7.6.2[24]. Mais cette fois-ci, ce constat s'inscrit précisément dans une situation dont on a établi qu'elle était un frein potentiel à la réussite de la combinaison entre expérience et conjecture, à savoir une multiplication des situations potentielles (*uel*, x3).

Il est clair que, dans un tel cas, le raisonnement occupe une place quelque peu privilégiée, comme en témoigne l'ultime terme définissant l'art médical : *colligere*. Ce verbe, qui traduit le grec συλλέγω (*collectio* = συλλογή)[25], paraît avoir ici une double signification intellectuelle. Il renvoie d'une part à « l'action de rassembler » (*cum-*) des informations — celles issues des trois premiers verbes *numeret, uideat, aestimet* —, et d'autre part à celle de « conclure logiquement[26] ». En tous les cas, il est intimement lié avec l'exercice de la *ratio*[27] qui, loin de tout raisonnement purement théorique, s'attache ponctuellement à juger d'un cas concret.

Même dans le cas où la variété des individus concernés par une maladie pourrait constituer un obstacle à l'action conjointe de l'expérience et de la conjecture, il serait donc possible, en accordant (de façon temporaire) un rôle plus important à cette dernière, de trouver une issue favorable. L'association entre les données de l'expérience et celles nées du raisonnement paraît constituer, dans l'esprit de Celse, non pas tant un horizon indépassable qu'une richesse potentielle de l'art médical.

Dans cette optique, nous aimerions apporter une mince contribution à l'analyse faite par Philippe Mudry de la présence, parallèlement à l'« affirmation [par Celse] de la fiabilité de la médecine dans la grande majorité des cas », de son « constat des défaillances de la raison humaine », auquel le critique voit trois causes possibles[28]. Mais reprenons l'un des passages, célèbre au demeurant, qui mène Mudry à de telles conclusions :

---

[24] Cf. *supra*, p. 231.
[25] A. Ernout – A. Meillet, *Dictionnaire étymologique de la langue latine : histoire des mots*, Paris, 2001 (4ᵉ éd., 1ʳᵉ éd. 1932), p. 349.
[26] *Gaffiot*, sens 5 et 7, *s.u. colligo* 2. Le dictionnaire signale d'ailleurs une expression similaire à celle que l'on retrouve chez Celse, *eo colligere*, chez Cic. *Att.* 2.23.1.
[27] H. Lausberg, *Handbook...*, p. 95.
[28] P. Mudry, « *Ratio* et *coniectura* dans les textes médicaux latins », in D. Langslow – B. Maire (éds.), *Body, Disease and Treatment in a Changing World, Latin texts and contexts in ancient and medieval medicine (Proceedings of the ninth*

> ... *ne dicam illud quidem quod in uicino saepe quaedam notae positae non bonos sed inperitos medicos decipiunt, quod Asclepiades funeri obuius intellexit quendam uiuere qui efferebatur ; nec protinus crimen artis esse, si quod professoris sit. Illa tamen moderatius subiciam, coniecturalem artem esse medicinam, rationemque coniecturae talem esse ut, cum saepius aliquando responderit, interdum tamen fallat. Non si quid itaque uix in millesimo corpore aliquando decipit, id notam non habet, cum per innumerabiles homines respondeat.* (2.6.15-16)

> « ... et je n'irai pas jusqu'à dire que, dans un domaine voisin, certains symptômes souvent établis trompent non pas les bons, mais les médecins inexpérimentés ; qu'Asclépiade, rencontrant une procession funéraire, comprit que l'homme que l'on transportait était en vie ; que cela n'est pas d'emblée la faute de l'art, si c'est celle de celui qui l'énonce. Cependant, je proposerai, de façon plus mesurée, ceci : c'est un art conjectural que la médecine, et la logique de la conjecture est telle que, si elle donne le plus souvent satisfaction, parfois cependant elle manque son but. Par conséquent ce n'est pas parce que quelque chose trompe environ une fois sur mille, qu'elle ne contient pas un symptôme, puisqu'elle donne satisfaction chez d'innombrables individus. »

Dans son analyse[29], Mudry suit l'ordre chronologique du texte celsien, mais analyse brièvement la question de la responsabilité du praticien, pour s'attarder davantage sur les précisions que donne Celse concernant la conjecture, à savoir qu'elle est par nature incertaine — c'est sa *ratio*. Si cette seconde dimension du passage est d'importance, comme nous l'avons vu jusqu'à présent, nous aimerions revenir sur le problème de l'incompétence du soignant, sans doute non négligeable puisque Celse ne se contente pas de reprendre l'argument, déjà présent par exemple dans *L'Art*[30], de mauvais médecins qui ne sauraient remettre en cause la valeur de l'art médical, mais y adjoint — fait rare dans le *De medicina* — une anecdote, celle d'Asclépiade rencontrant sur sa route un « mort » qu'il « ressuscite ». Un autre passage du livre 2 est à rapprocher de ce texte :

International Conference « Ancient Latin Medical Texts », Hulme Hall, University of Manchester, 5th-8th September 2007), Lausanne, 2010, p. 337-348, évoque : 1) « l'expérience parfois décevante du médecin dans sa pratique quotidienne » ; 2) « une manifestation de l'adhésion de Celse à la doctrine de la connaissance de la Nouvelle Académie » ; 3) « [une] polémique avec les méthodiques et leur réductionisme doctrinal ». (p. 343-344).

[29] P. Mudry, « *Ratio* et *coniectura* dans les textes médicaux latins », p. 340-341.

[30] *Art 5-6*, Littré VI, p. 6-11.

Maxime tamen in his medicus inperitus falli potest... (2.10.3)

« Cependant, c'est surtout dans ces âges qu'un médecin inexpérimenté peut être induit en erreur... »

Juste après avoir énoncé la dimension non perpétuelle du recours à la saignée, Celse rappelle la fragilité du jugement des médecins peu expérimentés, en utilisant le même adjectif qu'en 2.6.15 : *inperitus*. Ce qui fait défaut à ces médecins, c'est la *peritia*, « connaissance acquise par l'expérience[31] », et en ce sens la part relativement importante attribuée à la réflexion théorique dont nous avions parlé plus haut au sujet de 2.10.4[32] se trouve quelque peu nuancée en amont.

Surtout, si l'on se réfère à 2.6.15, il faudrait, dans l'esprit de Celse, opposer *inperitus* à *bonus*. Rien ne devait sembler plus évident à un lecteur contemporain. La phrase de l'encyclopédiste semble faire écho à une tradition relativement bien établie, vraisemblablement d'origine platonicienne, qui associe *peritus* à *bonus*, comme en témoigne le portrait de Caton peint par Quintilien, quasi contemporain de Celse : *uir bonus dicendi peritus*[33]. Dans le *De medicina*, la subtile mise en avant de la *peritia*, critère essentiel pour juger d'un *artifex*, permettrait de valoriser la vertu du médecin, et partant celle de la médecine comme *ars*[34]. La vertu (*uirtus* / ἀρετή) du médecin n'est pas en effet un simple critère permettant à un malade de choisir son praticien ; elle est transmise à l'action (*opus*) effectuée par le médecin, ce qui semble vouloir dire que, dans une certaine mesure, une certaine perfection peut être atteinte par le médecin dans l'exercice de son art, pour autant qu'il possède, en amont à toute réflexion — celle étudiée en 2.10.4 — la *peritia*. On pourrait d'ailleurs se demander si une telle lecture d'ensemble du chapitre 2.10 ne permet pas de mettre en relief un rôle majeur accordé par Celse à l'expérience comme préliminaire à la réflexion.

Quoi qu'il en soit, cette question de l'expérience du praticien semble aller peu ou prou dans le même sens que celui décrit par Mudry pour la mise en évidence raisonnée du caractère conjectural de

---

[31] *Gaffiot*, s.u. *peritia*.
[32] Cf. *supra*, p. 235.
[33] Quintilien, *Inst. orat.* 12.1.1 « Un homme de bien habile à parler. »
[34] Cf. H. Lausberg, *Handbook of literary rhetoric*, Leiden, 1998, p. 5, 17 et 502.

la médecine³⁵, à savoir la défense du statut d'*ars* / τέχνη de la discipline. En somme, il s'agirait pour Celse d'anticiper et de prévenir les arguments de lecteurs refusant à la médecine son statut *d'ars* ou manifestant quelques réticences concernant l'efficacité de la médecine professionnelle. La manœuvre serait alors d'autant plus habile que l'encyclopédiste reprend à son compte des concepts semble-t-il assez répandus, faisant de ce passage, sous des aspects de simple et rapide excursus réflexif, un véritable plaidoyer *pro medicina*, ce qui rapprocherait ce passage du genre judiciaire de la rhétorique, et en particulier de l'éloge (ἀπολογια / *laus*)³⁶.

Finalement, si la dimension conjecturale de la médecine est souvent considérée comme un obstacle, une tare qui empêche la discipline de prétendre au rang de science (ἐπιστημή), Celse semble bien s'en accommoder. Il est du reste possible d'établir un parallèle entre la dimension positive de la conjecture dans le *De medicina* et celle qu'elle possède, en tant que *status* du *genus iudiciale*, dans le domaine de la rhétorique, où la *coniectura* joue un rôle actif dans le développement de la pensée³⁷. Par ailleurs, on pourrait également jeter un pont entre le texte celsien et la question des temps (χρόνοι), qu'Aristote propose comme l'un des caractères des genres rhétoriques. Le discours médical, pour ainsi dire, concerne sûrement le passé par le biais de l'anamnèse, mais il envisage aussi le présent du dialogue soignant-malade et le futur du soin, presque comme un discours… épidictique !

À plusieurs reprises, l'analyse des passages où il traite de la médecine comme *ars coniecturalis* révèle une propension à faire de la coexistence du raisonnement (*ratio*) et des données de l'expérience (*experientia*) un atout en faveur d'un art qui ne s'exprime pleinement que face aux situations toujours nouvelles qu'il rencontre. Cet art, Celse le défend farouchement à plusieurs reprises, mêlant dans sa démonstration des arguments tirés de l'héritage hippocratique et des éléments provenant des réflexions platonicienne et sophistique sur les

---

[35] P. Mudry, « *Ratio* et *coniectura* dans les textes médicaux latins », in D. Langslow – B. Maire (éds.), *Body, Disease and Treatment in a Changing World, Latin texts and contexts in ancient and medieval medicine (Proceedings of the ninth International Conference « Ancient Latin Medical Texts », Hulme Hall, University of Manchester, 5th-8th September 2007)*, Lausanne, 2010, p. 342.
[36] H. Lausberg, *Handbook…*, p. 32.
[37] *Ibid.*, p. 44-49 et p. 98-99.

τέχναι. Le caractère aléatoire de la médecine semble donc pleinement assumé par l'encyclopédiste, et tout se passe presque comme si, pour paraphraser Véronique Boudon-Millot, « la prise en compte [celsienne] de la stochastique permet[tait] d'offrir un fondement épistémologique[38] » à la médecine.

Fortuna et *natura* : adjuvants ou opposants à la *medicina* ?

Si la médecine comporte des aléas, ce n'est pas seulement à cause de la variété des cas possibles — dont une partie non négligeable peut être abordée avec succès, pour peu que, dans la conjecture médicale, la *ratio* apporte un soutien efficace aux enseignements de l'expérience, et réciproquement. Si la médecine comporte des aléas, c'est aussi parce qu'elle doit « affronter également deux autres variables sur lesquelles [elle] n'a pas de prise, la nature et le hasard[39] ».

Nous allons à présent nous pencher sur le rôle joué par ces deux notions au sein de la médecine présentée par Celse dans son *De medicina*, et essaierons de répondre aux questions suivantes : l'affrontement entre la médecine d'une part, et *fortuna* et *natura* d'autre part, est-il véritablement déséquilibré à tous points de vue ? D'ailleurs, la fortune et la nature sont-elles des alliées ou des ennemies de la médecine ?

Fortuna

Avant de pouvoir traiter de la *fortuna* dans le *De medicina*, il est essentiel de dresser un rapide panorama historique des notions de T/τύχη et de F/*fortuna*[40]. Le culte de Τύχη — Chance, Hasard ou Destin — tient une place considérable dans la Grèce hellénistique dès le IIIe siècle av. J.-C. On recherche la bienveillance d'une divinité qui

---

[38] V. Boudon, « Art, science et conjecture chez Galien », in *Galien et la philosophie. Entretiens de la Fondation Hardt. Tome XLIX, 2-6 septembre 2002*, Genève, 2003b, p. 304.
[39] P. Mudry, « *Ratio* et *coniectura* dans les textes médicaux latins », *op. cit.*, p. 344.
[40] Pour un tableau complet de la question, cf. la monumentale contribution de Jacqueline J. Champeaux, *Fortuna. Le culte de la Fortune à Rome et dans le monde romain*, Rome, 1982, et *Le culte de la Fortune dans le monde Romain. II. Les transformations de* Fortuna *sous la République*, Rome, 1987, qui ne couvre malheureusement pas la période impériale.

est avant tout considérée comme apportant le malheur, aussi bien aux hommes qu'aux autres dieux[41].

Qu'en est-il de la notion latine de *fortuna* ? Ernout et Meillet indiquent[42] que ce mot latin rend exactement le terme grec τύχη, et a le même sens que le nom français dont il est la source, « fortune ». La correspondance lexicale entre le grec et le latin pourrait donc laisser à croire que, dans l'esprit d'un Romain, *fortuna* est ce qu'était τύχη pour un Grec. Ce serait omettre d'importantes spécificités romaines, tant culturelles que religieuses et géopolitiques, qu'il n'est pas lieu de détailler ici[43]. Il faut toutefois signaler que la *fortuna* romaine est originellement favorable, et que sa part sombre, liée à un hasard aveugle, n'entrera dans son champ sémantique que plus tard[44]. Nous nous contenterons en outre de rappeler l'importance, dans le monde romain, d'une *Fortuna* polymorphe[45], divinité à laquelle fut également associée *Fors*[46] ainsi, nous y reviendrons plus tard, que *Spes*[47]. Si la fortune divinisée n'apparaît pas dans le *De medicina*, il nous paraît difficile d'ignorer ce que pouvait connoter le seul nom commun pour un lecteur contemporain de Celse. Il suffira de rappeler que la présence de la divinité dans le monde romain est attestée depuis la royauté, qu'un temple lui fut dédié sur le champ de Mars dès 101

---

[41] Cf. J. Champeaux, *Le culte de la Fortune*..., p. 38 sqq.
[42] A. Ernout – A. Meillet, *Dictionnaire étymologique de la langue latine : histoire des mots*, Paris, 2001 (4ᵉ éd., 1ʳᵉ éd. 1932), p. 249, *s.u. Fortuna*.
[43] Cf. J. Champeaux, *Le culte de la Fortune*..., p. 59 sqq.
[44] Cf., par ex., J. Champeaux, *ibid.*, p. 198. Sur l'ambivalence et la toute-puissance de la fortune, cf. Pline, *Histoire naturelle*, 2.5.22 : ... *toto quippe mundo et omnibus locis omnibusque horis, omnium uocibus Fortuna sola inuocatur ac nominatur, una accusatur, rea una agitur, una cogitatur, sola laudatur, sola arguitur et cum conuiciis colitur, uolu<cris uolu>bilisque, a plerisque uero et caeca existimata, uaga, inconstans, incerta, uaria indignorum fautrix.* (« ... de fait dans le monde entier, en tout lieu, à toute heure les voix de tous les hommes invoquent et nomment la seule Fortune ; on n'accuse qu'elle, elle seule est coupable, on ne pense qu'à elle, à elle seule vont les éloges, les reproches, et on l'adore en l'insultant ; ailée et volage, regardée même comme aveugle par la plupart, vagabonde, inconstante, incertaine, changeante, elle favorise ceux qui n'en sont pas dignes. »)
[45] Cf., par ex., Plutarque, *La fortune des Romains* 10 (322C sqq.).
[46] A. Ernout – A. Meillet, *Dictionnaire étymologique de la langue latine : histoire des mots*, Paris, 2001 (4ᵉ éd., 1ʳᵉ éd. 1932), p. 249, *s.u. fors*.
[47] Cf. *Roscher*, p. 1538-1539. Sur la place de l'espoir dans le *De medicina*, cf. Seconde partie, III.2.3.2.

avant J.-C.[48], et qu'elle tient une place remarquable dans la numismatique romaine[49].

Après ce bref aperçu historico-religieux, nous aimerions revenir plus précisément à la notion grecque de τύχη, cette fois dans le contexte particulier de la médecine pré-celsienne. Dans ce cadre, la τύχη renvoie à la part de hasard[50] inhérente à la pratique de l'art. Il n'est pas inutile de rappeler avec Jacques Jouanna que, dans le *Corpus hippocratique*, « l'art (τέχνη) est le contraire du hasard (τύχη) qui est synonyme d'absence d'art (ἀτεχνίη)[51] ». Le hasard y est donc présenté comme un opposant à la médecine, comme une force concurrente, aussi bien d'ailleurs du point de vue concret de la thérapeutique que du point de vue théorique du statut même de l'art[52]. La τύχη, qui incarne en quelque sorte le caractère aléatoire de la médecine, est pleinement intégrée à l'art et participe même de sa définition. L'auteur de *Des lieux dans l'homme* va même jusqu'à dire que la bonne ou mauvaise τύχη dépend presque exclusivement de la bonne ou mauvaise pratique de la médecine[53] ; autrement dit, la fortune concourt à la réussite du bon médecin, entrave celle du mauvais[54].

---

[48] Cf. J. A. North, *Roman Religion*, Oxford, 2000, p. 36 et 41.

[49] Cf. *Roscher*, p. 1539 et 1547 ; J. Champeaux, *Le culte de la Fortune...*, Pl. IV.

[50] P. Chantraine, *Dictionnaire étymologique de la langue grecque : histoire des mots*, Paris, 2009 (nouvelle édition, 1re éd. 1968-1980), p. 1142, *s.u.* τυγχάνω.

[51] J. Jouanna, *Hippocrate. Tome V, 1re partie. Des vents, De l'art.* (C.U.F.), Paris, 1988, p. 187.

[52] Cf. *Art 4*, Littré VI, p. 6-7.

[53] *Des lieux dans l'homme 46.3*, Littré VI, p. 342-343 : Ὅστις δὲ τὴν τύχην ἐξ ἰητρικῆς ἢ ἐξ ἄλλου τινὸς ἐξελάσει, φάμενος οὐ τοὺς καλῶς τι πρῆγμα ἐπισταμένους χρῆθαι τύχῃ, τὸ ὑπεναντίον δοκεῖ μοι γινώσκειν · ἐμοὶ γὰρ δοκέουσι μοῦνοι καὶ ἐπιτυγχάνειν καὶ ἀτυγχάνειν οἱ καλῶς τι καὶ κακῶς πρῆξαι ἐπιστάμενοι · ἐπιτυγχάνειν τε γὰρ τοῦτ' ἐστὶ τὸ καλῶς ποιεῖν, τοῦτο δὲ οἱ ἐπιστάμενοι ποιέουσιν · ἀτυχεῖν δέ, τοῦτ' ἐστὶν ὃ ἄν τις μὴ ἐπίσταται, τοῦτο μὴ καλῶς ποιεῖν. (« Celui qui exclura la chance de la médecine ou de toute autre affaire, en prétendant que ce ne sont pas les gens connaissant bien une chose qui ont de la chance, me paraît se tromper du tout au tout ; car, selon moi, ceux-là seuls ont bonne ou mauvaise chance qui savent faire quelque chose bien ou mal. Avoir de la chance, c'est faire bien ; or c'est ce que font ceux qui savent. Avoir mauvaise chance, c'est, ne sachant pas, ne pas bien faire. ») (Trad. Joly, 1978).

[54] Peut-être est-il permis de voir une parenté entre cette perspective hippocratique et ce vers d'Appius cité par le Pseudo-Salluste dans ses *Lettres à César âgé sur la conduite de l'état* (1.1.2) : *fabrum esse suae quemque fortunae* « Chacun est l'artisan de sa propre fortune. »

Une ultime remarque s'impose, sur la valeur accordée au hasard. Il semble que le substantif grec τύχη (et non la divinité) ait un sens neutre et parle « aussi bien de succès que d'échecs[55] », ce qui explique qu'il faille le plus souvent lui adjoindre un adjectif ou ajouter un préverbe à τυγχάνω[56]. Au contraire, *fortuna* est généralement pris en latin dans un sens positif, ce qui dispense de toute précision ceux qui l'emploient[57]. Il sera ainsi intéressant d'observer, au fur et à mesure de nos analyses, quelle image de la *fortuna* Celse transmet dans son *De medicina*.

Mais revenons justement à l'encyclopédiste. Le mot *fortuna* n'apparaît qu'à quatre reprises dans son œuvre[58], mais le champ lexical du hasard s'élargit si l'on prend également en considération les adverbes *fortasse*[59] et *forte*[60], ainsi que l'adjectif *fortuitus, a, um*[61].

À l'ouverture de ses livres de chirurgie, Celse établit une hiérarchie très nette dans la place occupée par le hasard dans la pratique médicale, selon la partie de la thérapeutique que l'on considère :

Ea non quidem medicamenta atque uictus rationem omittit, sed manu tamen plurimum praestat, estque eius effectus inter omnes medicinae partes euidentissimus. Siquidem in morbis, cum multum fortuna conferat, eademque saepe salutaria, saepe uana sint, potest dubitari, secunda ualetudo medicinae an corporis an < fortunae >[62] beneficio contigerit. In iis quoque, in quibus medicamentis maxime nitimur, quamuis profectus euidentior est, tamen sanitatem et per haec frustra quaeri et sine his reddi saepe manifestum est [...] At in ea parte, quae

---

[55] P. Chantraine, *Dictionnaire étymologique de la langue grecque : histoire des mots*, Paris, 2009 (nouvelle édition, 1re éd. 1968-1980), p. 1142, s.u. τυγχάνω.
[56] Cf. *supra*, n. 55.
[57] Cf. A. Ernout – A. Meillet, *Dictionnaire étymologique de la langue latine : histoire des mots*, Paris, 2001 (4e éd., 1re éd. 1932), p. 249, s.u. Fortuna « Comme c'est plutôt la bonne Fortune que l'on invoque, ou à laquelle on pense, fortuna sans épithète a tendu à signifier seulement la 'bonne fortune'. »
[58] 3.1.4, 7.Pr1, 7.3.2 et 8.10.5B.
[59] Pr.50, Pr.51, 2.10.12, 3.9.1 et 6.18.2K.
[60] 7.25.1C, 8.3.8.
[61] 2.8.18, 5.28.4C.
[62] Nous reproduisons ici la correction de F. Marx, *A. Cornelii Celsi quae supersunt, Corpus Medicorum Latinorum I*, Teubner, Leipzig-Berlin, 1915, suivie également par I. Mazzini, *A. C. Celso « La chirurgia »*, Rome, 1999.

manu curat, euidens omnem profectum, ut aliquid ab aliis adiuuetur, hinc tamen plurimum trahere. (7.Pr1-2)

> « Cette partie de la médecine ne laisse assurément pas de côté les médicaments et la diététique, mais cependant elle agit principalement par la main, et ses résultats sont les plus évidents parmi toutes les parties de la médecine. Si dans le cas des maladies, puisque la fortune apporte beaucoup, les mêmes éléments sont tantôt salutaires, tantôt inutiles, on peut se demander si la bonne santé est due à la médecine, au corps, ou à un bienfait < de la fortune >. Dans les cas aussi, où l'on s'appuie surtout sur les médicaments, bien que l'avancée soit assez évidente, cependant il est clair que la santé est parfois recherchée en vain par leur intermédiaire et souvent rendue sans eux [...] Mais dans la partie qui soigne avec la main, il est évident que toute avancée, bien qu'elle soit favorisée en quelque manière par d'autres éléments, vient cependant principalement de là. »

Ainsi, le rôle joué par la médecine serait visiblement (*euidentior*, *euidens*) de plus en plus grand à mesure que l'on progresse de la diététique à la pharmaceutique, puis à la chirurgie — le corollaire étant que la part du hasard diminue d'autant. Mais, bien que la concurrence soit réelle entre la médecine et la fortune, on notera cependant que l'action de cette dernière est présentée sous un jour positif, comme en témoigne l'emploi significatif du terme *beneficium* (à condition toutefois de conserver à l'esprit que l'association de ce terme à la *fortuna* est liée à une correction de Marx, et n'est pas une certitude). D'ailleurs, cette image bienfaisante de la fortune est sans doute sous-jacente dans l'ultime phrase de notre extrait. Au sein de la proposition concessive *ut aliquid ab aliis adiuuetur*, le redoublement de formes indéfinies (*aliquid, aliis*) pourrait être perçu comme une allusion aux aléas de l'art médical, cette part d'ombre hasardeuse que le soignant ne peut maîtriser. Dans ce cas, le statut positif de ces aléas est clairement signifié par le recours au verbe *adiuuo* (« favoriser, aider ») dans une tournure passive dont le sujet est *profectus*, ce qui souligne par contraste la dimension active et adjuvante des aléas dans le cadre du progrès thérapeutique.

En partant de ces premières constatations, suivons à présent la gradation exposée par Celse lui-même, et intéressons-nous d'abord à la place du hasard en diététique et en pharmaceutique, avant d'étudier plus en détails les livres de chirurgie.

Dans les six premiers livres du De medicina, les mots de la famille de *fortuna* apparaissent à huit reprises[63]. Au paragraphe 50 de la Préface, l'adverbe *fortasse* renvoie à la dimension positive du hasard : c'est la réussite éventuelle d'un traitement qui n'a pourtant pas été tenté sur une dame de haut rang, *splendida persona*[64]. Au paragraphe suivant, abordant le cas des maladies nouvelles, Celse donne cette fois à *fortasse* une signification négative, mais en insistant sur la part mesurée que joue un tel hasard face à un acte médical la plupart du temps efficace[65].

Plus important semble être le rôle du hasard au livre 2, dans le paragraphe consacré aux douleurs crâniennes :

> *At dolores capitis quibus oculorum caligo et rubor cum quadam frontis prurigine accedunt, sanguinis profusione uel fortuita uel etiam petita summouentur.* (2.8.18)
>
> « Mais les douleurs de la tête, auxquelles s'ajoutent un obscurcissement et une rougeur des yeux accompagnée d'une certaine démangeaison du front, sont ôtées par un épanchement de sang, soit fortuit soit même provoqué. »

Dans cet extrait, le soulagement (*summouentur*) des douleurs peut avoir deux origines (*uel... uel*), l'une fortuite, spontanée[66], l'autre provoquée. Mais on constate que ces deux causes ne se situent pas tout à fait sur le même plan. La conjonction *etiam* nuance la seconde cause, qui apparaît comme une solution secondaire, et l'on pourrait même penser que derrière ce parallélisme biaisé se dissimule le fait que l'art médical qui recherche (*petita*) un résultat ne fait qu'imiter

---

[63] Pr.50, Pr.51, 2.8.18, 2.10.12, 3.1.4, (3.9.1), 5.28.4C et 6.18.2K. On remarquera l'absence de forte dans ces livres. Nous laissons volontairement de côté 3.9.1, où fortasse apparaît en dehors du contexte qui nous intéresse. Nous traiterons plus loin 2.10.12, 3.4.1 et 6.18.2K.

[64] Pr.49-50. Nous reviendrons sur ce passage lorsque nous étudierons la prise de risque thérapeutique dans le *De medicina* (cf. Seconde partie, II.3).

[65] Pr.51 : *Cum igitur talis res incidit, medicus aliquid oportet inueniat quod non utique fortasse sed saepius tamen etiam respondeat.* (« Par conséquent, lorsqu'une telle chose se produit, il importe que le médecin trouve une chose telle qu'elle ne répond peut-être pas de façon assurée, mais cependant tout de même le plus souvent. »)

[66] L'adjectif *fortuitus* semble rendre compte ici d'un phénomène indépendant de la volonté du soignant. Un rapprochement peut sans doute être envisagé avec le concept de τὸ αὐτομάτον exposé par Aristote au livre II de sa *Physique*.

l'action du hasard ; on voit en tout cas que ce dernier est ici clairement premier par rapport à la volonté du soignant.

On retrouve une importance similaire accordée au hasard au sein des livres de pharmaceutique, dans le chapitre dévolu au « feu sacré », catégorie de lésion ulcéreuse assimilée par Celse à l'érysipèle :

Omnis autem sacer ignis, ut minimum periculum habet ex iis, quae serpunt, sic prope difficillime tollitur. Medicamentum eius fortuitum est uno die febris, quae umorem noxium absumat. [...] Prodest etiam infra os uulnerum < cutem scalpello >[67] laedi... (5.28.4C)

« Or tout 'feu sacré', bien qu'étant celle contenant le moins de danger parmi les lésions qui se répandent, n'en est pas moins enlevé avec la plus grande difficulté. Un remède fortuit en est une fièvre d'une journée, qui consume l'humeur nuisible. [...] Il est utile aussi, sous l'ouverture des blessures, que la peau soit coupée à l'aide d'un scalpel. »

Au premier remède, fortuit, (*medicamentum... fortuitum*) succède une solution chirurgicale dont Celse souligne l'utilité (*prodest*). L'enchaînement des deux types de soins est identique à celui de l'extrait précédent, mais la conjonction *etiam* semble cette fois plutôt annoncer l'existence d'une thérapeutique complémentaire, au cas où la première ne survienne pas. En effet, ne pouvant reproduire la fièvre, le soignant doit alors mettre en place un autre processus médical — d'ailleurs plus assuré, dans l'esprit de Celse, puisqu'il relève de la chirurgie.

Qu'en est-il justement de la place du hasard dans cette autre partie de la thérapeutique qu'est la chirurgie ? L'image de la *fortuna* correspond-elle totalement à ce que Celse annonce dans la Préface à ces livres ? On remarque pour commencer que les mots relevant du hasard y apparaissent à cinq reprises[68], ce qui rend leur présence plus dense qu'elle ne l'était dans les six premiers livres[69]. Cette densité permet-elle à Celse de souligner la relative mainmise de la médecine, en chirurgie, sur le hasard ?

---

[67] Nous suivons ici la correction de F. Marx, *A. Cornelii Celsi quae supersunt, Corpus Medicorum Latinorum I*, Teubner, Leipzig-Berlin, 1915.
[68] La première occurrence, en 7.Pr1, a déjà été analysée.
[69] Huit occurrences dans les livres 1 à 6 représentent 1 occurrence / 47 pages de texte latin ; cinq occurrences dans les livres 7 et 8 représentent 1 occurrence / 29 pages de texte latin.

La première apparition de *fortuna* dans la pratique chirurgicale, au sein d'un chapitre consacré aux signes permettant d'établir un pronostic, ne va pas dans ce sens :

> *Sed ut haec ipsa fortuna huc illucue discernit, sic medici partium est eniti ad reperiendam sanitatem.* (7.3.2)

> « Mais de même que la fortune elle-même considère ces signes d'un côté ou de l'autre, de même le rôle du médecin est de faire effort pour retrouver la santé. »

La structure comparative de cette phrase (*ut… sic…*), qui donne l'impression de mettre sur un pied d'égalité la fortune (*fortuna*) et le médecin (*medici*), ne doit cependant pas nous tromper. Fait remarquable dans les livres de chirurgie, le rôle du médecin apparaît comme second, et c'est donc la fortune qui « en personne » (*ipsa*) infléchira de façon aléatoire les signes morbides « d'un côté ou de l'autre », *huc illucue*. Cette formule, destinée à marquer l'indécision et le caractère aléatoire de la fortune, n'est pas sans rappeler l'ambiguïté de la τύχη hippocratique, mais renvoie aussi, peut-être, à l'image des divinités Τύχη et Fortuna, auxquelles on pouvait adresser vœux et prières pour les faire pencher favorablement. Le rôle décisionnel d'une fortune personnifiée, dépeint ici par le verbe *discernit*, contraint ainsi le médecin à se concentrer sur son rôle, à œuvrer en espérant simplement une issue favorable.

Cependant, une telle situation, où le médecin est confiné dans une fonction restreinte et, en quelque sorte, empreinte de passivité, est exceptionnelle. Dans les autres cas, il paraît évident que le médecin peut avoir un certain degré d'influence sur la fortune. Au livre 8, abordant le cas des fractures du fémur, voici ce qu'écrit Celse :

> *Neque tamen ignorari oportet, si femur fractum est, fieri breuius, quia numquam in anticum statum reuertitur, summisque digitis postea cruris eius insisti : sed multo tamen foedior debilitas est, ubi fortunae neglegentia quoque accessit.* (8.10.5B)

> « Toutefois il ne faut pas ignorer, si le fémur est cassé, qu'il deviendra plus court, car il ne revient jamais à son état initial, et qu'il faut ensuite marcher sur la pointe du pied : mais cette infirmité est bien plus choquante, lorsque la négligence s'est ajouté à la fortune. »

La négligence (*neglegentia*) du médecin aurait ici pour résultat d'aggraver l'infirmité consécutive à la fracture de la jambe. À l'inverse, il semble qu'un soin médical attentif pourrait, peut-être, s'opposer à la mauvaise *fortuna*, ou tout du moins l'atténuer. Ce n'est là qu'une hypothétique et somme toute bien mince victoire de la médecine — le malade guéri boitera juste un peu moins ! — mais la formulation de Celse signale tout de même une possibilité de voir l'art rééquilibrer quelque peu l'action de la fortune.

Éviter les conséquences néfastes des aléas de la fortune paraît davantage possible encore dans la pratique de certaines excisions osseuses, telles que les décrit Celse au chapitre 8.3 :

> *Factis foraminibus, eodem modo media saepta, sed multo circumspectius, excidenda sunt, ne forte angulus scalpri eandem membram uiolet ; donec fiat aditus, per quem membranae custos inmittatur.* (8.3.8)

> « Lorsque les trous ont été forés, de la même manière les parties centrales dégagées doivent être excisées, mais avec bien plus de précaution, pour éviter que, peut-être, la pointe de l'outil tranchant n'endommage cette même membrane ; jusqu'à ce que l'entrée ait été faite, par laquelle est insérée une protection de la membrane. »

Dans ce passage, la précaution du soignant (*multo circumspectius*[70]) fait partie intégrante de l'acte chirurgical (*excidenda*), et a pour but d'anticiper une éventuelle (*forte*) blessure causée par le traitement. La partie hasardeuse de l'excision osseuse, ainsi prévenue, pourra alors être évitée.

On trouve dans le livre 7 une expression identique à celle rencontrée dans cet extrait pour souligner l'éventualité d'un hasard fâcheux :

> *Proximis diebus ei prope a fame uictus sit, ne forte eam partem satietas excitet.* (7.25.1C)

> « Les jours suivants il devra presque être vaincu par la faim, pour éviter que, peut-être, la satiété excite cette partie. »

Les possibles gênes post-opératoires liées à la circoncision sont suggérées, comme pour l'excision osseuse, par *ne forte*. On notera toutefois que si l'intervention médicale s'inscrit bien dans le cadre

---

[70] On remarquera que, dans le domaine de la rhétorique, la *circumspectio* est l'une des vertus requises par le *genus subtile dicendi*. Cf. H. Lausberg, *Handbook of literary rhetoric*, Leiden, 1998, p. 472.

général d'un acte chirurgical, la façon d'échapper à la fortune relève avant tout du régime (*fame*), et donc de la diététique !

À la vue des occurrences des termes appartenant au champ lexical du hasard, on voit finalement que la gradation entre les différentes parties de la thérapeutique ne se ressent pas de façon aussi tranchée que la préface aux livres de chirurgie ne le laissait entendre. Il semble que, d'une manière générale, c'est avant tout la prudence (8.3.8 : *circumspectius*, 8.10.5B : *neglegentia*) qui permet en partie de tempérer les aspects négatifs d'une mauvaise *fortuna*, ce qui n'est pas sans rappeler les indications données par Celse sur les bons et les mauvais médecins. Ces aspects négatifs ne sont d'ailleurs pas la seule facette de la fortune présentée par l'encyclopédiste, puisqu'elle est aussi capable de venir en aide à la médecine[71] — nous y reviendrons[72].

Natura

Après avoir étudié la place de la *fortuna* dans le *De medicina*, il faut à présent nous intéresser à celle de la nature, *natura*. L'évolution sémantique et culturelle de cette notion, équivalent latin de la φύσις grecque, est complexe. Sur le sujet, nous ne pouvons que renvoyer au volume édité par Carlos Lévy sur *Le concept de nature à Rome*[73].

Le cheminement de notre étude nécessite tout de même l'une ou l'autre remarque. Il est clair que Celse hérite de la notion de φύσις telle qu'elle est développée, sous ses multiples facettes, au sein du *Corpus hippocratique*[74]. Une formule de Jacques Jouanna concernant *L'Art* résume parfaitement la place de la nature dans l'exercice de la médecine : « Entre une opposition constante (art et nature des maladies) et une collaboration constante (art et remèdes naturels), il y a place pour une relation mixte qui unit les contraires (art et nature du malade)[75]. » Parallèlement, on peut légitimement esquisser l'idée qu'il existe, étant donné la période à laquelle le *De medicina* a été rédigé,

---

[71] Cf. 7.Pr1.
[72] Cf. *infra*, Deuxième Partie, p. 263.
[73] C. Lévy (éd.), *Le concept de nature à Rome. La physique*, Paris, 1996.
[74] Sur la notion de φύσις dans l'*Ancienne médecine*, cf. M. J. Schiefsky, « On ancient medicine on the nature of human beings », in P. van der Eijk (éd.), *Hippocrates in context. Papers read at the XIth International Hippocrates Colloquium, University of Newcastle, 27-31 August 2002*, Leiden-Boston, 2005, p. 69-85.
[75] J. Jouanna, *Hippocrate. Tome V, 1re partie. Des vents, De l'art*. (C.U.F.), Paris, 1988, p. 187.

une certaine influence du concept de nature tel qu'il était compris dans une Rome stoïcisante[76], même si cette influence est délicate à cerner chez Celse.

Il est évident en tout cas que *natura*, fort de ce double héritage, recouvre des sens divers dans le *De medicina*[77]. Nous en avons distingué trois principaux, que nous allons aborder successivement :

A. *natura* comme principe créateur et force agissante.
B. *natura* comme norme.
C. *natura* comme caractère distinctif de chaque homme.

A. Natura *comme principe créateur et force agissante*

La nature créatrice et agissante occupe une place importante dans l'économie du *De medicina*. Dans l'ouverture du chapitre qu'il consacre aux maladies otiques, Celse formule clairement la fonction créatrice de la nature :

... *ideoque ad aures transeundum est, quarum usum proximum a luminibus natura nobis dedit.* (6.7.1A)

... et c'est pourquoi il nous faut passer aux oreilles, dont l'usage à proximité des yeux nous a été donné par la nature. »

Le don (*dedit*) de la nature est double : d'un côté, la possibilité d'entendre (*usum*), de l'autre l'emplacement de ces organes sur le corps humain (*proximum a luminibus*). Le corps humain est l'œuvre de la nature, et à ce titre on rappellera les nombreuses références faites, au long du *De medicina* (dont certains chapitres leur sont d'ailleurs entièrement consacrés), aux parties génitales, tant féminines que masculines, les *naturalia*[78]. Les organes génitaux assument le double rôle d'être par leur nom même un symbole du pouvoir créateur de la nature, et en même temps de constituer, par leur fonction sexuelle, un relais de cette nature.

---

[76] Cf., par ex., F.-R. Chaumartin, « La nature dans les *Questions naturelles* de Sénèque », in C. Lévy (éd.), *Le concept de nature à Rome. La physique*, Paris, 1996, p. 178-190.

[77] P. Grimal, « Encyclopédies antiques », *Cahiers d'Histoire mondiale* (9), 1966, p. 459-42, avait déjà remarqué la place primordiale de la nature dans le *De medicina*. Parlant de l'*Histoire Naturelle* de Pline, il écrit : « La notion de Nature domine en effet tout l'ouvrage, comme elle dominait, un siècle plus tôt, la pensée d'un Sextius et plus récemment celle d'un Celse. » (p. 478).

[78] Cf., par ex., 4.27 ou 5.20.

En tant que force agissante, il arrive que la nature soit présentée comme étant parfois supérieure à la médecine, comme le rappelle Celse à deux reprises au chapitre 2.8 :

> *Ex quibus cum pleraque per se proueniant, scire licet inter ea quoque quae ars adhibet naturam plurimum posse. [...] Morbus quoque comitialis post annum XXV ortus aegre curatur, multoque aegrius is, qui post XL annum coepit, adeo ut in ea aetate aliquid in natura spei, uix quicquam in medicina sit.* (2.8.20-29)

« Parmi ces maladies, comme la plupart d'entre elles ont d'elles-mêmes une issue heureuse[79], il faut savoir que parmi celles auxquelles l'art s'attache, c'est la nature qui peut le plus. [...] Et l'épilepsie se soigne difficilement après vingt-cinq ans, bien plus difficilement chez celui qui a entamé sa quarantième année, au point que, à cet âge, il y a quelque espoir à fonder sur la nature, à peine sur la médecine. »

L'opposition entre la nature (*natura*) et la médecine (*ars, medicina*) est ici très nettement en faveur de la nature, qui possède des forces que l'art médical n'a pas (*plurimum [...] aliquid... uix quicquam*) et paraît seule capable, dans des situations délicates, de résoudre un cas de façon heureuse. Cette réalité fait en tout cas partie du savoir que doit posséder le soignant (*scire licet*).

Mais jusqu'à présent, nous n'avons abordé la nature créatrice que comme puissance bénéfique. Or il arrive que la nature, dans le *De medicina*, agisse à l'inverse et crée un certain désordre. Faut-il voir dans cette bipolarité de la *natura* une influence de la nature stoïcienne,

---

[79] Nous avons choisi ici de traduire le verbe *prouenio* par « avoir une issue heureuse », sens que l'on rencontre chez Tacite, et qui nous paraît convenir particulièrement bien dans le contexte de la discussion celsienne sur l'art et la nature. Pour d'autres traductions, cf. W. G. Spencer : « arise of themselves » (W. G. Spencer, *Celsus. On Medicine. Edition by J. Henderson (vol. 1 et 3), by G. P. Goold (vol. 2), Translation by William G. Spencer* (Loeb Classical Library), 3 vol., Cambridge, Mass.-Londres, 1935-1938 (5ᵉ éd. du vol. 2, 1989 ; 6ᵉ éd. du vol. 3, 2002)), vol. 1, p. 141 ; G. Serbat : « se produisant d'eux-mêmes » (G. Serbat, *Celse. De la Médecine.* (C.U.F.), Paris, 1995, p. 75) ; ou encore P. Mudry, « Le jeu de la nature et du hasard : la construction du savoir médical dans le traité de Celse », in M. Courrent – J. Thomas (éds.), *Imaginaire et modes de construction du savoir antique dans les textes scientifiques et techniques, Actes du colloque de Perpignan des 12 et 13 mai 2000*, Perpignan, 2001, p. 57-69 (= P. Mudry, *Medicina, soror philosophiae, Regards sur la littérature et les textes médicaux antiques (1975-2005)*, Lausanne, 2006, p. 101-108 : « se produisent spontanément » (p. 103).

telle qu'elle apparaît par exemple chez Sénèque[80] ? Rien n'est moins sûr. Voici en tout cas ce que Celse nous dit au chapitre 7.25 :

In eo, cui id naturale est, quam in eo, qui quarundam gentium more circumcisus est. [...] Curatio autem eorum, quibus id naturale est, eiusmodi est... (7.25.1A-B)

« Chez celui, chez qui [la situation] est naturelle, plus rapidement que chez celui qui a été circoncis suivant la coutume de certains peuples. [...] Quant au traitement de ceux, chez qui elle est naturelle, il est de cette sorte... »

Il est question dans ce chapitre d'une malformation génitale (le gland n'est pas suffisamment recouvert par le prépuce) et de la possibilité d'y remédier (restauration du prépuce), à des fins esthético-psychologiques (7.25.1A, *decoris causa*[81]). La médecine doit œuvrer pour corriger un élément inhabituel — on serait tenté de dire « non-naturel » — créé par la nature elle-même ; la suite du chapitre détaillera les diverses manœuvres chirurgicales à réaliser. On note d'ailleurs que la nature est plus facilement redressable que la coutume (*more*) ; en tous les cas, elle semble constituer dans l'esprit de Celse une norme plus universelle que celle imposée par le carcan de chaque nation (*quarundam gentium*).

Parfois, il s'agit de modifier l'ordre des choses mis en place par la nature, cette fois à des fins thérapeutiques. C'est le cas au chapitre 8.14, qui traite des fractures du crâne :

Sed siue totum perfractum est et ab alio ex toto recessit siue circumpositae caluariae inhaeret exigua parte, ab eo, quod naturaliter se habet, scalpro diuidendum est. (8.4.15).

« Mais soit qu'il est totalement cassé et qu'il est complètement séparé du reste, soit qu'il est attaché au crâne qui l'entoure par une mince partie, il doit être, à l'aide d'un outil tranchant, séparé de l'endroit où il se tient naturellement. »

Dans ce passage, Celse envisage deux cas de figures (*siue... siue...*). Dans le premier, la fracture est totale (*totum, ex toto*), tandis que dans le second, la fracture incomplète (*inhaeret exigua parte*) nécessite de la part du praticien une intervention qui achève en quelque sorte la séparation de l'os partiellement fracturé d'avec le reste du crâne. En

---

[80] Cf. F.-R. Chaumartin, « La nature... », p. 183-184.
[81] Cf. M. D. Grmek – D. Gourevitch, *Les maladies dans l'art antique*, Paris, 1998, p. 326.

ôtant ainsi la partie osseuse fracturée de son emplacement naturel, le praticien modifie une création de la nature, puisque son acte est ici présenté comme définitif (*di-uidendum*).

B. Natura *comme norme*

La nature, en tant que principe créateur, décide de l'ordre des choses, autrement dit elle établit des normes « naturelles ». C'est le κατὰ φύσιν, le « selon la nature » déjà fondamental dans la médecine hippocratique[82]. Cette *natura* comme norme universelle est omniprésente dans le *De medicina*[83]. On peut distinguer deux grands types de références :

- renvoi à l'état normal d'une partie du corps, à ses réactions et à son fonctionnement tels qu'ils sont attendus.
Exemples : la digestion (3.4.4, *quae naturaliter digeritur*), les veines (3.6.7, *uenae naturaliter ordinatae sunt*), le sang (4.6.2, *natura sanguinis*), les yeux (7.7.13A, *ipsius oculi natura*), les caractéristiques propres à l'urètre féminin (7.26.1C, *inter imas oras super naturale positum*), la vulve (7.29.1, *uuluae natura mirabilis*).

- renvoi à toute modification[84], de nature ou de degré, par rapport à la norme, qu'il s'agisse :
    a) d'une affection.
    Exemples : la couleur d'un ulcère (5.26.27B, *donec... colorem ulceri magis naturalem reddidisse uideatur*), l'aspect d'un carcinome (5.28.2B, *durior aut mollior est quam esse naturaliter debet*), la couleur de pustules (5.28.15B, *naturali colore mutato*).
    b) du corps malade.
    Exemples : l'accumulation anormale de liquide dans le corps (3.21.15, *contra naturam*), l'évacuation de matière consécutive à une blessure (5.26.20F, *plus ex maiore... naturaliter fertur*), un manque de sensation (5.26.29, *non naturaliter*), une

---

[82] Cf. O. Temkin, *Hippocrates in a World of Pagans and Christians*, Baltimore-Londres, 1991 : « The notion of nature as a principle of order, regularity, and normalcy [...] was fundamental for Hippocratic medicine. » (p. 190).
[83] L'expression *secundum naturam* que l'on trouve en 4.18.3 ne peut malheureusement pas être exploitée, car le texte est corrompu.
[84] Cf. dans les exemples qui suivent la multiplication des tournures comparatives.

modification du corps (5.28.1A, *ipsum corpus aridum et durius quam naturaliter oportet*), la morphologie des globes oculaires (6.6.14, *oculi... minores fiant quam esse naturaliter debeant*), la disposition des cils (7.7.8A, *sub ordine naturali pilorum*), la luette (7.12.3B, *longior uua est quam esse naturaliter debet*), les conséquences d'une inflammation (7.26.1A, *inflammatio saepe eam reddi naturaliter prohibet*), la longueur d'un membre (8.10.1E, *paulo longius quam naturaliter esse debet*).

On peut retenir de ces deux grandes catégories que la *nature* comme norme a deux fonctions dans le *De medicina* : d'une part elle participe de la définition de certains organes ou phénomènes organiques, d'autre part elle est un instrument de mesure des modifications subies par le corps malade ou, plus rarement, par une affection.

À considérer la *natura* comme une norme, y a-t-il toujours entre la nature et la médecine une rivalité aussi profonde qu'on le prétend parfois ?

La question est légitime, puisque l'art médical a pour principal objectif de tirer le corps malade hors de son état pathologique pour le ramener à son état *naturel*[85]. Ainsi, de la même manière que la nature peut créer ou ramener l'ordre, il n'est pas impossible que la médecine, dans certains cas précis, puisse prendre une part active au retour du corps à sa normalité naturelle. Commençons toutefois *piano*, par un exemple où l'art médical a un champ d'action très restreint :

Si magna est, si nigra pars oculi, amissa naturali figura, in aliam uertit, si suffusioni color caeruleus est aut auri similis, si labat et hac atque illac mouetur, uix umquam succurritur. (7.7.14A)

Si elle est grande, si la partie noire de l'œil, ayant abandonné sa forme naturelle, a changé pour une autre, si la cataracte a la couleur de la mer

---

[85] On peut sans doute établir un parallèle intéressant entre ce retour à la norme naturelle dans le *De medicina* et la remarque de Patrophile dans le texte galénique À Patrophile, sur la constitution de la médecine (I 228, 10-12 K), cité par V. Boudon, « Art, science et conjecture chez Galien », in *Galien et la philosophie. Entretiens de la Fondation Hardt. Tome XLIX, 2-6 septembre 2002*, Genève, 2003b, p. 273 : ἀπεκρίνω δέ μοι βούλεσθαι τοὺς παρὰ φύσιν ἔχοντας ἀνθρώπους τὸ σῶμα μάλιστα μέν, εἰ οἷόν τε, πάντας εἰς τὴν φύσιν ἐπαναγαγεῖν. (« Tu m'as répondu que, les hommes ayant un corps contraire à la nature, si cela est possible, tu voulais tous les ramener à un état conforme à la nature. »)

ou est semblable à l'or, si elle vacille et est mue d'un côté et de l'autre, on n'y remédie presque jamais. »

Lorsque la cataracte présente les caractéristiques détaillées par Celse, que son aspect s'est éloigné de la norme naturelle (*amissa naturali figura*), les chances de guérison sont infimes (*uix umquam*). La médecine n'a guère de prise sur une telle situation, il lui est pratiquement impossible d'œuvrer de quelque manière que ce soit[86].

Là n'est pourtant pas la règle. Lorsque les cils d'une paupière tombent trop et irritent l'œil, la médecine a son mot à dire de façon assurée :

> *Ea uero curatio, quae ab omnibus frequentatur, nihil habet dubii : siquidem oportet contecto oculo mediam palpebrae cutem, siue ea superior siue inferior est, adprehendere digitis ac sic leuare ; tum considerare, quantulo detracto futurum sit, ut naturaliter se habeat.* (7.7.8E)

> « Or ce traitement, qui est appliqué par tous, n'a rien de douteux : puisqu'il convient, une fois l'œil couvert, de saisir avec les doigts le milieu de la peau de la paupière, que ce soit la supérieure ou l'inférieure ; puis d'examiner quelle quantité doit être enlevée, afin qu'elle ait une position naturelle. »

La pertinence et l'efficacité du traitement énoncé par Celse sont sans commune mesure avec ce que l'on a constaté en 7.7.14A. Il est cette fois-ci parfaitement fiable (*nihil habet dubii*), et couramment utilisé (*ab omnibus frequentatur*). La médecine est bel et bien capable de modifier une partie d'un corps afin qu'elle corresponde à la norme de la nature ; elle peut s'avérer capable de mettre un terme définitif au pathologique pour restaurer l'ordre des choses.

Mais la relation entre la médecine et la nature se fait parfois plus étroite encore, lorsque cette dernière n'est plus un objectif à atteindre mais sert à définir le geste thérapeutique. À cet égard, observons

---

[86] Sur l'adverbe *uix* dans le *De medicina*, cf. P. Mudry, « Le jeu de la nature et du hasard : la construction du savoir médical dans le traité de Celse », in M. Courrent – J. Thomas (éds.), *Imaginaire et modes de construction du savoir antique dans les textes scientifiques et techniques, Actes du colloque de Perpignan des 12 et 13 mai 2000*, Perpignan, 2001, p. 57-69 (= P. Mudry, *Medicina, soror philosophiae, Regards sur la littérature et les textes médicaux antiques (1975-2005)*, Lausanne, 2006, p. 101-108), p. 106. Son analyse porte toutefois sur le rôle du hasard dans les livres de diététique.

conjointement deux extraits du *De medicina*, appartenant tous deux au livre 8 :

> *Deligari autem bracchium debet paulum pollice ad pectus inclinato, siquidem is maxime bracchii naturalis habitus.* (8.10.3B)

« Or il faut lier le bras en inclinant un peu le pouce vers la poitrine, puisque c'est la position la plus naturelle du bras. »

> *At si in priorem partem, summum quidem bracchium extenditur, minus tamen quam naturaliter.* (8.15.1)

« Mais s['il est disloqué] vers l'avant, la partie supérieure du bras doit certes être étendue, moins cependant qu'il n'est naturel. »

Le premier de ces passages concerne la réduction d'une fracture du bras, tandis que le second appartient à un développement sur les luxations de ce même membre. Dans les deux cas, la nature (*naturalis, naturaliter*) est bien une norme, mais qui fixe cette fois non plus les fins de la médecine, mais ses méthodes.

L'étude des précédents extraits du *De medicina* a permis de constater que l'intensité de la rivalité entre la médecine et la nature est à nuancer. Cette dernière, il est vrai, peut apporter une aide complémentaire à l'art (4.7.4), voire même lui disputer en efficacité thérapeutique (2.8.20 et 2.8.29) — sans parler du rôle joué, notamment en pharmaceutique, par les remèdes d'origine naturelle ! Pour autant, vis-à-vis de la nature, la médecine a également un rôle à jouer, qui n'est pas toujours secondaire (7.7.8E, 8.10.3B, 8.15.1).

Pour achever notre étude de la *natura* comme norme, une ultime formule nous semble mériter notre attention :

> *Est etiam in rerum natura, ut cutis latius excidenda sit.* (7.2.6)

« Il est même dans la nature des choses, que la peau doive être coupée sur une plus grande largeur. »

Au cours de la description des traitements chirurgicaux des lésions internes spontanées (c'est-à-dire pour lesquelles le soignant ne peut distinguer une cause visible), Celse semble évoquer au détour d'une phrase la possibilité d'une harmonie entre la médecine et la nature. Mieux, il semble que l'on soit peut-être en présence d'un cas exceptionnel où la médecine appartient à l'ordre des choses (*rerum natura*), où elle est pleinement intégrée à la nature. On rappellera avec profit un extrait des *Lois* de Platon, où la médecine et la nature sont décrites par l'Athénien de façon similaire, lorsqu'il range la médecine dans la catégorie des arts qui τῇ φύσει ἐκοίνωσαν τὴν αὐτῶν δύναμιν, « ont en commun leur puissance avec la nature[87] ». Nous ne sommes pas loin ici de notre passage de Celse.

C. Natura *comme caractère distinctif de chaque homme*

Afin de proposer un panorama complet de la nature dans le *De medicina*, il nous reste à aborder la question de la nature en tant que critère permettant de distinguer chaque individu. La polysémie du mot *natura*, qui oscille entre le macrocosme de l'univers et le microcosme de l'homme, était bien évidemment déjà présente dans le terme grec φύσις[88]. Dans l'œuvre de Celse, le substantif *natura*, au sens de caractère propre à l'homme, est plus ou moins synonyme d'autres termes tels *habitus*, *uis* voire *corpus*[89]. Mais contrairement au *Corpus hippocratique*, où φύσις est parfois employé au pluriel (φύσεις) pour signifier la variété des constitutions, le *De medicina* n'utilise *natura* qu'au singulier, peut-être pour souligner la singularité de chaque être.

Qu'il suffise de citer l'expression *aegri natura*, « la nature du malade », utilisé par Celse au paragraphe 53 de sa Préface, consacré aux maladies nouvelles, pour comprendre combien l'encyclopédiste — à la suite des auteurs du *Corpus* — accorde une place majeure à la prise en compte de l'individualité du malade. Les spécificités de chaque individu contraignent à adapter fréquemment la thérapeutique

---

[87] Nous suivons la traduction de R. G. Bury, *Plato. Laws. Translation by R. G. Bury*, Harvard University Press, Cambridge, Mass.-Londres (Loeb Classical Library), 2 vol., 1926 (3ᵉ éd. 1952), celle de A. Diès *Platon. Œuvres complètes. Tome XII, 1ʳᵉ partie. Les Lois, livres VII-X.* (C.U.F.), Paris, 1956, nous paraissant fautive (« qui ont emprunté à la nature ce qu'ils ont de vertu »).

[88] Sur les différents sens du mot φύσις dans les corpora hippocratique et galénique, cf. J. Jouanna, « La notion de nature chez Galien », in *Galien et la philosophie. Entretiens de la Fondation Hardt. Tome XLIX, 2-6 septembre 2002*, Genève, 2003, p. 230 sqq.

[89] Sur la double nature (interne et externe) du corps humain, cf. P. Mudry, « Le jeu de la nature et du hasard : la construction du savoir médical dans le traité de Celse », in M. Courrent – J. Thomas (éds.), *Imaginaire et modes de construction du savoir antique dans les textes scientifiques et techniques, Actes du colloque de Perpignan des 12 et 13 mai 2000*, Perpignan, 2001, p. 57-69 (= P. Mudry, *Medicina, soror philosophiae, Regards sur la littérature et les textes médicaux antiques (1975-2005)*, Lausanne, 2006, p. 101-108), p. 104.

à la nature de chacun, *pro cuiusque natura*[90]. Considérée comme élément distinctif de chaque homme, la nature de celui-ci est alors d'une certaine façon une nouvelle sorte de norme, exceptionnelle en ce qu'elle est une norme *unique*.

Dans le *De medicina*, la nature est véritablement polymorphe. Tantôt principe créateur et agissant, tantôt norme, tantôt caractère distinctif de chaque homme, elle entretient avec la médecine des relations très étroites. Ces relations ne reposent pas toujours sur un principe d'opposition, bien au contraire. La nature a certes parfois l'avantage sur la médecine et sa force peut lui permettre de résoudre des situations que l'art ne maîtrise ni ne comprend. Mais elle participe plus souvent encore de la mise en place de la pratique médicale, à laquelle elle peut servir de modèle et de guide. D'une manière générale, pour la médecine présentée par Celse dans le *De medicina*, la nature est normative.

Parallèles et distinctions entre fortuna *et* natura

Après avoir étudié séparément les concepts de *fortuna* et *natura* dans l'œuvre de Celse, nous aimerions à présent observer les parallèles et les distinctions que l'on peut établir entre ces deux notions dans le *De medicina*. Pour ce faire, nous ne retiendrons que le premier sens du mot *natura* tel que nous l'avons défini, celui de « principe créateur et force agissante ». Dans cette perspective, Mudry a écrit qu'« hasard et nature constituent pour le médecin la même réalité[91] ». Il est vrai que ces deux concepts ont en commun, sous la plume celsienne, de

---

[90] 3.18.10. Cf. aussi 1.1.4 (sur la bonne fréquence des rapports sexuels), 1.2.7 (sur l'adaptation de la thérapeutique à chaque individu), 1.3.13 (sur la nécessité pour chacun de connaître son corps) et 3.6.5 (sur la modification du pouls).

[91] P. Mudry, « Le jeu de la nature et du hasard : la construction du savoir médical dans le traité de Celse », in M. Courrent – J. Thomas (éds.), *Imaginaire et modes de construction du savoir antique dans les textes scientifiques et techniques, Actes du colloque de Perpignan des 12 et 13 mai 2000*, Perpignan, 2001, p. 57-69 (= P. Mudry, *Medicina, soror philosophiae, Regards sur la littérature et les textes médicaux antiques (1975-2005)*, Lausanne, 2006, p. 101-108), p. 103. Sur ce passage, cf. aussi P. Mudry, « *Ratio* et *coniectura* dans les textes médicaux latins », in D. Langslow – B. Maire (éds.), *Body, Disease and Treatment in a Changing World, Latin texts and contexts in ancient and medieval medicine (Proceedings of the ninth International Conference « Ancient Latin Medical Texts », Hulme Hall, University of Manchester, 5th-8th September 2007)*, Lausanne, 2010, p. 344-345.

représenter une force difficile à cerner, capable d'œuvrer tantôt dans le sens de la médecine, tantôt contre elle.

Mais peuvent-ils pour autant être ainsi totalement superposés ? Nos précédentes analyses nous permettent de formuler l'hypothèse suivante : tandis que la *natura* renverrait à une force qui peut soit être à l'origine de la maladie soit contribuer à la faire disparaître, la *fortuna* se présenterait comme son subordonné, et concernerait plus précisément l'issue aléatoire de la maladie — en bonne comme en mauvaise part. Pour mieux comprendre, observons le seul cas du *De medicina* où les deux termes sont en présence :

> *In nullo quidem morbo minus fortuna sibi uindicare quam ars potest : ut pote quom repugnante natura nihil medicina proficiat.* (3.1.4)
>
> « Il n'existe aucune maladie où la fortune puisse moins revendiquer que l'art : dans la mesure où la médecine n'est d'aucun profit quand la nature oppose une vive résistance. »

S'appuyant sur des considérations stylistiques et linguistiques, Philippe Mudry conclut à une assimilation parfaite des deux couples de termes en parallèle : *fortuna-natura* d'un côté, *ars-medicina* de l'autre[92]. S'il est indéniable que les termes *ars* et *medicina* sont ici équivalents, une autre lecture du couple *fortuna-natura* est peut-être envisageable.

Si, comme nous l'avons esquissé, la *fortuna* est un subordonné de la *natura*, nous serions alors ici en présence d'un cas flagrant d'insubordination. Il semble difficile en effet de considérer d'après ce texte *fortuna* et *natura* comme deux synonymes d'une même entité, d'une même force, alors que la première contribue à la guérison et va dans le sens de l'art médical, tandis que la seconde s'y oppose avec force (*repugnante*). On remarquera que cet avantage de la *fortuna* est ancien, à l'époque de Celse, puisqu'on trouve déjà cette dernière, sous

---

[92] P. Mudry, « Le jeu de la nature et du hasard : la construction du savoir médical dans le traité de Celse », in M. Courrent – J. Thomas (éds.), *Imaginaire et modes de construction du savoir antique dans les textes scientifiques et techniques, Actes du colloque de Perpignan des 12 et 13 mai 2000*, Perpignan, 2001, p. 57-69 (= P. Mudry, *Medicina, soror philosophiae, Regards sur la littérature et les textes médicaux antiques (1975-2005)*, Lausanne, 2006, p. 101-108), p. 102.

son jour positif, dans le *Poenulus* de Plaute[93], sous son jour négatif de « hasard », chez Accius[94].

En tout cas, parmi la « triade[95] » *natura-fortuna-medicina/ars*, la *fortuna* paraît avoir un rôle primordial, puisqu'elle est parfois capable — bien plus que la médecine — d'influencer voire de contrer l'état de fait créé et voulu par la nature. Cette « supériorité » de la fortune sur la nature existait semble-t-il chez les Grecs, notamment aux IVe et IIIe siècles av. J.-C.[96].

En définitive, on peut dire que si *natura* et *fortuna* semblent proches dans leur relation à la *medicina*, la fortune semble avoir une puissance supérieure à la nature. *Natura* et *fortuna* sont donc deux forces distinctes, qu'il convient de considérer comme telles dans l'étude des aléas auxquels doit faire face la médecine.

Conclusions

La conjecture, intimement liée à la *ratio* chez Celse, constitue une connaissance incomplète mais essentielle (7.6.2). Symbolisée voire personnifiée par *fortuna* et *natura*, elle apparaît comme une dimension cruciale de la notion d'*ars*, tant d'un point de vue théorique que pratique. Si elle est consubstantielle à l'art médical, elle semble aussi considérée comme une possibilité majeure (certes risquée et incertaine) d'enrichir le savoir médical. En ce sens la place de l'*experientia* et de l'*usus* qui en découle est primordiale.

Dans le *De medicina*, Celse s'approprie la double opposition hippocratique entre *ars* et *fortuna* d'un côté, *ars* et *natura* de l'autre, sans doute en y intégrant une dimension supplémentaire, même si la part de l'influence platonico-stoïcienne sur le texte celsien n'est pas toujours aisée à circonscrire. Quoi qu'il en soit, l'affrontement de la

---

[93] Plaute, *Poenulus* 302 : *Aurum, id fortuna inuenitur...* (« L'or, c'est grâce à la fortune qu'on le trouve... »)

[94] Cf. J. Champeaux, *Le culte de la Fortune dans le monde Romain. II. Les transformations de* Fortuna *sous la République*, Rome, 1987, p. 198.

[95] Nous reprenons ici une expression forgée lors de notre intervention au Groupe Strasbourgeois des Études Latines, le 16 mars 2009. Pour le résumé de cette intervention, cf. A. Gautherie, « L'encyclopédisme médical de Celse. Formes et enjeux », *Revue des Études Latines, 87e année*, 2010, p. 10-12.

[96] Cf. J. Champeaux, *ibid.* : « Pour les hommes de la fin du IVe et du IIIe siècle, Tyché demeura donc l'ultime recours, la puissance suprême et universelle devant qui abdiquent tous les pouvoirs de l'intelligence et de la religion. » (p. 43).

médecine avec ces deux forces n'est pas toujours déséquilibré, et il apparaît clairement que fortune et nature sont bien plus souvent des alliées de la médecine qu'elles n'en sont les ennemies.

Les aléas de la pratique médicale étant désormais bien définis, il faut nous intéresser aux deux solutions principales que Celse propose dans son œuvre pour les tempérer au mieux. À savoir d'une part mettre en valeur des règles et des exceptions, de l'autre savoir encourager une certaine prise de risque.

Lutter contre les aléas : règles et exceptions

Nombre de chercheurs celsiens[97] ont souligné l'existence dans le *De medicina*, à côté de quelques règles perpétuelles, *perpetua*, d'une multitude d'exceptions à d'autres règles, *non perpetua*. Différentes hypothèses ont été avancées pour expliquer ces nombreuses exceptions : une lucidité née de l'expérience de la pratique médicale, un certain scepticisme à l'œuvre dans le *De medicina*[98], le rejet fondamental par Celse des idées de l'école méthodique[99], l'influence des écrits de la *Collection hippocratique*, et enfin le statut même de la médecine comme *ars coniecturalis*[100]. Toutes ces raisons ont sans nul doute leur part de vérité.

---

[97] Cf., pour ne citer qu'eux : F. Marx, *A. Cornelii Celsi quae supersunt, Corpus Medicorum Latinorum I*, Teubner, Leipzig-Berlin, 1915, p. LXXIX-LXXX ; P. Mudry, *La Préface du De medicina de Celse. Texte, traduction et commentaire*, Bibliotheca Helvetica Romana (XIX), Lausanne, 1981, p. 179 ; H. von Staden, « The Rule and the Exception : Celsus on a Scientific Conundrum », in C. Deroux (éd.), *Maladie et maladies dans les textes latins antiques et médiévaux, Actes du Ve Colloque International « Textes Médicaux latins », Bruxelles, 4-6 septembre 1995* (Collection Latomus 242), Bruxelles 1998b, p. 105-128.

[98] Sur ces deux premières influences, H. von Staden, « The Rule and the Exception... », p. 105-128, émet des réserves plus que tranchées : « His [Celsus'] is neither a sceptical nor an Empiricist position. » (p. 128). Sur le scepticisme de Celse, cf. P. Mudry, « *Ratio* et *coniectura* dans les textes médicaux latins », in D. Langslow – B. Maire (éds.), *Body, Disease and Treatment in a Changing World, Latin texts and contexts in ancient and medieval medicine (Proceedings of the ninth International Conference « Ancient Latin Medical Texts », Hulme Hall, University of Manchester, 5th-8th September 2007)*, Lausanne, 2010, p. 343-344.

[99] Cf. P. Mudry, « *Ratio* et *coniectura*... », p. 344.

[100] Cf. P. Mudry, *La Préface du De medicina...*, p. 146.

En poussant le raisonnement à son paroxysme, on pourrait dire que, dans le *De medicina*, la seule règle est qu'il n'existe pas de règle. Ce serait toutefois grossir abusivement les traits d'une pensée bien plus subtile, et l'on pourrait plutôt formuler que, finalement, la seule règle toujours admise par Celse, c'est de porter la plus grande attention à la spécificité et à la particularité de chaque malade. Si ce dernier tombe sous le coup d'une règle médicale perpétuelle[101], soit ; sinon, ce sera au soignant d'adapter ses soins. C'est ce qu'exprime selon nous l'adverbe *uix* dans un passage de la Préface où l'encyclopédiste écrit : *uix ulla perpetua praecepta*, « il n'y a presque pas de règles constantes[102] ».

Concernant le statut des règles et des exceptions thérapeutiques dans le *De medicina*, il est inutile de revenir sur l'étude d'Heinrich von Staden, « The Rule and the Exception : Celsus on a Scientific Conundrum », tant le travail du critique fait autorité sur la question[103]. L'ultime phrase de sa conclusion retient tout de même notre attention, puisqu'elle s'inscrit parfaitement dans le cadre de notre propre réflexion : « his conjecturalism allows Celsus to accommodate contingency, *fortuna*, the unknown future, the weakness of human cognition, individual variety, and the variables, internal and external, that sometimes, but not always, ambush his concretised rules[104] ». Au-delà même de la variété des individus potentiellement touchés par la maladie, dont il traite longuement, von Staden conclut son article sur le rôle que jouent, dans la mise en place de règles, et la prise en compte d'exceptions, les possibles aléas que sont la fortune et la nature.

Nous voudrions aller plus loin encore, et envisager la question sous un autre angle. Plutôt que de seulement considérer *fortuna* et *natura* comme la cause de règles et d'exceptions médicales, nous voudrions faire de ces règles et exceptions des moyens non pas seulement de prendre en compte les aléas de la fortune et de la nature, mais aussi et surtout de tenter, dans la mesure du possible, sinon de les maîtriser, du moins d'en atténuer les effets. Observons successi-

---

[101] Cf., par ex., 3.15.16, 7.18.4 or 8.11.2.

[102] Pr.63. Cf. P. Mudry, *La Préface du De medicina...*, p. 179.

[103] Son étude est exhaustive, et s'appuie sur un très grand nombre de termes latins (*perpetuum, semper, saepe, (n)umquam, aliquando, raro, fere, propre, paene...*). Cf. H. von Staden, « The Rule and the Exception... », p. 109.

[104] H. von Staden, « The Rule and the Exception... », p. 128.

vement deux passages du *De medicina*, qui évoquent exceptions et règles conjointement à la nature et à la fortune.

1) Si la *natura* au sens de « constitution propre à l'homme » peut contraindre le soignant à moduler sa thérapeutique[105], la nature en tant que norme semble elle aussi justifier le caractère non-perpétuel de certaines règles médicales. Ainsi au paragraphe 1.3.7, consacré aux boissons froides :

> *A balineo quoque uenientibus Asclepiades inutilem eam iudicauit ; quod in iis uerum est quibus aluus facile nec tuto resoluitur quique facile inhorrescunt ; perpetuum in omnibus non est, cum potius naturale sit potione aestuantem stomachum refrigerari, frigentem calefieri.* (1.3.7)

> « Pour ceux qui sortent du bain, également, Asclépiade a estimé qu'elle [une boisson froide] est inutile ; et cela est vrai, chez ceux dont l'estomac se relâche facilement et de façon non sûre, et qui sont facilement pris de frissons ; cela n'est pas une règle absolue pour tous, puisqu'il est plus naturel qu'un estomac échauffé soit rafraîchi par une boisson, un froid réchauffé. »

Dans ce passage, Celse nuance comme souvent le jugement tranché d'Asclépiade (*iudicauit*). Sa restriction concerne un estomac échauffé (*aestuantem stomachum*), qu'il convient de refroidir, d'où la possibilité, dans ce cas précis, de recourir fort logiquement à une boisson froide (*frigida potio*, 1.3.6). Ce qui est remarquable, c'est que c'est la nature, qui exprime ici une norme vers laquelle il faut tendre (*potius naturale*), qui instaure cette logique et justifie l'existence du *non perpetuum*. La mise en place d'une exception est ainsi étroitement liée à l'ordre naturel des choses.

2) Nous avons vu combien *fortuna* jouait un rôle important dans le *De medicina*, tantôt en tant qu'adjuvant, tantôt en tant qu'opposant. Dans ce second cas de figure, l'établissement de règles peut être une solution envisagée pour contrer les aléas de la fortune. Au chapitre 6.18 sur les maladies génitales, voici ce qu'écrit Celse :

> *Perpetuumque est, quotiens glans aut ex cole aliquid uel excidit uel absciditur, hanc non esse seruandam, ne considat ulcerique adglutinetur, ac neque reduci possit postea, et fortasse fistulam quoque urinae claudat.* (6.18.2K)

---

[105] Cf. H. von Staden, *ibid.* : « Above all, however, Celsus seems to view the individual variability of the human body itself as a source of exception. » (p. 127).

« Et c'est une règle absolue, chaque fois que le gland ou une autre partie du pénis tombe ou est coupé, de ne pas conserver le prépuce, pour éviter qu'il ne se fixe et se colle à l'ulcère, et qu'il puisse par la suite être ramené vers l'avant, et que par hasard il n'obstrue aussi le canal urinaire. »

Le caractère nécessaire de l'ablation du prépuce est nettement souligné (*perpetuum*, *quotiens*). Les complications initiales sont détaillées en trois étapes (*ne... ac neque... et*) : l'agglutination de la peau du prépuce à la partie malade du membre, le repli du prépuce et, en dernier lieu, l'obstruction de l'urètre (*fistulam... urinae*). Le geste chirurgical est une précaution visant à éviter un potentiel (*fortasse*) écueil plus délicat à traiter. Dans ce passage, on ne relève aucune expression du doute, et il est tout à fait remarquable que la fortune, dont on avait constaté une certaine supériorité et sur l'art et sur la nature, peut ici, de manière tout à fait exceptionnelle, être domptée. Non moins frappant est le fait que cette règle générale permet de maîtriser une *fortuna* qui toucherait les *naturalia*... C'est bien ici la médecine qui vient en aide à la nature face à la fortune ; et pour ce faire, l'art a donc établi une règle immuable, valable en toute occasion, autrement dit une norme non naturelle !

Face aux aléas de la pratique médicale, l'instauration de règles et d'exceptions — quelles que soient les origines de ces dernières — constituent un premier élément de réponse. Dans certains cas, elles permettent d'appréhender un peu mieux non seulement les particularités de chaque individu, mais aussi la nature et la fortune.

Tenter de maîtriser l'échec : la prise de risque

L'issue de certaines maladies ou affections est parfois envisagée par Celse avec pessimisme. Au paragraphe 5.26.1C, il distingue trois catégories de blessures :

> *In his autem ante omnia scire medicus debet, quae insanabilia sint, quae difficilem curationem habeant, quae promptiorem.* (5.26.1C)

> « Or pour celles-ci [les blessures], le médecin doit avant tout savoir, lesquelles sont incurables, lesquelles ont un traitement difficile, lesquelles en ont un plus aisé. »

Parmi ces trois types de situations morbides, celle qui nous intéresse plus particulièrement est la deuxième, *difficilem curationem*.

Contrairement aux deux autres, elle n'exprime aucun degré de certitude. Certaines blessures, comme certaines maladies dans l'ensemble du *De medicina*, se situent dans un entre-deux pronostique et, donc, thérapeutique. Le dilemme qui frappe le soignant est de prendre ou non la décision de tenter quelque chose, malgré l'issue incertaine du traitement. Nous ne sommes pas très éloignés des considérations que nous avons pu faire sur la place de l'erreur et de la vérité dans l'œuvre celsienne[106], mais, étant situés cette fois sur le plan de la pratique médicale, l'erreur a d'autres conséquences : un simple échec des soins, des complications, voire la mort. C'est l'opinion de Celse sur la notion de prise de risque thérapeutique que nous aimerions étudier à présent.

Aux paragraphes 49-50 de la Préface, l'anecdote de la *splendida persona*, décédée parce que les médecins n'avaient pas trouvé par quelle affection elle était touchée et n'avaient pas osé tenter quelque chose de peur de la tuer, sert à l'argumentation de Celse dans le cas de maladies nouvelles. Dans une telle situation, l'encyclopédiste est favorable à la prise de risque, ce que démontre sa critique conclusive adressée à l'encontre de praticiens jugés trop timides : *Veri tamen simile est potuisse aliquid cogitare, detracta tali uerecundia, et fortasse responsurum fuisse id quod aliquis esset expertus*[107]. Mais nous avons affaire à une catégorie de maladies particulière, et, somme toute, l'opinion celsienne s'inscrit avant tout dans le cadre plus vaste d'une réflexion théorique sur sa conception de la médecine.

Qu'en est-il dans les cas concrets traités dans le *De medicina* ? Au chapitre 3.9, Celse détaille le remède aux fièvres lentes suivi par Hippocrate, Hérophile et Érasistrate, avant d'exposer le traitement particulier d'un *Petro quidam*, sans doute Pétron d'Égine. La prise de risque est cette fois présentée comme un pis-aller :

> *Petro quidam, qui febricitantem hominem ubi acceperat [...] Et intra haec omnis eius medicina erat : eaque non minus grata fuit is, quos Hippocratis successores non refecerant, quam nunc est is, quos Herophili uel Erasistrati aemuli diu tractos non adiuuerunt. Neque ideo tamen non est temeraria ista medicina, quia, si plures protinus a*

---

[106] Cf. *supra*, Première partie, p. 84.
[107] Pr.50 : « ... il est cependant vraisemblable que l'on aurait pu réfléchir à quelque chose, en faisant fi d'une telle timidité, et peut-être aurait répondu, ce que quelqu'un aurait tenté. »

principiis excepit, interemit. Sed, cum eadem omnibus conuenire non possint, fere quos ratio non restituit, temeritas adiuuat. [...] Sed est circumspecti quoque hominis... (3.9.3-4)

« Un certain Pétron, qui lorsqu'il avait reçu un homme fiévreux […] Et c'était toute la médecine de cet homme : et celle-ci ne fut pas moins agréable pour ceux que les successeurs d'Hippocrate n'avaient pas rétabli qu'elle ne l'est aujourd'hui pour ceux, traités pendant longtemps, que les émules d'Hérophile ou Érasistrate n'ont pas aidé. Et malgré tout elle n'est assurément pas sans être téméraire, cette médecine, parce que si elle prend en charge immédiatement les malades, elle tue la plupart. Mais, comme les mêmes choses ne peuvent convenir à tous, ceux que la raison n'a pas rétablis, la témérité les aide. […] Mais c'est le propre d'un homme qui est aussi précautionneux… »

Nous avons volontairement laissé de côté les détails du traitement de Pétron, qui n'intéressent pas directement notre propos. Ce qui importe, c'est de voir qu'il est envisagé comme un dernier recours, dans l'éventualité où les remèdes traditionnels n'ont pas fonctionné. Dans un premier temps, l'avis de Celse sur la médecine de Pétron paraît très sévère ; sa phrase est très travaillée, comme en témoignent la litote initiale (*neque... non*) et surtout la place, en fin de proposition, de l'expression *ista medicina* (avec emploi du démonstratif péjoratif), à laquelle fait écho, en fin de phrase, le lapidaire *interemit*. Tout est fait pour associer, dans l'esprit du lecteur, le remède pétronien à la mort. C'est alors que survient un net renversement (*sed*), qu'explique la prise en compte des particularités des malades (*cum... possint*). Ce critère justifie l'acceptation, à titre d'exception, de ce traitement pourtant *temeraria* — c'est-à-dire au mieux « hasardeux », au pire « irréfléchi[108] » — par opposition à la *ratio*. Mais Celse laisse au soignant la responsabilité de s'engager dans cette voie thérapeutique, qui ne peut être suivie que par celui qui fait preuve de *circumspectio* (*circumspecti*), cette vertu que l'on avait déjà observée pour l'anticipation des aléas de la fortune[109].

Dans le livre 7, la prise de risque apparaît de la même manière comme une solution de la dernière chance, dont la mise en œuvre est laissée à l'appréciation du soignant :

---

[108] *Gaffiot, s.u. temerarius*.
[109] Cf. *supra*, Seconde partie, p. 254 sqq.

> *Non quo non interdum etiam temeraria medicina proficiat, sed quo saepius utique in hoc fallat, in quo... [...] Igitur, ubi ultima experiri statutum est...* (7.26.2B)

> « Non que, parfois même, une médecine téméraire ne soit pas utile, mais que le plus souvent elle échoue assurément en ce que... [...] Donc, lorsqu'il a été décidé de tenter cette ultime solution... »

Comme dans l'extrait précédent, Celse recourt à la litote (*non... non*) pour marquer une certaine distance avec la *temeraria medicina*. La décision de tenter (*experiri*) cette solution de la dernière chance (*ultima*) demeure à la discrétion de qui veut bien la prendre, comme le montre la tournure impersonnelle *statutum est*.

Aussi bien en diététique qu'en chirurgie, l'auteur du *De medicina* semble donc faire preuve de la plus grande réserve lorsqu'il s'agit de recourir à des thérapeutiques jugées *temeraria*. Pourtant, il est bien d'autres cas où Celse, à l'image de ce qu'il préconisait dans sa Préface pour les maladies nouvelles, paraît au contraire encourager la prise de risque, parfois mesurée, parfois plus délicate. Dans le cas de l'agglutination des paupières, l'encyclopédiste prend lui-même peu de risques en recommandant de tenter leur séparation. Si parfois celle-ci est vaine, puisque les paupières se recollent, le risque vaut cependant d'être pris : *experiri tamen oportet, quia bene res saepius cedit*[110].

Dans les livres de pharmaceutique, lorsqu'il traite des ulcérations du nez, Celse aborde notamment la pathologie nommée encore aujourd'hui « ozène », rhinite produisant une odeur plus que désagréable :

> *Sin autem ea ulcera circa os sunt pluresque crustas et odorem foedum habent, quod genus Graeci ozenam appellant, sciri quidem debet uix ei malo posse succurri : nihilominus tamen haec tentari possunt...* (6.8A-B)

> « Mais si ces ulcères se trouvent autour de l'os et qu'ils ont des croûtes en assez grand nombre et dégagent une odeur fétide, ce que les Grecs appellent ozène, il faut savoir qu'il est presque impossible de remédier à ce mal : cependant, il ne faut pas moins tenter ceci... »

L'adverbe *uix* non seulement indique les limites de l'art médical, mais permet surtout de susciter un certain espoir et de laisser la place à une éventuelle solution, malgré tout. Celse semble jouer quelque peu sur

---

[110] 7.7.6B : « Il convient cependant de le tenter, parce que la chose se passe bien le plus souvent. »

l'émotion du lecteur : si *uix* fait d'abord naître doute, tristesse et déception, la clausule finale, dans cette situation fort compromise, invite néanmoins — on notera le pléonasme *nihilominus tamen* — à tout mettre en œuvre (*tentari*).

Un dernier passage, issu cette fois des livres de diététique, permet de compléter notre aperçu des prises de risque recommandées par Celse dans le *De medicina* :

> *Fieri tamen potest ut morbus quidem id desideret, corpus autem uix pati posse uideatur ; sed si nullum tamen appareat aliud auxilium, periturusque sit qui laborat, nisi temeraria quoque uia fuerit adiutus... [...] De quo dubitari in eiusmodi re non oportet : satius est enim anceps auxilium experiri quam nullum.* (2.10.7-8)

> « Il peut cependant arriver, alors même que la maladie réclame ce remède, que le corps en revanche semble à peine pouvoir le supporter ; mais si aucun autre secours n'apparaît, et que celui qui souffre est sur le point de mourir, à moins d'être aidé par une voie, même téméraire... [...] Ce dont il ne convient pas de douter dans une situation de ce genre : car il est préférable de tenter une aide à double tranchant qu'aucune. »

La discussion porte sur la possibilité pour un malade en état de faiblesse de supporter ou non (*uix*) une saignée. Les termes du débat sont facilement posés : si l'on ne fait rien, la mort est assurée (*periturusque... nisi...*) ; si l'on agit, le risque est grand... Mais la mince probabilité qui demeure de voir réussir la saignée vaut la peine de tenter le geste thérapeutique. Dans une situation extrêmement périlleuse, se dessine une certaine suprématie de la prise de risque, dont l'utilité ne fait même aucun doute[111] (*De quo dubitari... non oportet*), alors qu'elle est qualifiée d'*anceps* — c'est-à-dire, étymologiquement, « à deux têtes ». En définitive, on peut se demander si, dans la perspective qui est la nôtre, prendre un risque et en nier l'issue hautement incertaine n'est pas en réalité une manière particulièrement fine de maîtriser le hasard.

Dans les trois exemples que nous venons d'analyser, le recours à la prise de risque est toléré voire réclamé, soit qu'elle ait fait globalement ses preuves (7.7.6B), soit que Celse veuille manifestement proposer des solutions, parfois à tout prix, jusque dans des situations désespérées (6.8A-B, 2.10.7-8). Il est remarquable que,

---

[111] Cf. 7.7.8E : *nihil... dubii.*

si la prise de risque est mesurée en chirurgie, elle est plus grande en pharmaceutique, et extrême en diététique : le parallèle est intéressant avec la gradation établie par Celse en 7.Pr.1 sur le rôle joué par *fortuna* dans chaque partie de la thérapeutique. Plus celle-ci a une part importante, plus la prise de risque est délicate et constitue donc bel et bien un moyen de surmonter les aléas de la fortune et d'accorder une chance, même infime, à l'art médical.

Avant de conclure, nous voudrions ajouter que la mise en avant par Celse de la prise de risque ne relève pas — sauf peut-être dans un cas unique que nous étudierons plus tard — de l'acharnement thérapeutique. Elle ressortit davantage selon nous à une volonté absolue de venir en aide au malade, et de proposer, tout en (d)énonçant leurs écueils, des solutions, y compris lorsqu'elles sont très risquées.

Car il faut signaler que la prise de risque, telle qu'elle est présentée dans le *De medicina*, apparaît dans son ensemble comme réfléchie. Elle a presque toujours ses limites, que Celse établit clairement, comme en 7.16.2 où l'encyclopédiste, dans le cas d'une blessure abdominale où l'intestin est bleuâtre, pâle ou noir (*liuidum aut pallidum aut nigrum*), énonce un pronostic sans appel : *medicina omnis inanis est*, « toute médecine est vaine ».

Ainsi, la fonction de la prise de risque dans la pratique médicale décrite par Celse dans son *De medicina*, est de se dresser comme un éventuel rempart contre les aléas de la fortune et de la nature. D'une certaine façon, on peut considérer que le risque pris permet quelque peu de repousser les limites attendues et connues de la médecine. La prise de risque, en tant que pari plus ou moins audacieux fait sur l'issue de la maladie, est une manière de faire progresser l'art médical, au sein duquel les certitudes ne sont paradoxalement pas toujours définitives[112].

Conclusion du chapitre II

Au sein d'un art médical nécessairement conjectural, la place majeure occupée par la nature et surtout par la fortune rend la pratique de la

---

[112] Sur la limitation du savoir médical, cf. Platon, *Politique* 298b-299e. Sur ce passage, cf. L. Edelstein, *The Idea of Progress in Classical Antiquity*, Baltimore, 1967a, p. 105-106, et J. Jouanna, *Hippocrate*, Paris, 1992, p. 156.

médecine parfois délicate, a fortiori quand le praticien qui la met en œuvre n'est pas un professionnel du monde médical. Il convient toutefois de noter la valeur positive que Celse, dans une perspective peut-être influencée par le stoïcisme couramment répandu dans la Rome du Ier siècle ap. J.-C., semble parfois attribuer aux aléas de la médecine, qu'ils relèvent de la nature ou de la fortune, et combien ces deux variables peuvent même être, à l'occasion, susceptibles de se muer en adjuvants à l'art.

D'une manière générale, les capacités de la *ratio* à appréhender chaque situation nouvelle apparaissent non pas tant comme un défaut que comme une qualité d'un art qui permet au raisonnement humain de déployer toute son ingéniosité. La mise en place de règles ainsi que d'exceptions nombreuses va d'ailleurs dans ce sens, de même que la prise de risque thérapeutique parfois préconisée, qui toutes envisagent, à leur mesure, de faire face au plus large spectre de situations possibles, avec l'espoir d'obtenir une guérison dans une majorité de cas.

Chapitre III

Vers un personnalisme médical

La prise en compte, dans la pratique de la médecine, de la personne malade, est un thème que nous avons déjà évoqué à maintes reprises, et qui va constituer le cœur du présent chapitre. Si nous avons choisi de traiter ce thème à part, c'est qu'il nous paraît majeur pour la compréhension du *De medicina* comme d'ailleurs pour toute étude de l'art médical.

Ce chapitre sera ainsi pour nous l'occasion d'expliquer en détail la progression qui se fait jour, dans l'œuvre de Celse, entre le classement de l'*individu* malade — selon son sexe et/ou son âge — et la considération du soignant pour la *personne* malade ; c'est cette seconde étape que nous avons choisi d'appeler « personnalisme médical[1] ». Autrement dit, la catégorisation du malade selon des critères prédéfinis et qui ne lui sont pas propres d'une part, et d'autre part l'attention portée au malade en tant qu'entité singulière et unique. Dans les deux cas, il nous faudra dégager la part de l'héritage médical grec (notamment hippocratique) des spécificités romaines intégrées par Celse à son exposé.

Dans un premier temps, nous traiterons donc de deux grandes catégories permettant de classer les individus malades. Nous étudierons pour commencer les points communs et les différences, d'un point de vue physiologique, anatomique et thérapeutique, entre les sexes masculin et féminin. Nous nous pencherons ensuite sur les relations entretenues entre les différentes classes d'âges auxquelles Celse se réfère, classes d'âges qu'il s'agira d'ailleurs, dans la mesure du possible, de nommer et de délimiter.

Nous tenterons d'analyser dans un second temps la relation amicale entre le soignant et le malade, fondée en grande partie sur la

---

[1] Le mot « personnalisme » renvoie donc ici uniquement à la prise en compte de la personne malade, et l'usage que nous en ferons n'entretient aucune relation avec les théories philosophiques d'Emmanuel Mounier (1905-1950), fondateur du courant personnaliste.

confiance. Nous nous intéresserons ensuite aux conséquences d'une telle relation sur la manière d'envisager la mort, et sur la façon dont l'espoir de salut peut parfois être entretenu.

Classer l'individu...

Introduction

Avant même d'étudier l'individu dans le *De medicina*, partons d'un premier constat : l'œuvre de Celse n'entretient qu'un lien très ténu avec la littérature épidémiologique gréco-romaine, c'est-à-dire qu'elle ne traite que rarement de la maladie d'un point de vue collectif.

Le substantif *pestis* n'apparaît ainsi qu'à une seule reprise, avec le sens neutre de « mort, perte », qui plus est dans un contexte théorique, celui de la réfutation de l'anatomie[2]. Deux termes sont il est vrai utilisés plus fréquemment dans l'ouvrage : *pestilentia*[3] et *pestifer*, avec respectivement 6 et 13 occurrences[4]. Le premier terme, *pestilentia*, apparaît au sens d'« épidémie » en Pr.3, avec une référence sous-jacente à l'*Iliade* d'Homère, ainsi qu'à trois reprises aux chapitres 1.10 et 3.7 sur les fièvres pestilentielles, ces deux parties du *De medicina* étant d'ailleurs les seules relevant spécifiquement de l'épidémiologie. Quant à 1.2.3 et 2.1.9, la *pestilentia* y est davantage reliée à des considérations sur les « lieux » et pourrait alors plutôt revêtir le sens plus précis de « contagion[5] », en tout cas renvoyer

---

[2] Pr.40 : ... *et salutis humanae praesidem artem non solum pestem alicui, sed hanc etiam atrocissimam inferre.* (« ... et l'art, secours du salut humain, apporte non seulement sa perte à quelqu'un, mais même une perte particulièrement atroce. ») L'adjectif *pestilens, -tis* est utilisé lui aussi une seule fois, en 1.9.6, pour renvoyer de manière générale aux *pestilentes morbi*.

[3] Pour une étude approfondie de cette notion, cf. J.-M. André, « La notion de *Pestilentia* à Rome : du tabou religieux à l'interprétation scientifique » (Collection Latomus 39), Bruxelles, 1980, p. 3-16.

[4] Pour *pestilentia*, a, f : Pr.3, 1.2.3, 1.10.1, 1.10.4, 2.1.9, 3.7.1A. Pour *pestifer, a, um* : 2.6.10 (x2), 2.6.12, 2.6.17, 3.18.2, 4.2.2, 4.2.5, 4.5.2, 4.7.1, 4.29.1, 5.27.10, 5.28.12C, 8.11.8.

[5] Sur l'idée de contagion, on remarquera avec intérêt le paragraphe 5.28.16 consacré à la gale (*scabies*), pour laquelle l'ultime remède conseillé par Celse est celui qu'il dit avoir déjà recommandé pour le bétail (Annexe, cas #80), ce qui souligne peut-être déjà une différence d'approche entre la collectivité animale et l'individualité humaine.

simplement à l'idée d'insalubrité[6]. Le second terme, *pestifer*, est employé par Celse pour désigner un degré supérieur de gravité dans la maladie (2.6.10, 2.6.17[7], 4.2.5, 4.29.1, 5.28.12C[8], 8.11.8), et le seul cas de transmission d'une affection est lié aux morsures de certains serpents[9]. Dans tous les cas, l'adjectif *pestifer* renvoie à l'idée de menace mortelle[10], et en aucun cas à celle de contagion ou d'épidémie.

Ce très bref excursus lexical sur le thème de l'épidémie permet de constater que, s'il n'est pas totalement absent de l'ouvrage celsien, il n'en est qu'un élément secondaire. Contrairement à d'autres auteurs comme Tite-Live, Virgile ou Lucrèce[11], Celse ne traite d'épidémiologie que de façon accessoire. Sur ce point, deux remarques essentielles doivent encore être faites :

- la part moindre consacrée aux épidémies dans le *De medicina* s'explique peut-être par la séparation celsienne, au sein des *Artes*, entre monde animal et monde humain, que l'on n'observe pas chez les agronomes tels Varron ou Columelle, ce dernier étant pourtant quasi-contemporain de Celse[12].
- le genre de l'encyclopédie auquel appartient le *De medicina* ne suffit pas quant à lui à expliquer la place ténue des épidémies chez Celse et la séparation, dans les *Artes*, entre médecine animale et médecine humaine, puisque Caton, lui-même classé parmi les encyclopédistes, traitait ces dernières conjointement de manière quasi-systématique[13].

Compte tenu de la faible place accordée dans le *De medicina* à l'épidémiologie et, donc, à une médecine « animale et/ou collective »,

---

[6] Cf. *Gaffiot, s. u. pestilentia* 2.
[7] En 2.6.17, Celse oppose les signes *pestifera* aux signes *salutaria*.
[8] On observe en 5.28.12C une gradation du *periculosum* au *pestiferum*.
[9] 5.27.10.
[10] Comme le fait remarquer Spencer dans ses notes au sujet de 2.6.10 (W. G. Spencer, *Celsus. On Medicine. Edition by J. Henderson (vol. 1 et 3), by G. P. Goold (vol. 2), Translation by William G. Spencer* (Loeb Classical Library), 3 vol., Cambridge, Mass.-Londres, 1935-1938 (5ᵉ éd. du vol. 2, 1989 ; 6ᵉ éd. du vol. 3, 2002), vol. 1, p. 112-113), Celse a souvent recours à l'adjectif latin *pestifer* pour rendre l'adjectif grec θανατώδης. Cf., par ex., *Pronostic II*, Littré II, 122-123.
[11] Cf. J.-M. André, *La médecine à Rome*, Paris, 2006, p. 59-96 (« L'épidémiologie romaine »), et, sur les trois auteurs mentionnés, p. 187 sqq.
[12] Cf. J.-M. André, *La médecine à Rome*, p. 91.
[13] *Ibid.*

il nous paraît intéressant d'observer en détail le recentrage du propos sur une médecine humaine[14] et surtout individuelle, dans la lignée par exemple du premier livre des *Épidémies* hippocratiques. Nous mènerons cette observation en deux étapes, en étudiant la répartition des individus malades d'une part selon leur sexe, d'autre part selon leur âge.

Répartition des individus malades selon leur sexe au sein de l'espèce humaine

Une première distinction évidente entre les individus malades peut être faite selon leur sexe. S'il arrive que Celse utilise le substantif *homo*, se référant ainsi indifféremment aux hommes et aux femmes, il lui arrive régulièrement de les distinguer. Il s'agira d'observer ici les contextes dans lesquels l'auteur opère une telle distinction, et d'essayer de définir le statut et la place de chaque sexe dans le *De medicina*.

*Le statut de l'*homo

Dans l'ouvrage celsien, le substantif *homo* désigne l'être humain en général, et les précisions quant au sexe d'un individu ne sont faites qu'en cas de besoin[15]. Quand le terme est associé à des adjectifs, ces derniers renvoient aux qualités des individus, principalement physiques et physiologiques[16], sans distinction de sexe, et la plupart du temps indépendamment de l'apparition de la maladie[17]. Il semblerait que *homo* soit utilisé avant tout pour définir l'être humain en-dehors même de tout contexte thérapeutique, pour insister sur des dispositions liées à sa constitution, qu'elles soient force (*sanus* : 1.1.1, 2.3.6, 2.7.22, 2.15.5, 4.2.4) ou faiblesse (*inanis* 4.18.5 ; *inbecillus* :

---

[14] Exception faite de 5.28.16C où Celse renvoie à son *De Agricultura* (cf. Annexe, #80).
[15] Cf. 4.11.5 : *Si inter haec quoque grauiter erumpit, quia consumere hominem potest [...] si id mulieri [...] euenit...* (« Si, même au milieu de ces traitements, il [le sang] surgit de façon sévère, parce que cela peut consumer un individu [...] si cela arrive chez une femme... »)
[16] Font exceptions 3.18.10 (*in homine praediuite* : « chez un individu très riche ») et 3.18.11 (*in hominibus studiosis* : « chez des individus férus de littérature »).
[17] Font exceptions 3.9.2 (*febricitantem hominem* : « un homme fiévreux ») et 3.25.2 (*tot malis obrutum hominem* : « un homme assailli par tant de maux »).

2.15.3, 2.17.5, 2.18.13 ; *non firmus* : 2.15.5 ; *rubicundus* : 1.9.5 ; *tenuis* : 1.3.3).

On constate par ailleurs une grande concentration du substantif *homo* au sein des livres de chirurgie, dans la description de diverses manipulations thérapeutiques[18]. C'est le cas par exemple au chapitre 7.16, qui traite des blessures abdominales :

> *Resupinandus autem homo est coxis erectioribus. [...] Repositis omnibus, leuiter homo concutiendus est.* (7.16.2-3)
>
> « Or l'individu doit être couché sur le dos, les hanches relevées. [...] Lorsque tout a été replacé, l'individu doit être secoué doucement. »

Celse décrit ici la démarche appropriée pour soigner une perforation des intestins. Cette partie du corps n'étant pas distincte chez l'homme et la femme, il semble normal de présenter un geste chirurgical commun aux deux sexes, et de recourir au terme général d'*homo*. De façon similaire, on observe que si les hommes et les femmes sont fréquemment distingués par Celse par l'emploi d'un lexique propre, ils sont parfois mis sur un pied d'égalité, que l'auteur raisonne dans la perspective du diagnostic[19], de la thérapeutique[20], ou du pronostic[21].

La place de l'homme (uir, uirilis, mas, masculus)

Lorsque son propos l'exige, l'auteur du *De medicina* insiste sur des spécificités liées au sexe masculin des individus dont il parle, et auxquelles certains chapitres sont entièrement dévolus. C'est le cas du pénis (7.25), ainsi que des testicules (7.18-19), qui entrent en

---

[18] Outre l'exemple cité ci-après, cf. aussi 7.7.4A, 7.18.5, 7.19.1, 7.26.1B, 7.27.2, 8.1.14, 8.4.1, 8.8.1D, 8.9.2, 8.10.1D, 8.10.2A, 8.12.2, 8.15.5, 8.20.6.

[19] C'est le cas du chapitre 7.27 sur la gangrène post-opératoire, dont l'encyclopédiste écrit, au début du chapitre suivant : *hoc quidem commune esse et maribus et feminis potest* (« Cela assurément peut être commun aux mâles et aux femmes. »)

[20] Sur la saignée au niveau du bras, cf. 6.18.9C : *uiris et feminis [...] interdum ex brachio sanguis mittendus est* (« pour les hommes et les femmes [...] parfois il faut effectuer une saignée au bras de temps en temps »). Sur l'extraction de l'urine de façon manuelle, cf. 7.26.1A : *idque non in uiris tantummodo sed in feminis quoque interdum necessarium est* « et cela est parfois nécessaire non seulement chez les hommes, mais aussi chez les femmes ».

[21] Considérant les pronostics liés aux divers aspects et couleurs de l'urine, Celse évoque celle qui peut être noire, épaisse et malodorante, et conclut ainsi en 2.6.11 : *atque in uiris quidem et mulieribus talis deterrima est* (« et une telle urine est le plus à craindre autant chez les hommes assurément que chez les femmes »).

considération dans le traitement des hernies (7.20-21A) et auxquels sont liés hydrocèle (7.21B), circocèle (7.22) et sarcocèle (7.23). Il faut mentionner également la plus grande fermeté des *nerui* chez les hommes robustes (*in uiris robustis*), qui doit être prise en compte lors du replacement des os après la fracture d'un membre[22].

Excepté les chapitres cités ci-dessus, on constate partout ailleurs que les particularités anatomiques masculines sont toujours évoquées par une comparaison explicite avec la femme. Fort logiquement, une telle distinction se retrouve à chaque fois au sein d'une description de l'appareil uro-génital. Au premier chapitre du livre 8, au cours de son vaste panorama des os, Celse distingue l'os pubien mâle du femelle[23]. Mais ce sont surtout le col de la vessie[24] et l'urètre[25], dont il rappelle les particularités féminines, qui font l'objet des précisions de l'encyclopédiste. Au début du livre 4, Celse développe en détail la distinction entre l'emplacement de la vessie d'un homme et celle d'une femme, avant de comparer leur urètre :

> *[Vesica] aliter in uiris atque in feminis posita : nam in uiris iuxta rectum intestinum est, potius in sinistram partem inclinata : in feminis super genitale earum sita est, supraque elapsa ab ispa uulua sustinetur. Tum in masculis iter urinae spatiosus et conpressius a ceruice huius descendit ad colem : in feminis breuius et plenius super uuluae ceruicem se ostendit.* (4.1.11-12)

> « La vessie est placée différemment chez les hommes et les femmes : en effet, chez les hommes elle est à proximité de l'intestin droit, plutôt inclinée vers la gauche : chez les femmes elle est située au-dessus de leur sexe et, bien que libre dans sa partie supérieure, elle est retenue par l'utérus. D'ailleurs, chez les mâles, l'urètre, plus étendu et plus rétréci, descend depuis le col de la vessie jusqu'au pénis : chez les femmes, c'est plus court et plus vaste qu'il se présente au-dessus du col de l'utérus. »

On voit dans cet extrait combien l'anatomie de l'homme ne peut être décrite que par un rapprochement avec celle de la femme, comme en

---

[22] 8.1.10.

[23] 8.1.23 : ... *rectius in uiris, recuruatum magis in exteriora in feminis, ne partum prohibeat.* (« plus droit chez les hommes, recourbé davantage vers l'extérieur chez les femmes, pour ne pas gêner l'enfantement. »)

[24] 7.26.4 : ... *quae et in < feminis > breuior quam in maribus et laxior est.* (« ... qui chez les femmes est à la fois plus court et plus souple que chez les mâles. »)

[25] 7.26.1C : *Femina breuius urinae iter et rectius habet.* (« La femme a un urètre plus court et plus droit. »)

témoigne la multiplication des tournures comparatives (*aliter atque, spatiosus et conpressius, breuius et plenius*). Dans les parallèles établis par Celse, l'homme vient toujours en première position, mais la description de ses particularités anatomiques n'est rien sans le nécessaire comparant que constitue l'anatomie féminine.

Une dichotomie similaire se retrouve dans certains renseignements nosologiques donnés par Celse. C'est le cas dans le chapitre 6.11 consacré aux ulcères de la bouche, où l'encyclopédiste ne se montre guère prolixe, et se contente, au début du paragraphe 3, de la formule suivante : *in uiris et mulieribus idem periculum non est*[26], sans préciser la nature du danger évoqué. À l'ouverture du chapitre 3.23 consacré au fameux *morbus comitialis*, Celse donnera cette fois les indications suivantes :

> *Inter notissimos morbos est etiam is, qui comitialis uel maior nominatur. Homo subito concidit, ex ore spumae mouentur, deinde interposito tempore ad se redit, et per se ipse consurgit. Id genus saepius uiros quam feminas occupat.* (3.23.1)
>
> « Parmi les maladies les plus célèbres, il y également celle que l'on nomme épileptique ou plus grande. L'individu soudain tombe, de sa bouche sort de l'écume, puis, après un certain temps, il revient à lui, et se lève de lui-même. Cette sorte tient plus souvent les hommes que les femmes. »

À en croire l'encyclopédiste, les hommes seraient prédisposés, davantage que les femmes (*saepius*), à une certaine catégorie (*id genus*) d'épilepsie, dont il donne les symptômes en quatre étapes. Du point de vue de la répartition des maladies entre les individus, la distinction entre les sexes joue donc ici explicitement en défaveur du sexe masculin.

Il est un dernier domaine où Celse souligne à deux reprises des spécificités masculines, c'est celui de la thérapeutique. D'une part, lorsqu'on a recours à la friction, celle-ci devra être plus vigoureuse pour un homme que pour une femme[27]. D'autre part, dans la maladie de l'intestin appelée *coeliacus*, l'une des recommandations sera

---

[26] 6.11.3 : « le danger n'est pas le même chez les hommes et les femmes ».
[27] 2.14.9 : *Quo fit ut etiam minus saepe in muliere quam in uiro [...] manus dimouendae sint.* (« Il s'ensuit qu'il faut même passer les mains moins souvent sur une femme que sur un homme. »)

d'appliquer de la moutarde sur le corps, en particulier s'il s'agit de celui d'un homme[28].

Concernant la place du *uir* dans le *De medicina*, la quasi-totalité des passages que nous avons cités — dans le corps du texte ou en notes — sont marqués par le recours à des tournures comparatives, qui placent l'homme en position de comparé et la femme en position de comparant. Même lorsqu'il s'agit d'évoquer des particularités masculines, les femmes jouent ainsi un rôle non négligeable dans la structure des propos tenus par Celse. Nous allons voir à présent combien ce dernier s'intéresse à la médecine qui leur est propre.

La place de la femme (femina, mulier, muliebris)

Dans le *De medicina*, la femme est d'abord définie par la faiblesse relative de son corps par rapport à celui de l'homme. En 2.1.13, évoquant les écoulements oculaires, les dysenteries et autres fièvres pouvant survenir à la suite d'un hiver sec ou d'un printemps pluvieux, Celse ajoute que ces maladies naissent *maximeque in mollioribus corporibus, ideoque praecipue in mulieribus*[29]. La délicatesse féminine est ainsi soulignée par une comparaison sous-jacente avec la robustesse masculine, et sera rappelée trois paragraphes plus loin, en 2.1.16[30].

Cinq chapitres de l'ouvrage celsien concernent par ailleurs exclusivement les femmes : 4.27 sur l'hystérie[31], 5.21 sur les pessaires gynécologiques[32], 7.28 sur le remède à la coalescence labiale[33], et

---

[28] 4.19.3 : *... deinde sinapi imponere per omnia membra, excepto capite, donec adrodatur et rubeat maximeque si corpus durum et uirile est.* (« ... puis il faut appliquer de la moutarde sur tous les membres, à l'exception de la tête, jusqu'à ce que le malade soit irrité et rougisse, et surtout si le corps est résistant et celui d'un homme. »)

[29] 2.1.13 : « Surtout dans les corps plus délicats, c'est-à-dire principalement chez les femmes. »

[30] 2.1.16 : *omnibus quidem mollioribus corporibus, inter quae muliebria esse proposui...* (« assurément dans les corps plus délicats, parmi lesquels j'ai placé ceux des femmes... ») Cf. Annexe, cas #10.

[31] 4.27.1A : *Ex uulua quoque feminis uehemens malum nascitur...* (« De la vulve de la femme naît aussi un mal vigoureux... »)

[32] 5.21.1A : *Sed alia quoque utilia sunt, ut ea, quae feminis subiciuntur : pessos Graeci uocant. Eorum haec proprietas est : medicamenta composita molli lana excipiuntur, eaque lana naturalibus conditur.* (« Mais sont aussi utiles d'autres remèdes, comme ceux que l'on introduit chez les femmes par en dessous : les Grecs

7.29 sur l'extraction du fœtus mort *in utero*[34] ; citons à part, pour être exhaustif, le chapitre 6.5, où Celse traite des boutons et des taches de rousseur. C'est l'occasion pour lui d'insister sur la vanité des femmes à vouloir s'en débarrasser, et il ne manque pas de qualifier leur attitude de sottise, *ineptia* (6.5.1). Cependant, il va tout de même construire son chapitre autour des trois principaux ennemis de la femme coquette que sont les *uari* (« petits boutons »), *lenticulae* (« taches de rousseur ») et *ephelides* (« éphélides»). Même si ces chapitres sont moins nombreux que ceux consacrés entièrement aux hommes et même s'il peut arriver à Celse de tancer quelque peu ses éventuelles lectrices (d'ailleurs, ne cherche-t-il pas un sourire de connivence avec un lectorat essentiellement masculin ?), on aurait tort de penser que l'encyclopédiste néglige dans son ouvrage la dimension féminine de la médecine qu'il professe, bien au contraire.

À de très nombreuses reprises, l'encyclopédiste détaille la localisation de certaines affections plus générales, en précisant les lieux du corps spécifiquement féminins qu'elles sont susceptibles d'affecter. Des ulcères s'étendent jusqu'à l'orifice vaginal (2.7.10), les calculs y provoquent des démangeaisons (2.7.15), un épanchement sanguin dans la poitrine est le signe possible d'un accès de *furor* (2.7.27), la poitrine est un emplacement possible pour un carcinome (5.28.2A) ou, selon Meges, pour un *struma* (5.28.27), les hémorroïdes peuvent s'étendre jusqu'au sexe (6.18.9A), enfin la membrane supérieure de l'abdomen peut se rompre à partir de l'utérus (7.17.1A). Cette liste, aussi fastidieuse soit-elle, montre bien cependant combien la femme n'est en rien laissée pour compte dans le texte celsien, et ce dans des situations médicales variées.

Il est par ailleurs deux processus physiologiques exclusivement féminins que Celse mentionne abondamment, à savoir a) la menstruation, b) la grossesse et l'accouchement.

---

les appellent pessaires. Leur propriété est la suivante : les médicaments composés sont reçus dans de la laine molle, et cette laine est insérée dans les parties intimes. »)
[33] 7.28.1 : ... *ut in primis quod earum naturalia nonnumquam inter se glutinatis oris concubitum non admittunt.* (« ... à savoir en particulier que leurs parties génitales parfois, à cause d'un orifice agglutiné, n'admettent pas le coït. »)
[34] 7.29 : ... *si iam prope maturus partus intus emortus est...* (« ... si, presque à terme, le petit est mort à l'intérieur... »)

a) La survenue des règles[35] (menstruation) ou l'absence temporaire ou la cessation définitive de celles-ci (aménorrhée) constituent des éléments d'importance dans l'ensemble du processus médical. Dans l'établissement du diagnostic, l'aménorrhée peut être une explication rassurante en cas d'expectoration sanguine (4.11.2)[36], tandis que les femmes aux règles régulières ne connaîtront pas les effets de la cécité crépusculaire[37]. Enfin, un trouble articulaire comme la goutte sera plus fréquent chez une femme dont les règles auront cessé :

> *In manibus pedibusque articulorum uitia frequentiora longioraque sunt, quae in podagris cheragrisue esse consuerunt. Ea raro [...] mulieres, nisi quibus menstrua suppressa sunt, temptant.* (4.31.1)

« Les troubles des articulations des mains et des pieds sont très fréquents et très longs, et prennent habituellement la forme de podagre ou chiragre. Ces troubles attaquent rarement les femmes, à moins que leurs règles ne soient supprimées. »

L'usage du verbe *supprimo* au parfait passif semble indiquer que la cessation des règles est définitive. Celse ferait donc ici référence à la ménopause[38], ce qui s'accorde d'ailleurs avec l'âge traditionnellement avancé auquel apparaissent les troubles articulaires concernés. On voit nettement combien les règles constituent ici un élément discriminant et permettent d'isoler une certaine catégorie de femmes, comme le montre la tournure concessive introduite par *nisi*, qui reproduit fidèlement un passage des *Aphorismes* dont l'auteur s'est vraisemblablement inspiré[39].

---

[35] Sur ce sujet, cf. D. Gourevitch – M. T. Raepsaet-Charlier, *La femme dans la Rome antique*, Paris, 2001, p. 127 et 139.

[36] 4.11.2 : *Saepe feminae, quibus sanguis per menstrua non respondit, hunc expuunt.* (« Souvent les femmes, chez qui le sang n'est pas rendu par les règles, le crachent. »)

[37] 6.6.38 : *Praeter haec inbecillitas oculorum est, ex qua quidem interdiu satis, noctu nihil cernunt ; quod in feminam bene respondentibus menstruis non cadit.* (« En outre, il est une faiblesse des yeux qui fait que certains voient suffisamment de jour, mais rien de nuit ; ce qui n'arrive pas à une femme aux règles bien régulières. »)

[38] Sur la ménopause, cf. D. Gourevitch – M. T. Raepsaet-Charlier, *La femme...*, p. 139.

[39] *Aphorismes* VI.29, Littré IV, 570-571 : Γυνὴ οὐ ποδαγριᾷ ἢν μὴ τὰ καταμήνια αὐτέῃ ἐκλίπῃ. (« Une femme n'aura pas de podagra, à moins qu'elle ne soit débarrassée de ses règles. »)

Les règles sont également prises en compte à plusieurs reprises dans la mise en place de la thérapeutique. Non seulement Celse propose-t-il un remède en cas de menstruations douloureuses[40], mais il module parfois les soins qu'il suggère en fonction des règles. C'est le cas lorsqu'il s'agit de déterminer un remède à des pertes sanguines d'origine buccale[41], ou quand il précise les conditions d'une possible saignée[42].

L'encyclopédiste établit enfin un pronostic réservé pour les femmes dont les règles ont cessé suite à la phtisie :

> *Ex reliquis uero minime facile sanantur uirgines aut eae mulieres quibus super tabem menstrua suppressa sunt.* (2.8.25)
>
> « Et d'ailleurs, sont le moins facilement soignées les vierges et les femmes dont les règles ont cessé au cours de la phtisie. »

L'arrêt des menstruations semble ici définitif (*suppressa sunt*), et il est en tout cas consécutif à la maladie, comme l'indique, selon nous, la préposition *super*, que l'on prenne cette dernière au sens de « pendant » ou de « outre[43] ». Celse fait de la cessation des règles une donnée primordiale pour établir un pronostic, incluant donc pleinement cette spécificité féminine dans la démarche médicale qu'il expose[44].

---

[40] 4.27.1D : *At si purgatio nimia mulieri nocet, remedio sunt cucurbitulae cute incisa inguinibus uel etiam sub mammis admotae.* (« Mais si la perte nuit trop à la femme, les remèdes sont des ventouses, une fois la peau incisée, au niveau des aines ou même déplacées sous les seins. »)

[41] 4.11.5 : *Si id mulieri, cui menstrua non feruntur, euenit, eandem cucurbitulam incisis inguinibus eius admouere.* (« Si cela arrive à une femme qui n'a pas ses règles, il faut appliquer la même ventouse au niveau de ses aines incisées. »)

[42] 6.18.9C : *Praetereaque [...] feminis, quibus menstrua non proueniunt, interdum ex brachio sanguis mittendus est.* (« Et en outre, chez les femmes dont les règles ne sont pas prévues, il faut faire une saignée au niveau du bras de temps en temps. »)

[43] *Gaffiot, s.u. super*, II.A.2.a-b.

[44] On mettra ce passage en parallèle avec 2.8.7, où Celse ajoute à l'arrêt des règles d'autres conditions qui, elles, sont porteuses d'espoir : *Super tabem si mulieri suppressa quoque menstrua fuerunt, et circa pectus atque scapulas dolor mansit subitoque sanguis erupit, leuari morbus solet.* (« Si pendant la pthisie, les règles d'une femme ont également été supprimées, et qu'autour de la poitrine et des épaules la douleur a continué et que du sang s'est subitement échappé, la maladie est habituellement soulagée. »)

b) Dans le *De medicina*, la grossesse est principalement signalée par le recours à l'adjectif *grauidus*[45], l'accouchement par le nom *partus*[46]. Au fil du texte, notamment dans le livre 2 sur le traitement général des maladies, Celse met en garde son lecteur sur les dangers inhérents à l'état de gestation[47], par exemple sur l'accroissement des chances d'être atteinte d'une maladie aiguë[48].

Le domaine du pronostic intéresse également l'auteur. Ce dernier indique, en 2.8.13, l'issue étonnamment heureuse d'une dysenterie[49] et, en 2.8.30, celle bien plus périlleuse d'une diarrhée pour la mère et son fœtus[50]. Au paragraphe 2.8.41, il évoque enfin le risque de fausse-couche lié à une réduction soudaine du volume de la poitrine[51].

Mais c'est surtout la mise en œuvre des remèdes qui préoccupe l'encyclopédiste. Le cas de la saignée est révélateur de son attention au cas particulier de la femme enceinte :

> *Sanguinem incisa uena mitti [...] in grauidis quoque mulieribus uetus non est : siquidem antiqui [...] persuaserantque sibi mulierem grauidem, quae ita curata esset, abortum esse facturam. [...] At [...] grauida mulier ualens tuto curatur. [...] mulierique praegnati, post curationem quoque, uiribus opus est, non tantum ad se, sed etiam ad partum sustinendum.* (2.10.1-3)

---

[45] Cf. par ex. 2.1.14, 2.7.16, 2.8.41, 2.10.1… On signalera en 2.10.1 l'expression feminis uterum non gerentibus « pour les femmes ne portant pas d'utérus » utilisée par Celse pour renvoyer aux femmes n'étant pas enceintes.

[46] Cf. par ex. 2.1.14, 2.7.8, 2.7.16, 3.6.4, 5.25.14, 7.29.1…

[47] La grossesse est d'ailleurs souvent considérée par les Romains comme un état morbide. Cf. D. Gourevitch – M. T. Raepsaet-Charlier, *La femme dans la Rome antique*, Paris, 2001 : « Mais la grossesse, qui était pour ainsi dire un état normal aux yeux des médecins hippocratiques, finit par être considérée à l'époque romaine comme une sorte de longue maladie, nécessaire mais désagréable, marquée pendant toute sa durée par divers troubles. » (p. 130-131).

[48] 2.6.8 : *Mulier quoque grauida acuto morbo facile consumitur.* (« Une femme aussi quand elle est enceinte est facilement emportée par une maladie aiguë. »)

[49] 2.8.13 : … *adeo ut etima grauida mulier non solum reseruari possit, sed etiam partum reseruare.* (« … à tel point qu'il est possible non seulement qu'une femme enceinte soit préservée, mais même de sauver son petit. »)

[50] 2.8.30 : *Mulier quoque grauida eiusmodi casu rapi potest ; atque etiamsi ipsa conualuit tamen partum perdit.* (« Une femme enceinte aussi peut être arrachée par un cas de ce genre ; et, même si elle s'en remet, cependant elle perd son petit. »)

[51] 2.8.41 : *Mulieri grauidae si subito mammae emacuerunt, abortus periculum est.* (« Chez une femme enceinte, si d'un seul coup les seins sont amaigris, il y a un risque de fausse-couche. »)

« Saigner en incisant une veine [...] chez les femmes enceintes aussi ce n'est pas vieux : puisque les anciens [...] s'étaient persuadés qu'une femme enceinte ainsi traitée, on la faisait avorter. [...] Mais [...] une femme enceinte de constitution solide est traitée en toute sécurité. [...] et une femme enceinte, après le traitement aussi, a besoin de forces, non seulement pour se soutenir elle-même, mais aussi son petit. »

Dans cet important chapitre 2.10, Celse commence par énoncer l'avis d'anciennes autorités médicales (*antiqui*), à laquelle il va ensuite opposer un avis contraire (*At...*). Mais, comme à son habitude, l'auteur conserve une certaine prudence, dans la mesure où il prend soin de préciser à quelle condition la saignée est possible, à savoir la constitution solide (*ualens*) de la future mère. Dans son développement, il n'oublie pas non plus les compléments nécessaires à la saignée (*post curationem*) : reprendre des forces, pour les deux organismes (*non solum... sed etiam*) concernés par la thérapeutique.

L'accouchement — qui a lieu, faut-il le rappeler, dans la partie privée de la *domus* — et ses suites sont également un sujet de préoccupation pour l'auteur du *De medicina*. On ne sait pas vraiment si les douleurs *a partu* qu'il relève en 2.7.8 sont celles provoquées par l'accouchement (*a* causal) ou celles qui suivent l'accouchement (*a* temporel) ; en tout état de cause, Celse en fait un pronostic détaillé[52]. Plus loin, il met en garde contre fièvre et douleurs crâniennes intenses, qui sont chez une femme venant d'accoucher des symptômes létaux[53]. Dans le chapitre 5.25 consacré aux diverses pilules, il cite enfin un remède convenant spécifiquement aux femmes ayant donné la vie, à base de vélar et de vin tiède[54].

---

[52] 2.7.8 : *Si mulier a partu uehementes dolores habet neque alia praeterea signa mala sunt, circa uicesimum diem aut sanguis per nares erumpet, aut in inferioribus partibus aliquid abscedet.* (« Si l'accouchement provoque de puissantes douleurs chez la femme, et qu'il n'y a pas d'autres signes mauvais, aux alentours du vingtième jour soit du sang s'écoulera par les narines, soit quelque abcès se formera dans les parties inférieures. »)

[53] 2.8.35 : *Mulier ex partu si cum febre uehementibus etiam et assiduis capitis doloribus premitur, in periculo mortis est.* (« Une femme, après l'accouchement, si elle est pressée par de la fièvre accompagnée de douleurs craniennes intenses et continues, est en danger de mort. »)

[54] 5.25.14 : *Ex partu laboranti erysimum ex uino tepido ieiunae dari debet.* (« Après un accouchement ayant nécessité particulièrement d'efforts, du vélar doit être donné, mélangé à du vin tiède, à la femme à jeun. »)

Pour achever notre esquisse des femmes dans le *De medicina*, nous devons évoquer une situation chirurgicale particulière, où le médecin professionnel doit avoir un matériel adapté à l'anatomie de la malade. Ainsi au chapitre 7.26, décrivant les tubes en bronze nécessaires pour traiter la rétention d'urine et de calculs, Celse distingue nettement ceux utilisés pour l'homme et pour la femme :

Ergo aeneae fistulae fiunt, quae ut omni corpori, ampliori minorique, sufficiant, ad mares tres, ad feminas duae medico habendae sunt : ex uirilibus maxima decem et quinque est digitorum, media duodecim, minima nouem : ex muliebribus maior nouem, minor sex. (7.26.1A)

« Par conséquent on fait des tubes de bronze, que le médecin, pour convenir à tout type de corps, plus grand et plus petit, doit avoir au nombre de trois pour les mâles, de deux pour les femmes : ceux pour les hommes font, pour le plus grand, quinze doigts, pour celui du milieu douze, pour le plus petit neuf : ceux pour les femmes font neuf doigts pour le plus grand, six pour le plus petit. »

Les tubes utilisées pour les femmes se distinguent à deux égards : par le nombre (deux au lieu de trois), par la taille (six et neuf doigts, contre de neuf à quinze doigts pour l'homme). Une nouvelle fois, on voit dans cette situation que Celse prend en compte, dans l'exposé d'un acte thérapeutique, les spécificités féminines, ici anatomiques, comme il le rappelle dans la suite du paragraphe (7.26.1B-C). Il y consacre d'ailleurs un autre paragraphe plus loin dans le même chapitre[55].

Conclusion

De l'étude de la répartition des individus selon les sexes dans le *De medicina*, l'élément qui nous semble le plus mériter d'être retenu est la place importante occupée par la femme dans l'œuvre celsienne. L'attention portée par Celse, tout au long de son œuvre, aux particularités anatomiques et physiologiques féminines, est remarquable, et le conduit à présenter fréquemment des thérapeutiques adaptées. Mais au-delà de cette dimension purement médicale, on a pu

---

[55] 7.26.4 : *Hae uero curationes in feminis quoque similes sunt, de quibus tamen proprie quaedam dicenda sunt.* (« Si ces traitements sont les mêmes chez les femmes aussi, au sujet desquelles il faut cependant dire certaines choses qui leur sont propres. »)

constater que la femme constitue, d'un point de vue méthodologique, un outil comparatif didactique, en ce qu'elle permet à Celse, même lorsqu'il tient des propos a priori tournés vers l'homme, de se faire mieux comprendre de son lecteur.

Répartition des individus malades selon l'âge

Dans l'esprit des Romains, la répartition des individus selon l'âge a le plus souvent une dimension sociopolitique, et est intimement liée à la vie publique au sein de la cité[56]. Les cinq grandes périodes de la vie généralement retenues dans le monde romain sont les suivantes : *infantia, pueritia, adulescentia, iuuenta, aetas seniorum* et *senectus*. Mais étant donné que Celse bénéficie aussi sur la question des âges de la vie de l'héritage hippocratique, il s'agira de faire la part des diverses influences que l'encyclopédiste a subies, et d'observer la manière dont il les concilie. Il nous faudra donc d'une part distinguer les âges de la vie utilisés par l'encyclopédiste dans son texte médical, d'autre part tenter de leur attribuer des bornes chiffrées[57]. Pour ce faire, nous ferons progresser notre propos avec une précision grandissante, en étudiant d'abord les périphrases comportant le substantif *aetas*, puis le vocabulaire technique des âges de la vie, et enfin les limites numériques fournies par Celse sur ce sujet.

*Références aux périodes de la vie par des périphrases autour d'*aetas

Pour renvoyer aux âges de la vie, Celse a recours au substantif *aetas* à trente-six reprises[58]. Le nom est parfois qualifié par un adjectif qui

---

[56] J.-P. Néraudau, *La jeunesse dans la littérature et les institutions de la Rome républicaine*, Paris, 1979, p. 137-139. Cf. aussi, sur Varron, Y. Lehmann, « Un exemple d'éclectisme médical à Rome : la théorie varronienne des âges de la vie », in P. Mudry – J. Pigeaud (éds.), *Les Écoles médicales à Rome, Actes du 2ᵉ Colloque international sur les textes médicaux latins antiques*, Lausanne, 1986, p. 150-157 : « Il reste que, d'une façon générale, Varron tient davantage compte – pour la fixation des âges de la vie – de la participation de l'homme romain aux affaires publiques, de l'accomplissement du cursus honorum que des données du corps ou de l'esprit. » (p. 154).

[57] Les pages suivantes n'ont pas pour objet d'établir un tableau des maladies selon les âges de la vie. Sur ce thème, on se reportera avec profit à J.-M. André, *La médecine à Rome*, Paris, 2006, p. 216-217.

[58] 1.1.4, 1.3.1, 1.3.32 (x2), 2.Pr2, 2.1.5, 2.1.17, 2.1.19, 2.1.21, 2.8.13, 2.8.14, 2.8.29 (x2), 2.8.30, 2.8.38, 2.10.1, 2.10.2 ; 2.10.3, 2.18.8 (x2), 2.26.1, 3.4.7, 3.6.5, 3.22.8,

en restreint le sens et permet de l'appliquer à une classe d'âge particulière, sans toutefois que Celse ne donne la moindre indication permettant de délimiter avec précision le début et le terme de chaque classe. On peut ainsi distinguer deux types de périphrases.

A. Périphrases formées à l'aide d'adjectifs n'appartenant pas au champ lexical des âges de la vie

Elles sont au nombre de cinq :

- Au chapitre 2.10.1, il est question de l'*aetas prima*. La construction du paragraphe met en relation ce « premier âge » avec les *pueri*[59], ce qui n'est pas sans poser problème, puisque les *pueri* n'appartiennent en aucun cas au premier âge de la vie. Pourquoi Celse passe-t-il volontairement sous silence les *infantes* ? L'explication se trouve peut-être dans le fait que ces derniers, dans le *De medicina*, sont avant tout considérés comme des êtres non encore nés plutôt que comme des êtres vivants. Le véritable « premier âge » serait donc celui de l'entrée dans la vie.

- L'*aetas tenera*, « âge tendre » mentionnée par Celse en 2.8.14, est plus délicat encore à cerner. L'adjectif *tener* est certes utilisé couramment en latin, indifféremment au singulier et au pluriel, pour renvoyer à la jeunesse, sans même l'adjonction du substantif *aetas*[60]. Mais les limites de cette jeunesse demeurent floues.

Ainsi Properce parle d'un *tener in cunis et sine uoce puer*, « un tendre enfant dans son berceau et sans voix[61] », même si la mention d'un *puer*, âgé d'au moins sept ans, dans un berceau et sans voix — ce qui correspond bien davantage à l'*infans* ! —, est problématique. Pline, dans le *Panégyrique de Trajan*, évoque les *teneri anni* de l'empereur encore tribun[62], mais ce dernier a alors entre dix-huit et vingt-huit ans

---

4.2.3, 4.21.1, 5.26.6, 5.28.9, 5.28.15B, 6.1.1, 6.4.2, 7.7.14B, 7.20.2, 7.20.5, 7.26.2A, 8.4.22.

[59] 2.10.1 : ... *in pueris uero [...] primam [...] aetatem* (« ... or chez les enfants [...] le premier âge... »)

[60] Cf. *Gaffiot*, *s.u. tener*, 2.

[61] Properce, 2.6.10.

[62] Pline le Jeune, *Panégyrique de Trajan*, 15.1 : *Tribunus uero [...] teneris adhuc annis...* (« Mais en tant que tribun... encore dans tes tendres années... ») Sachant que Trajan, né en 53, a été tribun de 71 à 81, l'âge tendre dont parle Pline le Jeune couvrirait donc, au minimum, la période allant de 18 à 28 ans, ce qui ne correspond pas du tout à la *pueritia* à laquelle il est fait référence chez les autres auteurs.

et n'est plus un *puer* ! Enfin, un auteur encyclopédique comme Vitruve, plus proche de Celse, a beau rappeler à deux reprises, dans son *De architectura*, les *aetates tenerae* auxquelles un individu peut commencer à se former à la multitude des arts, il ne fournit aucune donnée précise[63]. Les limites de l'âge tendre ne sont donc pas simples à définir. Faute d'indications données par Celse, la comparaison avec d'autres auteurs nous laisse dans une aporie, puisqu'elle permet d'envisager d'élever au rang d'*aetates tenerae* trois des âges classiquement reconnus : l'*infantia*, la *pueritia* et l'*adulescentia*.

- L'*aetas firmissima* (3.22.8) est clairement délimitée par des données numériques, et sera à ce titre traitée ultérieurement[64].
- Pour circonscrire l'*aetas media*, il faut procéder par étapes. Le paragraphe 1.3.32 nous apprend que cet « âge intermédiaire » n'est ni la *pueritia*, ni la *iuuenta*, ni la *senectus*[65]. Au livre 7, Celse place l'*aetas media* entre la *pueritia* et la *senectus*[66]. S'agit-il alors de l'*adulescentia* ou de l'*aetas seniorum* ? La réponse à cette question se trouve en 2.1.5, où l'âge intermédiaire est placé entre la *iuuenta* et la *senectus*, ce qui tendrait à montrer que l'adéquation entre *aetas media* et *aetas seniorum*[67].
- Le cas de l'*aetas ultima* pose quant à lui un problème identique à celui de l'*aetas prima* ; ce « dernier âge » apparaît d'ailleurs dans le même paragraphe, 2.10.1[68]. Il est étonnant d'y voir l'*aetas seniorum* qualifiée d'*ultima*, alors même que le dernier âge de la vie est

---

[63] Vitruve, *De architectura*, 1.1.12 (... *qui a teneris aetatibus eruditionibus uariis instruuntur*... : « ... ceux qui, depuis leur tendre jeunesse, acquièrent des connaissances variées... ») et 9.Pr.2 (... *qui a teneris aetatibus doctrinarum abundantia satiantur*... : « ... ceux qui dès leur jeune âge s'imprègnent de si riches enseignements... »)

[64] Cf. *infra*, Seconde partie, p. 305 sqq.

[65] 1.3.32 : *Quod ad aetates uero pertinet, inediam facillime sustinent mediae aetates, minus iuuenes, minime pueri et senectute confecti.* (« En ce qui concerne les âges, supportent la faim le plus facilement les âges intermédiaires, moins bien les jeunes, le moins les enfants et ceux qui sont accablés par la vieillesse. »)

[66] 7.7.14B : *Neque idonea curationi senilis aetas est [...] at ne puerilis quidem, sed inter haec media.* (« Ne s'adapte pas à ce traitement l'âge de la vieillesse [...] ni même celui de l'enfance, mais, entre les deux, l'intermédiaire. »)

[67] 2.1.5 : *At aetas media tutissima est, quae neque iuuentae calore, neque senectutis frigore infestatur.* (« Mais l'âge intermédiaire est le plus sûr, qui n'est assailli ni par la chaleur de la jeunesse, ni par le froid de la vieillesse. »)

[68] 2.10.1 : ... *et in senioribus [...] ultimamque aetatem*... (« et chez les personnes plus âgées [...] et le dernier âge... »)

traditionnellement la *senectus*. Cicéron, dans le *De finibus*, utilise d'ailleurs bien l'adjectif *ultimus* pour renvoyer au terme de la vie[69]. Sur ce point, l'incohérence celsienne demeure difficilement compréhensible, même si un embryon d'explication est peut-être à trouver chez Celse lui-même, qui indique dans sa *Préface* que la *senectus* était un âge que la médecine, à son époque, permettait rarement d'atteindre[70].

B. Périphrases formées à l'aide d'adjectifs dérivés de noms désignant des âges de la vie

On relève dans le *De medicina* deux périphrases formées à l'aide d'adjectifs dérivés de noms désignant des âges de la vie. Il s'agit d'une part de la *puerilis aetas* (5.28.15B, 7.7.14B, 7.20.5), d'autre part de la *senilis aetas* (7.7.14B). Les deux expressions sont parfaitement synonymes de *puerilitas* et de *senectus*.

Références aux périodes de la vie par des substantifs

La critique a déjà souligné combien, dans le *Corpus hippocratique*, les âges de la vie constituaient un critère de premier choix permettant de classer les individus malades, que ce soit dans les *Aphorismes*[71] ou, de façon plus théorique, dans les *Semaines*[72]. Dans le *De medicina*, les

---

[69] Cicéron, *De finibus* 2.87 : *ultimum tempus aetatis* (« le dernier moment de l'existence »).

[70] Cf. Pr.5.

[71] Cf. par ex. J. Jouanna, *Hippocrate*, Paris, 1992 : « L'âge de l'homme devient même dans les Aphorismes un principe de classement comparable à celui des saisons. » (p. 212). Cf. aussi J. Jouanna – C. Magdelaine, *Hippocrate. L'art de la médecine*, Paris, 1999, n. 69 p. 327. Cf., par ex., *Aphorismes* 3.24-31, Littré IV, p. 496-503, chapitres qui énumèrent des affections classées selon l'âge des individus.

[72] *Semaines* 5, Littré VIII, p. 636-637 : *Sic autem et in hominis natura septem tempora sunt, etates appellantur ; puerulus puer adolescens juvenis vir junior senexe ; hec sunt sic : puerlus usque ad septem annos in dentium immutationem. Puer autem usque ad seminis emissionem quattuordecim annorum ad bis septinos. Adulescens autem usque ad barbas unum et viginti annorum ad ter septimum usque ad crementum corporis. Juvenis autem consummatus in XXXV annorum quinque septenos. Vir autem usque ad XL et VIIII ad septie et septem ; junior vero LX et III et in VIIII ebdomadis. Exinde senex in quatuordecim ebdomados.* Texte grec : Ἐν ἀνθρώπου φύσει ἑπτά εἰσιν ὧραι, ἃς ἡλικίας καλέουσι, παιδίον, παῖς, μειράκιον, νεανίσκος, ἀνήρ, πρεσβύτης, γέρων. Καὶ παιδίον μέν ἐστιν ἄχρις ἑπτὰ ἐτῶν,

âges de la vie conservent une importance capitale, mais Celse utilise un vocabulaire spécifiquement romain pour les désigner, que nous dévoilerons au fil de notre propos[73].

A. Infans. Puer, pueritia. Puella et pubertas.

À Rome, le premier âge de la vie est celui vécu par l'*infans*[74]. Jean-Pierre Néraudau fait remarquer à juste titre que « c'est la seule période de la vie qui soit désignée par un mot négatif ; c'est l'âge antérieur à la parole : *in-fari*[75] ». Quelle image de la petite enfance le *De medicina* renvoie-t-il ?

Dans l'ouvrage celsien, les références au premier âge de la vie interviennent dans des considérations générales sur les périodes de la

---

ὀδόντων ἐκβολῆς · παῖς δ'ἄχρι γονῆς ἐκφύσιος, ἑπτὰ (lisez ἐς τὰ), δὶς ἑπτά · μειράκιον δ'ἄχρι γενείου λαχνώσιος, ἐς τὰ τρὶς ἑπτά · νεανίσκος δ'ἄχρις αὐξήσιος ὅλου τοῦ σώματος, ἐς τὰ τετράκις ἑπτά · ἀνὴρ δ'ἄχρις ἑνὸς δέοντος πεντήκοντα, ἐς τὰ ἑπτάκις ἑπτά · πρεσβύτης δ'ἄχρι πεντήκοντα ἕξ, ἐς τὰ ἑπτάκις ὀκτώ. Τὸ δ'ἐντεῦθεν γέρων. (Philon, Περὶ Κοσμοποιΐας, p. 17) (« Dans la nature, il y a sept saisons que l'on appelle âges : le petit enfant, l'enfant, l'adolescent, le jeune homme, l'homme fait, l'homme âgé, le vieillard. L'âge du petit enfant est jusqu'à sept ans, époque de la dentition ; de l'enfant, jusqu'à la production de la liqueur spermatique, deux fois sept ans ; de l'adolescent, jusqu'à la naissance de la barbe, trois fois sept ; du jeune homme, jusqu'à l'accroissement de tout le corps, quatre fois sept ; de l'homme fait, jusqu'à quarante-neuf ans, sept fois sept ; de l'homme âgé, jusqu'à cinquante-six, sept fois huit. À partir de là commence la vieillesse. »)

[73] Nous souhaiterions ici développer la réflexion menée par P. Mudry, « *Non pueri sicut uiri*. Petit aperçu de pédiatrie romaine », in V. Dasen (éd.), *Naissance et petite enfance dans l'Antiquité (Actes du colloque international à l'Université de Fribourg, 28 nov.-1er déc. 2001)*, Fribourg-Göttingen, 2004, p. 451-462 (= P. Mudry, *Medicina, soror philosophiae, Regards sur la littérature et les textes médicaux antiques (1975-2005)*, Lausanne, 2006, p. 43-50). Sur le vocabulaire des âges de la vie, cf. par ex. J.-P. Néraudau, *La jeunesse dans la littérature et les institutions de la Rome républicaine*, Paris, 1979, p. 134.

[74] Nous avons volontairement laissé de côté le terme d'*infantia*, qui n'apparaît pas dans le *De medicina* — nous reviendrons plus loin sur ce point (cf. *infra*, p. 297). Sur l'*infantia*, cf. J.-P. Néraudau, *La jeunesse...*, p. 93-94. Sur l'*infans* chez Celse, cf. P. Mudry, « *Non pueri sicut uiri...* », p. 451-462 (= P. Mudry, *Medicina, soror philosophiae...*, p. 43-50).

[75] J.-P. Néraudau, *La jeunesse...*, 1979. Étant donné que *l'infantia* dure jusqu'à l'âge de sept ans (quinze ans chez Varron), le chercheur conclut qu'« on peut dès lors penser que le mot *in-fantia* définit non point tant l'âge où l'enfant a des difficultés matérielles pour parler que celui où sa pensée n'étant pas logique, sa parole n'est pas encore la traduction d'une structuration mentale. » (p. 97).

vie[76], sur des maladies spécifiques aux très jeunes enfants[77], sur la pertinence de certains traitements pour leur âge[78], ou encore sur l'allaitement[79]. Surtout, on constate que sur dix-huit occurrences, la moitié appartient au chapitre 7.9 consacré à l'extraction du fœtus mort *in utero*[80], auxquelles il convient d'ajouter deux autres cas traitant de la même question[81].

En somme, dans le *De medicina*, les *infantes* semblent être davantage liés au monde des morts qu'à celui des vivants, ou tout du moins être situés majoritairement avant même leur entrée dans la vie, avant même leur séparation d'avec la mère, dans un usage peu fréquent dans la langue latine, mais que l'on retrouvait par exemple déjà chez Tite-Live dans une liste de prodiges[82]. Peut-être faut-il voir ici une influence de la pensée varronienne ; nous reviendrons sur cette hypothèse sous peu, au moment de traiter de la *pueritia*[83].

Lorsque le Romain a cessé d'être un *infans*, il devient un *puer*. Cette deuxième étape de la vie qu'est la *pueritia* est abondamment représentée dans le *De medicina*[84]. L'enfance est ainsi prise en compte dans des indications pronostiques (2.10.3, 2.10.4), ou pour signaler la persistance à l'âge adulte de certaines affections (2.1.20).

À de nombreuses reprises, des comparaisons sont faites par Celse entre les *pueri* et les individus plus âgés, comme en 1.3.32 où l'auteur signale une concordance thérapeutique entre *pueri* et *senes*. Partout ailleurs, l'accent est mis au contraire sur la spécificité des enfants par rapport aux *adulescentes* (7.26.5F), aux *iuuenes* (3.4.8, 5.28.9), aux *senes* (1.3.33, 2.14.9), ou encore aux *uiri* (2.6.11, 3.7.1C, 6.6.1M, 7.21.2, 7.25.1A) — cette dernière catégorie renvoyant d'une manière générale à l'homme adulte. L'encyclopédiste n'oublie pas non plus d'énumérer les affections spécifiques au *puer*, ou d'autres par

---

[76] 2.1.18, 2.1.20, 7.7.15B.
[77] 5.28.15E, 6.4.2.
[78] 7.14.7.
[79] 6.11.3.
[80] 7.29.2, 7.29.3, 7.29.5 (x3), 7.29.6 (x2), 7.29.9 (x2).
[81] 5.21.5, 5.25.13.
[82] Tite-Live, *Histoire romaine*, 24.10 : ... *infantem in utero matris in Marrucinis* « *Io triumphe* » *clamasse*... (« ... qu'un bébé, chez les Marrucins, dans le ventre de sa mère avait crié "Io, triumphe !" »).
[83] Cf. *infra*, p. 297.
[84] Sur les spécificités du *puer* chez Celse, cf. P. Mudry, « *Non pueri sicut uiri*... », p. 451-462 (= P. Mudry, *Medicina, soror philosophiae*..., p. 43-50).

lesquelles il est touché de manière privilégiée (4.24.2, 5.28.6A, 5.28.14A, 5.28.15B, 6.11.3, 7.12.1F, 7.18.7, 8.1.10). Il lui arrive également d'adapter ses indications diagnostiques aux particularités de l'enfant (2.7.3). Enfin, on observe une multiplication de considérations thérapeutiques ciblées sur les besoins d'un malade encore dans ses premières années. C'est le cas au chapitre 7.7 sur les maladies oculaires[85] :

> *Sed ut haec neque genere uiti neque ratione curationis inter se multum distant, sic in oculis, quae manum postulant, et ipsa diuersa sunt et aliter aliterque curantur. Igitur in superioribus palpebris uesicae nasci solent pingues grauesque, quae uix attollere oculos sinunt, leuesque pituitae cursus sed adsiduos in oculis mouent : fere uero in pueris nascuntur.* (7.7.1A)

> « Mais tandis que ces lésions ne diffèrent pas beaucoup entre elles par le genre de leur mal ni par le mode de leurs traitements, celles qui, dans les yeux, réclament le secours de la main, à la fois sont elles-mêmes diverses et se soignent de manières variées. Par conséquent, les kystes dans les paupières supérieures ont coutume d'être épais et lourds, de permettre à peine de lever les yeux, et de provoquer des écoulements légers mais continus dans les yeux : mais tout cela arrive presque toujours chez les enfants. »

À l'ouverture de ce chapitre, on voit combien Celse crée un effet d'attente par la structure même de la deuxième phrase. Ce n'est qu'après la description tripartite des différents symptômes qu'il en arrive enfin aux individus concernés : les *pueri*.

Après avoir traité des *infantes* et des *pueri*, il est nécessaire de revenir sur les substantifs désignant les classes d'âges auxquelles ils appartiennent. On constate alors que, contrairement à la *pueritia*, l'*infantia* n'apparaît jamais dans le *De medicina*. C'est l'occasion de revenir sur l'éventuelle influence varronienne sur les âges de la vie dans l'œuvre de Celse. Contrairement à la pratique répandue à Rome, Varron nommait en effet le premier âge de la vie *pueritia*, et y englobait l'*infantia*[86]. Il semblerait que notre encyclopédiste agisse de même.

---

[85] Cf. aussi 2.10.1, 3.7.1B, 6.11.3, 6.11.4, 6.11.6, 6.15.3, 7.7.1A, 7.20.1, 7.20.5, 7.26.2C, 7.26.2E, 8.15.2.
[86] Cf. Y. Lehmann, « Un exemple d'éclectisme médical à Rome : la théorie varronienne des âges de la vie », in P. Mudry – J. Pigeaud (éds.), *Les Ecoles*

Ainsi en 2.1.20, lorsqu'il décrit certaines phases délicates de la *pueritia*, il mentionne le quarantième jour, le septième mois, la septième année et la puberté[87]. En faisant référence aux premiers jours et mois de l'existence, il efface ainsi les particularités de l'*infantia* derrière une *pueritia* au sens large. Voilà qui expliquerait le sens que Celse donne à l'expression *aetas prima* : s'il établit, comme nous l'avons vu[88], un parallèle entre cette expression et les *pueri*, c'est que la *pueritia* est envisagée d'une façon globale.

Une telle explication permettrait de résoudre une expression a priori délicate que l'on rencontre en 5.28.15D, celle de *lactens puer*, « enfant qui tête ». La contradiction apparente entre la tétée et l'âge relativement avancé de l'enfant peut être résolue si l'on considère que le substantif *puer* peut également s'appliquer à un nourrisson. L'expression utilisée ici serait équivalente à celle de *lactens infans* en 6.11.3, dans un chapitre où Celse parle donc d'un nourrisson, de sa *nutrix*, puis utilise le terme *puer*. On est alors en droit de se demander si, dans la majorité des cas, *puer* ne peut pas remplacer, sans modification de sens, le terme d'*infans*. L'*infantia* nous paraît ainsi fortement négligée dans le *De medicina*, et ce d'une façon qu'on ne rencontre que chez un seul des devanciers de Celse, Varron, dont l'influence sur ce point nous paraît hautement probable.

Si l'*infantia* apparaît alors comme une sous-catégorie de la *pueritia*, nous devons, pour être complet, faire remarquer qu'elle n'est peut-être pas la seule. Au sein de l'enfance, il faut noter que Celse distingue en outre une sous-catégorie particulière, bien que floue, celle des *teneri pueri*[89]. Par ailleurs, dans le cas des diarrhées, il fait de

---

médicales à Rome, Actes du 2ᵉ Colloque international sur les textes médicaux latins antiques, Lausanne, 1986 : « Pour la phase initiale telle qu'elle est envisagée, sa caractéristique majeure réside dans l'élimination de la petite enfance au profit de la seule enfance. Ce parti pris singulier tient sans doute au manque de curiosité du Réatin à l'égard d'une étape de la vie socialement peu gratifiante à ses yeux. Ce faisant, Varron s'éloigne des croyances et des idées romaines qui séparent radicalement la *pueritia* de l'*infantia*. » (p. 152-154).

[87] 2.1.20 : *Maximeque omnis pueritia, primum circa quadragesimum diem, deinde septimo mense, tum septimo anno, postea circa pubertatem periclitatur.* (« Et surtout dans toute l'enfance, c'est d'abord aux environs du quarantième jour, ensuite au septième mois, puis à la septième année, enfin vers la puberté qu'il y a danger. »)

[88] Cf. *supra*, p. 291.

[89] 2.1.18 : ... *infantes tenerosque adhuc pueros*... (« ... les bébés et les enfants encore jeunes... »)

l'âge de dix ans un cap pronostic[90], intégrant peut-être ici à son propos des considérations avant tout médicales, sans qu'il soit malheureusement possible d'en définir la source.

Dans le *De medicina*, la *pueritia* n'est peut-être pas exclusivement masculine. Dans le chapitre 3.23 consacré à l'épilepsie, Celse fait un parallèle intéressant entre les deux sexes :

> *Et saepe eum, si remedia non sustulerunt, in pueris ueneris, in puellis menstruorum initium tollit.* (3.23.1)
>
> « Et souvent, si les remèdes n'ont pas fait disparaître le mal, chez les enfants le début des relations sexuelles, chez les filles celui des règles, l'enlèvent. »

Cette mention des *puellae* est un hapax dans l'ouvrage celsien. La construction de la phrase (*in* + datif + génitif + nominatif en facteur commun) invite peut-être à faire de ces jeunes filles l'équivalent féminin des *pueri* — et l'on pourra alors se demander si les deux termes latins, indépendamment des considérations sexuelles, ne recouvrent pas les mêmes années de la vie d'un individu.

Chez Celse, les statuts de l'*infans* et du *puer* (et de la *puella*) sont loin d'être équivalents. Dans la lignée de la réflexion varronienne, l'encyclopédiste semble faire de la *pueritia* une catégorie plus vaste, englobant l'*infantia* et reléguant les membres de cette dernière à un rang négligeable.

Au-delà même de la tranche d'âge de la *pueritia*, s'y déroule un événement marquant que l'on ne peut passer sous silence, à savoir la puberté. Cette dernière, *pubertas*, est mentionnée à trois reprises par Celse. C'est le cas en 2.8.11, où elle constitue un seuil permettant de pronostiquer l'issue favorable de l'épilepsie. Auparavant, elle apparaît deux fois dans le même chapitre :

> *Maximeque omnis pueritia, primum circa quadragesimum diem, deinde septimo mense, tum septimo anno, postea circa pubertatem periclitatur. Si qua etiam genera morborum in infantem inciderunt ac neque pubertate neque primis coitibus neque in femina primis menstruis finita sunt, fere longa sunt.* (2.1.20)
>
> « Et surtout dans toute l'enfance, c'est d'abord aux environs du quarantième jour, ensuite au septième mois, puis à la septième année,

---

[90] 2.8.30 : *... isque morbus maxime pueros absumit usque ad annum decimum.* (« ... et cette maladie emporte surtout les enfants jusqu'à l'âge de dix ans. »)

enfin vers la puberté qu'il y a danger. Et même, si certains genres de maladies qui frappent les jeunes enfants ne sont dissous ni par la puberté ni par les premiers coïts ni, chez les femmes, par les premières règles, elles seront presque toujours de longue durée. »

La puberté est d'abord présentée comme un âge soumis aux maladies (*circa pubertatem periclitatur*), puis comme un seuil pour la perpétuation chronique des affections de l'enfance. On remarquera que la *pubertas* ne semble pas inclure les jeunes filles, puisque Celse éprouve le besoin de rajouter, concernant le sexe féminin, *neque in femina primis menstruis*. En somme, la puberté féminine semble se résumer, dans l'esprit de l'encyclopédiste, à l'apparition des premières règles[91].

B. Adulescens, adulescentia et uirgines. Iuuenis, iuuenta. Le cas des *iuniores*.

La sortie de l'enfance conduit les individus vers l'adolescence, *adulescentia*. Lorsqu'il évoque cette période de la vie, Celse procède de deux manières. D'une part, il met en avant certaines spécificités de cet âge, comme lorsqu'il traite de nosologie (2.1.21, 2.7.30, 2.8.25), évoque des conditions climatiques hostiles aux adolescents (2.1.18), ou mentionne la pratique chirurgicale, spécifique à l'adolescence, consistant à insérer une aiguille dans le prépuce (7.25.3). D'autre part, il établit des liens entre l'*adulescentia* et les autres âges de la vie, qu'il s'agisse de la perpétuation d'affections adolescentes jusque dans la vieillesse (1.3.33, 2.8.28), ou de distinctions thérapeutiques avec la *pueritia* (7.26.5F), l'*aetas seniorum* (5.26.6) ou la *senectus* (2.1.5).

Au cours de l'adolescence, la perte de la virginité est un moment important. Si, pour les individus mâles, Celse se contente d'évoquer les « premiers coïts », ses références aux individus femelles sont dignes d'intérêt. Même si le substantif *uirgo* apparaît seulement à quatre reprises dans le *De medicina*, il mérite tout de même notre attention, en ce qu'il constitue une exception remarquable. C'est en effet le seul terme utilisé par Celse qui renvoie tout à la fois au sexe du malade et, même de façon imprécise, à son âge.

---

[91] Cf. D. Gourevitch – M. T. Raepsaet-Charlier, *La femme dans la Rome antique*, Paris, 2001, p. 127.

Dans l'ouvrage celsien, le terme *uirgo* ne paraît pas désigner, de façon élargie, toute jeune fille, comme cela pouvait être le cas dans la langue latine, mais bel et bien « une jeune fille n'ayant pas encore eu de relations sexuelles », ainsi que le montre, dans le pronostic de la phtisie, le parallèle établi entre les *uirgines* et les femmes dont les règles ont cessé[92].

Cette utilisation de *uirgo* au sens médical de « vierge » permet d'instaurer une distinction d'âge parmi les femmes. Même si Celse n'établit pas clairement, et pour cause, un âge précis qui constituerait le passage attendu du statut de *uirgo* à celui de femme sexuellement active, la défloration n'en est pas moins un cap qui possède, dans le *De medicina*, une valeur médicale. Ainsi en 7.26.4, lorsque l'encyclopédiste traite de la rétention d'urine[93] :

> *Sed uirgini subire digiti qua masculo, mulieri per naturale eius debent. Tum uirgini quidem sub ima sinisteriore ora, mulieri uero inter urinae iter et os pubis incidendum est...* (7.26.4)

> « Mais pour une vierge les doigts doivent être introduits comme pour un mâle, pour une femme par ses voies naturelles. Puis chez une vierge du moins il faut couper en dessous de la lèvre gauche, mais, chez une femme, entre l'urètre et l'os pubien. »

Dans cet extrait, l'opposition entre la *uirgo* et la *mulier* est doublement marquée, dans la première phrase par une asyndète, dans la seconde par l'adverbe *uero*. Dans les deux cas, on constate que la virginité est un critère qui est pleinement pris en considération dans la mise en place de la thérapeutique. Y compris pour le sexe féminin, on voit donc que l'adolescence est un moment primordial de l'existence en raison des étapes fondamentales qu'elle comporte.

Après l'adolescence vient le temps de la jeunesse, *iuuenta*, l'âge des hommes jeunes, *iuuenes*, ces derniers pouvant être regroupés sous le nom collectif de *iuuentus*[94]. La *iuuenta* est définie à plusieurs

---

[92] 2.8.25 : *Ex reliquis uero minime facile sanantur uirgines aut eae mulieres quibus super tabem menstrua suppressa sunt.* (« Or d'ailleurs, sont le moins facilement soignées les vierges, ou les femmes qui, à la suite de la phtisie, ont vu leurs règles supprimées. »)

[93] Cf. aussi 4.1.12 : *Vulua autem in uirginibus quidem admodum exigua est.* (« Or la vulve chez les vierges est en vérité plutôt étroite. »)

[94] Cf. J.-P. Néraudau, *La jeunesse dans la littérature et les institutions de la Rome républicaine*, Paris, 1979, p. 138 : « L'âge de la jeunesse, c'est la *iuuenta*, et

reprises comme l'âge de la robustesse, celui où les corps sont les plus vigoureux (3.21.16, 5.26.22, 8.11.3). Sur cette période de la vie, Celse fournit un certain nombre d'indications qui lui sont spécifiques, aussi bien dans le domaine des soins (2.10.2, 3.21.16, 5.26.22, 5.26.34A, 5.28.12B) que pour l'établissement d'un pronostic (2.8.10). Mais, comme nous l'avons vu pour les âges précédents, c'est surtout par des comparaisons avec d'autres temps de la vie que la jeunesse se distingue : avec les *pueri* (3.4.8, 5.28.9), avec les *senes* (1.3.33, 2.1.5, 2.14.9).

Les adolescents (*adulescentes*) et les jeunes (*iuuenes*) sont parfois, dans le *De medicina*, réunis sous le terme technique collectif de *iu(ue)niores*[95]. Cette supra-catégorie a une origine militaire, et désigne les citoyens en âge de porter les armes, capables de former l'armée active. En cela, ils s'opposent aux *seniores* — dont nous aurons l'occasion de reparler plus en détails[96].

Le contraste entre les deux groupes se retrouve dans l'ouvrage de Celse, lorsque l'encyclopédiste évoque les conséquences diverses de maladies particulières :

> ... *ex eo casu iuueniores interdum intra septimum diem moriuntur, seniores tardius. [...] Suppuratio uero pluribus morbis excitatur : nam si longae febres sine dolore, sine manifesta causa remanent, in aliquam partem id malum incumbit, in iuenioribus tamen ; nam senioribus ex eiusmodi morbo quartana fere nascitur.* (2.7.26-29)

> « ... de cette affection les plus jeunes meurent parfois en sept jours, les plus vieux plus tard. [...] Or la suppuration est provoquée par un grand nombre de maladies : en effet, si de longues fièvres perdurent sans douleur, sans cause apparente, ce mal fait pression sur une partie du corps, chez les plus jeunes cependant : chez les plus vieux en effet, c'est presque toujours une fièvre quarte qui naît d'une maladie de ce type. »

---

iuuentus est abusivement employé en ce sens, car il désigne l'ensemble des jeunes gens. » Le terme de *iuuentus* n'est pas utilisé par Celse.

[95] Dans le chapitre 2.7, Celse utilise à deux reprises la forme comparative *iuuenior*. D'un point de vue lexical, cette variante est bien moins usitée que la forme *iunior*. On la retrouve par ex. chez Varron (*De lingua latina*, 10.71) ou Sénèque (*Lettres à Lucilius*, VII.66.34), mais elle est presque toujours corrigée par les éditeurs. Concernant le *De medicina*, elle est présente dans les manuscrits VFT, tandis que le manuscrit J donne la forme iuniores.

[96] Cf. *infra*, Seconde partie, p. 297 sqq. Sur l'opposition entre *iuniores* et *seniores*, cf. J.-P. Néraudau, *La jeunesse dans la littérature...*, p. 140.

La différence de pronostics entre *iuueniores* et *seniores* est rendue ici de deux manières distinctes. Dans la première phrase, par un parallélisme ayant valeur d'opposition (*iuueniores – intra septimum diem // seniores – tardius*), dans la seconde par la mise en valeur de la restriction qui s'applique aux plus jeunes (*in iuuenioribus tamen*). En tout état de cause, on voit clairement que ces deux supra-catégories d'individus ont une réelle valeur discriminante dans les propos de l'encyclopédiste.

Au-delà de l'opposition d'origine militaire avec les *seniores*, les *iuniores* sont aussi opposés aux *senes*, ultime étape dans le déroulement de la vie. Ainsi en 2.8.23, Celse nous dit que les vieillards succombent surtout à des affections pulmonaires, tandis que les *iuniores* meurent de toutes les autres.

Enfin, il faut mentionner une dernière distinction, cette fois parmi les individus de sexe féminin, entre les « jeunes femmes » et les autres :

Item mitti iunioribus feminis uterum non gerentibus uetus est. (2.10.1)

« De même, pratiquer une saignée chez des jeunes femmes qui ne sont pas enceintes est une pratique ancienne. »

Si l'auteur du *De medicina* n'apporte ici aucune précision quant à l'âge de ces *iuniores feminae*, on peut se demander si l'expression n'englobe pas, à la manière des *iuniores* masculins, les jeunes femmes dont l'âge correspond à l'*adulescentia* et à la *iuuenta*. On arriverait ainsi à une supra-catégorie féminine ayant pour terme approximatif les 45 ans, ce qui, d'un point de vue médical, coïncide peu ou prou avec l'arrivée de la ménopause[97]. Cette correspondance serait en tout cas un témoignage intéressant de l'adaptation d'un terme technique militaire à des exigences de classification propres au monde médical.

---

[97] Cf. D. Gourevitch – M. T. Raepsaet-Charlier, *La femme dans la Rome antique*, Paris, 2001 : « C'est là une situation qui s'installe progressivement, en général entre quarante et cinquante ans, parfois plus tard. » (p. 139).

C. Seniores, aetas seniorum. Senes, senectus

Au-delà des indications thérapeutiques données par Celse concernant les *seniores*, finalement assez peu nombreuses[98], c'est surtout le sens même du terme qu'il est nécessaire de préciser. À l'homme âgé, *senior*, « aucun collectif ne correspond[99] », ce qui contraint à recourir à la périphrase *aetas seniorum*, « l'âge des hommes âgés ». Si Celse n'utilise pas lui-même cette expression dans le *De medicina*, l'existence et la place de cette période de la vie dans le découpage temporel qu'il observe semblent confirmées dans le chapitre 2.1 :

> ... *tutissimi sunt, senes aestate et autumni prima parte, iuuenes hieme quique inter iuuentam senectutemque sunt.* (2.1.17).
>
> ... sont le plus en sécurité, les vieillards en été et dans la première partie de l'automne, les jeunes l'hiver, de même que ceux qui se trouvent entre la jeunesse et le grand âge. »

La relative finale constitue une tournure périphrastique permettant à l'encyclopédiste, faute de mieux, de désigner la tranche d'âge des *senes* en indiquant à la fois celle qui la précède (*iuuenta*) et celle qui la suit (*senectus*). Les difficultés lexicales sont bien réelles concernant les *seniores*, que ce soit en latin comme dans les langues des traducteurs. À cet égard, on notera que Spencer traduit la relative celsienne par « middle-aged adults[100] », ce qui, dans l'esprit d'un Romain, aurait sans doute mieux correspondu à *iuniores* !

Certaines occurrences de *seniores* posent un problème identique. En 2.1.14, Serbat, tente de rendre la forme comparative originelle de *seniores* par « [personnes] assez âgées » ; de même en 2.10.1 : « les personnes relativement âgées ». C'est oublier que la comparaison induite par *seniores* n'est pas relative, mais est bel et bien à comprendre par opposition avec les *iuniores*, ce qu'il conviendrait de rendre — pour qui toutefois tiendrait absolument à reproduire la

---

[98] Celse mentionne ainsi un soin (2.7.9) et des pronostics propres aux *seniores* (2.7.26 et 2.7.29), et distingue dans un cas (5.26.6) entre le *puer* et l'*adulescens* d'une part, et le *senior* de l'autre.

[99] J.-P. Néraudau, *La jeunesse dans la littérature et les institutions de la Rome républicaine*, Paris, 1979, p. 139.

[100] W. G. Spencer, *Celsus. On Medicine. Edition by J. Henderson (vol. 1 et 3), by G. P. Goold (vol. 2), Translation by William G. Spencer* (Loeb Classical Library), 3 vol., Cambridge, Mass.-Londres, 1935-1938 (5ᵉ éd. du vol. 2, 1989 ; 6ᵉ éd. du vol. 3, 2002), vol. 1, p. 95.

formation latine du mot — par « personnes plus âgées », en contraste avec les « personnes plus jeunes » que sont les *iuniores*. Pour notre part, nous préférons rendre *seniores* par « hommes âgés[101] » et *aetas seniorum* par « vieillesse ».

À la vieillesse des *seniores* succède le « grand âge », *senectus*[102], celui des *senes*. Comme le mentionne Celse lui-même dans sa Préface, il s'agit d'un âge rarement atteint à son époque (et ce malgré l'aide de l'art médical[103] !), à savoir au-delà des soixante-dix ans. Il est d'ailleurs tout à fait remarquable que l'encyclopédiste aille même jusqu'à parler, en 5.28.2D, d'*ultima senectus*, « le terme du grand âge », ce qui semble être véritablement l'étape suprême de la vie qu'un individu puisse atteindre.

Pourtant, de manière peut-être paradoxale, l'auteur du *De medicina* mentionne le grand âge à de nombreuses reprises, et la *senectus* semble faire l'objet d'une attention toute particulière. Elle peut même servir de comparant pour parler d'un mauvais état physique, indépendant de l'âge réel de l'individu mais lié à un effort trop soutenu au cours de la vie (1.1.1). Au-delà d'indications thérapeutiques diverses où le vieillard est associé à d'autres âges de la vie[104], on observe trois grandes catégories d'occurrences où les *senes* sont considérés de façon plus isolée :

- la *senectus* constitue un facteur aggravant lors de la prise en compte des signes des maladies particulières (2.8.33, 2.8.40).
- certaines conditions climatiques sont particulièrement hostiles aux *senes* (1.9.3, 2.1.5[105], 2.1.17 à deux reprises).

---

[101] De même, l'expression corpora seniora, utilisée par Celse en 5.28.4B, pourrait être traduites par « les corps des hommes âgés ».

[102] Celse n'emploie jamais le terme synonyme de senecta.

[103] Pr.5 : ... *multiplex ista medicina, neque olim neque apud alias gentes necessaria, uix aliquos ex nobis ad senectutis principa perducit.* (« ... notre médecine complexe, dont on n'avait besoin ni autrefois ni chez les autres nations, conduit à peine quelques-uns d'entre nous au seuil du grand âge. »)

[104] Concordance thérapeutique entre *pueri* et *senes* (1.3.32, 2.10.3, 5.19.23, 7.7.14B, 7.9.2, 7.14.7) ; liens diagnostics entre *senes* d'une part, *iuuenes (*1.3.33, 2.14.10) et *adulescentes* de l'autre (1.3.33, 2.8.28).

[105] Sur ce passage et ses relations avec le *Corpus hippocratique*, cf. H. Brandt, *Am Ende des Lebens. Alter, Tod und Suizid in der Antike*, in Zetemata. Monographien zur Klassischen Altertumswissenschaft, vol. 136, Münich, 2010, n. 145 p. 35.

- certaines affections sont propres aux *senes* (2.1.14, 2.1.22[106], 2.8.23, 2.8.28, 5.26.31A, 5.26.31C, 5.28.3B, 5.28.12C, 6.6.32, 6.6.34A, 7.26.1A).

On peut s'interroger sur les raisons qui poussent Celse à citer de façon répétée dans son œuvre un âge de la vie dont il reconnaît lui-même la rareté. Deux hypothèses à ce phénomène. Il pourrait d'une part s'agir, compte tenu du genre auquel appartient le *De medicina*, d'un souci d'exhaustivité encyclopédique. D'autre part, d'un point de vue proprement médical, Celse pourrait manifester une volonté de s'adresser au plus grand nombre de malades possible. Dans les deux cas, voilà qui témoignerait d'une volonté certaine d'envisager tous les possibles, d'envisager l'homme dans sa globalité et dans toute la durée de son existence.

Références aux périodes de la vie par des limites numériques

Il nous faut à présent revenir sur les différentes périodes de la vie du point de vue de leurs limites numériques. Dans le *Corpus hippocratique*, la délimitation des âges est fondée sur un système septénaire, qui découpe la vie humaine en sept hebdomades : « de 1 à 7 ans, petit enfant (*paidion*) ; de 7 à 14 ans, enfant (*pais*) ; de 14 à 21, adolescent (*meirakion*) ; de 21 à 28 ans, jeune homme (*neaniskos*) ; de 28 à 49 ans, adulte (*anêr*) ; de 49 à 56 ans, homme fait (*presbytês*) ; au-delà de 56 ans, vieillards (*gerôn*)[107] ».

Dans le monde romain, la répartition est bien plus mouvante[108] : de 0 à 7 ans, l'*infans*, et 7 à 14 ans, le *puer* — sauf chez Varron, pour qui la catégorie du *puer* va de 0 à 15 ans. L'*adulescentia* est la période la plus complexe : elle peut durer de 14 à 27 ans ou de 15 à 30 ans (chez Varron) — sans parler des modifications apportées par la *lex Laetoria de circumscriptione adulescentium* de 193 av. J.-C., qui place le début de l'adolescence à 17 ans et la mène jusqu'à 27 ans. La jeunesse, qui commence à 27 ou 30 ans, peut se poursuivre jusqu'à 45 ou 50 ans. La vieillesse durera ainsi de 45 à 60 ans, ou de 50 à 70 ans, et le grand âge jusqu'à la fin de la vie.

---

[106] Sur ce passage, cf. H. Brandt, *Am Ende...*, p. 36-37.
[107] J. Jouanna – C. Magdelaine, *Hippocrate. L'art de la médecine*, Paris, 1999, n. 69 p. 327.
[108] Pour un tableau récapitulatif, cf. J.-P. Néraudau, *La jeunesse dans la littérature et les institutions de la Rome républicaine*, Paris, 1979, p. 134.

Dans ces classements parfois délicats à maîtriser, quelle est la place de Celse ? Suit-il de manière fixe et régulière l'une des répartitions de ses prédécesseurs, ou bien profite-t-il de diverses influences qui se combinent et se complètent ? C'est ce que nous nous proposons d'étudier à présent, en observant dans le détail les quelques limites numériques fournies par l'encyclopédiste en personne.

Commençons par voir ce que nous dit Celse concernant l'enfance :

Contra si uesica cum febre continenti dolet, neque uenter quicquam reddit, malum atque mortiferum est ; maximeque id periculum est pueris a septimo anno ad quartum decimum. (2.8.21)

« Au contraire, si la vessie fait souffrir avec une fièvre continue, et que le ventre n'a rien rendu, voilà qui est grave et mortel ; et ce danger existe surtout pour les enfants, de la septième à la quatorzième année. »

La formulation de la seconde proposition n'est pas sans poser problème. Si les enfants de 7 à 14 ans[109] représentent ici l'intégralité des *pueri* (« les enfants, c'est-à-dire ceux qui ont de 7 à 14 ans »), on constate alors une contradiction avec l'influence varronienne d'une *pueritia* extensive. Chez Varron en effet, cette extension était principalement liée au fait de conserver une première phase de la vie qui durât non pas 14 mais 15 ans ! On voit combien, dans cet extrait, se fait jour la concurrence de deux *pueritiae*, celle de Varron, d'un point de vue sémantique, et celle héritée du *Corpus hippocratique*, d'un point de vue numérique, témoignant ainsi de la complexité de l'inspiration celsienne.

Dans le même chapitre 2.8 consacré aux signes des maladies particulières, Celse délimite par des chiffres une autre période de la vie :

Morbus quoque comitialis post annum XXV ortus aegre curatur, multoque aegrius is, qui post XL annum coepit, adeo ut in ea aetate… (2.8.29)

« Et l'épilepsie se soigne difficilement après vingt-cinq ans, bien plus difficilement chez celui qui a entamé sa quarantième année, au point que, dans cette tranche d'âge… »

---

[109] Une limite supérieure de 14 ans est également présente en 7.26.2A, mais avec un point de départ à… 9 ans ! : … *in eo corpore, quod iam nouem annos, nondum quattuordecim excessit* (« … dans un corps qui a déjà dépassé 9 ans, mais pas encore quatorze. »)

Dans ce paragraphe, l'auteur du *De medicina* délimite un âge (*aetas*) compris entre 25 et 40 ans. Deux remarques sont nécessaires. D'une part, cette tranche d'âge ne correspond numériquement à aucune période de la vie telle qu'on la retrouverait dans la *Collection hippocratique* ou chez des auteurs latins. Pourtant, d'autre part, Celse s'est inspiré d'un paragraphe des *Prorrhétiques* traitant de l'épilepsie... mais qui fixait pour limites 25 et 45 ans[110] ! Faut-il alors rapprocher cet âge de la *iuuenta* ? Sur ce point, aucune certitude, mais l'on voit que l'encyclopédiste romain se distingue de ses sources, et l'on mesure le degré de liberté dont il a pu faire preuve dans l'écriture de son ouvrage.

Au paragraphe 3.22.8, l'héritage hippocratique de Celse est évident, comme le montre la mise en parallèle du texte latin et de deux textes grecs :

Aphorismes (5.9)[111]	*Prénotions coaques* (431)[112]	*De medicina* (3.22.8)
Φθίσις γίνεται μάλιστα ἡλικίῃσι τῇσιν ἀπὸ ὀκτωπαίδεκα ἐτέων μέχρι πέντε καὶ τριήκοντα ἐτέων.	Τῶν δὲ ἡλικιῶν ἐπικινδυνότατος πρὸς φθίσιν ἀπὸ ιη ἐτέων μέχρι ε καὶ λ.	... hic morbus aetate firmissima maxime oriatur, id est ab anno XIIX ad annum XXXV.
La phtisie survient surtout aux âges de dix-huit à trente-cinq ans.	L'âge le plus dangereux pour la phtisie est depuis dix-huit ans jusqu'à trente-cinq.	... cette maladie [la pthisie] naît surtout à l'âge où l'on est le plus robuste, à savoir depuis dix-huit jusqu'à trente-cinq ans.

Ce tableau fait clairement apparaître que l'héritage hippocratique dont bénéficie Celse est double, du point de vue nosologique : ce sont bien les 18-35 ans qui sont les plus susceptibles d'être en proie à la phtisie. Mais, comme pour le passage celsien précédent, on remarque que l'*aetas* définie par l'encyclopédiste est inédit. Surtout, en qualifiant cette tranche d'âge de *firmissima*, il est en désaccord avec le passage

---

[110] *Prorrh.* 2.9, Littré IX.29-30 : ἔπειτα δὲ ὅσοισιν ἂν γένηται ἐν ἀκμάζοντι τῷ σώματι τῆς ἡλικίης, εἴη δ' ἂν ἀπὸ εἴκοσιν καὶ πέντε ἐτέων ἐς πέντε καὶ τεσσαράκοντα ἔτεα. « ... puis ceux chez qui il est survenu, le corps étant dans la force de l'âge, c'est-à-dire depuis vingt-cinq ans jusqu'à quarante-cinq ans. »
[111] *Aph.* 5.9, Littré IV. 534-535.
[112] *Coa.* 431, Littré V. 680-681.

des *Prorrhétiques* déjà mentionné[113], qui place la force de l'âge entre 25 et 45 ans[114].

Un ultime passage du *De medicina* contient des données chiffrées sur les âges des malades :

> *In coxae uero doloribus [...] iamque aetas eius hominis XL annum excessit...* (2.8.38)
>
> « Or dans le cas de douleurs des hanches [...] et lorsque déjà l'âge de cet homme a dépassé quarante ans... »

Ce passage celsien est directement inspiré du chapitre 41 du livre 2 des *Prorrhétiques*, même si, dans ce dernier, l'auteur ne donne aucune indication numérique et se contente de mentionner « les sujets âgés », τῶν γεραιτέρων[115]. Chez Celse, il est explicitement question de personnes âgées de plus de quarante ans et, au début de 2.8.39, il emploie l'expression *in eadem aetate*, ce qui sous-entend que cet âge constitue bien une limite d'un âge de la vie. Mais, l'âge de quarante ans ne correspondant à aucune limite traditionnelle, de quoi peut-on alors la rapprocher ? Des quarante-cinq ans, qui marquent, dans le Varron transmis par Censorinus, la fin de la *iuuenta*, ou bien des quarante-neuf ans qui, dans la tradition hippocratique, symbolisent de même l'entrée dans la πρέσβυτης ? Dans l'un ou l'autre cas, il faut malheureusement se contenter d'un à peu près qui demeure insatisfaisant.

Conclusions sur les âges de la vie dans le De medicina

Dans le *De medicina*, Celse se réfère bien aux six âges de la vie en vigueur dans le monde romain : *infantia*[116], *pueritia, adulescentia, iuuenta, aetas seniorum, senectus*. Si l'on constate une conformité au niveau des noms utilisés, il règne en revanche une grande confusion dans la délimitation chiffrée des périodes de l'existence. Il est extrêmement délicat, voire impossible, de distinguer avec précision les influences exactes subies par l'encyclopédiste, qu'elles soient grecque (Hippocrate) ou romaine (Varron).

---

[113] Cf. *supra*, n. 790.

[114] Peut-être les 25-45 ans hippocratiques sont-ils à rapprocher, pour leur vigueur, des *iuuenes* que Celse qualifie à trois reprises de *robusti* (3.21.16, 5.26.22, 8.11.3) ?

[115] *Prorrh*. 2.41, Littré IX 70-71.

[116] Le substantif n'étant pas utilisé par Celse, il n'apparaît pas dans notre tableau, où l'on trouvera uniquement l'adjectif *infans*.

On constate par ailleurs que, même si les femmes ne sont pas totalement laissées pour compte — comme l'ont montré le cas des *puellae* ou celui des *uirgines* —, le classement des individus malades selon les âges de la vie demeure un classement fondamentalement masculin.

Pour achever cette partie de notre réflexion, nous voudrions proposer un tableau des âges de la vie dans le *De medicina* de Celse, qui sera nécessairement, compte tenu des éléments aperçus au fil ne l'analyse, lacunaire, mais dont nous espérons qu'il aura le mérite d'éclairer un peu l'opacité et la complexité du propos celsien.

	Classement des individus malades selon leur âge dans le *De medicina* de Celse					
Nom de l'âge de la vie	*Pueritia*		*Adulescentia*	*Iuuenta*	*Aetas seniorum*[117]	*Senectus*
Nom de l'individu	infans	puer / puella	adulescens	iuuenis	senior	senes
			iu(ue)niores			
Délimitations chiffrées	7-14 ans ? (2.8.21)		14-25 ans ?	25-40 ans ? (2.8.9)	40-XX ans ? (2.8.38)	

… Soigner la personne

Dans le *De medicina*, Celse ne se contente pas, à la suite de ses devanciers médecins et encyclopédistes, de proposer un classement des malades selon leur sexe ou leur âge. Philippe Mudry, dans son article sur le concept de *medicus amicus*, a écrit que « cette individualisation objective et "scientifique" se prolonge chez Celse par une individualisation subjective[118] ». Effectivement, la catégorisation de

---

[117] Cette expression n'apparaît pas dans le *De medicina*, Celse lui substituant la formule *quique inter iuuentam senectutemque sunt* (2.1.17).

[118] P. Mudry, « *Medicus amicus*. Un trait romain de la médecine antique », *Gesnerus* 37, Lausanne, 1980, p. 17-20 (= P. Mudry, *Medicina, soror philosophiae, Regards*

l'*individu* malade semble insuffisante et réclame une donnée supplémentaire : la prise en considération de la *personne*. À l'expression « individualisation subjective », nous préférons substituer en effet celle de « personnalisme médical », qui consisterait donc en l'attention portée par le soignant à l'alter ego malade. Peut-être pourrait-on d'ailleurs voir dans le « personnalisme » de Celse une réminiscence de l'inflexion panétienne du Moyen Portique, dont témoigne par exemple le premier livre du *De Officiis*, dans lequel Cicéron évoque la « diversité des natures[119] » parmi les hommes, et distingue le « commun » du « propre », en soulignant la particularité de chacun tant du point de vue de l'âme que du corps[120].

Quoi qu'il en soit, concernant le *De medicina*, nous aimerions étudier trois aspects de l'œuvre qui nous paraissent aller peu ou prou dans le sens d'un tel personnalisme : d'abord le rôle de l'amitié dans la médecine proposée par Celse, puis la place occupée par la *fides* dans cette amitié médicale, et enfin les remarques de l'auteur concernant le salut, la mort et l'espoir.

L'amitié dans le *De medicina* : texte et contexte

Avant d'aborder la question de l'amitié dans le *De medicina*, il n'est pas inutile de rappeler que l'*amicitia* romaine n'a pas, ou pas seulement, le sens qu'on lui attribue de nos jours. Elle ne se limite pas en effet à des relations affectives et/ou intellectuelles entre deux personnes. Dans une perspective issue de l'école péripatéticienne et développée ensuite par les stoïciens, l'*amicitia* a une dimension sociale et politique majeure dans le fonctionnement de la société

---

sur la littérature et les textes médicaux antiques (1975-2005), Lausanne, 2006, p. 479-481), p. 480.
[119] Cicéron, *De Officiis* 112 : *differentia naturarum*.
[120] Cicéron, *De Officiis* 107 : *Intellegendum etiam est duabus quasi nos a natura indutos esse personis ; quarum una communis est [...] altera autem quae proprie singulis est tributa. Vt enim in corporibus magnae dissimilitudines sunt [...] sic in animis exsistunt maiores etiam uarietates.* « Il faut encore comprendre que la nature nous a fait endosser en quelque sorte deux personnages ; l'un nous est commun [...] quant à l'autre, il nous a été attribué à chacun personnellement. De même en effet que les corps présentent de grandes différences [...] de même les âmes offrent-elles de plus grandes diversités encore. »

romaine[121], en ce qu'elle contribue à tisser des liens étroits entre les individus. Elle a une valeur organisatrice, qui se fonde, comme c'est par exemple le cas dans la pensée cicéronienne, sur la notion d'*humanitas*, autrement dit sur une inclination naturelle à se soucier d'autrui.

Il convient à présent de nous interroger sur le rôle joué par l'*amicitia* dans la médecine exposée par Celse dans le *De medicina*. Et force est de constater que le concept n'apparaît qu'une seule fois[122], à la fin de la fin de la Préface générale :

Ob quae conicio eum qui propria non nouit communia tantum debere intueri ; eumque qui nosse proprietates potest non illas quidem oportere neglegere, sed his quoque insistere. Ideoque, cum par scientia sit, utiliorem tamen medicum esse amicum quam extraneum. (Pr.73)

« Ainsi je conjecture que celui qui ne connaît pas les éléments particuliers doit seulement observer les éléments communs ; que celui qui peut connaître les particularités, il convient que, certes, il ne les néglige pas, mais qu'il s'attache aussi aux éléments communs ; que par conséquent, à savoir égal, le médecin est cependant plus utile quand il est un ami que lorsqu'il est un étranger. »

---

[121] Sur le rôle joué par l'*amicitia* dans l'organisation de la société romaine républicaine, cf., par ex., A.-C. Harders, Ann-Cathrin, « 'Let us join our hearts!' - The Role and Meaning of Constructing Kinship and Friendship in Republican Rome », in K. Mustakkalio – C. Krötz (éds.), *De amicitia. Friendship and social networks in Antiquity and the Middle Ages, Acta Instituti Romani Finlandiae*, vol. 36), Rome, p. 33-47.

[122] Au-delà de la Préface, l'amitié apparaît une seconde fois dans le *De medicina*, mais sans incidence sur notre propos. Il s'agit du paragraphe 3.21.3, où Celse évoque, dans le récit d'une anecdote, un ami (non identifié !) du roi Antigone : *Ideoque * non ignobilis medicus, Chrysippi discipulus, apud Antigonum regem, amicum quendam eius, notae intemperantiae, mediocriter eo morbo inplicitum, negauit posse sanari ; cumque alter medicus Epirotes Philippus se sanaturum polliceretur, respondit illum ad morbum aegri respicere, se ad animum.* « C'est pourquoi *, un médecin non sans noblesse, disciple de Chrysippe, auprès du roi Antigone, dit qu'un certain ami de ce dernier, à l'intempérance reconnue, modérément enveloppé par cette maladie, ne pouvait être soigné ; et comme un second médecin, Philippe d'Épire, promettait qu'il le soignerait, le premier répondit que l'autre se tournait du côté de la maladie du malade, lui du côté de son âme. »

Cet extrait de l'ouvrage celsien a notamment été commenté par Philippe Mudry, à la fois dans son article sur le *medicus amicus*[123] et dans son commentaire à la Préface[124], textes dont il nous faut résumer ici les principaux arguments. Le critique réfute tout d'abord la thèse de Deichgräber selon laquelle Celse suivrait la doctrine empiriste d'individualisation du malade, directement issue d'une philanthropie hippocratique qui « ne postule pas une relation personnelle d'amitié[125] ». Il insiste sur l'originalité du propos celsien, non seulement par rapport à ses devanciers, mais aussi par rapport à l'un de ses successeurs, Galien[126]. L'apparition du *medicus amicus* ne serait ainsi pas tant liée à une évolution chronologique de la médecine qu'à une perspective proprement romaine, inspirée sans doute par le *paterfamilias* catonien[127]. Elle s'inscrit d'ailleurs, dans le cheminement de la Préface du *De medicina*, dans le cadre de la réfutation du méthodisme menée aux paragraphes 62-73[128].

Même si le lien entre le praticien et l'amitié est unique dans l'œuvre de Celse, il mérite toute notre attention. D'une part parce que sa place dans l'économie de l'œuvre, au terme de la préface, lui confère sans doute une valeur « programmatique » qui s'étend donc à

---

[123] P. Mudry, « *Medicus amicus*. Un trait romain de la médecine antique », *Gesnerus* 37, Lausanne, 1980a, p. 17-20 (= P. Mudry, *Medicina, soror philosophiae, Regards sur la littérature et les textes médicaux antiques (1975-2005)*, Lausanne, 2006, p. 479-481).

[124] P. Mudry, *La Préface du De medicina de Celse. Texte, traduction et commentaire*, Bibliotheca Helvetica Romana (XIX), Lausanne, 1981, p. 198-200.

[125] *Ibid.*, p. 199.

[126] P. Mudry, « *Medicus amicus...* » : « Ce jugement de Celse exprime une conception de la relation entre le médecin et le malade qui nous paraît inconnue de la médecine grecque. En effet, qu'un lien d'amitié entre le médecin et le malade assure une thérapeutique plus efficace est une idée qui, à notre connaissance, ne se trouve nulle part dans la littérature médicale grecque, de la *Collection hippocratique* à Galien. » (p. 479).

[127] Cf. P. Mudry, *La Préface...*, p. 199.

[128] P. Mudry, « *Medicus amicus*. Un trait romain de la médecine antique », *Gesnerus* 37, Lausanne, 1980a, p. 17-20 (= P. Mudry, *Medicina, soror philosophiae, Regards sur la littérature et les textes médicaux antiques (1975-2005)*, Lausanne, 2006, p. 479-481), p. 480 ; P. Mudry, *La Préface du De medicina de Celse. Texte, traduction et commentaire*, Bibliotheca Helvetica Romana (XIX), Lausanne, 1981, p. 200.

l'ensemble des propos tenus ensuite[129]. D'autre part parce qu'il est possible d'établir des parallèles avec d'autres textes contemporains, qui nous éclairent sur la place de l'amitié en médecine à l'époque du *De medicina*, au-delà de ce seul ouvrage.

C'est pourquoi nous aimerions ici opérer un détour par un dialogue de Sénèque, rédigé environ une trentaine d'année seulement après l'encyclopédie celsienne, à savoir le *De beneficiis*[130]. Au chapitre 16 du livre 6, le Cordouan mène une réflexion sur la rétribution des bienfaits, et aborde le cas des médecins, qu'il place sur un pied d'égalité avec les précepteurs :

Qui ergo ? quare et medico et praeceptori plus quiddam debeo nec aduersus illos mercede defungor ? Quia ex medico praeceptore in amicum transeunt et nos non arte, quam uendunt, obligant, sed benigna et familiari uoluntate. Itaque medico, si nihil amplius quam manum tangit et me inter eos, quos perambulat, ponit sine ullo adfectu facienda aut uitanda praecipiens, nihil amplius debeo, quia me non tamquam amicum uidet, sed tamquam emptorem. [...] Quid ergo est, quare istis multum debeamus ? non quia pluris est, quod uendiderunt, quam emimus sed quia nobis ipsis aliquid praestiterunt. Ille magis pependit, quam medico necesso est ; pro me, non pro fama artis extimuit ; non fuit contentus remedia monstrare : et admouit ; inter sollicitos adsedit, ad suspecta tempora occurrit ; nullum ministerium illi oneri, nullum fastidio fuit ; gemitus meos non securus audiuit ; in turba multorum inuocantium ego illi potissima curatio fui ; tantum aliis uacauit, quantum mea ualetudo permiserat : huic ego non tamquam medico sed tamquam amico obligatus sum. (6.16.1-5)

« Mais alors, pourquoi au médecin comme au précepteur suis-je redevable d'un surplus, au lieu d'être quitte envers eux pour un simple salaire ? Parce que de médecin ou de précepteur ils sont transformés en amis, et que nous devenons leurs obligés, non pour les ressources de leur art, qu'ils nous vendent, mais pour la bonté et le caractère affectueux des sentiments qu'ils nous témoignent. C'est pourquoi, avec le médecin, s'il ne fait que tâter mon pouls, et s'il me compte parmi ceux qu'il voit dans sa tournée hâtive, sans éprouver le moindre sentiment lorsqu'il me prescrit ce qu'il faut faire ou éviter, je ne suis point en reste, parce qu'il

---

[129] P. Mudry, « *Medicus amicus...* » : « Il ne s'agit donc pas d'une remarque que Celse ferait en passant, mais d'un aspect essentiel de la méthodologie médicale qui est la sienne. » (p. 480).
[130] Sur la datation du *De beneficiis*, cf. F. Préchac, *Sénèque. Des bienfaits.* (C.U.F.), 2 vol. Paris, 1961, p. I-XVI. C'est sa traduction que nous reproduisons.

me voit non comme un ami, mais comme un client. [...] Quelle est donc la raison pour laquelle nous devons beaucoup à ces hommes ? Ce n'est pas que la valeur de ce qu'ils nous ont vendu dépasse le prix auquel nous l'avons acheté, mais ils ont fait quelque chose pour nous personnellement. Tel a connu l'espoir et l'inquiétude plus qu'il n'est besoin à un médecin ; c'est pour moi, non pour sa réputation professionnelle qu'il tremblait ; il ne s'est pas borné à m'indiquer les remèdes : il les appliquait aussi de sa main ; au nombre des personnes anxieuses il était assis à mon chevet ; aux heures critiques il ne manquait pas d'être là ; aucune corvée ne lui pesait, aucune ne le rebutait ; il n'entendait pas mes gémissements sans émotion ; dans la foule nombreuse des clients qui l'appelaient à eux j'étais l'objet préféré de ses soins ; il n'avait de temps pour les autres qu'autant que l'état de ma santé lui en laissait : celui-là, ce n'est pas comme médecin, mais comme ami qu'il m'a fait son obligé. »

L'amitié dont fait preuve le médecin est caractérisée, selon Sénèque, par deux qualités principales, la bienveillance et la proximité affective (*benigna et familiari*), toutes deux exprimées sans contrainte (*uoluntate*). La relation entre le médecin et le malade est alors un véritable lien (*obligant, obligatus sum*) qui conduit le praticien à ne plus se soucier des intérêts de l'art ou de sa réputation, mais à concentrer son attention sur la personne qui lui fait face (*nobis ipsis, pro me, ego illi potissima curatio fui, mea*). Le bon praticien est ainsi celui qui est touché par le sort du malade (*adfectu*), et qui *gemitus [...] non securus audiuit*, « n'entend pas les gémissements sans émotion ».

Ce dernier point de l'exposé sénéquien peut être rapproché de la Préface celsienne aux livres de chirurgie, dans le passage fameux où Celse décrit ainsi le chirurgien idéal :

> *Misericors sic, ut sanari uelit eum, quem accepit, non ut clamore eius motus uel magis quam res desiderat properet, uel minus quam necesse est secet ; sed perinde faciat omnia, ac si nullus ex uagitibus alterius adfectus oriatur.* (7.Pr.4)

> « [Le chirurgien doit être] Miséricordieux, de façon à vouloir soigner celui qu'il reçoit, mais sans, ému par les cris de ce dernier, soit se hâter plus que le cas ne le réclame, soit couper moins qu'il n'est nécessaire ; mais tout faire comme si aucun ressenti n'était provoqué par les cris d'autrui. »

On peut se demander si la mise au point (*sic, ut*) faite par Celse n'est pas liée à la dimension amicale de la médecine qu'il prône dans la

Préface générale de son ouvrage. En effet, voilà qui justifierait encore davantage que l'encyclopédiste rappelle la nécessité pour le médecin, malgré l'*amicitia* qui peut le lier au malade, de contenir tout affect, presque à la manière d'un comédien qui masquerait ses émotions, comme semble le suggérer la tournure comparative (*perinde ac si*). Celse ne cherche donc pas à nier les sentiments éprouvés pour le malade, mais à les dissimuler, temporairement, afin de ne pas perturber la bonne application des pratiques qu'il exposera dans la suite des livres 7 et 8.

La question de l'amitié dans les relations entre le médecin et le malade toucherait donc de très près celle de la *misericordia* éprouvée par le premier. Il faut rappeler, avec Philippe Mudry, que nous ne sommes pas ici en présence de la philanthropie (φιλανθρωπία) hippocratique, qui s'appuie principalement sur « un souci d'efficacité professionnelle[131] » fondée sur des critères d'utilité[132]. Il s'agirait plutôt en effet d'une « sensibilité personnelle à la souffrance de l'autre », d'influence stoïcienne[133] et peut-être liée également au

---

[131] P. Mudry, « La déontologie médicale dans l'antiquité grecque et romaine : mythe et réalité », *Revue médicale de la Suisse romande*, 106, Genève, 1986b, p. 3-8 (= P. Mudry, *Medicina, soror philosophiae, Regards sur la littérature et les textes médicaux antiques (1975-2005)*, Lausanne, 2006, p. 441-449), p. 444.

[132] Cf. L. Bourgey, « La relation du médecin au malade dans les écrits de l'école de Cos », in *La collection hippocratique et son rôle dans l'histoire de la médcine, Colloque de Strasbourg (23-27 otobre 1972) organisé par le Centre de Recherches sur la Grèce Antique, avec le concours des Facultés de Philosophie et des Langues Classiques*, Leiden, 1975, p. 209-217 : « Cependant ces attentions, si diverses qu'elles soient, n'expriment pas encore à notre avis l'aspect le plus élevé des rapports entre le médecin et le malade ; elles restent trop pour une part au niveau d'une certaine habileté. » (p. 224). Voir aussi P. Mudry, « Ethique et médecine à Rome : la préface de Scribonius Largus ou l'affirmation d'une singularité », in *Médecine et morale dans l'Antiquité. Entretiens de la Fondation Hardt, Tome XLIII*, Genève, 1997b, p. 297-337 (= P. Mudry, *Medicina, soror philosophiae...*, p. 207-230) : « Il ne s'agit pas pour le médecin hippocratique d'exercer sa bienveillance, encore moins sa miséricorde en portant secours à autrui, il s'agit d'être utile au malade, c'est-à-dire de combattre la maladie, en usant au mieux des ressources de son art. » (p. 215).

[133] Cf. P. Mudry, « Ethique et médecine à Rome... », p. 297-337 (= P. Mudry, *Medicina, soror philosophiae, Regards sur la littérature et les textes médicaux antiques (1975-2005)*, Lausanne, 2006, p. 207-230) : « Cette conception nouvelle a peut-être été influencée par la morale stoïcienne. » (p. 219). Cf. aussi P. Mudry, « Pour une rhétorique de la description des maladies. L'exemple de *La médecine* de Celse », in *Demonstrare : Voir et faire voir : forme de la démonstration à Rome*.

développement des religions orientales dans l'Empire du Ier siècle ap. J.-C.[134]. Quoi qu'il en soit, cette disposition bienveillante envers autrui nous semble trouver son origine dans les liens profonds qui unissent, dès la pensée aristotélicienne, amitié et altérité.

Dans l'*Éthique à Nicomaque*, Aristote affirmait déjà que « l'ami est un autre soi-même », ἔστι γὰρ ὁ φίλος ἄλλος αὐτός[135]. Cette idée sera retranscrite à l'identique par Cicéron au chapitre 21 de son *De Amicitia*, pour faire le portrait du *uerus amicus*, « l'ami véritable », comme celui « qui est comme un autre soi-même », *qui est tamquam alter idem*[136]. Dans la lignée de cette définition, Celse parle en 7.Pr.4 des « cris d'autrui », *uagitibus alterius*, en ayant lui aussi recours au pronom indéfini qui lui permet, comme l'a fait remarquer Philippe Mudry[137], de souligner l'identité que le chirurgien ressent dans l'altérité souffrante qui lui fait face. On voit ainsi très clairement apparaître, dans la médecine du *De medicina*, une tension entre d'une part la reconnaissance dans la personne du malade d'un *alter ego* et, d'autre part, la nécessité d'une certaine distance pour une mise en pratique efficace de la médecine.

Cette idée de distance malgré le fait de se reconnaître en autrui se retrouve peut-être dans le chapitre 6.18, où Celse aborde la question des maladies génitales et anales[138] :

Actes du Colloque international de Toulouse, 18-20 novembre 2004, réunis par Mireille Armisen-Marchetti (*Pallas, Revue d'études antiques*, 69), Montpellier, 2006, p. 323-332 (= P. Mudry, *Medicina, soror philosophiae…*, p. 9-18), p. 18.

[134] Cf. P. Mudry, « Ethique et médecine à Rome… », 1997b, p. 297-337 (= P. Mudry, *Medicina, soror philosophiae…*, p. 207-230) : « Je me demande maintenant, à simple titre d'hypothèse, si l'emprise croissante des religions orientales sur les esprits, avec leur message de salut et de fraternité, n'a pas également joué un rôle important. » (p. 229). Nous aurons l'occasion de revenir sur cette question (cf. *infra*, Seconde partie, p. 324 sqq.).

[135] Aristote, *Éthique à Nicomaque* 1166a.

[136] Cicéron, *De Amicitia* 21.80.

[137] Cf. P. Mudry, « Ethique et médecine à Rome… », p. 297-337 (= P. Mudry, *Medicina, soror philosophiae…*, 2006, p. 207-230) : « Celse ne dit pas les cris du patient, mais les cris "de l'autre" (alterius). » (p. 219). Pour des remarques analogues, cf. P. Mudry, « Du cœur à la miséricorde. Un parcours antique entre médecine et philologie. », in É. Van der Schueren (éd.), *Une traversée des savoirs. Mélanges offerts à Jackie Pigeaud*, Laval, 2008, p. 405-415 (= P. Mudry, *Medicina, soror philosophiae…*, p. 1-8).

[138] Sur ce chapitre et la question des *foediora uerba*, cf. von Staden (1991). Pline, dans l'*Histoire naturelle*, invoque quant à lui les recommandations des autorités

Neque tamen ea res a scribendo me deterrere debuit : primum, ut omnia quae salutaria accepi, conprehenderem ; dein, quia in uolgus eorum curatio etiam praecipue cognoscenda est, quae inuitissimus quisque alteri ostendit. (6.18.1)

« Et cependant cette situation ne doit pas m'effrayer au point de m'empêcher de l'écrire : d'abord, afin de rassembler tous les éléments salutaires que j'ai recueillis ; ensuite, parce que doit être principalement connu du plus grand nombre le traitement de ce que chacun ne montre à autrui que bien malgré lui. »

Celse souligne l'extrême réticence (*inuitissimus*) que peut témoigner le malade à montrer (*ostendit*) les parties de son corps frappées d'une certaine gêne. On peut légitimement se demander si ce passage n'entre pas dans la perspective d'une éventuelle automédication, comme semble le suggérer l'expression *in uolgus*, « au plus grand nombre », qui semble renvoyer aux destinataires (*cognoscenda est*) de ce chapitre. On voit surtout que, à rebours de 7.Pr.4, le pronom *alter* renvoie ici non plus au malade, mais à un éventuel soignant. La conscience de l'altérité n'a ainsi plus pour origine le soignant, mais le malade. En rapprochant les paragraphes 7.Pr.4 et 6.18.1, on obtiendrait donc une image complète d'une relation médicale amicale, fondée sur la reconnaissance réciproque, entre malade et soignant, d'une altérité.

La nécessité de cette reconnaissance réciproque nous semble encore soulignée par un autre passage du *De medicina*. Prenons le paragraphe 3.9.4, déjà partiellement analysé[139], sur le traitement des fièvres lentes :

Neque ideo tamen non est temeraria ista medicina, quia, si plures protinus a principiis excepit, interemit. Sed, cum eadem omnibus conuenire non possint, fere quos ratio non restituit, temeritas adiuuat ; ideoque eiusmodi medici melius alienos aegros quam suos nutriunt. (3.9.4)

« Et malgré tout elle n'est assurément pas sans être téméraire, cette médecine, parce que si elle prend en charge immédiatement les malades,

---

passées pour citer des *pudenda* : *Quaedam pudenda dictu tanta auctorum adseueratione commendantur ut praeterire fas non sit.* « Il est certains remèdes répugnants à décrire, mais recommandés par les auteurs avec une telle insistance qu'il n'est pas permis de les passer sous silence. »
[139] Cf. *supra*, p. 270.

elle tue la plupart. Mais, comme les mêmes choses ne peuvent convenir à tous, ceux que la raison n'a pas rétablis, la témérité les aide ; c'est pourquoi les médecins de ce genre soignent mieux les malades des autres que les leurs. »

Nous avions vu qu'il est ici question du traitement d'un certain Pétron, envisagé comme ultime recours en cas d'échec des thérapeutiques courantes, et que c'est la particularité des malades qui peut justifier l'utilisation d'un remède *temeraria*. Les « médecins de ce genre » (*eiusmodi medici*) sont donc les sectateurs de Pétron, et Celse insiste immédiatement sur leur plus grande facilité à soigner « les malades des autres que les leurs ». Pour ce faire, il oppose au possessif *suos* l'adjectif *alienus*, dérivé d'*alius*, c'est-à-dire renvoyant à une altérité distincte et multiple, et non, comme *alter*, à une altérité semblable et unique[140]. Autrement dit, les malades étrangers seraient ceux dont le soignant n'est pas proche, au sens où il ne reconnaîtrait pas en chacun d'eux un *alter ego* ami.

Le fondement de la relation amicale : la question de la *fides*

Le personnalisme, inséparable de l'orientation académique de Celse, intervient dans le doute que peut éprouver un patient nourri par les éventuels échecs de la thérapeutique, et légitime donc toute la démarche de la confiance placée dans le soignant, la *fides*. Ce mot latin, tant d'un point de vue étymologique que sémantique, est à mettre en relation avec le grec πίστις[141]. Ils partagent ainsi « la même racine **bheidh-* au degré zéro et l'essentiel de l'ossature sémantique[142] ». Mais, si les correspondances entre le grec et le latin sont profondes, « il faut immédiatement préciser que le latin peut entendre la "confiance" de deux manières : d'une manière active – *fides* est alors la "confiance que l'on donne" – et d'une manière passive – *fides* est dans ce cas la "confiance que l'on obtient"[143] ». Par ailleurs, il

---

[140] Cf. A. Ernout – A. Meillet, *Dictionnaire étymologique de la langue latine : histoire des mots*, Paris, 2001 (4ᵉ éd., 1ʳᵉ éd. 1932), p. 21-22.
[141] Cf. A. Ernout – A. Meillet, *ibid.*, p. 233.
[142] G. Freyburger, *Fides. Étude sémantique et religieuse depuis les origines jusqu'à l'époque augustéenne*, Paris, 1986, p. 33.
[143] G. Freyburger, *ibid.*, p. 319-320.

convient de rappeler que la *fides* se double, à Rome, d'une dimension sociale très importante[144], au-delà de sa seule valeur religieuse[145].

Dans le domaine amical, la *fides* joue un rôle de premier ordre, comme le répète à plusieurs reprises Cicéron dans le *De amicitia*. Ainsi au chapitre dix-huit, lorsqu'il souligne l'importance de l'application dans le choix des amis, il énonce sous forme de maxime :

> *Firmamentum autem stabilitatis constantiaeque est eius, quam in amicitia quaerimus, fides ; nihil est enim stabile, quod infidium est.* (18.65)
>
> « Or la stabilité, la constance que nous cherchons en amitié reposent sur la bonne foi ; rien de stable en effet sans bonne foi. »

La *fides*, mise en valeur en fin de clausule dans la phrase latine, est présentée comme une garantie de la stabilité de l'amitié (*firmamentum*), au point que l'Arpinate éprouve le besoin d'une variation sur son propos, cette fois par la négative (*nihil stabile... infidium*).

Quelques chapitres plus loin, à l'ouverture de la partie de son dialogue consacrée à la franchise, Cicéron écrit :

> *Vna illa subleuanda offensio est, ut et utilitas in amicitia et fides retineatur...* (23.88)
>
> « Il est pourtant un motif d'irritation dont il faut atténuer les effets plus que pour tout autre, afin de préserver dans l'amitié l'utilité et la confiance... »

Le « motif d'irritation » dont parle l'auteur est la non-franchise envers ses amis, auxquels il ne faut pas hésiter à adresser des reproches, mais avec bienveillance. Ce qui est remarquable, c'est de voir associés ici, outre l'*amicitia* et la *fides*, la notion d'*utilitas*, autrement dit « l'avantage, le profit ». On pourrait en effet rapprocher la phrase cicéronienne de la Préface de Celse, et plus précisément du passage sur le *medicus amicus*, où l'encyclopédiste rappelait la plus grande « utilité » (*utiliorem*) du médecin ami. S'il est vrai que la notion de *fides* n'apparaît pas dans ce passage celsien, on peut toutefois émettre

---

[144] G. Freyburger, *ibid.*, p. 3 et 97 sqq. (« Deuxième partie. Développement historique et religieux de la notion »).

[145] Cf. G. Freyburger, *ibid.* : « Ce bilan sémantique interdit de considérer a priori *fides*, à la suite de certains savants, comme un terme spécifique du vocabulaire religieux. *Fides* s'appuie à la fois sur le profane et le sacré. » (p. 320).

l'hypothèse qu'elle n'est sans doute pas absente de la relation soignant-malade telle que l'envisage notre auteur.

Et pour cause, on retrouve le concept de *fides* dans chaque grande partie du *De medicina*. Six passages ont retenu notre attention, inégalement répartis quant à leur objet entre : 1) la *fides* envers l'art en général ou un traitement en particulier ; 2) la *fides* envers le praticien. Dans les deux cas, il faudra mener une étude pour tenter de délimiter, dans la mesure du possible, la part de la « confiance donnée » et celle de la « confiance reçue ».

La confiance envers l'art ou envers un traitement médical

Dans le *De medicina*, la *fides* se manifeste le plus souvent envers l'art médical ou envers un traitement médical particulier. La première de ces occurrences se situe au livre 2, dans le chapitre consacré aux signes qui annoncent une mort imminente :

> *Sed tamen medicinae fides est, quae multo saepius perque multo plures aegros prodest.* (2.6.18)
>
> « Mais cependant la confiance est le propre de la médecine, qui la plupart du temps est utile à la majorité des malades. »

C'est ainsi que Celse achève des considérations, entamées en 2.6.13, sur le caractère aléatoire de la médecine, dont il souhaite affirmer en dernier lieu la dimension globalement positive. Philippe Mudry a souligné la difficulté rencontrée par les traducteurs de Celse pour rendre l'expression *medicinae fides*[146]. Ainsi, Spencer a recours à une tournure verbale et propose : « The medical art is to be relied upon[147]. » Plus récemment, Guy Serbat a opté pour une formulation impersonnelle : « On fait confiance à la médecine[148]. » Mudry propose

---

[146] P. Mudry, « *Ratio* et *coniectura* dans les textes médicaux latins », in D. Langslow – B. Maire (éds.), *Body, Disease and Treatment in a Changing World, Latin texts and contexts in ancient and medieval medicine (Proceedings of the ninth International Conference « Ancient Latin Medical Texts », Hulme Hall, University of Manchester, 5th-8th September 2007)*, Lausanne, 2010, p. 343.

[147] W. G. Spencer, *Celsus. On Medicine. Edition by J. Henderson (vol. 1 et 3), by G. P. Goold (vol. 2), Translation by William G. Spencer* (Loeb Classical Library), 3 vol., Cambridge, Mass.-Londres, 1935-1938 (5ᵉ éd. du vol. 2, 1989 ; 6ᵉ éd. du vol. 3, 2002), vol. 1, p. 116-117.

[148] G. Serbat, *Celse. De la Médecine.* (C.U.F.), Paris, 1995, p. 61.

quant à lui « la médecine est fiable[149] ». Ces traductions, malgré leurs qualités, ne nous semblent pas rendre la structure même de l'expression latine. Grammaticalement, deux solutions s'offrent à qui veut traduire cette expression : faire *De medicinae* soit un datif singulier, soit un génitif singulier, et donc envisager une construction soit en « *esse* + datif » marquant l'appartenance, soit en « *esse* + génitif » marquant la spécificité. C'est cette seconde option que nous proposons pour notre propre traduction, car elle nous paraît restituer quelque peu « la force éclatante[150] » de la formule celsienne : « la confiance est le propre de la médecine ». Tout du moins, elle a le mérite de rendre ce que Celse cherche semble-t-il à exprimer avec force, à savoir que la *fides* constitue l'essence même de la médecine, qu'elle en est une condition *sine qua non* d'existence. D'ailleurs, on retrouve dans notre phrase la notion d'*utilitas* dont nous avons déjà parlé, à travers le verbe de la relative, *prodest*, « être utile », qui nous paraît témoigner que la *fides* envers l'art est avant tout motivée par l'utilité de ce dernier.

Au fil du *De medicina*, on constate que la confiance envers l'art peut aussi être transposée envers tel ou tel traitement. Au chapitre 5.28, Celse s'exprime ainsi :

> *Quodcunque uero medicamentum impositum est, si satis proficiet, protinus a uiuo corruptam partem resoluit ; certaque esse fiducia potest fore, ut undique uitiosa caro excidat, qua [huiusce rei medicamen] exest.* (5.28.1D)
>
> « Or à chaque fois que le médicament a été appliqué, s'il est suffisamment utile, il détache aussitôt la chair corrompue de celle qui vit ; et on peut avoir une confiance absolue que partout la chair viciée qui demeure tombe. »

Loin du doute légitime que certains peuvent manifester envers l'art médical, ce passage montre que, dans le cas de certaines lésions d'origine interne, un médicament est en mesure de garantir une efficacité (*satis proficiet*) quasi certaine, et qu'il est donc possible d'y accorder une totale confiance (*certa… fiducia*).

Une telle situation n'est cependant pas générale. Voyons par exemple le cas du chapitre 5.26 sur le traitement des lésions :

---

[149] P. Mudry, « *Ratio* et *coniectura*… », *ibid.*
[150] *Ibid.*

> *Sed si quis huic parum confidit, imponere medicamentum debet, quod sine sebo compositum sit ex is, quae cruentis uulneribus apta esse proposui.* (5.26.23F)

« Mais si l'on a trop peu confiance en ce traitement, on doit appliquer un médicament qui est composé sans suif, parmi ceux que j'ai établis comme étant adaptés aux blessures qui saignent. »

Dans ce passage, l'encyclopédiste propose un pis-aller à son lecteur, sous la forme d'un renvoi au paragraphe 5.19.1[151]. Il s'agit de prendre en compte, dans les soins qu'il propose, l'éventuelle défiance (*si... parum confidit*) qui pourrait accompagner un traitement, pour en proposer un autre. La multiplication des pistes thérapeutiques ne nous semble ainsi pas tant fondée sur une approche encyclopédique qui se voudrait accumulative, que sur une vision lucide de l'art médical.

Au sein des livres de chirurgie, il arrive même que la confiance envers un acte thérapeutique soit encouragée :

> *Latius intestinum sui potest, non quo certa fiducia sit [...] interdum enim glutinatur.* (7.16.1)

« Le gros intestin peut être cousu, non qu'il y ait en cela une confiance absolue [...] car parfois il cicatrise. »

Cette remarque de Celse trouve son explication (*enim*) dans l'éventualité (*interdum*) d'une réussite médicale. L'incertitude (*non quo certa*) qui entoure ce succès ne suffit pas à dissuader l'encyclopédiste de mentionner la suture de l'intestin. La confiance, représentée ici sous la forme de la *fiducia*, est donc une valeur importante sur laquelle il est possible de s'appuyer, et ce quel que soit son degré de certitude. D'une manière générale, il ressort des extraits que nous avons cités que la confiance accordée à l'art ou au traitement constitue un enjeu médical d'importance, qui peut mener à une nouvelle orientation thérapeutique voire à une certaine prise de risque.

La confiance envers le praticien

Même si elle apparaît plus rarement que celle envers l'art ou un traitement médical, la *fides* envers le praticien n'est pas totalement absente du *De medicina*. Une telle confiance se retrouve une unique fois dans l'ouvrage celsien, dès la Préface :

---

[151] Cf. Annexe, cas #57.

Ita neque disputationi neque auctoritati cuiusquam fidem derogari oportuisse. (Pr.29)

« Ainsi, il n'aurait fallu retirer sa confiance ni à l'argumentation ni à l'autorité de chacun. »

Cette phrase appartient aux arguments antidogmatiques présentés par Celse, et adopte le point de vue des empiriques, qui insistent sur la relativité de l'art médical. Immédiatement auparavant (Pr.28), Hippocrate, Hérophile et Asclépiade sont ainsi mentionnés comme autant d'autorités médicales toutes dignes de confiance. Ce qui intéresse particulièrement ici notre propos, c'est le fait que l'encyclopédiste associe l'idée de *fides* non pas à l'art médical ou à un traitement particulier, mais à tel ou tel médecin célèbre.

Cette application de la confiance se retrouve d'ailleurs au terme des *Compositions* de Scribonius Largus, où ce contemporain de Celse écrit :

Harum compositionum, si qua fides est, ipse composui plurimas et ad ea, quae scripta sunt, facientis scio ; paucas, sed valde paucas ab amicis (et ipsis aeque ac mihi credo) acceptas adieci, quas cum iureiurando adfirmaverunt se ipsos expertos esse et bene facientis scire ad vitia quae scripta sunt. (Compositions *271*)

« Ces compositions, si l'on peut leur accorder quelque confiance, c'est que j'en ai composé moi-même le plus possible et je sais, au sujet des maladies qui ont été indiquées, qu'elles fonctionnent ; quelques-unes, mais vraiment quelques-unes, je les ai exposées en les ayant reçues d'amis (et je leur fais confiance autant qu'à moi), dont ils m'ont affirmé et juré qu'ils les avaient expérimentées et qu'ils savaient qu'elles fonctionnent bien pour les maladies qui ont été indiquées. »

Cet ultime paragraphe de l'ouvrage de Scribonius Largus nous semble insister avec force sur l'idée que la confiance serait cruciale au sein de l'art médical. Non seulement l'auteur mentionne la *fides* envers les compositions qu'il a exposées dans son traité, mais il rappelle également leur origine, qui est double : d'une part, il les a expérimentées lui-même, et d'autre part, pour un tout petit nombre d'entre elles, il les tient d'amis (*ab amicis*) auxquelles il accorde toute sa confiance, en ce qu'il semble reconnaître en eux des égaux (*et ipsis aeque ac mihi credo*).

Ainsi, à la lumière du *De medicina* celsien comme de l'ouvrage de Scribonius, on peut se demander si le praticien ne serait pas en quelque sorte l'incarnation de la *fides* due à l'art, en même temps que l'art bénéficierait de la *fides* au cœur de la relation praticien-malade.

La mort, le salut et l'espoir dans le *De medicina*

Si la relation du malade à la médecine et au praticien peut avoir pour fondement la *fides*, par quoi cette dernière est-elle profondément motivée ? Il semble en effet qu'au-delà d'une simple guérison, d'autres enjeux se font jour dans le *De medicina*, qui touchent à la permanence de la vie, à la perpétuation de l'existence. Les questions de la mort, du salut et de l'espoir occupent ainsi une place importante dans l'économie de l'œuvre, en ce qu'elles sont très souvent au centre des préoccupations du malade comme du soignant, en particulier dans le cadre de l'établissement du pronostic, et sont primordiales dans ce que l'on pourrait appeler la dimension psychologique de la médecine.

Mais en guise de propédeutique à l'analyse de ces thèmes, il nous paraît intéressant d'observer succinctement la place que Celse alloue à la médecine par rapport au corps malade. Il semble en effet que l'art médical doive, parfois de haute lutte, gagner sa place au sein du corps affecté afin de pouvoir entrer en action. D'emblée, la question qui se pose au praticien est : y a-t-il un espace dans lequel l'art médical pourra s'insérer et être efficace ? Dans certains cas d'épilepsie ou de fistules, la réponse est sans appel : *medicinae locus non est*, « il n'y a pas de place pour la médecine[152] ». La maladie est considérée souvent comme invasive, elle occupe le corps, et il arrive qu'avant même d'envisager l'application d'une thérapeutique, il faille au préalable ménager un lieu où l'art médical pourra exister. Ainsi la friction peut-elle avoir une telle fonction préparatrice :

> *Sed tunc quoque unicum in frictione praesidium est ; quae si calorem in cutem euocauit, potest alicui medicinae locum facere.* (2.14.11)

> « Mais dans cette situation aussi on trouve dans la friction un secours unique ; elle qui, si elle a attiré la chaleur à la peau, peut créer un espace pour une autre médecine. »

---

[152] Cf. 2.8.29 : *si uero aut mens laesa est, aut neruorum facta resolutio, medicinae locus non est*. « or si d'une part l'esprit est atteint ou si une paralysie s'est installée, il n'y a pas de place pour la médecine » et 7.4.2B : *In eo medicinae locus nullus est*. « Dans ce cas il n'y a nulle place pour la médecine. »

La friction est mise en avant par Celse à la fois dans son unicité (*unicum*), mais aussi dans sa force, puisqu'elle est associée à l'idée d'un véritable « secours » (*praesidium*), selon une métaphore militaire qui confirme bien l'idée d'une lutte à mener pour laisser la place (*locum facere*), potentiellement (*quae si... potest*), à une seconde démarche thérapeutique (*alicui medicinae*). On retrouve d'ailleurs une idée identique, et la même expression *locum facere*, dans le chapitre 3.21 consacré aux hydropisies[153].

Une étape supplémentaire paraît franchie, lorsque, face à une situation ne laissant pas de place à un processus thérapeutique quel qu'il soit, le médecin est invité à transformer la maladie :

Nonnumquam etiam lentae febres sine ulla remissione corpus tenent, ac neque cibo neque ulli remedio locus est. In hoc casu medici cura esse debet, ut morbum mutet ; fortasse enim curationi oportunior fiet. (3.9.1)

« Parfois même des fièvres lentes occupent le corps sans aucun répit, et il n'y a de place ni pour la nourriture ni pour le moindre remède. Dans ce cas, le médecin doit s'appliquer à modifier la maladie ; car peut-être celle-ci se prêtera-t-elle davantage à un traitement. »

L'idée que les fièvres « occupent » (*tenent*) le corps constitue une nouvelle métaphore militaire, et Celse souligne nettement, par la multiplication de formes négatives (*nonnumquam... sine ulla... neque... neque ulli*), l'impasse thérapeutique dans laquelle se trouve ici le médecin. L'encyclopédiste donnera immédiatement dans son chapitre une longue liste des divers procédés pouvant modifier la maladie — c'est-à-dire, en quelque sorte, offrir un autre adversaire, moins envahissant, aux remèdes. Et même si l'issue demeurera toujours incertaine (*fortasse*), il semble que l'effort vaille la peine d'être accompli.

En tout état de cause, le malade, en tant qu'homme, demeure soumis au destin qui lui est assigné, comme le confirmerait un passage corrompu du livre 5, où Celse parle d'une personne *quem sors ipsius interemit*, « que son propre destin a tué[154] ». Ainsi, malgré tous les

---

[153] 3.21.15 : *Conuenitque corpus nihilo minus esse curandum : neque enim sanat emissus umor, sed medicinae locum facit, quam intus inclusus impedit.* « Et il convient néanmoins que le corps soit traité : car l'humeur, même rejetée, ne soigne pas, mais crée un espace pour la médecine, qu'elle entrave lorsqu'elle est enfermée à l'intérieur. »
[154] 5.26.1C.

recours éventuels que possède la médecine face aux aléas de la maladie[155], l'art médical doit faire face au ressenti profond du malade, à sa crainte de la mort comme à son espoir de salut, et intégrer ces derniers dans ses démarches.

La mort dans le De medicina

Avant d'étudier la façon dont elle est traitée par Celse dans le *De medicina*, il n'est pas inutile de rappeler que la mort est omniprésente dans la vie quotidienne d'un Romain. Les habitants de l'*Vrbs* comme de toute autre cité la côtoient quotidiennement, que ce soit par le spectacle des suppliciés ou des gladiateurs, par le passage de cortèges funèbres dans les rues ou par la multiplication des monuments funéraires le long des voies d'accès aux villes[156]. On sait par ailleurs que le taux de mortalité dans le monde gréco-romain est élevé (y compris dans les hautes classes de la société, qui bénéficient pourtant de conditions de vie avantageuses[157]).

Dans l'histoire de la médecine à Rome, la question de la mort constitue un enjeu d'importance, comme par exemple dans l'argumentaire catonien contre la médecine d'origine grecque[158], ou chez Pline, qui dénoncera, dans l'*Histoire Naturelle*[159], la volonté qu'a

---

[155] Sur les liens lexicaux entre *sors* (5.26.1C) et *fors*, cf. A. Ernout – A. Meillet, *Dictionnaire étymologique de la langue latine : histoire des mots*, Paris, 2001 (4ᵉ éd., 1ʳᵉ éd. 1932), p. 249 et 637 *s.u. fors* et *sors*.

[156] Cf. par ex. K. Hopkins, *Death and Renewal. Sociological Studies in Roman History 2*, Cambridge, 1983 : « The first sights which a visitor saw, as he entered the city of Rome, were monuments to the dead. They provide some of our best evidence for the importance which the Romans attached to the care of the dead. Surviving tombs, catacombs and cemeteries were strung along the roads on the outskirts of the city of Rome and other Roman towns. » (p. 205). Sur la sociologie de la mort et la localisation des sépultures, cf. aussi J.-M. André, *La médecine à Rome*, Paris, 2006, p. 290 sqq. et p. 651.

[157] Cf. par ex., sur l'aristocratie à la fin de la République, K. Hopkins, *Death...* : « ... about one third (33 %) of twenty year old males died before the age of forty, and about three fifths (59 %) of forty year olds died before they reached sixty years. » (p. 72).

[158] J.-M. André, *La médecine à Rome*, Paris, 2006 : « Le deuxième article du réquisitoire [de Caton] concerne la tarification de la vie et de la mort : longtemps à Rome, l'assistance à autrui [...] sera conçue comme un 'devoir' dicté par l'éthique sociale. » (p. 29).

[159] *Histoire Naturelle*, 29.10-11.

« la profession de prétendre régir le 'destin', la vie et la mort[160] ». La mort, évidemment au centre des préoccupations de tout malade (notamment en cas d'affection réputée pour être létale), s'invite donc également dans des débats éthiques, comme c'est le cas chez Celse lui-même[161]. Jackie Pigeaud a d'ailleurs insisté sur le fait qu'il se fait jour à Rome, au 1er siècle ap. J.-C., « comme un *pathétique* médical nouveau, et peut-être une sensibilité à la mort nouvelle, qui renverrait à une histoire très fine de la civilisation[162] ».

Au sein de l'ouvrage celsien, la mort est présente de manière explicite à plus de soixante-dix reprises, que ce soit, outre le substantif *mors*, par le recours à des termes de la même famille lexicale (*morior, mortifer*), par l'emploi d'une tournure métaphorique telle *hominem consumit* (2.10.15, 3.23.1, 3.25.2, 4.11.5, 4.28.1), ou bien par l'utilisation euphémisante d'un verbe poétique assez rare comme *exspiro* (Pr.49[163]). Pour se convaincre encore de la place cruciale que la mort occupe dans le *De medicina*, on fera observer qu'en dehors des autres remarques incidentes disséminées au fil de l'œuvre, un chapitre spécifique (2.6) lui est entièrement consacré[164], chapitre que Celse entame par une formulation prudente, évoquant pudiquement les *ultima*, les « derniers instants de la vie[165] ». Ailleurs cependant, l'encyclopédiste n'hésite pas à parler, comme nous le ferions aujourd'hui, de « danger de mort », *periculum mortis*[166], plaçant ainsi la personne qui va mourir[167] sur le registre de l'imminence.

---

[160] J.-M. André, *La médecine à Rome*, p. 34.

[161] Cf. Pr. 33. Sur ce paragraphe, cf. J.-M. André, *La médecine à Rome*, p. 135.

[162] J. Pigeaud, « Les fondements philosophiques de l'éthique médicale : le cas de Rome », in *Médecine et morale dans l'Antiquité, Fondation Hardt* (*Entretiens sur l'Antiquité classique*, 43), Vandœuvres-Genève, 1997, p. 265.

[163] Pr.49 : *cum aetate nostra quaedam ex naturalis partibus carne prolapsa et arente intra paucas horas exspirauerit.* « car de nos jours une femme, à la suite d'un prolapsus et d'un dessèchement de ses parties naturelles, a rendu son dernier souffle en quelques heures. »

[164] On remarque que c'est d'ailleurs dans ce même chapitre 2.6 que l'on trouve la définition de la médecine comme *ars coniecturalis* (2.6.16) ainsi qu'une mention de la *fides* (2.6.18).

[165] 2.6.1 : ... *ad ultima uero iam uentum esse testantur*... « ... or qu'on en est arrivé désormais aux derniers instants de la vie, en témoignent... »

[166] Cf. 7.8.2, 7.26.2F, 8.3.8.

[167] On compte quatre occurrences du verbe morior, dont le sujet, même lorsqu'il est exprimé, demeure toujours indéterminé : *et moritur aliquis* (2.6.17), *protinus moritur* (2.8.24), *quis moritur* (4.18.2), *homo moritur* (8.14.3).

L'objectif de Celse dans son ouvrage n'est guère compliqué : il s'agit avant tout pour lui d'exposer à son lecteur les signes permettant d'établir un diagnostic funeste. Pour ce faire, il multiplie les indications précises, parfois sous la forme de véritables listes[168]. C'est le cas dans le dernier livre, au moment où l'encyclopédiste aborde la question des luxations de la tête :

> *Hi processus interdum in posteriorem partem excidunt ; quo fit, ut, qui nerui sunt sub occipitio, extendantur, mentum pectori adglutinetur, neque bibere is, neque loqui possit, interdum sine uoluntate semen emittat ; quibus celerrime mors superuenit.* (8.13.1)
>
> « Ces protubérances parfois tombent vers l'arrière ; il s'ensuit que les nerfs situés sous l'occiput sont étirés, le menton est collé à la poitrine, et on ne peut ni boire ni parler, parfois on rejette de la semence sans le vouloir ; avec ces symptômes, la mort survient très rapidement. »

Dans cet extrait, Celse énumère cinq critères annonçant l'arrivée de la mort (*mors superuenit*), quatre étant obligatoires (relâchement nerveux, agglutination du menton, incapacités à boire et parler), le dernier occasionnel, *interdum* (rejet de semence). Le lien entre ces symptômes et la mort est rendu plus étroit encore, du point de vue de la syntaxe, par le relatif de liaison *quibus*, sans même parler de la forme superlative de l'adverbe, *celerrime*.

Une autre façon pour Celse d'insister sur certains prodromes de la mort est de recourir à l'adjectif classique *mortifer, a, um* (littéralement « qui porte la mort »), au sujet duquel on notera d'ailleurs que l'équivalent grec, θανατηφόρος, ος, ον n'apparaît qu'une seule fois dans l'ensemble du *Corpus hippocratique*[169]. L'adjectif latin est quant à lui utilisé par Celse à treize reprises, dont sept pour le seul chapitre 2.8 consacré aux signes de maladies particulières[170]. L'encyclopédiste

---

[168] Outre l'exemple cité ci-dessous, cf. aussi : 2.6.5, 2.6.6 (x2), 2.6.9, 2.8.25, 4.18.2, 5.26.1A, 5.26.8, 5.26.19, 5.28.2D, 6.7.1A, 7.7.7B, 7.8.2, 7.23.1, 7.26.2F, 7.26.2M, 7.27.4.

[169] *Articulations* 38, Littré IV, p. 212-213 : Οὖρα μὲν οὖν τούτοισι καὶ ἀπόπατος μᾶλλον ἴσχεται, ἢ τοῖσιν ἔξω κυφοῖσι, καὶ πόδες καὶ ὅλα τὰ σκέλεα ψύχεται μᾶλλον, καὶ θανατηφόρα ταῦτα μᾶλλον ἐκείνων. « Chez ces blessés, l'urine et les selles se suppriment le plus souvent, les pieds et les membres inférieurs en entier sont plus refroidis, et la mort est plus fréquente que chez ceux qui ont une déviation en arrière. »

[170] 2.6.11, 2.8.21, 2.8.22, 2.8.25, 2.8.27, 2.8.31, 2.8.35, 2.8.42, 4.2.3, 5.26.22, 7.26.3B, 7.29.3, 8.3.8, 8.14.1.

y signale ainsi comme mortifères une douleur de la vessie accompagnée de fièvre (2.8.21), une expectoration sanglante (2.8.22), l'arrêt des crachats après avoir craché du pus (2.8.25), l'évacuation simultanée d'une trop grande quantité de pus (2.8.27), les dysenteries nées d'une bile noire (2.8.31), les maux de tête et la fièvre chez une femme qui vient d'accoucher (2.8.35), et enfin une hémorragie suivie d'une démence (2.8.42).

Prévoir la mort n'est pas la seule préoccupation du malade ou du soignant. Il leur importe également de savoir dans quels délais celle-ci se présentera. Pourtant, dans le *De medicina*, le pronostic macabre n'est pas nécessairement accompagné d'indications chronologiques. Parfois, Celse se contente d'avancer des signes annonciateurs de la mort, en recourant à un vocabulaire appartenant au champ lexical de la preuve : *index* (2.6.3), *denuntiatur* (2.6.5), *indicia* (2.6.6, 2.6.13), *testantur* (2.6.6), *ostendit* (2.6.11), *notas* (2.6.18), *euiden-s/-tior mors* (2.8.33). Lorsque l'encyclopédiste tente de spécifier le temps que le malade a encore à vivre, il ajoute à ses propos un complément circonstanciel afin de les affiner au mieux. Mais, s'il lui arrive de donner des indications précises (Pr.49 : *inter paucas horas* ; 8.14.2 : *intra triduum*), il demeure le plus souvent vague : *in propinquo* (2.6.3), *uel seriorem mortem uel maturiorem* (2.6.9), *futurae* (2.6.15), *protinus* (2.8.24), *subito* (4.18.2), *matura* (5.26.8, 8.25.3), *maturat* (7.7.7B), *interposito aliquo spatio* (7.26.2A), *maturant* (7.26.2M, 7.27.4), *celerrime* (8.13.1). D'une manière générale, de telles indications temporelles sont de toute façon loin d'être systématiques, et, le plus souvent, le malade comme celui qui le soigne sont laissés dans l'incertitude.

Le salut et l'espoir dans le De medicina

La crainte suscitée par l'issue potentiellement funeste d'une maladie trouve un contrepoint dans le salut, horizon pronostique cette fois positif[171]. Aux mots grecs σωτηρία, ας (ἡ) et σωτήριος, -ος, -ον, correspondent en latin *salus, tis, f* et *salutaris, is, e,* et l'on remarquera que le thème du salut est bien plus densément présent dans le *De medicina* (18 occurrences) que dans l'ensemble du *Corpus*

---

[171] Sur le thème du salut et du pronostic, cf. l'utilisation des substantifs signa (2.7.32, 8.4.21) et notae (2.6.18).

hippocratique (30 occurrences)[172]. Tant il est vrai que le salut nous paraît occuper une place importante dans l'ouvrage celsien, non seulement du point de vue de la médecine, mais aussi du point de vue de l'écriture du texte.

Celse souligne le rôle majeur du salut à plusieurs reprises dès sa *Préface*. La médecine y est non seulement qualifiée de « profession salutaire » (*salutaris... professio*)[173], mais est aussi, de manière extrêmement forte, élevée au rang d'« art qui préside au salut de l'homme » (*salutis humanae praesidem artem*)[174]. Dans le chapitre 3.4 sur le traitement général des fièvres, l'encyclopédiste conclut ainsi son paragraphe d'ouverture :

> *Qua uero moderatione utendum sit, ut, quantum fieri potest, omnia ista contingant prima semper habita salute, in ipsis partibus curationum considerandum erit.* (3.4.1)

> « Or la modération dont il faut user afin, autant que possible, d'atteindre tout cela en obtenant toujours en priorité le salut, cela sera considéré ponctuellement dans les parties consacrées aux traitements. »

Cette phrase de Celse constitue une réponse à la fameuse méthode asclépiadéenne (*tuto, celeriter, iucunde*), qu'il considère comme *periculosa*. Il préfère avant tout la mesure (*moderatione*), car elle est le chemin vers l'idéal souhaité, à savoir l'obtention du salut, doublement promue, à la fois par l'adjectif *prima* et par l'adverbe *semper*, comme une priorité absolue. D'une manière générale, l'idée de salut est souvent présentée en opposition avec des valeurs négatives. Les *salutaria* s'opposent ainsi aux *perniciosa* (Pr.35), *pestifera* (2.6.17), *periculosa* (2.8.22), *uana* (7Pr.1) ou autres *mortifera* (8.4.21).

Mais au-delà de la seule pratique de la médecine, on observe que le salut a joué un rôle dans l'écriture même du *De medicina*. En tête du fameux chapitre 6.18, Celse expose les raisons qui l'ont amené à présenter dans son ouvrage, malgré leur caractère impudique, les « parties obscènes » (*partes obscenae*) :

> *Neque tamen ea res a scribendo me deterrere debuit : primum, ut omnia quae salutaria accepi, conprehenderem ; dein, quia in uolgus eorum*

---

[172] Sans même parler des *Compositions* de Scribonius Largus, où salus, -tis, f n'apparaît qu'à deux reprises.
[173] Pr.11.
[174] Pr.40.

curatio etiam praecipue cognoscenda est, quae inuitissimus quisque alteri ostendit. (6.18.1)

« Et cependant cette situation ne doit pas m'effrayer au point de m'empêcher de l'écrire : d'abord, afin de rassembler tous les éléments salutaires que j'ai recueillis ; ensuite, parce que doit être principalement connu du plus grand nombre le traitement de ce que chacun ne montre à autrui que bien malgré lui. »

Des deux explications que Celse donne à son lecteur pour avoir fait fi de la répulsion (*deterrere*) qui aurait pu/dû le toucher, c'est la transmission de tout ce qui est salutaire (*omnia... salutaria*) qui prévaut.

Comment expliquer l'importance que l'encyclopédiste accorde au salut ? Philippe Mudry, à plusieurs occasions, a émis l'hypothèse d'une influence des religions orientales sur l'écriture celsienne[175]. Cette intuition, fondée sur l'étude conjointe de la miséricorde et du salut chez Celse et/ou Scribonius Largus, pour séduisante qu'elle soit, demeure malheureusement fragile, faute de preuves. D'ailleurs, Jaime Alvar a récemment démontré que, dans les religions orientales à mystères, la question du salut relevait de la vie après la mort, et non

---

[175] Cf. P. Mudry, « La déontologie médicale dans l'antiquité grecque et romaine : mythe et réalité », *Revue médicale de la Suisse romande*, 106, Genève, 1986b, p. 3-8 (= P. Mudry, *Medicina, soror philosophiae, Regards sur la littérature et les textes médicaux antiques (1975-2005)*, Lausanne, 2006, p. 441-449) : « On constate d'ailleurs, dans les premiers siècles de notre ère, des analogies frappantes entre la figure d'Asclépios, le dieu de la médecine, et celle du Christ. » (p. 448) ; P. Mudry, « Ethique et médecine à Rome : la préface de Scribonius Largus ou l'affirmation d'une singularité », in *Médecine et morale dans l'Antiquité. Entretiens de la Fondation Hardt, Tome XLIII*, Genève, 1997b, p. 297-337 (= P. Mudry, *Medicina, soror philosophiae...*, p. 207-230) : « Je me demande maintenant, à simple titre d'hypothèse, si l'emprise croissante des religions orientales sur les esprits, avec leur message de salut et de fraternité, n'a pas également joué un rôle important. » (p. 229) ; P. Mudry, « Du cœur à la miséricorde. Un parcours antique entre médecine et philologie. », in É. Van der Schueren (éd.), *Une traversée des savoirs. Mélanges offerts à Jackie Pigeaud*, Laval, 2008, p. 405-415 (= P. Mudry, *Medicina soror philosophiae...*, p. 1-8) : « On ne peut exclure que cette figure d'Asclépios ait inspiré d'une certaine façon la conception miséricordieuse du métier de médecin telle que l'expriment Celse et Scribonius. [...] Cette évocation d'Asclépios, dont le culte, bien que né en Grèce, a des analogies évidentes avec les religions du salut venues d'Orient et qui se répandent à Rome et dans le monde romain à partir du 1er siècle av. J.-C.... » (p. 413).

de la perpétuation de l'existence[176]. On voit donc mal comment le thème du salut *post-mortem* aurait pu influencer la médecine, dont la préoccupation principale n'est autre que de maintenir en vie les personnes malades. Selon nous, si les religions orientales ont pu inspirer l'écriture celsienne, cette inspiration se borne à la miséricorde et ne saurait en aucun cas investir le champ du salut.

Nous aimerions plutôt avancer l'idée que la place du salut dans le *De medicina* est liée à l'horizon positif qu'il constitue dans le pronostic de la maladie[177]. Pour le malade comme pour le soignant, le salut est l'objet de toutes les attentes. On constate ainsi que le thème de l'espoir est présent tout au long de l'ouvrage celsien, et l'on verra qu'il se fonde, au-delà même du salut, sur un attachement profond à la vie[178].

Dans le *De medicina*, l'attente envers l'issue de la maladie est présentée par degrés[179]. Le substantif *desperatio* ou le verbe *despero*

---

[176] J. Alvar, *Romanising Oriental Gods. Myth, Salvation and Ethics in the Cults of Cybele, Isis and Mithras*, Leiden-Boston, 2008, pose ainsi les termes de la controverse : « The debate concerns the meaning of the notion of salvation, σωτηρία or salus, used in Classical texts in relation to the gods of the mysteries. There has been an intense debate over whether σωτήρια or salus relate to one's fate after death. Briefly stated, the issue is whether the offer of salvation was understood as happiness in the course of one's life after initiation, or as a promise of hope after biological death. » (p. 123). Il prend ensuite partie pour la théorie d'un salut postmortem (cf. p. 123 sqq.).

[177] Sur ce point, cf. 3.21.3 : *Sed ne ii quidem, qui sub alio sunt, si ex toto sibi temperare non possunt, ad salutem perducuntur*. « Mais pas même ceux qui y sont soumis, s'ils ne peuvent totalement se contrôler, ne sont conduits jusqu'au salut. » Dans ce passage, Celse exprime clairement l'idée que le salut est un point vers lequel le malade est guidé (et non ramené, comme le restitue à tort Spencer (W. G. Spencer, *Celsus. On Medicine. Edition by J. Henderson (vol. 1 et 3), by G. P. Goold (vol. 2), Translation by William G. Spencer* (Loeb Classical Library), 3 vol., Cambridge, Mass.-Londres, 1935-1938 (5ᵉ éd. du vol. 2, 1989 ; 6ᵉ éd. du vol. 3, 2002), vol. 1, p. 313), qui traduit *perducuntur* par « are brought back to health », alors même que le verbe latin *reduco* existe bel et bien). On trouvait déjà la même expression en Pr.32.

[178] Pline (*Histoire naturelle*, 29.8.18) dénonce la force de cet attachement, qui rend les malades trop crédules face à l'imposture de certains médecins : *Non tamen illud intuemur, adeo blanda est sperandi pro se cuique dulcedo*. « Cependant, c'est à quoi nous ne prêtons pas attention, tant chacun est séduit par le doux espoir de la guérison. »

[179] Cf. l'usage du comparatif en 5.26.20D : *Itemque postea spes in is maior est, ex quibus melioris generis quaeque proueniunt*. « En outre, ensuite, l'espoir est plus

apparaissent dans le *De medicina* à cinq reprises[180] — deux fois au livre 5, opposés explicitement à l'espoir (5.26.1C, 5.26.7), trois fois au livre 7, toujours pour souligner que le désespoir est un sentiment infondé (7.4.3B, 7.16.1, 7.27.7). Tantôt « l'espoir est cerné dans un espace étroit[181] », *in angusto spes est* (5.27.2C, 8.4.1), tantôt il subsiste (*spes superest*) malgré des conditions précaires (2.6.1, 7.7.14A). Dans la grande majorité des cas, Celse situe l'espoir dans un cadre volontairement positif, notamment en ce qu'il l'oppose clairement à la crainte[182] et au danger[183]. Au chapitre 2.10, l'espoir est même en quelque sorte instauré en véritable valeur, digne que l'on surmonte des craintes envers un traitement[184]. Cela se comprend par le fait que Celse,

---

grand dans les cas d'où proviennent celles du meilleur genre. » Sur ce type d'organisation, cf. P. Mudry, « Maladies graves et maladies mortelles. Présence et évolution d'une notion hippocratique chez les auteurs médicaux latins et en particulier Celse », in M. E. Vazquez Bujan (éd.), *Tradicion e innovacion de la medicina latina de la antigüedad y de la alta edad media, Actas del IV Coloquio Internacional sobre los "textos médicos latinos antiguos"*, Santiago de Compostela, 1994a, p. 133-143 (= P. Mudry, *Medicina, soror philosophiae, Regards sur la littérature et les textes médicaux antiques (1975-2005)*, Lausanne, 2006, p. 295-305) : « Cette manière d'organiser les signes de l'affection en fonction des catégories de la comparaison (positif-comparatif-superlatif) montre bien que les termes exprimant la notion de gravité, particulièrement lorsqu'ils se réfèrent à un pronostic de mort, doivent être compris [...] comme porteurs d'une virtualité de mort, non d'une réalité irrémédiable. [...] Au modèle hippocratique se sont ajoutés chez Celse deux facteurs particuliers pour en quelque sorte le systématiser et le radicaliser : d'une part le goût alexandrin de la classification [...] D'autre part, il faut vraisemblablement y voir aussi l'influence des exigences de la rhétorique en matière de division du discours. » (p. 300). Cf. aussi H. von Staden, « Incurability and Hopelessness: The Hippocratic *Corpus* », in P. Potter – G. Maloney – J. Desautels (éds.), *La Maladie et les maladies dans la* Collection hippocratique. *Actes du VIe Colloque international hippocratique*, Québec, 1990, p. 78-80, sur les nuances du caractère incurable des maladies dans le *Corpus hippocratique*.

[180] Aux occurrences qui vont suivre il convient d'associer les expressions *nihil spei* (3.27.1B) et *spes nulla* (8.25.2).

[181] Nous proposons cette traduction car nous voyons dans l'expression celsienne une métaphore spatiale d'origine militaire. L'espoir serait ainsi acculé par la maladie (cf. Tite-Live, 27.46.2).

[182] *Spes* est opposé à *metus* (2.6.1) et à *timeri* (7.3.1).

[183] *Spes* est opposé à *periculum* (2.8.1).

[184] 2.10.7 : ... *in hoc statu boni medici est ostendere, quam nulla spes sit sine sanguinis detractione, faterique, quantus in hac ipsa metus sit, et tum demum, si exigetur, sanguinem mittere*. « ... dans ce cas il relève du bon médecin de montrer à

même s'il se montre parfaitement lucide et sait qu'il faut parfois davantage espérer de la nature que de l'art[185], souhaite néanmoins montrer que l'on peut fonder son espoir sur certaines thérapeutiques (3.9.2) ou sur la réaction du corps à l'un ou l'autre traitement[186]. Voyons ainsi ce qu'il écrit dans le chapitre 8.4 sur les fractures du crâne :

> *Spem uero certam faciunt membrana mobilis ac sui coloris, caro increscens rubicunda, facilis motus maxillae atque ceruicis.* (8.4.20)
>
> « Or rendent l'espoir assuré une membrane mobile et de couleur normale, une chair en croissance de couleur rouge, un mouvement aisé de la mâchoire et des cervicales. »

Celse semble avoir construit cette phrase pour mettre en valeur la création de l'espoir. Placé en tête de phrase (*spem... certam*), il supplante d'une certaine manière l'accumulation des sujets du verbe que sont *membrana*, *caro* et *motus*. L'espoir peut donc être créé par le corps, et il joue en tout cas un rôle primordial dans le succès de certains traitements. Celse nous paraît toucher du doigt la dimension psychologique d'une guérison, comme il en avait déjà esquissé l'idée plus tôt dans le *De medicina*. En effet, dans la transition entre les deux grandes parties du livre 2, il s'exprime ainsi :

> *Cognitis indiciis, quae nos uel spe consolentur uel metu terreant, ad curationes morborum transeundum est.* (2.9.1)
>
> « Maintenant que sont connus les indices qui soit nous consolent par l'espoir soit nous terrifient par la crainte, passons aux traitements des maladies. »

On retrouve l'opposition déjà vue précédemment entre l'espoir (*spe*) et la crainte (*metu*). La spécificité de cet extrait est d'opposer à la

---

quel point il n'y a nul espoir sans saignée, et d'avouer le degré de crainte que l'on peut avoir dans cet acte même. »

[185] 2.8.29 : *Morbus quoque comitialis post annum XXV ortus aegre curatur, multoque aegrius is, qui post XL annum coepit, adeo ut in ea aetate aliquid in natura spei, uix quicquam in medicina sit.* « Et l'épilepsie se soigne difficilement après vingt-cinq ans, bien plus difficilement chez celui qui a entamé sa quarantième année, au point que, à cet âge, il y a quelque espoir à fonder sur la nature, à peine sur la médecine. » Cf. *supra* notre analyse de ce passage, p. 301.

[186] Outre l'extrait analysé ci-après, cf. aussi 7.27.7.

terreur (*terreant*) l'idée d'une consolation[187] (*consolentur*) que peut apporter l'espoir, consolation que Celse cherche à faire partager à son lecteur par l'emploi du pronom de la première personne du pluriel *nos*.

L'espoir participe d'une certaine manière au traitement en ce qu'il peut rassurer le malade face à l'incertitude d'un pronostic ou à la détresse que certaines situations morbides sont susceptibles de provoquer. Il témoigne d'une réelle force, comme dans le cas de blessures abdominales pourtant fort délicates :

Latius intestinum sui potest, non quo certa fiducia sit, sed quo[d] dubia spes certa desperatione sit potior : interdum enim glutinatur. (7.16.1)[188]

« Le gros intestin peut être cousu, non qu'il y ait en cela une confiance absolue, mais parce qu'un espoir hésitant est plus puissant qu'un désespoir assuré : car parfois il cicatrise. »

La formule *dubia spes certa desperatione*, dont la concision est redoublée par les assonances en [a] et en [e], est destinée à frapper le lecteur. Ce dernier, habitué sous la plume de Celse à voir régulièrement ce qui est douteux (*dubium*) rejeté, observe ici un renversement inhabituel. C'est dire la valeur que l'auteur attribue à l'espoir, qualifié de *potior*, auquel il convient, à notre avis, de préserver son sens fort en insistant sur l'idée de puissance[189]. Ce serait aussi un moyen pour Celse de rendre compte du conflit intérieur qui peut faire rage chez le malade souffrant d'un mal funeste.

À deux reprises dans le *De medicina*, l'encyclopédiste emploie la formule particulièrement frappante de *bonas spes*, « le bon espoir ». En 2.8.9, après une longue liste de divers symptômes de l'hydropisie, il en distingue deux interprétations :

... siquidem in quo omnia haec sunt, is ex toto tutus est, in quo plura ex his sunt, is in bona spe est. (2.8.9)

---

[187] Sur les paroles consolatrices dans la médecine hippocratique, cf. A. Debru, « Médecin et malade dans la médecine hippocratique : interrogatoire ou dialogue ? », in P. Demont (éd.), *Médecine antique. Cinq études de Jacques Jouanna, Armelle Debru, Paul Demont et Michel Perrin*, Amiens, 1998, p. 47.
[188] Sur ce passage, cf. *supra*, p. 323.
[189] Cf. A. Ernout – A. Meillet, *Dictionnaire étymologique de la langue latine : histoire des mots*, Paris, 2001 (4ᵉ éd., 1ʳᵉ éd. 1932), p. 528, *s.u. potis, -e*.

« ... assurément celui chez qui se trouvent tous ces symptômes est en totale sécurité, celui chez qui se trouvent la plupart d'entre eux a bon espoir. »

Dans cet extrait, on voit que l'espoir est perçu comme une étape vers la santé (*tutus*). Il y aurait entre les deux non pas une différence de nature, mais une différence de degré (*omnia* ≠ *plura*). De façon analogue, Celse insiste, lorsqu'il aborde la phrénésie, sur le fait qu'il faut absolument insister sur le bon espoir :

Praeter haec seruanda aluus est quam tenerrima, remouendi terrores, et potius bona spe offerenda... (3.18.18)

« En outre, il faut maintenir les déjections aussi tendres que possible, repousser les terreurs, mais plutôt[190] mettre en avant le bon espoir... »

Parmi les indications médicales concrètes (*praeter haec seruanda aluus*), Celse prend en compte la part psychologique du traitement, en recommandant à la fois de tenir à l'écart les *terrores* et de valoriser au contraire le bon espoir. On peut d'ailleurs se demander si cette double action n'incombe pas au soignant, dont l'objectif serait de rassurer le malade, de le « consoler » pour parler en termes celsiens.

Une question reste en suspens cependant : comment expliquer l'adjonction de l'adjectif *bona* au nom *spes*, dont on s'attend à ce qu'il incarne naturellement quelque chose de positif ? La réponse se trouve peut-être du côté de la religion, et nous permet de retrouver le thème de la *Fortuna*, que nous avons déjà étudié[191]. Il existe en effet un culte ancien, que Plutarque attribue à Servius Tullius, le sixième roi légendaire de Rome, dédié à la « Fortune de Bonne Espérance », Τύχη Εὐέλπιδος[192]. L'association entre *Fortuna* et *Bona Spes* est par ailleurs bien attestée[193], comme celle entre *Fortuna* et *Spes*[194]. La double référence, dans le *De medicina*, à une *bona spes* s'expliquerait alors peut-être par une influence d'origine religieuse, et serait un moyen supplémentaire suggéré par Celse pour s'attirer les bienfaits de la fortune.

---

[190] Sur la traduction de *et potius* par « mais plutôt », cf. *Gaffiot, s.u. potius* 1.
[191] Cf. *supra*, Seconde partie, p. 245 sqq.
[192] Plutarque, *Fortune des Romains*, 323A.
[193] Cf. *Roscher*, p. 1538.
[194] Cf. C.I.L., X, 3775 ; XIV, 2853. Voir, par ailleurs, *Roscher*, p. 1538-1539.

Quoi qu'il en soit, l'espoir, dans l'ouvrage celsien, a d'un point de vue médical un fondement plus profond encore, à savoir l'attachement à la vie. C'est cet attachement qui justifie, semble-t-il, la quête du salut et l'existence même de l'espoir. Ce dernier ne concerne en effet pas tant « la bonne santé », *secunda ualetudo*[195], que la vie elle-même (2.5.1, *uitae spes*). Cette idée est confirmée au chapitre 3.27 sur la paralysie :

> *Aliud curationis genus uix umquam sanitatem restituit, saepe mortem tantum differt, uitam interim infestat. Post sanguinis missionem si non redit et motus et mens, nihil spei superest ; si redit sanitas quoque prospicitur.* (3.27.1B)
>
> « Un autre genre de traitement ne rétablit que rarement la santé, souvent ne fait que repousser la mort, et entre temps ravage la vie. Après la saignée, si ne reviennent ni le mouvement ni l'esprit, il ne reste aucun espoir ; s'ils reviennent, la santé aussi est en vue. »

Celse explique à son lecteur comment interpréter les conséquences du traitement de la paralysie qu'il vient juste d'exposer. Si l'on ne suit pas le traitement préconisé, non seulement la santé ne reviendra pas, mais la vie elle-même ne vaudra pas la peine d'être vécue, comme le suggère la métaphore militaire du verbe *infestat*. Si en revanche on le suit et que les conséquences sont bonnes (*si redit*), alors, certes, le malade recouvrira la santé, mais il sera avant tout en vie. Dans la dernière proposition, l'adverbe *quoque* fait penser en effet que l'espoir concerne avant tout la vie, et que la santé, *sanitas*, ne vient que s'y ajouter[196].

Pour achever notre analyse de l'espoir dans le *De medicina*, nous aimerions étudier un dernier passage appartenant aux livres de chirurgie. Bien que ne comportant aucune mention explicite de l'espoir, il nous paraît fournir un éclairage édifiant. Après avoir fait la liste des conséquences de l'installation de la gangrène, Celse conclut :

> ... *quae necessario mortem maturant. Sed ut his succurri nullo modo potest, sic a primo tamen diu tenenda ratio curationis est.* (7.27.4)

---

[195] 3.21.8.

[196] On retrouve une hiérarchie similaire entre la vie et la santé en 2.4.7 : ... *ex quo casu quamuis uita redditur, tamen id fere membrum debilitatur*. « ... dans ce cas, bien que la vie revienne, cependant ce membre est d'ordinaire affaibli. »

« ... ces choses accélèrent inévitablement l'arrivée de la mort. Mais, même s'il n'existe aucun moyen de remédier à de telles situations, il faut cependant, dès le premier jour, persévérer dans la méthode de traitement. »

Ce passage offre peut-être une variante quelque peu pervertie de l'espoir, en ce qu'il relève sinon d'une certaine forme d'acharnement thérapeutique[197], tout du moins de soins palliatifs[198]. Alors qu'il n'y a nul espoir de secours (*succurri nullo modo potest*), Celse n'hésite pourtant pas à conseiller fermement d'agir (*tenenda est*), même contre l'irrémédiable (*necessario*). Cet espoir sans espoir nous offre peut-être le point de vue du soignant, voire des proches, prêts à tout, au nom du principe de vie, pour prolonger un tant soit peu l'existence du gangréneux. Cet extrait du *De medicina* n'est sans doute pas étranger à une évolution remarquée, dès l'époque hellénistique, vers un attachement de « plus grande importance à la psychologie des malades[199] ».

Conclusion du chapitre III

La médecine présentée par Celse dans le *De medicina* nous paraît donc insister, au-delà des différents individus, sur la singularité de la

---

[197] Sur le thème de l'acharnement thérapeutique à Rome, cf. J.-M. André, *La médecine à Rome*, Paris, 2006, p. 488 sqq. L'extrait que nous citons est en désaccord avec l'avis du critique, qui parle du « refus hippocratique, assumé par Celse, de l'acharnement thérapeutique ». Ce thème est évoqué par Cicéron, *Ad Att.*, XVI.15.5 : *... sed desperatis etiam Hippocrates uetat adhibere medicinam.* « ... mais même Hippocrate interdit d'appliquer la médecine aux cas désespérés. » Il s'agit de la part de l'Arpinate d'une référence au traité hippocratique *De l'Art* 3.2. Cf. J. Jouanna, *Hippocrate. Tome V, 1ʳᵉ partie. Des vents, De l'art.* (C.U.F.), Paris, 1988 : τὸ μὴ ἐγχειρεῖν τοῖσι κεκρατημένοισιν ὑπὸ τῶν νοσημάτων. « ne pas traiter les malades qui sont vaincus par les maladies. » On peut toutefois s'interroger, une fois encore, sur les motivations d'une telle définition de la médecine : s'agit-il d'une conscience lucide des limites de l'art (J. Jouanna, *Hippocrate. Tome V...*, p. 249) ? ou bien n'est-on pas en présence d'une retenue liée à la réputation du médecin ?
[198] Sur cette idée dans le *Corpus hippocratique*, cf. H. von Staden, « Incurability and Hopelessness: The Hippocratic *Corpus* », in P. Potter – G. Maloney – J. Desautels (éds.), *La Maladie et les maladies dans la* Collection hippocratique. *Actes du VIᵉ Colloque international hippocratique*, Québec, 1990, p. 108.
[199] H. M. Koelbing, *Arzt und Patient in der antiken Welt*, Zürich-Munich, 1977, p. 328. Sur cette même page, le chercheur définit la « sincérité différentielle du médecin » — à savoir le fait de cacher une issue funeste au malade mais de l'annoncer à ses proches — comme l'une des motivations de l'espoir.

personne affectée par la maladie. L'attachement profond qui unit le praticien et le malade repose sur la reconnaissance en autrui d'un *alter ego*. De cette reconnaissance naît idéalement une amitié fondée sur la confiance (*fides*), qui permet d'envisager conjointement l'issue de l'état morbide (qu'elle soit sombre ou au contraire heureuse). Mais ce qui réunit les deux parties de la relation amicale, c'est aussi l'espoir d'un salut et l'attachement à la vie. C'est aussi en ce sens que l'ouvrage celsien est proprement romain, qui contribue à « lier la science à la préoccupation morale, à ne concevoir pour l'activité scientifique d'autre justification ni d'autre fin que le bien de l'homme, à donner, en somme, une conscience à la science[200] ».

---

[200] P. Mudry, « Science et conscience. Réflexions sur le discours scientifique à Rome », in *Études de lettres, Revue de la faculté des lettres*, Université de Lausanne, 1986a, p. 75-86 (= P. Mudry, *Medicina, soror philosophiae, Regards sur la littérature et les textes médicaux antiques (1975-2005)*, Lausanne, 2006, p. 451-459), p. 459.

Chapitre IV

Le dialogue médical dans le *De medicina*

Dans cet ultime chapitre de notre travail, nous aimerions aborder de manière spécifique et approfondie la question du dialogue médical dans le *De medicina*. Dès l'Antiquité, le dialogue entre le malade et celui qui le soigne est considéré comme un complément à la fois des signes extérieurs de la maladie et de l'immédiateté de l'affection, puisqu'il permet notamment, par le biais de l'anamnèse, de rapporter des faits ayant eu lieu avant l'arrivée du soignant. Il s'instaure entre les deux personnes concernées un dialogue idéalement fondé sur un engagement réciproque à l'honnêteté, et qui peut parfois se muer en « dialogue amical ».

Pour traiter de cette question, nous proposerons d'abord un bref aperçu de la relation entre le malade et le médecin telle que la présente le *Corpus hippocratique*. Nous analyserons ensuite les diverses formes que peut revêtir le dialogue médical au sein du *De medicina* de Celse, avant de procéder à une étude de cas, celle de la douleur, situation morbide où le dialogue s'impose dans toute sa nécessité.

Aperçu sur la question du dialogue entre le malade et le médecin dans le *Corpus hippocratique*

Deux études, menées dans les années 1970 par Louis Bourget[1] et Huldrych Koelbing[2] sur la question de la communication entre le malade et le médecin dans la *Collection hippocratique*, ont montré que les points de vue des différents auteurs sur le dialogue étaient soumis à des variations parfois importantes. L'utilité des questions

---

[1] L. Bourgey, « La relation du médecin au malade dans les écrits de l'école de Cos », in *La collection hippocratique et son rôle dans l'histoire de la médcine, Colloque de Strasbourg (23-27 otobre 1972) organisé par le Centre de Recherches sur la Grèce Antique, avec le concours des Facultés de Philosophie et des Langues Classiques*, Leiden, 1975, p. 209-217.
[2] H. M. Koelbing, *Arzt und Patient in der antiken Welt*, Zürich-Munich, 1977.

posées au malade et de ses réponses est certes louée dans les *Préceptes* ou recommandée dans l'*Ancienne Médecine*[3], mais elle est jugée superflue dans le traité plus tardif *De la bienséance*.

D'une manière générale, comme l'a bien montré Armelle Debru, « l'attitude des médecins face à la valeur et à l'utilité du témoignage du malade [...] reste prudente[4] », quelles que soient d'ailleurs les différences que la critique a pu observer entre le principe de « l'interrogatoire, qui a une forme concise et réglée, et pour but la seule information[5] » et celui du dialogue, « forme d'échange consciemment élaboré, que ce soit à des fins cognitives [...] ou thérapeutiques[6] ». Le thème de l'interrogation est en tout état de cause peu présent dans certains livres du *Corpus*, légitimant ainsi le besoin ressenti par Rufus d'Éphèse, au Ier siècle ap. J.-C., de rédiger une œuvre tout entière dédiée à ce sujet, le Ἰατρικὰ ἐρωτήματα, parce qu'il lui semblait justement que la question avait été négligée par les auteurs hippocratiques[7]. On voit qu'il ne convient sans doute pas de généraliser la fameuse image du « triangle hippocratique », cher à Danièle Gourévitch[8], fondée sur un passage célèbre des *Épidémies*[9].

---

[3] *Ancienne médecine* 574.4-5 (J. Jouanna, *Hippocrate. Tome II, 1ʳᵉ partie. L'ancienne médecine.* (C.U.F.), Paris, 1990 (2ᵉ tirage 2003) : οὐδὲν γὰρ ἕτερον ἢ ἀναμιμνήσκεται ἕκαστος ἀκούων τῶν ἑαυτῷ συμβαινόντων. « Car il ne s'agit de rien d'autre pour chacun que de se remémorer, en les écoutant, les accidents qui lui sont arrivés. » C'est l'anamnèse qui est ici décrite, où le médecin, par ses questions, fait en sorte que le malade se souvienne de ce qui a pu lui arriver et qu'il aurait oublié de mentionner. Dans ce cas, on se situe davantage, pour reprendre la typologie d'A. Debru, « Médecin et malade dans la médecine hippocratique : interrogatoire ou dialogue ? », in P. Demont (éd.), *Médecine antique. Cinq études de Jacques Jouanna, Armelle Debru, Paul Demont et Michel Perrin*, Amiens, 1998, p. 35-49, dans le cadre d'un « interrogatoire ».
[4] A. Debru, « Médecin et malade... », p. 45.
[5] *Ibid.*, p. 49.
[6] *Ibid.*
[7] Cf. J. Jouanna, *Hippocrate*, Paris, 1992, p. 193, et A. Debru, « Médecin et malade... », p. 40.
[8] Cf. D. Gourévitch, *Le triangle hippocratique dans le monde gréco-romain. Le malade, sa maladie et son médecin*, Rome, 1983.
[9] *Épidémies* 1.5, Littré II, p. 636-637 : Ἡ τέχνη διὰ τριῶν, τὸ νούσημα, ὁ νοσέων, καὶ ὁ ἰητρός · ὁ ἰητρός, ὑπηρέτης τῆς τέχνης · ὑπεναντιοῦσθαι τῷ νουσήματι τὸν νοσεῦντα μετὰ τοῦ ἰητροῦ χρή. « L'art se compose de trois termes : la maladie, le malade et le médecin. Le médecin est le desservant de l'art ; il faut que le malade aide le médecin à combattre la maladie. »

Cependant, on conservera à l'esprit que la « parole hippocratique [...] engage un dialogue avec le malade pour recueillir des informations sur le diagnostic ou le pronostic de la maladie, ou éventuellement sur la conduite du traitement[10] ». Ces trois éléments, mais pas seulement, sont, comme nous allons le voir, présents dans le *De medicina* de Celse.

Les formes du dialogue médical dans le *De medicina*

Avant d'étudier les différentes formes que peut revêtir le dialogue médical dans le *De medicina*, il convient de rappeler que la médecine présentée par Celse était susceptible le cas échéant, comme nous l'avons démontré, d'être mise en pratique par des non-professionnels. Deux conséquences à cela : d'une part, alors que les médecins pouvaient être formés à l'art de recueillir oralement des informations, ce n'était sans doute pas le cas des amateurs, ce qui nous placerait alors de façon systématique du côté du dialogue plutôt que de l'interrogatoire ; d'autre part, les praticiens non-professionnels n'appartenant pas à une école médicale, ils étaient sans doute moins prédisposés à témoigner de la méfiance envers les renseignements fournis verbalement par un malade. Dans les deux cas, Celse a pour but de conseiller indirectement les *curantes* pour qu'ils mettent en œuvre un dialogue médical de qualité.

Dans le cadre de ce dialogue, la source de l'information est double : soit il s'agit du corps malade, soit il s'agit du malade lui-même (ou de l'un de ses proches, notamment s'il manifeste quelque incapacité). Dans l'ouvrage celsien, on s'aperçoit que ces deux sources ont chacune un interlocuteur différent. C'est pourquoi nous étudierons séparément le dialogue physique entre le corps malade et l'art médical, avant de nous intéresser au dialogue oral entre le malade et le soignant.

Le dialogue physique entre le corps malade et l'art médical

Les réactions physiques et physiologiques face aux thérapeutiques établissent comme un dialogue entre le corps malade et l'art médical. Pour bien comprendre ce processus, l'étude des diverses occurrences

---

[10] J. Jouanna, *Hippocrate...*, p. 192.

du verbe *respondeo* est révélatrice. Elle permet de voir que les réactions du corps à l'art médical sont non seulement appréhendées sous leur aspect concret, mais également utilisées dans des discussions d'ordre plus théorique.

Sur ce dernier point en effet, on observe dans deux passages que la réponse du corps malade à un traitement apparaît lorsque Celse est amené à prendre position dans le débat sur le caractère aléatoire de la médecine. Dès la Préface, l'encyclopédiste fait ainsi la remarque suivante :

> *Veri tamen simile est potuisse aliquid cogitare, detracta tali uerecundia, et fortasse responsurum fuisse id, quod aliquis esset expertus. [...] Cum igitur talis res incidit, medicus aliquid oportet inueniat quod non utique fortasse, sed saepius tamen etiam respondeat.* (Pr.50-51)
>
> « Il est cependant vraisemblable que l'on aurait pu réfléchir à quelque chose, en faisant fi d'une telle timidité, et peut-être aurait répondu ce que quelqu'un aurait tenté. [...] Par conséquent, lorsqu'une telle chose se produit, il convient que le médecin trouve quelque chose, qui réponde tout de même non peut-être assurément, mais du moins le plus souvent. »

Dans le cas des maladies nouvelles, fustigeant (*potuisse aliquid cogitare, detracta tali uerecundia*) l'immobilisme de certains médecins, Celse met en avant la valeur de l'essai (*expertus*). La recherche d'une thérapie a pour objectif une réponse (*responsurum, respondeat*) positive du corps malade dans une majorité des cas (*saepius*). De façon analogue, dans le chapitre 2.6, l'encyclopédiste associe l'idée d'une réponse offerte par le corps avec la défense des réussites de l'art médical, statistiquement plus nombreuses que ses échecs[11].

On voit ainsi que la « réponse » des corps malades aux traitements, participe, au fil du temps, des progrès de la médecine. En Pr.51

---

[11] 2.6.16 : *Illa tamen moderatius subiciam, coniecturalem artem esse medicinam, rationemque coniecturae talem esse, ut, cum saepius aliquando responderit, interdum tamen fallat. Non si quid itaque uix in millensimo corpore aliquando decipit, id notam non habet, cum per innumerabiles homines respondeat.* « Cependant, je proposerai, de façon plus mesurée, cela, que c'est un art conjectural que la médecine, et que la logique de la conjecture est telle que, si elle répond le plus souvent, parfois cependant elle manque son but. Par conséquent ce n'est pas parce que quelque chose trompe environ une fois sur mille, qu'elle ne contient pas un symptôme, puisqu'elle répond chez d'innombrables individus. »

comme en 2.6.16, le verbe *respondere* est précédé du superlatif *saepius*, « le plus souvent », qui rappelle que les avancées de la discipline se font en fonction de la fréquence constatée des réussites thérapeutiques. De même dans la Préface, au fil de la présentation de la doctrine empirique, est-il question « d'expériences » et de la « mesure dont elles ont répondu dans chaque cas » (*experimentis, prout cuique responderant*), et l'on retrouve en Pr.35 l'idée de collection par les hommes des remèdes ayant fait statistiquement leurs preuve : « des hommes scrupuleux ont noté ceux qui ont le mieux répondu le plus souvent » (*diligentes homines notasse quae plerumque melius responderent*).

Lorsque la réponse du corps malade apparaît cette fois au cœur même de la pratique médicale, il lui arrive d'être négative, comme lorsqu'il s'agit de devoir recourir au clystère (4.17.1)[12]. En d'autres occasions, elle est plus modérée, et varie en fonction des malades. C'est le cas dans le chapitre que Celse consacre aux onguents :

> *Ad strumam multa malagmata inuenio. Credo autem, quo peius id malum est minusque facile discutitur, eo plura esse temptata, quae in personis uarie responderunt.* (5.18.13)

> « Pour le struma, je trouve de nombreux onguents. Or je crois que plus ce mal est grave et moins facilement dissipé, plus il faut tenter de nombreux remèdes, qui, en fonction des personnes, répondent différemment. »

Immédiatement après cette intervention à la première personne, Celse va proposer pas moins de six remèdes différents au *struma* (5.18.14-17). Cette multiplication des procédés thérapeutiques s'explique par la variété des réponses que peuvent offrir les corps des malades — *in personis uarie responderunt*, formule où l'on remarque, par l'usage d'un parfait de vérité générale, que l'encyclopédiste se place bel et bien en position de relais (*inuenio*) de savoirs validés par l'expérience et auxquels le lecteur pourra faire confiance.

À l'ouverture du livre 3, Celse évoque cette fois le classement des différentes maladies selon leur temporalité :

> *Idemque quoniam non semper eodem modo respondebant, eosdem alii inter acutos, alii inter longos rettulerunt.* (3.1.1)

---

[12] Cf. aussi 3.1.6 : *Oportet itaque, ubi aliquid non respondet...* « Ainsi il convient, lorsqu'un remède ne répond pas... »

« Et de même, puisqu'elles ne répondaient pas toujours de la même manière, les mêmes maladies ont été placées par les uns parmi les aiguës, par les autres parmi les chroniques. »

L'encyclopédiste montre que la réponse plus ou moins rapide (*non semper eodem modo*) du corps aux soins a conduit les Grecs à définir les mêmes maladies tantôt comme aiguës, tantôt comme chroniques. Au-delà des conséquences d'un tel relativisme, on voit que le dialogue entre le corps et l'art médical a une véritable fonction dans la construction même de la médecine et des catégories que celle-ci emploie.

Tant d'un point de vue théorique que pratique, une forme de dialogue s'installe entre l'art médical et le corps malade. Mais, si c'est parfois la réponse du corps qui est observée (3.1.1), ce sont davantage les réponses apportées aux maladies par l'art lui-même qui sont prises en compte. Ce double aspect, marqué par une sorte de « transfert » linguistique, témoigne en définitive de la forte dépendance réciproque de l'art médical et du corps malade.

Il faut aussi remarquer que l'étymologie du verbe *respondere* intéresse particulièrement notre propos, puisque ce mot est à mettre en relation avec *spondeo, sponsus* et *sponsio*, qui renvoient à l'idée d'un engagement solennel dont les enjeux, même s'ils ne sont pas rigoureusement identiques, peuvent tout de même être rapprochés, dans une certaine mesure, de ceux de la *fides*[13]. À ce titre, il n'est peut-être pas étonnant que les occurrences de *respondeo* renvoient, comme celles de *fides*, aussi bien à la relation du malade avec l'art ou le traitement qu'avec le soignant.

Le dialogue oral entre le soignant et la personne malade et/ou ses proches

Au-delà du dialogue physique entre le corps malade et l'art médical, intéressons-nous à présent au dialogue oral entre le soignant et la personne malade et/ou ses proches. Un tel dialogue concerne, dans le *De medicina*, aussi bien le diagnostic que la thérapeutique et le pronostic.

---

[13] Cf. G. Freyburger, *Fides. Étude sémantique et religieuse depuis les origines jusqu'à l'époque augustéenne*, Paris, 1986, p. 325.

Dans le chapitre 3.6, c'est un double dialogue qui participe de l'établissement d'un diagnostic. Observons ce qu'écrit Celse :

> *Ob quam causam, periti medici est, non protinus ut uenit, apprehendere manu brachium, sed primum residere hilari uultu percunctarique, quemadmodum se habeat, et si quis eius metus est, eum probabili sermone lenire, tum deinde eius corpori manum admouere. [...] Ob quam causam medicus neque in tenebris neque a capite aegri debet residere, sed inlustri loco aduersus, ut omnes notas ex uoltu quoque cubantis percipiat.* (3.6.6-8)

« Pour cette raison, c'est le propre d'un médecin expérimenté de ne pas, dès son arrivée, saisir le bras de la main, mais d'en premier lieu s'asseoir et, avec un visage joyeux de demander comment se porte le malade, et, s'il a quelque crainte, de le rassurer à l'aide d'un discours convaincant, et alors seulement d'approcher la main de son corps. [...] Pour cette raison, le médecin ne doit s'asseoir ni dans le noir ni près de la tête du malade, mais dans un lieu éclairé, afin de saisir tous les signes provenant en outre du visage de celui qui est alité. »

Commençons par la seconde partie de notre extrait. Il y est question d'un dialogue particulier, à savoir un dialogue des sens entre l'expression du visage du malade (*notas ex uoltu*) et le regard du médecin (*percipiat*)[14]. Celui-ci doit se trouver dans des conditions idéales pour saisir les symptômes du malade dans leur totalité, comme le soulignent à la fois l'adjectif *omnes* et le préverbe *per-*.

Un autre dialogue, oral cette fois, apparaît au début de notre passage, où il s'agit pour le médecin d'apaiser le malade afin de pouvoir prendre son pouls dans les meilleures conditions[15]. Celse vient en effet de signaler que le pouls du malade peut être altéré par la crainte que le médecin lui cache une information importante sur son

---

[14] Sur l'importance du regard du médecin, notamment dans la doctrine méthodique, cf. P. Mudry, « Le regard souverain ou la médecine de l'évidence », in I. Boehm et P. Luccioni (éds.), *Les cinq sens dans la médecine de l'époque impériale : sources et développements, Actes de la table ronde du 14 juin 2011*, Lyon, 2003, p. 31-38 (= P. Mudry, *Medicina, soror philosophiae, Regards sur la littérature et les textes médicaux antiques (1975-2005)*, Lausanne, 2006, p. 87-94).

[15] Sur la crainte éventuelle du malade lors de la venue d'un médecin, cf. aussi J. Jouanna, *Hippocrate*, Paris, 1992 : « La venue du médecin [...] devait être, pour le malade, autant un sujet d'angoisse que de soulagement. La perspective d'une potion amère, du scalpel, ou du fer rouge ne devait pas remonter son moral. Il fallait au médecin un grand sens de la persuasion. » (p. 192).

sort[16], ce que Koelbing a nommé la « sincérité différentielle du médecin[17] ». Ce manquement, d'une certaine façon, à l'éthique amicale que l'on a pourtant observée dans le *De medicina*, pourrait trouver une explication dans l'évolution de la médecine. Le critique émet l'hypothèse « qu'à l'âge classique, l'homme de l'art se sentait, avant tout, obligé à prononcer ouvertement son pronostic, sans trop se soucier des sensibilités et des émotions du malade en question, tandis que dans l'ère hellénistique [puis romaine[18]], les médecins s'habituaient à attacher une plus grande importance à la psychologie des malades[19] ». Voilà qui expliquerait la crainte du malade, non pas fondée sur une quelconque fourberie de la part du médecin, mais effet pervers de la bienveillance de ce dernier.

Le dialogue doit précéder tout acte réalisé par le soignant, comme le révèle la structure de la phrase : *non protinus... sed primum... tum deinde*. S'il est expérimenté, le praticien doit demander au malade comment il se sent, *percunctarique quemadmodum se habeat*, et le pronom réfléchi montre bien ici que c'est le malade lui-même qui est la source de l'information. La réponse du médecin, sur le ton de la conversation informelle (*sermo*), est construite pour calmer les craintes potentielles (*si quis eius metus est*). On constate que l'attitude du médecin est décrite en des termes couramment utilisés pour un orateur. Il a d'abord besoin d'adapter son approche et son *actio* à la situation et à son destinataire : *hilari uultu*. Surtout, il doit user d'un *probabili sermone*, un « discours convaincant ». Nous sommes ici en désaccord avec Spencer qui rend l'adjectif par *entertaining*, « divertissant », ce qui nous paraît être un faux-sens[20]. Il nous semble plutôt que Celse renvoie volontairement à la catégorie rhétorique de la

---

[16] 3.6.6 : *... sollicitudo aegri dubitantis, quomodo illi se habere uideatur...* « le souci du malade se demandant comment ce dernier [i.e. le médecin] le trouvera... »

[17] H.-M. Koelbing, « Le médecin hippocratique au lit du malade », in M. D. Grmek (éd.), *Hippocratica. Actes du Colloque hippocratique de Paris (4-9 septembre 1978)*, Paris, 1980, p. 328.

[18] Nous nous permettons cet ajout compte tenu des propos du critique lui-même, qui associe la période hellénistique « aux premiers siècles de l'Empire romain » (H.-M. Koelbing, « Le médecin hippocratique... », 1980, p. 322).

[19] H.-M. Koelbing, « Le médecin hippocratique... », p. 328.

[20] Cf. W. G. Spencer, *Celsus. On Medicine. Edition by J. Henderson (vol. 1 et 3), by G. P. Goold (vol. 2), Translation by William G. Spencer* (Loeb Classical Library), 3 vol., Cambridge, Mass.-Londres, 1935-1938 (5ᵉ éd. du vol. 2, 1989 ; 6ᵉ éd. du vol. 3, 2002), vol. 1, p. 255.

probatio. Parmi les devoirs de l'orateur (*oratoris officia*), *probare*, « prouver », est un synonyme de *docere*, « enseigner[21] ». Ce qui signifie que le médecin doit apaiser (*lenire*) son patient sans doute en mettant en avant son savoir médical. Le dialogue médical que nous venons de décrire ici permet donc non seulement de créer les conditions idéales de l'établissement d'un diagnostic, mais constitue aussi en lui-même sinon une thérapeutique, du moins une première étape sur le chemin de la guérison.

Concernant les soins à proprement parler, le dialogue entre le malade et le soignant est l'occasion pour ce dernier de faire montre de sa persuasion. Il s'agit en général de faire admettre la nécessité de tel ou tel remède, malgré les réticences éventuelles du malade. Ainsi dans le cas de la saignée :

> ... *in hoc statu boni medici est ostendere quam nulla spes sit sine sanguinis detractatione, faterique, quantus in hac ipsa metus sit, et tum demum, si exigetur, sanguinem mittere.* (2.10.7)

> … dans ce cas il relève du bon médecin de montrer à quel point il n'y a nul espoir sans saignée, puis d'avouer le degré de crainte que l'on peut avoir dans cet acte même, et alors seulement, si cela est réclamé, de pratiquer la saignée. »

Les verbes utilisés ici miment le processus du dialogue d'un point de vue tant logique que chronologique. D'abord, le médecin doit démontrer (*ostendere*) que la saignée est la seule solution. Ensuite, il lui faut avouer — et *fateri* indique combien le dialogue doit être franc ! — qu'un tel traitement n'est pas sans risque. Ce n'est que dans un dernier temps (*tum demum*), et à la demande du malade — la proposition conditionnelle *si exigetur* prouve que le patient exprime sa volonté, que la saignée sera pratiquée. On voit ici que la capacité du médecin à entamer un dialogue avec le malade et à justifier une thérapie éprouvante est un critère essentiel permettant de juger de la qualité d'un médecin (*boni medici*).

Plus loin dans le *De medicina*, Celse expose une situation où le soignant doit s'efforcer de convaincre le malade de renoncer à un penchant naturel qui pourrait nuire à son rétablissement :

---

[21] Cf. L. Pernot, *La Rhétorique dans l'Antiquité*, Paris, 2000, p. 283.

Sed docendus aeger est, ubi febris quierit, protinus sitim quoque quieturam, longioremque accessionem fore, si quod ei datum fuerit alimentum : ita celerius eum desinere sitire, qui non bibit. (3.6.1)

« Mais le malade doit apprendre que, lorsque la fièvre s'est calmée, aussitôt la soif aussi se calmera, et que l'accès durera plus longtemps, si on lui donne quelque aliment : ainsi, celui qui ne boit pas cessera plus rapidement d'avoir soif. »

Le malade est ici placé en position d'apprenant (*docendus ager*), mais Celse insiste sur la nécessité de cet apprentissage par le recours à l'adjectif verbal d'obligation. Il s'agit en effet d'une situation quelque peu paradoxale, puisque l'objectif du soignant est de faire admettre au malade qu'il cessera d'avoir soif s'il s'abstient de boire. Là aussi, il lui faudra être persuasif pour lutter contre un penchant naturel pourtant nuisible.

Au sein de la thérapeutique, il est une situation où le dialogue peut conduire à une modification du traitement. En cas de lienterie, Celse donne le conseil suivant :

Alterum quoque, quod aeque ad omnes similes affectus pertinet, in hoc maxime seruandum est, ut, cum pleraque utilia insuauia sunt, qualis est plantago, et rubi et quidquid malicorio mixtum est, ea potissimum ex his dentur, quae maxime aeger uolet. (4.23.2-3)

« Une autre règle, qui convient également à toutes les affections semblables, doit particulièrement être observée : étant donné que la majorité des remèdes utiles ont mauvais goût (comme le mélange de plantain, de framboise et d'écorce de grenade), parmi eux doivent être donnés ceux que le malade veut le plus. »

Celse considère la potentielle aversion du malade envers le traitement selon deux points de vue : elle peut être fondée soit sur une caractéristique générale du remède (*pleraque... insuauia sunt*), soit sur un dégoût personnel (*si omnia ista fastidit*). Dans les deux cas la volonté (*uolet*)[22] et le ressenti (*gratum*) du malade sont importants et vont même jusqu'à prévaloir sur l'efficacité du soin[23]. L'attention

---

[22] En 5.26.36C, Celse exprime de même la part que peut jouer la volonté du malade pour envisager un changement thérapeutique. Au lieu de recourir au scalpel, il est possible de procéder par voie médicamenteuse : *Si medicamentum aliquis mauult...* « Si quelqu'un préfère un médicament... »

[23] La possibilité au soignant de s'adapter aux goûts du malade est déjà évoquée dans le Corpus hippocratique, comme le signale à juste titre P. Mudry, « La déontologie

portée par le soignant au malade, et l'accord entre les deux personnes, sont rendus par l'écho entre les deux tournures superlatives *maxime seruandum* et *maxime uolet*.

Enfin, lorsqu'il s'agit d'établir un pronostic, le dialogue peut également jouer un rôle. Au livre 7, dans le chapitre 26 dévolu à la rétention d'urine et aux calculs vésicaux, Celse établit une liste des symptômes permettant d'établir un pronostic périlleux :

> *Quibus temporibus tamen, si felix curatio non fuit, uaria pericula oriuntur. Quae praesagire protinus licet : si continua uigilia est, si spiritus difficultas ; si lingua arida est, si sitis uehemens ; si uenter imus tumet ; si uulnus hiat, si transfluens urina id non rodit, ... similiter ante tertium diem quaedam liuida excedunt ; si is aut nihil aut tarde respondet...* (7.26.5H-I)

> « Durant cette période cependant, si le traitement n'a pas été heureux, divers dangers naissent. Il s'ensuit que l'on peut s'attendre à ce que la veille soit continue, qu'il y ait une difficulté respiratoire ; que la langue soit sèche, que la soif soit véhémente ; que la partie inférieure du ventre soit gonflée ; que la blessure s'ouvre ; que l'urine en coulant n'irrite pas cette dernière ; que celui-ci ne réponde rien ou tardivement... »

Les conséquences d'un traitement inefficace sont donc à la fois nombreuses et dangereuses (*uaria pericula*). Parmi les difficultés à prévoir (*praesagire*), Celse mentionne d'abord des éléments d'ordre corporel (troubles du sommeil et respiratoires, sécheresse linguale, soif, gonflement du ventre...), et continuera d'ailleurs après le passage que nous avons extrait (7.26.5I). Mais au cœur de ces dangers, il est question du discours tenu par le malade, qui deviendrait inexistant ou lent (*aut nihil aut tarde*). Le verbe employé, *respondet*, sous-entend clairement que le soignant pose des questions au malade qui lui fait face. Ce passage est donc la preuve que la possibilité et la qualité du

---

médicale dans l'antiquité grecque et romaine : mythe et réalité », *Revue médicale de la Suisse romande*, 106, Genève, 1986b, p. 3-8 (= P. Mudry, *Medicina, soror philosophiae, Regards sur la littérature et les textes médicaux antiques (1975-2005)*, Lausanne, 2006, p. 441-449) : « C'est ainsi que, pour l'auteur des *Aphorismes*, il est préférable de donner une boisson et une nourriture un peu moins bonnes thérapeutiquement, mais plus agréables, que d'autres meilleures, mais déplaisantes. » (p. 444). Le critique fait sans doute référence ici, par ex., à *Aphorismes 2.38*, Littré IV, p. 480-481 : Τὸ σμικρῷ χεῖρον καὶ πόμα καὶ σιτίον, ἥδιον δέ, τῶν βελτιόνων μέν, ἀηδεστέρων δέ, μᾶλλον αἱρετέον. « Il faut préférer une nourriture et une boisson un peu moins bonnes, mais plus agréables, à de meilleures, mais plus désagréables. »

dialogue sont pleinement prises en compte, au même titre que d'autres critères, pour l'établissement du pronostic.

La nécessité du dialogue : la douleur physique dans le *De medicina*[24]

Pour achever notre analyse du dialogue dans le *De medicina*, nous voudrions proposer un examen du thème de la douleur physique dans l'ouvrage celsien[25]. Conclure ainsi notre propos se justifie pour deux raisons : d'une part, toute situation douloureuse est nécessairement (sauf incapacité physique du malade) accompagnée d'un dialogue[26] ; d'autre part, une telle étude de cas nous permettra de

---

[24] Il n'existe pas d'étude systématique de la douleur physique dans l'Antiquité. Roselyne Rey consacre certes un chapitre entier à cette période (Rey R. (1993), p. 14-51 : (« Histoire de la douleur. Antiquité gréco-romaine »), mais l'érudition de l'auteur ne saurait satisfaire la curiosité et l'exigence d'un classiciste. Parmi les spécialistes de l'Antiquité, aucun critique n'a par ailleurs traité de la question de la douleur dans son ensemble : les articles existant se consacrent uniquement à un auteur (cf., par ex., sur le *Corpus hippocratique* : S. Byl, « Le traitement de la douleur dans le *Corpus hippocratique* », in J.A. Lopez Ferez (éd.), *Tratados hipocraticos : estudios acerca de su contenido, forma e influencia, Actas del VIIe Colloque international hippocratique (Madrid, 24-29 Septiembre 1990)*, Madrid : Universidad nacional de educacion a distancia, 1992, p. 203-213 ; L. Villard, « Vocabulaire et représentation de la douleur dans la *Collection hippocratique* », in F. Prost et J. Wilgaux (éds.), *Penser et représenter le corps dans l'Antiquité, Actes du colloque international de Rennes, 1-4 septembre 2004*, Rennes, 2006, p. 61-78 ; à une partie du corps (E. Cocher, « Celse, Scribonius, Aurelianus et la douleur dentaire. Trois conceptions différentes », *Chirurgien Dentiste de France*, n° 908, 1998, p. 68-73), ou encore, d'un point de vue pharmacologique, aux remèdes à la douleur (cf. par ex., la communication de V. Bonet, « Le traitement de la douleur : quand l'irrationnel vient au secours du rationnel », in N. Palmieri (éd.), *Rationnel et irrationnel dans la médecine ancienne et médiévale, Mémoires XXVI*, Saint-Étienne, 2003, p. 145-162.).

[25] Nous nous concentrerons sur ce type de douleur, la douleur morale étant quasiment absente du *De medicina* de Celse (sauf peut-être, indirectement, en 2.9.1 ?).

[26] Cf. A. Debru, « Médecin et malade dans la médecine hippocratique : interrogatoire ou dialogue ? », in P. Demont (éd.), *Médecine antique. Cinq études de Jacques Jouanna, Armelle Debru, Paul Demont et Michel Perrin*, Amiens, 1998 : « Il y a bien des domaines où le médecin hippocratique a recours aux dires de son malade. [...] De même, les sensations du malade font partie des signes perçus à

présenter conjointement divers aspects de l'œuvre celsienne que nous avions jusqu'ici, pour des raisons d'ordre méthodologique, présentées séparément. Un autre élément démontre encore l'intérêt d'une telle étude : *summum bonum esse sapientiam, summum autem malum dolorem corporis*[27]. Cette phrase, sans doute inspirée du livre II des *Tusculanes* de Cicéron[28], et transition supposée[29], d'après les *Soliloques* de saint Augustin[30], entre la partie médicale et la partie philosophique des *Artes*, si elle n'est peut-être pas de Celse lui-même, montre néanmoins toute l'importance de la douleur physique dans le *De medicina*.

Pourtant, la douleur « celsienne » n'a jusqu'ici guère suscité l'intérêt des chercheurs[31], alors que, à bien y regarder, l'auteur touche à tous les enjeux que soulève, encore à notre époque, ce concept d'une grande complexité. L'analyse de cette notion permettra donc de saisir pleinement la finesse et la modernité d'un ouvrage dont l'apport à l'étude de la douleur dans l'histoire de la médecine a été jusqu'ici par trop négligé.

Nous nous intéresserons d'abord à la place de la douleur dans le *De medicina*, avant de nous pencher plus particulièrement sur la question de l'évaluation de la douleur du malade, pour enfin tenter de cerner le rôle de la douleur dans la mise en place d'une médecine « amicale » dans le *De medicina*.

---

travers les mots : tout le domaine des douleurs, le type de douleur, [...] son siège. » (p. 41).

[27] « La sagesse est le souverain bien, or la douleur du corps est le souverain mal. »

[28] Cf. notamment les propos attribués par Cicéron à Aristippe : *summum malum dolorem* « la douleur est le souverain mal ». Pour l'Arpinate, c'est là une « opinion de lâche et de femme » (*eneruatam muliebremque sententiam*). Si la phrase retranscrite par saint Augustin est authentique, on mesure la distance qui sépare le point de vue du philosophe romain de celui de Celse, qui garde constamment à l'esprit le caractère concret de la douleur, sans doute à cause de son attachement profond à l'alter dolens.

[29] Cf. l'hypothèse de L. Duret, « Dans l'ombre des plus grands II », *ANRW*, II.32.5, 1986, p. 3312-3313.

[30] Saint Augustin, *Soliloques* I.21.3.

[31] Cf. toutefois P. Mudry, « Les voix de la douleur entre médecins et malades. Enquête dans l'Antiquité », Journée d'études « La souffrance physique dans l'Antiquité : théories et représentations du corps souffrant » organisée à Toulouse le 1er octobre 2010 par Jean-Christophe Courtil, Toulouse, *Pallas* 88, p. 15-26, qui entre autres auteurs, fait mention de Celse.

La place de la douleur dans le *De medicina*

Définition et présence de la douleur dans le De medicina

La critique a bien établi que les auteurs du *Corpus Hippocratique* utilisent un vocabulaire riche et varié pour désigner les douleurs. Celse, en revanche, a presque exclusivement recours au substantif *dolor*, auquel il préfère associer un adjectif plutôt que d'utiliser des termes renvoyant à une douleur spécifique (tels *punctio*[32], *tormentum*, *torqueo* ou *crucio*[33]) — ce qu'il ne fait que rarement. Le seul substantif *dolor* est utilisé par Celse à plus de deux cents reprises dans son ouvrage[34]. Ses occurrences se répartissent de la façon suivante : 115 dans les livres de diététique, 65 dans ceux de pharmaceutique, et 46 dans la partie chirurgicale de l'œuvre.

D'un point de vue statistique, le mot *dolor* est plus densément présent dans le *De medicina* que ne l'est le champ lexical de la douleur tout entier dans le *Corpus hippocraticum*, qui ne dépasse guère une occurrence paginale dans le texte grec[35]. On constate par ailleurs que chez Celse, la présence de la douleur se fait de plus en plus dense à mesure que l'on progresse dans les trois grandes parties du *De medicina* (1.99, 2.21 et 3.13 occurrences par page), avec un accroissement notable de la moyenne d'occurrences dans les livres de chirurgie. Cela s'explique par le fait que cette branche de la médecine est envisagée comme un ultime recours dans des cas graves et potentiellement plus douloureux que les autres, mais peut-être aussi, nous y reviendrons, parce qu'elle requiert pour cette raison une

---

[32] *Punctio* désigne une douleur perçante, un élancement.

[33] *Tormentum*, *torqueo* et *crucio* renvoient à un degré supérieur de douleur.

[34] L'index de l'édition de Celse par Spencer dans la Loeb Classical Library est à cet égard bien peu satisfaisant, qui ne fournit que 10 références au mot « pain », et renvoyant, s.h.u., aux termes « headache » (14 références) et « pleurisy » (8 références).

[35] L. Villard, « Vocabulaire et représentation de la douleur dans la *Collection hippocratique* », in F. Prost et J. Wilgaux (éds.), *Penser et représenter le corps dans l'Antiquité, Actes du colloque international de Rennes, 1-4 septembre 2004*, Rennes, 2006, p. 61-78, compte plus de 1000 emplois pour la famille d'ὀδύνη, 800 pour la famille de πόνος et 500 pour la famille d'ἄλγος (n. 13-14 p. 62). Son édition de référence étant celle de Littré, qui compte un total d'environ 1955 pages de texte grec, on obtient ainsi une moyenne de (2300 / 1955) = 1,17 occurrence de la douleur par page.

attention plus aiguisée encore de la part du praticien envers la personne qu'il soigne.

Au-delà des spécificités mentionnées ci-dessus, c'est surtout l'omniprésence de la douleur dans l'ensemble du *De medicina* qui mérite d'être relevée. Il n'est pas un domaine de la médecine ni un temps de la pratique médicale qui échappe à la prise en compte de cet élément fondamental. C'est à ces trois temps[36] : diagnostic, thérapeutique, pronostic — que nous allons nous intéresser à présent.

Douleur et diagnostic

Dans les trois-quarts environ des cas où la douleur est liée au diagnostic, sa présence est le signe d'une maladie à soigner[37]. Nous nous intéresserons à ces cas, en étudiant d'abord la question de la localisation de la douleur, puis en observant dans quelle mesure celle-ci s'inscrit dans le cadre de la nomination de la maladie.

A. *Répartition de la douleur selon les parties du corps, dans le* De medicina

Dans le processus thérapeutique, la première étape consiste à localiser la douleur dans le corps. Les deux tableaux qui suivent témoignent des parties du corps pouvant être douloureuses dans le *De medicina*[38] :

---

[36] À ce sujet, voir R. Rey, *Histoire de la douleur*, Paris, 1993, p. 35-6.

[37] Il existe d'autres situations, plus exceptionnelles, que l'auteur n'omet cependant pas de mentionner : la présence de douleur pour un diagnostic rassurant (2.8.7) ; l'absence de douleur permettant de poser un diagnostic (par ex., 2.3.1, V76.2) ; des douleurs symptômes d'*insania* (2.7.25) ; la douleur comme cause de folie (2.7.26 et 6.7.1A) ou d'un autre symptôme (5.28.13B et 6.7.8B) ; enfin une douleur conséquence d'un autre symptôme (par ex., 2.7.20).

[38] Le second tableau est constitué de localisations générales ou incertaines, mais que nous avons tout de même souhaité mentionner pour rendre compte de l'ensemble des parties du corps potentiellement atteintes par la douleur.

Technique et éthique de la pratique médicale dans le De medicina   355

Classement des douleurs dans le *De medicina* selon les parties du corps concernées, *a capite ad calcem* (base lexicale = *crucio, dolor, doleo, tormentum, torqueo*)		
Partie du corps	**Passage du *De medicina***	**Total d'occurrences par partie du corps**
Crâne (os du)	8.4 (x2)	2
Tête	1.3, 1.5 (x2), 2.1 (x2), 2.6, 2.7 (x7), 2.8 (x5), 2.14, 2.15, 2.17, 3.6, 3.7 (x2), 3.10 (x3), 3.22, 3.24, 4.2 (x8), 4.5, 5.25, 6.7 (x3), 7.6, 7.7, 8.1	45
Tempes	2.7, 4.2, 6.6	3
Visage	4.2	1
Front	2.7, 2.8	2
Oreilles	2.1, 2.7, 4.2, 5.25, 6.7(x8)	12
Paupières	7.7	1
Yeux	1.9, 2.2, 4.2, 5.26, 6.6 (x15), 7.7 (x2), 8.12	22
Gencives	6.13	1
Lèvres	7.12	1
Langue	7.12	1
Luette	7.12	1
Dents	4.2, 6.9 (x8), 7.12	10
Gorge	3.6, 5.23	2
Trachée	1.5	1

356 Rhétorique et thérapeutique dans le De medicina de Celse

Classement des douleurs dans le *De medicina* selon les parties du corps concernées, *a capite ad calcem* (base lexicale = *crucio, dolor, doleo, tormentum, torqueo*)		
Partie du corps	**Passage du *De medicina***	**Total d'occurrences par partie du corps**
Occiput	4.2	1
Cervicales/Nuque	4.6 (x2), 8.4, 8.12	4
Glandes cervicales	4.1, 8.4	2
Clavicule	5.26 (x2), 8.8	3
Épaules	2.8 (x3), 5.26	4
Colonne vertébrale	4.11, 5.26, 8.14	3
Côtes	7.4, 8.9 (x3)	4
Poitrine	2.2, 2.7, 2.8, 4.2	4
Praecordia	1.2, 1.3 (x2), 1.8, 2.2, 2.3 (x2), 2.4 (x2), 2.7 (x4), 2.8, 2.15, 3.6, 3.10 (x2), 4.8, 4.15	20
Humérus	2.8 (x2)	2
Mains	2.8, 4.15, 4.31 (x8)	10
Doigts	6.19	1
Ventre (*superioribus partibus* et *inferioribus partibus* et *imis partibus*)	2.3, 2.7, 2.8 (x3), 2.12, 4.18, 4.19 (x2), 4.25, 4.26, 5.28, 7.18, 7.20 (x3)	16
Abdomen	7.18	1
Estomac	4.12 (x3)	3

Partie du corps	Passage du *De medicina*	Total d'occurrences par partie du corps
Intestins	1.7, 2.7, 4.18, 4.20 (x6), 4.21, 4.22, 5.25	12
Viscères	2.1, 2.7 (x2), 2.8 (x2), 2.10, 2.15, 5.23	8
Poumon	2.1, 2.6, 2.7 (x3), 2.8, 4.14 (x2), 4.15	9
Foie	2.8, 4.15, 5.18, 5.25, 5.26	5
Rate	2.1, 4.16, 5.18, 5.25	4
Reins	2.1, 4.17	2
Flanc (*latus*)	1.9, 2.1 (x4), 2.7 (x2), 2.8 (x2), 3.6, 4.13 (x5), 5.18 (x2), 5.23, 5.25 (x2)	20
Aine	5.26 (x3), 7.18 (x2), 7.27	6
Hanche (*coxa*)	2.1, 2.7 (x3), 2.8 (x3), 2.12, 4.11, 4.29 (x2), 5.18, 5.25, 5.26	14
Cuisses	5.26, 8.20 (x2)	3
Genou	4.30 (x2)	2
Anus	4.22 (x2), 6.18, 7.4 (x2), 7.27, 7.30	7
Pubis	2.7	1

Classement des douleurs dans le *De medicina* selon les parties du corps concernées, *a capite ad calcem* (base lexicale = *crucio, dolor, doleo, tormentum, torqueo*)

Classement des douleurs dans le *De medicina* selon les parties du corps concernées, *a capite ad calcem* (base lexicale = *crucio, dolor, doleo, tormentum, torqueo*)		
Partie du corps	**Passage du *De medicina***	**Total d'occurrences par partie du corps**
Vessie	2.8, 4.27 (x3), 7.26, 7.27	6
Testicules/Scrotum	5.26, 7.18 (x4), 7.19 (x3), 7.22	9
Utérus	4.27, 5.25	2
Pénis	2.7, 7.27	2
Pieds	4.31 (x9), 5.18 (2)	11
Talon	5.18	1
Articulations	1.9, 2.1 (x2), 2.7 (x3), 4.31,	6
Douleur interne	Pr.23, Pr.25, Pr.42, 5.23, 5.26 (x4), 5.28 (x2)	10
Nerui	1.9, 2.15, 3.27, 5.26	4
Non précisé	2.4 (x2), 2.6, 2.7.21 (insensibilité à la douleur), 2.7.29, 2.8.4, 2.8.40, 3.2.1, 3.21 (x2), 5.18.28 (*ad omnem dolorem*), 5.18.33 (*omnes dolores*), 7.1, 8.4 et 8.10 (x5) et 8.11 (x2) (= os en général)	≈ 22
Peau	5.26, 5.28 (x16), 8.3	18

Dans le *De medicina*, on constate que toutes les parties du corps sont concernées par la douleur[39]. Parmi les plus touchées, la tête (*caput*) occupe la première place (45), notamment à cause des nombreuses douleurs associées aux fièvres. Loin derrière on trouve les viscères (28[40]), les yeux (22), les flancs et les *praecordia* (20), la peau (18), le ventre (16), les hanches (14), les oreilles et les intestins (12), les pieds (11), et enfin les dents, les mains et les douleurs « internes » (10). Avec moins de dix occurrences, viennent ensuite les douleurs touchant les testicules (9) ; l'anus (7) ; l'aine, la vessie et les articulations (6) ; les cervicales, les épaules, les côtes, la poitrine et les *nerui* (4) ; les tempes, les clavicules, la colonne vertébrale, l'estomac et les cuisses (3) ; les os du crâne, les glandes cervicales, le front, la gorge, l'humérus, le pénis, l'utérus, le genou (2) ; enfin le visage, les paupières, les gencives, les lèvres, la langue, la luette, la trachée, l'occiput, les doigts, l'abdomen, la région du pubis et le talon (1).

Un tel classement est essentiel, parce qu'il met en lumière une forte tendance à identifier, autant que possible[41], le siège de la douleur. Cette démarche se fonde sans doute sur l'idée, que l'on trouvait déjà dans le *Corpus hippocratique*, que la présence de la douleur est liée à la présence de la maladie[42]. Localiser la douleur constitue donc une première étape indispensable dans l'appréhension

---

[39] À l'exception notable, nous semble-t-il, du nez, dont la fracture est reconnue pour être extrêmement douloureuse, et à laquelle Celse consacre pourtant le chapitre 8.5.

[40] Les 28 occurrences se subdivisent ainsi : les viscères (8), ensemble d'organes auquel appartiennent, selon Celse lui-même : les poumons (9), le foie (5), la rate (4) et les reins (2).

[41] Seule une vingtaine de cas, sur un total de 356, demeurent incertains (soit moins de 6 % des cas).

[42] Cf. notamment *Prénotions coaques* 394 (Littré V, p. 670-673), où l'auteur fait le lien entre une douleur ressentie près de la clavicule gauche et la présence à cet endroit de la maladie (i.e. la péripneumonie) : ... καὶ οἷσι μὲν πρὸς τὴν μίαν κληῖδα ὁ πόνος γίνεται, ἡ ἄνω πτέρυξ τοῦ πλεύμονος ἡ μία νοσέει · οἷσι δὲ πρὸς ἄμφω τὰς κληῖδας ὁ πόνος γίνεται, αἱ ἄνω πτέρυγες τοῦ πλεύμονος ἄμφω νοσέουσιν · οἷσι δὲ κατὰ μέσιν τὴν πλευρὴν, ἡ μέση · οἷσι δὲ πρὸς τὴν διάτασιν, ἡ κάτω · οἷσι δὲ πᾶν τὸ ἓν μέρος πονέει, πάντα τὰ κατὰ τοῦτο μέρος νοσέει. « ... et dans celles où la douleur est ressentie vers l'une des clavicules, le lobe supérieur du poumon de ce côté est malade ; dans celles où la douleur ressentie vers les deux clavicules, les lobes supérieurs du poumon des deux côtés sont malades ; dans celles où la douleur est ressentie au milieu, le lobe moyen ; dans celles où la douleur est ressentie vers la base, le lobe inférieur ; dans celles où tout un côté est douloureux, tout ce qui est de ce côté est malade. »

de la maladie et, sur ce point, Celse a une dette évidente envers les auteurs du *Corpus hippocratique*.

B. *Répartition de la douleur selon les maladies, dans le De medicina*

Une fois la douleur localisée, il est parfois possible d'identifier la maladie dont elle est le ou un symptôme. Le tableau suivant rend compte des cas où, dans le *De medicina*, la présence de la douleur permet de nommer la maladie[43] :

Classement des douleurs dans le *De medicina* selon les maladies concernées, (base lexicale = *crucio, dolor, doleo, tormentum, torqueo*)		
Maladie	**Passage du *De medicina***	**Total d'occurrences par maladie**
Acrochordon	2.1	1
Calculs vésicaux	7.26 (x2)	2
Carbunculus	5.28	1
Carcinome	5.28	1
Céphalées	4.2 (x11)	11
Chiragre	1.9	1
Chironeum	5.28	1
Circocèle	7.22	1
Coeliacus	4.19 (x2)	2
Dysenterie	4.22 (x4)	4

---

[43] Ce tableau s'appuie principalement sur les chapitres 3.18-27, le livre 4, les chapitres 5.26-28 ainsi que les livres 6 et 7. Nous n'avons retenu que les maladies explicitement identifiées par Celse. Nous avons donc laissé de côté les cas délicats pouvant être à la fois symptômes et maladies (telles les fièvres, la diarrhée, la paralysie, etc.), ainsi que tous les cas de fractures et luxations du livre 8.

Classement des douleurs dans le *De medicina* selon les maladies concernées, (base lexicale = *crucio, dolor, doleo, tormentum, torqueo*)		
Dyspnée, asthme et orthopnée	4.8	1
Érisypèle	5.26	1
Fistules	7.4 (x3)	3
Furoncle	5.28	1
Gangrène	7.27 (x2)	2
Hémorroïdes	7.30	1
Hydropisie	3.21 (x2), 5.18	3
Hystérie	4.27 (x4)	4
Jaunisse	3.24, 4.15 (x3)	4
Kérion	5.28	1
Myrmecia	5.28	1
Nigritie osseuse	8.2	1
Opisthotonos, emprosthotonos, tétanos	4.6 (x2)	2
Paronychie	6.19	1
Parulide	6.13	1
Phygetron	5.28	1
Pneumonie	4.14 (x2)	2
Podagre	1.9	1
Ptérygion	7.7	1

Classement des douleurs dans le *De medicina* selon les maladies concernées, (base lexicale = *crucio, dolor, doleo, tormentum, torqueo*)		
Pustule	5.28	1
Sarcocèle	7.18	1
Tenesmos	4.25	1
Therioma	5.28	1
Tubercules (peau)	7.6	1
Verrue (cor ?)	5.28	1

De ce tableau ressortent deux enseignements principaux : d'une part, la présence importante des céphalées, auxquelles Celse consacre d'ailleurs un chapitre entier (4.2)[44] ; d'autre part, le très grand nombre de cas concernant des maladies dermatologiques, dont le nom est d'ailleurs la translittération d'un mot grec (acrochordon, kérion, myrmecia, etc.[45]).

Concernant ces dernières, un point remarquable nécessite un développement spécifique. On constate qu'un grand nombre de diagnostics du livre V prennent la forme d'une définition / description de la maladie, souvent par effet de différenciation avec une affection voisine. La douleur constitue alors souvent un élément discriminant permettant de diagnostiquer une maladie plutôt qu'une autre. Les exemples sont nombreux[46], nous nous appuierons sur l'extrait suivant :

Myrmecia autem uocantur humiliora thymio durioraque, quae radices altius exigunt maioremque dolorem mouent. (5.28.14C)

---

[44] Si les céphalées sont explicitement désignées par Celse comme une maladie (4.2.2. *In capite... morbus est, quem κεφαλαίαν Graeci uocant*), elles constituent un cas un peu particulier, puisque localisation de la douleur et nom de la maladie se confondent ici.
[45] On notera d'ailleurs que cette terminologie dermatologique est encore en usage de nos jours.
[46] Voir, par ex., 5.28.8-9, 5.28.13...

« Mais ceux appelés myrmecia sont moins proéminents et plus durs que le thymion, ses racines sont plus profondément ancrées et ils provoquent une douleur plus grande. »

Dans ce passage, Celse utilise, entre autres données, une variation de la douleur comme critère permettant de distinguer les *myrmecia* des autres *acrochordon* et *thymion* (5.28.14A-B). La manière dont procède l'auteur dans son classement des divers types d'ulcères, comme dans bien d'autres cas pour bien d'autres maladies, consiste à opposer différents degrés d'un même type d'affection, afin de modifier l'interprétation des signes morbides. On n'est pas loin ici de la paradigmatique du signe médical que Roland Barthes appellera de ses vœux bien des siècles plus tard, et qui « consisterait à opposer les signes médicaux entre eux, en tant que cette opposition entraînerait un changement de maladie ; on ferait alors l'inventaire des signes médicaux dans la mesure où chacun d'eux s'oppose à un autre signe, cette opposition entraînant un changement du signifié, c'est-à-dire de la lecture de la maladie[47] ». Dans son souci constant de précision et de classement, Celse témoigne ainsi une nouvelle fois de son aptitude à concilier exigence épistémologique et précision dans la pratique médicale qu'il propose.

Dans le cadre du diagnostic au sein du *De medicina*, il faut noter les rôles majeurs joués par la localisation de la douleur, puis par la nomination de la maladie. Cependant, cette dernière éventualité est finalement peu fréquente et de nombreux cas demeurent dans un certain flou. Le plus souvent, c'est avant tout la partie du corps concernée qui est mentionnée. Dans l'établissement du diagnostic, localiser la douleur apparaît donc comme une nécessité absolue, nommer la maladie n'étant peut-être que secondaire.

Douleur et thérapeutique

Une fois la douleur localisée et, éventuellement, la maladie nommée, il faut choisir une thérapie. L'importance de cette étape dans le processus médical est attestée par le fait que la moitié environ des occurrences du substantif *dolor* dans le *De medicina* y sont liées (soit un total de cent-douze occurrences). Dans les deux tiers de ces cas, la

---

[47] R. Barthes, « Sémiotique et médecine », in R. Bastide (éd.), *Les sciences de la folie*, Paris-La Haye, 1972, p. 40.

présence de la douleur doit permettre au praticien de choisir le bon traitement ou de pratiquer l'acte chirurgical qui convient (par ex., 3.27.2A-C, 8.8.2B). Le troisième tiers des situations est si varié qu'il témoigne assurément de la part de Celse sinon d'une pratique personnelle de la médecine, du moins d'une connaissance aiguë de l'art médical. La liste de ces cas suffit à donner un aperçu de la richesse de l'approche celsienne de la douleur au sein de la thérapeutique : absence de *dolor* pour choisir un traitement (par ex., 5.26.25A) ; présence (par ex., 1.5.2) ou absence (7.20.4) de *dolor* comme contre-indication à un traitement ; survenue du *dolor* pour arrêter un traitement (par ex., 5.28.1B) ; persistance du *dolor* pour modifier la thérapie (par ex., 4.29.2) ; absence de *dolor* comme condition de l'efficacité d'un traitement (3.7.2D) ; fin de la douleur comme critère pour l'arrêt d'un traitement (6.6.9C), pour enclencher une seconde étape thérapeutique (6.7.1C) ou comme preuve de la réussite d'une thérapie (par ex., 8.10.1E) ; influence de la douleur sur la chronologie du traitement (par ex., 7.19.9) ; répétition / récurrence de la douleur nécessitant la reprise de la thérapie (par ex., 7.20.3) ; prise en compte de la douleur lors de l'acte chirurgical (5.28.1B) ; absence de douleur comme critère pour ne pas opérer (7.20.4) ; idiotie de faire renaître la douleur pour des raisons esthétiques après un acte chirurgical (5.26.36C).

Le caractère protéiforme de la douleur dans le cadre de la thérapie celsienne est manifeste. Nous nous bornerons pour le moment à dire qu'il est révélateur d'une attention de tous les instants, à chaque étape potentielle de la démarche thérapeutique, à la douleur vécue et à la douleur énoncée par le malade.

Typologie des antalgiques présents dans le De medicina

Pour être tout à fait complet, il nous paraît utile de proposer une typologie des divers antalgiques présents dans le *De medicina*, classés selon leur appartenance aux trois branches de la thérapeutique :

Typologie des antalgiques présents dans le *De medicina*		
Type de procédé antalgique	**Passage du *De medicina***	**Total d'occurrences par procédé**
Diététique		
absinthe	4.12	1
application de laine	4.11, 4.12 (x2)	3
application de moutarde	4.2	1
application de résine	4.13	1
bain (du corps entier ou d'un membre)	3.27, 4.2, 4.31 (x3)	5
boire de l'eau	3.27, 4.2, 4.12, 4.19, 4.20	5
boire du vin (pur ou miellé)	4.19 (x2), 4.20, 4.22 (x2), 8.7, 8.11	7
bouillie	4.15	1
clystères	2.12, 4.19, 6.6	3
défécation	6.7, 6.9	2
diète	4.12, 4.31, 6.6 (x2), 6.7, 7.20	6
écoulement de sang (fortuit ou provoqué)	2.8, 6.7	2
éponge imbibée de liquides et mélanges divers (eau, huile, vinaigre, etc.)	4.11, 4.12, 4.31 (x2), 7.30, 8.7	6
éternuements	2.8, 4.2	2
exercice physique	1.9, 4.31, 6.7	3
fièvre	2.8, 3.10	2
frapper légèrement avec des vessies de bœuf gonflées	3.27	1
friction	2.14, 3.27, 4.2, 4.20, 4.21, 4.31 (x2), 6.7, 8.11	9
fumigations sulfureuses	3.27	1
gargarisme	4.2, 6.6, 6.7	3
immersion dans l'huile chaude	4.20	1
jus de radis	4.12	1
lavements	4.20, 4.22	2

Typologie des antalgiques présents dans le *De medicina*		
Type de procédé antalgique	**Passage du *De medicina***	**Total d'occurrences par procédé**
manger une catégorie précise de nourriture	4.15, 4.21, 4.31 (x2), 7.20, 8.7	6
pain	4.12	1
promenade à pied	4.31	1
promenade en litière	3.27, 4.31	2
pourpier	4.22	1
repos	4.12, 4.22, 6.6 (x2)	4
rhume	2.8	1
saignement de nez provoqué	4.2	1
se raser la tête	6.7	1
suer	4.31	1
ventouses (avec ou sans mention d'une incision cutanée préalable)	2.11, 3.21, 3.27, 4.2, 4.6, 4.12, 4.21 (x2), 4.27, 4.29, 4.30	11
(se) verser de l'eau (chaude ou froide) sur la tête	1.5, 1.9, 4.2, 4.31, 6.6	5
(faire) vomir (de la bile, de la nourriture)	2.8, 3.21, 4.31	3
voyager	3.27	1
Pharmaceutique		
cataplasmes (réfrigérants, chauds, réprimants)	3.10, 4.12, 4.19, 4.20, 4.22, 4.30, 4.31 (x3), 6.9, 7.20, 8.9	12
cérat	8.9	1
colicos	4.21	1
fomentations	3.10, 3.27, 4.14, 4.18, 4.21, 4.29, 4.31,	7
huile d'olive amère	3.10	1
huile rosat	3.10	1
laser[48]	4.19	1

---

[48] Le laser est un condiment extrait du silphium.

Typologie des antalgiques présents dans le *De medicina*		
Type de procédé antalgique	Passage du *De medicina*	Total d'occurrences par procédé
compositions et mélanges médicamenteux aux vertus diverses[49]	3.10 (x4), 3.27, 4.12, 4.17, 4.31, 5.18 (x8), 5.23, 5.25 (x2), 6.7, 6.9 (x8), 6.19, 7.4, 7.20	31
onguents	4.31 (x2), 6.6, 6.7, 8.9	5
pilules	5.25 (x2)	2
potions	4.27	1
utilisation du σαρκοφάγον	4.31	1
Chirurgie		
application de fers chauds	4.2	1
cautérisation	4.30	1
circumrasion dentaire	7.12	1
incision (au scalpel)	3.21, 7.1, 7.12, 7.19, 7.30	5
insertion de doigts dans la plaie	7.27	1
lancette	8.4	1
saignée	2.10, 3.7, 4.13, 6.6 (x2), 6.7, 7.20, 8.12	8
sonde	7.27	1

Si les procédés antalgiques recommandés dans le *De medicina* relèvent des trois domaines de la thérapeutique, la variété de ceux prescrits dans le cadre de la diététique est frappante. Nous souhaiterions avancer l'hypothèse qu'une telle variété s'accorde notamment parfaitement avec la dimension automédicative de la diététique celsienne, puisque les malades, aux premières loges face au spectacle de leur propre douleur, sont sans doute fréquemment amenés à y porter l'assaut initial.

On notera également que, conformément aux dires de Celse lui-même à maintes reprises, la catégorie à laquelle appartiennent les divers procédés antalgiques ne correspond pas nécessairement à la

---

[49] Nous avons choisi l'intitulé « compositions et mélanges médicamenteux aux vertus diverses », volontairement large, afin de pouvoir distinguer compositions et mélanges qui ont un nom et ceux qui n'en ont pas. De ces derniers en effet, il aurait été fastidieux pour nous et ennuyeux pour notre lecteur de lister tous les ingrédients.

partie du *De medicina* où ils sont évoqués. Ainsi la partie diététique de l'ouvrage comprend des antalgiques pharmaceutiques (cataplasmes) et chirurgicaux (saignée) ; la partie pharmaceutique des antalgiques diététiques (clystère, gargarisme) ; et la partie chirurgicale des antalgiques diététiques (friction) et pharmaceutique (onguents).

Enfin, on constate une différence remarquable entre la majorité des remèdes, issus de la médecine, et des processus antalgiques que l'on pourrait qualifier d'innés, indépendant de toute action du soignant. C'est le cas notamment d'un écoulement de sang fortuit, et de la fièvre ou encore du rhume. On retrouve ici semble-t-il une possible prédominance de la nature dans l'art médical du *De medicina*, déjà évoquée précédemment[50].

D'une manière générale, les procédés antalgiques apparaissent surtout comme un héritage hippocratique, puisque la majorité de ceux que l'on retrouve chez Celse étaient déjà présents dans le *Corpus*. Il semble ainsi difficile de distinguer dans le *De medicina* une spécificité romaine — encore moins celsienne. Tout au plus peut-on s'interroger sur les vertus antalgiques des bains, à la lumière de l'importance du thermalisme dans le monde romanisé. Néanmoins, le recours hippocratique aux bains invite de ce point de vue à faire preuve de la plus grande prudence.

Par la variété des situations prises en compte comme par la multiplicité des remèdes antalgiques présentés, le *De medicina* semble plébisciter une thérapeutique pleinement ancrée dans la réalité de la maladie, prête à parer à toute éventualité, et qui ne saurait, dans sa mise en œuvre, s'affranchir de la prise en compte des souffrances de l'*alter dolens*, qu'il faut tenter d'atténuer voire de faire disparaître en utilisant tous les moyens à sa disposition.

Douleur et pronostic

La moindre importance quantitative de la douleur dans le cadre du pronostic (quarante-sept occurrences seulement) ne doit pas masquer le rôle qu'elle peut jouer dans deux grands types de situation. D'un côté, la douleur est elle-même pronostiquée par Celse comme étant la suite attendue d'une maladie ou d'un autre symptôme (par ex., 2.7.27), ou comme conséquence néfaste du non-recours à une thérapie

---

[50] Cf. *supra*, Seconde partie, p. 305 sqq.

(7.30.3B). De l'autre, elle apparaît comme un élément permettant, par sa présence (par ex., 4.13.1) ou par son absence (par ex., 5.26.27B), de prévoir l'issue d'un état morbide. Un extrait du livre 6 est à cet égard révélateur :

> *Tumor magnus si sine dolore est et siccus, sine ullo periculo est : si siccus quidem, sed cum dolore est, fere exulcerat, et nonnumquam ex eo casu fit, ut palpebra cum oculo glutinetur.* (6.6.1C)
>
> « Une enflure de grande dimension, si elle n'est pas accompagnée de douleur et est sèche, est sans danger : si, en revanche, elle est sèche, mais accompagnée de douleur, elle forme presque toujours des ulcères, et cette situation a parfois pour conséquence que la paupière se colle à l'œil. »

Ce passage d'un chapitre consacré aux affections oculaires fait clairement de la douleur une valeur discriminante dans l'énoncé d'un pronostic. À une donnée invariante (la sécheresse de la tumeur, *siccus*), Celse adjoint une variable, la présence ou non de la douleur, qui paraît seule en mesure de guider et d'asseoir la prévision du praticien.

On voit que la douleur joue un rôle de premier ordre au sein de l'art médical exposé par Celse dans son ouvrage, à chaque étape du processus thérapeutique. Sa prise en compte dans des situations extrêmement variées témoigne d'une fine connaissance de la pratique médicale, ainsi que d'une sensibilité profonde aux problématiques soulevées par une douleur qui peut avoir différents degrés.

L'évaluation de la douleur du malade

Les degrés de la douleur

L'épineuse question de l'évaluation de la douleur — qui ne cesse, aujourd'hui encore, d'être au cœur des préoccupations de nombreuses équipes de recherche médicale — est brièvement abordée par l'auteur des *Épidémies*[51] : Ὀδύνας τὰς ἰσχυροτάτας, ὅτῳ τρόπῳ διαγνοίη ἄν τις ἰδών · ὁ φόβος, αἱ εὐφορίαι, αἱ ἐμπειρίαι καὶ αἱ δειλίαι (« De quelle

---

[51] *Épidémies* II, 2.10, Littré V, p. 88-89. Sur ce passage, cf. A. Debru, « Médecin et malade dans la médecine hippocratique : interrogatoire ou dialogue ? », in P. Demont (éd.), *Médecine antique. Cinq études de Jacques Jouanna, Armelle Debru, Paul Demont et Michel Perrin*, Amiens, 1998, p. 44.

façon apprécier l'intensité des douleurs ? Consulter la crainte, la tolérance, l'expérience, la timidité. »). La question qui se pose est celle des critères à retenir pour établir un diagnostic (διαγνοίη) de l'intensité (ἰσχυροτάτας, forme superlative) de la douleur. Si la réponse apportée est plutôt concise, elle a cependant le mérite d'attirer l'attention sur le ressenti du malade, qui semble en mesure de fournir des renseignements importants pour l'évaluation de la douleur. Lui seul en effet, en tant que malade ou que patient (« celui qui souffre », au sens étymologique du terme), peut exprimer sa douleur et lui attribuer un qualificatif.

Chez Celse, le substantif *dolor* est ainsi qualifié — par ordre décroissant de fréquence — de : *magnus* (20x) ; *uehemens* (9x) ; *grauis* (7x) ; *intolerabilis* (4x) ; *acutus, continuus, ingens, longus, modicus, paruus, uetustus* (2x) ; *acerbus, adsiduus, breuis, lentus, malus, mediocris, nouus, praecipuus, recens, sanabilis, tolerabilis* (1x). Vingt-deux adjectifs sont utilisés par l'auteur pour préciser la nature et/ou le degré du *dolor*, selon des critères concernant sa taille, sa gravité ou sa chronologie, ou bien encore fondés sur un jugement de valeur à dimension presque morale (*(in)-tolerabilis*). Bien loin d'être de simples critères rhétoriques, tous ces adjectifs tentent selon nous de renvoyer à une réalité médicale précise. À titre de comparaison, on notera que Scribonius Largus, contemporain de Celse, n'utilise dans ses *Compositiones* que dix adjectifs pour qualifier le substantif *dolor*, six concernant la chronologie de la douleur (*diutinus* (6), *permanens, praesens, perpetuus, uetus, uetustus*), les quatre autres portant sur son degré (*infinitus* et *magnus* (3), *intolerabilis* et *uastus* (1)).

Il n'est peut-être pas impossible d'envisager une certaine spécificité de Celse, à son époque, dans l'approche de la douleur, en ce qu'il semble être tout particulièrement attentif aux degrés du *dolor*. Ainsi, la prise en compte de la douleur va parfois jusqu'à modeler l'architecture de certains chapitres du *De medicina*. Au sein d'une même maladie, il arrive en effet que la douleur soit présentée non pas comme unique, mais comme multiple, parce que susceptible d'évoluer par paliers. Un passage du livre 4[52] consacré aux douleurs articulaires dévoile clairement la pratique celsienne :

---

[52] Pour des structures de chapitre similaires, voir aussi 4.2.8, 4.6.5, 4.12.9, 6.9...

> *Cum uero dolor urget, mane gestari debet ; deinde ferri in ambulationem ; ibi se dimouere, et, si podagra est, interpositis temporibus exiguis inuicem modo sedere, modo ingredi ; tum, antequam cibum capiat, sine balneo loco calido leuiter perfricari, sudare, perfundi aqua egelida : deinde cibum sumere ex media materia, interpositis rebus urinam mouentibus, quotiensque plenior est, uomere. Ubi dolor uehemens urget, interest sine tumore is sit, an tumor cum calore, an tumores iam etiam obcalluerint. [...] Si maior est dolor, papaueris cortices in uino coquendi miscendique cum cerato sunt...* (4.31.3-5)

« Lorsque vraiment la douleur est pressante, il doit être promené en litière le matin ; puis porté jusqu'à un lieu de promenade ; là, s'y déplacer, et, en cas de goutte, à de brefs intervalles tantôt s'asseoir, tantôt marcher ; puis, avant de se nourrir, sans prendre de bain être frictionné doucement dans un lieu chaud, transpirer, être aspergé d'eau tiède : ensuite, manger quelque chose de catégorie moyenne, mêlé à des éléments provoquant la miction, et, toutes les fois où il est rassasié, vomir. Lorsque c'est une douleur vive qui est pressante, il importe de savoir si elle est sans tumeur, ou s'il s'agit d'une tumeur accompagnée de chaleur, ou encore de tumeurs qui ont aussi déjà durci. [...] Si la douleur est plus grande, des capsules de pavot doivent être cuites dans du vin et mélangées à du cérat... »

La succession des prescriptions diététiques de ce chapitre est véritablement hiérarchisée par les divers degrés du *dolor*. On observe une nette gradation entre un premier type de remède qui consiste en de simples pratiques d'hygiène, un deuxième temps (*uehemens*) marqué par des préoccupations médicales visant à s'enquérir de symptômes associés à la douleur, et enfin une troisième étape (*maior*) désignée par le recours à un médicament dont le composant principal est le pavot[53]. L'évaluation de la douleur dans ses divers degrés est donc essentielle dans le choix du type de thérapeutique mis en place.

---

[53] Le principe actif du pavot constitue aujourd'hui encore, en association avec celui du saule, la base des médicaments utilisés dans le traitement de la douleur. Cf. Y. Lazorthes (éd.), *Les douleurs rebelles : évaluation et stratégie thérapeutique*, Paris, 1993b, p. 71-98. Sur l'utilisation du pavot dans le *Corpus hippocratique*, l'avis de S. Byl, « Le traitement de la douleur dans le *Corpus hippocratique* », in J.A. Lopez Ferez (éd.), *Tratados hipocraticos : estudios acerca de su contenido, forma e influencia, Actas del VIIe Colloque international hippocratique (Madrid, 24-29 Septiembre 1990)*, Madrid : Universidad nacional de educacion a distancia, 1992, p. 212-213, paraît quelque peu hâtif, voire infondé, notamment au vu des travaux d'Alain Touwaide ou encore de Valérie Bonnet.

Du point de vue de l'histoire de la médecine, le *De medicina* joue semble-t-il[54] un rôle non négligeable, en tant qu'il constitue peut-être une première tentative *en langue latine* pour cerner avec une plus grande précision les différents degrés et types de douleur. Un siècle plus tard, le pneumatiste Archigène fera montre d'un grand intérêt pour la question, comme nous l'apprend Galien qui s'oppose à lui dans son *De locis affectis*. Ce dernier, suivant une façon de faire qui le caractérise pour bien des thèmes, s'attachera à définir et à classer de manière plus scientifique les diverses douleurs[55], et établira, dans l'*Ad Glauconem*, une corrélation entre coloration de la maladie et degré de douleur[56]. D'une certaine manière, la démarche galénique (bien que quelque peu compliquée par son attitude polémique envers Archigène) prolonge l'entreprise celsienne. Toutes deux invitent en tout cas à s'interroger sur la rhétorique de notre médecine contemporaine, comme cela peut être le cas par le biais du *Mc Gill Pain Questionnaire* développé par Melzack et Torgerson en 1971, et de son équivalent francophone, le *Questionnaire Douleur saint Antoine*, élaboré par l'équipe du Dr. Boureau en 1984.

Les limites d'une donnée éminemment subjective

En dépit de tous les efforts de qualification et de classification de la douleur que fait Celse dans son ouvrage, l'évaluation de cette dernière se heurte immanquablement au caractère éminemment subjectif de cette notion. Nul doute en effet que deux individus n'auront pas de seuils de douleur et de tolérance[57] identiques : chaque douleur est propre à celui qui la ressent, et le *dolor intolerabilis* de la première ne sera peut-être qu'un *dolor mediocris* pour le second. L'auteur des *Maladies* signalait déjà que « les uns sont plus durs au mal dans les

---

[54] Toute tentative de reconstitution de l'intérêt grandissant pour la douleur chez les médecins antiques doit demeurer prudente. De nombreuses œuvres, notamment d'époque alexandrine, ont été perdues ou ne subsistent que sous la forme de fragments, ce qui empêche de savoir de quelle manière la question y était abordée.
[55] *De locis affectis* II.2-7, Kühn VIII, p. 70-90.
[56] Sur ce point, cf. I. Boehm, « Couleur et odeur chez Galien », in L. Villard (éd.), *Couleurs et vision dans l'Antiquité classique*, Publications de l'Université de Rouen, 2002, p. 77-96.
[57] Cf. S. Marchand, *Le phénomène de la douleur. Comprendre pour soigner*, Issy-les-Moulineaux, 2009 (2ᵉ éd.), p. 22-23.

maladies, les autres sont absolument incapables d'y résister[58] ». Dans un passage célèbre de *l'Histoire naturelle*, Pline dénonce presque le fait de vouloir classer les maladies en fonction des douleurs qu'elles provoquent, arguant que « chacun trouve sa maladie du moment la plus cruelle de toutes[59] ». Comme le signale encore Celse lui-même dans sa Préface, un même individu peut d'ailleurs voir varier son seuil de tolérance au fil du temps[60]. Enfin, l'écart paraît inconciliable entre une douleur telle qu'un individu la perçoit (ou « percept ») et telle qu'il l'exprime (ou « concept »). La mise en mots de la douleur pose problème, parce qu'elle est à la fois l'acte de naissance de la douleur et pourtant déjà autre chose que celle-ci[61]. Dire que l'on a mal et comment on a mal, c'est en effet donner une existence à la douleur. Mais le recours même au langage constitue un hiatus irrémédiable entre percept et concept.

Le vocabulaire utilisé autour du mot même de *dolor* est révélateur. D'une part, les adjectifs qui le qualifient[62] ou les verbes dont il est le sujet ou le complément[63], sont d'une grande simplicité. Un seul,

---

[58] *Maladies* I.16, Littré VI, p. 169-171 : οἱ μὲν ταλαιπωρότεροί εἰσιν ἐν τῇσι νούσοισιν, οἱ δὲ παντάπασι ταλαιπωρέειν ἀδύνατοι.

[59] Pline, *Histoire naturelle* 25.23 : *Qui grauissimi ex his sint, discernere stultitiae prope uideri possit, cum suus cuique ac praesens quisque atrocissimus uideatur.* « Distinguer quelles sont les plus graves pourrait presque passer pour une folie, quand chacun trouve sa maladie du moment la plus cruelle de toutes. »

[60] Pr.58 : *Deinde non sequitur ut quod alium non adficit aut eundem alias, id ne alteri quidem aut eidem tempore alio noceat.* « Ensuite il n'en résulte pas que ce qui n'a pas touché une autre personne, ou la même à un autre moment, ne fera pas de mal à une autre personne ou à la même à un autre moment. »

[61] Cf. H. Guyard (2009), *La plainte douloureuse*, Rennes, 2009, p. 31-2 et p. 48-9.

[62] Cf. *supra*.

[63] Verbes dont *dolor* est le sujet ou le complément d'agent : *accedo, coepio, cogo, conflicto, creo, cresco, crucio, debilito, descendo, desino, diduco, dimitto, excito, exigo, excrucio, fatigo, habere, impeto, incido, incresco, indico, infesto, intendo, inuetero, maneo, orior, peruenio, praecipito, premo, quiesco, rapio, redeo, remaneo, remitto, reuerto, sequor, subsequor, substo, sum, tendo, transeo, urguo, uaco, uenio.* Verbes dont *dolor* est le complément : *concito, discutio, excito, finio, inrito, lenio, leuo, minuo, moueo, occurro, occurso, soluo, subfero, succurro, summoueo, tollo.* On observe ici, malgré la relative simplicité du vocabulaire, une variété plus grande que dans le *Corpus hippocratique*. (cf. S. Byl, « Le traitement de la douleur dans le *Corpus hippocratique* », in J.A. Lopez Ferez (éd.), *Tratados hipocraticos : estudios acerca de su contenido, forma e influencia, Actas del VIIe Colloque international hippocratique (Madrid, 24-29 Septiembre 1990)*, Madrid : Universidad nacional de educacion a distancia, 1992, p. 204-205).

sanabilis, ressortit spécifiquement au vocabulaire médical[64]. D'autre part, les verbes choisis trahissent presque tous un processus de personnification de la douleur, qui semble accomplir de véritables actions, en évoluant dans l'espace (*accedo, maneo, uenio*) — parfois non sans une certaine violence (*infesto, premo, rapio, urguo*) — ou dans le temps (*quiesco, uenio*). Ces deux phénomènes ont peut-être pour cause un mimétisme, chez Celse, du vocabulaire vague et maladroit utilisé par les malades concernant leur douleur, dont la personnification est sans doute un procédé permettant de mieux en saisir les contours souvent imprécis. Voilà qui rend bien compte en tout cas du flou voire du malaise qui entoure l'expression de cette dernière[65]. C'est Galien qui, après Celse, exprimera le mieux cette situation[66]. La douleur est et demeure toujours approximative, et le médecin doit malheureusement se contenter, dans l'exercice de son art, d'une proximité chaque fois trop lointaine. La tâche du praticien est ainsi bien ardue, lui qui doit tenter d'appréhender un ressenti qui n'appartient en propre qu'à un autre, et que cet autre ne saurait en aucun cas lui transcrire ni lui transmettre avec fidélité.

Dès lors, le problème se pose de l'utilisation du *De medicina* par son lecteur. Parvenir à une association entre les douleurs décrites dans l'ouvrage celsien et celles rencontrées dans la pratique de la médecine

---

[64] Une certaine sophistication pourrait être aussi envisagée pour les verbes *discutio, excrucio, et inuetero*.
[65] Cf. H. Guyard (2009), *La plainte douloureuse*, Rennes, 2009, p. 153.
[66] Galien, *De locis affectis*, II.7 : « Jugeons ceux [les noms donnés aux douleurs] qui sont clairs par la raison et surtout par l'expérience. Ce jugement est difficile pour nous qui sommes obligés de nous en rapporter le plus souvent aux autres ; car ceux qui souffrent ne peuvent suivre leurs souffrances, à cause de l'abattement de leur âme, ou ne peuvent les exprimer lorsqu'ils les suivent, soit par impuissance complète de manifester par la parole ce qu'ils éprouvent (cela demande en effet une assez grande force), soit parce que leurs souffrances ne se peuvent en effet exprimer. Il faut par conséquent que celui qui veut décrire chaque espèce de douleur, les ait toutes éprouvées lui-même ; qu'il soit médecin, qu'il soit capable de les expliquer chez les autres, et qu'il ait suivi toutes les souffrances qu'il a pu éprouver, avec réflexion et sans défaillance de l'âme. [...] l'expérience des malades, qui racontent, comme ils peuvent, les différences des douleurs. » (trad. Daremberg). Sur le ressenti de la douleur chez Galien, cf. V. Boudon, « Le rôle de la sensation dans la définition galénique de la maladie », in I. Boehm et P. Luccioni (éds.), *Les cinq sens dans la médecine de l'époque impériale : sources et développements*, Actes de la table ronde du 14 juin 2011, Lyon, 2003 (2003), p. 23-25.

semble en effet relever de la gageure. Plus d'une centaine de fois[67], viennent faire contrepoint à ce critère hautement subjectif un ou plusieurs autre(s) symptôme(s)[68], qui sont, eux, dans leur majorité, facilement observables et/ou mesurables. En dresser une liste exhaustive permet de mieux saisir tout l'attention portée par l'auteur à cette question. Derrière un trio de tête composé d'*inflammatio* (20x), *tumor* et *febris* (12x), suit une grande variété de symptômes apparaissant de une à quatre fois dans l'ouvrage : *rubor* (4x) ; *distentio, febricula, prurigo, tussis, uomitus* (3x) ; *abscessus, accessio, caligo, calor, duritia, grauitas, inflatio, ulcus* (2x) ; *ardor, cruditas, deiciendi cupiditas, desidendi cupiditas, horror, inedia, insania, lacrima, languor, lassitudo, metus, molestia, mollities, phyma, pituitae cursus, effusio puris, rima, singultus, sitis, spiritus difficultas, torpor* (1x). Ainsi le praticien qui prendrait pour modèle la médecine du *De medicina* ne se retrouve-t-il pas totalement dépourvu face aux aléas de la douleur. Les autres symptômes auxquels celle-ci est parfois associée permettent en effet, par leur caractère objectif, de compléter de manière efficace les informations fournies par la présence de la douleur[69].

L'universel et le particulier de la douleur

Si Celse s'attache, dans la mesure du possible, à distinguer les particularités de chaque cas douloureux, il ne peut cependant se passer de ce qui nous semble constituer une sorte d'universel de la douleur, autrement dit d'un ensemble de règles pérennes dans ce domaine. Parfois en effet, c'est l'expérience de la pratique médicale, l'*usus*, qui permet de pallier les manques liés au caractère subjectif de la douleur. Cette rationalisation des données de l'expérience, qui forme le cœur de la médecine du *De medicina* (la fameuse voie moyenne que

---

[67] Soit environ une occurrence sur deux du substantif *dolor*.
[68] Les pathologies associées non pas au *dolor* dans telle ou telle maladie, mais étant la conséquence de conditions climatiques ou de l'âge du patient, n'ont pas été prises en compte ici.
[69] On retrouve une démarche semblable dans certaines œuvres du Corpus hippocratique (cf. L. Villard, « Vocabulaire et représentation de la douleur dans la *Collection hippocratique* », in F. Prost et J. Wilgaux (éds.), *Penser et représenter le corps dans l'Antiquité, Actes du colloque international de Rennes, 1-4 septembre 2004*, Rennes, 2006, p. 68).

revendique l'auteur dans sa Préface[70]), constitue une aide capitale pour le soignant, et participe de l'idée que pour l'auteur, au-delà de toute considération théorique et des débats entre écoles médicales, l'essentiel demeure toujours le soin et l'attention portés à l'*alter dolens*.

Dans l'ouvrage celsien, l'universalité de la douleur est avant tout liée aux âges de la vie, ainsi qu'à des critères climatologiques ou saisonniers. Voici ce qu'écrit Celse au premier chapitre du livre 2 :

> *At aestas non quidem uacat plerisque his morbis sed adicit [...] auricularum dolores. [...] Vix quicquam ex his in autumnum non incidit, sed oriuntur quoque eo tempore [...] lienis dolor [...], coxae dolores [...]. Hiems autem capitis dolores [...] irritat.* (2.1.7-9)

> « Mais l'été n'est certes pas dépourvu de la plupart de ces maladies mais ajoute […] les douleurs des oreilles. […] Il est rare que l'une de ces maladies ne survienne pas en automne, mais apparaissent aussi en cette saison […] une douleur de la rate […], des douleurs aux hanches […]. L'hiver pour sa part […] provoque des douleurs à la tête. »

Parmi les diverses pathologies saisonnières dressées par Celse, d'ailleurs reprises des *Aphorismes* d'Hippocrate[71], la douleur a sa place. Au moment où débute la partie du *De medicina* consacrée à l'homme malade, Celse énonce ainsi une série de *perpetua*, c'est-à-

---

[70] Pr.45. Vitruve, *De architectura*, I.2-3, semble lui aussi louer une telle voie moyenne : *Itaque architecti qui sine litteris contenderant ut manibus essent exercitati non potuerunt efficere ut haberent pro laboribus auctoritatem ; qui autem ratiocinationibus et litteris solis confisi fuerunt umbram non rem persecuti uidentur. At qui utrumque perdidicerunt, uti omnibus armis ornati, citius cum auctoritate quod fuit propositum sunt adsecuti.* « C'est pourquoi les architectes qui, sans le secours des livres, s'étaient efforcés d'être des praticiens entraînés ne réussirent pas à acquérir une autorité proportionnelle à leurs efforts ; d'autre part ceux qui ne se fièrent qu'à la théorie et aux livres semblent avoir poursuivi une ombre et non la réalité. Mais ceux qui étudièrent les deux, comme équipés de toutes leurs armes, parvinrent à leur but plus rapidement et avec autorité. »

[71] *Aphorismes* 3.21-22, Littré IV, p. 494-497). Sur le parallèle entre le texte celsien et sa source hippocratique, cf. P. Mudry, « Saisons et maladies. Essai sur la constitution d'une langue médicale à Rome (Étude comparée de passages parallèles de Celse (2,1,6-9) et d'Hippocrate (*Aphorismes* 3,20-23) », in G. Sabbah (éd.), *Le latin médical. La constitution d'un langage scientifique. Réalités et langage de la médecine dans le monde romain*, Mémoires X, Saint-Étienne, 1991, p. 257-269 (= P. Mudry, *Medicina, soror philosophiae, Regards sur la littérature et les textes médicaux antiques (1975-2005)*, Lausanne, 2006, p. 363-373).

dire de règles immuables, destinées à servir de cadre aux potentielles exceptions à venir.

Un dernier point remarquable mérite enfin d'être exposé ici. Il concerne deux passages du chapitre 8 du livre 2, portant sur la progression spatiale de la douleur au sein du corps malade :

[...] et quisquis dolor deorsum tendit, sanabilior est. (2.8.15)

« [...] et n'importe quelle douleur se dirigeant de haut en bas est plus facile à soigner. »

Omnis etiam dolor minus medicinae patet, qui sursum procedit. (2.8.40)

« Toutes les douleurs qui s'avancent de bas en haut offrent moins de place à la médecine. »

Ces deux textes se complètent parfaitement par l'opposition qui les sous-tend, entre *deorsum* et *sursum*. Bien que séparés chez Celse, ils sont sans doute repris d'un unique chapitre des *Prorrhétiques*[72], consacré aux douleurs articulaires. Voilà qui témoigne du travail de composition de l'auteur latin, qui ne se contente pas de reprendre aveuglément ses sources, mais les utilise en fonction de ses propres besoins. D'ailleurs, alors que le texte hippocratique est dévolu exclusivement aux douleurs des membres inférieurs, Celse généralise l'héritage grec à l'ensemble des douleurs (*quisquis*, *omnis*).

Si la douleur est omniprésente dans le *De medicina*, l'auteur semble avoir conscience des limites inhérentes à l'évaluation de la douleur et tente de proposer des solutions, avec ses moyens et ceux de son temps, parfois en s'appuyant sur l'héritage (hippocratique) de *l'usus* médical, pour atténuer autant que possible ce que l'on pourrait appeler « l'imprécision douloureuse ». Néanmoins, même imprécise, la douleur est indispensable au processus thérapeutique[73]. Elle est en effet le symbole qu'un échange, aussi imparfait soit-il, est engagé entre le malade et le praticien.

---

[72] *Prorrhétiques* II, 41, Littré IX, p. 73-74).
[73] Cf. H. Guyard (2009), *La plainte douloureuse*, Rennes, 2009, p. 153.

Le rôle de la douleur dans la mise en place d'une médecine « amicale »

Le « dialogue douloureux »

Comme le souligne Annie Gauvain-Paquard dans son ouvrage consacré à *La douleur de l'enfant* : « Il n'y a pas d'accès direct à la douleur d'autrui. Toute approche de la douleur de l'autre passe par la communication[74]. » Ainsi, en l'absence de paroles rapportées au style direct, les occurrences du substantif *dolor* dans le *De medicina* suffiraient à témoigner de l'indispensable existence d'un colloque singulier ayant pour objet la douleur[75], et que l'on pourrait appeler un « dialogue douloureux ».

S'il est vrai que le malade doit nécessairement tenter de transmettre ses douleurs au soignant, cela ne peut avoir lieu que dans le cadre d'un échange de bons procédés. Car autant le malade possède seul l'information relative à sa douleur, autant le praticien est seul en possession du savoir médical. Autrement dit, de même que le malade a besoin du savoir médical pour espérer sinon guérir, du moins aller mieux, de même le praticien a besoin des renseignements que seul peut lui fournir l'*alter dolens* dont il a la charge. Il est évident qu'un tel dialogue tournerait à vide sans un degré minimum de confiance réciproque de ses acteurs. On sait pourtant que les médecins antiques, dans la lignée du *Corpus hippocratique*, exprimaient souvent une certaine méfiance vis-à-vis des affirmations des malades ou de leurs proches[76]. Mais Celse, par l'importance qu'il accorde à la douleur dans sa pratique médicale, semble vouloir pousser les deux camps à dépasser leurs réticences afin de construire une médecine empreinte

---

[74] A. Gauvain-Piquard, *La douleur de l'enfant*, Paris, 1993, p. 115.

[75] L'appartenance du *De medicina* au genre encyclopédique explique sans doute l'absence de mention explicite d'un tel colloque singulier. À titre de comparaison, on trouve dans le *Corpus hippocratique* des mentions des paroles de malades rapportées — rares cependant (cf. par ex. *Nature de la femme*, 48) — ainsi que des exemples d'interrogatoire effectué par le médecin (cf. par ex. *Épidémies* VII, 11.1).

[76] Les auteurs du *Corpus hippocratique* soulignent souvent que le médecin qui fonde son diagnostic et son traitement uniquement sur l'interrogatoire n'est pas un expert. Cf. sur ce sujet Lain Entralgo (1970), p. 152-153. Sur la nécessité d'interroger le malade pour distinguer les véritables douleurs des douleurs feintes, voir Rufus d'Ephèse, *De l'interrogatoire des malades*, § 41.

d'une *fides*[77] non seulement nécessaire au déroulement fructueux du dialogue douloureux, mais qui peut avoir elle-même une vertu thérapeutique[78]. C'est cette *fides* réciproque qui participe selon moi, entre autres critères, de la mise en place dans le *De medicina* de la médecine « amicale » prônée par Celse dans sa Préface[79]. Le cas des douleurs utérines évoquées au livre 5 me semble à cet égard révélateur :

> *Quaedam obmutescunt, quaedam mente labuntur, quaedam sui conpotes neruorum oculorumque dolore urgeri se confitentur...* (5.26.13)
>
> « Certaines sont frappées de mutisme, certaines perdent l'esprit, certaines, maîtresses d'elles-mêmes, avouent être pressées par une douleur des nerfs et des yeux. »

Le choix par Celse du verbe *confiteor* n'est sans doute pas anodin. Il s'agit ici véritablement d'un aveu, portant sur une partie intime de l'anatomie féminine. Il semble qu'un tel aveu est le signe d'une relation fondée sur la confiance et témoigne d'une proximité certaine entre la malade et le soignant.

Une telle proximité peut notamment se construire dans la durée. Un autre facteur permettant de renforcer l'*amicitia* est en effet la continuité de la relation entre les individus. Dans le domaine de la médecine, cela se traduit : du côté du praticien, par une attention portée au malade dans la durée, ce que l'on nomme communément le « suivi médical », et par une prise en compte réitérée de son discours ; du côté du malade, par un crédit accordé à son thérapeute renouvelé et renforcé au fil du temps, soit qu'il ait déjà expérimenté l'efficacité de ses prescriptions, soit qu'il ait accepté en toute confiance l'idée qu'il ne pouvait être que soulagé et non guéri. Un tel schéma implique la pleine conscience de la dimension chronologique de la douleur au sein de l'affection dont elle est un symptôme. De même que les auteurs médicaux anciens opèrent la distinction fameuse entre maladies aiguës

---

[77] Cf. G. Freyburger, *Fides. Étude sémantique et religieuse depuis les origines jusqu'à l'époque augustéenne*, Paris, 1986, p. 177 sqq.

[78] Cf. S. Marchand, *Le phénomène de la douleur. Comprendre pour soigner*, Issy-les-Moulineaux, 2009 (2e éd.), p. 121.

[79] Cf. P. Mudry, « *Medicus amicus*. Un trait romain de la médecine antique », *Gesnerus* 37, Lausanne, 1980a, p. 17-20 (= P. Mudry, *Medicina, soror philosophiae, Regards sur la littérature et les textes médicaux antiques (1975-2005)*, Lausanne, 2006, p. 479-481).

et maladies chroniques, de même l'on retrouve dans le *De medicina* une distinction entre douleur aiguë et douleur chronique[80].

Certains passages de l'œuvre celsienne invitent à penser qu'un praticien peut être présent auprès du même malade tout au long de sa maladie, dont il suit lui-même l'évolution — dans ce cas, peut-être s'agit-il d'ailleurs plutôt d'un praticien non-professionnel. Voici ce qu'écrit Celse dans le chapitre consacré aux hanches :

> *Initium a coxis faciam. Harum ingens dolor esse consueuit, isque hominem saepe debilitat et quosdam non dimittit. [...] Fouendum primum aqua calida est, deinde utendum calidis cataplasmatibus. Maxime prodesse uidetur... [...] Si ne sic quidem finitus dolor est, aut tumor ei accedit, incisa cute admouendae sunt cucurbitulae ; mouenda urina ; aluus, si compressa est, ducenda.* (4.29.1-2)

« Je commencerai à partir des hanches. Une immense douleur s'y trouve d'habitude, qui souvent affaiblit l'homme et n'abandonne même pas certains d'entre eux. [...] La hanche doit d'abord être réchauffée avec de l'eau chaude, puis il faut user de cataplasmes chauds. Semblent surtout utiles... [...] Toutes les fois où, même ainsi, la douleur ne trouve pas de terme, ou si une tumeur s'y est adjointe, après avoir incisé la peau il convient d'appliquer des petites ventouses ; de provoquer la miction ; s'ils sont comprimés, de dégager les intestins. »

La proposition introduite par *Si* indique clairement une nouvelle étape dans le processus thérapeutique, motivée par la persistance de la douleur. L'enchaînement des divers procédés thérapeutiques, marqué par la tournure *ne sic quidem*, semble bien suggérer que c'est un même soignant qui y a recours. On mesure ici à quel point la douleur est prise en considération par Celse et peut aller jusqu'à influer sur la modalité de son texte.

On rencontre un autre exemple d'un dialogue douloureux inscrit dans la durée au livre 7 du *De medicina*, où Celse traite des problèmes intestinaux :

> *Eo uero tempore superhabendum cataplasma ex lini semine, quod ante aliquis ex mulso decoxerit. Post haec et farina hordiacia cum resina inicienda, et is demittendus in solium aquae calidae, cui oleum quoque adiectum sit ; dandumque aliquid cibi lenis calidi. Quidam etiam aluum ducunt... [...] Per ea uero, quae supra scripta sunt, leuato malo, si*

---

[80] Cf., par ex., 3.2.1.

quando alias dolor reuerterit, eadem modo ualere quae nouimus erunt facienda. (7.20.3)

À ce moment-là il faut conserver un cataplasme fait de graine de lin, qu'on aura auparavant fait bouillir dans du vin miellé. Puis il faut appliquer ceux faits de farine d'orge mêlée de résine, et l'individu doit être plongé dans une baignoire d'eau chaude à laquelle on a ajouté de l'huile ; et il faut donner quelque nourriture légère et chaude. Certains dégagent même les intestins [...] Une fois le mal soulagé par les procédés décrits ci-dessus, si jamais la douleur revient, il faudra réutiliser ceux que nous avons trouvé avoir de la valeur. »

La douleur décrite à la fin de ce passage est récurrente, et non pas cyclique, comme l'indique la tournure *si quando*. Mais seul le malade est en mesure d'indiquer au praticien le retour d'une telle douleur, dont on ne connaît donc pas à l'avance les phases critiques[81]. Celse fait preuve ici d'une grande finesse dans son approche des divers types de douleurs, et suggère une fois encore que seule une relation d'écoute entre les deux acteurs du dialogue douloureux peut permettre de mener à bien le processus thérapeutique. La dimension chronologique de la douleur est ainsi maintes fois prise en compte dans le *De medicina*, comme d'ailleurs aussi, dans une moindre mesure, dans les *Compositiones* de Scribonius Largus[82].

Avant de poursuivre, et pour offrir la vision la plus complète possible de la question, il nous faut signaler les cas où Celse associe la douleur au toucher. Comme dans les corpus hippocratique[83] et galénique[84], ce sens est parfois amené à jouer un rôle important dans l'appréhension de la douleur.

Dans le *De medicina*, ces situations se rencontrent exclusivement dans les livres de pharmaceutique et de chirurgie[85]. Elles sont identifiables par l'utilisation du verbe *tango* et du substantif *tactus*,

---

[81] À ce sujet, voir Rufus d'Ephèse, *De l'interrogatoire des malades*, § 43.
[82] Cf., par ex., Scribonius Largus, *Compositiones*, ch. CXXII (*nam et in praesentia dolorem tollit et in futurum remediat, ne umquam repetat.*) ou CLIX (*impositum protinus leuat, triduo tollit dolorem.*).
[83] Cf. L. Villard, « Vocabulaire et représentation de la douleur dans la *Collection hippocratique* », in F. Prost et J. Wilgaux (éds.), *Penser et représenter le corps dans l'Antiquité, Actes du colloque international de Rennes, 1-4 septembre 2004*, Rennes, 2006, p. 65.
[84] Cf., par ex., la critique d'Archigène par Galien dans son *De locis affectis*.
[85] Cf. 5.28.2A, 5.28.3A, 7.7.7A, 8.9.1A.

qui désignent le contact entre la main et une partie du corps malade. La sensibilité au toucher permet alors d'orienter le diagnostic, comme dans le cas du chancre :

> *Proximus cancri metus est. [...] Considerandum autem est, in quam partem cancer is tendat. Si ad colem, indurescit is locus et rubet et tactu dolorem excitat, testiculique intumescunt...* (7.27.1)
>
> « Le danger le plus proche est celui du chancre. [...] Or il faut examiner dans quelle direction le chancre tend. Si c'est en direction du pénis, cet endroit durcit, rougit, est sensible au toucher et les testicules sont enflés... »

On voit ici que l'observation de la partie malade est complétée par un geste (*tactu*) qui participe de l'établissement du diagnostic. Mais aucune indication ne permet d'affirmer, dans cet extrait comme dans les autres cas analogues présents dans le *De medicina*, que le geste décrit ici est effectué par le soignant, et non par le malade lui-même. D'ailleurs, tandis que chez Hippocrate ou Galien, le recours au toucher permet souvent de remédier à l'impossibilité du malade (physique, mécanique ou mentale) d'exprimer sa douleur, on ne trouve rien de tel chez Celse. Rien en tout cas ne contredit l'idée que le malade puisse dire à celui qui le soigne la fameuse formule : « Ça fait mal quand je touche ! » Il n'est peut-être pas impossible d'envisager alors le toucher celsien comme une sous-catégorie de dialogue douloureux, celui-ci ayant pour protagonistes d'un côté le corps du malade, de l'autre une main, sans qu'il soit possible de déterminer à qui cette dernière appartient.

Dolor *et « miséricorde »*

Dans la médecine amicale que Celse conformément à sa Préface, met peu à peu en place dans son *De medicina*, se profile une évolution cruciale dans l'histoire de l'art médical. Philippe Mudry souligne que l'« on voit apparaître chez les médecins romains, au Ier siècle ap. J.-C., une sensibilité propre, absente de la médecine grecque antérieure, une sorte de pathétique médical qui constitue une page originale et nouvelle dans l'histoire de la civilisation et des mentalités », avant d'insister sur « l'équivalence qui existe aux yeux de Celse entre la médecine et la miséricorde. Soigner, c'est exercer sa miséricorde[86] ». Sans mentionner ici l'influence probable des religions orientales sur cette transformation progressive de l'éthique médicale, il n'est cependant pas excessif de parler d'une certaine « humanisation » de la pratique de la médecine, à laquelle participe, nous semble-t-il, la prise en compte de la douleur.

Le praticien tel qu'il est décrit dans le *De medicina* semble s'attacher davantage que ses prédécesseurs (hippocratiques) à l'*alter dolens* dont il s'occupe. Dans l'œuvre de Celse, les adjectifs *tolerabilis* et son négatif *intolerabilis* témoignent par exemple d'une attention aiguë portée au seuil de tolérance du malade, qu'ils qualifient le substantif *dolor* lui-même, d'autres termes connexes comme *malum* (3.23.7) ou *morbus* (4.13.1), ou bien encore une pathologie telle la *tussis* à laquelle est explicitement liée la douleur (4.13.1-2). On peut supposer ici que c'est le dialogue douloureux qui permettra d'établir la mesure de ce ressenti hautement subjectif.

L'évolution de la médecine vers une considération de plus en plus grande envers la douleur du malade se ressent aussi dans la place importante qu'occupe chez Celse la douleur chirurgicale, alors que, comme le fait remarquer Jacques Jouanna, elle est presque absente des textes hippocratiques[87]. En matière de chirurgie, la profession de foi celsienne dans la Préface aux livres 7 et 8 du *De medicina* est bien connue, qui invite notamment le chirurgien à être *misericors*[88]. Cette miséricorde se fait particulièrement sentir dans les occurrences du nom *tormentum*, degré supérieur de *dolor*[89]. Ce dernier est toujours clairement associé à des douleurs causées par les procédés thérapeutiques employés et Celse semble presque s'excuser de la souffrance qu'il va indirectement faire subir aux malades. Les

---

[86] P. Mudry, « Du cœur à la miséricorde. Un parcours antique entre médecine et philologie. », in É. Van der Schueren (éd.), *Une traversée des savoirs. Mélanges offerts à Jackie Pigeaud*, Laval, 2008, p. 405-415 (= P. Mudry, *Medicina, soror philosophiae*..., p. 1-8), p. 3. Cf. aussi, dans le même article : « La conception du métier de médecin qu'expriment Scribonius et Celse est étrangère à la déontologie hippocratique telle qu'on la voit notamment exprimée dans le *Serment*. De technè, la médecine est devenue ministère, et ministère d'amour. » (p. 5).
[87] J. Jouanna, *Hippocrate*, Paris, 1992, parle de « la discrétion du médecin [face à la douleur] » (p. 182 sqq.) dans le contexte chirurgical.
[88] 7.Pr.4.
[89] Cf. *supra*, « Définition et présence de *dolor* dans le *De medicina*. »

conditions pratiques d'une opération au 1ᵉʳ siècle ap. J.-C., comme dans l'Antiquité en général, laissent aisément préjuger du bien-fondé de ses égards. Voici ce qu'il écrit concernant l'opération de cils incarnés :

> *Id primum fieri non potest, nisi in pilo longiore, cum fere breues eo loco nascantur ; deinde si plures pili sunt, necesse est longum tormentum totiens acus traiecta magnamque inflammationem moueat.* (7.7.8D)
>
> « Mais d'abord cela ne peut être fait si le poil n'est pas assez long, alors qu'à cet endroit ils naissent plutôt courts ; ensuite, s'il y a plusieurs poils, il est nécessaire qu'une aiguille passée si souvent à travers la peau provoque un long tourment et une inflammation importante. »

On voit à quel point l'auteur insiste sur le caractère à la fois cruel mais pourtant nécessaire (*necesse est*) de tels actes chirurgicaux. Un sentiment se fait jour, qui laisse à croire que Celse, s'il fait grand cas des douleurs des malades, ne voit pas d'inconvénient à ce qu'ils subissent un traitement douloureux, tant que ce dernier possède une chance, aussi infime soit-elle, de les guérir. Certaines situations imposent ainsi une intervention rapide malgré l'accroissement du *tormentum* provoqué (7.4.4C). Ailleurs, Celse n'hésite pas à décrire un procédé extrêmement douloureux malgré une issue heureuse plutôt rare (7.11.1). Mais rien de sadique tout de même dans les recommandations chirurgicales celsiennes, et l'auteur du *De medicina* préconisera évidemment, si elle existe, une méthode qui ne fera pas pousser des hurlements au malade (8.4.17) ! Ainsi, la miséricorde du chirurgien dans le portrait idéal qu'en dresse Celse dans son ouvrage mêle habilement au souci de l'*alter dolens* une volonté toujours renouvelée d'obtenir sa guérison, parfois quel qu'en soit le prix de douleur à payer.

Dans le cas de douleurs chroniques, la médecine est en quelque sorte obligée de reconnaître son impuissance à faire disparaître une souffrance qui, de manière constante, cyclique ou récurrente, présente un certain degré de persistance dans la durée. Même dans le traitement de certaines douleurs aiguës, l'auteur du *De medicina* avoue à demi-mots l'impuissance de l'art médical. Contrairement à ce qu'affirme

Roselyne Rey dans les pages qu'elle consacre à Celse[90], la médecine celsienne fait bel et bien preuve d'humilité face à certaines douleurs qu'elle est incapable de guérir mais ne peut que soulager[91]. C'est ce que révèle l'usage de verbes comme *minuo* (3.10.2), *lenio* (4.19.1 et 6.7.1D) et surtout *leuo*, qui est le verbe dont le mot *dolor* est le plus souvent complément dans le *De medicina*[92]. Dans l'incapacité avouée de guérir définitivement *à tout coup*, la médecine de Celse, empreinte d'une humanité toute amicale envers ses malades, s'attache tout du moins à soulager ceux dont elle a la charge.

Il est clair que s'opère dans le *De medicina* une distinction essentielle, peu fréquente dans le *Corpus hippocratique*[93], entre thérapeutique de la maladie et thérapeutique de la douleur. C'est ce dont témoigne le passage suivant, extrait d'un chapitre consacré aux maladies rénales :

> *Auxilio quoque his exculceratis sunt, si adhuc ulcera purganda sunt...* *[...] si uero dolor tantum leuandus est...* (4.17.2)

> « Sont également utiles pour ces ulcérations, s'il faut encore nettoyer ses ulcères... [...] si en revanche il s'agit seulement d'alléger la douleur... »

Le second paragraphe de ce chapitre est tout entier construit autour de l'opposition, clairement marquée par la tournure *si uero*, entre soins de la maladie et soins de la douleur. Ce seul extrait suffit à montrer toute l'attention portée dans le *De medicina* à la souffrance du malade,

---

[90] R. Rey, *Histoire de la douleur*, Paris, 1993 : « La gradation des moyens semble répondre parfaitement aux degrés possibles du mal, sans que jamais la médecine fasse l'aveu de son impuissance par rapport à la douleur. » (p. 36).

[91] On retrouve une telle distinction chez Scribonius Largus, qui insiste bien sur la différence entre le soulagement de la douleur et sa disparition complète. Cf., par ex., les chapitres CXXII (*nam et in praesentia dolorem tollit et in futurum remediat, ne umquam repetat.*) ou CLIX (*impositum protinus leuat, triduo tollit dolorem.*).

[92] On le retrouve en 2.7.14, 2.8.2, 2.8.39, 2.14.8, 4.2.8, 4.6.6, 4.17.2, 4.21.2, 4.22.3 ; 5.18.6, 5.25.1, 5.25.4B, 6.7.1C, 6.9.4 (2x), 6.9.5, 6.9.6.

[93] Cf. S. Byl, « Le traitement de la douleur dans le *Corpus hippocratique* », in J.A. Lopez Ferez (éd.), *Tratados hipocraticos : estudios acerca de su contenido, forma e influencia, Actas del VIIe Colloque international hippocratique (Madrid, 24-29 Septiembre 1990)*, Madrid : Universidad nacional de educacion a distancia, 1992, p. 204. Cf. aussi L. Villard, « Vocabulaire et représentation de la douleur dans la *Collection hippocratique* », in F. Prost et J. Wilgaux (éds.), *Penser et représenter le corps dans l'Antiquité, Actes du colloque international de Rennes, 1-4 septembre 2004*, Rennes, 2006, p. 61-78 qui montre bien l'équivalence entre arrêt de la douleur et arrêt de la maladie dans la *Corpus hippocratique*.

dont le simple (*tantum*) soulagement constitue un objectif tout aussi louable et valable que la guérison[94].

Conclusion du chapitre IV

Le dialogue médical, qu'il s'agisse de la relation entre le corps malade et les diverses thérapeutiques ou de l'échange oral entre le malade et le soignant, joue un rôle important dans la médecine présentée par Celse dans son *De medicina*.

L'exemple de la douleur a montré que la souffrance physique, quel que soit le degré auquel elle se manifeste, conduit nécessairement à la mise en place d'un dialogue douloureux, et induit, entre le malade et son *curans*, une relation de confiance qui peut parfois s'établir dans la durée. La sensibilité miséricordieuse du médecin vis-à-vis de l'*alter dolens* qui lui fait face tend à rendre profondément humain un art médical qui, au Ier siècle ap. J.-C, s'attache de plus en plus à la personne.

---

[94] Dans le même ordre d'idée, cf. aussi *De medicina* 4.22.3 et 8.10.4.

Conclusion générale

Au terme de cette étude, il convient de rappeler le postulat qui était à l'origine de ce travail de recherche : Celse envisage son *De medicina* comme une œuvre à vocation potentiellement pratique, c'est-à-dire dont les indications thérapeutiques peuvent être concrètement réalisées.

Dans la première partie de notre travail, nous avons montré comment cette perspective oriente le projet d'écriture celsien ainsi que les lectures qui seront faites de son ouvrage. Dès le travail d'*inuentio* préparatoire à la rédaction, Celse a sélectionné les informations qu'il jugeait nécessaires soit à la mise en œuvre par son lecteur des thérapeutiques exposées, soit du moins à son édification quand l'un ou l'autre soin lui semblait au contraire absolument nuisible. S'appuyant sur des sources aussi variées que les ouvrages médicaux antérieurs, sa connaissance de la médecine contemporaine, la tradition vieille romaine voire son expérience personnelle, Celse a dû faire des choix, et noter scrupuleusement les données indispensables à son œuvre. Pour se faciliter la tâche, il s'est sans doute aidé de fiches préparatoires réalisées afin d'obtenir une vision synthétique d'un point précis de la médecine. Son originalité se situe alors à deux niveaux : d'une part, dans son travail de *dispositio* et dans l'adaptation de la matière existante au contexte romain dans lequel il écrit ; d'autre part, dans l'ouverture de son ouvrage vers l'avenir, tant il paraît évident que Celse manifeste une conscience aiguë des possibles progrès que la discipline dont il traite est susceptible de faire.

Concernant la forme concrète du *De medicina*, nous avons vu qu'il s'agissait vraisemblablement de huit rouleaux (*uolumina*), chacun correspondant à l'un des huit livres de l'ouvrage. La manipulation fastidieuse de ce type de support pouvait être améliorée par l'existence — peut-être même, nous semble-t-il, dès l'époque de Celse — d'une table des matières. L'étude de l'intertextualité du *De medicina* a montré qu'une telle table devait constituer un complément indispensable à la lecture d'une œuvre dont les références internes sont loin d'être toujours évidentes. En témoigne l'instabilité du lexique employé par l'auteur pour établir lesdites références, dont certaines s'avèrent en outre obligatoires pour comprendre et/ou mettre en œuvre tel ou tel procédé thérapeutique. La table des matières en langue française que nous proposons a ainsi pour but de combler un manque, dans l'attente toutefois d'une nouvelle édition corrigée des livres 3 à 8, pour lesquels l'édition de Spencer demeure la dernière existante[95]. Outre cette table, la mise en place de plusieurs index, dans une nouvelle édition, permettrait de faciliter encore la lecture du *De medicina*, notamment dans le cas des médicaments dont la composition n'est détaillée qu'en un passage unique.

De tels compléments à l'ouvrage celsien, qu'ils soient contemporains de l'auteur (table des matières) ou le fruit d'une volonté éditoriale plus moderne (index), s'inscrivent selon nous dans la perspective de Celse, qui demande à ses lecteurs de lire son œuvre de façon active. D'une part grâce aux passages référentiels que nous avons identifiés (2.19-33, 5.1-25, 8.1) et vers lesquels il convient de revenir au fil de la lecture du *De medicina*, d'autre part grâce aux préfaces, qui servent non seulement d'historiques médicaux et de mises au point théoriques, mais surtout de guides de lecture, dans la mesure où elles servent de pauses dans le flot quasi ininterrompu d'informations délivrées par Celse et permettent au lecteur de mieux se repérer au sein de l'œuvre. La relation entre l'encyclopédiste et ses lecteurs s'accentue encore, lorsque Celse justifie son souci d'économie du discours, mais surtout lorsqu'il établit de véritables pactes de lecture, réclamant de ses lecteurs un effort de mémoire et donc une pleine participation au déroulement du *De medicina*.

Si les lectures de l'ouvrage celsien sont variées, notamment en raison de l'écart entre les visées de l'auteur et l'utilisation que le public a pu faire du texte, il est possible de distinguer deux catégories de lecteurs. D'un côté les *sapientes*, qui, au gré de leur curiosité ou de leurs besoins, pouvaient approcher le *De medicina* de façon cursive ou consultative. De l'autre les *curantes*, qui peuvent certes en faire une lecture cursive, davantage théorique, mais s'orientent plus souvent vers une lecture consultative à visée pratique.

---

[95] C'est volontairement que nous ne mentionnons pas I. Mazzini, *A. C. Celso « La chirurgia »*, Rome, 1999, dont l'édition ne traite que des livres de chirurgie (livres 7 et 8), et non du *De medicina* dans son ensemble.

C'est justement la pratique médicale exposée dans le *De medicina*, ainsi que ses enjeux techniques et éthiques, que nous avons étudiés dans la seconde partie de notre étude.

Étudiant les praticiens dans le *De medicina*, il nous est apparu qu'une distinction doit immanquablement être effectuée entre les médecins professionnels (*medici*) et les soignants amateurs de médecine (*curantes*). Les premiers sont décrits de manière topique, dans la perspective, peut-être, de fournir à des lecteurs amateurs une image du médecin idéal, image qui pourrait leur servir de comparant lors de l'intervention auprès d'eux de professionnels de la médecine. Les autres jouent un rôle primordial dans l'ouvrage, car leur présence témoigne de la possibilité d'une médecine sans médecin, pratiquée par des amateurs éclairés, y compris pour des actes chirurgicaux simples.

Nous avons en outre pu observer la place occupée par l'automédication dans le *De medicina*. Dans le cadre de la diététique, elle joue un rôle tantôt préventif, tantôt curatif, mais repose toujours sur l'idée d'une connaissance de soi qui permet à l'individu malade qui se soigne d'œuvrer en conscience et en liberté. Dans le domaine de la pharmaceutique, une telle autonomie se retrouve également pour l'utilisation des remèdes simples (*prompta*, *simplicia*) voire complexes (*mixta*).

La possibilité d'une médecine sans médecin ainsi que l'existence répandue de l'automédication nous ont conduit à reprendre certaines traductions du *De medicina*, afin de mieux rendre compte, en langue française, des distinctions opérées par Celse en latin. Concernant surtout la personne soignée, nous avons ainsi pu constater qu'il convient de rester aussi proche que possible des mots et tournures celsiens, afin de ne pas faire de la médecine présentée par l'encyclopédiste une médecine qui se déroulerait systématiquement dans un cadre professionnel.

Quels que soient les soignants envisagés, tous sont confrontés aux aléas de l'art médical. La dimension conjecturale de la médecine (*ars coniecturalis*), même si elle relève en partie d'une réflexion théorique sur l'art, nous semble toutefois intimement liée à la pratique médicale, en ce qu'elle conditionne l'approche du malade. La *natura* et la *fortuna* avec lesquelles le soignant doit composer dans la mise en œuvre de l'art ont une influence directe sur les actes médicaux. La mise en place de règles et d'exceptions, comme la prise de risque dans certaines situations délicates, témoignent de la réflexion, de la prudence et de l'ingéniosité, dont le *curans* doit faire preuve pour surmonter les difficultés qu'il rencontre *en situation de soin*.

L'approche du malade est ainsi double. Dans un premier temps, et dans la lignée notamment de l'héritage du *Corpus hippocratique*, le malade est classé en tant qu'individu, c'est-à-dire qu'il s'agit de cerner clairement à quelles catégories d'âge et de sexe il appartient. Ce n'est que dans un second temps que le soignant envisage le malade comme une personne. S'engage alors une relation d'amitié fondée sur une confiance (*fides*) à la fois dans la médecine, mais aussi et surtout dans le soignant, qui seule permet de surmonter les angoisses liées à la mort, par la persistance de l'espoir et par la croyance dans un salut qui n'est pas une survie de l'homme post-mortem, mais un attachement à la vie qu'il s'agit de préserver.

Une telle relation d'amitié dans le cadre médical prend tout particulièrement la forme d'un dialogue oral entre le soignant et la personne malade, notamment en vue de la mise en place des diverses thérapeutiques. La longue étude finale consacrée à la douleur physique a montré l'impérieuse nécessité d'un tel dialogue dans des situations où l'expression d'un symptôme précis ne peut passer que par la communication verbale.

En définitive, il nous semble que Celse, trop souvent masqué, dans les exposés consacrés à la médecine antique, par l'ombre d'Hippocrate et Galien, mérite d'être considéré avec davantage d'attention, afin de mieux mesurer son apport à l'histoire de la médecine. En effet, l'encyclopédiste n'est pas un simple relais besogneux des pratiques antérieures et contemporaines. Sa prise en considération de la personne malade, sans doute dès le travail préparatoire à son œuvre, témoigne sinon d'une grande sensibilité personnelle à la discipline qu'il traite, du moins d'une évolution capitale dans l'histoire des idées, qui se fait jour dans la Rome du Ier siècle ap. J.-C.

Assurément, nous ne prétendons nullement avoir procédé à une analyse définitive du *De medicina* de Celse. Nous avons pleinement conscience que beaucoup reste à faire, en particulier concernant cet attachement à la personne dont nous avons parlé. Une étude comparative approfondie de l'œuvre de Celse avec les *Compositions* de Scribonius Largus permettrait ainsi, par exemple, de mieux distinguer les spécificités celsiennes et, sans doute, de nuancer certaines de nos conclusions. Néanmoins, au terme du travail que nous avons mené en prenant pour point de départ la question de l'application concrète du *De medicina*, il nous semble que sont apparues la grande complexité et l'extrême richesse d'un ouvrage dont la dimension pratique ne saurait être assez soulignée.

ANNEXE

TABLEAU DES RENVOIS INTERNES DU *DE MEDICINA*

Annexe – Tableau des renvois internes du De medicina

	Texte antérieur mentionné par le texte de référence	Texte de référence	Texte postérieur mentionné par le texte de référence
1		*Sic in duas partes ea quoque quae uictu curat medicina diuisa est, aliis rationalem artem, aliis usum tantum sibi uindicantibus, nullo uero quicquam post eos <u>qui supra comprehensi sunt</u> agitante, nisi quod acceperat donec Asclepiades...* (Préf.11) ➤ renvoi général à Préf. 8 sqq..	
2	*Eademque **ratione**, cum spiritus grauis est, cum somnus aut uigilia urguet, eum mederi posse arbitrantur qui prius illa ipsa qualiter eueniant perceperit.* (Préf.22)	*Aptiusque extrinsecus imponi remedia compertis interiorum et sedibus et figuris cognitaque eorum magnitudine. Similesque omnia <u>quae posita supra sunt</u> **rationes** habere.* (Préf.26) ➤ renvoi à Préf.22	
3		*Atque ea quidem, <u>de quibus est dictum</u>, superuacua esse tantummodo...* (Préf.40) ➤ renvoi général à Préf. 27 sqq..	
4	***Ratione** uero opus est ipsi medicinae...* (Préf.48)	*Igitur <u>ut ad propositum meum redeam</u> **rationalem** quidem puto medicinam esse debere.* (Préf.74) ➤ renvoi à Préf.48	

	Texte antérieur mentionné par le texte de référence	Texte de référence	Texte postérieur mentionné par le texte de référence
5	***uomitus**, **deiectio**, acidae res et austerae* (1.3.16)	*Cum uero inter extenuantia <u>posuerim</u> **uomitum** et **deiectionem**, de his quoque proprie quaedam <u>dicenda sunt</u>.* (1.3.17) ➤ renvoi à 1.3.16 et annonce de 1.3.17-24 et 1.3.25-26	***uomitum*** […] ***uomitus*** […] ***uomuerunt*** […] ***uomiturus*** […] ***uomitum*** […] ***uomere*** […] ***uomuerit****…* (1.3.17-24) ***Deiectio*** *autem…* (1.3.25)
6		*Qui uomere post cibum uolt, si ex facili facit, **aquam tantum tepidam** ante debet assumere ; si difficilius, aquae uel salis uel mellis paulum adicere. At qui mane uomiturus est, ante bibere mulsum uel hysopum, aut esse radiculam debet, deinde **aquam tepidam**, <u>ut supra scriptum est</u>, bibere.* (1.3.22) ➤ renvoi à ce qui précède au sein du même chapitre	
7		*Prodest etiam aduersus tardam concoctionem clare legere, deinde ambulare, tum uel ungui uel lauari ; assidue uinum frigidum bibere, et post cibum magnam potionem, sed, <u>ut supra dixi</u>, per siphonem.* (1.8.3) ➤ aucune mention préalable du *sipho*	

Annexe – Tableau des renvois internes du De medicina

	Texte antérieur mentionné par le texte de référence	Texte de référence	Texte postérieur mentionné par le texte de référence
8	Sub diuo **quies** optima est. **Venus** semper inimica est. […] **cruditas** enim id maxime laedit […] Vt concoctio autem omnibus uitiis occurrit, sic rursus aliis **frigus**, aliis **calor**. […] Minime uero **frigus** et **calor** tuta sunt… (1.9.1-6)	et, <u>ut supra comprensum est</u>, uitare **fatigationem**, **cruditatem, frigus, calorem, libidinem**, multoque magis se continere si qua grauitas in corpore est. (1.10.1) ➤ renvoi à 1.9.1-6 [variations : *fatigatio* remplace *quies* ; *libidinem* remplace *Venus*]	
9	Alternis **diebus in uicem modo aqua modo uinum** bibendum est. (1.10.3)	Ac si cetera res aliqua prohibebit, utique **retineri debebit a uino ad aquam, ab hac ad uinum** qui <u>supra positus est</u> transitus. (1.10.4) ➤ renvoi à 1.10.3 [variation : *a… ad, ab… ad* remplace *in uicem modo… modo*]	
10	maximeque **in mollioribus corporibus**, ideoque praecipue **in muliebribus**. (2.1.13)	Sin autem autumnus quoque aeque siccus isdem aquilonibus perflatur, **omnibus quidem mollioribus corporibus**, inter quae **muliebra** esse <u>proposui</u>, secunda ualetudo contingit. (2.1.16) ➤ renvoi à 2.1.13	
11	Instantis autem **aduersae ualetudinis signa complura** sunt. (2.Préf.1)	Ante **aduersam** autem **ualetudinem**, <u>ut supra dixi</u>, **quaedam notae** oriuntur quarum omnium commune est aliter se corpus habere atque consueuit, neque in peius tantum sed etiam in melius. (2.2.1) ➤ renvoi à 2.Préf.1 [variation : *quaedam notae* remplace *signa complura*]	

	Texte antérieur mentionné par le texte de référence	Texte de référence	Texte postérieur mentionné par le texte de référence
12	*Aqua autem inter cutem minime terribilis est quae nullo antecedente morbo coepit ; deinde quae longo morbo superuenit, utique si firma uiscera sunt, si spiritus facilis, si nullus dolor, si sine calore corpus est, aequaliterque in extremis partibus macrum est, si mollis uenter, si **nulla tussis**, nulla sitis, si lingua ne super somnum quidem inarescit ; si cibi cupiditas est, si uenter medicamentis mouetur, si per se excernit mollia et figurata, si extenuatur ; si urina et uini mutatione et epotis aliquibus medicamentis mutatur ; si corpus sine lassitudine est et morbum facile sustinet : siquidem in quo omnia haec sunt, is ex toto tutus est, in quo plura ex his sunt, is in bona **spe** est.* (2.8.8-9)	*At aqua inter cutem, si ex acuto morbo coepit, ad sanitatem raro perducitur, utique si contraria iis quae <u>supra posita sunt</u>, subsecuntur. Aeque in ea quoque **tussis spem tollit**, item si sanguis sursum deorsumque erupit et aqua medium corpus inpleuit.* (2.8.26) ➢ renvoi à 2.8.8-9	
13		*Quibusdam etiam in hoc morbo tumores oriuntur, deinde desinunt, deinde rursus assurgunt : hi tutiores sunt, <u>quam qui supra comprehensi sunt</u>, si adtendunt.* (2.8.26) ➢ renvoi au cas général évoqué en 2.8.26	

	Texte antérieur mentionné par le texte de référence	Texte de référence	Texte postérieur mentionné par le texte de référence
14	*sed etiam morbi genus quod sit, utrum superans an deficiens materia laeserit...* (2.10.5)	*item malus corporis habitus omnesque acuti morbi qui modo, ut supra dixi, non infirmitate sed onere nocent.* (2.10.7) ➢ renvoi à 2.10.5 [variation : *onere nocent* remplace *superans materia laeserit*]	
15	*At **ubi febres sunt**, satius est eius rei causa **cibos potionesque assumere, qui simul et alant et uentrem molliant**.* (2.12.1C) ***Qui uomere** post cibum **uolt**, si ex facili facit, aquam tantum tepidam ante debet assumere ; si difficilius, aquae uel salis uel mellis paulum adicere. At qui mane uomiturus est, ante bibere mulsum uel hysopum, aut esse radiculam debet, deinde aquam tepidam, ut supra scriptum est, bibere.* (1.3.22)	*Sed si acutus morbus est, sicut in cholera, **si febris est**, ut inter horrores, **asperioribus medicamentis opus non est**, <u>sicut in deiectionibus quoque supra dictum est</u> ; satisque est **ea uomitus causa** sumi quae sanis quoque sumenda esse proposui.* (2.13.2) ➢ renvoi à 2.12.1C et 1.3.22 [variations : *si febris est* remplace *ubi febres sunt* ; *asperioribus... opus non est* remplace *cibos... molliant* ; *ea uomitus causa* remplace *qui uomere... uolt*]	
16	*Neque is seruari potest [...] aut cui febre non quiescente **exterior pars friget**, interior sic calet ut etiam sitim faciat.* (2.6.7)	*In malis iam aegrum esse ubi **exterior pars** corporis **friget**, interior cum siti calet, <u>supra posui</u>.* (2.14.11) ➢ renvoi à 2.6.7 [variations : *in malis... esse* remplace *neque... seruari potest* ; *interior cum siti calet* remplace *interior... calet, ut etiam sitim faciat*]	

	Texte antérieur mentionné par le texte de référence	Texte de référence	Texte postérieur mentionné par le texte de référence
17	At **imbecillis** [...] Commode uero **exercent** clara lectio, arma, pila, cursus, ambulatio... (1.2.1 et 6)	In quibus affectibus ea quoque genera **exercitationum** necessaria sunt quae <u>comprehendimus eo loco quo, quemadmodum sani neque firmi homines se gererent, praecepimus</u>. (2.15.5) ➢ renvoi à 1.2.1 et 6 [variations : *sani neque firmi* remplace *imbecillis* ; *exercitationum* remplace *exercent*]	
18	**omnem** grandem **auem**, quales sunt anser et pauo et grus. (2.18.2)	Boni suci sunt tricitum, siligo, halica, oryza, amulum, tragum, tisana, lac, caseus mollis, omnis uenatio, **omnes aues** quae ex media materia sunt, ex maioribus quoque eae <u>quas supra nominaui</u>. (2.20) ➢ renvoi à 2.18.2 [variation : *maioribus* remplace *grandem*]	
19		**uerbenarum** contusa cum teneris colibus folia ; cuius generis sunt olea, cupressus, myrtus, lentiscus, tamarix, ligustrum, rosa, rubus, laurus, hedera, Punicum malum. (4) Sine frigore autem reprimunt cocta mala Cotonea, malicorium, aqua calda in qua **uerbenae** coctae sunt <u>quas supra posui</u>, puluis uel ex faece uini uel ex murti foliis, amarae nuces. (2.33.3-4) ➢ renvoi au sein du même chapitre	

Annexe – Tableau des renvois internes du De medicina   401

	Texte antérieur mentionné par le texte de référence	Texte de référence	Texte postérieur mentionné par le texte de référence
20	*Protinus tamen **signa** quaedam sunt ex quibus colligere possimus morbum, etsi non interemit, **longius tamen tempus habiturum** : ubi frigidus sudor inter febres non acutas circa caput tantum aut ceruices oritur, aut ubi febre non quiescente corpus insudat, aut ubi corpus modo frigidum modo calidum est et color alius ex alio fit, aut ubi quod inter febres aliqua parte abscessit ad sanitatem non peruenit, aut ubi aeger pro spatio parum emacrescit ; item si urina modo pura et liquida est, modo habet quaedam subsidentia, — leuia atque alba rubraue sunt quae in ea subsidunt — aut si quasdam quasi miculas repraesentat, aut si bullulas excitat.* (2.5.1-3)	*... ubi lenti dolores lentaeue febres sunt et spatia inter accessiones porrigunt, acceduntque ea **signa**, <u>quae in priore uolumine exposita sunt</u>, **longum hunc futurum esse** manifestum est.* (3.2.1) ➤ renvoi à 2.5.1-3	
21	*Ante **aduersam** autem **ualetudinem**, ut supra dixi, **quaedam notae** oriuntur quarum omnium commune est aliter se corpus habere atque consueuit, neque in peius tantum sed etiam in melius.* (2.2.1)	*Sed cum <u>ab iis coeperim</u>, quae **notas quasdam** futurae **aduersae ualetudinis** exhibent, curationum quoque principium ab animaduersione eiusdem temporis faciam. Igitur si quid ex his, quae proposita sunt, incidit, omnium optima sunt quies et abstinentia.* (3.2.5) ➤ renvoi à 2.2.1 (et donc à 2.Préf.1)	

	Texte antérieur mentionné par le texte de référence	Texte de référence	Texte postérieur mentionné par le texte de référence
22		*Sed **tertianarum uel quartanarum, quarum et** certus **circumitus est** et finis in integritate et liberaliter quieta tempora sunt, expeditior ratio est ; de quibus suo loco <u>dicam</u>.* (3.5.2) ➤ annonce de 3.13-15	*Haec ad **omnes circuitus febrium** pertinent : discernendae tamen singulae sunt, sicut rationem habent dissimilem. […] Si uero **tertiana** […] Eadem in **quartana** facienda sunt. Sed cum haec…* (3.13-15)
23	*Solet etiam ante febres esse **frigus** idque uel molestissimum morbi genus est.* (3.11.1)	*Deinde <u>eodem modo, quo</u> in **frigore** <u>praeceptum est</u>, antequam inhorrescere possit, operiatur, fomentisque, sed protinus ualidioribus, totum corpus circumdet maximeque inuolutis extinctis testis et titionibus.* (3.12.4) ➤ renvoi à 3.11.1	
24	***Horror** autem eas fere **febres** antecedit, quae certum habent circuitum et ex toto remittuntur. […] Igitur cum primum aliquis inhorruit, et ex **horrore** incaluit, dare oportet ei potui tepidam aquam subsalsam et **uomere** eum cogere.* (3.12.1-3)	*si quarto die **cum horrore febris** reuertitur, **uomere**, <u>sicut ante praeceptum est</u>…* (3.15.1) ➤ renvoi à 3.12.1-3	
25	*Igitur cum primum aliquis inhorruit, et ex **horrore** incaluit, dare oportet ei potui tepidam aquam subsalsam et uomere eum cogere.* (3.12.3 sqq.)	***Horror** ipse per ea, <u>quae supra scripta sunt</u> expugnandus.* (3.15.4) ➤ renvoi à 3.12.3 sqq.	

Annexe – Tableau des renvois internes du De medicina 403

	Texte antérieur mentionné par le texte de référence	Texte de référence	Texte postérieur mentionné par le texte de référence
26	*postero die, cum satis quieuerit, ambulare,* **exerceri***, ungui, perfricari fortiter, cibu capere sine uino, tertio die abstinere. Quo die uero febrem expectabit, ante surgere,* **exerceri** *dareque operam, ut in ipsa* **exercitatione** *febris tempus incurrat.* (3.15.4-5)	*At si duae quartanae sunt, neque <u>eae, quas proposui</u>,* **exercitationes** *adhiberi possunt, aut ex toto quiescere opus est, aut, si id difficile est, leuiter ambulare, considere diligenter inuolutis pedibus et capite.* (3.16.1) ➤ renvoi à 3.15.4-5	
27		*Cibus sine uino dandus ex media materia est ; quam <u>quotiens posuero</u>, scire licebit etiam ex infirmissima dari posse, dum ne illa sola quis utatur : ualentissima tantummodo esse remouenda.* (3.18.17) ➤ annonce générale	
28	*Si uero consilium insanientem fallit,* **tormentis** *quibusdam optime curatur. Ubi perperam aliquid dixit aut fecit, fame, uinculis, plagis coercendus est...* (3.18.21)	*nam demens hilaritas* **terroribus** <u>*iis, de quibus supra dixi*</u>, *melius curatur.* (3.18.22) ➤ renvoi à 3.18.21 [variation : *terroribus* remplace *tormentis*]	
29		*Sed hoc utemur, si aequalis aegro spiritus erit, si mollia praecordia : sin aliter <u>haec</u> erunt, <u>quae supra comprehensa sunt</u>.* (3.20.3) ➤ renvoi général à 3.20.2-3	

	Texte antérieur mentionné par le texte de référence	Texte de référence	Texte postérieur mentionné par le texte de référence
30	*Sequitur uero **curatio febrium** quod et in toto corpore et uulgare maxime morbi genus est...* (3.3.1)	*Sed si febris quoque est, haec in primis summouenda est per eas rationes, per quas huic succurri posse propositum est.* (3.21.5) ➤ renvoi général à 3.3-17	
31		*... quae quotiens posuero, non quae hic nascuntur, sed quae inter aromata adferuntur, significabo.* (3.21.7) ➤ annonce générale	
32	*Utiliter etiam **scilla cocta delinguitur**...* (3.21.10)	*Si ualens est qui id accipit, et **scilla cocta**, sicut supra dixi, **delinguitur**.* (3.21.13) ➤ renvoi à 3.21.10	
33	*Necessarium autem est ducere aluum, uel **nigro ueratro** purgare...* (3.23-3)	*Quod si non, quo die primum incidit, medicus accessit, sed is, qui cadere consueuit, ei traditus est, protinus eo genere uictus adhibito, qui supra conprehensus est, expectandus est dies, quo prolabatur ; utendumque tum uel sanguinis missione uel ductione alui uel **nigro ueratro**, sicut praeceptum est.* (3.23.4) ➤ renvoi (général) à 3.23.3-4	
34	*Neque sorbitiones autem his aliique molles et faciles **cibi** neque caro, minimeque suilla, conuenit, sed media materia : nam et uiribus opus est et cruditates **cauendae sunt*** (3.23.3)	*Insequentibus deinde diebus per eos **cibos**, quos proposui, uitatis omnibus, quae **cauenda dixi**, nutriendus. [...] Mediis autem diebus uires eius erunt nutriendae, quibusdam praeter ea, quae supra scripta sunt, adiectis.* (3.23.5) ➤ renvoi (général) à 3.23.3	

	Texte antérieur mentionné par le texte de référence	Texte de référence	Texte postérieur mentionné par le texte de référence
35	*Neque sorbitiones autem his aliique molles et faciles **cibi** neque caro, minimeque suilla, conuenit, sed media materia : nam et uiribus opus est et cruditates **cauendae sunt*** (3.23.3)	*Ad leuandum id tantummodo utendum erit exercitatione, multa frictione, **cibis**que, <u>qui supra conprehensi sunt</u>, praecipueque uitanda omnia, quae ne fierent excepimus.* (3.23.8) ➢ renvoi à 3.23.3 [variation : *uitanda* remplace *cauendae*]	
36	*At sub corde atque pulmone **trauersum** ex ualida membrana **saeptum** est, quod praecordiis uterum diducit.* (4.1.4)	*Suntque etiam membranulae tenues, per quas inter se tria ista conectuntur, iungunturque **ei saepto**, <u>quod **transuersum** esse supra posui</u>* (4.1.6) ➢ renvoi à 4.1.4	

	Texte antérieur mentionné par le texte de référence	Texte de référence	Texte postérieur mentionné par le texte de référence
37		*His uelut in conspectum quendam, quatenus scire curanti necessarium est, adductis, remedia singularum laborantium partium exsequar, orsus a capite ; sub quo nomine nunc significo eam partem, quae capillo tegitur : nam **oculorum**, **aurium**, **dentium** dolor, et si qui similis est, alias erit explicandus.* (4.2.1) ➤ annonce de 6.6-9 et 7.7-12	*Ingentibus uero et uariis casibus **oculi** nostri patent* (6.6.1A) *ideoque ad **aures** transeundum est* (6.7.1A) *In **dentium** autem dolore...* (6.9.1) *sic in **oculis**, quae manum postulant, et ipsa diuersa sunt et aliter aliterque curantur. Igitur...* (7.7.1A) *sic in **auribus** admodum pauca sunt, quae in hac medicinae parte tractentur. Solet tamen euenire...* (7.8.1) *In ore quoque quaedam manu curantur. Ubi in primis **dentes** nonnumquam mouentur...* (7.12.1A)
38	*Proximum est ut **de iis** dicam **qui partes aliquas corporis inbecillas** habent.* (1.4.1) *Sequitur uero **curatio febrium** quod et in toto corpore et uulgare maxime morbi genus est...* (3.3)	*Ex his id, quod secundo loco positum est, dum leue est, qua sit ratione curandum, dixi, cum persequerer ea, quae sani homines **in inbecillitate partis alicuius** facere deberent. Quae uero auxilia sint capitis, ubi cum febre dolor est, eo loco explicitum est, quo **febrium curatio** exposita est.* (4.2.4) ➤ renvoi à 1.4 et renvoi à 3.3-17	

	Texte antérieur mentionné par le texte de référence	Texte de référence	Texte postérieur mentionné par le texte de référence
39	*At si frigus nocuit,* **caput** *oportet* **perfundere aqua calida** *marina* **uel** *certe* **salsa** (4.2.7)	*At si parum causa discernitur,* **perfundere caput***, primum* **calida aqua***,* <u>*sicut supra praeceptum est*</u>*,* **uel salsa***, uel ex lauro decocta, tum frigida posca.* (4.2.8) ➤ renvoi à 4.2.7	
40	*Quo leuato, si in destillatione crassa facta pituita est, uel in grauedine* **nares** *magis patent, balneo utendum est* (4.5.4)	*Igitur huic, si in* **nares** *uel in fauces destillauit, praeter* <u>*ea, quae supra rettuli*</u>*, protinus primis diebus multum ambulandum est.* (4.5.6) ➤ renvoi à 4.5.3-4 [variation : *destillauit* remplace *destillatio*]	
41	**Sanguinem** *incisa uena* **mitti**... (2.10.1)	*Mitti uero necne debeat, ex iis intellegi potest,* <u>*quae*</u> *de* **sanguinis missione** <u>*praecepta sunt*</u>*.* (4.6.2) ➤ renvoi à 2.10-11 [variation : *sanguinis missione* remplace *sanguinem... mitti*]	
42	*Fomenta quoque calida sunt milium,* **sal** […] *et* **sal** *sacco linteo excipitur* […] *iuxtaque ignem ferramenta duo sunt, capitibus paulo latioribus, alterumque ex iis demittitur in eum* **salem***, et super aqua leuiter aspergitur* (2.17.9-10)	*Utilissimum tamen est umido* **sale** *fouere ; quod quomodo fieret* <u>*iam ostendi*</u>*.* (4.6.4) ➤ renvoi à 2.17.9-10 [variation : *umido* remplace l'explication contenue en 2.17.9-10]	

	Texte antérieur mentionné par le texte de référence	Texte de référence	Texte postérieur mentionné par le texte de référence
43	***Exit** modo ex **gingiuis**, modo ex **ore** [...] Verum ut ex **naribus** [...] Nonnumquam autem is a summis **faucibus** fertur...* (4.11.1-2)	*Haec pertinent ad universum : nunc <u>ad ea loca, quae praeposui</u>, ueniam. Si ex **gingiuis exit** [...] si ex **ore** [...] At si ex **faucibus**...* (4.11.5-6) ➢ renvoi à 4.11.1-2 [variation : pas de reprise de *naribus*]	
44	*In interiore uero **faucium** parte interdum **exulceratio** esse consueuit. [...] **Exercitatio** quoque ambulandi currendique necessaria est, **frictio a pectore uehemens toti inferiori parti adhibenda. Cibi uero esse debent neque nimium acres neque asperi**...* (4.9.1-3)	*At si ulcera stomachum infestant, <u>eadem</u> fere facienda sunt, <u>quae</u> **in faucibus exulceratis** <u>praecepta sunt</u>. **Exercitatio, frictio inferiorum partium adhibenda ;** adhibendi **lenes et glutinosi cibi**, sed citra satietatem : **omnia acra atque acida remouenda**. Vino, si febris non est, dulci, aut si id inflat, certe leni utendum : sed neque perfrigido, neque nimis calido.* (4.12.5) ➢ renvoi à 4.9.1-3 [variation : *lenes... cibi* et *omnia... remouenda* remplacent *cibi... asperi*]	

	Texte antérieur mentionné par le texte de référence	Texte de référence	Texte postérieur mentionné par le texte de référence
45	... si non continuit, post uomitum lene aliquid ex iis, quae non aliena stomacho sint : si ne id quidem tenuit, singuli cyathi uini singulis interpositis horis, donec **stomachus** consistat. (4.12.9)	Sed si nausia est aut si coacuit intus cibus aut computruit, quorum utrumlibet ructus ostendit, eiciendus est ; protinusque, cibis adsumptis iisdem, quos proxime posui, **stomachus** restituendus. Ubi sublatus est praesens metus, ad ea redeundum est, quae supra praecepta sunt (4.12.11) ➤ renvoi à 4.12.9 [variation : restituendus remplace consistat] et renvoi général aux prescriptions de 4.12.7	
46	Huic dolori lateris febris et tussis accedit ; et per hanc **excreatur**, si tolerabilis morbus est, **pituita** ; si grauis, sanguis. Interdum etiam sicca tussis est, quae **nihil emolitur**, idque primo uitio **grauius**, secondo tolerabilius est. (4.13.1-2) At si sicca tussis est, cum uehementissime urget, adiuuat **uini** austeri cyathus adsumptus... (4.10.3)	Ob quam causam dixi etiam **peius** id genus esse tussis, quod **nihil** quam quod **pituitam moueret**. Sed hic **uinum sorbere**, ut supra praecepimus, morbus ipse non patitur : in uicem eius cremor tisanae sumendus est. (4.13.5) ➤ renvois à 4.13.1-2 [variations : moueret remplace excreatur et emolitur ; peius remplace grauius] et à 4.10.3	
47	At si sicca tussis est, cum uehementissime urget, adiuuat **uini austeri cyathus** adsumptus... (4.10.3)	Atque incipiente quoque tussi, tum non erit alienum, ut supra quoque positum est, **uini cyathos** sorbere, sed id in hoc genere ualetudinis dulce uel certe lene commodius est. (4.13.6) ➤ renvoi à 4.10.3	

	Texte antérieur mentionné par le texte de référence	Texte de référence	Texte postérieur mentionné par le texte de référence
48	*Deinde id intestinum cum crassiore altero transuerso committitur ; quod a dextra parte incipiens, in sinisteriorem peruium et longum est, in dexteriorem non est, ideoque **caecum** nominatur.* (4.1.8)	*Is autem morbus, qui in intestino pleniore est, in ea maxime parte est, <u>quam **caecam** esse proposui</u>.* (4.21.1) ➢ renvoi à 4.1.8	
49		*Quo uictu sit utendum, qui hoc genere temptantur, <u>iam mihi dictum est</u>* (4.21.2) ➢ renvoi général à 1.7	
50	*Si uetustior morbus est, ex inferioribus partibus tepidum **infundere**...* (4.22.3)	*Si superius uitium est, aluus aqua mulsa duci debet, tunc deinde eadem **infundi**, <u>quae supra comprehensa sunt</u>.* (4.22.5) ➢ renvoi à 4.22.3	
51		*Est autem aliud leuius omnibus proximis, <u>de quibus supra dictum est</u>, quod tenesmon Graeci uocant.* (4.25.1) ➢ renvoi général à 4.14 sqq.	
52	*Proxima his inter intestinorum mala **tormina** esse consueuerunt. […] cibos potionesque eas, quae adstringunt aluum […] Cibi uero esse debent, qui leniter uentrem adstringant.* (4.22.1-4)	*Potio esse debet egelida et frigidae propior ; ratio uictus talis, qualem in **torminibus** <u>supra praecipimus</u>.* (4.25.2) ➢ renvoi à 4.22.1-4	

Annexe – Tableau des renvois internes du De medicina *411*

	Texte antérieur mentionné par le texte de référence	Texte de référence	Texte postérieur mentionné par le texte de référence
53		*Quod enus significo, quotiens potionem dandam esse dico, quae astringat.* (4.26.8) ➢ annonce générale	
54	*Hos aegros quidam subinde excitare nituntur admotis iis, per quae sternumenta euocentur, et iis, quae **odore foedo** mouent, qualis est...* (3.20.1)	*Si diutius aut iacet aut alioqui iacere consueuit, admouere oportet naribus extinctum ex lucerna linamentum, uel aliud ex iis, quae **foedioris odoris** esse rettuli, quod mulierem excitet.* (4.27.1B) ➢ renvoi à 3.20.1	
55		*Quoties aut **bacam** aut **nucem** aut simile aliquid posuero, scire oportebit, antequam expendatur, ei summam pelliculam esse demendam.* (5.19.12) ➢ annonce de 5.19.13, 5.22.2A, 5.24.1, 6.7.2A, 6.9.6, 6.11.5...	***bacarum** lauri* (5.19.13) *amarae **nuces*** (5.22.2A) *lauri **bacarum*** (5.24.1) ***nuces** amarae* (6.7.2A) *lauri **bacarum*** (6.9.6) *amarae **nuces*** (6.11.5)
56	*Facilius autem omnium **interiorum** morbi curationesque in notitiam uenient, si prius eorum **sedes** breuiter **ostendero**.* (4.1.1)	*Sed pleraque ex uulneribus oculis subiecta sunt : quorundam ipsae **sedes** indices sunt, quas alio loco demonstrauimus, cum positus **interiorum** partium **ostendimus**.* (5.26.7) ➢ renvoi à 4.1.1	

	Texte antérieur mentionné par le texte de référence	Texte de référence	Texte postérieur mentionné par le texte de référence
57	Ex emplastris autem nulla maiorem usum praestant, quam quae **cruentis** protinus **uulneribus** iniciuntur... (5.19.1A)	Sed si quis huic parum confidit, imponere medicamentum debet, quod sine sebo compositum sit ex iis, _quae_ **cruentis uulneribus** apta esse _proposui_...(5.26.23F) ➢ renvoi à 5.19.1	
58	Optimum tamen ad extrahendum est id, quod a similitudine sordium **rhypodes** Graeci appellant. (5.19.15)	At si id, quod collisum est, quamuis parum diductum est, latius tamen aperiri propter neruos aut musculos non licet, adhibenda sunt ea, quae umorem leniter extrahant, praecipueque ex his id, quod **rhypodes** uocari _proposui_. (5.26.23G) ➢ renvoi à 5.19.15	
59	A compagine corporis ad **uiscera** transeudum est... (4.14.1)	Illo neminem decipi decet, ut propriam **uiscerum** curationem requirat, _de quibus supra posui_. [...] Alioqui uolnus interius ea uictus ratio eaque medicamenta sanabunt, _quae_ cuique uisceri conuenire _superiore libro posui_. (5.26.24C) ➢ renvois à 4.14-17	

Annexe – Tableau des renvois internes du De medicina   413

	Texte antérieur mentionné par le texte de référence	Texte de référence	Texte postérieur mentionné par le texte de référence
60	*Haec autem aliis quoque **recentioribus uulneribus** recte imponuntur.* (5.19.22) *Quaedam autem sunt **emplastra** exedentia, quae septa Graeci uocant ; quale est id, quod habet resinae terebenthinae, fuliginis turis, singulorum P. = ; squamae aeris P. * I ; **ladani** P. * II ; aluminis tantundem ; spumae argenti P. * IIII.* (5.19.18)	*Deinde, ubi sanguis emissus nouatumque uulnus est, eadem curatio adhibenda, quae in **recentibus uulneribus** exposita est. Si scalpello aliquis uti non uult, potest sanare id **emplastrum**, quod ex **ladano** fit…* (5.26.32) ➢ renvois à 5.19.22, 5.19.18	
61	*Omnis autem cancer non solum id corrumpit, quod occupauit, sed etiam serpit ; deinde aliis aliisque signis discernitur. Nam modo super inflammationem rubor ulcus ambit, isque cum dolore procedit (**erysipelas** Graeci nominant).* (5.26.31B)	*Id autem, quod **erysipelas** uocari dixi…* (5.26.33) ➢ renvoi à 5.26.31B	
62	*At si nigrities est nequedum serpit, imponenda sunt quae carnem **putrem** lenius edunt, repurgatumque **ulcus** sic ut cetera nutriendum est. […] Post ustionem **putris ulceris**…* (5.26.33C-D)	*Postea si uitium constitit, inponi super uulnus eadem debent, quae in **putri ulcere** praescripta sunt.* (5.26.34C) ➢ renvoi à 5.26.33C-D	
63	***Exedunt corpus…*** (5.7)	*Si medicamentum aliquis mauult, idem efficiunt compositiones eae, quae corpus exedunt.* (5.26.36C) ➢ renvoi à 5.7	

	Texte antérieur mentionné par le texte de référence	Texte de référence	Texte postérieur mentionné par le texte de référence
64	*Sunt etiam **aduersus morsus** quaedam adcommodata...* (5.19.20)	*Si id non est, quodlibet ex is, quae **aduersus morsus** proposui...* (5.27.1B) ➢ renvoi à 5.19.20-22	
65	*Purgato, sequitur ut **impleatur**...* (5.26.30A)	*Post quae nullo nouo magisterio, sed iam supra posito ulcus erit **implendum** et ad sanitatem perducendum.* (5.27.2A) ➢ renvoi à 5.26.30	
66	***Antidota** raro sed praecipue interdum necessaria sunt [...] Unum est, quod...* (5.23.1A-B)	***Antidotum** autem, praecipue id, quod primo loco posui.* (5.27.2D) ➢ renvoi à 5.23.1B	
67	*Rubrum quoque emplastrum, quod **Ephesium** uocatur, huc aptum est. [...] Item id, quod ex his constat...* (5.19.21-22)	*Emplastra quoque si qua ... supra conprehensa sunt ; aptissimumque est uel **Ephesium** uel id, quod ei subjectum est.* (5.27.3D) ➢ renvois à 5.19.21, 5.19.22	
68	*Alterum autem est in **summae cutis** exulceratione...* (5.28.4B)	*Purgato ulcere, quod in **summa cute** esse proposui, satis ad sanitatem eadem lenia medicamenta proficient.* (5.28.4E) ➢ renvoi à 5.28.4B	

Annexe – *Tableau des renvois internes du* De medicina   *415*

	Texte antérieur mentionné par le texte de référence	Texte de référence	Texte postérieur mentionné par le texte de référence
69	*Ad idem* [*latus*] *Andreae quoque malagma est, quod etiam resoluit,* **educit umorem**... (5.18.7A)	*Propter haec et album ueratrum recte datur, atque etiam saepius, donec ea digerantur, et medicamenta imponuntur, quae* **umorem** *uel* **educant** *uel dissipent,* <u>*quorum supra mentio facta est*</u>. (5.28.7B) ➤ renvoi à 5.18.7A	
70		*Proprium eius medicamentum galbanum est : sed alia quoque* <u>*supra comprehensa sunt*</u>. (5.28.8) ➤ renvoi vague à des *alia*	
71	*quae* **phymata** *uocantur.* (5.18.16) *uel* **phymata** *nominantur*... (5.18.18) *quod* **phyma** *nominatur*... (5.18.19) *quod* **phyma** *uocatur*... (5.18.20) *aduersus* **phymata**... (5.18.22) *uero* **phymata**... (5.18.23) *ad parotidas,* **phymata**... (5.18.31) *recentia* **phymata**... (5.18.33)	**Phyma** *uero* [...] *Quibus uero medicamentis discuteretur,* <u>*supra propositum est*</u>. (5.28.9) ➤ renvoi à 5.18.16, 18, 19, 20, 22, 23, 31, 33	
72	*At aduersus panum, ... tum primum orientem, quod* **phygetron** *Graeci uocant*... (5.18.19)	*Phygetron autem* [...] *Atque id ipsum quo medicamento tolleretur,* <u>*supra demonstraui*</u>. (5.28.10) ➤ renvoi à 5.18.19	

	Texte antérieur mentionné par le texte de référence	Texte de référence	Texte postérieur mentionné par le texte de référence
73	***Phyma*** *uero nominatur tuberculum furunculo simile, sed rotundius et planius, saepe etiam maius.* (5.28.9)	*Saepiusque oculis expositum est, siquidem latius aliquid intumescit ad similitudinem eius, quod **phyma** uocari proposui.* (5.28.11A) ➢ renvoi à 5.28.9	
74	*At **simul et reprimunt et refrigerant**...* (2.33.2) *Id autem, quod **erysipelas** uocari dixi [...] deinde imponere **simul reprimentia et refrigerentia**...* (5.26.33A) *Ad idem Andreae quoque **malagma** est, quod etiam **resoluit**...* (5.18.7A) *Praecipuum uero est ad **resoluenda**, quae astricta sunt, mollienda, quae dura sunt, **digerenda**, quae coeunt...* (5.18.8) *Fertur etiam ad **digerenda**...* (5.18.11) *Arabis autem cuiusdam est ad strumam et orientia tubercula, quae phymata uocatur, quod haec **digerit**.* (5.18.16) *Satisque omnia abscedentia **digerit** murex combustus et bene contritus...* (5.18.21) *Niconis quoque est quod **resoluit**...* (5.18.26) *Exest etiam uehementer corpus atque ossa quoque **resoluit**...* (5.19.19)	*Sed si locus mollis est, auertendus is materiae aditus est per cataplasmata, quae **simul et reprimunt et refrigerant**; <u>qualia et alias et paulo ante in **erysipelate** proposui</u> : si iam durior est, ad ea ueniendum est, quae **digerant** et **resoluant**. [...] Atque emplastra quoque et **malagmata** idem efficiunt, <u>quae supra explicui</u>.* (5.28.11B-C) ➢ renvois à 2.33.2-3 et 5.26.33 ➢ renvois à 5.18.7, 5.18.8, 5.18.11, 5.18.16, 5.18.21, 5.18.26, 5.19.19	

Annexe – Tableau des renvois internes du De medicina   *417*

	Texte antérieur mentionné par le texte de référence	Texte de référence	Texte postérieur mentionné par le texte de référence
75		*Eadem autem haec in minoribus quoque abscessibus, quorum nomina proprietatesque supra reddidi, recte fiunt.* (5.28.11C) ➢ renvoi général à 5.28.1-10	
76	*Incipiam a **uulneribus**.* (5.26.1B) *Dixi de iis **uulneribus**, quae maxime per tela inferuntur. Sequitur, ut de iis dicam, quae...* (5.27.1A)	*Cetera quae pertinent ad purgandum ulcus, ad implendum, ad cicatricem inducendam, conueniuntque, in **uulneribus** exposita sunt.* (5.28.11F) ➢ renvoi à 5.26-27	
77	***Carnem alit** et ulcus implet...* (5.14) *Purgato, sequitur ut impleatur...* (5.26.30A)	*Genusque uictus adhibendum est, quo **carnem ali** docui.* (5.28.12H) ➢ renvois à 5.14 et 5.26.30	
78	*Euocat et **educit**...* (5.12) *Optume autem **educit**...* (5.26.35C)	*... et emplastra ac malagmata materiam educentia, aut quae proprie huc pertinentia supra posui.* (5.28.13B) ➢ renvois à 5.12 et 5.26.35C	
79		*In hoc quoque uictus ratio eadem quae supra necessaria est.* (5.28.16B) ➢ renvoi général à 5.28.15D	

	Texte antérieur mentionné par le texte de référence	Texte de référence	Texte postérieur mentionné par le texte de référence
80		*Ac si nihil aliud est, amurca ad tertiam partem decocta uel sulphur pici liquidae mixtum, <u>sicut in pecoribus proposui</u>, hominibus quoque scabie laborantibus opitulantur.* (5.28.16C) ➤ renvoi à un passage perdu de la partie des *Artes* consacrée à l'Agriculture	
81	*Est etiam quod ad* **Protarchum auctorem** *refertur.* (5.28.16C)	*Haec uero omnia genera maxime oriuntur in pedibus et manibus ; atque ungues quoque infestant. Medicamentum non aliud ualentius est quam <u>quod</u> ad scabiem quoque pertinere sub* **auctore Protarcho** <u>*retuli*</u>. (5.28.17C) ➤ renvoi à 5.28.16C	
82	*Est etiam quod ad* **Protarchum** *auctorem refertur.* (5.28.16C) *Medicamentum non aliud ualentius est, quam quod ad scabiem quoque pertinere sub auctore* **Protarcho** *retuli.* (5.28.17C)	*Sed leuis papula etiam, si ieiuna saliua quotidie defricatur, sanescit : maior, commodissime murali herba tollitur, si super eadem trita est. Ut uero ad composita medicamenta <u>ueniamus</u>, idem illud* **Protarchi** *tanto ualentius in his est, quanto minus in his uiti est.* (5.28.18B) ➤ renvois à 5.28.16C et 5.28.17C	
83	*Alphos uocatur, ubi color albus est...* (5.28.19A)	*Proprie quidam Myrone auctore eos, quos* **alphos** *uocari <u>dixi</u>, hoc medicamento perungunt.* (5.28.19D) ➤ renvoi à 5.28.19A	

Annexe – Tableau des renvois internes du De medicina   *419*

	Texte antérieur mentionné par le texte de référence	Texte de référence	Texte postérieur mentionné par le texte de référence
84	**Melas** *colore ab hoc differt…* (5.28.19B)	*Ii uero, quos **melanas** uocari dixi…* (5.28.19D) ➢ renvoi au sein du même chapitre	
85		*Paene ineptiae sunt curare uaros et lenticulas et ephelidas, sed eripi tamen feminis cura cultus, sui non potest. Ex his autem, quas supra posui, uari lenticulaeque uulgo notae sunt.* (6.5.1) ➢ renvoi à ce qui précède immédiatement	
86	*Quo grauior uero quaeque **inflammatio** est…* (6.6.8B)	*Quod ad cataplasmata et medicamenta pertinet, is utendum, quae aduersum inflammationem proposita sunt.* (6.6.10) ➢ renvoi à 6.6.8Bsqq.	
87	*Curari uero oculos **sanguinis** detractione […] In eiusmodi casu prima omnium sunt **quies** et abstinentia.* (6.6.1E)	*Pusulae quoque ex inflammatione interdum oriuntur. Quod si inter initia protinus incidit, magis etiam seruanda sunt, quae de **sanguine** et **quiete** supra proposui.* (6.6.11) ➢ renvoi à 6.6.1E-F	
88	*In omnium uero **pusularum** […] ad **medicamenta lenia** transeundum est.* 5.28.15.D	*Ex **pusulis** ulcera interdum fiunt ; ea recentia aeque **lenibus medicamentis** nutrienda sunt, et iisdem fere, quae supra in **pusulis** posui.* (6.6.13) ➢ renvoi à 5.28.15.D-E	

	Texte antérieur mentionné par le texte de référence	Texte de référence	Texte postérieur mentionné par le texte de référence
89		*Quotienscumque non adicio, quod genus umoris adiciendum sit aquam intellegi uolo.* (6.6.16C) ➢ annonce générale	
90	*Id quoque eiusdem, quod **sphaerion** nominabat...* (6.6.21)	*Si cauae sunt, potest eas implere id, quod **sphaerion** uocari dixi...* (6.6.25A) ➢ renvoi à 6.6.21	
91		*Est etiam genus inflammationis, in qua, si cui tument ac distenduntur cum dolore oculi, sanguinem ex fronte emitti necessarium est, [...] inungui acribus medicamentis, quae supra conprehensa sunt ...*(6.6.26) ➢ renvoi général à 6.6.16 sqq.	
92	*Collyrium uero aptissimum est, quod **rinion** uocatur.* (6.30)	*Si uero scabri oculi sunt, quod maxime in angulis esse consueuit, potest prodesse **rinion**, id quod supra positum est.* (6.6.31A) ➢ renvoi à 6.30	
93	***Caligare** uero oculi...* (6.6.32) *At si crassae **cicatrices** sunt, **extenuat**...* (6.6.25B)	*Utilia huc quoque medicamenta sunt, quaeque ad **caliginem** proxime, quaeque ad **extenuandas cicatrices** supra comprehensa sunt.* (6.6.34A) ➢ renvois à 6.6.32-34 et 6.6.25B-C	

Annexe – Tableau des renvois internes du De medicina *421*

	Texte antérieur mentionné par le texte de référence	Texte de référence	Texte postérieur mentionné par le texte de référence
94		*... pugnandum est per eadem omnia, quae in caligine oculorum praecepta sunt, paucis tantum mutatis.* (6.6.37) ➢ renvoi général à 6.6.32-34	
95		*Facile autem recognitis omnibus, quae medici prodiderunt, apparere cuilibet potest, uix ullum ex iis, quae supra comprehensa sunt, oculi uitium esse, quod non simplicibus quoque et promptis remediis submoueri possit.* (6.6.39C) ➢ bilan de 6.6	
96	*Sed longe **Polyidi** celeberrimus est, **sphragi** autem nominatur.* (5.20.2)	*Eodem modo commune auxilium auribus laborantibus est **Polyidi sphragis** ex dulci uino liquata, quae conpositio priori libro continetur.* (6.7.3B) ➢ renvoi à 5.20.2	
97		*Plus tamen in hoc quoque proficit uictus ratio, eadem facienda sunt, quae supra comprehendi, cum maiore quoque diligentia.* (6.7.8C) ➢ renvoi général à 6.7.8B	
98	*... imponendumque **ceratum** cyprino exue irino factum* (6.9.1)	*Quicquid dentibus admotum est, nihilo minus supra maxillas **ceratum**, quale supra posui, esse debet lana optentum.* (6.9.3) ➢ renvoi à 6.9.1	

	Texte antérieur mentionné par le texte de référence	Texte de référence	Texte postérieur mentionné par le texte de référence
99	*Specillum quoque lana inuolutum in calidum oleum demittitur, eoque ipse dens fouetur.* (6.9.3)	*Si uero exesus est dens, festinare ad eximendum eum, nisi res coegit, non est necesse : sed tum omnibus fomentis, quae supra posita sunt.* (6.9.5) ➢ renvoi à 6.9.3-4	
100	**gargarizandum** *ex fico et mulso* [...] *deinde ex mulso calido* **gargarizandum** [...] *ad* **gargarizandum** [...] **gargarizandum** *est.* (6.10.3-4)	*Si uero iam firmior puer est,* **gargarizare** *debet is fere, quae supra conprehensa sunt.* (6.11.6) ➢ renvoi à 6.10.3-4	
101		*Linguae quoque ulcera non aliis medicamentis egent, quam quae prima parte superioris capitis exposita sunt.* (6.12) ➢ renvoi général à 6.11.1-2	
102	*... hae conpositiones, quas Graeci* **antheras** *nominant.* (6.11.2)	*In maiore uero inflammatione iisdem medicamentis utendum est, quae ad ulcera oris supra posita sunt : et mollis linamenti paulum inuoluendum ex iis aliqua compositione, quas* **antheras** *uocari dixi.* (6.13.2) ➢ renvoi général à 6.11.1 et renvoi à 6.11.2	
103	*... hae compositiones, quas Graeci* **antheras** *nominant.* (6.11.2)	*Post quae quid fieri debeat, supra in aliorum ulcerum curatione conprehensum est. Si uero a dentibus gingiuae recedunt, eadem* **antherae** *succurunt.* (6.13.4) ➢ renvoi (général) à 6.11.1-2	

Annexe – Tableau des renvois internes du De medicina   423

	Texte antérieur mentionné par le texte de référence	Texte de référence	Texte postérieur mentionné par le texte de référence
104	*Quidam etiam in acris **aceti** heminam frictum **salem** coiciunt, donec tabescere desinat ; deinde **id acetum coquunt**…* (6.15.2)	*Acetum quoque ex scilla retentum ore satis aduersus haec ulcera proficit, item ex **aceto cocto sali**, <u>sicut supra demonstratum est</u>, rursus mixtum **acetum**.* (6.15.3) ➢ renvoi à 6.15.2	
105		*Aerugo quoque cum cocto melle eaque <u>quae</u> ad oris ulcera <u>supra conprensa sunt</u> aut Erasistrati conpositio aut Cratonis recte super purulenta naturalia inponitur. […] Illud perpetuum est, post curationem, dum inflammatio manet, <u>quale supra positum est</u>, cataplasma super dare, et cotidie ulcera eadem ratione curare.* (6.18.2E) ➢ renvoi général à 6.11.1 et 6.18.2C	
106	*Si leuis is umor inest, uino eluenda sunt, tum **buturo** et **rosae mellis** paulum, et **resinae** terebenthinae par quarta adicienda est.* (6.18.2C)	*… aut id, quod ex **buturo**, **rosa**, **resina**, **melle** fit, <u>supra uero a me positum est</u>.* (6.18.2I) ➢ renvoi à 6.18.2C	
107	*… cum **cumino** […] contritum **cuminum**…* (6.18.6A)	*Inponendum uero utrumlibet ex iis, quae cum **cumino** conponuntur, <u>supraque posita sunt</u>.* (6.18.6B) ➢ renvoi au sein du même chapitre	

	Texte antérieur mentionné par le texte de référence	Texte de référence	Texte postérieur mentionné par le texte de référence
108		*Id ubi ortum est, quod ad quitem, cibos, potionesque pertinet, <u>eadem</u> seruari debent, <u>quae proxime scripta sunt</u>.* (6.18.8A) ➢ renvoi général à 6.18.7B	
109	*Siue autem hoc modo uicta erit, siue numquam repugnauerit,* **ulcera** *uel in cutis ulteriore parte uel...* (6.18.2C)	*... quo medicamento quidam etiam* **ulcera**, <u>de quibus proxime dixi</u>, *renouant.* (6.18.8C) ➢ renvoi à 6.18.2C	
110	*Ac primum in eo saepe, et quidem pluribus locis, cutis* **scinditur**... (6.18.7A)	<u>Ea</u> *quoque medicamenta,* <u>quae recentibus</u> **scissuris** <u>posita sunt</u>, *huc idonea sunt.* (6.18.9B) ➢ renvoi à 6.18.7A	
111	*Iisdem temporibus in tres* **partes medicina** *diducta est ut una esset quae uictu, altera quae medicamentis,* **tertia quae manu** *mederetur.* (Préf.9)	*Tertiam esse* **medicinae partem, quae manu** *curet, et uulgo notum et <u>a me propositum est</u>.* (7.Préf.1) ➢ renvoi à Préf.9 [variation : *curet* remplace *mederetur*]	
112		*Ea omnia genera abscessum esse <u>alias proposui</u>. medicamentaque his idonea executus sum...* (7.2.1) ➢ renvoi général à 5.28.1-10	

Annexe – Tableau des renvois internes du De medicina

	Texte antérieur mentionné par le texte de référence	Texte de référence	Texte postérieur mentionné par le texte de référence
113	Sed si locus mollis est, **auertendus** is **materiae** aditus est [...] si iam durior est, ad ea ueniendum est, quae **digerant** [...] Quod per haec discussum non est, necesse est maturescat. (5.28.11.B-C)	Ergo siue id incidit siue iam durities est, in hac auxilii nihil est, sed, <u>ut alias scripsi</u>, uel **auertenda** concurrens eo **materia** uel **digerenda** uel ad maturitatem perducenda est. (7.2.3) ➢ renvoi à 5.28.11B-C [variation : maturitatem remplace maturescat]	
114	... sine **linamento** nutrienda sunt. [...] In ceteris [...] aeque **linamenta** superuacua sunt. In reliquis [...] imponi debent. (5.28.11E) ... eaque ubi uel **per** ipsa **medicamenta** uel etiam ferro aperta est, pus debet emitti. (5.28.11D)	Quando autem **linamentis** opus sit, quando non sit, <u>alias dictum est</u>. Cetera <u>eadem</u> incisa suppuratione facienda sunt, <u>quae</u>, ubi **per medicamenta** rupta est, facienda esse <u>proposui</u>. (7.2.7) ➢ renvois à 5.28.11E et 5.28.11D [variation : rupta remplace aperta]	
115		Protinus autem quantum curatio efficiat, quantumque aut sperari aut timeri debeat, ex quibusdam signis intellegi potest, <u>fereque isdem, quae</u> in uolneribus <u>exposita sunt</u>. (7.3.1) ➢ renvoi général à 5.26-27	
116		Per quae cum caro producatur, plus tamen (<u>ut alias quoque dixi</u>) uictus ratio eo confert. (7.3.4) ➢ renvoi général à 5.26.34C (et donc à 5.26.33C)	

	Texte antérieur mentionné par le texte de référence	Texte de référence	Texte postérieur mentionné par le texte de référence
117		*Cuius experimento moti quidam auctores parum modum rei cognouerunt. Nam uenter saepe etiam telo perforatur, prolapsaque* **intestina** *conduntur, et oras uulneris* **suturae** *conprehendunt ; quod quemadmodum fiat,* <u>mox indicabo</u>. (7.4.3A) ➤ annonce de 7.16.3-5	*... si quid integrum est, leuiter super* **intestina** *deduci.* **Sutura** *autem...* (7.16.3)
118		*Adicitur celeritati sicut tormento quoque, si et linum et id, quod ex penicillo est, aliquo medicamento inlinitur* <u>ex iis, quibus callum exedi posui</u>. (7.4.4C) ➤ renvoi général à 5.28.12I-K	
119		*... omniaque eodem modo facienda, quae in abscessibus* <u>posita sunt</u>. (7.4.4.D) ➤ renvoi général à 5.28.12	
120	*Post quem* **Diocles** *Carystius...* (Préf.8)	*Euellendum est ergo genere quodam ferramenti, quod Diocleum cyathiscum Graeci uocant, quoniam auctorem* **Dioclen** *habet ;* <u>quem</u> *inter priscos maximosque medicos fuisse* <u>iam posui</u>. (7.5.3A) ➤ renvoi à Préf. 8	

Annexe – Tableau des renvois internes du De medicina 427

	Texte antérieur mentionné par le texte de référence	Texte de référence	Texte postérieur mentionné par le texte de référence
121	*Summa autem utraque parte habenda est, ne **uena**, ne maior **neruos**, ne **arteria** incidatur.* (7.5.1C)	*Illud uidendum est, <u>sicut in aliis locis posui</u>, ne quis **neruus** aut **uena** aut **arteria** a telo laedatur, dum id extrahitur, <u>eadem scilicet ratione, quae supra posita est</u>.* (7.5.4C) ➢ renvoi à 7.5.1C	
122		*At si uenenato quoque telo quis ictus est, iisdem omnibus, si fieri potest, etiam festinantius actis, adicienda curatio est, quae uel epoto ueneno, uel a serpente ictis adhibetur. Vulneris autem ipsis extracto telo medicina non alia est, quam quae esset, si corpore icto nihil inhaesisset ; <u>de qua satis alio loco dictum est</u>.* (7.5.5) ➢ renvoi général à 5.26.21 sqq.	
123	***Unguis** uero...* (7.7.4A)	*Ex curatione uero **unguis**, <u>ut dixi</u>, uitia nascuntur.* (7.7.5) ➢ renvoi à 7.7.4A	
124	*Ubi ad finis fistulae uentum est, **excidendus** ex ea **totus callus** est...* (7.4.1B)	*Sed hamulo summum eius foraminis excipiendum ; deinde **totum** id **cauum**, <u>sicut in fistulis dixi</u>, usque ad os **excidendum**.* (7.7.7C) ➢ renvoi à 7.4.1B	

	Texte antérieur mentionné par le texte de référence	Texte de référence	Texte postérieur mentionné par le texte de référence
125	*Paulum infra supercilium curis incidenda est lunata figura **cornibus** eius deorsum spectantibus.* (7.7.9A)	*Atque id quoque euenit interdum ex simili uitio curationis...* [...] *Si ex mala curatione est, eadem ratio medicinae est, <u>quae supra posita est</u> ; plagae tantum **cornua** ad maxillas, non ad oculum conuertenda sunt.* (7.7.10) ➤ renvoi à 7.7.9A	
126	***Suffusio** quoque, quam...* (6.6.35)	***Suffusionis** <u>iam alias feci mentionem</u>.* (7.7.13A) ➤ renvoi à 6.6.35	
127	*Hae **duae tunicae** [...] Sub his autem, qua parte pupilla est, **locus uacuus** est.* (7.7.13B)	*... sub **duabus tunicis**, qua **locum** esse **uacuum** <u>proposui</u>* (7.7.14A) ➤ renvoi à 7.7.13B	
128	***Inflammatione finita uulnus**...* (5.26.29)	*... deinde **inflammatione finita**, <u>tali, qualis in **uulneribus** propositus est</u>.* (7.7.14F) ➤ renvoi à 5.26.29-30	
129	*Atque in primis in quibusdam perseuerat **tenuis pituitae cursus**...* (6.6.16A)	*De **pituitae** quoque **tenuis cursu**, qui oculos infestat, quatenus medicamentis agendum est, <u>iam explicui</u>.* (7.7.15A) ➤ renvoi à 6.6.16Asqq.	
130	***Adustis** quoque locis...* (5.27.13A)	***Adusta** quomodo curanda sint, <u>iam explicui</u>.* (7.7.15K) ➤ renvoi à 5.27.13	

Annexe – Tableau des renvois internes du De medicina   429

	Texte antérieur mentionné par le texte de référence	Texte de référence	Texte postérieur mentionné par le texte de référence
131		*Quemadmodum autem uenae delegendae sunt, quidque lectis is faciendum sit, <u>cum uenero</u> ad* **crurum uarices**, <u>*dicam*</u>. (7.7.15K) ➢ annonce de 7.31	*Ab his ad* **crura** *proximus transitus est, in quibus orti* **uarices** *non difficili ratione tolluntur.* (7.31.1)
132		*In ulterioris uero lunatasque plagas linamentum dandum est, ut caro increscens uulnus impleat ; summaque cura quod ita sutum est, tuendum esse apparere <u>ex eo</u> potest, <u>quod</u> de cancro <u>supra posui</u>.* (7.9.5) ➢ renvoi général à 7.9.2 sqq.	
133	*Illud aliud genus fere quidem* **ferro curatur**… (6.8.2B)	*Polypum uero, qui in naribus nascitur,* **ferro** *praecipue* **curari** <u>*iam alias posui*</u>. (7.10) ➢ renvoi à 6.8.2B	
134	… *coicienda eo* **pinna** *est,* **inlita medicamento cicatricem inducente**… (7.8.2)	*Ubi purum est, eo* **pinna**, *eodem modo quo in aure <u>supra positum est</u>,* **medicamento inlita, quo cicatrix inducitur***, intus demittenda, donec in totum id sanescat.* (7.10) ➢ renvoi à 7.8.2	
135	**Uuae** *uehemens* **inflammatio**… (6.14.1)	**Uua** *si cum* **inflammatione** *descendit, dolorique est subrubicundi coloris, praecidi sine periculo non potest : solet enim multum sanguinem effundere : itaque melius est uti, quae <u>alias proposita sunt</u>.* (7.12.3A) ➢ renvoi à 6.14	

	Texte antérieur mentionné par le texte de référence	Texte de référence	Texte postérieur mentionné par le texte de référence
136	*Tonsillas autem…* (7.12.2)	*Post curationem eadem facienda sunt, quae in **tonsilla** proxime posui.* (7.12.3B) ➢ renvoi à 7.12.2	
137		*Reliqua curatio uulneris in prioribus posita est.* (7.12.4) ➢ renvoi général à 7.12.2	
138		*Postea facienda eadem sunt, quae in auribus adustis exposita sunt.* (7.12.6) ➢ renvoi général à 7.8.2	
139		*Si uitiosa est, easdem notas habet, quas in carcinomate exposui.* (7.14.3) ➢ renvoi général à 5.28.2A	
140	*… ut is per uentrem ipsum **emittatur**…* (3.21.14)	*Aquam is, qui hydropici sunt, **emitti** oportere alias dixi…* (7.15.1) ➢ renvoi à 3.21.14	
141	*Seruari non potest, cui […] aut **tenuius intestinum** aut […] uulnerati sunt.* (5.26.2)	*Si **tenuius intestinum** perforatum est, nihil profici posse iam rettuli.* (7.16.1) ➢ renvoi à 5.26.2 [variation : *perforatum* remplace *uulnerati* ; *profici* remplace *seruari*]	

Annexe – Tableau des renvois internes du De medicina   *431*

	Texte antérieur mentionné par le texte de référence	Texte de référence	Texte postérieur mentionné par le texte de référence
142	... *a quibusdam, ad* **imum acu** *traiecta* **duo lina** *ducente*... (7.14.5) ... *ad ipsas radices per medium transuere* **acu duo lina** *ducente*... (7.7.11) *Sed* **excidi** *ita debet, ut plaga* **ad similitudinem myrtei folii** *fiat*... (7.2.6)	*Quidam enim per* **acuum duobus linis** *ad* **imam** *basem inmissis sic utrimque deuinciunt,* <u>quemadmodum et in umbilico et in uua positum est</u>*, ut quicquid super uinculum est emoriatur : quidam medium tumorem* **excidunt ad similitudinem myrtei foli**, <u>quod</u> *semper eodem odo seruandum esse* <u>iam posui</u>, *et tum oras sutura iungunt.* (7.17.1B) ➢ renvois à 7.14.5, 7.7.11 et 7.2.6 [variation : *inmissis* remplace *traiecta* et *transuere*]	
143		*Cetera, quae ad suturam reliquamque curationem pertineant,* <u>supra conprehensa sunt</u>. (7.17.1B) ➢ renvoi général à 7.16.3 sqq.	
144	*Dependent uero* **ab inguinibus** *per singulos neruos, quos cremasteras Graeci uocant, cum quorum utroque binae descendunt et uenae et arteriae. Haec autem* **tunica** *conteguntur tenui*... (7.18.1)	*Sub hoc igitur plura uitia esse consuerunt ; quae modo ruptis* **tunicis**, *quas* **ab inguinibus** *incipere* <u>proposui</u>, *modo his integris fiunt.* (7.18.3) ➢ renvoi à 7.18.1	
145		*Haec proprie ad eiusmodi uulnera pertinent. Cetera in curatione et in uictu* <u>similia</u> *is esse debent,* <u>quae</u> *in alio quoque uulnerum genere* <u>praecepimus</u>. (7.19.11) ➢ renvoi général à 5.26.25	

	Texte antérieur mentionné par le texte de référence	Texte de référence	Texte postérieur mentionné par le texte de référence
146	*Ubi deducta autem erit, ab **inguine** usque ad testiculum incidi debebit…* (7.20.5) *Inciditur autem interdum **inguen**, interdum scrotum. […] **Aperiendum**…* (7.19.1-2)	*At si omentum descendit, eodem quidem modo quo supra scriptum est, **aperiendum inguen**, deducendaeque tunicae sunt.* (7.21.1A) ➢ renvois à 7.20.5 et 7.19.1-2	
147		*Vulnus autem curari, si reiectum omentum est, sutura debet ; si amplius fuit et extra emortum est, excisis oris, sicut supra positum est.* (7.21.1C) ➢ renvoi général à 7.20.6	
148	***Vinculum** autem ei loco linteolum…* (6.18.8B)	*Tum super farina ex aqua frigida subacta inicienda est, utendumque **uinculo**, quod idoneum esse ani curationibus posui.* (7.22.1) ➢ renvoi à 6.18.8B	
149		*… deinde, si duae tresue uenae tument, et ita pars aliqua obsidetur, ut maior eo uitio uacet, idem faciendum, quod supra scriptum est.* (7.22.2) ➢ renvoi général à 7.19.3	
150	*Si uir robustus est maiusque id uitium est, **extrahi testiculus non** debet, sed in sua sede permanere.* (7.20.5)	*… deinde **non extracto testiculo**, sicut intestinis quoque prolapsis interdum fieri docui, …* (7.24) ➢ renvoi à 7.20.5	

Annexe – Tableau des renvois internes du De medicina   433

	Texte antérieur mentionné par le texte de référence	Texte de référence	Texte postérieur mentionné par le texte de référence
151		*Quod an inciderit, **digitis** quoque, <u>sicut</u> in curatione <u>docebo</u>, **demissis** cognoscitur.* (7.26.2C) ➢ annonce de 7.26.2E	*Medicus deinde, diligenter unguibus circumcisis, unctaque sinistra manu duos eius **digitos**, indicem et medium, leniter prius unum, deinde alterum in anum eius **demittit**.* (7.26.2E)
152		*Ac primum circa ceruicem quaeritur calculus, ubi repertus minore negotio expellitur. Et ideo <u>dixi</u> ne curandum quidem, nisi cum hoc indiciis suis cognitum est.* (7.26.2F) ➢ renvoi général à 7.26.2C-D	
153		*Ideoque eo nomine opus est, ne, cum adduci uncus coeperit, calculus intu effugiat, hic in oram uulneris incidat eamque conuulneret : in qua re quod periculum esset, <u>iam supra posui</u>.* (7.26.2L) ➢ renvoi général à 7.26.2F	
154		*Sed cum inflammationis sit metus, succurri abstinentia, modicis et tempestiuis cibis, inter haec fomentis, et <u>quibus supra scripsimus</u>, oportet.* (7.26.5I) ➢ renvoi général à 7.26.5.B-C	

	Texte antérieur mentionné par le texte de référence	Texte de référence	Texte postérieur mentionné par le texte de référence
155		*Deinde ubi uentum fuerit ad curationem* [...] <u>*aliaue medicamenta, quae*</u> *ad cohibendos purgandosque cancros* <u>*posuimus*</u>. (7.27.2-3) ➤ renvoi général à 5.26.31B sqq.	
156	... ***extentis*** *iacere feminibus et cruribus oportet* (7.27.7) *Nam qui* ***metu fistulae***... (7.26.2I)	... ***extendendi****que*, <u>*ut supra posui*</u>, *pedes quam maxime iuncti. Quod si* ***fistulae metus*** <u>*ex is causis, quas proposui*</u>, *subesse uidebitur*... (7.27.8) ➤ renvois à 7.27.7 et 7.26.2I	
157	... *sequiturque neruorum distentio et ingens* ***periculum***. (7.29.5)	... *in quo quid* ***periculi*** *sit*, <u>*supra positum est*</u>. (7.29.6) ➤ renvoi à 7.29.5	
158	... *demitti debet* ***uncus*** *undique leuis, acuminis breuis, qui*... (7.29.4)	*Id unco fit, qui* <u>*prioris similis*</u> *in interiorem tantum partem per totam aciem exacuitur.* (7.29.7) ➤ renvoi à 7.29.4	
159	*Neque tamen quolibet is tempore* ***extrahi*** *debet*... (7.29.5)	... *idque* <u>*eadem ratione, quae supra posita est*</u>, *unco* ***extrahere***... (7.29.8) ➤ renvoi à 7.29.5 sqq.	
160		... *altero die deincepsque ceteris lenibus medicamentis uti, quae ad recentia eadem uitia necessaria esse*, <u>*alias proposui*</u>. (7.30.1A) ➤ renvoi général à 6.18.7 sqq.	

Annexe – Tableau des renvois internes du De medicina   435

	Texte antérieur mentionné par le texte de référence	Texte de référence	Texte postérieur mentionné par le texte de référence
161		*Quod ubi factum est, <u>eadem</u> sequntur, <u>quae supra</u> post curationem adhibenda <u>proposui</u>.* (7.30.2) ➢ renvoi général à 7.30.1A (= renvoi à 6.18.7 sqq.)	
162		*... tum lenibus medicamentis <u>isdem, quae alias posui</u>, ulcera ad sanitatem perducenda. Finito uitio, quemadmodum agendum esset, <u>iam alias exposui</u>.* (7.30.3D) ➢ renvoi général à 7.30.1A (= renvoi à 6.18.7 sqq.)	
163	*Id **interpositis** fere quaternis digitis per totum uaricem fit.* (7.31.2)	*... **interposito**que <u>eodem fere spatio, quod supra positum est</u>, in eadem uena idem fit.* (7.31.3) ➢ renvoi à 7.31.2	
164	*Inter quae, miserum sed unicum auxilium est, ut cetera pars corporis tuta sit, **membrum**, quod paulatim emoritur, abscidere.* (5.26.34D)	*Gangrenam inter ungues alasque aut inguina nasci, et si quando medicamenta uincantur, **membrum** praecidi oportere <u>alio loco mihi dictum est</u>.* (7.33.1) ➢ renvoi à 5.26.34D [variation : *praecidi* remplace *abscidere*]	
165	*Iamque aquae quoque calidae necessarius usus est, ut et materiam digerat et duritiam emolliat et **pus** citet.* (5.26.27B)	*Cetera postea sic facienda, ut in uulneribus, in quibus **pus** moueri debet, <u>praeceptum est</u>.* (7.33.2) ➢ renvoi à 5.26.27B [variation : *moueri* remplace *citet*]	

	Texte antérieur mentionné par le texte de référence	Texte de référence	Texte postérieur mentionné par le texte de référence
166	At inferius **duos processus** habet… (8.1.19)	Cubitus inferior longiorque et primo plenior, in summo capite duobus quasi uerticibus extantibus in sinum umeri, quem inter **duos processus** eius esse <u>proposui</u>, se inserit. (8.1.20) ➢ renvoi à 8.1.19	
167	… aut radere, donec iam **aliquid cruoris** ostendatur, quae **integri** ossis nota est. (8.2.2)	… accedere etiam **cruoris aliquid integro** <u>supra dictum est</u>. (8.2.3) ➢ renvoi à 8.2.2	
168	**Terebrarum** autem duo genera sunt : alterum simile ei, quo fabri utuntur, alterum capituli longioris. (8.3.1)	**Terebra** uero <u>ea, quam secundo loco posui</u>, utendum. (8.3.7) ➢ renvoi à 8.3.1	
169		Patefacto cerebro qua ratione agendum sit, <u>dicam, cum ad fracta ossa uenero</u>. (8.3.10) ➢ annonce générale de 8.4.8-9	
170	… neque enim **certus** earum numerus est, sicut ne locus quidem. (8.1.2)	Ergo eo nomine decipi non oportet, sed os deoperire tutissimum. Nam neque utique **certa** sedes, <u>ut supra posui</u>, suturarum est. (8.4.5) ➢ renvoi à 8.1.2 [variation : sedes remplace locus]	
171	**Lammina** aenea est… (8.3.8)	Si id ex facili fieri non potest, subicienda **lammina** est, quam custodem eius membranae esse <u>proposui</u>. (8.4.17) ➢ renvoi à 8.3.8	

Annexe – Tableau des renvois internes du De medicina   437

	Texte antérieur mentionné par le texte de référence	Texte de référence	Texte postérieur mentionné par le texte de référence
172	... ex aceto **mollitum**... (8.4.10)	*Tum idem medicamentum eodem modo, qui supra positus est, mollitum ipsi membranae inponendum est...* (8.4.18) ➢ renvoi à 8.4.10	
173		*Quod ad abstinentiam uero et primos ulterioresque cibos potionesque pertinet, eadem, quae in uulneribus praecepi, seruanda sunt, eo magis, quo periculosius haec pars adficitur.* (8.4.20) ➢ renvoi général à 5.26.25	
174	*A tertio die fouendum id aqua calida est...* (8.5.4)	*... tum ea leniter deliganda est, et a tertio die uapore, ut in naribus posui, fouenda.* (8.6.2) ➢ renvoi à 8.5.4 [variation : *uapore* remplace *aqua calida*]	
175		*Cetera eadem facienda, quae supra conprehensa sunt.* (8.8.1D) ➢ renvoi général à 8.7.4 sqq.	
176		*Sed abunde est eadem, quae supra scripta sunt, facere.* (8.9.1B) ➢ renvoi général à 8.8.2	
177	*Per omne autem tempus curationis **uitandus** clamor...* (8.9.1C)	*Multo uero magis omnia **uitanda**, quae supra posui, adeo ut ne spiritus quidem saepius mouendus sit.* (8.9.1E) ➢ renvoi à 8.9.1C	

	Texte antérieur mentionné par le texte de référence	Texte de référence	Texte postérieur mentionné par le texte de référence
178		... *medicamentis uero <u>isdem</u> opus est, <u>quae</u> prima parte huius capitis <u>exposita sunt</u>.* (8.9.2) ➢ renvoi général à 8.9.1Dsqq.	
179		*Cetera <u>eadem, quae supra scripsi</u>, facienda sunt.* (8.10.7E) ➢ renvoi général à 8.8.1Csqq.	
180	... *aliaeue similes* **uerbenae decoctae sint.** (8.10.7K)	... *in qua* **uerbenae**, <u>*de quibus supra dixi*</u>, **decoctae sint** : *quinto die idem faciendum, ferulaeque circumdandae. Cetera et ante et post <u>eadem</u> facienda, <u>quae supra scripsi</u>.* (8.10.7M) ➢ renvoi à 8.10.7K et renvoi général à 8.8.1Csqq.	
181		*Quorum uitandorum causa facienda <u>eadem sunt, quae</u> in ossibus omnibus laesis* [*aliquid ubi incidit, protinus is locus*] <u>*proposita sunt*</u>, *ut dolor tumorque per ea tollantur.* (8.11.2) ➢ renvoi général à 8.7.4 sqq.	
182		*Caput duobus processibus in duos sinus summae uertebrae demissis super ceruicem contineri <u>in prima parte proposui</u>.* (8.13) ➢ renvoi général à 8.1.11,12,13	

Annexe – Tableau des renvois internes du De medicina 439

	Texte antérieur mentionné par le texte de référence	Texte de référence	Texte postérieur mentionné par le texte de référence
183		*In cubito autem tria coire ossa umeri et radii et cubiti ipsius, <u>ex iis, quae prima parte huius uoluminis posita sunt</u>, intellegi potuit.* (8.16.1) ➤ renvoi général à 8.1.19-20	
184	*Quod si ex summo cubito quid fractum sit, glutinare id uinciendo alienum est : fit enim bracchium inmobile.* (8.10.4)	*At in aliis casibus commodissimum est <u>eadem ratione</u> brachium extendere, <u>quae fracto cubito supra posita est</u>, et tum ossa reponere.* (8.16.4) ➤ renvoi à 8.10.4	
185	**Neruis extensis...** (8.20.7)	*In his casibus **intendi nerui rationibus isdem, quas in femore rettuli**, possunt.* (8.21.2) ➤ renvoi à 8.20.7 (= renvoi à 8.16.3)	
186		*In digitis nihil ultra fieri debet quam <u>quod in iis, qui sunt in manu, positum est</u>.* (8.24) ➤ renvoi général à 8.19	
187		*In omnique tali morbo magnum ex longa fame praesidium est, deinde ex curatione <u>eadem, quae proposita est</u>, ubi ossibus fractis uulnus accessit.* (8.25.5) ➤ renvoi général à 8.10.7D	

BIBLIOGRAPHIE

I. Éditions et traductions de Celse

Chaales des Étangs A., *Celse. Traité de la médecine en huit livres. Traduction nouvelle par A. Chaales des Étangs*, Paris, 1846
Contino S., *Auli Cornelii Celsi De medicina Liber VIII*, Bologne, 1988
Daremberg C., *A Cornelli Celsi De medicina libri octo*, Leipzig, 1859
Krenkel W., *Celsus. Ein lateinisches Leseheft*, 1961 (2ᵉ éd. augmentée)
Mazzini I., *A. C. Celso « La chirurgia »*, Rome, 1999
Marx F., *A. Cornelii Celsi quae supersunt, Corpus Medicorum Latinorum I*, Teubner, Leipzig-Berlin, 1915
Mudry P. *La Préface du De medicina de Celse. Texte, traduction et commentaire*, Bibliotheca Helvetica Romana (XIX), Lausanne, 1981
Sabbah G. – Corsetti P.-P. – K.-D. Fischer, *Bibliographie des textes médicaux latins, Antiquité et haut moyen âge, Mémoires VI*, Saint-Étienne, 1987
Serbat G., *Celse. De la Médecine.* (C.U.F.), Paris, 1995
Spencer W. G., *Celsus. On Medicine. Edition by J. Henderson (vol. 1 et 3), by G. P. Goold (vol. 2), Translation by William G. Spencer*, (Loeb Classical Library), 3 vol., Cambridge, Mass. - Londres, 1935-1938 (5ᵉ éd. du vol. 2, 1989 ; 6ᵉ éd. du vol. 3, 2002)
Targa L., *De arte medica libri octo* (éd.), Padoue, 1769
Védrènes A., *Traité de médecine de A.C. Celse*, Paris, 1876

II. Auteurs anciens

Arétée
Renaud M. L., *Arétée de Cappadoce. Traité des signes, des causes et de la cure des maladies aiguës et chroniques*, Paris, 1834

Aristote
Dufour M., *Aristote. Rhétorique. Tome I* (C.U.F.), Paris, 1991

Cassius Felix
Fraisse A., *Cassius Felix. De la médecine* (C.U.F.), Paris, 2002

Caton
Goujard R., *Caton. De l'agriculture* (C.U.F.), Paris, 1975

Cicéron
Achard G., *Cicéron. De l'invention* (C.U.F.), Paris, 1994
Beaujeu J., *Cicéron. Correspondance. Tome X* (C.U.F.), Paris, 1991
Combès R., *Cicéron. De Amicitia* (C.U.F.), Paris, 1971
De la Ville de Mirmont, *Cicéron. Discours. Tome I. Pour P. Quictius – Pour Sex. Roscius d'Arménie – Pour Q. Roscius le comédien* (C.U.F.), Paris, 1960
Fohlen G. – Humbert J., *Cicéron. Tusculanes. Tome I* (C.U.F.), Paris, 1964
Martha J., *Cicéron. Des termes extrêmes des biens et des maux. Tomes I et I.* (C.U.F.), Paris, 1967
Testard M., *Cicéron. Les Devoirs. Introduction, Livre I* (C.U.F.), Paris, 1965

Columelle
André J., *Columelle. De l'agriculture, Livre XII* (C.U.F.), Paris, 1988
Ash H. B., *Columella. On Agriculture. Vol. I* (Loeb Classical Library), Cambridge, Mass. - Londres, 1955
Dumont J. C., *Columelle. De l'agriculture, Livre III* (C.U.F.), Paris, 1993
—, *Columelle. De l'agriculture, Livre IX* (C.U.F.), Paris, 2001
Forster E. S. – Heffner E. H., *Columella. On Agriculture. Vol. II & III* (Loeb Classical Library) Cambridge, Mass. - Londres, 1968
Goujard R., *Columelle. Les arbres* (C.U.F.), Paris, 1986
Lundström V., *L. Iuni Moderati Columellae opera quae exstant, Fasciculus primus librum de arboribus qui uocatur continens* Upsala, 1897

Epictète
Souilhé J., *Épictète. Entretiens. Livre III* (C.U.F.), Paris, 1963

Galien
Boudon-Millot V., *Galien. Introduction générale. Sur l'ordre de ses propres livres. Sur ses propres livres. Que l'excellent médecin est aussi philosophe* (C.U.F.), Paris, 2007
Darmeberg, C., *Galien, Des lieux affectés*, Paris, 1994

Kühn K. G., *Claudii Galeni opera omnia*, Leipzig, 1821-1833

Hérophile

Von Staden H., *Herophilus. The Art of Medicine in Early Alexandria*, Cambridge, 2007

Hippocrate

Bourbon F., *Hippocrate. Tome XII, 1re partie. Nature de la femme* (C.U.F.), Paris, 2008

Joly R., *Hippocrate. Tome VI, 1re partie. Du régime* (C.U.F.), Paris, 1967 (2e tirage, 2003)

—, *Hippocrate. Tome IV, 2e partie. Du régime des maladies aiguës, Appendice, De l'aliment, De l'usage des liquides* (C.U.F.), Paris, 1972

—, *Hippocrate. Tome XII. Des lieux dans l'homme, Du système des glandes, Des fistules, Des hémorrhoïdes, De la vision, Des chairs, De la dentition* (C.U.F.), Paris, 1978

Jouanna J., *Hippocrate. Tome V, 1re partie. Des vents, De l'art* (C.U.F.), Paris, 1988

—, *Hippocrate. Tome II, 1re partie. L'ancienne médecine* (C.U.F.), Paris, 1990 (2e tirage 2003)

—, *Hippocrate. Tome II, 2e partie. Airs, Eaux, Lieux* (C.U.F.), Paris, 1996 (2e tirage 2003)

—, *Hippocrate. Tome IV, 3e partie. Épidémies V et VII* (C.U.F.), Paris, 2000

Jouanna J. – Magdelaine C., *Hippocrate. L'art de la médecine*, Paris, 1999

Littré É., *Hippocrates opera omnia, Texte édité et traduit par Émile Littré*, Paris, 1839-1861

Salem J., *Connaître, soigner, aimer, Le Serment et autres textes*, Paris, 1999

Withington E T., *Hippocrates*, vol. III, with an English translation by Dr. E. T. Withington, Cambridge - Londres, 1984

Jean le Lydien

Dubuisson M. – Schamp J., *Jean le Lydien. Des magistratures de l'état romain. Tomes I et II* (C.U.F.), Paris, 2006

Marcellus Empiricus
Niedermann M. – Kollesch J. – Nickel D., *Marcelli De medicamentis liber*, Berlin, 1968

Musonius
Festugière A J., *Deux prédicateurs de l'Antiquité, Télès et Musonius*, Paris, 1978

Platon
Bury R G., *Plato. Laws* (Loeb Classical Library), 2 vol., Cambridge, Mass.-Londres 1926 (3e éd. 1952)
Croiset A., *Platon, Œuvres complètes Tome III, 2e partie. Gorgias — Ménon* (C.U.F.), Paris, 1935
Diès A., *Platon. Œuvres complètes. Tome XII, 1re partie. Les Lois, livres VII-X* (C.U.F.), Paris, 1956
Robin L., *Platon. Œuvres complètes. Tome IV, 3e partie. Phèdre* (C.U.F.), Paris, 1933

Plaute
Ernout A., *Plaute. Mostellaria, Persa, Poenulus, Tome V* (C.U.F.), Paris, 1961

Pline l'Ancien
André J., *Pline l'Ancien. Histoire Naturelle, Livre XIV* (C.U.F.), Paris, 1958
—, *Pline l'Ancien. Histoire Naturelle, Livre XX* (C.U.F.), Paris, 1965
—, *Pline l'Ancien. Histoire Naturelle, Livre XXI* (C.U.F.), Paris, 1969
Beaujeu J., *Pline l'Ancien. Histoire Naturelle, Livre II* (C.U.F.), Paris, 1950
Ernout A., *Pline l'Ancien. Histoire Naturelle, Livre XXVIII* (C.U.F.), Paris, 1962a
—, *Pline l'Ancien. Histoire Naturelle, Livre XXIX* (C.U.F.), Paris, 1962b
—, *Pline l'Ancien. Histoire Naturelle, Livre XXX* (C.U.F.), Paris, 1963
Jones W. H. S., *Pliny. Natural History. Vol. VI. Libri XX-XXIII* (Loeb Classical Library), Cambridge, Mass.-Londres (Loeb Classical Library), 1961

—, *Pliny. Natural History. Vol. VII. Libri XXIV-XXVII* (Loeb Classical Library), Cambridge, Mass.-Londres, 1956

Saint Denis E. de, *Pline l'Ancien. Histoire Naturelle, Livre X* (C.U.F.), Paris, 1961

Pline le Jeune
Durry M., *Pline le Jeune, Tome IV, Lettres (Livre X), Panégyrique de Trajan* (C.U.F.), Paris, 1972

Plutarque
Frazier F. – Froidefond C., *Plutarque, Œuvres morales. Tome V – 1re partie, La fortune des Romains. La fortune ou la vertu d'Alexandre. La gloire des Athéniens* (C.U.F.), Paris, 1990

Properce
Viarre S., *Properce, Élégies* (C.U.F.), Paris, 2007

(Pseudo)-Apulée
Howald E. – Sigerist H., *Antonii Musae de herba uettonica liber. Pseudo-Apulei herbarius. Anonymi de taxone liber. Sexti Placiti liber medicinae ex animalibus, Corpus Medicorum Latinorum IV*, Leipzig-Berlin, 1927

Quintilien
Cousin J., *Quintilien. Institution oratoire* (C.U.F.), 7 vol., Paris, 1975-1980

Rufus d'Ephèse
Daremberg C., *Œuvres de Rufus d'Ephèse, Texte collationné sur les manuscrits, traduit pour la première fois en français, avec une introduction, Publication commencée par Ch. Daremberg, continuée et terminée par Émile Ruelle*, Paris, 1879

Scribonius Largus
Sconocchia S., *Scribonii Largi Compositiones*, Leipzig, 1983

Sénèque le Philosophe
Oltramare P., *Sénèque. Questions naturelles* (C.U.F.), 2 vol., Paris, 1961

Préchac F., *Sénèque. Des bienfaits* (C.U.F.), 2 vol., Paris, 1961
Préchac F. – Noblot H., *Sénèque. Lettres à Lucilius* (C.U.F.), 5 vol., Paris, 1945-1964

Suétone
Ailloud H., *Suétone. Vies des douze Césars. César-Auguste* (C.U.F.), Paris, 1981.

Tacite
Goelzer H., *Tacite. Annales. Livres I-III* (C.U.F.), Paris, 1953
—, *Tacite. Annales. Livres IV-XII* (C.U.F.), Paris, 1966

Tite-Live
Jal P., *Tite-Live. Histoire romaine. Tome XVII. Livre XXVII* (C.U.F.), Paris, 1998

Varron
Heurgon J., *Varron. Économie rurale, Livre Premier* (C.U.F.), Paris, 1978
Guiraud C., *Varron. Économie rurale, Livre II* (C.U.F.), Paris, 1985
Kent R G., *Varro. On the Latin language* (Loeb Classical Library), 2 vol., Cambridge, Mass.-Londres, 1951

Végèce
Reeve M D., *Vegetus. Epitoma rei militaris.* Cambridge, 2004

Velleius Paterculus
Hellegouarc'h J., *Velleius Paterculus. Histoire romaine* (C.U.F.), Paris, 1982

Virgile
Saint-Denis de, *Virgile. Géorgiques* (C.U.F.), Paris, 1966

Vitruve
Fleury P., *Vitruve. De l'Architecture, livre 1* (C.U.F.), Paris, 1990
Saliou C., *Vitruve. De l'Architecture, livre 5* (C.U.F.), Paris, 2009
Soubiran J., *Vitruve. De l'Architecture, livre 9* (C.U.F.), Paris, 1969

III. Dictionnaires et ouvrages de référence

ASNP, *Annali della Scuola normale superiore di Pisa, classe di lettere e filosofia*, Pise, 1873-
CIL, *Corpus Inscriptionum Latinarum*, Berlin, 1863-
CJ, *The Classical Journal*, Chicago, 1905-
CPh, *Classical Philology*, Chicago, 1906-
OLD, Glare P. G. W. (éd.), *Oxford Latin Dictionary*, Oxford, 1982-2010
Roscher, Roscher W. H. (éd.), *Ausführliches Lexikon der Griechischen und Römischen Mythologie*, 7 vol., Leipzig, 1884-
RE, Pauly A. F. – Wissowa G. et *al*. (éds.), *Real-Encyclopädie der classischen Altertumswissenschaft*, Stuttgart, 1894-1980
REG, *Revue des Études Grecques*, Paris, 1888-
REL, *Revue des Études Latines*, Paris, 1923-
SIFC, *Studi italiani di filologia classica*, Florence, 1893-
TLL, *Thesaurus Linguae Latinae*, Leipzig, 1900-
WIC, Richardson W.F., *A Word Index to Celsus*, Auckland, 1960
WJA, *Würzburger Jahrbücher für die Altertumswissenschaft*, Würzburg, 1946-

***

Chantraine P., *Dictionnaire étymologique de la langue grecque : histoire des mots*, Paris, 2009 (1re éd. 1968-1980)
Ernout A. – Meillet A., *Dictionnaire étymologique de la langue latine : histoire des mots*, Paris, 2001 (4e éd., 1re éd. 1932)
Landfester M. – Egger B. (éd.), *Pauly Dictionary of Greek and Latin Authors and Texts*, Leiden-Boston, 2009
Radici Colace P. (dir.), *Dizionario delle scienze e delle tecniche di Grecia e Roma*, tomes I et II, Pise-Rome, 2010
Saglio E. (éd.), *Dictionnaire des Antiquités grecques et romaines d'après les textes et les monuments*, Paris, 1877-1916
Schanz M. – Hosius C., *Geschichte der Römischen Literatur*, Münich, 1935 (1re éd. 1914-1934)
Vaan M. de, *Etymological Dictionary of Latin and the other Italic Languages*, Leiden-Boston, 2008

IV. Études modernes

Adams J N., *The Latin Sexual Vocabulary*, Londres, 1982
—, *Bilingualism and the Latin Language*, Cambridge, 2003
Adams J. N. – Janse M. – Swain S., *Bilingualisme in Ancient Society. Language Contact and the Written Text*, Oxford, 2002
Alföldy G., *Histoire sociale de Rome*, Paris, 1991 (1re éd. Wiesbaden, 1984)
Allbutt T C., *Greek medicine in Rome, The Fitzpatrick lectures on the history of medicine delivered at the Royal College of Physicians of London in 1909-1910*, New-York, 1921
Alvar J., *Romanising Oriental Gods. Myth, Salvation and Ethics in the Cults of Cybele, Isis and Mithras*, Leiden-Boston, 2008
Amigues S., *Études de botanique antique. Mémoires de l'académie des inscriptions et belles-lettres (tome XXV)*, Paris, 2002
André J., *L'alimentation et la cuisine à Rome*, Paris, 1981
—, *Être médecin à Rome*, Paris, 1987
—, *Le vocabulaire latin de l'anatomie*, Paris, 1991
André J.-M., « La notion de *Pestilentia* à Rome : du tabou religieux à l'interprétation scientifique » (Collection Latomus 39), Bruxelles, 1980, p. 3-16
—, *La médecine à Rome*, Paris, 2006
Argoud G. – Guillaumin J.-Y. (éds.), *Sciences exactes et sciences appliquées à Alexandrie, Mémoires XVI, Centre Jean Palerme*, Saint-Étienne, 1998
Assal J.-P. — Lacroix A., « La relation médecin-patient », in Mantz J.-M. – Grandmottet P. – Queneau P. (éds.), *Éthique et thérapeutique. Témoignages européens*, Strasbourg, 1999 (2e éd. revue et corrigée), p. 241-248
Bardon H., *Les empereurs et les lettres latines d'Auguste à Hadrien*, Paris, 1968 (1re éd. 1940)
Barthes R., « Sémiotique et médecine », in Bastide R. (éd.), *Les sciences de la folie*, Paris-La Haye, 1972, p. 273-286
Barwick K., « Zu den Schriften des Cornelius Celsus und des alten Cato », *WJA* 3, Würzburg, 1948, p. 117-132
—, « Die Enzyklopädie des Cornelius Celsus », *Philologus* (104), 1960, p. 236-249
Bastide R. (éd.), *Les sciences de la folie*, Paris-La Haye, 1972

Bernard J., « Éthique de la prescription médicale », in Mantz J.-M. – Grandmottet P. – Queneau P. (éds.), *Éthique et thérapeutique. Témoignages européens*, Strasbourg, 1999 (2ᵉ éd. revue et corrigée), p. 207-211

Bertier J. (1991), « Les noms des lésions corporelles d'origine interne d'après le *De Medicina* de Celse (V 28) », in Sabbah G. (éd.), *Le latin médical. La constitution d'un langage scientifique. Réalités et langage de la médecine dans le monde romain, Mémoires X*, Saint-Étienne, 1991, p. 297-308

Bingen J. et al. (éds.), *Mons Claudianus, Ostraca Graeca et Latina I*, Institut Français d'Archéologie Orientale, Le Caire, 1992

Birt T., *Das antike Buchwesen in seinem Berhältniss zur Litteratur*, Berlin, 1959

Blanchard A. (éd.), *Les débuts du codex, Actes de la journée d'étude organisée à Paris les 3 et 4 juillet 1985 par l'Institut de Papyrologie de la Sorbonne et l'Institut de Recherche et d'Histoire des Textes*, Bibliologia (vol. 9), 1989

Blanck H., *Das Buch in der Antike*, Berlin, 1992

Bloomer W M., *Latinity and Literary Society at Rome.*, Philadelphia, 1997

Boehm I., « Couleur et odeur chez Galien », in Villard L. (éd.), *Couleurs et vision dans l'Antiquité classique*, Publications de l'Université de Rouen, 2002, p. 77-96

Boehm I. – Luccioni P. (éds.), *Les cinq sens dans la médecine de l'époque impériale : sources et développements, Actes de la table ronde du 14 juin 2011*, Lyon, 2003

— (éds.), *Le médecin initié par l'animal. Animaux et médecin dans l'antiquité grecque et latine, Actes du colloque international tenu à la Maison de l'Orient et de la Méditerranée-Jean Pouilloux, les 26 et 27 octobre 2006*, Lyon, 2008

Bonet V., « Le traitement de la douleur : quand l'irrationnel vient au secours du rationnel », in Palmieri N. (éd.), *Rationnel et irrationnel dans la médecine ancienne et médiévale, Mémoires XXVI*, Saint-Étienne, 2003, p. 145-162

Bonner S F., *Education in Ancient Rome*, Berkeley et Los Angeles, 1977

Boscherini S., « La metafora nei testi medici latini », in Sabbah G. (éd.), *Le latin médical. La constitution d'un langage scientifique*, Saint-Étienne, 1991, p. 187-193

Boudon V., « Le rôle de la sensation dans la définition galénique de la maladie », in Boehm I. et Luccioni P. (éds.), *Les cinq sens dans la médecine de l'époque impériale : sources et développements, Actes de la table ronde du 14 juin 2011*, Lyon, 2003a, p. 21-30

—, « Art, science et conjecture chez Galien », in *Galien et la philosophie. Entretiens de la Fondation Hardt. Tome XLIX, 2-6 septembre 2002*, Genève, 2003b, p. 269-305

—, « Art, science and conjecture, from Hippocrates to Platon and Aristotle », in van der Eijk P. (éd.), *Hippocrates in context. Papers read at the XIth International Hippocrates Colloquium, University of Newcastle, 27-31 August 2002,* Leiden et Boston, 2005, p. 87-99

Boudon-Millot V. – Guardasole A. – Magdelaine C. (éds.), *La science médicale antique. Nouveaux regards. Études réunies en l'honneur de Jacques Jouanna*, Paris, 2007

—, « Un étudiant sans école, un maître sans disciples : l'exemple paradoxal de Galien de Pergame », in Huggonard-Roche H. (éd.), *L'enseignement supérieur dans les mondes antiques et médiévaux. Aspects institutionnels, juridiques et pédagogiques. Colloque international de l'Institut des Traditions Textuelles*, 2008, p. 265-282

Bouffartigue J., « L'automédication des animaux chez les auteurs antiques », in Boehm I. et Luccioni P. (éds.), *Le médecin initié par l'animal. Animaux et médecin dans l'antiquité grecque et latine, Actes du colloque international tenu à la Maison de l'Orient et de la Méditerranée-Jean Pouilloux, les 26 et 27 octobre 2006*, Lyon, 2008, p. 79-96

Bourgey L., « La relation du médecin au malade dans les écrits de l'école de Cos », in *La collection hippocratique et son rôle dans l'histoire de la médcine, Colloque de Strasbourg (23-27 otobre 1972) organisé par le Centre de Recherches sur la Grèce Antique, avec le concours des Facultés de Philosophie et des Langues Classiques*, Leiden, 1975, p. 209-217

Bradley K., « Nursing at Rome : a Study in Social Relations », in Rawson B. (éd.), *The Family in Ancient Rome*, Londres, 1986, p. 201-229

Bramble J C., « Minor figures », in Kenney E. J. (éd.), *The Cambridge history of Classical Literature* II, Cambridge, 1982, p. 467-494

Brandt H., *Am Ende des Lebens. Alter, Tod und Suizid in der Antike*, in *Zetemata. Monographien zur Klassischen Altertumswissenschaft*, vol. 136, Münich, 2010

Brolén C.A., « De elocutione A. Corneli Celsi », Dissertation, Uppsala, 1872

Brothwell D. et P., *Food in Antiquity*, Londres, 1969

Brun J., *Aristote*, Paris, 1999 (1re éd. 1969)

Byl S., « Le traitement de la douleur dans le *Corpus hippocratique* », in Lopez Ferez J.A. (éd.), *Tratados hipocraticos : estudios acerca de su contenido, forma e influencia*, Actas del VIIe Colloque international hippocratique (Madrid, 24-29 Septiembre 1990), Madrid : Universidad nacional de educacion a distancia, 1992, p. 203-213

Callebat L., « Rhétorique et architecture dans le "De architectura" de Vitruve », in Gros P., *Le projet de Vitruve. Objet, destinataires et réception du* De architectura, *Actes du colloque international organisé par l'École française de Rome, l'Institut de recherche sur l'architecture antique du CNRS et la Scuola normale superiore de Pise (Rome, 26-17 mars 1993)*, Collection de l'École française de Rome (192), Rome, 1994, p. 31-46

Camoletto S., « Note al l. VII del *De medicina* di A. Cornelio Celso », in *Revue d'études latines* (Collection Latomus 45), Bruxelles, 1986, p. 132-142

Canguilhem G., *Écrits sur la médecine*, Paris, 1990-2002

Capitani U., « La produzione letteraria di Aulo Cornelio Celso alla luce di un discusso passo dell'*Institutio oratoria* », in *Maia* 18, 1966, p. 138-155

—, « Note critiche al testo del *De medicina* di Celso », *SIFC* 39, 1967, p. 112-164

—, « Note critiche al testo del *De medicina* di Celso », *SIFC* 42, 1970, p. 5-93

—, « Il recupero di un passo di Celso in un codice del De medicina conservato a Toledo », *Maia* 26, 1974, p. 161-212

—, « A.C. Celso e la terminologia tecnica greca », *ASNP*, 3.5, 1975, p. 449-518

—, « Per una nuova lettura e interpretazione di un controverso passo celsiano (*De medicina* 3,4,18), in Sconocchia S. – Toneatto L. (éds.), *Atti del I° Seminario internazionale sulla letteratura scientifica e tecnica greca e latina*, Trieste, 1993, p. 150-162

—, « Considerazioni sull'egesi di *militare* in Celse VI, 6, 31 A », in Sconocchia S. – Cavalli F., *Testi medici latini antichi. Le parole della medicina : Lessico e Storia, Atti del VII Convegno Internazionale (Trieste, 11-13 ottobre 2001)*, Bologne, 2004, p. 73-82

Carrick P., *Medical Ethics in the Ancient World*, Washington, 2001

Castiglioni A., « Aulus Cornelius Celsus as a historian of medicine », *Bulletin of the History of Medicine*, vol. VIII, 1940, p. 857-873

Cavallo G. – Chartier R. (dir.), *Histoire de la lecture dans le monde occidental*, Paris, 2001 (1re éd. Rome-Bari, 1999)

Champeaux J., *Fortuna. Le culte de la Fortune à Rome et dans le monde romain*, Rome, 1982

—, *Le culte de la Fortune dans le monde Romain. II. Les transformations de* Fortuna *sous la République*, Rome, 1987

Chaumartin F.-R., « La nature dans les *Questions naturelles* de Sénèque », in Lévy C. (éd.), *Le concept de nature à Rome. La physique.*, Paris, 1996, p. 178-190

Cocher E., « Celse, Scribonius, Aurelianus et la douleur dentaire. Trois conceptions différentes », in *Chirurgien Dentiste de France*, n° 908, 1998, p. 68-73

Collins J H., « *Cum timore aut mala spe.* Ad Fam. 8.14.9 », *CPh (*54.3), Chicago, 1959, p. 178

Contino S., *Aulo Cornelio Celso, Vita e opera*, Palerme, 1980

—, « Aspetti della lingua di Celso », in Sabbah G. – Mudry P. (éds.), *La médecine de Celse. Aspects historiques, scientifiques et littéraires, Mémoires XIII*, Saint-Étienne, 1994, p. 281-296

—, « Osservazioni critico-letterarie sul *De medicina* di Celso », in Pigeaud A. – J. (éds.), *Les textes médicaux latins comme littérature, Actes du VIe colloque international sur les textes médicaux latins du 1er au 3 septembre 1998*, Nantes, 2000, p. 47-52

Dalby A., *Food in the Ancient World From A to Z*, Londres, 2003

Dangel J., *Histoire de la langue latine*, Paris, 1995

—, « Parole et écriture chez les Latins : approche stylistique » (Collection Latomus 58), Bruxelles, 1999, p. 3-29

Daube D., « The Mediocrity of Celsus », *CJ* (vol. 70), 1974, p.41-2

Debru A., « Médecin et malade dans la médecine hippocratique : interrogatoire ou dialogue ? », in Demont P. (éd.), *Médecine antique. Cinq études de Jacques Jouanna, Armelle Debru, Paul Demont et Michel Perrin*, Amiens, 1998, p. 35-49

—, « *In respiritu (Nat. Deor. II, 136) : L'expression de la respiration en latin* », in « *Docente natura* », *Mélanges de médecine ancienne et médiévale offerts à Guy Sabbah, Textes réunis par A. Debru et Nicoletta Palmieri*, Saint-Étienne, 2001, p. 44-67

Debru A. – et Sabbah G., *Nommer la maladie. Recherches sur le lexique gréco-latin de la pathologie Mémoires XVII, Centre Jean Palerme*, Saint-Étienne, 1998

De Carolis S. – Pesaresi V., *Medici e pazienti nell'antica Roma. La medicina romana e la domus 'del Chirurgo' di Rimini, Atti del Convegno internazionale Rimini, 12 giugno 2008*, Rimini, 2009

De Meo C., *Lingue technice del latino*, Bologne, 1983

Demont P. (éd.), *Médecine antique. Cinq études de Jacques Jouanna, Armelle Debru, Paul Demont et Michel Perrin*, Amiens, 1998

De Rawton O., *Les Plantes qui guérissent et les plantes qui tuent*, Paris, 1888 (2e éd.)

Deroux C. (éd.), *Maladie et maladies dans les textes latins antiques et médiévaux, Actes du Ve Colloque International* « *Textes Médicaux latins* », *Bruxelles, 4-6 septembre 1995*, (Collection Latomus 242), Bruxelles, 1998

Desbordes, F., *Idées romaines sur l'écriture*, Lille, 1990

Detlefsen D., « Die indices der *Naturalis Historia* des Plinius », *Philologus* 28, 1969, p. 701-716

Deuse W., « Celsus im Prooemium von 'De medicina' : Römische Aneignung griechischer Wissenschaft », *ANRW*, II.37.1, 1993, p. 819-841

D'Haenens A., « Érudition et vulgarisation : une conciliation possible. À propos d'une encyclopédie hagiographique récente », *Revue d'Histoire Ecclésiastique*, tome LXIII, Louvain, 1968, p. 826-834

Diano C., *La philosophie du plaisir et la société des amis*, Studi e saggi di filosofia antica, Padoue, 1973

Dodds E R., *The Ancient Concept of Progress and other Essays on Greek Literature and Belief*, Oxford, 1973

Dominik W. – Hall J. (éds.), *A Companion to Roman Rhetoric*, Carlton, 2007

Doody A., « Authority and Authorship in the *Medicina Plinii* », in Taub L. – Doody A. (éds.), *Authorial Voices in Greco-Roman Technical writing*, Trèves, 2009a, p. 93-105

—, « *Pliny's Natural History : Enkuklios Paideia and the Ancient Encyclopedia* », in *Journal of the History of Ideas*, vol. 70.1, 2009b, p. 1-21

Dorandi T., *Le stylet et la Tablette. Dans le secret des auteurs antiques*, Paris, 2000

Dupont F. – Valette-Cagnac E. (dir.), *Façons de parler grec à Rome*, Paris, 2005

Duret L., « Dans l'ombre des plus grands II », *ANRW*, II.32.5, 1986, p. 3152-3346

Edelstein L., « Antike Diätetik », in *Die Antike VII. Zeitschrift für Kunst und Kultur des klassischen Altertums*, Berlin-Leipzig, 1931, p. 255-270

—, *The Idea of Progress in Classical Antiquity*, Baltimore, 1967a

—, « The relation of ancient philosophy to medicine », in Temkin O. – L. (éds.), *Ancient Medicine. Selected papers of L. Edelstein*, The Johns Hopkins Press, Baltimore, 1967b, p. 349-366 (1re éd. in *Bulletin of the History of Medicine*, 1952, vol. 26, p. 299-316)

Englisch B., *Die Artes Liberales im frihen Mittelalter (5.-9. Jhdt)*, Stuttgart, 1994

Englund J., « Kasussyntaxen hos A. Cornelius Celsus », Dissertation, Göteborg, 1935

Erkell H., *Augustus, Felicitas, Fortuna, Lateinische Wortstudien*, Göteborg, 1952

Finley M I., *Ancient Slavery and modern Ideology*, Londres, 1980

Fischer K.-D., « Zur Entwicklung des ärtzlichen Standes im römischen Kaiserreich », *Medizin historisches Journal* (Band 14, Heft 1/2), Stuttgart-New York, 1979

Flemming R., *Medicine and the making of Roman Women : Gender, Nature, and Authority from Celsus to Galen*, Oxford, 2000

Foucault M., *Histoire de la folie à l'âge classique*, Paris, 1972

—, *Histoire de la sexualité I*, Paris, 1976

—, *Histoire de la sexualité II*, Paris, 1984

—, *Histoire de la sexualité III*, Paris, 1984

Freyburger G., *Fides. Étude sémantique et religieuse depuis les origines jusqu'à l'époque augustéenne*, Paris, 1986

Fruyt M., *Problèmes méthodologiques de dérivation à propos des suffixes latins en ...cus*, Paris, 1986

Fuhrmann M., *Das systematische Lehrbuch ; ein Betrag zur Geschichte der Wissenschaften in der Antike*, Göttingen, 1960

Gaide F., « Le témoignage des textes médicaux latins sur les médecins alexandrins », in Argoud G. et Guillaumin J.-Y. (éds.), *Sciences exactes et sciences appliquées à Alexandrie, Mémoires XVI, Centre Jean Palerme*, Saint-Étienne, 1998, p. 233-246

Gaillard-Seux P., « Les amulettes gynécologiques dans les textes latins médicaux de l'Empire », in Deroux C. (éd.), *Maladie et maladies dans les textes latins antiques et médiévaux, Actes du Ve Colloque International « Textes Médicaux latins », Bruxelles, 4-6 septembre 1995*, (Collection Latomus 242), Bruxelles, 1998, p. 70-84

—, « La place des incantations dans les recettes médicales de Pline l'Ancien », in Sconocchia S. et Cavalli F. (éds.), *Testi medici latini antichi. Le parole della medicina : Lessico e Storia, Atti del VII Convegno Internazionale (Trieste, 11-13 ottobre 2001)*, Bologne, 2004, p. 83-98

Galinsky K., *Augustan culture*, Princeton, 1996

Gallego Perez T. – Lopez Ferez J A., « El agua en Celso », in Vazquez Bujan M. E. (éd.), *Tradicion e innovacion de la medicina latina de la antigüedad y de la alta edad media, Actas del IV Coloquio Internacional sobre los "textos médicos latinos antiguos"*, Santiago de Compostela, 1994, p. 145-161

Garcia Novo E., « Las fiebres en Celso : mentalidad latina frente a mentalidad griega », in Deroux C. (éd.), *Maladie et maladies dans les textes latins antiques et médiévaux, Actes du Ve Colloque International « Textes Médicaux latins », Bruxelles, 4-6 septembre 1995* (Collection Latomus 242), Bruxelles, 1998, p. 129-136

Gautherie A., « L'encyclopédisme médical de Celse. Formes et enjeux. », *Revue des Études Latines, 87e année*, 2010, p. 10-12

—, « L'influence d'Aristote sur la rhétorique de Celse dans le *De medicina* », in Lehmann Y. (éd.), *Aristoteles Romanus. La réception de la science aristotélicienne dans l'Empire gréco-romain. », Actes du colloque organisé à Strasbourg par le Centre d'Analyse des Rhétoriques Religieuses de l'Antiquité (CARRA), 19-21 octobre 2009*, 2013, p. 525-534

—, « Physical pain in Celsus' *On Medicine* », in Maire B. (éd.), *"Greek" and "Roman" in Ancient Medicine : Cultural change and exchange, Proceedings from the 10th International Conference on "Ancient Medical Texts", University of Lausanne, 3-6 November 2010)*, 2014

Gauvain-Piquard A., *La douleur de l'enfant*, Paris, 1993

Giardina A. (éd.), *L'homme romain*, Paris, 1992

Gontier de Chabanne H., *Le médecin, le chirurgien et le pharmacien à la maison, ou Le meuble indispensable des familles*, Saintes, 1861

Gourévitch D., *Le triangle hippocratique dans le monde gréco-romain. Le malade, sa maladie et son médecin*, Rome, 1983

Gourevitch D. – Raepsaet-Charlier M.-T., *La femme dans la Rome antique*, Paris, 2001

Goyon J.-C. (éd.), *L'idéologie du pouvoir monarchique dans l'Antiquité, Actes du Colloque de la Société des Professeurs d'Histoire Ancienne de l'Université (Lyon-Vienne, 26-28 juin 1989)*, Paris, 1991

Grimal P., *L'Empire romain*, Paris, 1993

—, « Encyclopédies antiques », in *Cahiers d'Histoire mondiale* (9), 1966, p. 459-82

Grmek M. D. (éd.), *Hippocratica. Actes du Colloque hippocratique de Paris (4-9 septembre 1978)*, Paris, 1980

—, *Les maladies à l'aube de la civilisation occidentale*, Paris, 1994 (1re éd. 1983)

— (dir.), *Histoire de la pensée médicale en Occident*, Paris, 1995

Grmek M. D. – Gourevitch D., *Les maladies dans l'art antique*, Paris, 1998

Gros P., « *Munus non ingratum*. Le traité vitruvien et la notion de service », in Gros P. (éd.), *Le projet de Vitruve. Objet, destinataires et réception du* De architectura, *Actes du colloque international organisé par l'École française de Rome, l'Institut de recherche sur l'architecture antique du CNRS et la Scuola normale superiore de Pise (Rome, 26-17 mars 1993)*, Collection de l'École française de Rome (192), Rome, 1994a, p. 75-90

— (éd.), *Le projet de Vitruve. Objet, destinataires et réception du* De architectura, *Actes du colloque international organisé par l'École française de Rome, l'Institut de recherche sur l'architecture antique du CNRS et la Scuola normale superiore de Pise (Rome, 26-17 mars 1993)*, Collection de l'École française de Rome (192), Rome, 1994b

Guillemin A.-M., *Pline et la vie littéraire de son temps*, Paris, 1929

Guyard H., *La plainte douloureuse*, Rennes, 2009

Hadot I., « The Spiritual Guide », in Armstrong A. H. (éd.), *Classical Mediterranean Spirituality*, vol. 15, London, 1986, p. 436-459

—, *Arts libéraux et philosophie dans la pensée antique*, Études Augustiniennes, Paris, 2005 (2ᵉ éd. revue et considérablement augmentée)

Hadot P., *Exercices spirituels et philosophie antique*, Paris, 2002

Harders A.-C., « 'Let us join our hearts!' – The Role and Meaning of Constructing Kinship and Friendship in Republican Rome », in Mustakkalio K. – Krötz C. (éds.), *De amicitia. Friendship and social networks in Antiquity and the Middle Ages, Acta Instituti Romani Finlandiae*, vol. 36, Rome, p. 33-47

Heine H. M., « Subjectivity and Objectivity in Latin Scientific and Technical Literature », in Taub L. – Doody A. (éds.), *Authorial Voices in Greco-Roman Technical writing*, Trèves, 2009, p. 13-30

Higbie C., « Divide and edit. A brief history of book divisions. », *Harvard Studies in Classical Philology*, vol. 105, Harvard, 2010, p. 1-31 [tiré à part]

Highet G., « The mediocrity of Celsus », *CJ* (vol. 70), 1975, p. 57

Holmes B., *The Symptom and the Subject. The emergence of the physical body in Ancient Greece*, Princeton et Oxford 2010

Holtz L., « Les mots latins désignant le livre au temps d'Augustin », in Blanchard A. (éd.), *Les débuts du codex, Actes de la journée d'étude organisée à Paris les 3 et 4 juillet 1985 par l'Institut de Papyrologie de la Sorbonne et l'Institut de Recherche et d'Histoire des Textes*, Bibliologia (vol. 9), Turnhout, 1989, p. 105-113

Hope V. M. et Marshall E. (éds.), *Death and Disease in the Ancient City*, Londres et New-York, 2000

Hopkins K., *Death and Renewal. Sociological Studies in Roman History 2*, Cambridge, 1983

Horster M. – Reitz C., *Condensing texts – condensed texts, Palingenesia* (98), Wiesbaden, 2010

Huggonard-Roche H. (éd.), *L'enseignement supérieur dans les mondes antiques et médiévaux. Aspects institutionnels, juridiques et pédagogiques. Colloque international de l'Institut des Traditions Textuelles*, 2008

Hultsch F., *Griechische und Römische Metrologie*, Graz, 1971

Ilberg J., « A. Cornelius Celsus und die Medizin in Rom », *Neue Jahrbücher* 19, 1907, p. 377-412 (1ʳᵉ éd.), (= *Antike Medizin*, Darmstadt, 1971, p. 308-360)

Jackson R., *Doctors and diseases in the Roman Empire*, Londres, 1988

—, « Roman Medicine: the Practitioners and their Practices », *ANRW*, II.37.1, 1993, p. 79-101

—, « The surgical instruments, appliances and equipment in Celsus' *De medicina* », in Sabbah G. – Mudry P. (éds.), *La médecine de Celse. Aspects historiques, scientifiques et littéraires, Mémoires XIII*, Saint-Étienne, 1994, p. 167-209

—, « Eye Medicine in the Roman Empire », *ANRW*, II.37.3, 1996, p. 2228-2251

—, « The role of urban healers in the Roman World », in De Carolis S. – Pesaresi V., *Medici e pazienti nell'antica Roma. La medicina romana e la domus 'del Chirurgo' di Rimini, Atti del Convegno internazionale Rimini, 12 giugno 2008*, Rimini, 2009, p. 57-90

Jahn O., « Über römische Encyclopädien », in *Berichte der Königlich Sächsischen Gesellschaft der Wissenschaften zu Leipzig*, 1850, p. 273 sqq.

Janson T., *Latin Prose Prefaces Studies in Literary Conventions. Acta Universitatis Stocholmiensis* XIII, Stockholm, 1964

Jocelyn H D., « The new chapters of the ninth book of Celsus' *Artes* », *Papers of the Liverpool Latin Seminar* (vol. 5, 1985), 1986, p. 299-336

Joly R., « Esclaves et médecins dans la Grèce antique », *Sudhoffs Archiv*, n° 53, 1969, p. 1-14

Jones H. (éd.), *Le monde antique et les droits de l'homme, Actes de la 50ᵉ Session de la Société internationale Fernand De Visscher pour l'histoire des droits de l'antiquité, Bruxelles, 16-19 septembre 1996*, Bruxelles, 1998

Jouanna J., « Rhétorique et médecine dans la collection hippocratique. Contribution à l'histoire de la rhétorique au Ve siècle », *REG* (tome XCVII), 1984, p. 26-44

—, *Hippocrate*, Paris, 1992

—, « La notion de nature chez Galien », in *Galien et la philosophie. Entretiens de la Fondation Hardt. Tome XLIX, 2-6 septembre 2002*, Genève, 2003, p. 229-268

Kaster R A., *Guardians of Language : The Grammarian and Society in Late Antiquity*, Berkeley, Los Angeles et Londres, 1988

Kennedy G., *The art of rhetoric in the Roman world (300 B.C.-A.D. 300)*, Princeton, 1972

Kenney E. J. (éd.), *The Cambridge history of Classical Literature* II, Cambridge, 1982

King H. (éd.), *Healing in Antiquity*, Londres-New York, 2005

Knox B., « Silent Reading in Antiquity », in *Greek, Roman and Byzantine Studies*, Durham, 1968, p. 421-435

Koelbing H M., *Arzt und Patient in der antiken Welt*, Zürich-Munich, 1977

—, « Le médecin hippocratique au lit du malade », in Grmek M. D. (éd.), *Hippocratica. Actes du Colloque hippocratique de Paris (4-9 septembre 1978)*, Paris, 1980, p. 321-331

Konstan D., « Patrons and Friends », *Cph* 90 (1995), p. 328-341

Kornemann E., *Tiberius*, Stuttgart, 1960

Kraus W., *Aus allem eines. Studien zur antiken Geistesgeschichte*, Heidelberg, 1984

Krenkel W., « Celsus », *Das Altertum* (Band 3, Heft 4), Berlin, 1957, p. 111-122

—, « Zu den *Artes* des Celsus », *Philologus* (103), 1959, p. 114-129

—, « A. Cornelius Celsus », in *Argentea Aeta. In memoriam Entii V. Marmorale*, Genève, 1973, p. 17-28

—, *Naturalia non turpia. Sex and Gender in Ancien Greece and Rome. Schriften zur antiken Kultur- und Sexualwissenschaft*, Hildesheim-Zürich-New York, 2006

Kudlien F., « Medical education in classical antiquity », in O'Malley C. D. (éd.), *The history of medical education*, Berkeley, 1970, p. 3-37

—, *Die Stellung des Arztes in der römischen Gesellschaft. Freigeborene Römer, Eingebürgerte, Peregrine, Sklaven, Freigelassene als Ärtze*, Stuttgart, 1986

Lain E P., *The therapy of the word in Classical Antiquity*, New York-Londres, 1970

Langslow D., « Some historical developments in the terminology and style of Latin medical writings », in Vazquez Bujan M. E. (éd.), *Tradicion e innovacion de la medicina latina de la antigüedad y de la alta edad media, Actas del IV Coloquio Internacional sobre los « textos médicos latinos antiguos »*, Santiago de Compostela, 1994a, p. 225-240

Langslow D., « Celsus and the makings of a Latin medical terminology », in Sabbah G. – Mudry P. (éds.), *La médecine de*

Celse. Aspects historiques, scientifiques et littéraires, Mémoires XIII, Saint-Étienne, 1994b, p. 297-318

—, *Medical Latin in the Roman Empire*, London, 2000

Langslow D. – Maire B., *Body, Disease and Treatment in a Changing World, Latin texts and contexts in ancient and medieval medicine (Proceedings of the ninth International Conference « Ancient Latin Medical Texts », Hulme Hall, University of Manchester, 5th-8th September 2007)*, Lausanne, 2010

Lausberg H., *Handbook of literary rhetoric*, Leiden, 1998

Lazorthes Y., « Les médicaments de la douleur », in Lazorthes Y. (éd.), *Les douleurs rebelles : évaluation et stratégie thérapeutique*, Paris, 1993a, p. 71-98

Lazorthes Y. (éd.), *Les douleurs rebelles : évaluation et stratégie thérapeutique*, Paris, 1993b

Le Blay F., « Penser la douleur dans l'Antiquité : enjeu médical ou enjeu philosophique », in Prost F. – Wilgaux J. (éds.) *Penser et représenter le corps dans l'Antiquité, Actes du colloque international de Rennes, 1-4 septembre 2004*, Rennes, 2006, p. 79-92

Lehmann Y., « Un exemple d'éclectisme médical à Rome : la théorie varronienne des âges de la vie », in Mudry P. – Pigeaud J. (éds.), *Les Ecoles médicales à Rome, Actes du 2e Colloque international sur les textes médicaux latins antiques*, Lausanne, 1986, p. 150-157

—, *Varron théologien et philosophe romain* (Collection Latomus 237), Bruxelles, 1997

Leidi F., *Le signe de Jonas. Étude phénoménologique sur le signe sacramentel*, Fribourg, 2000

Lentini R., « "Realien" militari e medicina : per un approccio all'incrocio dei due campi semantici », in Sconocchia S. – Toneatto L., *Lingue tecniche del greco e del latino III, Atti del III Seminario internazionale sulla letteratura scientifica e tecnica greca e latina*, Bologne, 2000, p. 89-97

Le Roux P., *Le Haut-Empire romain en Occident d'Auguste aux Sévères*, Paris, 1998

Levick B., *Tiberius the politician*, Londres, 1976

Lévy C., *Les philosophies hellénistiques*, Paris, 1997

— (éd.), *Le concept de nature à Rome. La physique*, Paris, 1996

Lopez Ferez J A., *Tratados Hipocraticos (estudios acerca de su contenido, forma e influencia), Actas del VIIe Colloque international hippocratique, (Madrid, 24-29 de septiembre de 1990)*, 1992

Lorenz G., *Antike Krankenbehandlung in historisch-vergleichender Sicht. Studien zum konkret-anschaulichen Denken*, Heidelbert, 1990

Luchner K., *Philiatroi. Studien zum Thema der Krankheit in der griechischen Literatur der Kaiserzeit*, Hypomnemata 156, Göttingen, 2004

Luthi F., « Le *De medicina*, une littérature chirurgicale ? », in Pigeaud A. – J. (éds.), *Les textes médicaux latins comme littérature, Actes du VIe colloque international sur les textes médicaux latins du 1er au 3 septembre 1998*, Nantes, 2000, p. 127-139

Lyngby H., « Textkritiska studier till Celsus' Medicina », Diss., Göteborg, 1931

Maeder H., « Die römische Augenheilkunde um die Zeitenwende nach den Darstellungen des Celsus », *Das Altertum* (Band 12), Berlin, 1966, p. 103-107

Maire B., « Proposition d'un nouveau *stemma codicum* de la tradition manuscrite du *De medicina* d'Aulus Cornelius Celsus », in Vazquez Bujan M. E. (éd.), *Tradicion e innovacion de la medicina latina de la antigüedad y de la alta edad media, Actas del IV Coloquio Internacional sobre los "textos médicos latinos antiguos"*, Santiago de Compostela, 1994a, p. 87-99

—, « Quelques apports d'une nouvelle lecture des manuscrits à la constitution du texte du *De medicina* de Celse : l'exemple du livre II », in Sabbah G. – Mudry P. (éds.), *La médecine de Celse. Aspects historiques, scientifiques et littéraires, Mémoires XIII*, Saint-Étienne, 1994b, p. 29-62

—, « Autopsie d'une lacune (Celse, *De medicina* IV, 27, 1D) : entre amputation (*audax emendator*) et greffe (*audax falsarius*) », in Deroux C. (éd.), *Maladie et maladies dans les textes latins antiques et médiévaux, Actes du Ve Colloque International « Textes Médicaux latins », Bruxelles, 4-6 septembre 1995* (Collection Latomus 242), Bruxelles, 1998, p. 151-167

Manetti D. – Roseli A., « Il ruolo della tradizione nei libri chirurgici di Celso », in Sabbah G. – Mudry P. (éds.), *La médecine de Celse.*

Aspects historiques, scientifiques et littéraires, Mémoires XIII, Saint-Étienne, 1994, p. 103-121

Mantz J.-M., « Paternalisme du médecin ou autonomie du patient », in Mantz J.-M. – Grandmottet P. – Queneau P. (éds.), *Éthique et thérapeutique. Témoignages européens*, Strasbourg, 1999a (2ᵉ éd. revue et corrigée), p. 213-219

—, « Éthique et enseignement de la thérapeutique », in Mantz J.-M. – Grandmottet P. – Queneau P. (éds.), *Éthique et thérapeutique. Témoignages européens*, Strasbourg, 1999b (2ᵉ éd. revue et corrigée), p. 491-502

Mantz J.-M. – Grandmottet P. — Queneau P. (éds.), *Éthique et thérapeutique. Témoignages européens*, Strasbourg, 1999 (2ᵉ éd. revue et corrigée)

Marchand S., *Le phénomène de la douleur. Comprendre pour soigner*, Issy-les-Moulineaux, 2009 (2ᵉ éd.)

Marganne M.-H., « Thérapies et médecins d'origine 'égyptienne' dans le *De medicina* de Celse », in Deroux C. (éd.), *Maladie et maladies dans les textes latins antiques et médiévaux, Actes du Vᵉ Colloque International « Textes Médicaux latins », Bruxelles, 4-6 septembre 1995* (Collection Latomus 242), Bruxelles, 1998, p.137-150

—, *Le livre médical dans le monde gréco-romain*, Cahiers du CeDoPaL n° 3, Liège, 2002

—, « La terminologie de la librairie dans le *Collection hippocratique* », in Boudon-Millot V. – Guardasole A. – Magdelaine C. (éds.), *La science médicale antique. Nouveaux regards. Études réunies en l'honneur de Jacques Jouanna*, Paris, 2007, p. 315-337

Margotta R., *Histoire illustrée de la médecine*, Milan, 1967 (trad. française par Armand Oldra, Paris, 1968)

Marouzeau J., *La traduction du latin. Conseils pratiques*, Paris, 1951

—, *L'ordre des mots en latin*, Paris, 1953

Martin J.-P., « Le pouvoir impérial romain : sa spécificité idéologique », in Goyon J.-C. (éd.), *L'idéologie du pouvoir monarchique dans l'Antiquité, Actes du Colloque de la Société des Professeurs d'Histoire Ancienne de l'Université (Lyon-Vienne, 26-28 juin 1989)*, Paris, 1991, p. 77-89

Martin R., « État présent des études sur Columelle », *ANRW*, II.37.1, 1993, p. 1959-1979

Martin R. – Gaillard J., *Les Genres littéraires à Rome*, Paris, 1990

Marrou H.-I., *Les arts libéraux dans l'Antiquité classique*, Actes du IVe Congrès International de Philosophie Médiévale, Montréal, sept. 1967, Montréal-Paris, 1969

—, *Histoire de l'éducation dans l'Antiquité*, tomes 1 et 2, Paris, 1981 (1re éd. 1948)

Mastrorosa I., « L'uso di *coniectura/coniecturalis nel* De medicina *di Celso : un prestito retorico?* », in Santini C. – Scivoletto N. (éds.), *Prefazioni, prologhi, proemi di opere technico-scientifiche latine*, vol. 1, Rome, 1990, p. 80-112

Mattern S P., *Galen and the rhetoric of healing*, Baltimore, 2008

Mazliak P., *La naissance de la biologie dans les civilisations de l'Antiquité*, Paris, 2007

Mazzini I., « Il lessico medico latino antico : caratteri e strumenti della sua differenziazione », in Sabbah G., *Le latin médical. La constitution d'un langage scientifique*, Saint-Étienne, 1991, p. 180-185

—, « Caratteri della lingua del *De medicina* di A. Cornelio Celso », *Rivista di Cultura Classica e Medioevale* (Anno XXXIV. Numero 1), Rome, 1992a, p. 17-46

—, « Ipocrate in Celso », in Lopez Ferez J A., *Tratados Hipocraticos (estudios acerca de su contenido, forma e influencia), Actas del VIIe Colloque international hippocratique (Madrid, 24-29 de septiembre de 1990)*, 1992b, p. 571-583

—, « Le *auctoritates* nei testi medici dell'antichità, in particolare in Celse », in Vazquez Bujan M. E. (éd.), *Tradicion e innovacion de la medicina latina de la antigüedad y de la alta edad media, Actas del IV Coloquio Internacional sobre los "textos médicos latinos antiguos"*, Santiago de Compostela, 1994a, p. 119-132

—, « La chirurgia celsiana nella storia della chirurgia greco-romana », in Sabbah G. – Mudry P. (éds.), *La médecine de Celse. Aspects historiques, scientifiques et littéraires, Mémoires XIII*, Saint-Étienne, 1994b, p. 135-166

—, *La medicina dei Greci e dei Romani. Letteratura, lingua, scienza*, Rome, 1997

Mazzini I. et Fusco F. (éds.), *I testi di medicina latini antichi. Problemi filologici e storici, Atti del 1° Convegno Internazionale, Macerata-S. Severino M., 26-28 aprile 1984*, Università di

Macerata, Pubblicazioni della Facoltà di lettere e filosofia 28, Rome, 1985

Meslin M., *L'homme romain, des origines au 1ᵉʳ siècle de notre ère* Paris, 1978

Michel J.-H., *Synthèses romaines. Langue latine — Droit romain – Institutions comparées* (Collection Latomus 240), Bruxelles, 1998

Moatti C., *La Raison de Rome*, Paris, 1997

Montero Cartelle E. – Santamaria Hernandez T., « *Nec elegantius quam Celso* (Colum. IX 2, 1). Sobre la *Elegantia* del 'De medicina' de A. Cornelio Celso », *Helmantica* (XLIV), Salamanque, 1993, p.477-488

Morgan T., *Literate education in the Hellenistic and Roman worlds*, Cambridge, 1998

Mudry P., « La place d'Hippocrate dans la préface du *De medicina* de Celse », in Joly R. (éd.), *Corpus Hippocraticum (Actes du Colloque hippocratique de Mons, 22-26 septembre 1975)*, Mons, 1977, p. 345-352 (= Mudry (2006), p. 491-497)

—, « *Medicus amicus*. Un trait romain de la médecine antique », in *Gesnerus* 37, Lausanne, 1980a, p. 17-20 (= Mudry (2006), p. 479-481)

—, « Sur l'étiologie des maladies attribuée à Hippocrate par Celse, *De medicina*, préf. 15 », in Grmek M. D. (éd.), *Hippocratica. Actes du Colloque hippocratique de Paris (4-9 septembre 1978)*, Paris, 1980b, p. 409-415 (= Mudry (2006), p. 483-489)

—, « Médecins et spécialistes. Le problème de l'unité de la médecine à Rome au Ier siècle apr. J.-C. », *Gesnerus* 42, Lausanne, 1985a, p. 329-336 (= Mudry (2006), p. 467-472)

—, « Le premier livre de la *Médecine* de Celse. Tradition et nouveauté. », in Mazzini I. et Fusco F. (éds.), *I testi di medicina latini antichi. Problemi filologici e storici, Atti del 1° Convegno Internazionale, Macerata - S. Severino M., 26-28 aprile 1984, Università di Macerata, Pubblicazioni della Facoltà di lettere e filosofia 28*, Rome, 1985b, p. 141-150 (= Mudry (2006), p. 461-472)

—, « Science et conscience. Réflexions sur le discours scientifique à Rome », *Études de lettres, Revue de la faculté des lettres*, Université de Lausanne, 1986a, p. 75-86 (= Mudry (2006), p. 451-459)

—, « La déontologie médicale dans l'antiquité grecque et romaine : mythe et réalité », *Revue médicale de la Suisse romande*, 106, 1986b, Genève, p. 3-8 (= Mudry (2006), p. 441-449)

—, « Saisons et maladies. Essai sur la constitution d'une langue médicale à Rome (Étude comparée de passages parallèles de Celse (2,1,6-9) et d'Hippocrate (*Aphorismes* 3,20-23) », in Sabbah G. (éd.), *Le latin médical. La constitution d'un langage scientifique. Réalités et langage de la médecine dans le monde romain, Mémoires X*, Saint-Étienne, 1991, p. 257-269 (= Mudry (2006), p. 363-373)

—, « Le *De medicina* de Celse. Rapport bibliographique », *ANRW*, II.37.1, 1993a, p. 787-799 (= Mudry (2006), p. 307-316)

—, « L'orientation doctrinale du *De medicina* de Celse », *ANRW*, II.37.1, 1993b, p. 800-818 (= Mudry (2006), p. 317-332)

—, « Maladies graves et maladies mortelles. Présence et évolution d'une notion hippocratique chez les auteurs médicaux latins et en particulier Celse », in Vazquez Bujan M. E. (éd.), *Tradicion e innovacion de la medicina latina de la antigüedad y de la alta edad media, Actas del IV Coloquio Internacional sobre los "textos médicos latinos antiguos"*, Santiago de Compostela, 1994a, p. 133-143 (= Mudry (2006), p. 295-305)

—, « La flèche et la cible ou le savoir incertain. Réflexions sur le hasard et le temps dans la pratique des médecins anciens », *Revue médicale de la Suisse romande* 114, 1994b, p. 7-12 (= Mudry (2006), p. 277-286)

—, « Éléments pour une reconsidération de la langue et du style de Celse », in Callebat L. (éd.), *Latin vulgaire latin tardif IV, Actes du 4ᵉ colloque international sur la latin vulgaire et tardif. Caen, 2-5 septembre 1994*, Hildesheim-Zürich-New York, 1995, p. 685-697 (= Mudry (2006), p. 247-256)

—, « La retorica della salute e della malattia : osservazioni sul lessico latino della medicina », in Radici Colace P. (éd.), *Atti del II Seminario Internazionale di Studi sui lessici Tecnici Greci et Latini (Messina, 14-16 dicembre 1995)*, Messine-Naples, 1997a, p. 41-51 (= Mudry (2006), p. 193-205)

—, « Ethique et médecine à Rome : la préface de Scribonius Largus ou l'affirmation d'une singularité », in *Médecine et morale dans l'Antiquité. Entretiens de la Fondation Hardt, Tome XLIII*, Genève, 1997b, p. 297-337 (= Mudry (2006), p. 207-230)

—, « Le jeu de la nature et du hasard : la construction du savoir médical dans le traité de Celse », in Courrent M. – Thomas J. (éds.), *Imaginaire et modes de construction du savoir antique dans les textes scientifiques et techniques, Actes du colloque de Perpignan des 12 et 13 mai 2000*, Perpignan, 2001, p. 57-69 (= Mudry (2006), p. 101-108)

—, « Le regard souverain ou la médecine de l'évidence », in Boehm I. – Luccioni P. (éds.), *Les cinq sens dans la médecine de l'époque impériale : sources et développements, Actes de la table ronde du 14 juin 2011*, Lyon, 2003, p. 31-38 (= Mudry (2006), p. 87-94)

—, « *Non pueri sicut uiri*. Petit aperçu de pédiatrie romaine », in Dasen V. (éd.), *Naissance et petite enfance dans l'Antiquité* (Actes du colloque international à l'Université de Fribourg, 28 nov.-1er déc. 2001), Fribourg-Göttingen, 2004, p. 451-462, (= Mudry (2006), p. 43-50)

—, « Pour une rhétorique de la description des maladies. L'exemple de *La médecine* de Celse », in *Demonstrare : Voir et faire voir : forme de la démonstration à Rome. Actes du Colloque international de Toulouse, 18-20 novembre 2004*, réunis par Mireille Armisen-Marchetti (*Pallas, Revue d'études antiques*, 69), Montpellier, 2006, p. 323-332 (= Mudry (2006), p. 9-18)

—, *Medicina, soror philosophiae*, Regards sur la littérature et les textes médicaux antiques (1975-2005), Lausanne, 2006

—, « Du cœur à la miséricorde. Un parcours antique entre médecine et philologie. », in Van der Schueren É. (éd.), *Une traversée des savoirs. Mélanges offerts à Jackie Pigeaud*, Laval, 2008, p. 405-415 (= Mudry (2006), p. 1-8)

—, « La médecine antique aujourd'hui : questions éthiques », *Humana Mente. Journal of Classical Studies* (vol. 9), Pise, 2009, p. 105-113

—, « *Ratio* et *coniectura* dans les textes médicaux latins », in Langslow D. – Maire B., *Body, Disease and Treatment in a Changing World, Latin texts and contexts in ancient and medieval medicine (Proceedings of the ninth International Conference « Ancient Latin Medical Texts », Hulme Hall, University of Manchester, 5th-8th September 2007)*, Lausanne, 2010, p. 337-348

—, « Les voix de la douleur entre médecins et malades. Enquête dans l'Antiquité », Journée d'études « La souffrance physique dans l'Antiquité : théories et représentations du corps souffrant » organisée à Toulouse le 1ᵉʳ octobre 2010 par Jean-Christophe Courtil, Toulouse, *Pallas* 88, 2012 p. 15-26

Mudry P. et Pigeaud J. (éds.), *Les Ecoles médicales à Rome, Actes du 2ᵉ Colloque international sur les textes médicaux latins antiques*, Lausanne, 1986

Mustakallio K. – Krötz C. (éds.), *De amicitia. Friendship and social networks in Antiquity and the iddle Ages*, Acta Instituti Romani Finlandiae, vol. 36), Rome, 2010

Naas V., *Le projet encyclopédique de Pline l'Ancien*, Collection de l'École française de Rome (303), Rome, 2002

Néraudau J.-P., *La jeunesse dans la littérature et les institutions de la Rome républicaine*, Paris, 1979

—, *Être enfant à Rome*, Paris, 1984

Nicolet C., *L'inventaire du Monde. Géographie et politique aux origines de l'Empire romain*, Paris, 1988

Nissen C., *Entre Asclépios et Hippocrate. Étude des cultes guérisseurs et des médecins en Carie.* (Kernos suppl. 22), Liège, 2009

North J A., *Roman Religion*, Oxford, 2000

Novara A., *Les idées romaines sur le progrès, Tome I,* Paris, 1982

—, *Les idées romaines sur le progrès, Tome II*, Paris, 1983

—, « Faire œuvre utile : la mesure de l'ambition chez Vitruve », in Gros P. (éd.), *Le projet de Vitruve. Objet, destinataires et réception du* De architectura, *Actes du colloque international organisé par l'École française de Rome, l'Institut de recherche sur l'architecture antique du CNRS et la Scuola normale superiore de Pise (Rome, 26-17 mars 1993)*, Collection de l'École française de Rome (192), Rome, 1994, p. 47-61

Nussbaum M C., *The Therapy of Desire. Theory and Practice in Hellenistic Ethics*, Princeton, 2009

Nutton V., *Ancient Medicine*, Londres, 2005

Ollero Granados D., « Dos nueuos capitulos de A. Cornelio Celso », *Emerita* 41, p. 99-108

O'Malley C. D. (éd.), *The history of medical education*, Berkeley, 1970

Orlandini A., « *Demonstrare :* des rapports entre la rhétorique et la médecine à Rome », in *Demonstrare : Voir et faire voir : forme de la démonstration à Rome. Actes du Colloque international de Toulouse, 18-20 novembre 2004, réunis par Mireille Armisen-*

Marchetti (*Pallas, Revue d'études antiques*, 69), Montpellier, 2006, p. 323-332

Parain B. (dir.), *Histoire de la philosophie. I vol. 2. Antiquité – Moyen Âge*, Paris, 1969

Pardon M., « Celsus and the *Hippocratic Corpus*: the originality of a 'plagiarist' », in van der Eijk P. (éd.), *Hippocrates in context. Papers read at the XIth International Hippocrates Colloquium, University of Newcastle, 27-31 August 2002*, Leiden-Boston, 2005, p.403-411

Pearcy L T., « Medicine and Rhetoric in the Period of the Second Sophistic », *ANRW*, II.37.1, 1993, p. 445-456

Pernot L., *La Rhétorique de l'éloge dans le monde gréco-romain, Tomes 1 & 2, Collection des Études Augustiniennes, Série Antiquité* (vol. 137), Paris, 1993

—, *La Rhétorique dans l'Antiquité*, Paris, 2000

Petit P., *Histoire générale de l'Empire romain. I. Le Haut-Empire (27 avant J.-C.-161 après J.-C.)*, Paris, 1974

Pigeaud J., « Un médecin humaniste : Celse. Notes sur le *Prooemium* du *De Medicina* », *Les Études Classiques* (tome XL), 1972, p. 302-310

—, « La réflexion de Celse sur la folie », in Sabbah G. – Mudry P. (éds.), *La médecine de Celse. Aspects historiques, scientifiques et littéraires, Mémoires XIII*, Saint-Étienne, 1994, p. 256-279

—, « Les fondements philosophiques de l'éthique médicale : le cas de Rome », in *Médecine et morale dans l'Antiquité, Fondation Hardt (Entretiens sur l'Antiquité classique*, 43), Vandœuvres/Genève, 1997, p. 255-296

—, « Les textes médicaux comme littérature », in Pigeaud A. et J. (éds.), *Les textes médicaux latins comme littérature, Actes du VIe colloque international sur les textes médicaux latins du 1er au 3 septembre 1998*, Nantes, 2000, p. 377-389

Pigeaud A. et J. (éds.), *Les textes médicaux latins comme littérature, Actes du VIe colloque international sur les textes médicaux latins du 1er au 3 septembre 1998*, Nantes, 2000

Pinault M., *L'Encyclopédie*, Paris, 1993

Pinkster H., « Notes on the syntax of Celsus », *Mnemosyne* (vol. XLV), p. 513-524

Pippidi D M., *Autour de Tibère*, Rome, 1965

Prioreschi P., « The idea of scientific progress in Antiquity and in the Middle Ages », *Vesalius* VIII.1, 2002, p. 34-45
Prost F. – Wilgaux J. (éds.), *Penser et représenter le corps dans l'Antiquité, Actes du colloque international de Rennes, 1-4 septembre 2004*, Rennes, 2006
Rawson B., « Children in the Roman *Familia* », in Rawson B. (éd.), *The Family in Ancient Rome*, Londres, 1986a, p. 170-200
— (éd.), *The Family in Ancient Rome*, Londres, 1986b
Rawson E., *Intellectual Life in the Late Roman Republic*, Londres, 1985
Rey A., « Les écarts culturels dans les dictionnairs bilingues », *Lexicographica, Revue Internationale de Lexicographie*, 1986 p. 33-42
—, *Miroirs du monde. Une histoire de l'encyclopédisme*, Paris, 2007
Rey R., *Histoire de la douleur*, Paris, 1993
Rojouan J., « Morgagni lecteur de Celse », in Pigeaud A. – J. (éds.), *Les textes médicaux latins comme littérature, Actes du VIe colloque international sur les textes médicaux latins du 1er au 3 septembre 1998*, Nantes, 2000, p. 251-256
Romano E., « Il proemio di Celso fra sapere tecnico e cultura umanistica », in Mazzini I. – Fusco F. (éds.), *I testi di medicina latini antichi. Problemi filologici e storici, Atti del 1° Convegno Internazionale, Macerata - S. Severino M., 26-28 aprile 1984, Università di Macerata, Pubblicazioni della Facoltà di lettere e filosofia 28*, Rome, 1985, p. 131-140
—, « Verso l'enciclopedia di Plinio. Il dibattito scientifico fra I a.C. e I d.C. », in Sabbah G. – Mudry P. (éds.), *La médecine de Celse. Aspects historiques, scientifiques et littéraires, Mémoires XIII*, Saint-Étienne, 1994, p. 11-27
Roselli A. – Velardi R., *L'insegnamento delle* technai *nelle culture antiche, Atti del convegno ercolano, 23-24 Marzo 2009*, Pise-Rome, 2011
Rouvière H., *Anatomie humaine descriptive et topographique*, Paris, 1970 (10e éd. révisée et augmentée par A. Delmas)
Rubinstein L., « Seven Lettres (172-178) », in Bingen J. et *al.* (éds.), *Mons Claudianus, Ostraca Graeca et Latina I*, Institut Français d'Archéologie Orientale, Le Caire, 1992, p. 159-168

Sabbah G. (éd.), *Études de médecine romaine, Mémoires VIII*, Saint-Étienne, 1988
— (éd.), *Le latin médical. La constitution d'un langage scientifique. Réalités et langage de la médecine dans le monde romain, Mémoires X*, Saint-Étienne, 1991
Sabbah G. – Mudry P. (éds.), *La médecine de Celse. Aspects historiques, scientifiques et littéraires, Mémoires XIII*, Saint-Étienne, 1994
Salles C., *Lire à Rome*, Paris, 1992
Sandulescu C., « Cercetari Lexicologice asupra lui Celsus », *Studii Clasice II*, 1960, p. 279-290
Santini C. – Scivoletto N. (éds.), *Prefazioni, Prologhi, Proemi di opere tecnico-scientifiche latine* (3vol.), Rome, 1990
Scarborough J., *Roman medicine*, Londres, 1969
—, *Roman Medicine and Public Health, Proceedings of the fifth international symposium on the comparative history of medicine 1990*, Tokyo et Kyoto, 1981
—, « Roman Medicine to Galen », *ANRW*, II.37.1, 1993, p. 29-48
—, *Pharmacy and Drug Lore in Antiquity*, Londres, 2010
Schiefsky M J., « On ancient medicine *on the nature of human beings* », in van der Eijk P. (éd.), *Hippocrates in context. Papers read at the XIth International Hippocrates Colloquium, University of Newcastle, 27-31 August 2002,* Leiden-Boston, 2005, p. 69-85
Schulze C., *Aulus Cornelius Celsus – Arzt oder Laie? Autor Konzept und Adressaten der* De medicina libri octo, Trèves, 1999
Sconocchia S., *Per una nuova edizione di Scribonio Largo*, Brescia, 1981
—, « Le problème des sectes médicales à Rome au 1er s. ap. J.-C. d'après l'œuvre de Scribonius Largus », in Mudry P. – Pigeaud J. (éds.), *Les Ecoles médicales à Rome, Actes du 2e Colloque international sur les textes médicaux latins antiques*, Lausanne, 1986, p. 138-147
—, « La structure de la *NH* dans la tradition scientifique et encyclopédique romaine », *Helmantica* (XXXVIII), Salamanque, 1987, p. 307-316
—, « La lingua della medicina a Roma nel I sec. d. C. e Cornelio Celso », in Sconocchia S. – Toneatto L. (éds.), *Atti del I° Seminario internazionale sulla letteratura scientifica e tecnica greca e latina*, Trieste, 1993, p. 189-197

—, « Osservazioni sull'lessico e sulla sintassi del *De medicina* di Celso », in Sabbah G. – Mudry P. (éds.), *La médecine de Celse. Aspects historiques, scientifiques et littéraires, Mémoires XIII*, Saint-Étienne, 1994, p. 319-341

—, « Sui grecismi di Celso : i calchi », in Sconocchia S. – Toneatto L., *Lingue tecniche del greco e del latino II, Atti del II Seminario internazionale sulla letteratura scientifica e tecnica greca e latina (Trieste, 4-5 ottobre 1993)*, Bologne, 1997, p. 217-226

—, « La lingua della medicina greca e latina », in Sconocchia S. – Cavalli F., *Testi medici latini antichi. Le parole della medicina : Lessico e Storia, Atti del VII Convegno Internazionale (Trieste, 11-13 ottobre 2001)*, Bologne, 2004, p. 493-544

Sconocchia S. et Cavalli F. (éds.), *Testi medici latini antichi. Le parole della medicina : Lessico e Storia, Atti del VII Convegno Internazionale (Trieste, 11-13 ottobre 2001)*, Bologne, 2004

Sconocchia S. et Toneatto L. (éds.), *Lingue tecniche del greco e del latino, Atti del I° Seminario internazionale sulla letteratura scientifica e tecnica greca e latina*, Trieste, 1993

— (éds.), *Lingue tecniche del greco e del latino II, Atti del II Seminario internazionale sulla letteratura scientifica e tecnica greca e latina (Trieste, 4-5 ottobre 1993)*, Bologne, 1997

— (éds.), *Lingue tecniche del greco e del latino III, Atti del III Seminario internazionale sulla letteratura scientifica e tecnica greca e latina*, Bologne, 2000

Smith W D., *The Hippocratic tradition*, New-York-Londres, 1979

Spencer W.G., « Celsus' *De medicina* – A Learned and Experienced Practitioner upon what the Art of Medicine could then Accomplish », *Proceedings of the Royal Society of Medicine*, vol. 19, 1926, p. 129-139

Sperling O., *Animaduersiones in Scribonium et nota Johannis Rhodii, Einleitung und Edition*, Tübingen, 1974

Stahl W H., « The Systematic Handbook in Antiquity and the Early Middle Ages » (Collection Latomus 23.2), Bruxelles, 1964, p. 311-321

Starr R J., « Cross-references in Roman Prose », *AJP* 102, 1981, p. 431-437

Stok F., « Le scuole mediche nella tradizione enciclopedica latina », in Mudry P. – Pigeaud J. (éds.), *Les Ecoles médicales à Rome,*

Actes du 2ᵉ Colloque international sur les textes médicaux latins antiques, Lausanne, 1986, p. 84-93
—, « La medicina nell'enciclopedia latina e nei sistemi di classificazione delle *artes* dell'età romana », *ANRW*, II.37.1, 1993a, p. 393-444
—, « Gargilio Marziale : un epigono dell'enciclopedismo », in Sconocchia S. – Toneatto L. (éds.), *Atti del I° Seminario internazionale sulla letteratura scientifica e tecnica greca e latina*, Trieste, 1993b, p. 220-234
—, « Un topos platonico nel *De medicina* di Celso », in Mazzini I. – Fusco F. (éds.), *I testi di medicina latini antichi. Problemi filologici e storici, Atti del 1° Convegno Internazionale, Macerata - S. Severino M., 26-28 aprile 1984, Università di Macerata, Pubblicazioni della Facoltà di lettere e filosofia 28*, Rome, 1985, p. 113-130
—, « Celso e gli Empirici », in Sabbah G. – Mudry P. (éds.), *La médecine de Celse. Aspects historiques, scientifiques et littéraires, Mémoires XIII*, Saint-Étienne, 1994, p. 63-75
—, « "Natura corporis". Costituzioni e temperamenti in Celso e nella cultura dell'età imperiale », in Sconocchia S. – Toneatto L., *Lingue tecniche del greco e del latino II, Atti del II Seminario internazionale sulla letteratura scientifica e tecnica greca e latina (Trieste, 4-5 ottobre 1993)*, Bologne, 1997, p. 151-170
Temkin O., *Hippocrates in a World of Pagans and Christians*, Baltimore-Londres, 1991
Temkin O. – L. (éd.), *Ancient Medicine. Selected papers of L. Edelstein*, Baltimore, 1967
Thivel A., « Théorie et expérience dans les sectes médicales à Rome », in Mudry P. – Pigeaud J. (éds.), *Les Ecoles médicales à Rome, Actes du 2ᵉ Colloque international sur les textes médicaux latins antiques*, Lausanne, 1986, p. 84-93
Tolman Jones T., « De Sermone Celsiano », *Harvard Studies in Classical Philology*, vol. XL, 1929, p. 200-202
Touwaide A., « La toxicologie dans le 'De medicina' : un système asclépiado-méthodique ? », in Sabbah G. – Mudry P. (éds.), *La médecine de Celse. Aspects historiques, scientifiques et littéraires, Mémoires XIII*, Saint-Étienne, 1994, p. 211-256

—, « Le médicament en Alexandrie : de la pratique à l'épistémologie », in Argoud G. – Guillaumin J.-Y. (éds.), *Sciences exactes et sciences appliquées à Alexandrie*, Mémoires XVI, Centre Jean Palerme, Saint-Étienne, 1998, p. 189-206

Valette-Cagnac E., *La lecture à Rome. Rites et pratiques*, Paris, 1997

Van der Eijk P., « Towards a Rhetoric of Ancient Scientific Discours », in Bakker J. (éd.), *Grammar as Interpretation*, Leiden-New York-Köln, 1997, p. 77-129

—, « Quelques remarques sur la méthode doxographique de Caelius Aurélien », in Deroux C. (éd.), *Maladie et maladies dans les textes latins antiques et médiévaux, Actes du Ve Colloque International « Textes Médicaux latins », Bruxelles, 4-6 septembre 1995* (Collection Latomus, 242), Bruxelles, 1998, p. 342-353

—, « Principles and practices of compilation and abbreviation in the medical "encyclopaedias" of late antiquity », in Horster M. – Reitz C., *Condensing texts – condensed texts*, Palingenesia (98), Wiesbaden, 2010, p. 519-554

Van der Eijk P.(éd.), *Ancient histories of medicine. Essays in Medical Doxography and Historiography in Classical Antiquity*, Leiden-Boston-Cologne, 1999

— (éd.), *Hippocrates in context. Papers read at the XIth International Hippocrates Colloquium, University of Newcastle, 27-31 August 2002*, Leiden-Boston, 2005

Van der Eijk P. – Horstmanshoff M. – Schrijvers P. (éds.), *Ancient Medicine in its Socio-cultural Context*, Amsterdam, 1995

Van der Schueren É. (éd.), *Une traversée des savoirs. Mélanges offerts à Jackie Pigeaud*, Laval, 2008

Van Haelst J., « Les origines du codex », in Blanchard A. (éd.), *Les débuts du codex, Actes de la journée d'étude organisée à Paris les 3 et 4 juillet 1985 par l'Institut de Papyrologie de la Sorbonne et l'Institut de Recherche et d'Histoire des Textes*, Bibliologia (vol. 9), p. 13-35

Vazquez Bujan M.-E., « Réception latine de quelques concepts médicaux grecs », in Sabbah G. (éd.), *Études de médecine romaine, Mémoires VIII*, Saint-Étienne, 1988, p. 167-178

— (éd.), *Tradicion e innovacion de la medicina latina de la antigüedad y de la alta edad media, Actas del IV Coloquio Internacional sobre los "textos médicos latinos antiguos"*, Santiago de Compostela, 1994

Vernant J.-P., *L'individu, la mort, l'amour. Soi-même et l'autre en Grèce ancienne*, Paris, 1989

Versnel H S., *Faith, Hope and Worship. Aspects of religious mentality in the ancient world*, Leiden, 1981

Veyne P., « *Humanitas* : les Romains et les autres », in Giardina A. (éd.), *L'homme romain*, Paris, 1992, p. 421-459

—, *L'Empire gréco-romain*, Paris, 2005

Vigneron R., « La douleur comme source de droits de l'homme à Rome ? », in Jones Huguette H.(éd.), *Le monde antique et les droits de l'homme, Actes de la 50ᵉ Session de la Société internationale Fernand De Visscher pour l'histoire des droits de l'antiquité, Bruxelles, 16-19 septembre 1996*, Bruxelles, 1998, p. 395-412

Villard L., « Vocabulaire et représentation de la douleur dans la *Collection hippocratique* », in Prost F. – Wilgaux J. (éds.), *Penser et représenter le corps dans l'Antiquité, Actes du colloque international de Rennes, 1-4 septembre 2004*, Rennes, 2006, p. 61-78

— (éd.), *Couleurs et vision dans l'Antiquité classique*, Publications de l'Université de Rouen, 2002

Villard L., « Vocabulaire et représentation de la douleur dans la *Collection hippocratique* », in Prost F. – Wilgaux J. (éds.), *Penser et représenter le corps dans l'Antiquité, Actes du colloque international de Rennes, 1-4 septembre 2004*, Rennes, 2006, p. 61-78

Von Staden H., « Incurability and Hopelessness: The Hippocratic *Corpus* », in Potter P. – Maloney G. – Desautels J. (éds.), *La Maladie et les maladies dans la* Collection hippocratique. *Actes du VIᵉ Colloque international hippocratique*, Québec, 1990, p. 75-112

—, « *Apud nos foediora uerba* : Celsus' reluctant construction of the female body », in Sabbah G. (éd.), *Le latin médical. La constitution d'un langage scientifique. Réalités et langage de la médecine dans le monde romain, Mémoires X*, Saint-Étienne, 1991, p. 271-296

—, « Author and Authority. Celsus and the Construction of a Scientific Self », in Vazquez Bujan M. E. (éd.), *Tradicion e innovacion de la medicina latina de la antigüedad y de la alta edad media, Actas del IV Coloquio Internacional sobre los "textos*

médicos latinos antiguos", Santiago de Compostela, 1994a, p. 103-117
—, « Media quodammodo diversas inter sententias : Celsus, the "rationalists", and Erasistratus », in Sabbah G. – Mudry P. (éds.), *La médecine de Celse. Aspects historiques, scientifiques et littéraires, Mémoires XIII*, Saint-Étienne, 1994b, p. 77-101
—, « Andréas de Caryste et Philon de Byzance : médecine et mécanique à Alexandrie », in Argoud G. – Guillaumin J.-Y. (éds.), *Sciences exactes et sciences appliquées à Alexandrie, Mémoires XVI, Centre Jean Palerme*, Saint-Étienne, 1998a, p. 147-170
—, « The Rule and the Exception : Celsus on a Scientific Conundrum », in Deroux C. (éd.), *Maladie et maladies dans les textes latins antiques et médiévaux, Actes du Ve Colloque International « Textes Médicaux latins », Bruxelles, 4-6 septembre 1995* (Collection Latomus 242), Bruxelles, 1998b, p. 105-128
—, « Celsus as historian ? », in van der Eijk P. (éd.), *Ancient histories of medicine. Essays in Medical Doxography and Historiography in Classical Antiquity*, Leiden-Boston-Cologne, 1999, p. 251-294
—, « The dangers of literature and the need for literacy : A. Cornelius Celsus on reading and writing », in Pigeaud A. – J. (éds.), *Les textes médicaux latins comme littérature, Actes du VIe colloque international sur les textes médicaux latins du 1er au 3 septembre 1998*, Nantes, 2000, p. 355-368
—, « La lecture comme thérapie dans la médecine antique », in *Académie des Inscriptions et Belles-Lettres, Comptes rendus des séances de l'année 2002, janvier-mars*, Paris, 2002, p. 803-822
Wagner D. L. (éd.), *The Seven Liberal Arts in the Middle Ages*, Indiana, 1983
Wilkins J. – Harvey D. – Dobson M. (éds.), *Food in Antiquity*, Exeter, 1995
Winsbury R., *The Roman book*, Londres, 2009
Wittern R., – Pellegrin P., *Hippokratische Medizin und antike Philosophie. Verhandlungen des VIII. Internationalen Hippokrates-Kolloquiums in Kloster Banz/Staffelstein vom 23. bis 28. September 1993*, Zürich-New York, 1996
Wittman T., « Le consentement éclairé », in Mantz J.-M. – Grandmottet P. – Queneau P. (éds.), *Éthique et thérapeutique. Témoignages européens*, Strasbourg, 1999 (2e éd. revue et corrigée), p. 233-240

Zucker A., « Homme et animal : pathologies communes et thérapies partagées ? », in Boehm I. – Luccioni P. (éds.), *Le médecin initié par l'animal. Animaux et médecin dans l'antiquité grecque et latine, Actes du colloque international tenu à la Maison de l'Orient et de la Méditerranée-Jean Pouilloux, les 26 et 27 octobre 2006*, Lyon, 2008, p. 63-78

Zurli L., « Le *praefationes* nei Libri VIII De medicina di A. Cornelio Celso », in Santini C. – Scivoletto N. (éds.), *Prefazioni, prologhi, proemi di opere technico-scientifiche latine*, vol. 1, Rome, 1990, p. 295-337

INDEX

Index des auteurs anciens

Cassius Felix, 46, 47, 60, 61, 63, 163, 187
Caton, 33, 39, 40, 49, 97, 184, 208, 218, 243, 278, 326
Cicéron, 10, 33, 40, 69, 86, 94, 238, 293, 310, 316, 319, 338, 352
Galien, 14, 26, 168, 235, 312, 372, 374, 381, 382, 390
Hérophile, 57, 141, 142, 270, 271, 323
Hippocrate, 14, 15, 25, 52, 54, 55, 57, 58, 66-68, 70, 71, 78, 79, 88, 90, 141, 142, 234, 238, 270, 271, 308, 323, 338, 376, 382, 390
Marcellus Empiricus, 59, 198
Platon, 25, 35, 215, 234, 235, 261, 274
Pline l'Ancien, 35, 40, 49, 81, 90, 108, 109, 156, 159, 160, 175, 216
Quintilien, 9, 35, 37, 38, 40, 49, 77, 159, 160, 243
Rufus d'Éphèse, 341
Scribonius Largus, 97, 126, 156, 224, 238, 323, 331, 370, 381, 385, 390
Sénèque, 35, 37, 81, 173, 257, 301, 313, 314
Varron, 33, 37, 40, 49, 63, 64, 78, 95, 173, 278, 290, 294, 296, 297, 301, 305, 306, 308
Vitruve, 34, 37, 40, 49, 94, 97, 165, 167, 168, 292

Index des parties du corps

Abdomen, 284, 356, 359
Aine, 286, 357, 359
Anus, 357, 359
Articulations, 54, 119, 285, 358, 359
Cervicales/Nuque, 334, 356, 359
Clavicule(s), 123, 356, 359
Colonne vertébrale, 356, 359
Côtes, 123, 356, 359
Crâne (os du), 123, 206, 257, 334, 355, 359
Cuisses, 231, 357, 359
Dents, 355, 359
Doigts, 68, 123, 205, 260, 300, 356, 359
Épaules, 286, 356, 359
Estomac, 56, 112, 113, 117-119, 209, 268, 356, 359
Flancs (*latus*), 62, 119, 195, 357, 359
Foie, 56, 119, 357, 359
Front, 250, 355, 359
Gencives, 122, 355, 359
Genou, 87, 123, 357, 359
Glandes cervicales, 356, 359
Gorge, 85, 112, 113, 119, 355, 359
Hanche (*coxa*), 119, 280, 308, 357, 359, 376, 380
Humérus, 93, 356, 359
Intestins, 56, 119, 149, 150, 172, 280, 357, 359, 380, 381
Langue, 355, 359
Lèvres, 130, 149, 150, 355, 359
Luette, 122, 259, 355, 359
Mains, 68, 119, 285, 356

Nerui, 117, 130, 193, 210, 222, 281, 328, 358, 359, 439
Nez, 84, 117, 119, 123, 272, 359, 366
Occiput, 193, 328, 356, 359
Oreilles, 83, 94, 111, 130, 255, 355, 359, 376
Paupières, 272, 296, 355, 359
Peau, 129, 149, 170, 191, 204, 205, 251, 260, 261, 269, 324, 358, 359, 380, 384
Pénis, 122, 269, 280, 281, 358, 359, 382
Pieds, 68, 119, 285, 328, 358, 359
Poitrine, 113, 193, 261, 284, 286, 287, 328, 356, 359
Poumon(s), 56, 227, 357, 359
Praecordia, 356, 359, 403
Pubis, 300, 357, 359
Rate, 119, 357, 359, 376
Reins, 56, 119, 357, 359
Talon, 71, 358, 359
Tempes, 355, 359
Testicules/Scrotum, 122, 280, 358, 359, 382
Tête, 79, 87, 96, 98, 105, 109, 114, 117, 119, 121-125, 136, 145, 156, 193, 194, 198, 202, 223, 229, 237, 250, 283, 297, 328-330, 334, 346, 355, 359, 366, 375, 376
Trachée, 355, 359
Utérus, 60, 281, 284, 287, 358, 359

Ventre, 70-73, 117, 118, 149, 150, 191, 229, 295, 306, 350, 356, 359
Vessie, 56, 281, 306, 329, 358, 359
Visage, 229, 346, 355, 359
Viscères, 56, 119, 357, 359

Yeux, 55, 84, 87, 106, 114, 117, 127, 141, 154, 198, 231, 250, 255, 258, 285, 287, 296, 297, 355, 359, 379

Index des passages tirés du
De medicina de Celse et du *Corpus hippocratique*

Pr.15, 15
Pr.29, 323
Pr.45, 53
Pr.47-48, 236
Pr.49, 327
Pr.5, 304
Pr.50-51, 343
Pr.51, 250
Pr.58, 373
Pr.69, 46, 61
Pr.73, 311
Pr.75, 144
Pr.9, 143
1.1.1, 209, 215
1.10.1, 103
1.2.6, 112
1.3.17, 52
1.3.32, 292
1.3.33, 72
1.3.7, 268
1.9.1-3, 103
1.9.3, 210
2.1.13, 283
2.1.16, 283
2.1.17, 303
2.1.18, 297
2.1.20, 297, 298
2.1.5, 292
2.1.7-9, 376
2.1.8, 172
2.10., 187
2.10.1, 83, 291, 292, 302
2.10.1-3, 287
2.10.15, 223
2.10.17, 187

2.10.2, 223, 239
2.10.3, 224, 243
2.10.4, 239
2.10.7, 186, 333, 348
2.10.7-8, 273
2.11.2, 204
2.11.3, 204
2.12.2A, 60
2.14.1, 52
2.14.11, 324
2.14.1-2, 78
2.14.2, 71
2.14.9, 282
2.15.5, 111
2.16.2, 195, 215
2.18.1-2, 212
2.2.4, 213
2.33.1, 219
2.33.2, 137
2.33.2-4, 136
2.33.3-4, 106
2.33.6, 220
2.6.1, 327
2.6.15-16, 242
2.6.16, 343
2.6.18, 320
2.6.5, 229
2.6.8, 287
2.7.26-29, 301
2.7.8, 288
2.8.1, 227
2.8.13, 287
2.8.15, 377
2.8.18, 250
2.8.2, 227

2.8.20-29, 256
2.8.21, 306
2.8.25, 286, 300
2.8.29, 306, 324, 334
2.8.30, 287, 298
2.8.35, 288
2.8.38, 308
2.8.40, 377
2.8.41, 287
2.8.7, 286
2.8.9, 335
2.9.1, 211, 334
2.9.2, 124
2.Pr.1, 54
2Pr.2, 210
3.1.1, 344
3.1.4, 188, 192, 264
3.10.2, 135
3.14.1-2, 86
3.15.6, 196
3.18.10, 279
3.18.11, 279
3.18.18, 336
3.2, 89
3.2.1, 92
3.21.15, 325
3.21.3, 187
3.22.5, 212
3.23.1, 282, 298
3.27.1B, 337
3.27.3A, 213
3.3.1, 189
3.4.1, 196, 239, 330
3.4.8, 228
3.4.8-10, 184
3.4.9, 65
3.5.6, 64
3.6.1, 349
3.6.6, 187, 224, 347

3.6.6-8, 346
3.6.8, 228
3.8.1, 189
3.8.2, 223
3.9.1, 325
3.9.2, 187, 279
3.9.3-4, 271
3.9.4, 317
4.1.11-12, 281
4.1.12, 300
4.11.2, 285
4.11.5, 279, 286
4.11.8, 228
4.12.5, 112
4.13.3, 62, 195
4.14.3-4, 137
4.17.2, 385
4.19.3, 283
4.2.1, 196, 222
4.23.2-3, 349
4.26.4, 216
4.27.1A, 283
4.27.1D, 286
4.29.1-2, 380
4.3, 88
4.31.1, 285
4.31.3-5, 371
4.32.2, 215
4.5.3-4, 230
4.7.5, 62
4.8.4, 231
4.9.1-3, 112
5.17.1B, 93
5.17.1C, 164
5.18.13, 344
5.18.2, 138, 163
5.18.35, 201
5.19.12, 152
5.19.18, 132

5.19.6, 130
5.21.1A, 283
5.24.4, 129
5.25.14, 288
5.26.13, 379
5.26.1C, 269, 325
5.26.1C-D, 185, 222
5.26.2, 56
5.26.20D, 332
5.26.23F, 130, 322
5.26.24C, 94
5.26.32, 131, 132
5.26.36C, 162, 349
5.27.11, 200
5.27.13.B, 200
5.27.5B, 60
5.28.10, 129
5.28.14C, 362
5.28.14E, 201
5.28.15D, 107
5.28.16C, 108
5.28.1B, 229
5.28.1D, 321
5.28.4A-E, 129
5.28.4C, 251
5.28.7B, 62
5.Pr.1, 145
5.Pr.2-3, 143
5.Pr.3, 144
6.11.3, 282
6.12.1, 96
6.16.1-5, 313
6.18.1, 54, 317, 331
6.18.2K, 268
6.18.9C, 280, 286
6.2.1, 170
6.4.3, 85
6.6.13, 106
6.6.1C, 369

6.6.2, 66
6.6.38, 285
6.6.39C, 218
6.6.8, 60
6.6.8B, 197
6.6.8B-C, 231
6.7.1A, 255
6.7.3B, 94, 111
6.8A-B, 272
6.8B, 83
6.9.6-7, 62
7.14.1-2, 75
7.16.1, 322, 335
7.16.2-3, 280
7.16.3-5, 149
7.17.2, 96
7.2.3, 228
7.2.5, 129
7.2.6, 229, 261
7.20.3, 191, 381
7.25.1A-B, 257
7.25.1C, 253
7.26.1A, 280, 289
7.26.1C, 281
7.26.2A, 306
7.26.2B, 272
7.26.2C, 224
7.26.4, 281, 289, 300
7.26.5H-I, 350
7.27, 280
7.27.1, 382
7.27.4, 337
7.28.1, 284
7.29, 284
7.29.1, 202
7.29.8, 224
7.3.2, 252
7.4.2B, 324
7.4.3A, 149

7.5.5, 151
7.6.2, 237
7.7.14A, 259
7.7.14B, 292
7.7.14C, 202
7.7.1A, 296
7.7.4A, 170
7.7.6B, 272
7.7.8.C-E, 190
7.7.8D, 384
7.7.8E, 260
7.7B, 84
7.Pr.1, 143
7.Pr.2, 202
7.Pr.3, 53
7.Pr.4, 202, 226, 314
7.Pr.5, 40, 93, 96
7.Pr1-2, 249
8.1.21, 152
8.1.23, 281
8.10.3B, 261
8.10.5B, 252
8.13.1, 96, 193, 328
8.14.3, 71
8.15.1, 261
8.15.2, 203
8.15.5, 54
8.16.1, 93
8.17.2, 222
8.2.3-4, 85
8.20.4, 88
8.21, 87
8.25.2-3, 67
8.25.4, 228
8.3.8, 253
8.4.15, 257
8.4.18, 206
8.4.20, 334
8.4.3-4, 67

Hippocrate,
 Ancienne médecine 574.4-5, 341
 Aph. 5.9, 307
 Aph. 6.18, 56
 Aphorismes 2.20, 73
 Aphorismes 2.38, 350
 Aphorismes 2.53, 73
 Aphorismes 3.21-22, 376
 Aphorismes VI.29, 285
 Art 4, 247
 Art 5-6, 242
 Articulations, 54, 70, 328
 Coa. 431, 307
 De l'Art 3.2., 338
 De l'officine du médecin XVII, 71
  Des lieux dans l'homme 46.3, 247
 Épidémies 1.5, 341
 Épidémies 5.89, 189
 Épidémies 7, 3-4, 198
 Épidémies 7.94-96, 189
 Épidémies II, 2.10, 369
 Fractures 36, 186
 Maladies I.16, 373
 Préceptes 6, 184
 Prénotions coaques 394, 359
 Pronostic II, 278
 Prorrh. 2.41, 308, 377
 Prorrh. 2.9, 307
 Régime 50, 198
 Semaines 5, 293

TABLE DES MATIÈRES

PRÉFACE 3

AVANT-PROPOS 5

INTRODUCTION GÉNÉRALE 9

**PREMIÈRE PARTIE ÉCRIRE ET LIRE LE *DE MEDICINA* :
LE PROJET DE CELSE ET SA RÉALISATION** 29
    Introduction 31

CHAPITRE I LE *DE MEDICINA* DANS LA LITTÉRATURE GRÉCO-ROMAINE 32
    Ἐγκύκλιος παιδεία, encyclopédie et médecine 32
        Ἐγκύκλιος παιδεία et encyclopédie 32
        L'encyclopédisme de Celse 37
            Les *Artes* 37
            L'encyclopédisme du *De medicina* 39
    Celse et son temps 42
        L'auteur du *De medicina* 42
        Le contexte historico-culturel de la rédaction du *De medicina* 45

CHAPITRE II LE *DE MEDICINA*, ŒUVRE ENCYCLOPÉDIQUE INSCRITE DANS L'HISTOIRE DE LA MÉDECINE 50
    Les sources du *De medicina* 50
        Les sources écrites de Celse 51
        Celse et la médecine contemporaine 59
        La tradition comme vecteur de la science médicale romaine 61
        L'expérience médicale personnelle de Celse 63
    La méthode de travail de Celse 65
        La collecte de l'information 65
        La traduction d'œuvres grecques 69
        La création de fiches préparatoires 74
        L'entreprise celsienne : une œuvre collective ? 76
    La question de l'originalité du *De medicina* 77
    La notion de progrès dans le *De medicina* 81
        Les incertitudes de l'encyclopédisme médical 82
        Le progrès comme marche vers la vérité 84
        Chasser l'erreur 88
    Conclusion du chapitre II 90

CHAPITRE III LA MISE EN FORME DE LA MATIÈRE MÉDICALE 91
La forme concrète du *De medicina* à l'époque de Celse 91
    Rouleaux et livres 92
    Le découpage interne de l'œuvre : chapitres et parties 95
    Conclusions 96
L'hypothèse d'une table des matières du *De medicina* à l'époque de Celse 97
    La table des matières et les manuscrits *TJ* 98
    L'intratextualité du *De medicina* : les références internes 99
        Les procédés littéraires de l'intratextualité 101
        Intratextualité et lecture du *De medicina* 103
Projet d'établissement d'une table des matières du *De medicina* 114
    La nécessité d'une nouvelle table des matières du *De medicina* en langue
        française 114
    Table des matières du *De medicina* en langue française 116
    Remarques sur la table des matières du *De medicina* 123
    Conclusions sur la question de la table des matières 126
Le besoin d'*indices* pour une lecture détaillée du *De medicina* 127
    Les noms de pathologies 128
    Les noms de médicaments 130
    Conclusions sur la question de l'index 133
Les passages référentiels 134
Les préfaces du *De medicina* 139
    Les préfaces comme historiques médicaux 140
    Les préfaces comme mises au point théoriques 142
    Les préfaces comme guides de lecture 144
    Conclusions sur les préfaces du *De medicina* 145
Conclusion du chapitre III 147

**CHAPITRE IV LECTURES ET LECTEURS DE L'ENCYCLOPÉDIE
MÉDICALE CELSIENNE 148**
Les remarques de Celse concernant la lecture du *De medicina* 148
    Le souci d'économie du discours 149
    Les « pactes de lecture » 151
Comment lire le *De medicina* ? Lecture cursive et lecture consultative 154
Pourquoi lire le *De medicina* ? Lecture théorique et application pratique 158
    Lecture théorique : l'exemple de lecteurs antiques 158
    Arguments en faveur d'une application pratique du *De medicina* 161
Les lecteurs du *De medicina* 165
    Traité spécialisé ou œuvre de vulgarisation ? 165
    Arguments en faveur d'un lectorat élargi 169
        Les définitions 169
        Bilinguisme, synonymie et équivalences 171
    Les lecteurs du *De medicina* face au livre 175
Conclusion du chapitre IV 176

Table des matières 491

SECONDE PARTIE TECHNIQUE ET ÉTHIQUE DE LA PRATIQUE MÉDICALE DANS LE *DE MEDICINA* 179
   Introduction.. 181

CHAPITRE I LES PRATICIENS DANS LE *DE MEDICINA*.................. 182
   Les *medici* et les *curantes* 183
      La figure du *medicus* dans le *De medicina* 183
      Les *curantes* et la possibilité d'une médecine sans médecin 194
      La chirurgie et ses praticiens 201
   L'automédication dans le *De medicina* 207
      L'automédication à Rome 207
      L'automédication dans le *De medicina* 208
         Automédication et diététique 209
         Automédication et pharmaceutique 216
   La relation soignant-soigné : problèmes de traduction 221
      Problèmes de traduction concernant le soignant 222
      Problèmes de traduction concernant le soigné 224
      Conclusion 232
   Conclusion du chapitre I 233

CHAPITRE II LES DIFFICULTÉS DE LA PRATIQUE MÉDICALE 234
   Les aléas de la pratique médicale 234
      Introduction 234
      La réflexion celsienne sur la médecine comme *ars coniecturalis* 236
      Fortuna et *natura* : adjuvants ou opposants à la *medicina* ? 245
         Fortuna... 245
         Natura 254
         Parallèles et distinctions entre *fortuna* et *natura* 263
      Conclusions 265
   Lutter contre les aléas : règles et exceptions 266
   Tenter de maîtriser l'échec : la prise de risque 269
   Conclusion du chapitre II 274

CHAPITRE III VERS UN PERSONNALISME MÉDICAL 276
   Classer l'individu… 277
      Introduction 277
      Répartition des individus malades selon leur sexe au sein de l'espèce
         humaine 279
         Le statut de l'*homo* 279
         La place de l'homme (*uir, uirilis, mas, masculus*) 280
         La place de la femme (*femina, mulier, muliebris*) 283
         Conclusion 289
      Répartition des individus malades selon l'âge 290
         Références aux périodes de la vie par des périphrases autour d'*aetas* 290
         Références aux périodes de la vie par des substantifs 293

Références aux périodes de la vie par des limites numériques 305
Conclusions sur les âges de la vie dans le *De medicina* 308
... Soigner la personne 309
L'amitié dans le *De medicina* : texte et contexte 310
Le fondement de la relation amicale : la question de la *fides* 318
La confiance envers l'art ou envers un traitement médical 320
La confiance envers le praticien 322
La mort, le salut et l'espoir dans le *De medicina* 324
La mort dans le *De medicina* 326
Le salut et l'espoir dans le *De medicina* 329
Conclusion du chapitre III 338

CHAPITRE IV LE DIALOGUE MÉDICAL DANS LE *DE MEDICINA* 340
Aperçu sur la question du dialogue entre le malade et le médecin dans le
Corpus hippocratique 340
Les formes du dialogue médical dans le *De medicina* 342
Le dialogue physique entre le corps malade et l'art médical 342
Le dialogue oral entre le soignant et la personne malade et/ou ses proches.. 345
La nécessité du dialogue : la douleur physique dans le *De medicina* 351
La place de la douleur dans le *De medicina* 353
Définition et présence de la douleur dans le *De medicina* 353
Douleur et diagnostic 354
Douleur et thérapeutique 363
Douleur et pronostic 368
L'évaluation de la douleur du malade 369
Les degrés de la douleur 369
Les limites d'une donnée éminemment subjective 372
L'universel et le particulier de la douleur 375
Le rôle de la douleur dans la mise en place d'une médecine « amicale » 378
Le « dialogue douloureux » 378
Dolor et « miséricorde » 382
Conclusion du chapitre IV 386

CONCLUSION GÉNÉRALE 387

ANNEXE TABLEAU DES RENVOIS INTERNES DU *DE MEDICINA* 393

BIBLIOGRAPHIE 441

INDEX 479